管理创新与工程实践

栾世红　刘　宁　主　编
王婉郦　刘益彤　副主编

辽宁人民出版社

图书在版编目（CIP）数据

管理创新与工程实践／栾世红，刘宁主编；王婉郦，
刘益彤副主编. —沈阳：辽宁人民出版社，2022.11
　　ISBN 978-7-205-10633-1

　　Ⅰ．①管… Ⅱ．①栾… ②刘… ③王… ④刘… Ⅲ.
①工程管理—创新管理—研究 Ⅳ．①F40

　　中国版本图书馆 CIP 数据核字（2022）第 216693 号

出版发行：辽宁人民出版社
　　　　　地址：沈阳市和平区十一纬路 25 号　邮编：110003
　　　　　电话：024-23284321（邮　购）　024-23284324（发行部）
　　　　　传真：024-23284191（发行部）　024-23284304（办公室）
　　　　　http://www.lnpph.com.cn
印　　刷：辽宁新华印务有限公司
幅面尺寸：210mm×285mm
印　　张：23.75
字　　数：736 千字
出版时间：2022 年 11 月第 1 版
印刷时间：2022 年 11 月第 1 次印刷
责任编辑：郭　健
封面设计：黎嘉兴
责任校对：吴艳杰
书　　号：ISBN 978-7-205-10633-1

定　　价：96.00 元

前　言

创新驱动发展，实践引领进步。创新是一个民族进步的灵魂，是一个国家兴旺发达的不竭动力，我国正在向创新型国家迈进。在此背景下，沈阳建筑大学管理学院，秉持"求真务实，打造特色，创新发展，注重实践"的科学理念，把握创新与实践发展的重要历史机遇期，着重培养面向新时代的创新型、研究型、复合型、应用型工程管理人才，探索管理创新与工程实践的新理论、新方法、新技术、新模式、新领域，推动学院培养硕士研究生科研思维的创新、理念的创新、方法的创新、模式的创新，力求最终实现学院硕士研究生教育科研的创新与发展。

沈阳建筑大学管理学院云集众多科研专家，组建多个学术团队，取得丰硕科研成果，不断探索面向新时代管理创新与工程实践的新理论、新方法，在管理与工程的理论研究和实践应用中不断产生新成果、取得新突破，对学院教师和硕士研究生发表高水平科研论文、获得国家省市重要的横纵向课题以及培养硕士研究生科研创新与实践应用能力具有重要的促进作用。

该书分为管理创新与工程实践两大领域、四大专栏：

专栏一"管理应用创新"，共收录论文 24 篇。内容涉及应用创新的新思维、新理念、新方法与新模式。研究论文针对公司经营治理、企业财务管理、高校审计管理等领域的前沿热点问题进行深入系统性研究，涵盖企业内部控制、上市公司研发投入、跨国公司并购风险等内容的研究。

专栏二"管理方法创新"，共收录论文 23 篇。内容涵盖管理创新的新方法、新模型、新视角与新领域。研究论文应用 SAS 模型、Y-score 模型、F 值模型、EVA 模型、灰色预测模型与方法，基于后疫情时代、新基建、新金融背景与视角，结合绿色建筑、企业战略、公司策略领域，针对企业估值评价、财务风险管控、生态链价值链构建等问题，提出创新性的解决路径和对策建议。

专栏三"工程项目实践"，共收录论文 23 篇。内容包括工程项目的决策、设计、施工与运营维护的实践。研究论文针对项目开发模式选择、BIM+GIS 技术规划阶段应用、施工工艺、进度、风险管控、城市更新与老旧小区改造等实践问题，提出创新性的实践模式与方案，应用先进技术与研究方法解决工程项目的实践问题。

专栏四"工程行业实践"，共收录论文 23 篇。研究论文涵盖了新能源行业、绿色建筑行业、房地产行业、装备制造行业，针对各行业的碳排放、风险管控、技术效率、生产商供应商选择等问题提出了前瞻性的对策建议，为不同行业工程实践问题的解决提供了可资借鉴的重要经验。

沈阳建筑大学管理学院未来将主动求变，在改变中求发展，紧跟时代步伐、国家步伐，不断推进硕士研究生教育科研的改革创新，形成以学生为中心的教育科研体系，以浓厚的科学研究气氛和创新实践氛围为国家培养出一代又一代优秀管理工程人才。

本书在稿件的征集、修改、审定和出版过程中，得到了管理学院领导、老师、研究生和辽宁人民出版社的大力支持与帮助，在此表示衷心感谢！由于编者水平和编辑时间有限，书中难免有纰漏之处，敬请广大读者批评指正。

编　者

2022 年 5 月 11 日

目　录

管理应用创新

管理方法创新

工程项目实践

工程行业实践

管理应用创新

A 银行经营效益分析

董姝宇　岳文赫

（沈阳建筑大学管理学院，辽宁　沈阳　110168）

摘要：在我国金融市场改革持续深入，以及互联网金融对传统金融业的不断冲击的背景下，我国商业银行努力适应金融市场变化，竭力提升经营效益[1]。本文根据商业银行发展的影响因子，通过因子分析法对 A 银行经营效益进行实证分析，提出针对 A 银行经营效益方面的对策建议，为其经营效益提升提供理论指导。

关键词：商业银行；经营效益；因子分析法

A Bank Efficiency Analysis

Dong Shuyu　Yue Wenhe

（**College of Management，Shenyang Jianzhu University，Shenyang 110168，China**）

Abstract：With the further marketization of interest rates in China's financial market，the continuous deepening of the marketization reform of the financial system and the continuous impact of internet finance on the traditional financial industry，China's commercial banks strive to adapt to the changes of the financial market and strive to improve their operating efficiency. According to the influencing factors of the development of commercial banks，this paper attempts to study the operating efficiency of A bank，carry out the empirical analysis through the factor analysis method，and put forward countermeasures and suggestions for the operating efficiency of A bank，so as to provide theoretical guidance for the improvement of its operating efficiency.

Keywords：commercial bank ; management benefit ; factor analysis

1 引言

持续的深化改革对我国传统金融业造成一定负面影响，传统商业银行业面临严峻形势，应该加强对自身经营效益的跟踪、评价与经营策略的调整，达到提升经营效率的目的。因此，开展我国商业银行经营效益研究具有理论和现实意义[2]。

2 A 银行经营效益评价体系构建

2.1 A 银行简介

A 银行 2005 年成立于北京市，自成立以来，A 银行以稳健的可持续全面发展为理念，始终坚持服务三农，服务百姓。2018 年 A 银行顺利完成增资扩股，新增股份 21.37 亿股，募集资金 62.35 亿元，为推进全网点规模、质量建设和效益协调发展，提供了资本支撑。截至 2021 年 12 月末，A 银行共有 725 家网点，资产规模突破 6000 亿元大关，达到 6389 亿元；各项存款余额突破 5000 亿元大关，达到 5451 亿元；人民币储蓄存款突破 2000 亿元，达到 2357 亿元；各项贷款余额达到 2600 亿元，净增额连续 5 年位居北京市同业前列。本文将对 A 银行经营效益进行评价，为其突破经营效率瓶颈开拓可行思路。

2.2 A 银行经营效益评价指标

在整个效益评价过程中评价指标的选取至关重要，阅读多种文献作为参考，对 A 银行的经营效益评价包括横向其他商业银行的评价以及纵向时间序列的自身发展评价，所选取的 A 银行效益评价指标体系。基本涵盖银行效益评价的方方面面[3]。

3 基于因子分析法的 A 银行经营效益实证分析

3.1 样本选择及数据来源

为满足对 A 银行经营效益评价的需要，搜集了 2017—2021 年 A 银行各年度的公开财务信息。财务指标选取主要考虑通过银行官网及 A 银行内刊获取，以保障数据的精准性。为对 A 银行的经营效益进行评价，选取如图 1 的 10 项经营效益指标进行分析。

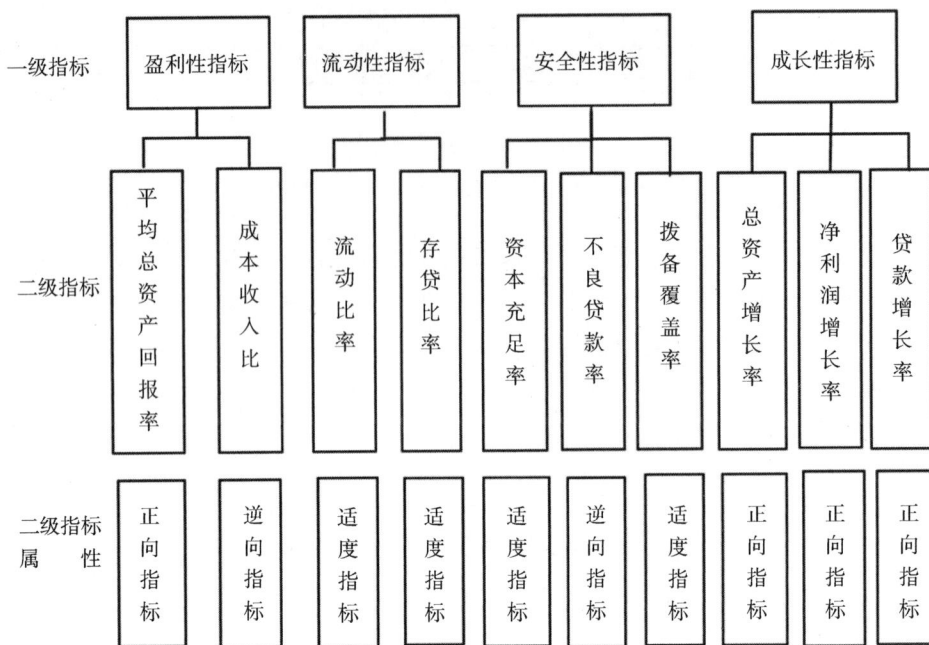

图 1　A 银行经营效益指标评价体系

评价指标体系的对应关系见图 2。

图 2　评价指标体系对应关系

选取 2017—2021 年间数据的均值为开展因子分析的基数，再把年份数据带入得出因子分数，计算

结果见表 1。

表 1　A 银行 2017—2021 年财务指标　　　　　　　　　　　　（单位：%）

评价指标	X_1	X_2	X_3	X_4	X_5	X_6	X_7	X_8	X_9	X_{10}
数据均值	0.64	2.45	24	49	59	13	0.72	181	2.21	12.1

3.2　数据处理及检验

评价指标体系分为 3 个类别：正向指标、逆向指标和适度指标。

正向指标：涉及总资产增长率、平均总资产回报率、贷款增长率以及净利润增长率。

逆向指标：包括不良贷款率、成本收入比，需要进行同向化处理。

适度指标：包括资本充足率、存贷比率、流动比率以及拨备覆盖率。

为了保证分析客观性、科学性，有必要对各个指标开展同向化处理。

（1）正向化。

采用逆向指标、适度指标正向化，历年财务指标平均值计算结果见表 2。

表2 历年财务指标平均值正向化数据

评价指标	X_1	X_2	X_3	X_4	X_5	X_6	X_7	X_8	X_9	X_{10}
数据	0.0068	−0.223	−0.241	−0.52	−0.231	0.41	−0.031	1.93	0.024	0.132

（2）标准化。

通过对原始数据 z-score 标准化处理，历年财务指标平均值标准化数据见表3。

表3 历年财务指标平均值标准化数据

评价指标	X_1	X_2	X_3	X_4	X_5	X_6	X_7	X_8	X_9	X_{10}
数据	0.3855	1.0465	1.137	−0.261	0.5266	−0.711	0.778	0.0157	0.211	−0.1561

3.3 因子分析过程

（1）KMO 和 Bartlett 检验。

将处理后的数据输入 SPSS 软件，进行 KMO 与 Bartlett 球度检验，判断样本数据是否适用于因子分析方法。输出的检验结果见表4。

表4 KMO 和 Bartlett 检验

检验方法		检验结果
KMO 取样适切性量数		0.613
巴特利特球形度检验	近似卡方	118.354
	自由度	35
	显著性	0.000

从表4可以看到，KMO 值为 0.613>0.5，显著性为 0.000<0.05，说明数据之间具有一定的相关性，所选取的指标数据比较适合做因子分析。

（2）提取公因子。

通过公共因子的形式将每个指数变量中包含的信息进行提取概括。公因子方差见表5。表5中提取的指标变量共同度都超过 0.6，可见预设提取的公因子对上述变量解释能力都较高，证明提取的因子分析具有科学合理性。

表5 公因子方差

评价指标	X_1	X_2	X_3	X_4	X_5	X_6	X_7	X_8	X_9	X_{10}
初始	1	1	1	1	1	1	1	1	1	1
提取	0.721	0.891	0.625	0.66	0.733	0.921	0.922	0.902	0.614	0.712

（3）旋转因子载荷矩阵。

对因子矩阵的方差最大化旋转处理，可看出各变量在因子上的负载，旋转后因子负载矩阵见表6。

表6 因子载荷矩阵

	成分1	成分2	成分3
X_1	0.783	−0.457	0.127
X_2	0.965	0.072	−0.036
X_3	0.004	−0.075	0.844
X_4	0.895	0.009	−0.283
X_5	−0.507	0.568	−0.217
X_6	−0.498	0.457	0.448
X_7	0.468	−0.500	−0.509
X_8	0.057	0.955	−0.040
X_9	−0.089	0.951	0.107
X_{10}	−0.672	0.647	0.140

成分1对应 F_1 为盈利性公因子，主要反映成本收入比、平均总资产回报率；

成分2对应 F_2 为成长性公因子，主要反映总资产增长率、贷款增长率、净利润增长率；

成分3对应 F_3 为流动性公因子，主要反映流动比率指标。

综上所述，3个公因子能实现 A 银行经营效益较为全面的评价。

（4）计算因子得分。

因子得分系数矩阵见表7，每个因子得分是每个变量值的加权和，每个因子评分可通过将系数乘以相应变量，再求和得到。所有的因子的评分都可以用这个方法来评分。

表7 因子得分系数矩阵

	成分1	成分2	成分3
X_1	0.238	0.461	0.223
X_2	0.368	0.468	0.100
X_3	0.105	0.298	0.689
X_4	0.298	−0.130	−0.109
X_5	−0.130	0.298	−0.261
X_6	−0.054	−0.109	0.284
X_7	0.027	−0.261	−0.336
X_8	0.167	0.284	−0.052
X_9	0.131	0.179	0.048
X_{10}	−0.130	−0.052	0.004

3.4 实证结果

将2017—2021年A银行指标数据依次代入上述主成分因子的表达式，得出3个因子得分，趋势图如图3。分析公因子和具体指标可得，F_1公因子呈现"U"形变化，显示A银行的盈利能力在经历了2019年的经济大环境不景气之后，呈现反弹，存贷比率保持较好水平；F_2公因子曲线呈明显上升趋势。表现出A银行的资产状况呈逐年上升的形势；F_3公因子整体呈震荡上升趋势，考虑应为2020年新冠疫情暴发带来的经济冲击，对市场资金流动造成了较大影响。

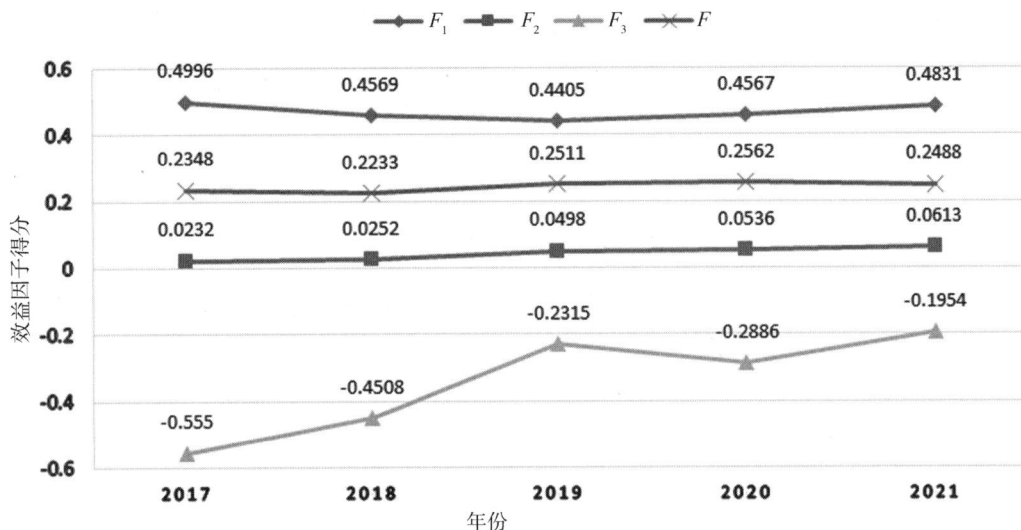

图3 2017—2021年效益因子得分趋势

综上所述，A银行2017—2021年总体经营效益呈波浪形上升趋势。主要表现在；一是盈利能力较强，且逐年提升；二是流动性水平较弱，但总体呈上升趋势，促进了经营效益水平提高。

4 结论

通过分析，本文总结出提高A银行经营效益的建议如下：一是增强盈利能力，实证分析显示盈利性指标与经营效益正相关，因此A银行增强盈利能力是重要目标；二是增强客户维系，保障较高储蓄市场份额；三是增强金融创新能力，成长性因子较低，一定程度影响总体效益，A银行要促进金融创新能力，从而提升该行总体效益水平；四是提升风险管理水平；A银行成立时间短，风控水平低，应在保持较好盈利水平基础上，加强风险控制能力[4]。

参考文献：

[1] 黄刚，林盈吟，李文筑. 金融创新、金融稳定性与经营绩效：基于中国商业银行数据的实证研究 [J]. 会计之友，2022（3）：95-102.

[2] 安博文，侯震梅，李春玉. 我国商业银行的经济效益研究 [J]. 江汉大学学报，2021（2）：34-41.

[3] 柯仕魁. 我国商业银行经营效益的内外影响因素研究 [J]. 中国商论，2019（3）：60-61.

[4] Chenini Hajer, Jarboui Anis. Analysis of the Impact of Governance on Bank Performance：Case of Commercial Tunisian Banks [J]. Journal of the Knowledge Economy，2018，9.

作者简介：

董姝宇（1992— ），女，辽宁营口人，会计专业硕士研究生，研究方向：管理会计。

岳文赫（1979— ），女，辽宁沈阳人，博士，副教授，研究方向：人力资源管理、房地产经济分析与管理。

论文仅代表本文作者观点，文责自负——本书编者注。

PD 建设公司营运资金管理问题与对策研究

李念遥[1]　王素君[2]

（1. 沈阳建筑大学管理学院，辽宁　沈阳　110168；2. 沈阳建筑大学高等教育研究中心，辽宁　沈阳　110168）

摘要：随着施工企业的不断增多，施工企业之间的竞争也日益加剧，运营资本是公司的核心业务，如果运营资本出现问题，势必会导致公司在竞争中落败。本文以 PD 建设公司为例，以营运资金为关键指标，探讨企业营运资金管理现状及存在的问题，并提出优化措施，使企业更具发展优势。建议企业进一步加强营运资金管理，优化债务结构，降低偿债风险，加快资金周转速率，提升资金盈利能力，从而增强企业竞争实力。

关键词：营运资金；PD 建设公司；问题；对策

Research on Problems and Countermeasures of Working Capital Management of PD Construction Company

Li Nianyao　Wang Sujun

（1. College of Management，Shenyang Jianzhu University，Shenyang 110168，China；
Higher Education Research Institute of Shenyang Jianzhu University，Shenyang 110068，China）

Abstract：With the increasing number of construction enterprises，the competition among construction enterprises is also increasingly intensified. Working capital is the core business of the company. if there is a problem with working capital，the company is bound to lose in the competition. Taking PD construction company as an example and taking working capital as the key index，this paper discusses the current situation and existing problems of enterprise working capital management，and proposes optimization measures to make the enterprise have more development advantages. Further strengthen working capital management，optimize debt structure，reduce debt repayment risk，speed up capital turnover，improve capital profitability，so as to enhance the competitive strength of enterprises.

Keywords：working capital；problem；countermeasures

1 引言

随着我国对建筑市场的不断调控和金融机构对建筑融资政策的收紧，建筑企业营运资金越来越紧，营运资金是否稳健、是否充足已逐渐成为制约建筑公司经营的一项重要因素。营运资金作为建筑企业财务的重要组成部分，贯穿于日常经营活动，在企业中发挥着不可或缺的作用，决定着建筑企业投资收益、抵抗风险的能力[1]。如果企业营运资金短缺，企业的投资、建筑项目等活动就会受到重大影响；而储存的营运资金过多的话，对于企业的发展不但没有积极的促进意义，还会增加企业运营的机会成本，因此管理好营运资金是建筑公司持续发展的关键。

王竹泉、逄咏梅、孙建强（2007）从经营管理人员的视角对营运资金进行了重新划分，使其能够清楚地反映出各个渠道的运营资金分配情况，从而为以后的营销战略与管理模式的研究打下了坚实的基础[2]。吴富中（2016）认为，流动资产应当是流动资产和流动负债与经营活动有关的部分之间的差额，因此，根据供应链、渠道分类，将营运资本重新分类为流动资产和流动负债；按流动分类为经营活动和经营活动外的营运资金[3]。

本文以 PD 建设公司为个案研究对象，从采购渠道、生产渠道、销售渠道3个方面对 PD 建设公司运营资本管理的现状进行了分析，从根源上挖掘 PD 建设公司营运资金管理中存在的问题及成因，并提出相对应的优化建议，可以让 PD 建设公司对其各渠道的营运资金进行及时管理和把控，能够更全面地改善 PD 建设公司各渠道的营运资金管理。同时，对其他建筑企业尤其是中小企业具有借鉴意义。

2 公司的营运资金管理现状与问题分析

2.1 PD 建设公司简介

上海 PD 建设公司于 1998 年创立，拥有 9.7 亿元的资本，于 2004 年 3 月 16 日在上海股票交易所挂牌，简称"PD 建设"。2021 年度，公司完成合并营业收入为 1139478.61 万元，较上年同期增同比增长 36.03%；实现利润总额 55832.68 万元，较上年同期同比增加 6.76%。公司目前主要业务为基础设施项目投资、建筑工程施工、园区开发、沥青砼及相关产品生产销售、环保业务。PD 建设公司组织架构见图 1。

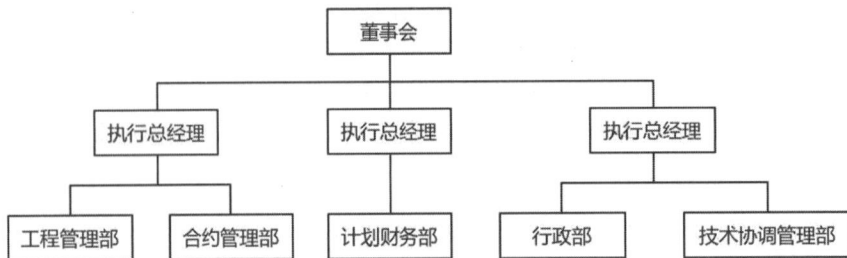

图 1　PD 建设公司组织架构

2.2 PD 建设公司营运资金管理现状及存在的问题

2.2.1 采购渠道的营运资金管理效率分析

2018—2021 年 PD 建设公司采购渠道营运资金项目明细见表 1。

表 1　PD 建设公司采购渠道营运资金项目明细

（单位：百万元）

年度	2018 年	2019 年	2020 年	2021 年
存货	2322.54	3394.31	1759.60	2258.74
应付账款	3060.27	5046.70	6680.07	10036.66
应付票据	28.26	59.50	124.15	110.80
预付账款	129.83	109.97	18.90	45.87
营业收入	3672.38	6219.61	8376.49	11394.79
采购渠道营运资金总额	-636.16	-1061.92	-5025.73	-7842.85
采购渠道营运资金周转期	-62.36	-61.47	-215.99	-247.78

注：采购渠道营运资金总额=存货+预付账款-应付账款-应付票据；
采购渠道营运资金周转期=采购渠道营运资金总额/（营业收入/360）。

通过表 1 看出 PD 建设公司的采购渠道营运资金总额一直是负数，采购渠道营运资金周转期总体呈下降趋势，2020 年波动明显是因为公司首次执行新收入准则，原在"存货"中列示的，根据工程项目履约进度确认收入的金额超过已办理结算价款的，按其流动性分类调整至"合同资产""其他非流动资产"中列示[4]，导致存货大幅减少。企业需要在保证销售与生产经营需求的前提下，控制存货数量、减少存货成本，更大程度地实现生产均衡，以进一步降低企业的经营风险。而采购渠道营运资金中应付账款占比大，应付账款在建项目实现的工作量一直多于上年同期，导致应付供应商款增加[5]。

2.2.2 生产渠道的营运资金管理效率分析

2020—2021 年 PD 建设公司生产渠道营运资金项目明细见表 2。

表 2　PD 建设公司生产渠道营运资金项目明细

（单位：百万元）

年度	2020 年	2021 年
开发成本	1648.64	1954.81
应付职工薪酬	141.38	176.67
其他应收款	44.14	607.57
其他应付款	75.73	102.76
营业收入	8376.49	11394.79
生产渠道营运资金总额	1475.67	2282.95
生产渠道营运资金周转期	63.42	72.13

注：生产渠道营运资金=开发成本+其他应收款-应付职工薪酬-其他应付款；生产营运资金周转期=生产渠道营运资金总额/（全年营业收入/360）。

由于建筑企业产品的特殊性，生产周期较长，未完工产品占用较多的营运资金，且涉及的成本费用较多，多个项目同时开发，项目之间存在交叉占用资金的情况，各个项目成本复杂、金额相差较大。对于该渠道而言，其他应收付款项的变化与开发成本变化密切相关，其他应收款增加主要系工程项目履约保证金增加 51393.49 万元以及应收利息增加 5508.54 万元。其他应付款的增长，主要是由于本期债券的利息增加了 489.66 万元，应付的保安设施和设备费用增加 1141.11 万元。

2.2.3 销售渠道的营运资金管理效率分析

2018—2021 年 PD 建设公司销售渠道营运资金项目明细见表3。

表3 PD建设公司销售渠道营运资金项目明细 （单位：百万元）

年度	2018 年	2019 年	2020 年	2021 年
应收票据	0.25	5.94	0.40	4.30
应收账款	761.30	794.37	1262.46	1958.83
应交税费	116.81	119.64	142.80	96.27
其他应付款	86.15	59.23	75.73	102.76
预收账款	1127.11	1458.74	2.95	4.87
营业收入	3672.38	6219.61	8376.49	11394.79
销售渠道营运资金总额	−568.52	−837.3	1041.38	1759.23
销售渠道营运资金周转期	−55.73	−48.46	44.76	55.58

注：销售渠道营运资金=应收账款+应收票据−预收账款−其他应付款−应交税费；销售营运资金周转期=销售渠道营运资金/（全年营业收入/360）

根据表3可知，销售渠道营运资金周转期逐渐好转，在2020年变化尤为明显，主要是预收账款和应收账款的变化，公司首次执行新收入准则，原在"预收账款"中列示的，根据其流动性分类调整至"合同负债""其他非流动负债"中列示。在建项目实现的工作量多于上年同期，应收账款增加。由于公司所处的建筑行业一般项目工程工期都比较长，工程竣工验收和审计决算存在一定的滞后性，所以公司的应收账款数额比较大，应收账款周转速度较慢，公司存在一定的应收账款回收风险。公司可以通过加强项目风险评估、合同管理、业主信用管理等方式来控制该风险[6]。

3 改善 PD 建设公司营运资金管理的建议

3.1 增强偿债能力控制风险

PD公司现在还有一些BT项目在进行中。BT投资规模大，投资周期长，其偿还能力非常关键，存在着一定的回购风险。公司应当全面跟进回购主体的信用状况和偿债能力，不仅考察回购主体的信誉，同时也综合考虑回购主体所在地区的经济发展情况，政府财政实力和支付能力，政府对市政建设的重视程度等，通过第三方担保和融资创新等方式控制回购风险。企业应加快销售速度、提高销售效率以及拓展现有资源，加快资金周转。在此基础上，加大资金运营监控力度，从项目的批复、开发、销售到售后都要严格监控资金使用情况，编制好预算，建立健全责任制，以责任制管控企业资金的分配与使用[7]。

3.2 拓宽融资渠道

围绕产业链做好金融保障工作，推动产业方、投资方、项目方等多方合力，形成投资助推新格局。在风险可控前提下，探索新型基础设施项目投资落地方式。围绕产业链，规范稳健开展保理融资工作。通过加大直接融资比重、优化间接融资期限等方式保持合理资金成本，拓宽资金来源以支持转型发展。做好CMBS、PPN、新一期公司债注册及发行工作。最后可以借助互联网金融工具，来分散债务结构单一的风险，降低负债成本。

3.3 降低采购渠道营运资金管理成本

控制原材料价格波动风险：首先，在签署投资合同和施工合同时，双方约定价格波动风险的分担机制，使价格波动风险对营业成本的影响受控；其次，在施工期间，要严格按照项目进度进行计划采购，强化施工期间的成本管理，将原材料的价格波动风险降至最低。不断推动园区业务水平提升。精心组织施工，科学高效推进，按期推动邹平路"TOP芯联"项目建设。树立全员全成本意识，从设计阶段到过程跟踪，再到招采计划，执行实施严格的成本管控措施，确保项目开发的成本总体可控。

4 结论

从渠道角度来看，对于建筑企业营运资金管理具有重要影响的是渠道因素。以此为基础，本文对PD建设公司的发展概况和财务情况进行全面的盘点，基于渠道管理的理论来系统地分析建筑企业营运资金管理效率。当前PD建设公司在采购渠道营运资金管理效益方面存在的问题主要表现在应付账款过多；在生产渠道营运资金管理效益方面所存在的问题主要表现为关联方频繁，其他应收付款增加；

在销售渠道营运资金管理效益方面存在的问题主要表现为销售回款不利。为增强 PD 建设企业营运资金管理效率，提出针对性与实效性的可行策略，面向渠道管理的各个环节来构建兼具可行性的策略。

参考文献：

［1］ 夏青华，于博. 我国房地产上市公司营运资本管理效率的影响因素分析［J］. 华北金融，2020（7）：11-25.

［2］ 王竹泉，逄咏梅，孙建强. 国内外营运资金管理研究的回顾与展望［J］. 会计研究，2007（2）：85-90+92.

［3］ 吴富中. 营运资金概念本质、分类与业绩评价体系创新［J］. 商业会计，2016（5）：27-30.

［4］ 李健花. 谈营运资金管理存在的问题及对策：以房地产开发企业为例［J］. 中国乡镇企业会计，2020（11）：42-43.

［5］ 刘潇楠. 房地产企业基于渠道视角的营运资金管理研究［J］. 审计与理财，2021（8）：29-30.

［6］ 赵彬. 营运资金管理策略对企业盈利能力的影响［J］. 财会月刊，2020（7）：19-23.

［7］ 高佳琦. 浅谈新冠疫情对房地产企业营运资金管理的影响［J］. 中国管理信息化，2020，23（16）：56-58.

作者简介：

李念遥（1997—　），女，辽宁沈阳人，会计专业硕士研究生，研究方向：工程财务与项目融资。

王素君（1966—　），女，辽宁营口人，硕士，教授，研究方向：教育管理与人才培养。

论文仅代表本文作者观点，文责自负——本书编者注。

RCEP 机遇与跨境电商财务成本战略改善研究

李天宇　苏立红

（沈阳建筑大学管理学院，辽宁　沈阳　110168）

摘要：《区域全面经济伙伴关系协定》的签署为世界经济的振兴带来了动力，提升了我国贸易各方面的能力，是经济发展这场持久战的一次重大胜利。而跨境电子商务在 RCEP 协定背景的影响下，机遇与挑战并存。本文以跨境电商企业的视角为研究起点，探究 RCEP 所带来的机遇和挑战，并提出针对原有成本战略的改善意见。

关键词：RCEP；跨境电商；财务成本战略

Research on RCEP Opportunity and Cross-Border E-commerce Financial Cost Strategy Improvement

Li Tianyu　Su Lihong

（**College of Management**，**Shenyang Jianzhu University**，**Shenyang 110168**，**China**）

Abstract：The signing of the regional comprehensive economic partnership agreement has brought impetus to the revitalization of the world economy and improved China's trade capacity in all aspects. Under the influence of RCEP agreement, opportunities and challenges coexist in cross-border e-commerce. This paper takes the perspective of cross-border e-commerce enterprises as the research starting point, explores the opportunities and challenges brought by RCEP, and puts forward improvement suggestions for the original cost strategy.

Keywords：RCEP；cross-border e-commerce；financial cost strategy

1　引言

《区域全面经济伙伴关系协定》（RCEP）是由东盟国家牵头，总共 15 个成员国共同商讨并签署的，其人口总量、经济体量、贸易总额约占全球 30% 的份额，是当今全球最大的自贸协定。而跨境电子商务作为受 RCEP 协定影响最大的行业之一，也为我国的外贸发展带来了动力。在传统贸易受新冠疫情打击的情况下，跨境电商的发展有助于保障经济的平稳运行。政策的刺激给跨境电商的发展带来了一阵逆势狂潮，而在 RCEP 协定签署后的新背景下，跨境电商也必将成为巩固我国外循环的重要突破口。在 RCEP 新背景带来众多贸易机遇的情况下，跨境电商企业的经营活动仅凭传统的财务成本战略恐怕难以有效运行，所以本文对跨境电商企业的贸易机遇进行了分析，并针对财务成本战略提出了修改建议。

2　RCEP 给跨境电商企业带来的贸易机遇

2.1　跨境电商企业发展规模

RCEP 对跨境电商企业的成本战略的引导和影响是多角度的，包括 RCEP 所规定的一些优惠和规范政策，提高海关物流效率的政策，以及在 RCEP 背景下对于产业链和市场的影响。如表 1 所示，我国跨境电商规模发展迅猛，这也是 RCEP 对跨境电商造成如此大规模影响的原因之一。

表 1　2016—2020 年我国跨境电商企业交易规模及进出口总值

（单位：万亿元）

年份	交易规模	进出口总值
2016 年	6.7	24.3
2017 年	8.1	27.8
2018 年	9.0	30.5
2019 年	10.5	31.6
2020 年	10.3	32.2

2.2　贸易机遇

2.2.1　RCEP 政策机遇

现阶段的政策环境与法律环境为发展跨境电商行业提供了好前提。RCEP 在无纸化、电子认证、用户个人信息及权益保护等方面形成了区域内电子商务规则，自贸区内 90% 以上的货物贸易将最终实现零关税，从降低成本的角度来说这是跨进电商的一项重大利好。从国内角度来看，我国也出台了一系列促进跨境电子商务发展的政策，如《"十四五"电子商务发展规划》等。

2.2.2 海关物流机遇

海关与物流效率的提升是跨境电商业务发展的有力支持。RCEP致力于推动跨境贸易便利化，明确提出了各种加速数字化的跨境电商监管方式，大幅度简化了多方面的流程，有着提升通关效率、提高交易时效性、提升消费体验的优点，使得企业从流量和低价竞争的方式转变为以打造品牌与企业的信誉等方式来提高客户黏性。

2.2.3 产业链与市场机遇

产业链的互补优化和市场的良好环境提升了RCEP落实的可行性。RCEP地区尤其是东盟国家的电子商务普及率相对较低，发展潜力巨大。而且RCEP覆盖了处于不同发展阶段的经济体，成员国间产业有着十分强大的结构互补性，各种要素如资本、技术、劳动力、资源等配置完善。另外，成员国的电子商务配套技术环境变得越来越成熟，4G在RCEP的成员国中也得到了广泛的普及，这就为跨境电商APP平台建设提供了坚实的物质基础，使得消费者几乎可以随时随地完成跨境电商交易。而从行业生态环境整体来看，我国在数字贸易和跨境电商发展方面处于世界领先地位，因此，通过RCEP能够让我国有机会成为行业规则的制定者，行业发展的领导者。

3 RCEP对跨境电商企业的影响

RCEP给跨境电商企业成本战略带来的影响也是多角度的、包括不同国家角度，落实时间角度和企业自身的角度。这些风险与挑战的共同点是不确定性较大，同时处理起来也比较模糊，对于企业的成本战略有着较高的要求。

3.1 不同国家的发展情况和营商环境影响

各国营商便利化程度见表2。各国主要电商平台见表3。

根据表2数据来看，东南亚各国之间的营商环境还存在较大差距。而且由于东盟各国地理位置分散、居民生活习惯、宗教信仰、传统文化存在巨大差距，而从表3的数据来看，东盟的电子商务市场也相当分散，拥有数家区域性跨境电商平台和众多本土电商平台。因此，实事求是地说，我国跨境电商企业在境外的发展必然伴随着一定的风险和挑战，甚至演

变成困境，比如境外消费者很难接受本国以外的电商平台，还有市场环境种类太多企业难以都进行适配等问题。

3.2 RCEP签订之后不确定因素影响

RCEP签署距今也不过一年多的时间，这就意味着，协定中的许多事项仍然等着各成员国逐步落实，而"逆全球化"、新冠疫情大流行、俄乌战争等不利因素仍然为RCEP地区的发展带来了许多的不确定因素。RCEP的落实程度和对经济发展的促进作用，只能等待时间的检验。

表2 各国营商便利化程度

国家	排名（名）	得分（分）
新加坡	2	86.2
马来西亚	12	81.5
泰国	21	80.1
中国	31	77.9
文莱	66	70.1
越南	70	69.8
印度尼西亚	73	69.6
菲律宾	95	62.8
柬埔寨	144	53.8
老挝	154	50.8
缅甸	165	46.8

表3 各国主要电商平台

国家	本土平台
印度尼西亚	Bukalapak，Tokopedia
新加坡	Qoo10
马来西亚	Lelong
越南	Tiki，Sendo
泰国	Power Buy，Home Pro
中国	天猫，京东

3.3 企业跨境经营违规风险影响

RCEP作为区域性的高水平自贸协定，在许多方面的要求也更加规范和严格。而企业很可能原本处于一个监管相对宽松的经营环境，不能及时适应RCEP新背景下的情况，因此就可能产生企业按原有方式经营但实际上却违规的情况。

4 跨境电商企业财务成本战略改善

4.1 构建科学的成本理念和改善陈旧的成本战略

财务成本的控制并非是针对单一环节和单一目标的，因此在制定财务成本战略的时候，要构建科学的架构，充分考虑各个环节的成本战略。在RCEP

签署后，在生产、销售以及进出口等方面又出现了许多新的环节和成本的考虑因素，而传统的战略有许多过时的观念，或者没有应对新的情况的解决方法。企业必须制定出更新、水平更高的财务成本战略，促进传统财务成本战略的革新和改善。一个科学的、符合行业环境的财务成本战略能够帮助企业及时把握住降低成本的机会，优化企业经营的效率。

4.2 从长远角度考虑制定长期财务成本战略

传统的财务成本战略中，往往都存在着一些短期战略，这些短期战略的目的往往都是要达到指标要求或者企业预定的目标。为了实现最初预期而大幅度削减成本的手段运用一两次或许对于企业的影响可以忽略不计，但若是长期运用可能会对企业产生致命打击。更何况 RCEP 的发展和带来的利好都不是短时间内就能立即实现的，长远的目标才能更贴合 RCEP 大背景。

4.3 利用新技术进行产业升级

企业可以在 RCEP 成员国新建海外仓，通过海外仓共享的模式可以达到防止资源浪费，实现利益共享，风险分担的目的。还可以利用区块链技术，重构 RCEP 区域跨境电商生态系统，保证数据内容的可获得性和防篡改，使得跨境电商的交易成本进一步降低。另外，企业还可以利用大数据实现精准营销，以消费群体的方式把消费者分成不同的类别并提供不同的差异化产品和差异化服务。

4.4 制定风险防范机制为战略执行提供保障

企业必须拥有完善的成本控制机制和行之有效的组织体系，对于经营环境发生的不利的影响能够作出及时的调整。对于长远的战略计划，应当事先作出预案，结合实际情况进行调整，保证战略执行的方向持续性。在跨境经营活动中，必然会遇到一些争端，企业应当制定合理有效的争端解决机制，要能够有效地解决问题，还要为未来在其他方面可能发生的类似事情做好准备。

4.5 培养复合型人才助力战略顺利推进

跨境电商面临的问题繁复，普遍存各个环节磨合度不高的情况，急需掌握国际贸易、商务英语等多个专业领域知识的人才来解决。更重要的是，跨境电商刚刚兴起，具有此方面熟练经验的人才更是高薪难求。因此，企业非常有必要从现在开始就着手有关人才的培养。

4.6 提高信息化水平，加强配套服务建设

RCEP 成员国的语言、社会特性、购买偏好、习惯和文化风俗等方面都不一样，更高的信息化水平有助于协调这些不同。跨境电商业务的售后、客服等方面的配套服务水平不足给跨境电商企业带来了许多的时间和人力成本，所以客服及售后等方面的配套服务专项建设和升级就成为很重要的一件事情。

5 结语

总之，在 RCEP 签署的新背景下，机遇和挑战是一直伴随着跨境电商的发展全过程的，但总的来说机遇还是多于挑战的。而在新的背景、新的环境之下，跨境电商企业的财务成本战略必须要顺应 RCEP 带来的发展机遇进行改善。企业通过采取多种改善方法并结合自身实际情况，作出恰当的选择，制定科学的财务成本战略，有助于企业健康的、迅速的发展，促进跨境电商企业经营进入良性循环，使企业获得更大收益。

参考文献：

[1] 张景. 基于多元化运营模式分析构建跨境电商物流服务体系的策略 [J]. 经营与管理，2021 (4)：188-192.

[2] 谢海英，赵娇洁. 大数据背景下我国跨境电商发展创新路径研究 [J]. 价值工程，2019 (38)：145-146.

[3] 吴敏. RCEP 下中国与东南亚跨境电商合作的机遇与挑战 [J]. 对外经贸实务，2021 (6)：27-30.

[4] 谢桂珊. RCEP 背景下我国跨境电商发展创新路径研究 [J]. 商讯，2021 (18)：104-106+168.

[5] 中商产业研究院. 2020 年中国跨境电商市场分析 [EB/OL]. (2021-01-23) https://www.askci.com/news/chanye/20210123/1633571337687.shtml.

作者简介：

李天宇 (1997—)，男，山西朔州人，会计专业硕士研究生，研究方向：法务会计与审计。

苏立红 (1969—)，女，辽宁沈阳人，硕士，副教授，研究方向：管理创新，大学文化与城市文化。

论文代表本文作者观点，文责自负——本书编者注。

鞍钢股份营运资金管理绩效研究

刘纯欣　李德智

（沈阳建筑大学管理学院，辽宁　沈阳　110168）

摘要：全球疫情以来，世界宏观经济形势低迷，全球范围的钢铁需求量呈现出较差的波动趋势，出现钢材价格走低、钢铁企业收入减少等连锁反应。对鞍钢股份2016—2020年主要财务数据进行分析，并对其营运资金管理绩效指标进行同行业横向、纵向对比分析，发现鞍钢股份营运资金管理绩效中的问题，进而提出建议以提高整体效益。不仅优化了鞍钢股份的财务管理活动，也为其他相似规模的钢铁企业提供参考。

关键词：鞍钢股份；营运资金管理绩效；财务管理

Research on Working Capital Management Performance of Angang Steel Corporation

Liu Chunxin　Li Dezhi

（College of Management，Shenyang Jianzhu University，Shenyang 110168，China）

Abstract：Since the global epidemic，the world macroeconomic situation continues to be depressed，and the global steel demand has also shown a poor trend of fluctuations，resulting in a series of chain reactions such as lower steel prices and reduced income of steel enterprises. Analyze its main financial data from 2016−2020，and make horizontal and vertical comparison with the industry average. To obtain the problems existing in the working capital management performance of Angang Steel，and then to make suggestions，improve the overall benefit. It is not only to optimize the financial management activities of Angang Steel，but also to provide reference for other steel enterprises of similar scale.

Keywords：angang steel；working capital management performance；financial management

1　引言

当前我国钢铁行业发展格局存在工艺上炼钢流程长、碳排放量相对较高的特点，为了克服其中的短板，钢铁企业的环保成本持续增长。相对于企业制造业来说，钢铁企业资金链风险较高、对于现金流的要求也较高。

近年来，营运资金管理的中心内容围绕着多个不同的独立要素进行研究。国外的研究学者完善了应收账款、现金周转期等指标，而国内学者则侧重于财务指标与非财务指标相结合，以便于更客观的评价营运资金管理绩效。

在国内外学者的研究基础上，分析鞍钢股份营运资金管理绩效，选取其资金流动能力及资金获利能力的主要指标，分别进行横向及纵向对比，总结归纳出营运资金管理中存在的问题，使其在正常经营周转前提下充分利用资金，更好的管理经营企业。

2　鞍钢股份营运资金管理现状

2.1　鞍钢股份近年财务概况

根据鞍钢股份年报整理2016—2020年的主要财务指标数据见表1，并以此整理出鞍钢股份近年来整体财务概况。

如表1所示，鞍钢股份自2016年以来的5年来，总资产规模在2017年有较大增长，之后呈平缓减少的趋势；流动资产除2017年有增长，而后逐年缓慢减少；流动负债逐年减少，2020年是减小幅度最小的一年，同比减少5.59%；营业收入2017年至2019年逐年上升，然而2020年却同比减少了4.44%；净利润在2017年、2018年逐年上升，但2019年有大幅度下降。

2.2　资金流动能力

2.2.1　资金流动能力指标数据分析

资金流动能力指的是企业对其各项资源的运转效率，能够体现一个企业的资产流动性和资产利用率。结合钢铁企业固定资产投资数量大、使用寿命长的特点，本文选取了表2中的3个指标来分析判断鞍钢股份的资金流动能力。

表1 鞍钢股份2016—2020年主要财务数据 （单位：亿元）

年份	2016年	2017年	2018年	2019年	2020年
流动资产	259.80	300.05	269.08	234.92	230.16
流动负债	370.93	364.51	327.47	293.41	277.02
总资产	883.73	948.86	900.24	878.08	880.46
营业收入	578.82	916.83	1051.57	1055.87	1009.03
净利润	16.15	66.45	79.52	17.60	19.96

表2 鞍钢股份2016—2020年资金流动能力指标

项目	企业	2016年	2017年	2018年	2019年	2020年
存货周转率	鞍钢股份	5.43	6.58	7.12	8.45	8.98
	方大特钢	6.05	7.76	10.55	9.48	9.64
	宝钢股份	5.46	6.60	6.40	6.35	6.35
	行业均值	6.42	7.39	9.51	6.19	10.34
应收账款周转率	鞍钢股份	37.77	38.28	42.72	41.99	39.09
	方大特钢	35.72	55.70	65.96	57.44	59.64
	宝钢股份	18.95	25.70	24.60	24.74	27.66
	行业均值	127.79	227.03	172.25	171.89	170.26
总资产周转率	鞍钢股份	0.66	0.95	1.17	1.19	1.15
	方大特钢	1.00	1.63	1.90	1.36	1.25
	宝钢股份	0.74	0.94	0.89	0.86	0.82
	行业均值	0.72	0.93	1.01	1.02	0.95

由表2的数据分析可知，这3个企业的3个数据指标中，近5年来的方大特钢的指标数值是整体最高的。鞍钢股份的存货周转率逐年上涨，在2019年时高于行业均值，但其余年份均低于行业均值，企业的资金流动能力较差。在应收账款周转率这一指标中，3个企业的指标数值均与行业均值相差甚远，资金使用效率较差；近5年3个企业的总资产周转率数值均是先增加后减少，鞍钢股份与行业均值相比时而高时而低。

2.2.2 资金流动能力中存在的问题

由上述指标数据及企业年报分析可知，鞍钢股份在资金流动能力方面存在存货周转不稳健的问题。

鞍钢股份在2016—2020年的存货周转率一直在稳定增加，实则是这几年间，鞍钢一直在将流动性较差的流动资产存货转变成流动性相对较强的银行存款、应收账款等流动资产。为了应变市场环境和政策的变化而采取过于激进的做法，一味追求高数值的存货周转率，却使周转天数较低。如此情况下，若市场发生不可测的剧烈波动，就会极大地影响企业未来的经营状况。

2.3 资金获利能力

2.3.1 资金获利能力指标数据分析

企业的获利能力体现企业在一定周期内所获得的利润，资金获利能力越强，企业获得利润越高，资金或资本增值越明显。本文选取了表3中的3个指标来分析判断鞍钢股份的资金获利能力。

表3　鞍钢股份2016—2020年资金获利能力指标

项目	企业	2016年	2017年	2018年	2019年	2020年
营业净利率	鞍钢股份	0.0279	0.0666	0.0756	0.0167	0.0198
	方大特钢	0.0778	0.1829	0.1696	0.1114	0.1300
	宝钢股份	0.0496	0.0706	0.0764	0.0462	0.0493
	行业均值	−0.0251	0.0452	0.0631	0.0683	0.0472
净资产收益率	鞍钢股份	0.0367	0.1181	0.1482	0.0343	0.0374
	方大特钢	0.2851	0.6767	0.5817	0.2705	0.2879
	宝钢股份	0.0768	0.1224	0.1271	0.0705	0.0703
	行业均值	0.0563	0.2047	0.2065	0.1001	0.0877
总资产净利率	鞍钢股份	0.0183	0.0633	0.0887	0.0198	0.0227
	方大特钢	0.0781	0.2984	0.3216	0.1520	0.1619
	宝钢股份	0.0367	0.0660	0.0679	0.0399	0.0402
	行业均值	0.0149	0.0638	0.0820	0.0518	0.0444

由表3数据分析可知，3个企业的3个数据指标中，近5年来的方大特钢的指标数值是整体最高的，除2018年的个别数据以外，宝钢股份的指标数值均高于鞍钢股份，即鞍钢股份的指标数值最差。鞍钢股份的指标数值在2016—2018年之间有较高的增长，但2019年有大幅度的降低，总体上相比其他企业仍旧较差，说明鞍钢股份自有资产的运用效率低下，资金获利能力在这3个企业中是最差的。

2.3.2　资金获利能力中存在的问题

由上述指标数据及企业年报分析可知，鞍钢股份在资金获利能力方面，存在期间费用控制较差的问题。

营业净利率指标中的主营业务收入的扣减直接由期间费用构成。根据企业年报，鞍钢股份在2016—2018年期间销售费用增长幅度较大，主要是由于开设新的子公司、拓宽销售渠道的资金投入等；管理费用在2016—2018年也逐渐递增，而后有所下滑是由于企业优化了管理流程；财务费用在2018年有较大幅度的增长，是增加了银行贷款而导致了利息支出。

3　鞍钢股份营运资金管理完善建议

3.1　加强存货周转稳健灵活性

鞍钢股份面对庞大的存货规模，一旦存货周转率下降，就会导致资金支出的压力骤增，使企业面临资金周转的风险。存货周转的稳健性，要建立在保证生产及销售等实际经营需要的基础上，企业需要根据目前所处的行业环境调整及优化对应的销售模式，而后提升存货预算等对存货的控制能力。具体建议为：鞍钢股份在确定库存配额时，不仅要考

虑外部钢铁市场以及用钢企业的影响因素，也要根据企业内部各部门的实际情况来制定适合的库存管理模式。例如，采购部门可以参照存货储存标准限制燃料、原材料的库存；供应部门可以确定辅助材料的数量；生产部门可以确定产品、原材料的库存；销售部门可以确定产成品库存。在确定配额标准后逐个部门分解，同时也需要集中管理部门完善监督工作。

3.2　提升期间费用管控水平

结合上文的分析及企业年报，可知鞍钢股份近5年的期间费用不断增加，大大削弱了鞍钢股份的资金获利能力，在此情况下，建议鞍钢股份实施成本领先战略。

首先，企业要在制定好工作方案等相关规划的基础上，适当减少各项成本且不忽视对主营产品的挖掘与开发。其次，企业应改进其营销理念，对现有营销经验的总结提炼后，逐步去验证新的营销方案的可行性，避免出现鲁莽的扩大范围营销而出现的营销失败和营销成本的损失。

4　结论

在对营运资金管理绩效进行评价时，不仅要考虑本文中所提到的财务指标，许多不能量化的非财务指标也应被考虑在内；选取近5年数据对比分析营运资金管理绩效的目的是客观地分析企业存在的问题，但在得到数据指标对比后的结果再次分析企业年报，难免会被数据误导而着重分析近5年变化趋势较差或较为明显的相关数据。

参考文献：

[1] 张金元，程欣，宋腾飞，等. 我国钢铁行业发展状况分

析及趋势预测 [J]. 冶金经济与管理, 2021 (4): 101 -102.

[2] 王兴艳. 2019 年钢铁上市公司盈利能力分析 [J]. 冶金经济与管理, 2020 (4): 77-78.

[3] Harry G. Guthmann. Industrial Working Capital During Business Recession [J]. Harvard Business, 1934 (3): 82-84.

[4] G. W. Collins. Analysis of Working Capital [J]. The Accounting Review, 1964 (4): 430-441.

作者简介:

刘纯欣 (1996—), 女, 辽宁盘锦人, 会计学专业硕士研究生, 研究方向: 法务会计。

李德智 (1964—), 男, 吉林辽源人, 教授, 研究方向: 国际工程合同与 FIDIC 条款。

论文仅代表本文作者观点, 文责自负——本书编者注。

鞍钢集团财务共享中央账务仓方案分析

刘兴鹏　李德智

（沈阳建筑大学管理学院，辽宁　沈阳　110168）

摘要：鞍钢集团的财务管控核算口径不统一，财务信息化平台滞后。这些问题降低了财务分析效率与数据的准确度，阻碍了鞍钢集团的有效财务管理。因此，统一核算系统、核算口径、核算标准，是解决鞍钢财务监督的有效举措；优化信息化平台可以较好地使鞍钢集团下属各单位使用的财务系统总账凭证抽取到中央账务仓进行监督管理，方便集团了解下属各子公司的经营成果及财务状况。

关键词：财务共享；中央账务仓；统一核算

The Central Accounting Warehouse Scheme Based on the Financial Sharing Center of Angang Group

Liu Xingpeng　Li Dezhi

（**College of Management，Shenyang Jianzhu University，Shenyang 110168，China**）

Abstract：The financial control and accounting caliber of Angang Group is not uniform，and the financial information platform is lagging behind. These problems reduce the efficiency of financial analysis and the accuracy of data，and hinder the effective financial management of Angang Group. Therefore，the unified accounting system，accounting caliber and accounting standards are effective measures to solve the financial supervision of Angang Steel；at the same time，the optimization of the information platform can better enable the general ledger vouchers of the financial system used by the subordinate units of Angang Group to be extracted to the central account warehouse for supervision and management，so as to facilitate the group to understand the operating results and financial status of its subsidiaries.

Keywords：financial sharing；central accounting warehouse；unified accounting

1 引言

中央账务仓方案是指建立集团统一核算系统，将企业集团区域所有未实现财务业务一体化且未使用 SAP 核算系统下属单位的财务核算系统统一；建立财务共享平台，把全集团范围内的财务共享业务集中到财务共享中心进行管理，支撑财务共享中心业务运转；建立中央账务仓，归总集团财务核算数据并实现查询分析及报表合并功能[1]。

鞍钢集团核算系统启动中央账务仓项目，主要实现以下目标：将鞍钢集团下属各单位使用的财务系统的总账凭证抽取到中央账务仓，实现鞍钢全集团一本账，支持凭证查询、账表查询；支持从账务仓生成的单体报表联查余额表至凭证，即实现联查明细；支持对账务合数据进行多维度的查询及分析功能，方便集团了解下属各子公司的经营成果及财务状况[2]。

2 鞍钢中央账务仓方案的主要问题

2.1 核算口径不一致

鞍钢集团下属单位财务系统见图 1。

图 1　鞍钢集团下属单位财务系统

如图 1 显示，目前整个鞍钢集团下属单位所涉及的财务系统较多，鞍钢集团统一核算系统、鞍山钢铁 SAP 财务成本系统、鞍钢矿业 SAP 系统、攀钢统一核算 NC 财务系统、鞍钢国贸核算系统、广州不锈钢 ERP 系统及子公司财务系统、鞍钢财务公司资金管理系统（N9）等各下属单位使用的财务系统采购管理要素及业务流程无法规范使用，难以实现集团范围对多个异构系统的财务核算系统的数据汇聚与统一[3]。这就会使财务数据分散在各自的财务系统中，无法对鞍钢集团整体财务状况进行及时管控，不方便集团了解下属各子公司的经营成果及财务状况。

2.2 财务信息化平台滞后

根据国家统计局 2019 年公开发布的关于《我国企业信息化水平持续提升——第四次全国经济普查系列报告之四》，如图 2，从信息化管理的应用看，在企业内部管理上，财务/会计信息化在企业信息化使用所占的比例为 84.40%，这就说明财务管理信息化在使用企业内部管理中具有十分重要的位置。

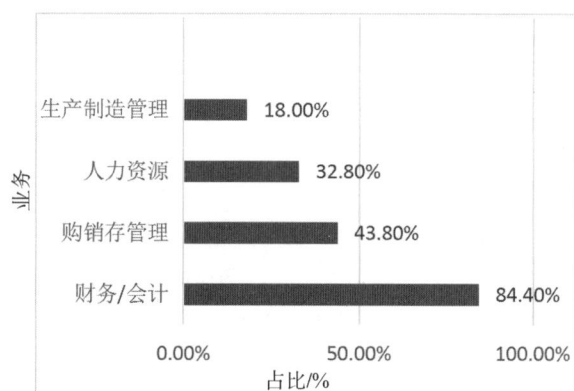

图 2　各业务信息化使用占比

随着企业数字化浪潮的来临，鞍钢上一代财务信息化成果作为"工具"在新时期具有局限性，非主业板块信息化程度低，截至建立财务共享中央账务仓方案前仍有很多单位使用单机版财务系统，加上产业升级对管理理念及配套要求的提高，严重阻碍集团信息化建设，就导致信息孤岛情况非常严重，财务主数据不统一[4]。集团需要利用新技术和新理念重新为企业的资产、设备、组织、人员赋能，从而使数字化技术成为数字化商业的核心元素[5]。

3 鞍钢中央账务仓方案的优化

3.1 统一核算系统

鞍钢集团公司财务共享服务中心成立以集团公司分管领导为组长的项目领导组，统筹协调全集团资源，与国内企业服务领军企业强强联合，围绕打

造"新模式+新技术"为转型保驾护航。首先对主数据进行集成，将公司代码、会计科目、业务范围、付款条件、利润中心、银行档案等 50 多个主数据对接进行匹配；再将凭证通过正反向进行对接，业务冲销均由共享平台发起；将业务中的采购与销售业务对应生成应收应付单进行统一的对接；对于三方匹配的发票查验平台，保留原有的发票检验功能及校验逻辑，从共享端抽取影像信息，同时结合生成的应付单，调用原有系统发票检验获取自动的系统凭证；对于未清账，抽取所有原系统内未清项，形成待核销数据清单，每月挑选或按规则选择付款清账条目，付款凭证自动生成[6]。165 余家单位实现财务核算系全部对接到中央账务仓，各个业务系统浪潮、金蝶等导入用友 NCC 中，从总体到明细，实现中央账务仓的统一管理。

3.2 优化财务信息化平台

3.2.1 整合分散资源

改善传统采购模式，建立信息化业务平台。整合以往封闭分散的供应商资源，通过"（供应商+客户）＊共享"的业务模型，建设"客商共享平台"，以实现全集团资源共享最大化；构建全新的电子招投标交易平台。全新的电子招投标交易平台，具备明显的规范化、自动化、智能化特征，全程在线、标书制作工具、软加密应用、虚拟开标大厅、远程异地评标、生物特征身份识别等一批"新模式+新技术"的应用，显著提高招标采购质量和效率；打造值采平台，超市化采购服务。标准化商品和社会化运营是鞍钢值采平台最大的特点。集团依托自身体量和管理优势，引入国内知名的专业垂直电商平台，遴选出集团内优质协议供应商，实现"一键下单，'好货'上门"等规模化、个性化集采服务。

3.2.2 建立财务共享

财务共享服务建设按照先易后难、先试点后推广的原则进行：先对多元化经营的集团型企业试点，选择一个或两个单一业务子集团进行业务共享，单一经营集团型企业选择部分二级成员单位进行业务共享；试点营建期要保证项目实现平稳过渡，严格划定实施范围，控制项目风险，达到预期效果，保证项目后续的持续推进[7]。基于试点营建期取得的标杆成果，按照共享试点单位共享的业务范围，向集团其他成员单位全面铺开推广[8]。多元化企业集团，在其余子集团推行财务共享；业务单一集团公

司，其余成员单位推行财务共享。基于前期共享建设运营的基础上，需要持续扩展共享中心的应用深度，以更好地发挥财务共享中心的职能，满足企业基于共享中心的管理诉求；经过一定时间的稳定运行，划定的共享内容按业务类型为单位，向企业所有成员单位一次性全面推行针对外系统各财务系统通过凭证取数服务工具，从外系统取数，对基础档案和凭证数据进行同步转换等加工处理，写入到档案中心和凭证数据中心完成数据集成，在数据集成过程中将档案数据进行梳理规范，接入数据中心时进行数据转换，形成统一格式的账务数据。以数据中心为数据池基础，提供凭证查询、账表查询服务。如存在非凭证数据需要在账务仓展示，可直接从财务系统的业务系统中展示。

3.2.3 建立中央账务仓系统

中央财务仓系统统见图3。

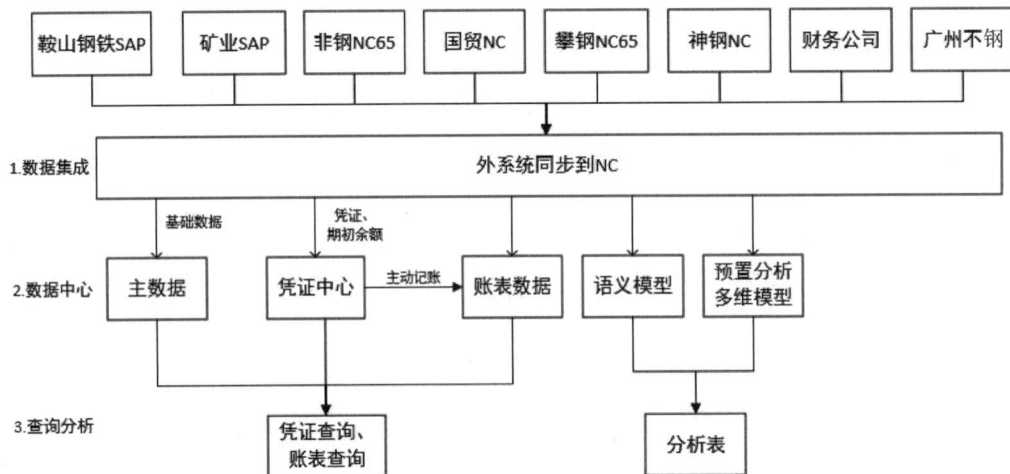

图3 鞍钢集团中央财务仓系统流

4 结语

鞍钢集团财务共享平台的优化将以落实集团战略管控体系为目标，以强化企业财务运营过程管控为核心，以财务管理信息化为手段，以业务驱动和流程再造为基础，逐渐形成战略财务、共享财务、业务财务有机结合的管理模式，完善财务管理体系，推动财务管理的转型升级。

参考文献：

[1] 邹伟平，刘义江，侯栋梁，等．"AI财务蜂眼"：智慧财务共享管理的探索［J］．管理会计研究，2022（2）：58-64.

[2] 张雨恬．"数字鞍钢"实现"数""智"蝶变［J］．班组天地，2022（2）：78-79.

[3] 陈云光．数字化在企业集团财务共享转型升级中的应用［J］．国际商务财会，2022（3）：60-63.

[4] 吴先明．鞍钢集团：挺起制造强国的"钢铁脊梁"［J］．中国报道，2022（02）：80-81.

[5] 于森，臧巍，王桢志．鞍钢矿业财务共享模式的应用［J］．财务与会计，2017（22）：36-37.

[6] 刘致宇．数字化转型背景下的财务共享服务升级再造研究［J］．商场现代化，2022（3）.

[7] 陈虎，董皓．财务共享服务［M］．北京：中国财政经济出版社，2009（4）：59-65.

[8] He Qinwei. Data Mining Analysis Research on Intelligent Application of Cloud Accounting：Taking Cloud Accounting and Financial Shari ng Center as an Example［J］．Journal of Physics：Conference Series，2021，1881（4）.

作者简介：

刘兴鹏（1997— ），女，山西朔州人，会计专业硕士研究生，研究方向：财务会计、法务会计。

李德智（1964— ），男，吉林辽源人，教授，研究方向：国际工程合同与FIDIC条款。

论文仅代表本文作者观点，文责自负——本书编者注。

财务共享对企业集团营运资金管理效率影响研究

张馨予[1] 连家明[1,2]

（1. 沈阳建筑大学管理学院，辽宁 沈阳 110168；2. 辽宁省财政科学研究所，辽宁 沈阳 110032）

摘要：随着经济和科学技术的飞速发展，越来越多的企业集团注意到营运资金管理的重要。财务共享作为市场上新兴起的会计管理模式，其对营运资金管理效率的影响也日益凸显。根据是否应用财务共享选取两家企业集团作为典型案例样本，重点围绕财务共享中心对营运资金管理效率的影响进行深入对比分析，系统反映我国企业集团营运资金管理的现存问题，进一步探讨财务共享中心与营运资金管理的逻辑关系，为以后建设健全的财务共享中心提供参考。

关键词：供应链；财务共享；企业集团；营运资金管理

Research on the Influence of Financial Sharing on the Management Efficiency of Working Capital of Enterprise Group

Zhang Xinyu[1] Lian Jiaming[1,2]

(1. College of Management, Shenyang Jianzhu University, Shenyang 110168, China；
2. Liaoning Institute of Fiscal Science, Shenyang 110032, China)

Abstract：With the rapid development of economy, science and technology, more and more enterprise groups have noticed the importance of working capital management. As a newly emerging accounting management mode in the market, financial sharing has an increasingly prominent impact on the efficiency of working capital management. According to whether financial sharing is applied or not, this paper selects two enterprise groups as typical case samples, focuses on the in-depth comparative analysis of the influence of financial sharing center on working capital management efficiency, systematically reflects the existing problems of working capital management of enterprise groups in China, and further explores the logical relationship between financial sharing center and working capital management, providing reference for building a sound financial sharing center in the future.

Keywords：supply chain; financial sharing; enterprise group; working capital management

1 引言

随着区块链和大数据云计算等信息技术快速发展，财务共享逐渐应用到企业集团以及合作企业之间，实现数字化信息共享。据中兴新云统计，截止到2020年年底我国境内共享服务中心超过1000家，其中71.28%的共享服务中心是在近5年内建成的，说明越来越多的中国企业开始接受并采纳这种管理模式。本文基于供应链背景和财务共享的特点，对企业营运资金管理进行分析研究[1]。

2 营运资金管理效率指标确定

本文拟选定以下4个方面作为评价企业营运资金管理效率的指标，分别为总资产周转率、流动资产周转率、存货周转期和应收账款周转期。总资产周转率通常结合销售利润一起进行计算分析，即从投入资金到实现产出形成利润的速率，所以总资产周转率越高说明企业资金利用率越高；营运资金=流动资产-流动负债，当营运资金大于0时说明企业具有一定程度的短期偿债能力，所以流动资产周转率是评价营运资金管理效率的重要指标之一；存货周转期越短意味着存货变现速度快，存货管理费减少，占用企业资金的时间越短；由于应收账款隶属于流动资产，所以应收账款周转期短、回款速度快在一定程度上可以提高流动资产周转率，用来作为评价营运资金管理效率的一个间接指标。因为单项指标不足以真实、全面、客观地反映营运资金管理效率的高低，所以本文从以上4个方面通过直接或者间接辅助性指标加以分析。

3 财务共享对营运资金管理效率的影响

本文采用对比分析法，在汽车制造行业中选择2个企业集团作为研究对比的对象，分别为已经建设财务共享中心的企业 A 以及目前未建立财务共享中心的企业 B，选取 2018—2021 年近 4 年的指标数据，分析研究财务共享对企业营运资金管理效率的影响[2]。

2018—2021 年 A 企业财务指标数据见表 1。

表 1　2018—2021 年 A 企业财务指标数据

项目	2018 年	2019 年	2020 年	2021 年
总资产周转率（次）	1.41	1.45	2.71	1.47
流动资产周转率	2.56	2.79	4.04	2.05
存货周转期（天）	37.87	48.25	41.51	59.25
应收账款周转期	11.83	18.63	3.31	3.75

2018—2021 年 B 企业财务指标数据见表 2。

表 2　2018—2021 年 B 企业财务指标数据

项目	2018 年	2019 年	2020 年	2021 年
总资产周转率（次）	1.06	0.96	1.00	1.11
流动资产周转率	1.44	1.28	1.31	1.58
存货周转期（天）	22.52	23.73	24.85	24.63
应收账款周转期	78.70	81.15	76.67	70.82

表 1-2 中能够直观地反映出财务共享中心的建立对企业营运资金的管理存在影响。虽然从总体上 A 企业对营运资金的管理效率强于 B 企业，但是 A 企业存货周转期高于 B 企业。结合市场实际情况，首先，财务共享这一新兴管理模式更适用于分公司和子公司较多、业务往来频繁复杂、规模较大的企业集团。其次，随着近年信息技术的迅猛发展和传统会计转型，财务数据数字化已成为市场趋势。据中兴新云最新公示的调研报告，建设财务共享中心这一理念在近些年才被企业逐渐采纳。再次，由于目前国内财务共享处于初设阶段，多数企业还在摸索适应当中，可能因操作不规范、数据格式不统一、缺乏专业技术人才等导致财务共享的功能得不到充分发挥。最后，由于国内现阶段建设财务共享中心的大多是各行业内知名度较高且规模较大的企业，这类企业本身生产需求高，库存基数大加上对财务共享功能不能熟练应用，出现存货周转期较长的情况[3]。

经调查研究发现 A 企业于 2018 年开始计划并初步设立财务共享中心，表 3 取 2014—2017 年 A 企业财务指标数据，深入分析同一企业在建设财务共享中心前后营运资金的管理效率。

表 3　A 企业 2014—2017 年指标数据

项目	2014 年	2015 年	2016 年	2017 年
总资产周转率（次）	1.61	1.37	1.22	1.48
流动资产周转率	2.98	2.65	2.33	2.62
存货周转期（天）	46.19	63.83	60.36	41.82
应收账款周转期	0.61	0.40	1.51	2.24

从总体上看，建设财务共享中心后企业的营运资金管理效率在一定程度上有所提高。其中，表 1 总资产周转率 4 年均值（1.76 次）高于表 3 数据均值（1.42 次），侧面可以说明企业从资金投入到产出收获利润这部分的效率有所提高；流动资产周转率由 2.65 次增加到 2.86 次，意味着企业对资金的利用率变高，盈利能力增强，对应短期负债偿还的可能性更高；存货周转期从 53.05 天降低到 46.72 天，表明存货管理占用企业资金的时间减少，库存囤积现象有所改善，相应的存货管理费用减少。

综上所述，建设健全的财务共享中心对企业提高营运资金管理效率有着积极作用。

4　财务共享中心在推进过程中的障碍

企业要进步离不开财务管理，财务共享服务中心是提高财务管理能力的重要基础。

就企业内部来讲，其面临的主要障碍为以下两点：一是从技术上来讲，财务共享需要大量的智能性技术做支撑，将传统的标准化数据转化到信息化再到现在的数字化，而目前技术仍有待进一步完善；二是从管理机制上，不仅企业内部要有健全的运营管理机制，而且在财务人才管理方面，要培养财务人才的综合能力，但实际中能有效分析并利用财务数据的复合型人才相对匮乏。

就供应链上企业间建立财务共享中心的主要障碍来看，主要包括：一是企业间缺乏信任，将财务数据共享到同一平台对信息安全技术有顾虑，担心发生数据泄露；二是企业规模不同，财务共享中心在国内建设正处于上升期，多数为规模较大的企业采用，建设财务共享中心和后续运营维护需要支付大量的财力人力，对供应链上小规模企业来说成本负担重、受益少[4]。

总而言之，财务共享中心这一新兴管理模式在推进过程中仍存在不同程度上的阻碍。

5　建立健全财务共享中心的关键因素

财务共享的本质是将分散在不同地区的与企业

有相关业务往来的财务数据数字化，统一标准格式共享信息的平台。所以，构建财务共享中心需要供应链上各个企业间的配合，管理机制系统化、数据格式标准化、人员配备合理化，最重要的是保障信息安全[5]。供应链上各企业财务共享模型见图1。

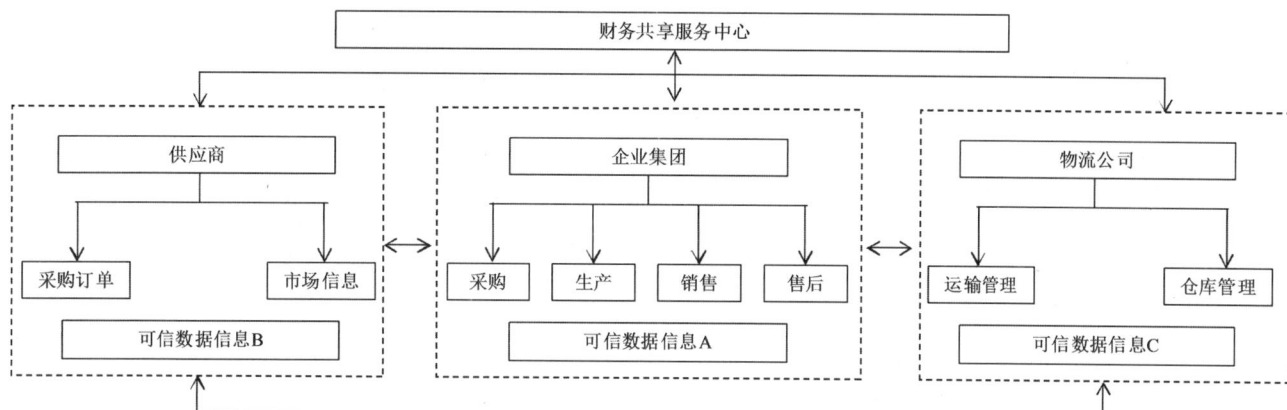

图1 供应链上各企业财务共享模型

加快建立健全财务共享中心的关键因素为：第一，信息安全保障，将财务风险模型嵌入平台，预警提示风险，充分发挥财务数据能效，支撑企业数字化转型；第二，业务流程标准化、数据记载规范化，于企业本身同步更新规范化记账便于决策时涉及的信息准确及时一目了然，在供应链上也便于企业间随时明确合作双方的实际经营状况，基于客户信息进行风险研究，降低应收账款等财务风险；第三，完成传统财务转型，培养具备综合能力的人才，跳出传统财务对业务交易的处理方法，培养精通财务、技术，业务多元化复合型人才；第四，业务部门和企业相互协作，供应链上各企业在信息共享方面达成共识，降低信任危机，充分发挥数据优势。充分发挥财务共享中心效能，不仅需要企业内部组织结构和管理制度的不断优化，还需要企业外部供应链上各企业之间相互信任，合作共赢共同维护运营[6]。

6 结论

经研究分析证明，财务共享对企业集团营运资金管理效率有着积极作用。财务共享作为一种新兴管理模式，在国内企业间应用正处于上升期，因此在建设和运营管理中仍存在一定障碍，比如案例分析中同一企业在财务共享中心建立前后部分年度的应收账款周转期不降反增，除却近年来疫情给企业带来的影响外，侧面反映出企业在业务处理上仍存在一些问题。随着近年来"大智移物云"等新兴技术的飞速发展，构建财务共享中心已是大势所趋，不论是企业集团个体，还是供应链上各企业之间，要从信息安全等关键因素着手，加速财务共享中心的进程。

参考文献：

[1] 齐卉丹. 供应链会计信息共享的激励问题研究 [J]. 财会学习, 2016 (18): 86-87.

[2] 王霄. 面向供应链管理的财务共享服务中心运行模式 [J]. 现代商业, 2017 (4): 143-144.

[3] 吴凤菊. 供应链企业间财务共享中心的构建及障碍研究 [J]. 商业会计, 2020 (24): 67-69.

[4] 赵恒祥. 财务共享背景下提升营运资金效率的路径研究 [J]. 经济管理文摘, 2021 (7): 175-176.

[5] 邓志媛. 财务共享对企业营运资金管理的影响研究 [J]. 企业改革与管理, 2021 (13): 166-167.

[6] 田桂菊. 财务供应链管理的财务流程优化研究探析 [J]. 中国外资, 2012 (23): 124-126.

作者简介：

张馨予（1998— ），女，吉林长春人，会计专业硕士研究生，研究方向：供应链管理。

连家明（1974— ），男，山东荣成人，硕士，研究员，研究方向：财政经济、区域经济。

论文仅代表本文作者观点，文责自负——本书编者注。

房地产行业内部控制质量对盈余管理的影响研究

孙玥蓉　田　坤

（沈阳建筑大学管理学院，辽宁　沈阳　110168）

摘要：本文以 2017—2021 年度沪深两市房地产上市公司为研究对象，运用实证分析，探讨房地产行业内部控制质量对企业会计选择盈余管理与真实活动盈余管理的影响。研究结果表明，内部控制质量越高，房地产企业的会计选择盈余管理程度越低，内部控制质量越高，房地产企业的真实活动盈余管理程度越低，且内部控制质量与会计选择盈余管理的反向变动关系更显著。

关键词：房地产行业；内部控制质量；盈余管理

Research on the Influence of Internal Control Quality on Earnings Management in Real Estate Industry

Sun Yuerong　Tian Shen

（**College of Management**，**Shenyang Jianzhu University**，**Shenyang 110168**，**China**）

Abstract：Based on the real estate listed companies in Shanghai and Shenzhen stock markets from 2017 to 2021, this paper discusses the impact of internal control quality on the choice of earnings management and real activity earnings management. The results show that the higher the quality of internal control, the lower the level of earnings management and the higher the quality of internal control, the lower the level of real activity earnings management. And the quality of internal control and accounting choice of earnings management of the reverse relationship is more significant.

Keywords：real estate industry；internal control quality；earnings management

1 引言

2002 年，美国国会颁布的萨班斯法案，主要规范了公司对财务报表的责任以及管理层对内部控制的评价。实证研究表明，实施内部控制对上市公司具有重大意义，良好的内部控制有助于提高上市公司的盈利能力，提升上市公司的价值[1]，高质量的内部控制能够抑制应计和真实盈余管理[2]。上市公司的具体财务情况变得更为复杂，为了追求企业利益的最大化，管理者会采取一些盈余管理手段来粉饰企业财务数据。但这种行为往往会降低财务报表的准确性与有效性，可能会在未来期间对企业造成更大的影响。李敏（2017）研究表明，内部控制与盈余管理之间显著负相关，即企业的内部控制越有效，其盈余管理程度越低[3]。王丽艳（2018）研究表明，内部控制质量与真实盈余管理程度之间显著负相关，即良好的内部控制机制能有效抑制盈余管理程度[4]。房地产行业具有规模大、开发时间长、环节复杂且存货与固定资产价值占比高等特点，导致房地产行业的整体财务情况十分复杂，财务数据的可操纵性强。针对房地产企业，内部控制是否能够有效地减少企业的盈余管理行为值得深入研究。

2 研究设计

2.1 研究假设

企业的内部控制系统由控制环境、风险评估、控制活动、信息与沟通、监控 5 个要素组成，其中，控制环境作为整个内部控制框架的基础，而风险评估、控制活动、信息与沟通则作为控制框架的组成结构，监督保证着控制框架的稳定运行。盈余管理根据实施的方法不同一般分为会计选择盈余管理和真实活动盈余管理。

加强内部控制建设不仅能够完善公司治理结构，也可以推动企业建立有效的内部信息、沟通与循环体系，不断降低会计信息出现疏漏的可能性，从而缩小管理层人为调整盈余的空间[5]。因此提出如下假设：

假设 1：内部控制质量越高，房地产企业的会计选择盈余管理程度越低。

假设 2：内部控制质量越高，房地产企业的真实活动盈余管理程度越低。

2.2 会计选择盈余管理的度量

根据过往学者的研究，分年度分行业回归的截面修正琼斯模型在模型的设定和盈余管理的检验能力方面表现更佳。运用基于行业分类的 Modified-JonesModel，计算非操纵性应计利润（NDA），再根据 NDA 计算操纵性应计利润（DA）。估计模型如下：

$$\frac{TA_{i,t}}{A_{i,t-1}}=\alpha_1\frac{\triangle REV_{i,t}}{A_{i,t-1}}+\alpha_2\frac{PPE_{i,t}}{A_{i,t-1}}+\varepsilon_{i,t} \quad (1)$$

$$\frac{NDA_{i,t}}{A_{i,t-1}}=\alpha_1\frac{\triangle REV_{i,t}-\triangle REC_{i,t}}{A_{i,t-1}}+\alpha_2\frac{PPE_{i,t}}{A_{i,t-1}} \quad (2)$$

$$DA_{i,t}=\frac{TA_{i,t}}{A_{i,t-1}}-\frac{NDA_{i,t}}{A_{i,t-1}} \quad (3)$$

式中，$TA_{i,t}$ 为公司 i 第 t 年应计利润总额；$A_{i,t-1}$ 为公司 i 第 $t-1$ 年期末总资产；$\triangle REV_{i,t}$ 为公司 i 第 t 年与第 $t-1$ 年营业收入的变化额；$\triangle REC_{i,t}$ 为公司 i 第 t 年与第 $t-1$ 年应收账款的变化额；$PPE_{i,t}$ 为公司 i 第 t 年固定资产总额。计算公司的实际应计利润 $TA_{i,t}$，减去操纵性应计利润，得出会计选择盈余管理操纵性应计利润 $DA_{i,t}$。

2.3 真实活动盈余管理的度量

企业的真实活动盈余管理由操纵销售和生产以及费用共同构成。在度量企业的真实活动盈余管理时，选用目前对真实盈余管理的计算普遍使用 Roychowdhury 提出的"经营活动现金流量、生产成本和酌量性费用估计模型"，来衡量真实活动盈余管理。分别通过计算操控性经营现金流量、操控性生产成本和操控性酌量费用，进而计算得出企业真实活动盈余管理额。

2.3.1 经营活动现金流量估计模型

$$\frac{CFO_{i,t}}{A_{i,t-1}}=\alpha_1\frac{1}{A_{i,t-1}}+\alpha_2\frac{REV_{i,t}}{A_{i,t-1}}+\alpha_3\frac{\triangle REV_{i,t}}{A_{i,t-1}} \quad (4)$$

式中，$CFO_{i,t}$ 为公司 i 第 t 年经营活动产生的现金净流量。根据公司的实际经营活动产生的现金净流量减去期望的经营现金流量，得出操控性经营现金流量 $DCFO_{i,t}$。

2.3.2 生产性成本估计模型

$$\frac{PROD_{i,t}}{A_{i,t-1}}=\alpha_1\frac{REV_{i,t}}{A_{i,t-1}}+\alpha_2\frac{\triangle REV_{i,t}}{A_{i,t-1}}+\alpha_3\frac{\triangle REV_{i,t-1}}{A_{i,t-1}} \quad (5)$$

式中，$PROD_{i,t}$ 为公司 i 第 t 年的生产成本，生产成本等于销售成本与存货变化量之和；$\triangle REV_{i,t-1}$ 为公司 i 第 $t-1$ 年与第 $t-2$ 年营业收入的变化额。根据公司的实际生产性成本减去期望的生产性成本，得出操控性生产成本 $DPROD_{i,t}$。

2.3.3 酌量性费用估计模型

$$\frac{DISEXP_{i,t}}{A_{i,t-1}}=\alpha_1\frac{1}{A_{i,t-1}}+\alpha_2\frac{REV_{i,t}}{A_{i,t-1}} \quad (6)$$

式中，$DISEXP_{i,t}$ 为公司 i 第 t 年的酌量性费用，酌量性费用包括销售费用和管理费用。根据公司的实际酌量性费用减去期望的酌量性费用，得出操控性酌量性费用 $DDISEXP_{i,t}$。

2.3.4 真实活动盈余管理

$$DREM_{i,t}=DPROD_{i,t}-DCFO_{i,t}-DDISEXP_{i,t} \quad (7)$$

真实活动盈余管理总额（$DREM_{i,t}$）等于操控性生产成本与操控性经营现金流量和操控性酌量费用之差。

2.4 内部控制的度量

根据上市公司公开披露的相关信息作为内部控制质量的度量指标，往往是二分性质的变量，只能对公司内部控制质量进行简单的衡量，通过构造指数来评价企业内部控制质量，能够量化公司内部控制的具体情况。2011 年，迪博公司首次以定性和定量评价相结合的方式构建了综合反映中国上市公司内部控制水平与风险管控能力的内部控制指数体系。对企业内控指标做了量化及计算，被称为迪博内控指数。选取指数来源于企业的战略、经营、报告、合规及资产安全各个方面，全面反映企业内控体系实施的效果。从理论上讲，迪博内控指数是我国目前较优秀的反映内控情况的指数。根据迪博公司 2017—2021 年发布的内控白皮书，选取了迪博内控指数（$IC_{i,t}$）来度量企业的内部控制质量。

2.5 构建回归分析模型

为了验证假设，内部控制质量越高，公司盈余管理程度越低。本文构建模型如下：

$$DEM_{i,t}=\beta_0+\beta_1IC_{i,t}+\gamma X_{i,t}+\varepsilon_{i,t} \quad (8)$$

式中，$DEM_{i,t}$ 表示企业盈余管理水平，分别为会计选择盈余管理（$DA_{i,t}$）、真实活动盈余管理（$DREM_{i,t}$）；$IC_{i,t}$ 为内部控制质量；$X_{i,t}$ 是影响企业盈余管理的一系列控制变量，包括公司规模、财务杠杆、资产周转率、股权集中度、董事会规模、审计意见、审计机构规模以及产权性质，详见表1。

表1 变量定义

变量性质	变量代码	变量名称	变量定义
被解释变量	DA	会计选择盈余管理	会计选择盈余管理，模型（3）
	DREM	真实活动盈余管理	真实活动盈余管理，模型（7）
解释变量	IC	内部控制	迪博内控指数
	Size	公司规模	总资产的自然对数
	Lev	财务杠杆	期末总负债与总资产之比
控制变量	Ota	资产周转率	营业收入与总资产之比
	Ecr	股权集中度	第一大股东的持股比例
	Opinion	审计意见	财务报表审计报告为标准无保留意见取值为1，否则为0
	Big4	审计机构规模	企业审计机构是"四大"取1，否则为0
	State	产权性质	国有企业取1，否则为0

3 实证检验

3.1 样本选择与数据来源

本文以2017—2021年沪深两市房地产企业上市公司数据为研究样本。为了保证研究的准确性，筛选剔除了ST公司以及相关变量数据缺失的公司，对研究模型中变量在0.5%的水平上做了缩尾处理，希望消除极端值对分析结论的影响[6]。处理后最终获得505个样本数据。

3.2 描述性统计

表2的数据为主要回归变量的描述性统计分析结果，会计选择盈余管理（DA）和真实活动盈余管理（DREM）的平均值分别为0.021与0.164，中位数为0.015与0.131，均值都大于中位数，总体数据均呈现右偏分布，说明在我国房地产行业中，有一部分公司进行了大量的盈余管理。内部控制指数（IC）的平均值为645.753，说明行业整体的内部控制的水平较高。部分公司的内部控制指数为0，代表该公司的内部控制具有重大缺陷，内控指数标准差为6.573，说明房地产行业中各个企业之间的内部控制质量的差距较大。

表2 主要回归变量的描述性统计

变量	样本量（个）	均值	标准差	最小值	最大值	p25	p50	p75
DA	505	0.021	0.106	−0.256	0.249	−0.058	0.015	0.061
DREM	505	0.164	0.238	−0.215	0.936	−0.008	0.131	0.293
IC	505	645.753	6.573	0.000	808.700	630.810	674.570	710.715
Size	505	24.020	1.439	21.130	28.260	22.995	23.860	25.010
Lev	505	1.950	1.061	0.690	10.840	1.405	1.680	2.050
Ota	505	0.395	0.150	0.070	0.810	0.290	0.400	0.500
Ecr	505	0.227	0.146	0.010	1.490	0.140	0.190	0.270
Opinion	505	0.976	0.152	0	1	1	1	1
Big4	505	0.188	0.391	0	1	0	0	0
State	505	0.545	0.499	0	1	0	1	1

3.3 相关性检验

为了增强回归分析的结果的可信性，对回归分析的相关变量进行相关性检验，选用皮尔逊相关性检验，通过计算得出变量之间的相关性。

表3中，会计选择盈余管理与企业内部控制指数在1%的水平上显著，p值为−0.146，呈现显著负相关的关系，表示房地产企业的内部控制质量越高，那么能够抑制企业会计选择盈余管理行为，可以初步的验证本文提出的假设一。

表3 回归变量之间的皮尔逊相关性（DA）

	DA	IC	Size	Lev	Ota	Ecr	Opinion	Big4	State
DA	1								
IC	−0.146***	1							
Size	−0.098**	0.275***	1						
Lev	−0.117***	−0.112**	−0.312***	1					
Ota	−0.111**	0.150***	0.092**	−0.044	1				
Ecr	0.148***	−0.004	−0.241***	−0.055	−0.017	1			
Opinion	−0.064	0.439***	−0.029	−0.045	0.020	0.096**	1		
Big4	−0.056	0.091**	0.136***	0.057	0.158***	−0.142***	0.042	1	
State	−0.054	0.024	0.020	0.024	0.145***	−0.174***	0.144***	0.043	1

注：*、**、***分别表示在10%、5%、1%的水平上显著

表4中，真实活动盈余管理与企业内部控制指数在1%的水平上显著，p值为−0.123，呈现显著负相关的关系，表示房地产企业的内部控制质量越高，那么能够抑制企业真实活动盈余管理行为，可以初步的验证本文提出的假设二。

表4 回归变量之间的皮尔逊相关性（DREM）

	DREM	IC	Size	Lev	Ota	Ecr	Opinion	Big4	State
DREM	1								
IC	−0.123***	1							
Size	0.206***	0.275***	1						
Lev	0.161***	−0.112**	−0.312***	1					
Ota	0.110**	0.150***	0.092**	−0.044	1				
Ecr	0.129***	−0.004	−0.241***	−0.055	−0.017	1			
Opinion	0.113**	0.439***	−0.029	−0.045	0.020	0.096**	1		
Big4	−0.059	0.091**	0.136***	0.057	0.158***	−0.142***	0.042	1	
State	0.009	0.024	−0.02	−0.024	0.145***	−0.174***	0.144***	0.043	1

注：*、**、***分别表示在10%、5%、1%的水平上显著

3.4 多元回归分析

表5为房地产企业内部控制对盈余管理影响的回归结果。对于企业的会计选择盈余管理与真实活动盈余管理影响的回归模型R^2分别为0.083和0.184，设计较为合理。根据回归结果显示，企业内部控制指数与会计选择盈余管理在1%的统计水平上呈现显著负相关，表示房地产企业的内部控制质量越高，越能够抑制企业会计选择盈余管理行为，与假设1内部控制质量越高，房地产企业的会计选择盈余管理程度越低的结论相符。企业内部控制指数与真实活动盈余管理在1%的统计水平上呈现显著负相关，表示房地产企业的内部控制质量越高，越能够抑制企业真实活动盈余管理行为，与假设2内部控制质量越高，房地产企业的真实活动盈余管理程度越低的结论相符。验证了在房地产企业中，提升内部控制质量能够在一定程度上抑制企业管理层会计选择和真实活动盈余管理行为。

表5 内部控制对盈余管理影响的回归结果

被解释变量	DA	DREM
IC	−0.102***	−0.002***
Size	−0.109**	0.373***
Lev	−0.160***	0.305***
Ota	−0.080**	0.100**
Ecr	0.101***	0.220***
Opinion	−0.034	0.115**
Big4	−0.015	−0.108
State	−0.014	0.031
R^2	0.083	0.184

4 研究结论与建议

通过实证分析,以 2017—2021 年沪深两市房地产上市公司为样本,研究了房地产行业内部控制质量对会计选择盈余管理和真实活动盈余管理的影响。得出结论:第一,内部控制质量越高,房地产企业的会计选择盈余管理程度越低。第二,内部控制质量越高,房地产企业的真实活动盈余管理程度越低。并且根据拓展研究,内部控制质量与应计盈余管理的反向变动关系更显著。这表明企业的内部控制对两种盈余管理行为均有抑制作用,但对应计盈余管理的抑制作用更强。为了提高房地产企业的内部控制质量,提升对盈余管理的治理,企业应该优化内部控制环境,重视对风险的评估,完善信息沟通的机制,加强内部控制的监督管理机制。政府以及第三方审计机构也要加强对企业的监管力度,避免企业因为过度盈余管理造成的财务风险。

参考文献:

[1] 洪荭,胡华夏,王晶. 盈余管理与财务舞弊关系的演变与动态拓展 [J]. 会计与经济研究,2017 (3):32-55.

[2] 葛格,肖翔,廖添土. 内部控制质量对盈余管理的影响:基于企业社会责任的中介效应 [J]. 财会月刊,2021 (23):50-57.

[3] 李敏. 权力制衡、内部控制与盈余管理 [J]. 财会通讯,2017 (36):94-98.

[4] 王丽艳. 内部控制质量、自愿性会计变更与企业盈余管理 [J]. 财会通讯,2018 (30):28-32.

[5] 郭兆颖. 内部控制缺陷、会计稳健性与盈余管理关系研究 [J]. 预测,2020 (3):58-64.

[6] 张友棠,熊毅. 内部控制、产权性质与盈余管理方式选择:基于 2007—2015 年 A 股非金融类上市公司的实证研究 [J]. 审计研究,2017 (3):105-112.

作者简介:

孙玥蓉(1999—),女,辽宁沈阳人,会计专业硕士研究生,研究方向:管理会计与财务决策。

田珅(1981—),女,辽宁沈阳人,博士,副教授,研究方向:财务分析。

论文仅代表本文作者观点,文责自负——本书编者注。

海底捞全渠道盈利模式对现金流的影响研究

田　甜　王　坤

（沈阳建筑大学管理学院，辽宁　沈阳　110168）

摘要：数字经济时代，餐饮企业需要全渠道盈利模式以保持竞争力并保证现金流。运用案例研究方法对海底捞全渠道盈利模式进行纵贯研究，研究结论认为，海底捞的全渠道盈利模式传递了线下服务特色和品牌优势等，达到了线上和线下经营活动现金流协同增长、经营活动现金流与筹资活动现金流协同增长的效果。本研究为餐饮企业提供了在面临未来环境不确定性时提供了稳定现金流的有效方法。

关键词：全渠道；盈利模式；现金流；海底捞；餐饮业

Research on the Impact of Haidilao Omni Channel Profit Model on Cash Flow

Tian Tian　Wang Kun

（**College of Management，Shenyang Jianzhu University，Shenyang 110168，China**）

Abstract：In the era of digital economy，catering enterprises need omni-channel profit model to maintain competitiveness and ensure cash flow. This paper makes a longitudinal study on the omni channel profit model of Haidilao by using the method of case study. The research conclusion is that Haidilao's omni-channel profit model transmits the offline service characteristics and brand advantages，and achieves the effect of coordinated growth of cash flow of online and offline business activities and that of cash flow of business activities and financing activities. This study provides catering enterprises with an effective method to stabilize cash flow in the face of future environmental uncertainty.

Keywords：omni channel；profit model；cash flow；bottom fishing；catering

1 引言

2020年年初，新冠疫情突然暴发，餐饮企业受到了巨大冲击，仅春节假期7天就损失约5000亿元，餐厅业务现金流枯竭，众多餐饮企业倒闭或面临巨大的生存困境。与此同时，互联网经济却迎来了重要发展机遇，电商平台、直播带货呈爆发式增长，这样的反差使我们认识到经济的低迷是暂时的，利用好线上+线下的全渠道盈利模式可以为餐饮企业带来新的生机。

盈利模式是指企业对经营要素进行价值识别和管理，从而找到盈利机会的方法和路径。盈利模式虽然探讨的是利润获取方式，但利润与现金流是分不开的，而且现金流比利润对企业更具有现实意义，现金流已逐渐取代利润成为企业战略转型的方向[1]，现金流也是检验企业盈利模式质量的有效工具[2]。由此可见，对于企业盈利模式而言，现金流是一个必不可少的研究对象。

全渠道这一概念最早是在零售营销研究领域提出的。全渠道商业模式的构建遵循叠加演进和协同创新路径，技术创新和资本实力等是重要要素[3]，协同是全渠道系统的核心因素[4]，协调冲突的双元能力是消除渠道间隔阂、实现全渠道绩效的有力促进因素[5]。

已有研究论证了盈利模式与现金流量的依存关系，也分析了全渠道盈利模式构建的影响因素，得出了有益的结论，本文揭示了餐饮企业构建全渠道盈利模式的关键影响因素及绩效，为众多餐饮企业的全渠道盈利模式构建提供参考借鉴，以期在未来疫情常态化或新的不确定性环境出现时，餐饮企业能够保持竞争力和稳定的现金流，甚至实现现金流增长。

2 餐饮企业全渠道盈利模式的优势

2.1 线上渠道增加餐饮企业曝光度

互联网增加了餐饮行业曝光度，消费者通过O2O模式直接与餐饮企业对接，提高了企业曝光度。消费者消费习惯的转变使得互联网销售成为目前零售业的主要增长点，消费者对产品的需求有增无减，但消费模式却发生了重大变化，线上渠道带来的高曝光率直接影响各餐饮企业的现金流入。

2.2 全渠道盈利模式降低餐饮企业成本

在互联网背景下，企业可以利用互联网、大数据、物联网等信息技术，加强供应链管理，通过现代化技术手段，建立起原材料加工、服务以及运输等一体化体系，加强各环节产品质量控制，有效整合当地餐饮资源，发挥线上的信息流、客户流优势，实现餐饮企业经营的低成本和高效率。同时，企业可通过互联网管理的优势，全面、完整地了解库存管理信息，降低库存管理成本，节约现金流出。

3 海底捞全渠道盈利模式对现金流的影响

3.1 不确定性高时期线上现金流的抗风险作用

线下业务是餐饮企业的主流业务，由表1可知，海底捞在2019年前6个月的平均翻台率为4.8次/天，2020年前6个月受疫情影响，翻台率降为3.3次/天。

表1 2019—2021年中期海底捞翻台率

（单位：次/天）

项目	2019年中期	2020年中期	2021年中期
一线城市	3.0	3.0	4.8
二线城市	3.1	3.5	5.0
三线以下	2.9	3.6	4.7
国内餐厅	3.0	3.4	4.8
海外餐厅	2.2	2.6	3.9
平均	2.84	3.3	4.8

翻台率作为衡量餐饮企业业绩最重要的指标之一，其大幅下降对海底捞的线下餐厅营业收入造成了较大影响，现金流风险较高，此时线上外卖现金流呈现了较高的抗风险能力，依据表2，2020年海底捞线上现金流较2019年增加162.5%。以电商平台销售为主的颐海国际也分担了部分现金流风险，2019年中期海底捞净利润为91216.50万元，至2020年中期其利润降至负96450.70万元，同比降低205%，而颐海国际在疫情期间收入逆势上涨，从2019年中期的165575.50万元上涨至2020年同期的221813.30万元，净利润从2019年中期29239.10万元上涨至2020年44581.70万元，同比上涨52.4%，海底捞的线上业务在避免现金流枯竭、抵御现金流风险方面起到了关键性作用。

表2 海底捞2019—2021年中期收入构成

（单位：万元）

收入	2019年中期	2020年中期	2021年中期
海底捞餐厅	1133617.30	916265.20	1951016.4
外卖及其他	35845.30	65337.50	58420.5
总营业收入	1169462.60	976060.50	2009436.9
期内净利润	91216.50	-96450.70	9650.8
颐海国际营收	165575.5	221813.3	263080.4
期内净利润	29239.1	44581.7	39239.3

3.2 线上现金流境不确定性高时期降低融资成本

海底捞在疫情期间营业收入和现金流的表现向市场传递了积极的信号，如图1所示，自疫情开始海底捞股价不降反升，从2020年年初的31.479元/股涨至2020年年末的59.679元/股，单股涨幅达到89.5%之多。这体现了资本市场对于海底捞经营发展前景的良好预期，带来了企业估值的大幅增长，使得海底捞能够更加受到银行贷款的青睐。海底捞在疫情期间获得了32.40亿元的无抵押银行贷款和0.90亿元的资产担保借款，大量补充了筹资活动现金流入，且筹资成本低，筹资活动现金流出男非常少，借款利息可以在未来经营期间作为财务费用抵减所得税费用，从而进一步降低财务成本。可见，海底捞通过全渠道盈利模式不仅打破了渠道间隔阂，且增强了渠道间的整合。

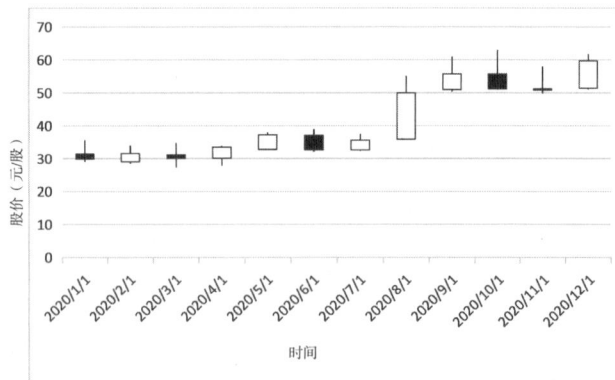

图1 海底捞2020年股价变动趋势

表3 2019—2021年中期海底捞人均消费变动

（单位：元）

项目	2019年中期	2020年中期	2021年中期
一线城市	110.00	118.10	114.90
二线城市	98.40	107.40	104.60
三线以下	94.80	101.80	99.00
国内餐厅	100.40	108.00	104.30
海外餐厅	185.50	191.30	189.50
平均	104.40	112.80	107.30

与此同时依据表3，受海底捞线下菜品价格上涨与外卖等线上业务高客单价的影响，海底捞2019年中人均消费相对于2020年人均消费由104.1元/人上涨至112.8元每人，同比上涨7.4%。

4 研究结论与政策建议

数字经济时代，餐饮行业向全渠道盈利模式转型将是必然趋势，在全渠道盈利模式下，餐饮行业可以发挥线下线上渠道的协同效应，利用线上现金流抵御环境不确定性带来的经营风险。通过研究，本文对餐饮行业的全渠道盈利模式提出以下政策建议：

首先，品牌和特色是全渠道盈利模式的前提。协同效应实现的基础是企业具有较高的市场知名度和产品需求，即使在外部环境受到冲击时，消费者对产品的需求仍然存在，才使得线下向线上转型能够顺利实现。线下经营特色必须向上延伸，实现跨渠道价值传递。

其次，全渠道盈利模式应发挥大数据挖掘优势。数字经济不仅仅是实现互联网销售，餐饮企业更应该利用数字资源进行信息挖掘，进而对产品需求进行有效预测。有效的市场需求预测能够为企业节约营业成本、期间费用和经营活动现金流出。

最后，全渠道盈利模式需要企业具备协调冲突的双元能力。跨渠道整合关系到全渠道盈利模式构建的成败，渠道间应以资源共享为目标，而不应出现渠道间抢夺资源进而提高经营成本等问题，因此企业应具备协调渠道间冲突的双元能力。

参考文献：

［1］汤谷良. 财务估值原理引领企业战略规划与盈利模式转型［J］. 北京工商大学学报（社会科学版），2021，36（2）：1-9.

［2］殷向晖，田小燕. 用现金流模式检测盈利模式的"质量"［J］. 企业管理，2014（3）：75-77.

［3］张艳，王秦，张苏雁. 互联网背景下零售商业模式创新发展路径的实践与经验：基于阿里巴巴的案例分析［J］. 当代经济管理，2020，42（12）：16-22.

［4］刘向东，何明钦，米壮. 全渠道零售系统：基于中国的实践［J］. 北京工商大学学报（社会科学版），2021，36（3）：1-13.

［5］臧树伟，潘璇，胡左浩，等. 双元能力如何促进企业全渠道转型［J］. 南开管理评论，2021，24（4）：62-75.

作者简介：

田甜（1981—　），女，辽宁沈阳人，博士，讲师。研究方向：资本市场与企业并购。

王坤（1997—　），男，辽宁沈阳人，会计学专业硕士研究生，研究方向：法务会计。

论文仅代表本文作者观点，文责自负——本书编者注。

恒大集团债务违约成因分析

祝芷馨　张慧彦

（沈阳建筑大学管理学院，辽宁　沈阳　110168）

摘要：房地产属于资金密集型行业，在疫情和国家宏观政策的双重压力下，债券市场上违约现象也愈演愈烈。以中国第一大房地产企业恒大集团为例，通过 Z-Score 模型综合解读恒大近几年的财务状况，从多角度分析恒大发生债务违约的原因，并通过分析提出避免盲目多元经营，聚焦主业；优化融资方式，完善资本结构；强化内部控制，推进公司治理现代化等措施化解财务风险。

关键词：债务违约；风险；分析

Analysis of the Causes of Debt Default of China Evergrande Group

Zhu Zhixin　Zhang Huiyan

（**College of Management**，**Shenyang Jianzhu University**，**Shenyang 110168**，**China**）

Abstract：Real estate is a capital-intensive industry，and under the dual pressure of the epidemic and national macro policies，the default phenomenon in the bond market has also intensified. Taking China Evergrande Group，China's largest real estate enterprise，as an example，this paper first comprehensively interprets China Evergrande's financial situation in recent years through the Z-Score model，analyzes the reasons for China Evergrande's debt default from more angles，and finally proposes to avoid blind diversification and focus on the main business through analysis；optimize financing methods，improve capital structure；strengthen internal control，promote the modernization of corporate governance and other measures to resolve financial risks.

Keywords：debt default；risk；andysis

1 引言

2021 年以来全球新冠疫情出现多次反复，全球经济复苏动力减弱。在国内受疫情、汛情的影响下，多地实行限产限电，我国经济下行压力加大，企业经营压力不减。在货币政策方面，国家实行"结构性宽松带动稳信贷"的政策，房地产行业的融资渠道被严控，融资资源在多行业内重新分配，多家房企出现债务违约。

所谓债务违约，是指债务人无法按照合同约定，到期偿还债务给债权人，从而发生违约。国内外学者对于债务违约的影响因素有着不同的观点。Sun (2016)[1] 认为信用等级差、负债高的企业更容易发生债务违约；Bartram S M（2018）认为，房地产行业受国家宏观调控政策的影响很大，企业应该通过把握政策来减少债务违约的风险；陈琛（2016）认为，房企出现债务违约与其短期偿债能力有关。通过梳理现有文献，探究恒大集团债务违约的成因并为类似企业总结出风险警示。

2 恒大集团简介及债务违约事件梳理

恒大集团于 1996 年 6 月 24 日成立，其前身为"恒大地产集团有限公司"。2009 年 11 月 5 日，恒大在香港联交所主板上市，董事长本人持有公司 76.71% 股份。2009 年在证券交易所上市后，恒大集团布局了多元化发展战略，包括房地产、旅游、体育、金融、文化、健康、快速消费品、高科技等多个行业。多元化战略消耗大量资源，融资成本上升和现金流瓶颈等问题导致公司整体财务风险增加，加之监管政策更加严格，因此恒大集团经营业绩持续下滑。2020 年 6 月有商票持有人称其持有的恒大商票没有按时兑付，联系恒大后被告知需要排队后才能兑付，并且无法估计等待时间，恒大集团发生债务违约，公司评级也一度下调至 B-，在 2021 年恒大中期报表中显示，恒大集团整体负债高达 1.97 万亿元，爆发了财务危机。

3 基于 Z-Score 模型分析恒大集团财务状况

利用 Z-Score 模型对恒大集团近几年的财务状况

进行综合评估[2]。Z-Score 模型是判别企业运营状况以及破产情况的系统，其计算公式是：

$$Z = 1.2X_1 + 1.4X_2 + 3.3X_3 + 0.6X_4 + 0.999X_5$$

式中，X_1＝（流动资产－流动负债）/资产总额；X_2＝留存收益/资产总额；X_3＝息税前收益/资产总额＝（利润总额+财务费用）/资产总额；X_4＝优先股和普通股市值/负债总额；X_5＝营业收入/资产总额。

Z-Score 模型是根据计算出来的 Z 值来判断企业的财务状况以及破产情况，Z 值越低表示公司的财务状况越糟糕。如表 1 所示，若 Z<1.81，则表示企业处于危险区，公司破产的可能性最高；若 1.81≤Z< 2.67，公司处于灰色区，财务状况不太稳定；若 Z≥2.67，则表示企业财务状况稳健，公司处于安全区，破产可能较小。

表 1　Z-Score 模型的判断标准

Z 值范围	Z<1.81	1.81≤Z<2.67	Z≥2.67
判断标准	破产区	灰色区	安全区
财务状况	危险	不稳定	良好

表 2 是从恒大集团对外公布的年报以及东方财务网汇总出的恒大集团 2015—2021 年中期的财务数据。（截至 2022 年 5 月 7 日，恒大集团 2021 年年报未对外披露。）

表 2　恒大集团 2015—2021 年中期财务报告部分数据　　　　　　　　　　（单位：亿元）

年份	2015 年	2016 年	2017 年	2018 年	2019 年	2020 年	2021 年中期
流动资产	6123.44	11100.00	15200.00	15800.00	18500.00	19000.00	19500.00
资产总额	7570.35	13500.00	17600.00	18800.00	22100.00	23000.00	23800.00
流动负债	4566.81	7333.94	10800.00	11600.00	13500.00	15100.00	15700.00
负债总额	6148.93	11600.00	15200.00	15700.00	18500.00	19500.00	19700.00
留存收益	423.98	384.95	562.10	657.92	779.92	494.80	636.10
营业收入	1331.30	2114.44	3110.22	4661.96	4775.61	5072.48	2226.90
税前利润	314.45	368.62	774.73	1267.65	741.72	682.45	179.14
利息支出	8.07	63.92	89.27	83.79	187.41	125.41	–

基于 Z-Score 模型计算出 Z 值，结果见表 3。

表 3　恒大集团基于 Z-Score 模型的 Z 值计算结果

综合分析	2015 年	2016 年	2017 年	2018 年	2019 年	2020 年	2021 年中期
X_1	0.21	0.28	0.25	0.22	0.23	0.17	0.16
X_2	0.06	0.03	0.03	0.03	0.04	0.02	0.03
X_3	0.05	0.04	0.05	0.08	0.04	0.03	0.01
X_4	0.37	0.57	2.33	1.96	1.51	1.01	0.68
X_5	0.18	0.16	0.18	0.25	0.22	0.22	0.09
Z	1.50	1.01	2.08	2.00	1.61	1.16	0.76
结论	破产区	破产区	灰色区	灰色区	破产区	破产区	破产区

从表 3 中可以看出，恒大集团在 2015 年到 2021 年中期为止，整体的财务状况不容乐观，均处于安全区以下。2017 年财务状况开始好转，处于不稳定区，仅仅维持了两年，从 2019 年开始，Z 值重新降回了 1.81 以下，并且呈现出逐年下降的趋势，在 2021 年中期更是降到了 0.76，以上数据表明恒大的财务状况从 2018 年后逐渐恶化，财务风险逐年加大。

4　恒大集团债务违约成因分析

4.1　多元化发展战略削弱主营业务

恒大盲目地拓展多元领域，是其发生债务违约的一大原因。恒大集团自 2009 年上市以来就布下多元化发展的布局，恒大是房地产行业起家，却相继进军与主业相差甚远的体育、文化、快消品、金融、旅游等行业，且这些行业的发展并没有给企业带来预期的盈利，反而在不断削弱其主营业务。根据恒大集团的财报，恒大在2009年开始涉足足球领域，截止到2020年9月，恒大在足球领域投入130亿元，亏损了73亿元；2018年恒大宣布进军新能源汽车，花费474亿元在世界范围买下了从生产到销售的几乎所有环节，但截止到2022年10月，恒大新能源汽车也未能实现量产；此外，恒大的理财业务、恒大童世界等旅游业务也一直处于亏损状态。恒大集团的主营业务房地产业务也在2021年出现亏损，截止到2021年中期，恒大地产就亏损40亿元。

恒大在多元化的发展道路上偏离主业，产业间关联性弱，恒大本想借多元经营为主业进行融资，可是由于其多元经营速度过快，没有发挥出不同资源间的协同效应和规模经济，不仅消耗了企业大量资源，还拖垮了恒大资金的流动性，致使其陷入财务危机。

4.2 高负债经营爆发流动性危机

房地产行业由于其行业特性，普遍是先举债建房，后交房还债，因此高负债经营是房地产企业的普遍现象。从表4可以看出，恒大的负债规模高于同类房企；现金短债比低于同类房企，仅为0.67，可见恒大集团的偿债能力极弱。房地产行业资产负债率普遍较高，剔除预收账款后大型房企的资产负债率普遍在70%左右，但恒大却达到了81%，同样高于其他房企，过高的资产负债率很可能会为企业带来资金流动性风险。

表4　恒大及同类房企的相关负债指标

同类房企	碧桂园	万科	保利	恒大
负债规模（万亿元）	1.76	1.52	1.00	1.95
现金短债比	2.10	1.67	1.93	0.67
剔除预收款后资产负债率（%）	77	69.7	66.2	81

随着中央"住房不炒"等政策的出台，金融机构相继减少了对房企的贷款，这使得高负债经营的企业面临资金流动性的风险。若有高息的短期贷款催收，恒大便会陷入债务旋涡。根据恒大2021年半年报中的数据显示，恒大集团的主要流动性压力来源于三个方面：第一部分是应付供应商的贷款；第二部分是银行等金融机构的借贷；第三部分是恒大应到期偿还的巨额且高息的美元债和经营贷。前两部分恒大可以通过与供应商和银行等金融机构沟通，以获得债务的延后或展期。由于流动性压力，第三

部分债务是恒大最难解决的部分。综上可见，在行业政策的压力下，恒大的高负债高杠杆经营导致其出现了资金的流动困难，陷入债务旋涡，最终在众多大型房地产企业中最先出现财务危机。

4.3 董事长错失纠偏机会

在现代企业中，企业法人治理结构由股东会、董事会、监事会和由高层经理人员组成的执行机构四部分组成，这四部分应该起到相互制约、相互监督的作用[3]。然而恒大的治理结构却有名无实。根据恒大违约后爆出来的消息看，其可以绝对控股恒大地产，间接拥有恒大地产63.64%的股权。这也使得董事长个人冒进、粗犷的个性成为恒大地产的整体特征。恒大集团首席经济学家在2017年加入恒大后就不赞成冒进式多元化，并曾在公开信中表示恒大内部对于是否应多元化以及如何实施多元化是存在分歧的，但从恒大的发展结果来看，他的想法并未被采纳。恒大集团的首席经济学家曾担任国务院发展研究中心宏观经济研究部研究室副主任，其政治经济学的功力受到一致认可，但恒大集团的实际控制人并没有认真考虑以他为代表的反对冒进式多元经营建议，使恒大的发展失去了纠偏的机会，可见是十分遗憾的，恒大也为此付出了惨痛的代价。

5 恒大违约的风险警示

5.1 避免盲目多元化发展，聚焦主业

随着我国经济的不断发展，在竞争激烈的市场环境下，多元化发展战略越来越受到企业的青睐。多元化发展不仅可以在资本市场上获得更多的融资，还可以分散经营风险，当某一行业或产品失败时为企业提供保护。但是企业不应只看到多元化为企业带来的积极效应，更应该时刻警惕多元化为企业带来的负面影响。多元是把双刃剑，在为企业提供保护、创造效益的同时，还可能会削弱企业主营业务的造血能力，造成资金以及管理层注意力的分散[4]。若是多元不当，还会造成资源的过度分散，加大企业市场风险。合理有效的多元经营要求企业有足够的资金能力、资源整合能力以及专业能力，在选择多元领域时要严密又慎重，尽量选择与主营业务相关联的行业，能够与主营业务产生协同发展的效果，聚焦主业，避免盲目多元。

5.2 优化融资方式，完善资本结构

受房地产企业的行业特征影响，大多的房企都是高举债、高周转的经营模式。2020年8月国家明

确了重点房地产企业资金监测和融资管理规则，为开发商划下了"三条红线"，除了恒大地产，还有华夏幸福、富力地产等众多大型房企三条线全踩。有关部门规定，要求三项指标全部踩线企业的有息负债不得增加，因此仅仅依靠举债融资的企业必定大受创伤。加之2017年以来，国家相继出台"房住不炒""降杠杆"等一系列政策指导，外部融资环境改变，房地产市场已经进入收缩期，房企若想在这样的宏观大背景下屹立不倒，便要及时优化融资方式，通过有效组合，实现融资渠道的多元化，完善企业资本结构，从而降低因高举债而带来的资金链断裂的风险。

5.3 完善内部控制，推进公司治理现代化

房地产企业属于资金密集型企业，充足而又不间断的资金来源是房地产企业不断发展的基础，因此房企应该加强资金的内部控制管理，科学地进行资金预算、分配、投资与融资，建立起合理有效的审批、监督、控制机制[5]。除了加强对资金的管理，企业领导人更应该建立科学的决策机制和有效的监督机制。要吸纳人才，接受人才，通过激励、制衡和监督，推进公司治理的现代化。

6 结语

通过分析恒大集团财务状况和经营模式，总结出恒大集团债务违约的原因是：多元化经营削弱主营业务、高负债经营使其爆发资金流动性危机以及董事长大权独揽，恒大失去纠偏机会。最后从宏观角度为其他房企作出风险警示，可以通过避免盲目多元，聚焦主业；优化融资方式，完善资本结构和完善内部控制，推进公司治理现代化来降低债务违约风险。

参考文献：

[1] Sun Alp. Credit risk and governance：Evidence from credit default swap spreads [J]. Finance Research Letters，2016（5）：211-217.

[2] 王威，刘芬. 基于FMTSVM的企业财务危机预警研究[J]. 会计之友，2021（22）：79-86.

[3] 刘又萌. 内部控制缺陷与公司财务危机[J]. 财会通讯，2021（4）：142-145.

[4] 许丹丹，上官鸣. 恒大集团财务危机成因探究[J]. 财会研究，2022（1）：41-46.

[5] 宋效军，余翔. 反思恒大债务违约[J]. 银行家，2021，250：15-18.

作者简介：

祝芷馨（1998—　），女，辽宁沈阳人，会计专业硕士研究生，研究方向：项目融资与风险管理。

张慧彦（1981—　），女，辽宁沈阳人，硕士，副教授，研究方向：法务会计。

论文仅代表本文作者观点，文责自负——本书编者注。

华润万象生活盈利模式分析与评价

宋煜凯　关一丁

（沈阳建筑大学管理学院，辽宁　沈阳　110168）

摘要：从利润对象、利润点、利润来源、利润杠杆和利润屏障5个方面，运用盈利模式五要素理论对华润万象生活盈利模式进行分析；选取华润万象生活近5年财务数据，同行业代表企业碧桂园服务及彩生活服务进行对比，从盈利能力主要指标毛利率、净利率和净资产收益率3个方面进行分析，提出提高盈利水平的对策与建议。

关键词：盈利模式；物业行业；分析

Analysis of the Profit Model of China Resources Mixc Lifestyle Ltd.

Song Yukai　Guan Yiding

（**College of Management**，**Shenyang Jianzhu University**，**Shenyang 110168**，**China**）

Abstract：This paper analyzes the profit model of China Resources Mixc Lifestyle Ltd. from the five aspects of profit object，profit point，profit source，profit leverage and profit barrier，and compares the financial data of the nearly five years with the representative enterprises of the same industry，Country Garden Service and Color Life Service，and analyzes the three aspects of gross profit margin，net profit margin and return on net assets of the main indicators of profitability，and puts forward countermeasures and suggestions to improve the profit level.

Keywords：profit model；property industry；analysis

1 引言

我国物业管理行业经历了40多年的发展已经从旧房管体系中脱离，向着专业化、社会化、信息化、市场化迅速发展。在大时代的背景下，如何提升盈利能力是物业企业提高竞争力的关键所在。

盈利模式是一项评价企业价值的综合性财务指标。国内学者王波认为盈利模式与企业内部秩序和外部表现有关，其运营机制和企业战略被称为企业的盈利模式[1]。盈利模式归结为5个构成元素：利润点、利润对象、利润来源、利润杠杆以及利润屏障。利润来源是指企业从哪里获取收入；利润点是指企业能为客户提供哪些价值并且在完成交易后企业可以从客户获得怎样的利润[2]；利润杠杆是指企业通过哪些经营行为吸引客户消费；利润屏障是指企业避免被竞争对手抢占自身利润的手段[3]。

2 华润万象生活盈利模式现状分析

2.1 华润万象生活经营现状

2020年12月9日，华润万象生活有限公司在香港成功上市。作为华润集团旗下多业态服务综合平台，其在2021年实现了在管面积和营业收入的高质量、高速度的增长。截至2021年年底，公司住宅物管服务实现收入53.10亿元，商业运营管理服务实现收入35.65亿元。住宅物管业务覆盖全国100个城市，在管面积1.47亿平方米，在管项目754个；商业运营服务中的已开业购物中心项目57个，写字楼项目71个，总建筑面积达1452.6万平方米。

2.2 华润万象生活盈利模式构成要素分析

2.2.1 利润点

利润点可从两方面理解：企业能为客户提供哪些价值；在完成交易后企业可以从客户获得怎样的利润[4]。华润万象生活以充分满足业主日益多元化的生活和日常需求为出发点，以住宅物管与购物中心、写字楼运营三大服务为基础，提供增值服务，如社区增值服务、开发商增值服务等，增强其住宅物业、购物中心运营和写字楼运营不同业态之间的互动，形成全业态协同，为业主及租户提供全面的服务。华润万象生活以将"全业态、全客户、全产品、全服务"打造成为"一体化的生态体系"为特点的独特业务模式（如图1所示），在传统的物业管理和商业运营的企业中脱颖而出，获取更多利润。

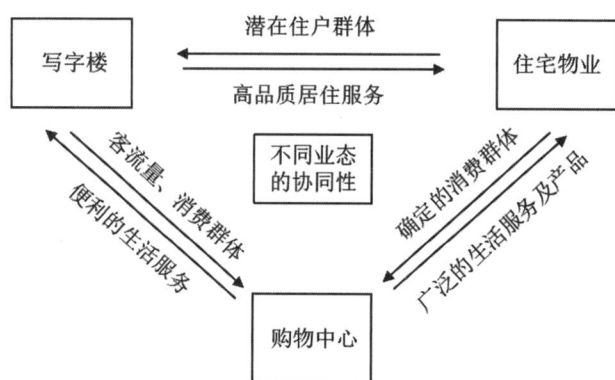

图1 全业态协同

2.2.2 利润对象

利润对象是指企业提供价值的对象。华润万象生活曾为集团提供跨部门的购物中心商业运营服务，2020年1月起独立确认收入，2017年以来公司大部分业务都来自母公司华润置地及华润集团。

通过公司财务数据可以得出，2017—2021年华润万象生活积极外拓，来自华润置地住宅物业在管面积占比从95.44%下降至65.23%，在管购物中心与写字楼总面积中，华润置地持有的购物中心与写字楼面积比例虽有下降，但占有率仍为80%以上。截至2021年年底，公司提供住宅物管与商业为运营服务项目仍大部分由华润置地拥有或开发，因此华润万象生活的最主要利润对象是其母公司华润置地。

2.2.3 利润来源

华润万象生活的利润来源于向客户提供的住宅物业管理服务和商业运营服务。住宅物业管理部门除为业主提供日常所需的秩序维护、清洁及绿化、维修及保养外，亦为社区及物业开发商提供增值服务；公司对购物中心和写字楼提供的商业运营服务包含物业管理、开业前运营管理服务及商业分租服务。基于近几年的财务资料，其商业运营服务营业收入占比约占40%，住宅物管服务营业收入占公司总收入近60%左右，是公司收入的主要来源。

2.2.4 利润杠杆

华润万象生活依托实力雄厚的华润置地的母公司，拥有中小型物管公司、商管公司不具备的能力——并购。公司通过收购禹洲物业、中南服务等优质企业，扩大了自身的服务对象和服务体量，在并购过程中不仅可以整合被并购公司的实体资源，更能将不同的收购对象的无形资源打通，形成协同和规模效应，并以此快速打通市场并丰富和提升自身的服务能力与质量，形成核心竞争力。

2.2.5 利润屏障

利润屏障是企业维持稳定利润来源的保障[5]。华润万象生活的利润屏障主要来自以下两点：首先是明确的定位。公司剥离了母公司华润置地开发商的角色，集中资源在运营服务提供者的定位上，同时将服务范围扩大，将商管物管相融合形成服务特色，针对不同层次的消费群体建设不同的消费品牌，正是因为角色定位准确，公司才能在高端消费回流的背景下创造35%以上的销售业绩增幅。其次是公司注重科技赋能。华润万象生活十分重视科技研究，为业主提供智慧科技化服务，如自主研发并运营的"悦家APP""一点万象"智慧生活服务平台；在疫情期间使用人脸识别测温结合大数据算法对业主的安全进行监控；使用机器人进行无接触配送等。

3 华润万象生活盈利能力分析

3.1 营业收入分析

华润万象的营业收入主要来自于住宅物管服务、商业运营及物业管理服务两个方面（见图2）。2019年至2021年，公司总营业收入从58.67亿元增长至88.75亿元，其中2021年住宅物业管理服务收入为53.10亿元，同比增长36.7%，占总营业收入59.8%，是公司主要收入来源；商业运营及物业管理服务板块的营收较上年同期增加23.2%，达35.65亿元，占总营业收入40.2%。2021年总营业收入88.75亿元，与2019年相比增长30.9%，呈稳定增长的趋势。

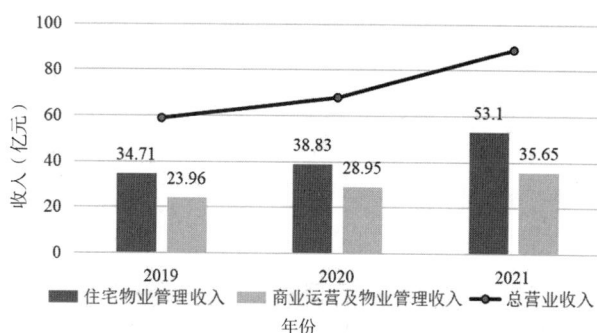

图2 华润万象各业务板块营收变化情况

3.2 销售毛利率分析

根据财务数据显示，从2018年至2021年年底，华润万象生活毛利率呈上升趋势，公司利润从2018年的15.0%增长到2021年的31.1%（见图3），公司毛利率增长主要是商业运营及物业管理服务板块的营收增长所致。虽然2018年和2019年的毛利率每年都有增长，但与行业平均水平相比仍较低。同行业代表企业彩生活和碧桂园服务毛利率超过其两倍，自2020年下半年，华润万象逐渐将包干收入模式向酬金制转变，高利润的商场和办公楼的商业经营业务也开始计入收入，企业利润水平提升。

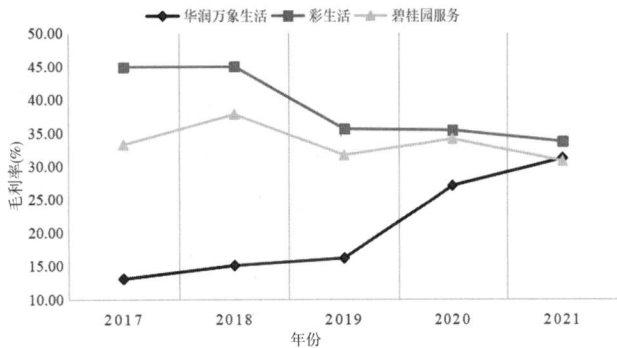

图3　华润万象销售毛利率变化情况

3.3　净利率分析

2021年上市物企平均净利率为13.76%，华润万象生活的净利率从2018年的9.5%上升到了2021年的19.4%（见图4），与行业平均水平相比表现较好，高于行业平均水平，净利润逐年增长，现金流表现良好。2017及2018年公司投资物业公允价值变动贡献了利润总额一半以上，2020年公司扣除投资性房地产公允价值变动影响后的净利润率逐年提升，业务板块规模迅速扩张，净利率稳定增长，2021年净利率超过19%，与2020年相比增长60.3%。

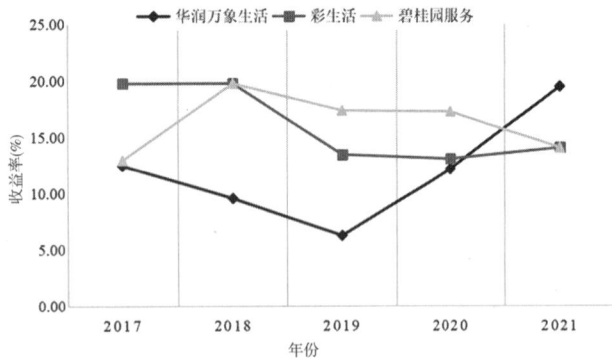

图4　华润万象销售净利率变化情况

由图5可看出，华润万象生活净资产收益率近年与彩生活和碧桂园服务相似，都呈下降趋势。公司净资产收益率于2020年急剧下滑，主要由于华润万象生活于2020年IPO募集资金到位，净资产增加，短期内投入的资金未能实现收益，导致总资产周转率、权益乘数下降。至2021年止，华润万象生活盈利能力明显提升。通过不断优化经营能力，公司住宅物业管理板块盈利能力明显增强，带动整体毛利率水平稳定提升，同时公司业务在管面积亦大幅增

长，公司收购禹洲物业、中南物业后新增在管面积7248万平方米，并购完成后总合约面积将突破3亿平方米，积极开拓第三方业务板块。

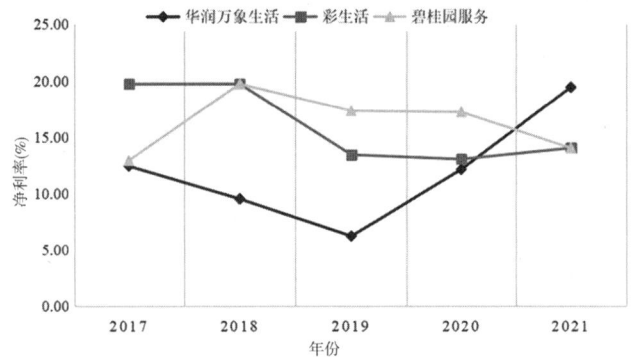

图5　华润万象净资产收益率变化情况

4　提高盈利能力的对策及建议

4.1　全业态协同效应

根据图3可看出，碧桂园服务和彩生活虽近年来毛利率有所下降，仍与华润万象生活毛利率持平。碧桂园2021年毛利率为33.6%，而华润万象生活2021年较2020年增长15%，为31.1%，处于较低水平。因此华润万象生活应采取措施，并购合适的物业项目，扩大业务规模，利用"全业态协同"效应，增加营业及物业服务收益，提高毛利率。

4.2　积极外拓

华润万象生活收入逐年增长，2017—2021年来自华润置地住宅物业在管面积占比从95.44%逐年下降至65.23%，收入仍主要来自母公司华润置地，对母公司依赖度仍很高。当前市场的竞争非常激烈，物业收费难以提高，其收益的增长主要依赖于服务管理面积的扩大，而服务管理面积扩大则依赖于公司的内部和外部扩展。积极外拓应成为华润万象生活提高收入一大重要手段。

4.3　提高品牌知名度

品牌知名度对于企业在商业竞争中扮演重要角色，华润万象生活的品牌知名度还有待提升，对内应当研究客户需求、提升服务质量，在当前服务对象中获得良好口碑和品牌认可度；对外积极与其他企业合作大量优质项目，通过优质项目的运营扩大品牌影响力，在潜在用户中尤其是独角兽企业和各行业龙头企业加大宣传与其合作，依托该企业的影响力对华润万象品牌进行宣传，扩大品牌影响力。

参考文献：

[1]　王波，彭亚利. 商业模式［J］. IT经理世界，2002（7）：88-89.

[2] 甄国红. 国内网络公司的盈利模式及其构建研究 [J]. 情报科学, 2007 (9): 1321-1324+1336.

[3] 李舟. 腾讯公司的盈利模式研究 [D]. 上海: 上海外国语大学, 2014.

[4] 杨珉沣. 杜邦分析法在企业盈利模式分析中的应用研究 [J]. 价值工程, 2019, 38 (7): 40-42.

[5] 王慧君, 朱建明. 共享单车盈利模式分析 [J]. 企业经济, 2018, 37 (5): 135-144.

作者简介:

宋煜凯 (1963—), 男, 辽宁抚顺人, 博士, 副教授, 研究方向: 资本市场投融资 (PPP), 房地产金融, 养老产业等。

关一丁 (1998—), 女, 辽宁鞍山人, 硕士研究生。研究方向: 企业并购的项目及效益分析。

论文仅代表本文作者观点, 文责自负——本书编者注。

晋能控股集团联合重组后的协同效应分析

栾世红　赵琰钰

（沈阳建筑大学管理学院，辽宁　沈阳　110168）

摘要：联合重组使企业保持和维护原有核心竞争能力，也加强了企业整体在市场中的竞争优势，并为最终实现企业价值最大化及其长远发展目标打下坚实基础。以晋能控股集团为例，对其在联合重组后，尤其煤炭业务整合后产生的协同效应进行分析，结果表明，企业联合重组虽面对很大风险，但企业在联合重组后所形成的协同效应是多方面的，对于企业后期如何发展有一定的指导意义。

关键词：联合重组；协同效应；能源企业

Analysis of the Synergistic Effect after the Joint Restructuring of Jin Neng Holding Group

Luan Shihong　Zhao Yanyu

（**College of Management**，**Shenyang Jianzhu University**，**Shenyang 110168**，**China**）

Abstract：The joint reorganization makes the enterprise maintain and maintain the original core competitiveness，but also strengthens the overall competitive advantage in the market，and lays a solid foundation for the ultimate realization of enterprise value maximization and its long-term development goals. Jin can hoding group，for example，in joint after restructuring especially after the coal business integrantion of synergistic effecot is analyzed the result showed that the joint reorganization is facing a big risk，the synergistic effect formed after the joint restructuring of enterprises is in many aspects，which has certain guiding significance for the later development of enterprises.

Keywords：joint reorganization；synergistic effect；energy enterprise

1 引言

为充分发挥山西省能源集中优势，进一步激发能源企业发展潜力，提高能源企业集中性，同时推动山西省能源革命及经济转型取得重大突破，山西省政府决定联合同煤集团、晋煤集团等3家煤炭集团及其他相关企业重新组建，并于2020年9月成立晋能控股集团有限公司。此次组建不仅起到优化山西省内煤炭生产布局的作用，也将影响全国煤炭企业在市场中的布局。新的大型煤炭企业成立，将有助于提升山西省对其他新兴产业的吸引与聚集，同时有助于提升山西省能源企业在全国能源市场中的核心竞争力，并积极推进"煤老板"在转型发展新道路上的华丽转身。

所谓协同效应，通俗地讲是指"1+1>2"的效应。是指企业在采购、加工、管理、销售等不同生产运营环节与不同发展时期在共同使用同一个资源之后所形成的整体效应。晋能控股集团属于资源型企业，其在进行联合重组后，不论从企业自身的规模上还是对市场的占有上都将发生重大变化，对于企业未来的发展也有着一定的影响。

2 企业联合重组后的协同效应

企业联合重组后的协同效应主要分为经营协调效应，管理协同效应和财务协同效应三方面，而每个方面又包含了相应的研究内容（见图1）。

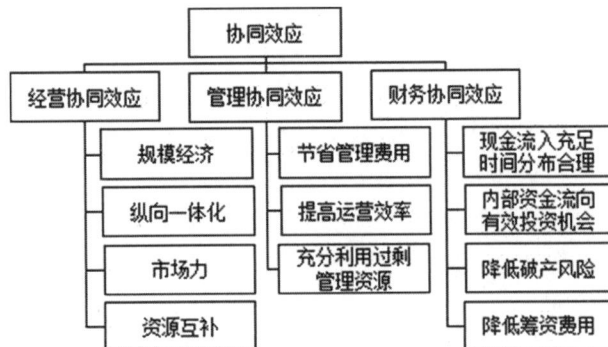

图1　协同效应分析结构

2.1 经营协同效应

2.1.1 规模经济效应

同煤集团和晋煤集团都属于山西省煤炭生产企

业中的重要支撑，其煤炭资源占比在全国范围内都较高，同时二者都在世界500强企业中也曾占有一席之位，企业间强强联合后，不论是从其拥有的资源，还是企业的整体发展实力来看，都将会加强晋能控股在全国煤炭市场的领先地位，并对于煤炭销售市场占比也会得到很大提升（见表1）。

表1 资产情况

项目	2021年	2020年	2019年
货币资金（万元）	1638637.29	923311.36	809172.15
流动资产（万元）	1954732.39	1114602.93	1018597.98
总资产（万元）	4034500.84	3200912.51	2748917.57
净资产增长率（%）	63.39	13.74	16.22

2.1.2 纵向一体化效应

同煤集团与晋煤集团所涉及的业务领域不仅局限于煤炭资源方面，同时还涉猎金融、煤化工、冶金等经济和工业行业，晋能集团与二者联合不仅实现了规模经济的横向一体化，同时也丰富了晋能集团的产业项目，为方便企业实现多元化发展奠定了坚实基础。此外，煤炭供给也为集团内部其他行业提供了原材料支持，如煤化工和冶金对于煤炭的需求量极大，而这极大地节省了采购费用，降低了企业成本消耗。

2.1.3 市场力

市场力主要针对横向协同而言。案例中，联合企业都经营着与煤炭相关产业，并且都在煤炭市场中都有很高的占比，此次企业间的横向业务整合，有利于集团对煤炭资源的占有，增强煤炭销售市场中的地位，进而使得晋能控股形成对煤炭资源的配置，从而加强企业在煤炭资源销售过程中的竞价能力。

2.1.4 资源互补

此次联合企业中，尽管其都有相同的经营业务，但对市场的占比却不相同，此次整合会使能源销售市场以及能源资源占有份额产生影响。整合原有市场资源和能源资源，重新分配能源和能源市场占比，对于联合之前企业的各自为营，此次并购可实现有效的资源互补，同时也将减少资源浪费。

2.2 管理协同效应

2.2.1 节省管理费用

本次联合重组由山西省政府组织并牵头，从某程度而言，政府组织的联合重组相对企业自行作出的联合重组将会减少部分费用支出，同时，对于企业之前的经营管理活动也将进行整合，改变企业之前人员及资源的浪费现象，这将会减少不必要开支，节省企业管理费用（见表2）。

表2 管理费用消耗情况

（单位：万元）

项目	2020年	2019年	2018年
管理费用	4851810	4725756	5151543

2.2.2 提高企业运营效率

企业联合重组不仅体现在业务和生产上，同时也体现在运营管理上，企业联合重组将原本部门和人员进行重新分配整合，形成新的管理机制和部门，实现人财物有效利用，有助于提高企业内部管理运营效率，根据表3显示，联合重组后，各项运营能力指标都呈上升趋势，带动企业业绩水平，促进企业长远发展（见表3所示）。

表3 运营能力指标相关的周转率

（单位：次）

项目	2021年	2020年	2019年
应收账款	20.334	13.586	11.962
存货	18.393	14.085	13.162
流动资产	1.19	1.022	1.206
固定资产	1.739	1.028	1.098
总资产	0.505	0.367	0.430

2.2.3 充分利用过剩管理资源

不同企业有不同管理模式，联合重组将不同企业间的管理模式进行重新整合，优中选优，同时，也会重新调整管理部门和人员，解决管理资源浪费问题，提高企业管理水平。

2.3 财务协同效应

2.3.1 企业内部现金流入充足且时间分布合理

企业经过联合重组，规模扩大，资金获取渠道也更加多元化，对于企业间闲置资金可以相互利用，富足向短缺流动，从而形成企业内部资金的合理使用，进而为企业创造有利价值。对于不同业务的资金回报速度也不同，从而达到内部资金收回的时间分布相对平均的使用目的，有利于优化资金的使用。

2.3.2 企业内部资金流向更有效益的投资机会

联合重组后，多元化经营活动为企业提供丰富的投资方案，企业可以根据不同投资方案进行评估，最后作出合理的投资选择与搭配。分散的投资行为不仅有效降低了投资风险，也增加了企业的投资收益。

2.3.3 企业破产风险降低

企业联合重组扩大了企业自有资本数量，使得企业间的原有负债也会相互转移，进而减轻债务压力，使得企业偿债能力提高。根据数据显示，企业在经过联合重组后其流动比率和速动比率都呈上升趋势，表明企业资金流动性增强。同时，也美化了企业外部形象，使得企业获取更多外部借款能力方面也有所提高，进而减小破产风险（见表4）。

表4 偿债能力指标

项目	2021年	2020年	2019年
流动比率	1.202	0.865	0.744
速动比率	1.18	0.822	0.711
资产负债比率（%）	55.84%	60.60%	58.98%

2.3.4 企业筹集费用降低

联合重组将会使多家企业筹资变成一家企业筹资，使原有的筹资费用也会减少，这给企业节省了一笔资金，减少了资金使用浪费，同时，还可将节省资金用于企业其他经营管理方面。不仅减轻了企业资金压力，同时还提高了资金使用效率，极大地促进了企业经济目标的实现。

3 协同效应实现途径

3.1 选择适合的联合目标

联合目标企业的选择对于联合企业未来发展有着深远影响。被联合企业之前业务将会由联合企业所承担，而这将会对联合企业的业务与经营产生一定的影响，如本文案例中，晋能集团对同煤集团和晋煤集团的联合，除对煤炭资源相关业务融入之外，又整合了其他资源产业。这样不仅增强了并购企业原有煤炭资源业务，同时也提升了企业的多元化经营战略，丰富了企业的业务模式，有助于实现企业经营协同效应。

3.2 制定清晰的整合战略

企业联合重组之后如何达到更高效益的经营，这是联合企业所要面临的重要问题。不同的企业聚集在一起，势必会产生经营业务、管理资源、公共资源等企业资源堆积情况，造成企业运营缓慢、经营效益不佳等问题。制定清晰的整合战略，将有助于联合企业对被联合企业的内部运行情况进行快速的梳理，同时对被联合企业的风险也有一个清晰的认识，方便制定出合理的整合措施，以快速有效地吸纳被联合企业，从而达到管理和财务双方面的协同效应。

3.3 创建共同的企业文化

企业文化是一个企业生存与发展的重要导向。企业文化的创建离不开企业发展的这片肥沃的土地，而企业的生存与发展也离不开企业文化的滋养。创建共同的企业文化，将提高员工的思想共识，引导员工的行为共识，有助于企业内部凝聚力与向心力的形成，这样将大大加强企业协同效应的产生，并带动企业向好发展。

4 结语

企业联合重组后产生的协同效应对于激发企业发展潜力，推动企业向好发展有着重要影响。近些年，随着市场经济的不断完善，企业联合现象已经见怪不怪，然而，如何享受到企业联合后由协同效应所带来的福利，这是每一家联合企业都在思考的问题。本文给出选择适合的联合目标、制定清晰的整合战略以及创建共同的企业文化三方建议，以实现企业联合后协同效应的最大化，希望可以为联合的决策者提供并购思路。

参考文献：

[1] 李锦. 国企重组关键在提升产业链竞争力 [J]. 中国品牌，2021（5）：91.

[2] 宋志平. 中国式并购与整合：中国建材联合重组、混改的成长故事 [J]. 董事会，2021（4）：32-39.

[3] 张晨，毓东辉. 关于鞍攀联合重组工作的几点思考 [J]. 现代营销（信息版），2020（7）：178-179.

[4] 徐红梅. 探讨如何加强集团企业的并购管理 [J]. 中国集体经济，2020（33）：85-86.

[5] 胡桂芬. 浅析企业联合重组风险及对策：以B企业为例 [J]. 商讯，2020（31）：5-6.

作者简介：

栾世红（1970— ），男，辽宁大连人，博士，副教授，研究方向：区域经济与金融，房地产项目融资。

赵琰钰（1997— ），男，山西长治人，会计学专业硕士研究生，研究方向：工程财务和项目融资。

论文仅代表本文作者观点，文责自负——本书编者注。

康美药业独立董事的责任划分及制度研究

孟庆鹏　张博

（沈阳建筑大学马克思主义学院，辽宁　沈阳　110168）

摘要：独立董事制度作为上市公司治理结构的"舶来品"，一直饱受质疑。康美药业一案中对于独立董事的巨额罚款又引发了人们对我国独立董事制度的思考。以2022年我国发布的最新法律法规为根据，以康美药业事件后对五位独立董事的责任确定为出发点，深度探讨最新规定下如何恰当确定独立董事的责任，同时针对现阶段我国独立董事制度的完善提出自己的看法。

关键词：独立董事；独立董事制度；研究

Research on Responsibility Division and System of Independent Directors of Kangmei Pharmaceutical

Meng Qingpeng　Zhang Bo

（**College of Management**，**Shenyang Jianzhu University**，**Shenyang 110168**，**China**）

Abstract：Independent director system，as an imported product of listed company governance structure，has been questioned. The huge fine imposed on the independent director in the Kangmei Pharmaceutical case has caused people to think about the independent director system in China. Based on the latest laws and regulations issued in China in 2022 and the determination of the responsibility of the five independent directors after the Kangmei Pharmaceutical incident，this paper deeply discusses how to properly determine the responsibility of the independent directors under the latest regulations，and puts forward my own views on the improvement of the independent director system in China at the present stage.

Keywords：independent director；independent director system；research

1 引言

独立董事制度，起源于美国，作为上市公司治理的有效机制，自2001年被正式引入我国并大力推广。20多年来，我国关于独立董事制度的探索从未停止，独立董事制度也从最开始的备受瞩目沦落为饱受质疑。康美药业一案中关于独立董事的"天价处罚"——几位独立董事需承担最多2.46亿元罚款的连带责任，这对于年薪6万元左右的独立董事的确是"泰山压卵"。如此悬殊的差距自然引起了人们对独立董事制度的再一次热议，而接下来独立董事的"辞职潮"也成为媒体在网络上争相报道的话题。

2 独立董事的过错认定

康美药业事件后，独立董事的辞职热潮，似乎在告诉我们"罚得重了"，那么独立董事到底"有责"还是"无责"？对于这个问题，最高人民法院在2022年1月21日《最高人民法院关于审理证券市场虚假陈述侵权民事赔偿案件的若干规定》给出了准确的答案（以下简称《规定》）。《规定》强调独立

董事能够证明以下情形之一的，人民法院应当认定其没有过错："在签署相关信息披露文件之前，对不属于自身专业领域的相关具体问题，借助会计、法律等专门职业的帮助仍然未能发现问题的"以及兜底条款"能够证明勤勉尽责的其他情形"。

康美药业一案中五位还算专业的独立董事在借助正中珠江这样专业会计师事务所的帮助后，既没有对公司"高存高贷"这种外行人士都能看出的不合理情况表示质疑，也没有对公司巨额存货未合理地计提存货减值跌价准备表示反对。五位董事在发现相应问题后也未能及时向证券交易所及监管部门报告，可以说其并未尽到应有的监督责任。所以，对于五位独立董事的亿元罚款可以说罚的虽重，但并不冤。

3 新《规则》指引下的独立董事责任确定

2022年1月5日，中国证券监督委员会发布了最新的《上市公司独立董事规则》（以下简称《规则》），《规则》第五章对独立董事的职权进行了最

新阐述，结合最高院《规定》，引入职权判断规则，同时借鉴同为成文法系的德国《股份法》。以康美药业5位独立董事的董事会参会情况、发表的独立意见类型为例，可以恰当确定康美药业五位独立董事所需承担的责任（见图1）。

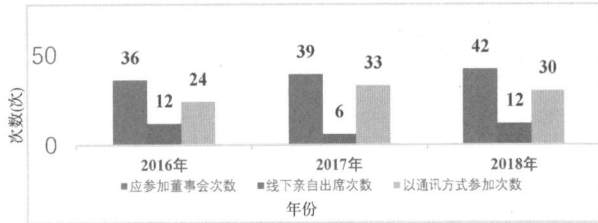

图1 康美药业第七届、第八届独立董事参会次数

由图1可以看到，康美药业独立董事的参会方式以通讯方式为主。在康美药业公司规模不断扩大、造假新闻频发且公司治理结构复杂的情况下，5名独立董事投入的时间和精力不得不令人质疑。而5名独立董事投入的精力较小又势必会使独立董事的监督作用流于形式，进而为康美药业财务造假提供了"舒适的生长环境"。在这种情况下，康美药业事发后的追责就很难不牵扯到几名企图"置身事外的独立董事"。

如表1所示，在2016—2018年期间康美药业的5名独立董事发表的独立意见类型均为同意。需要关注的是在2018年年末康美药业事件爆发后，几名独立董事在2018年的报告中也均未发表否定意见，同时几位独立董事对于正中珠江的审计结果也均认为合法合规。五位独立董事的上述做法可以说并不理智，事发之后，五位独立董事仍有发表除同意以外的其他意见或任期未满主动辞职不发表意见的机会。在这样的情况下，五位独立董事的独立性很难不遭到质疑，事发后的责任承担也很难不牵涉到五位选择"装聋作哑"的独立董事。

表1 2016—2018年康美药业独立董事发表独立意见情况

独立董事姓名	独立意见类型			
	同意	保留意见及其理由	反对意见及其理由	无法发表意见及其障碍
江镇平	15	0	0	0
李安定	12	0	0	0
张 弘	12	0	0	0
郭崇慧	3	0	0	0
张 平	3	0	0	0

综上所述，结合证监会最新《规则》，可以根据不同的责任判断标准对独立董事的职权行使程度进行判定，如果独立董事真的在所有方面较好地行使了自己的职权，那么其需要承担的责任是较少甚至无需承担；如果独立董事只是正常在形式上行使了自己的职权，那么其也是需要承担相应的责任；如果独立董事没有认真行使自己的职权甚至在诸多方面"视而不见"，那么其需承担的责任一定是较多的（见表2）。

表2 独立董事承担责任综合评判表

责任判断标准	职权行使程度		
	较差	正常	较好
董事会亲自参会次数（a）	$a<60\%$	$60\%\leq a<80\%$	$80\%\leq a$
独立意见正确发表次数（b）	$b<60\%$	$60\%\leq b<80\%$	$80\%\leq b$
重大关联交易审查无误次数（c）	$c<60\%$	$60\%\leq c<80\%$	$80\%\leq c$
公司外部审计披露无错次数（d）	$d<60\%$	$60\%\leq d<80\%$	$80\%\leq d$
综合评判结果	较高责任、较低责任、无责		

对于独立董事责任的恰当认定仅根据4个指标去进行判定显然是不够的，还应该在多方面找出真正能够合理、恰当的关键指标定义独立董事所需承担的恰当责任。康美药业案中对于独立董事重罚追责的初衷也是为了鞭策独立董事们敢于发声，敢于在公司违规的情况下提出质疑。当然，对于独立董事一味强调追责也是不行的，让独立董事真正发声的前提必然是在制度层面为独立董事们创造能发声、敢于反对、乐于质疑的独立董事制度。

4 独立董事制度的内外求索

4.1 设立专项账户增强行权保障

对于康美药业事发后五位独立董事选择"装聋作哑"的行为，很难查明是别无他法后的无奈之举，还是利益捆绑后的统一口径。康美药业事件让我们意识到如何让独立董事"说真话"显得尤为重要。要想让独立董事们"说真话"，就需要用制度将独立董事的行权与劳动报酬的获取分隔开。对于独立董事劳动报酬的发放，可以在上市公司外设立一个专项账户，该账户在第三方机构的管理下与上市公司独立运行，上市公司每年初需将审计费用及独立董事的劳动报酬预存到专项账户。在上市公司拒绝支付独立董事劳动报酬的情况下，独立董事可以向第三方机构申请使用专项账户经费，以此来保证独立董事在提出不利于管理层的反对声音后依旧能拿到自己的合理报酬。

4.2 发挥董事责任险应有的作用

证监会 2022 年《规则》第二十九条规定，"上市公司可以建立必要的独立董事责任保险制度，以降低独立董事正常履行职责可能引致的风险"。独立董事责任险作为独立董事制度完善的一个重要保障，对于独立董事能否正常履行职责起着重要作用。一方面，独立董事责任险可以转嫁风险的方式保障独立董事的金钱损失；另一方面，独立董事责任险可以进一步明确独立董事的行权范围，对其行权进行有效监督。只要不违反法律法规，独立董事就可以拿到相应的赔偿，在一定程度上降低了责任过高的风险。因此，我国可以加大独立董事责任险的发展力度，在根据不同行业公司治理结构的认真梳理后，根据不同行业明确相应的承保范围与行权范围，在保险合同中再根据具体情况对独立董事需要行使的权利和承担的责任进行细分，使独立董事在行权条件得到明显保障的基础上发挥正向作用。

4.3 完善独立董事的退出制度

建立合理的独立董事退出制度能使独立董事更多地参与到公司治理中来。完善独立董事退出制度，一方面，要根据独立董事的行权程度建立"扣分考核制度"。具体来说，就是对每位独立董事进行单独考核，每人年度初设置基础分 100 分，按照独立董事年度未按规定行权进行扣分，年底用"基础分-累计扣分"得出每位独立董事的年度考核积分。

另一方面，也要根据扣分考核制度建立"低分强制退出制度"。对于连续不参与公司治理，甚至对公司治理置之不顾的"低分独立董事"，也要完善相应的低分退出制度，即对连续低分的独立董事予以辞退。同时也可以在辞退低分独立董事的基础上，设立独立董事黑名单，列出因未尽到勤勉尽责义务而被辞退的独立董事。在这种严格的制度下，独立董事为了获取长期收益和得到长期发展，就会为了自己的声誉主动参与到公司的治理中去。因此，建立严格的低分考核制度也是激励独立董事行使职权的有效措施（见表3）。

表3 独立董事行权扣分表

行权因素	扣分值
未亲自出席董事会会议	扣 5 分
发表错误意见	扣 20 分
兼职公司超过 3 家	扣 10 分
受到证券监管部门通报或警告	扣 10 分

5 结论

康美药业一案中"五位董事所承担的巨额罚款和自身薪酬的悬殊差距""康美药业独立董事参与公司治理的流于形式""五位独立董事事发后选择发表同意意见的装聋作哑"等看似矛盾但又真实发生的事实，让社会重新看到我国独立董事制度存在的诸多需要合力解决的问题。法律的问责和相关人员的最终追责不是终点，康美药业案作为我国新《证券法》实施后的一个经典案例，将对我国独立董事制度的发展与完善具有一定的意义。

参考文献：

[1] 汪青松，罗娜. 独董独立性谜题与机制独立性再造[J]. 证券市场导报，2022（3）：43-51.

[2] 李曙光. 康美药业案综论[J]. 法律适用，2022（02）：118-126.

[3] 张敦力，王沁文. "包庇"抑或"蒙蔽"——由上市公司财务欺诈反观独立董事问责之困[J]. 财会月刊，2022（04）：16-22. DOI：10.19641/j.cnki.421290/f.2022.04.003.

[4] 李萌. 我国上市公司独立董事制度的现状及对策[J]. 中国管理信息化，2021，24（19）：41-4

[5] Oh Seungjoon, Ding Keli, Park Heungju. Cross-listing, foreign independent directors and firm value[J]. Journal of Business Research，2021，136.

作者简介：

孟庆鹏（1972— ），男，辽宁沈阳人，副教授，研究方向：法务会计。

张博（1998— ），男，吉林长春人，会计专业硕士研究生，研究方向：财务会计和审计。

论文仅代表本文作者观点，文责自负——本书编者注。

跨境并购中财务风险分析与控制研究

张卓然　栾世红

（沈阳建筑大学管理学院，辽宁　沈阳　110168）

摘要：在经济全球化发展的今天，跨境并购已经成为未来发展的趋势，但企业并购中的财务风险问题不容小觑。并购财务风险或导致并购失败，造成资源浪费和经济损失。财务风险存在于跨境并购的各个环节中，企业应该依据自身战略和经营情况选择最优的并购企业，量力而行。以海尔集团为例，分析企业跨境并购中财务风险和存在的问题，以寻求降低财务风险的解决方案，为我国其他企业并购提供相关经验。

关键词：跨境并购；财务风险；风险控制

Research on Financial Risk Analysis and Control in Cross-border M&A

Zhang Zhuoran　Luan Shihong

（**College of Management**，**Shenyang Jianzhu University**，**Shenyang 110168**，**China**）

Abstract：Today，with the development of economic globalization，cross-border Mergers and Acquisitions has become the trend of future development，but the financial risk in M&A should not be underestimated. Merger and acquisition financial risk may lead to merger and acquisition failure，resulting in waste of resources，and economic losses. Financial risks exist in all aspects of cross-border M&A，and companies should choose the best M&A companies according to their own strategies and business conditions and act according to their capabilities. Taking Haier Group as an example，this paper analyzes the financial risks and existing problems in cross-border MERGERS and acquisitions，so as to seek solutions to reduce financial risks and provide relevant experience for other Chinese enterprises mergers and acquisitions.

Keywords：cross-border M&A；financial risk；risk control

1　引言

企业并购是企业快速发展的有效途径，有效的并购可以加速企业的壮大，无效的企业并购却可能会给企业带来财务负担，给企业的未来发展带来隐患[1]。在跨国并购过程中，财务风险控制是其并购成功与否的关键。本文从海尔并购通用家电的案例出发，对跨境并购中财务风险与控制进行研究。

2　案例介绍

2.1　主体企业并购双方

2.1.1　海尔集团概况

海尔是著名家电品牌，集团总部位于山东青岛。有着多年来坚持以创新为核心价值观的企业文化，逐步实现"兼收并蓄，创新发展"的管理模式[2]。经过不断的发展壮大，从仅生产冰箱起，到目前涉及家电、金融业、电子科技、人工智能等多个领域。同时海尔集团是我国首个成功进行海外创新的企业，在全球主流卖场品牌渗透率最高[3]。

2.1.2　通用家电概况

美国通用家电公司是美国标志性的多元化服务性公司，在美国家电企业中拥有较高关注度，涉及的业务范围囊括能源建设、基金、金融、医药系统、交通运输等。通用公司创立于1879年秉持着不断创新的理念，后通过与美国本土的许多企业合作以及合并英国、法国、意大利等国家的电工企业发展壮大成为跨国公司。

2.2　并购过程

2015年通用家电与伊莱克斯的合作结束后，海尔集团获取并购机会。2016年1月，海尔集团与通用家电签署《股权与资产购买协议》，确认并购价款为55.8亿美元。同年3月1日，股东大会同意并购方案。2016年6月6日并购流程正式完成，海尔集团支付全部价款。海尔集团采用现金支付方式，其中，40%为自有资产，60%为融资。2016年6月7日，海尔集团与通用电气对外宣布并购完成，合作持续时间未超过 6 个月[4]。

3 企业并购及财务风险基本概述

3.1 企业并购理论

管理学家彼得德鲁克曾言，"并购是一项大工程"。企业并购是兼并与收购的融合，企业并购发展至今已从多个领域形成代表性观点，例如规模经济说、生命周期理论、内部控制理论、代理理论等[5]。这些理论均表明并购能使资源更合理地被分配，加以降低成本，挖掘和捕捉核心竞争力，扩大市场份额。同时，跨国并购是将企业的分支机构设在不同的国家，将两企业纳入共同的治理体系下，有效利用企业剩余资本，产生"管理协同"效应。

3.2 企业并购财务风险

并购财务风险[6]是指由于管理层决策的不定选择性以及宏观经济环境等因素的影响，企业并购的定价、融资、整合过程偏离既定目标的风险，具有客观性、全面性、不确定性。因此对企业并购过程中财务风险的研究具有实际意义。

4 并购动因分析

海尔集团为实现"成为全球家电一流企业"的长期发展目标，在经济全球化的趋势下着重发展国际化发展策略。海尔集团并购通用家电获得了跨国并购的机会。通过成功并购通用家电，一是可实现同行业之间的联合，促进协同效应，形成规模经济，为企业带来源源不断的经济利益。二是提高研发技术水平，并购后海尔集团可使用通用家电相关的专业技术，有利于企业优化生产模式，提高产品质量。三是税务筹划，并购后可利用中美两国的税收政策差异，可将总公司建立在税率低或税收优惠大的国家以达到降低税负的目的。

5 主要财务风险问题

5.1 并购前的价值评估风险

5.1.1 定价风险

2016 年 1 月通用家电市值约为 52.3 亿美元，经双方商议后，最终实际支付价款为 55.8 亿美元，面临因实际收购价款偏高而带来的较大的资产溢价风险。

5.1.2 信息不对称风险

海尔集团和通用家电隶属于中美两国，易存在信息不对称现象。此外，通用家电有可能利用两国之间不同的会计政策粉饰财务报表，造成海尔集团对其真实能力评估产生偏差。

5.2 并购中风险

5.2.1 融资风险

企业并购融资会引起资本结构发生变化。海尔集团最终以 55.8 亿美元收购通用家电，其中成交价款的 60%（约 33.48 亿美元）是向银行贷款所得。海尔选择向银行贷款进行融资行为易导致企业负债率过高，财务杠杆上升。对通用家电进行了并购后，2016 年海尔集团的财务费用、应付账款和长期借款大幅度增加，从而导致应付利息也大量增加。见表 1。

表 1 海尔 2015—2018 年度财务信息

（单位：亿元）

年度	2015 年	2016 年	2017 年	2018 年
财务费用	−5.14	7.20	16.04	9.32
应付利息	0.1508	0.3047	2.27	1.05
长期借款	2.98	155.33	160.35	155.40

由于长期借款的利息率较高且弹性较低，便会导致相对过多的财务费用，进而增加企业还本付息的难度，使企业后续资金周转困难。同时选择银行贷款的融资方式将对海尔集团的后续还本付息能力和现金流问题造成影响。见表 2。

表 2 海尔 2013—2016 年度长期偿债能力

年度	2013 年	2014 年	2015 年	2016 年
股东权益比率（%）	32.77	38.82	42.66	28.73
产权比率（%）	190.08	142.95	123.71	236.78
权益乘数	3.06	2.58	2.35	3.49
利息保障倍数（%）	−14576.80	−3381.44	−1300.24	1235.14

由表 2 可知，2013—2015 年，企业偿债能力在逐年增强。2016 年海尔偿债能力大幅度减弱，这是由于海尔在 2016 年举债并购，额外产生了大量负债。

5.2.2 支付风险

海尔集团并购通用家电采用现金支付，避免了股权稀释和股权结构变动问题，并购成本较低。通用家电可以获得即时收益，同时也形成了纳税业务。但对于海尔集团会形成如下财务负担：其一，企业在现金筹集阶段压力激增，对企业日常经营活动产生负面影响，降低了企业抵御外部风险的能力，容易产生金融压抑问题[7]。其二，现金支付或将面临潜在的汇率风险。在国际并购业务中，汇率分毫的波动都会产生较大程度的影响，因此要重视汇率在并购事件中的重要性。

5.3 并购后风险

5.3.1 整合风险

海尔集团与通用家电分属于不同的国家，有不同的社会背景和文化背景，并购后双方仍保持自主经营管理模式，作为独立企业运营。这样做虽然保留了优秀的团队和技术，也导致了并购后海尔集团和通用家电的财务组织机制有所不同，容易出现责权不明和监督体系不完善等情况，造成人力资源的浪费，可能对公司的资产结构产生影响，出现财务危机。

5.3.2 投资风险

企业在顺利对接并购业务后进行新的投资行为，整合初期在外部环境因素的影响下，容易产生投资风险。例如，投资收益未达到预期或收益不足以支付投资成本等。这都可能导致投资主体出现经营管理不善、盈利能力差、资金周转难等问题。

6 降低企业并购财务风险的解决措施

6.1 并购前合理评估被并购企业

企业在并购前，第一，应理清企业自身经济情况、确定核心发展方向与战略，以此为基础划分目标企业的选择范围。并且要全面评估目标企业各项财务数据，从多视角搜集被合并方的经营信息，如企业愿景、资产负债状况、经营理念、战略发展情况等，以防潜在风险。第二，应采取多样化评估方法，合理提高评估结果准确率，从而降低定价风险。第三，企业需要提高管理层能力。高水平的管理人员更能够与跨国企业之间实现有效沟通，显著减少沟通的"摩擦系数"，使信息传递速度更快，也更容易与监管部门等参与者实现高效的沟通[8]。

6.2 选择合理的融资结构与支付方式

企业融资结构是影响跨境并购决策的重要因子。企业在融资前应考虑自身实际情况，评估融资方式的成本和风险，使各项融资的比例脱离次优状态。同时结合债务资本与权益资本寻求符合本公司发展要求的融资结构，脱离次优状态。企业应结合自身经营状况等进行多方位思考，选择合适的支付方式和支付时点，并考虑到不同的支付方式的经济效应。也可考虑采用多样化的支付方式灵活组合，降低单一支付的风

险。同时加强对企业流动资金的监管，减少不确定因素带来的影响。

6.3 进行高效内部整合

企业应派遣专业财务人员管理目标企业，结合并购双方的经营理念，对企业进行动态监控管理，及时对经营状态进行微调，或采取措施止损。同时在后续发展阶段制定合理的财务组织管理模式，实现高效率监管模式。并购后企业进行投资时，应对被投资对象进行系统的考察，正确分析项目是否可行及风险因素等。也可选择联合其他企业共同投资以分散风险，降低自身风险。

7 结论

财务的风险充斥在跨境并购的各个环节中，企业应根据自身战略和经营情况选择最优的并购企业，量力而行。同时应做到并购前合理评估被并购企业，选择合理的融资结构与支付方式，进行高效内部整合以降低财务风险，实现并购效应最大化。

参考文献：

[1] 胡雨婷. 海尔并购通用家电案例分析 [J]. 广西质量监督导报，2021（3）：2.

[2] 欧阳思雨. 海尔集团创始人：张瑞敏 [J]. 现代班组，2021（9）：23.

[3] 赵玥. 企业并购中的财务风险问题研究 [J]. 财经界（学术版），2017（6）：110-113.

[4] 张鹏. 浅析我国企业的跨国并购现状、正负效应及风险防范措施 [J]. 全国流通经济，2019（15）：21-22.

[5] 郑小平，刘璐. 青岛海尔跨国并购通用家电的风险控制分析 [J]. 会计之友，2020（5）：118-124.

[6] 孙欣鹏，王淑梅. 跨国并购中的财务风险与防范 [J]. 财务管理与资本运营，2018（11）：18-19.

[7] 张兆国，曹丹婷，张驰. 高管团队稳定性会影响企业技术创新绩效吗：基于薪酬激励和社会关系的调节作用研究. 会计研究，2018（12）：41-48

[8] Cho, H. S. Choi, M. O. Kim. Cash HoldingsAdjustment Speed and Managerial Ability [J]. Asia-Pacific Journalof Financial Studies, 2018, 47（5）：695-719.

作者简介：

张卓然（1997— ），女，辽宁锦州人，会计专业硕士研究生，研究方向：企业会计与审计。

栾世红（1970— ），男，辽宁大连人，博士，研究方向：区域经济与金融，房地产项目融资

论文仅代表本文作者观点，文责自负——本书编者注。

跨境电商企业的并购动因及并购绩效分析

何海英　沈诗瑶

（沈阳建筑大学管理学院，辽宁　沈阳　110168）

摘要：目前我国电商行业正飞速地发展，企业往往采取并购的方式，减轻竞争带来的压力。以 A 集团和 WYKL 的并购案例为例，从财务绩效和非财务绩效角度，对跨境电商企业的并购绩效进行分析，同时分析其并购的动因。发现企业合并后，很可能会给企业带来积极的影响。以期为其他的跨境电商企业提供一些经验。

关键词：并购动因；并购绩效；跨境电商

Analysis on Motivation and Performance of Cross-border E-commerce Enterprises M&M

He Haiying　Shen Shiyao

（**College of Management**，**Shenyang Jianzhu University**，**Shenyang 110168**，**China**）

Abstract：At present，China's e-commerce industry has a good development，in order to reduce the huge pressure brought by market competition，Enterprises adopt the way of merger and acquisition to reduce their own pressure. This paper takes A Group's merger and acquisition of WYKL as an example to analyze the m&a performance of cross-border e-commerce enterprises from the perspective of financial performance and non-financial performance. Meanwhile，we also analyze the motivation of its M&A. After the merger，it is likely to bring a very good positive effect to the enterprise. I hope to provide some useful experience for other cross-border e-commerce enterprises.

Keywords：M&A motivation；M&A performance；cross-border electricity

1 引言

近年来，企业间并购似乎已经成为一种趋势。2021 年上半年，中国的并购交易数量达到 6177 笔，比 2020 年下半年增长 11%，成为有记录以来的半年交易量最高水平。我国的并购市场自 2014 年开始得到快速的发展，但从 2018 年开始呈现下降趋势，2019 年比例下降幅度更大。2019 年第三季度，我国市场完成了 422 宗并购，同比下降 32%。交易额比去年下降了 27%，回升幅度略高于第二季度。然而，在这种总体环境下，互联网领域的并购活动依然强劲。本文以 A 集团和 WYKL 合并为例，分析了导致其并购的动因，并对其绩效进行了评价研究，希望能为我国跨境电商平台间的并购提供经验借鉴。基于国内外研究学者关于并购动因的研究，结果表明，企业并购的动因是多方面、多维度的。例如，实现协同效应，实现战略转型的同时获得多样化经营的目的。并购动因是推动并购交易成功完成的动力来源。因此，全面分析它们是正确评估并购公司业绩的起点。当前，国内外关于企业并购绩效的研究，多数学者认为，并购后的有效资源整合是提高并购绩效的关键，也是提高股东财富、提升生产效率的重要手段。然而，由于并购行业、并购类型、市场环境等因素的不同，对于并购绩效的评估，全国学术界还没有达成共识。本文从行业的角度考察了互联网行业并购绩效的研究结果，发现大多数研究人员经常使用实证研究方法和案例研究来分析与评估互联网行业、并购后公司的并购绩效，普遍认为，公司合并后的短期和长期目标具有高度的积极影响。

2 并购情况回顾

2019 年 8 月 13 日，WYKL 正在进行融资。A 集团或将以 20 亿美元收购 WYKL。其并购 WYKL 后，WYKL 将被整合到 A 集团天猫的进出口业务部门。

2019 年 8 月 20 日，网易的董事长兼首席执行官丁磊否决了此次收购，因为此次 A 集团并购 WYKL，将涉及网易云音乐等网易的一些业务。

2019 年 9 月 6 日，A 集团和网易正式宣布了战略合作协议。A 集团将要以 20 亿美元从网易手中收购 WYKL。这笔交易将会使得网易获得 17 亿美元的现金，以及向网易发行的约 1430 万股 A 集团的股票。

3 A 集团并购 WYKL 动因分析

对 A 集团而言，A 集团将获得规模效应，提高企业竞争能力。WYKL 在 2019 年上半年跨境电商市场份额的分布中，排行第一，占有 27.1% 的市场份额，A 集团旗下的天猫国际占比 25.1%。合并后，A 集团在跨境电商领域的占有率将首次超过 50%，规模效应将进一步显现。同时，通过并购，可以实现双方优势互补，使企业在财务、管理等方面进行有效的协同，从而达到 1+1>2 的作用。

对网易而言，网易将乘势而上，发展优势。通过 2019 年网易年报，可以了解到，网易集团在游戏方面收益非常可观，而对比之下，WYKL 则将会陷入亏损状态。在经济不稳定的时代，网易通过卖掉 WYKL，获得大量资金，可以帮助网易进行自我调整和转型，把更多的资源放在优势领域，推动其自身的发展[1]。

4 A 集团并购 WYKL 绩效分析

4.1 财务绩效分析

4.1.1 偿债能力分析

本文选择了流动比率和资产负债率来衡量 A 集团的偿债能力[2]。A 集团的电商业务在并购前后的偿债能力指标见表 1。

表 1 2019 年第二季度—2021 年第二季度 A 集团偿债能力分析

项目	2019Q2	2019Q3	2019Q4	2020Q1	2020Q2	2020Q3	2020Q4	2021Q1	2021Q2
流动比率	1.38	1.38	1.75	1.91	1.98	1.99	1.67	1.76	1.65
资产负债率（%）	36.69	37.24	34.28	33.00	32.19	31.56	33.81	34.78	35.77

与同行业及同期京东集团的电商业务的偿债能力指标，见表 2。

表 2 2019 年第三季度—2021 年第二季度京东集团偿债能力水平指标

项目	2019Q3	2019Q4	2020Q1	2020Q2	2020Q3	2020Q4	2021Q1	2021Q2
流动比率	0.92	0.99	1.06	1.19	1.20	1.13	1.4	1.45
资产负债率（%）	62.26	61.26	61.14	55.74	53.23	54.33	45.51	47.62

从表 1、表 2 可以看到，从 A 集团和京东两家公司的偿债能力来衡量，A 集团在"流动比率"和"资产负债率"上均优于京东，也就是说，A 集团在该行业中的偿债能力更强。在 2019 年第三季度完成收购后，公司的流动比率从 2019 年第三季度的 1.38 增长至 2020 年的 1.99，以 44% 的速度增长。通过对其报表的分析，第三季度发现并购前后，A 集团的非流动负债保持着相对平稳的状态，是公司的流动资产增加，公司 2019 年第四季度的现金及等价物增长率达到 50% 左右，说明本次并购有利于 A 集团电商业务销售收入增加、短期偿债能力增强。2020 年末因为出现了新冠疫情并受其影响，全球贸易出现下滑，对跨境电商产生了一定的影响，阿里巴巴的流动比率有了一定程度的下降，属合理现象。在未来的资源整合、新冠肺炎战役的结束、经济逐步恢复的情况下，此次并购交易对 A 集团的偿债能力提升会有更为强大的影响力。再来看看 A 集团并购前后资产负债率的变动情况，发现在并购之前，公司资产负债率保持在 36% 左右，而合并时的资产负债率则略有上升，达到 37.24%，这是因为收购 WYKL 时，A 集团为并购付出了巨大的代价，长期偿债能力有一定程度的下降，但影响不大。结束了并购的交易后，资产负债率始终呈现了下降趋势，不过在 2020 年末由于资源整合和新冠疫情的冲击呈现了一定的增长，但并购后，资产负债率仍然低于并购交易发生之前。这是由于公司资产总量持续增长，合并后 2019 年第四季度，流动资产增幅达到顶峰 37%，公司通过有效的资源整合，提高了长期偿债能力[3]。

4.1.2 盈利能力分析

从表 3 可以看到 A 集团在合并前后的盈利能力情况[4]，从 2019 年第二季度到 2020 年第四季度，A 集团的盈利能力整体表现为增长。合并后的总资产净利率从第三季度开始逐渐增长，至 2020 年第一季度，公司销售净利率 37.57%，净利润增长了 3.7 倍，达到了这一时期的最高水平。收购完成后，公司的利润在 2020 年第 4 个季度呈现出先降后升的趋势，这主要是因为 WYKL 在整合期间要整合大量的人员和产品，这需要大量的资金投入，所以收购之后，公司的成本和支出都会大幅增加。其次，2020年新冠疫情冲击了我国的市场经济，导致物流及供应链出现了中断，A 集团的业务收入受到了很大的影响。在合并的中期和末期，随着资金的减少，加上2020 年第三季度的疫情得到了有效的遏制，公司的物流和供应链也逐渐复苏，2020 年第三、四季度的销售净利率和总资产净利率开始上升。这一变化趋势显示，本次收购对 A 集团盈利能力有促进作用[5]。

表3　A 集团2019年第二季度—2021年第二季度盈利能力分析　　　　　　　　　　　　　　（单位：%）

项目	2019Q2	2019Q3	2019Q4	2020Q1	2020Q2	2020Q3	2020Q4	2021Q1	2021Q2
销售净利率	29.91	27.14	34.86	37.57	16.34	21.28	28.19	30.94%	29.30%
总资产净利率	3.46	10.66	11.29	8.25	1.93	9.54	9.84	9.80	9.97

4.1.3　发展能力分析

从表4可以看出，与2019年财年第二季度相比，A 集团中国零售业和跨国零售业在2020年第二季度表现出了增长势头，且至2021年财政第二季度也始终保持着上涨。以上数据充分表明，A 集团在收购 WYKL 后，推动了其在电商领域的全面控制，增强了 A 集团在该领域的竞争优势，显示了其强大的发展潜力。

表4　A 集团数据对比

项目	2019年		2020年		2021年（截至第二季度）	
	人民币（亿元）	占收入比（%）	人民币（亿元）	占收入比（%）	人民币（亿元）	占收入比（%）
中国零售商业	756.01	66	1013.21	66	1358.06	66
跨境及全球零售商业	55.67	5	70.12	5	108	5

4.2　A 集团并购 WYKL 非财务绩效分析

A 集团在并购 WYKL 之后，进入了为期6个月的整合阶段。从2020年4月1日开始，A 集团将全面开放对 WYKL 的内网权限，这就代表它们已经彻底地融合在了一起[6]。与此同时，WYKL 海购在2020年5月已经完成了从网易数据中心和网易云向阿里云100%的转移工作，并且在整个过程中没有任何问题。在实现了迁移后，计算性能提高了20%，并且可以节约每年约2000万元的成本费用。

5　结论及启示

A 集团完成对 WYKL 的收购之后，可以看出其对 A 集团产生了积极的影响。首先，A 集团可以通过扩大进口零售业的规模，利用其规模优势，抢占进口零售业市场的主动权，从而减少经营成本。其次，可以弥补天猫原有的在品质、供应链等方面的缺陷，并将优质的资源整合起来，实现进口业务的全方位、多元化的发展。

企业并购时，除了要对目标公司进行合理的价值评价外，还应考虑如何选择合适的支付方法。例如，这次收购 A 集团给 WYKL 的估值是20亿美元，采用现金，会占用大量的流动资金，如果估值错误，会导致公司的流动资金被套牢，不仅会影响公司的偿债能力，还会严重影响公司的盈利能力和成长能力；并购后的整合情况对并购的成败也有很大的影响，其中包括提升员工对人力资源的认同，提升员工的工作效率；在财务资源的整合方面，充分利用财务部门的力量，有效地促进企业的财务一体化。

参考文献：

[1] 王雁林，周运兰，刘妍. 阿里巴巴集团收购网易考拉案例分析 [J]. 当代经济，2020（12）：102-104..

[2] 马晓卉. 基于 EVA 方法的阿里巴巴集团并购绩效研究 [D]. 青岛：青岛科技大学，2017.

[3] 杜烽，包志豪. 电商企业并购绩效分析：以阿里巴巴集团并购网易考拉为例 [J]. 大众投资指南，2021（12）：197-198.

[4] 张炳瑄. 互联网企业并购对企业绩效影响分析：基于阿里巴巴并购"饿了么"案例 [J]. 国际商务财会，2022（6）：94-97.

[5] 惠博雅. 基于平衡计分卡的企业并购绩效评价研究 [D]. 石家庄：河北地质大学，2022.

[6] 王翔，张英明. 电商平台并购动因及绩效分析 [J]. 物流工程与管理，2021，43（11）：78-82.

作者简介：

何海英（1981— ），男，辽宁沈阳人，博士，副教授，研究方向：会计、管理科学与工程。

沈诗瑶（1997— ），女，辽宁锦州人，会计专业硕士研究生，研究方向：工程财务与会计。

论文仅代表本文作者观点，文责自负——本书编者注。

辽宁省上市企业研发投入对经营绩效的影响分析

李 森 孟庆爽

（沈阳建筑大学管理学院，辽宁 沈阳 110168）

摘要：通过对辽宁省41家上市企业的2017—2021年研发投入和企业经营绩效建立面板数据，并以此作为研究样本，采用固定效应回归分析的方法讨论研发投入对企业经营绩效的影响，发现当期研发投入会阻碍企业经营绩效的提高，而滞后一期、二期的研发投入则会有效促进企业经营绩效增长，即研发投入对企业经营绩效之间的激励作用存在滞后效应。

关键词：研发投入；企业经营绩效；辽宁省；上市企业

Analysis on the Impact of R&D Investment on Business Performance of Listed Enterprises in Liaoning Province

Li Sen Meng Qingshuang

（**College of Management**，**Shenyang Jianzhu University**，**Shenyang 110168**，**China**）

Abstract：This paper takes R&D investment and business performance of 41 listed companies in Liaoning Province from 2017 to 2021 as research samples，establishes panel data，and discusses the impact of R&D investment on business performance by using the method of fixed-effect regression analysis. It finds that R&D investment in the current period will hinder the improvement of business performance. However，R&D investment lagging behind the first and second stage will effectively promote the growth of enterprise business performance，that is，R&D investment has a lag effect on the incentive effect of enterprise business performance.

Keywords：R&D investment；business performance；Liaoning province；listed enterprises

1 引言

企业作为国家科技创新的主体，肩负着将创新转化为发展动力的重要责任，而企业创新大都通过研发活动来实现，因此研发投入与企业经营绩效的关系成为众多学者关注的话题。在关于二者关系的研究中，有多位学者都认可研发投入可以推动企业经营绩效增长的结论。但研发活动还具有资金需求大、耗时长和回报不确定等特征，这些因素都会对企业的研发活动造成一定的影响。现有研究大多以长三角等经济发展迅速的区域为对象，而针对东北地区经济发展的研究较少，关于研发投入的实证研究更是匮乏，因此本文把研究对象选定为辽宁省的上市企业，对二者关系进行探讨。

2 理论分析与研究假设

研发投入能够有效地刺激企业经营绩效的增长。资源基础观提出[1]，企业拥有的其他企业所不具备的稀缺资源能够有助于形成企业间的效益差异。这种难以替代的、能够与其他企业拉开差距的核心资源是获取竞争优势的主要途径。

研发投入对企业经营绩效的积极影响存在着一定的滞后期[2]。因为无论从哪种角度来看，从研发活动开始投入到产出结果直至产品走向市场被消费者接受，都需要一个漫长的过程。梁莱歆、张焕凤等众多学者的研究都表明，研发投入对企业经营绩效的提升在时间上存在一定的滞后性。

从盈利角度而言，研发活动会催化新产品和新技术的诞生，帮助企业抢先占领市场[3]，最后对企业盈利能力产生积极影响，形成良性循环。基于以上分析，提出以下假设：

假设1：当期研发投入会抑制企业盈利能力的增长。

假设2：研发投入对企业盈利能力的提升作用具有一定的滞后性。

发展能力是指企业的成长能力和提高市场地位的能力[4]。由研发活动所形成的核心竞争力能够助力企业提高未来一段时间内的经济实力，进而提升企业发展能力[5]。基于以上分析，提出以下假设：

假设3：当期研发投入会抑制企业发展能力的增长。

假设4：研发投入对企业发展能力的提升作用具有一定的滞后性。

3 研究设计

3.1 样本选择与数据来源

本文选取 2017—2021 年辽宁省上市公司年报数据并剔除在 2017—2021 年间曾被 ST、ST* 和 PT 的上市公司，并只选择了发行 A 股的公司。经筛选后，将终剩余 41 家上市公司作为研究对象。本文所用数据均来源于上市公司年报，通过 Excel，Stata16.0 软件进行数据处理。

3.2 变量定义

（1）被解释变量。本文以营业利润率（Y_1）作为衡量企业盈利能力的指标。企业的经济效益主要体现在其营业收入及利润上，相较于净利润，采用营业利润率更能够体现其利润的增加和成本的减少。参考陆玉梅、杜勇等多位学者的做法，通过营业总收入增长率（Y_2）来观察企业是否处于发展阶段，具备可观的发展能力。

（2）解释变量。研发投入强度这种比值相较于研发投入这种绝对数值会更加客观准确[6]，还使得不同企业之间有了可比性，同时也可以尽量避免研究结果受到企业间差异的影响。参考张俭等学者的做法，以研发投入强度作为解释变量，即研发投入强度=研发投入/营业收入。

（3）控制变量。从微观角度来看，企业的年龄、规模、资本结构以及企业产品的市场占有率也会对二者关系产生间接影响。因此，参考董明放等学者的方法，以企业规模（SIZE）、资产负债率（LEV）和企业年龄（AGE）作为控制变量。综上，本文所采用的变量及其定义见表1。

表 1 变量定义

变量类别	变量名称	计算方法
被解释变量（Y）	营业利润率（Y_1）	营业利润/营业收入
	营业总收入增长率（Y_2）	（营业收入－上年营业收入）/上年营业收入
解释变量	研发投入强度（RD）	研发投入/营业收入
控制变量	企业规模（SIZE）	总资产（取对数）
	资产负债率（LEV）	负债总额/资产总额
	企业年龄（AGE）	当前年份－上市年份+1

3.3 模型构建

根据以上研究假设，以及以往的研究结果，本文设计了以下两个模型：

（1）模型（一）用于检验当期研发投入对企业经营绩效的影响：

$$Y_{i,t}=\beta_0+\beta_1 RD_{i,t}+\beta_2 SIZE_{i,t}+\beta_3 LEV_{i,t}+\beta_4 AGE_{i,t}+U_{it}$$

（2）模型（二）用于检验滞后期的研发投入对企业经营绩效的影响：

$$Y_{i,t}=\beta_0+\beta_1 RD_{i,t-k}+\beta_2 SIZE_{i,t}+\beta_3 LEV_{i,t}+\beta_4 AGE_{i,t}+U_{it}$$

其中，β_1，β_2，β_3，β_4 是有待估计的未知参数；U_{it} 为误差项；i 表示企业；t 表示时间；k 取 1，2，$t-1$ 表示滞后一期，$t-2$ 表示滞后二期；Y 为被解释变量，包括营业利润率（Y_1）和营业总收入增长率（Y_2）；RD 为解释变量，表示研发投入强度；$SIZE$，LEV 和 AGE 为控制变量，分别表示企业规模、资产负债率和企业年龄。

4 模型回归结果

4.1 盈利能力回归结果

基于模型（一）和模型（二），根据 2017 年—2021 年的辽宁省上市企业研发投入与企业盈利能力相关性数据，探讨研发投入与企业经营绩效的关系。回归结果见表 2。

由表 2 可以看到，解释变量在模型（一）下的回归系数为负 7.367***，说明二者在 1% 的水平下负相关，研发投入阻碍了当期企业盈利能力的增长，证实了假设 1；滞后一期和滞后二期的解释变量在模型（二）下的回归系数分别为 6.292*** 和 2.973*，即二者分别在 1% 和 10% 的水平上与盈利能力正相关，因此可以推论出研发投入的积极影响具有滞后效应，证实了假设 2。由此可见，研发投入在研发活动初期以成本的形式存在，因此造成了企业利润的下降，但研发投入最终会转化为企业核心竞争力，因此会对在滞后期提升企业盈利能力。

表2　研发投入与企业盈利能力相关性回归结果

	模型（一）Y_1	模型（一）Y_1	模型（一）Y_1
RD	-7.367***	-10.290***	-9.116***
	(-4.41)	(-4.45)	(-3.12)
SIZE	0.782***	1.551***	2.078***
	(3.68)	(5.39)	(4.50)
LEV	-2.968***	-4.425***	-5.591***
	(-5.80)	(-6.49)	(-5.27)
AGE	-0.081***	-0.097***	-0.169***
	(-3.33)	(-3.06)	(-3.00)
L. RD		6.292***	11.139***
		(3.57)	(3.59)
L2. RD			2.973*
			(1.697)
_ cons	-7.708***	-17.216***	-22.902***
	(-2.95)	(-4.76)	(-3.87)
r^2	0.314	0.499	0.557
F	18.327	23.531	15.945

t statistics in parentheses

* $p<0.1$, ** $p<0.05$, *** $p<0.01$

4.2　发展能力回归结果

研发投入与企业发展能力相关性回归结果见表3。

表3　研发投入与企业发展能力相关性回归结果

	模型（二）Y_2	模型（二）Y_2	模型（二）Y_2
RD	-7.694***	-8.011***	-7.956***
	(-3.27)	(-2.85)	(-3.63)
SIZE	0.327	0.924***	1.133***
	(1.09)	(2.64)	(3.28)
LEV	0.549	-0.040	0.135
	(0.76)	(-0.05)	(0.17)
AGE	-0.058*	-0.137***	-0.062
	(-1.69)	(-3.55)	(-1.46)
L. RD		20.619***	12.858***
		(9.63)	(5.53)
L2. RD			0.372*
			(1.963)
_ cons	-3.335	-10.636**	-14.326***
	(-0.91)	(-2.42)	(-3.24)
r^2	0.119	0.489	0.512
F	5.390	22.620	13.299

t statistics in parentheses

* $p<0.1$, ** $p<0.05$, *** $p<0.01$

由表3可以看到，解释变量的回归结果与上文一致，即当期研发投入会抑制企业发展能力的增长，滞后一期和滞后二期研发投入则会促进企业发展能力提高，证实了假设3和假设4。说明研发投入最终能够提高企业经营绩效，但存在一定的滞后期，且滞后期约为2年左右。

5　结论与建议

5.1　研究结论

通过对辽宁省上市公司的相关数据建立面板数据讨论研发投入对企业经营绩效的影响并根据上文的分析得出以下结论：

（1）研发投入在当期会抑制企业经营绩效的提升。从上文分析中可以看出研发投入在研发活动初期主要以成本的形式存在，并且具有持续时间长，回报具有不确定性等特征，因此持续的大量资金投入在短期内难以得到相应补偿，会加重企业的负担，从而导致企业当期经营绩效的下降。

（2）研发投入对企业经营绩效的积极影响存在滞后期。从上文分析中可以看出，虽然研发投入不能在当期有效促进企业经营绩效提升，但经过一段时间的持续投入后，研发投入的积极影响开始作用于企业经营绩效，因此研发投入的促进作用是存在一定滞后期的。

5.2　建议

（1）企业应加大研发投入。增加研发投入可以帮助企业改良生产结构，提高生产效率，进而提高企业竞争力。研发投入最终能够有效提高企业经营绩效，因此企业可以基于自身发展需求，合理评估企业内部状况，制定科学的创新战略或研发计划。

（2）政府应该加强对企业创新的鼓励与指导。通过财政研发补贴和税收优惠，政府能够在一定程度上为企业分担研发活动所带来的资金压力等诸多问题，成为企业研发和投资活动的风险承担者。

参考文献：

[1] 岳宇君，孟渺. 研发投入、资源特征与大数据企业经营绩效 [J]. 湖南科技大学学报（社会科学版），2022，25（2）：74-85.

[2] 姚佩怡. 政府补助对中小企业创新的影响路径研究 [J]. 技术经济，2022，41（2）：26-37.

[3] 汪慧玲，王英. 所得税优惠、研发投入强度与企业绩效 [J]. 商学研究，2022，29（1）：24-33.

[4] 余天雯. 研发投入与投资效率的关系研究 [J]. 经济师，2022，（2）：45-46+48.

［5］ 张盈. 研发投入、高管股权激励与企业绩效的关系研究
［J］. 商场现代化，2022（2）：113-115.

［6］ 刘兴鹏. 研发投入对企业绩效影响的门槛效应：以广东
省为例［J］. 统计与决策，2022，38（3）：172-177.

基金项目：

辽宁省社会科学规划基金项目（L21AJY013）；辽宁省社
会科学界联合会委托课题（2022lslwtkt-049）。

作者简介：

李森（1986— ），男，辽宁沈阳人，博士，讲师，研究
方向：生态经济。

孟庆爽（1998— ），女，辽宁沈阳人，会计专业硕士研
究生，研究方向：管理会计与财务决策。

论文仅代表本文作者观点，文责自负——本书编者注。

内部控制对上市公司盈余管理行为相关性研究

张 莹 栾世红 张雯棋

（沈阳建筑大学管理学院，辽宁 沈阳 110168）

摘要：盈余管理行为与企业财务会计信息质量有关，是财务舞弊的重要手段。为探究企业内部控制能否对盈余管理行为产生影响，选取 2019—2020 年的沪深 A 股上市公司相关数据，以应计盈余管理和真实盈余管理为被解释变量，以内部控制质量为解释变量，建立分析模型。经实证研究得出结论：内部控制能够抑制盈余管理行为，且对应计盈余管理具有更显著的抑制作用。

关键词：内部控制；盈余管理；相关性

Research on the Correlation Between Internal Control and Earnings Management Behavior of Listed Companies

Zhang Ying Luan Shihong Zhang Wenqi

（**College of Management，Shenyang Jianzhu University，Shenyang 110168，China**）

Abstract：Earnings management behavior is related to the quality of corporate financial accounting message and is a crucial method of monetary counterfeit. For the sake of probe if corporate built-in command has an influence on earnings management behavior, this paper chooses interrelated message of Shanghai and Shenzhen A-share listed companies from 2019 to 2020, takes the mass of internal command as the hermeneutic variable, and accruals earnings administration and management and real earnings management as the explained variables to build an analysis model. The empirical study draws the following summing-up: the internal control of listed companies are able to restrain earnings management behavior, nonetheless the result of corresponding earnings management is more prominent.

Keywords：nternal control；earnings management；the correlation

1 引言

财务报告是企业与信息使用者建立高效沟通的工具，其中盈余管理信息受到重点关注[1]。近年来随着我国资本市场长期持续的发展，企业为了获取上市资格达到准许配股的标准，同时达到金融机构所要求的标准而获取贷款，可能会通过盈余管理的方式，对会计资料进行调解，破坏市场竞争规则。同时，在信息飞速发展的大背景下，企业为维护形象，吸收外部投资壮大公司实力而进行盈余管理的行为层出不穷。但长此以往，过度盈余管理会带来消极影响。例如，削弱财务信息的真实可靠性，造成会计信息失真；对资源配置影响力差，不能保证公司持续运营稳定；过分关注短期经济效益，而忽视实际经营状况，捏造公司的虚假繁荣状态影响未来发展。那么内部控制作为公司治理的重要手段，能否从企业内部防止这种行为的发生[2]？内部控制是否能够有效抑制盈余管理，是一个值得探讨的问

题。国内外学者围绕这一观点有不同见解。Bedrad 发现内部控制能够通过在公司内部进行调整、约束、规划、评价和控制等一系列措施有效约束管理者操控盈余管理等不正当行为[3]。杨旭东认为，提高公司内部会计控制报告质量就能同时抑制真实活动的盈余管理风险和应计活动盈余管理[4]。白金纬发现，抑制作用对真实的盈余管理效果不明显[5]。本文对内部控制和盈余管理这两个变量进行定性分析，讨论二者之间的相互作用关系，并为企业的良性发展提出意见。

2 理论分析与研究假设

2.1 理论依据

企业实行的企业两权分离管理只会同时为广大经营者员工和财产所有者利益带来利益与冲突，迫使双方各自追求自身利益最大化，甚至出现相悖目标。管理者为了实现自身报酬最大化和维护对外良好名誉，有可能会以权谋私，进行盈余管理。而所有者则希望通过多种手段进行公司管理、监督管理

者的经营行为。同时，所有者与管理者之间存在彼此获得信息不对称的客观事实。管理者因为直接参与经营，掌握了大量信息，为管理者间接提供盈余操控的可行性。而企业所有者所掌握的信息主要是来源于公开披露的财务报告等，在信息量和真实性方面处于劣势状态。

2.2 研究假设

上述分析为内部控制的登场提供了理论基础。内部控制强调过程和人员的全面性控制。内部控制为财务信息的真实可靠性提供保证，其次能高效识别企业风险，极大程度降低财务损失，完善公司治理结构。同时内部控制能建立有效的内部信息"沟通—循环"体系，促进内部控制运行情况的报告，可以降低计信息的差错性，为缩小管理层人为干预盈余管理提供空间。在 2006 年之前基本使用的都是操控性应计盈余管理和非操控性应计盈余管理，同时有相适应管理模式。相比之下，真实盈余管理更加完善，能够对企业经营的活动时间进行操控。基于二者在操控方式和计量方法等方面的不同，内部控制对其产生的效果也有不同。基于此，本文进行如下假设：

H1a：企业的内部控制质量指标越高，应计盈余管理程度则越低。

H1b：企业的内部控制质量指标越高，真实盈余管理程度则越低。

3 研究设计

3.1 研究样本与数据来源

本文样本选取 2019—2020 年的沪深 A 股上市公司，主要数据来源于 CSAMR 数据库。对数据进行了如下处理：剔除包含 ST，＊ST 类样本和缺失样本；剔除金融行业上市公司；剔除时间不连续的样本。最终获得 3804 个观测值。为减少异常值影响，对所选取的变量进行 1% 的双边缩尾处理。

3.2 变量设计

（1）被解释变量：盈余管理。采用修正后的 Jones 模型并取绝对值。参考 Roychowdhury 进行的相关实证研究，衡量真实盈余管理[6]。

（2）解释变量：内部控制质量（ICQ）。参考迪博公司发布的上市公司内部控制评价指数，选取内部控制指数+1取对数。

（3）确定主要相关控制变量：选择公司规模（Size）、成长性水平指数（Growth）、资产负债率水平

（Lev）、股权集中度（Ecr）、董事会规模（Board）、"四大"审计结果指数（Big4）、产权性质（Soe）等指标作为控制变量。变量的具体定义方法见表1。

表1

变量类型	变量名称	变量符号	变量说明
被解释变量	应计盈余管理	AEM	根据修正的 Jones 模型计算其绝对值根据
	真实盈余管理	REM	Roychowdhury 构建的模型计算
解释变量	内部控制质量	ICQ	迪博发布的中国上市公司内部控制指数加 1 取对数
控制变量	企业规模	Size	期末资产总额的对数
	资产负债率水平	Lev	期末负债总额/期末资产总额当期营业收入
	成长性指数	Growth	变化额/上期营业收入额
	股权集中度	Ecr	第一大股东持股比例
	董事会规模	Board	董事会成员的数量
	"四大"审计	Big4	选取会计师事务所为"四大"的取值为 1，否则为 0
	产权性质	Soe	属于国有企业取值为 1，否则为 0

3.3 模型构建

$$AEM_{i,t} = \alpha_0 + \alpha_1 ICQ_{i,t} + \alpha_2 Size_{i,t} + \alpha_3 Lev_{i,t} + \alpha_4 Growth_{i,t} + \alpha_5 Ecr_1 + \alpha_6 Board_i + \alpha_7 Big4_i + \alpha_8 Soc_i + \in_{it}$$

$$REM_{i,t} = \alpha_0 + \alpha_1 ICQ_{i,t} + \alpha_2 Size_{i,t} + \alpha_3 Lev_{i,t} + \alpha_4 Growth_{i,t} + \alpha_5 Ecr_1 + \alpha_6 Board_i + \alpha_7 Big4_i + \alpha_8 Soc_i + \in_{it}$$

其中，α_1 是内部控制质量对盈余管理的影响系数。

4 实证检验与结果分析

4.1 描述性统计分析

分析表2数据得知，应计盈余管理和真实盈余管理之间偏差最大值分别为 0.8071，1.5589，最小值分别为 0.0001 和 -2.1922，说明企业盈余管理程度差异相对较大，且管理层更倾向于操纵更隐蔽安全的真实盈余管理活动。内部控制质量指标的最大值为 6.8483，均值 6.3462，代表企业内部控制质量整体较高；内部控制质量的最小值为 0，代表部分企业内部控制存在重大缺陷。在控制变量指标选择上，公司规模、资产负债率、企业成长性指标的极差波动大，表明企业的资本结构多样，且销售状况和运营能力存在差异。股权集中度指标均值为 0.3460，董事会规模指标均值为 8.5552。

表 2　变量的统计描述

变量	样本量	均值	标准差	最小值	最大值
AEM	3804	0.0555	0.0590	0.0001	0.8071
REM	3804	−0.0053	0.1927	−2.1922	1.5589
ICQ	3804	6.3462	0.9229	0	6.8483
Size	3804	22.6135	1.3237	19.1370	28.542
Lev	3804	0.4365	0.1856	0.0143	2.1235
Growth	3804	0.1118	0.6819	−0.8763	17.5770
Ecr	3804	0.3460	0.1470	0.0287	0.8341
Board	3804	8.5552	1.6554	4	17
Big4	3804	0.0699	0.2551	0	1
Soe	3804	0.3520	0.4777	0	1

4.2　相关性分析

对以上各相关变量指标进行相关性分析研究发现，应计盈余管理指标和真实盈余管理指标与企业内部控制的质量的正相关系数已表现为显著为负，初步表明内部控制质量降低对真实盈余管理具有重要抑制作用，相关性见表3。

表 3　变量的相关性

	AEM	REM	ICQ	Size	Lev	Growth	Ecr	Board	Big4	Soe
AEM	1									
REM	0.0652*	1								
ICQ	−0.1029*	−0.0552*	1							
Size	−0.0697*	0.0500*	0.0363*	1						
Lev	0.0595*	0.1695*	−0.0928*	0.5022*	1					
Growth	0.0359*	0.0043	0.0631*	0.0388*	0.0321*	1				
Ecr	−0.0661*	−0.0573*	0.0820*	0.1446*	−0.0127	0.0260	1			
Board	−0.0827*	0.0088	0.0262	0.2913*	0.1154*	−0.0279*	0.0083	1		
Big4	−0.0283*	−0.0509*	0.0221	0.3566*	0.1048*	−0.0052	0.1450*	0.0893*	1	
Soe	−0.0553*	0.1364*	0.0788*	0.3683*	0.2059*	−0.0365*	0.1760*	0.2835*	0.1281*	1

注：***，**，*分别代表在99%，95%，90%置信水平下显著。设为*代表在10%水平下显著

4.3　多元回归分析

根据所构建模型，得到回归结果见表4。

从回归模型结果进行分析时得出，内部控制质量指数对应计盈余管理指标的影响系数为−0.0055，在1%左右的质量水平层次上体现显著，表明高质量的内部控制，能抑制应计盈余管理活动。

内部控制质量指标对真实盈余管理水平的影响系数约为−0.0090，在10%的水平上显著，表明高质量的内部控制能够抑制真实盈余管理，对比发现对应计盈余管理有更显著的抑制效果。资产规模、股权集中度、是否出具标准无保留意见等变量系数存在显著负相关关系。证明假设成立。

4.4　稳健型检验

为增加文章结果的稳健型，进一步检查内部控制与盈余管理的显著性关系。本文将内部控制质量替换为内部控制信息披露指数来检验假设。回归分析结果为，内部控制信息披露指数对应计盈余管理的影响系数和真实盈余管理的影响系数分别为−0.0175和−0.0220，均具有显著关系。故前文所述的实证分析没有影响结果的稳健型。

表 4　变量回归分析结果

变量	AEM	REM
ICQ	−0.0055***	−0.0090*
	(−3.71)	(−1.83)
Size	−0.0044***	−0.0073**
	(−3.96)	(−2.05)
Lev	0.0339***	0.1746***
	(4.15)	(7.51)
Growth	0.0035	0.0027
	(1.41)	(0.37)
Ecr	−0.0177***	−0.0822***
	(−2.68)	(−3.20)
Board	−0.0022***	−0.0037
	(−3.26)	(−1.49)
Big4	0.0025	−0.0430**
	(0.67)	(−2.45)
Soe	−0.0011	0.0611***
	(−0.49)	(7.23)
Constant	0.1989***	0.1828**
	(8.36)	(2.41)
Observations	3804	3804
R−squared	0.032	0.055

注：*，**，***分别代表在10%，5%，1%的水平上显著

5 结论

上述分析可得：内部控制与应计活动盈余管理和真实活动盈余管理的绩效指数呈现负相关关系，尤其针对应计活动盈余管理更为显著。完善高水平的内部控制能更好地同时抑制企业内部的盈余管理。这对帮助企业通过有效调节内部控制质量从而减少盈余管理行为具有一定参考研究意义，同时高效内部控制在一定程度上有助于减少上市公司财务舞弊事件的发生，对有效维持我国市场秩序环境的良好运行具有一定程度的实际意义。

参考文献：

[1] 刘玉娇. 上市公司内部控制与盈余管理行为的相关性研究 [J]. 滁州学院学报，2022（1）：7-12.

[2] 王敏. 内部控制、外部审计对上市公司盈余管理影响的研究评述 [J]. 财经论坛，2021（3）：131-135.

[3] Bedard J. Reported Internal Control Deficiencies and Earnings Quality [C]. Working Paper, University Laval and Visiting University of New South Wale, 2006.

[4] 杨旭东. 内部控制与盈余管理波动性实证研究 [J]. 中国注册会计师，2019（12）：65-70.

[5] 白金纬. 上市公司盈余管理行为研究 [J]. 合作经济与科技，2021（12）：154-155.

[6] Roychowdhury S. Earnings Management through Real Activities Manipulation [J]. Journal of Accounting and Economics，2006（42）：335-370.

作者简介：

张莹（1999— ），女，辽宁沈阳人，会计专业硕士研究生，研究方向：管理会计与财务决策。

栾世红（1970— ），男，辽宁大连人，博士，副教授，研究方向：区域经济与金融，房地产项目融资。

张雯棋（2002— ），女，辽宁沈阳人，会计学本科生，研究方向：财务风险控制。

论文仅代表本文作者观点，文责自负——本书编者注。

企业合并中对赌协议的风险控制研究

李 烨 刘 颖

（沈阳建筑大学管理学院，辽宁 沈阳 110168）

摘要：对赌协议理论上能够降低未来不确定性带来的风险，使并购方有机会通过并购获得更高的并购绩效且支付尽可能低的交易对价。市场上的对赌活动却经常以失败告终，因此，分析对赌协议中蕴藏的风险，提高并购成功率十分必要。依托对赌失败的实际案例，站在并购方的角度分析对赌协议暴露出的风险因素，构建对应的风险防控体系，为提高企业合并中对赌协议的成功率提供参考。

关键词：企业合并；对赌协议；风险控制

The Risk Prevention and Control Research of Valuation Adjustment Mechanism in M&A

Li Ye Liu Ying

（**College of Management**，**Shenyang Jianzhu University**，**Shenyang 110168**，**China**）

Abstract：Valuation Adjustment Mechanism（VAM）can theoretically reduce the risk caused by uncertainty，so that the acquirer has the opportunity to obtain higher performance through mergers and acquisitions（M&A）and pay the lowest transaction consideration. It is necessary to analyze the risks contained in the VAM of M&A for it often ends in failure，and improve the success rate of it. Based on the actual case，this paper analyzes the risk factors exposed in the failure of VAM from the perspective of acquirer，and puts forward corresponding risk prevention and control system，so as to provide reference for improving the success rate VAM in M&A.

Keywords：M&A；VAM；risk prevention and control

1 引言

在企业并购中，通过设计有效的对赌协议可以规避信息不对称风险，帮助企业合理确定股价，同时激励被收购公司的股东及管理层，促进并购交易的发生。对赌协议就好像一把双刃剑，虽然能较好地解决双方估值问题，但近年来对赌失败的案例屡见不鲜。刘柯认为对赌协议签订前期投资一方存在尽调不合理、业绩目标过高等风险，签订后则存在道德法律等风险[1]。仲伟淦等认为标的公司追求高的并购价格设定较高的业绩目标，市场上大多数对赌协议完成存在较高的压力[2]。谢慧敏认为对赌风险存在于对赌协议签订前、中、后整个过程中，且风险之间有相互影响和关联[3]，因此在识别风险时要从系统、整体的视角出发。

2 案例介绍

2.1 并购双方简介

2.1.1 福建省电子信息集团有限责任公司

福建电子信息集团是省级政务信息服务的主要供应商及政务信息服务机构，在交通、渔业、教育、医疗、应急指挥等方面与政府密切合作。本次入股合力泰，主要是为了完善其在显示屏、摄像头、5G等方面的整体布局。

2.1.2 合力泰科技股份有限公司

合力泰科技股份有限公司是一家集研发、设计、生产、销售一体化的硬件产品制造、方案公司，主营摄像头模组、液晶显示模组等显示和触控类产品，此次引入福建电子的国资背景，将更加有利于FPC，5G和高频材料等后续持续投资和发展。

2.2 对赌协议内容及结果

双方约定以每股不低于6.86元的价格转让合力泰实际控制人和控股股东文开福及其他股东所持的15%股权。文开福与福建电子就合力泰2018—2020年的业绩目标进行了约定，审计后3年的归母净利润分别不低于13.56亿元、14.92亿元、16.11亿元。如未能达到利润指标，福建电子有权向文开福提出以现金或股票的形式赔偿。补偿公式分别为：①应补偿金额

=(当年承诺净利润数-当年实现净利润数)÷业绩承诺期内各年的承诺净利润数总和×本次股份转让价款总额。②应补偿股数=当年的补偿金额÷每股转让价格。③股份补偿的形式是：以1元的价格转让文开福持有的股份。如果合力泰顺利完成业绩目标，福建电子将会对合力泰的核心经营团队进行奖励。

3年的业绩目标完成情况如表1。

表1 对赌协议完成情况（单位：亿元）

年份	2018年	2019年	2020年
业绩目标	13.56	14.92	16.11
实际完成	13.15	10.33	-30.82
完成率	96.97%	69.24%	-191%

3 对赌协议风险分析

3.1 高估值风险

从转让价格来看，交易时合力泰最新收盘价5.61元/股，交易溢价约22%，存在交易对价高估值问题，原因分析如下。

3.1.1 信息不对称造成的投资者保护

并购双方存在着天然的信息不对称，并购方很难获取到真实详细的经营信息和财务信息，设定较高的业绩目标可以实现自身权益的保护，在对方无法完成对赌时，仍可以收到部分补偿来弥补商誉减值和利润下降的风险。因此出现的高估值风险可以理解为并购方为了自身保护而引起的定价偏差[4]。

3.1.2 短视风险

被并购方在签订协议时为了取得更高的估价，往往倾向于设定较高的业绩目标。一方面，在外部环境变化或企业内部发展出现问题时，很难达到预设的目标。另一方面，面对巨大的业绩压力，为了能够顺利完成对赌，企业的管理者通常会将完成业绩指标作为重点，制定比较激进的经营战略。为了追求短期利益，在对赌期间容易出现消耗大量资源、盲目扩张等短视行为，公司的内部控制和团队建设也容易出现漏洞，不利于长久发展。

3.1.3 商誉减值风险

并购双方都希望对赌协议能够带来高收益，并购溢价越高，潜在的商誉减值风险越大。一是对赌失败，被并购方未达成业绩目标，并购方需要计提大额的商誉减值；二是对赌虽然成功，但是在对赌期后，并购方对利润的预期并没有降低，然而被并购方失去了对赌协议的约束和激励，对赌协议带来的协同效应降低，盈利能力不可避免地下降。在两方的矛盾之下，爆发积累的商誉减值风险。

3.2 对赌协议设置风险

3.2.1 业绩指标单一化

并购方希望通过对赌协议获取协同效应，实现利润增长，而被并购方希望引入资金，往往不愿受到过多的干涉，因此也更愿意拿业绩赢得自主权，所以提高业绩是双方共同的目标。在本案中，业绩目标归属净利润3年平均需要达到14.86亿元，自合力泰上市以来，2017年净利润为11.79亿元，此前从未超过10亿元，见表2。可以看出，此次的业绩目标设定过高，实现起来较困难。

表2 2013—2017年合力泰公司业绩情况

年份	2013年	2014年	2015年	2016年	2017年
归属净利润（亿元）	1.44	1.47	2.18	8.74	11.79
归属净利润同比增长（%）	1331.89	2.48	48.15	300.63	34.98
归属净利润滚动环比增长（%）	-17.18	903.74	7.70	40.07	-1.99

3.2.2 对赌协议结构不合理

本次交易采用的是反向结构，即先支付价款，若未实现业绩目标则对方返还约定金额。反向结构需要大量的现金或股票，拥有高市盈率的公司可以通过增发新股获得资金，但这种方式并不具有普适性。在选择现金支付的情况下，反向结构无疑会对企业现金流造成极大的冲击，同时，现金具有很强的流动性，且不具备股份支付可以通过设定限制条件保障后续转回的条件，很有可能出现对赌失败但标的公司并不转回先前约定的业绩补偿的情况。

3.3 被并购方道德风险

3.3.1 盈余管理

在前期估值阶段，被并购方通过正向的管理释放出公司的良性发展信号，或是通过负向盈余管理展现企业较高的成长性，影响到并购方对于标的企业的估值，提高并购溢价，实现套现目的。在预期无法实现业绩目标时，调高利润避免赔偿，导致并购方获取到经粉饰过的财务信息，仍然对被并购方的盈利能力和发展能力保持乐观的态度，影响到当期商誉减值的估计。当被并购方在对赌结束调整利润时，将一次性对并购方商誉带来很大的冲击。

3.3.2　拒绝履约

目前文开福所持股份被质押、冻结，业绩补偿是否能够顺利履行不得而知。对赌协议在我国缺少法律专门的规定，相关事项只能参考现有相关的制度，法律效力存在漏洞，缺乏强制的法律保护，导致违约成本较低，法律缺位带来很大的违约风险。

4　对赌协议风险防控体系

4.1　风险防控体系设计思路

明确市场中普遍存在的对赌协议相关风险，结合双方具体的情况、具体条款、行业发展情况等其他因素，考量此次交易存在的风险点，分析风险产生的原因，制定有针对性的风险防控体系。通过前文的分析，此次交易对赌协议包含的风险归纳见表3。

表3　对赌协议风险列表

风险点	产生原因	严重程度
高估值风险	信息不对称风险	严重
	并购双方短视行为	
	商誉减值风险	
对赌协议设置风险	业绩指标单一化	较为严重
	结构不合理	
被并购方道德风险	盈余管理	严重
	拒绝履约	

4.2　风险防控体系的构建

4.2.1　合理估值

慎重选择审计机构和估值机构，并健全公司的尽职调查制度和机构，通过更加有效的尽调消除信息不对称带来的风险。使用合适的期权定价模型将对赌协议的价值从并购对价中分离出来，有效降低并购溢价，能在一定程度上预防后期的大额商誉减值。此外，还应充分考虑到外部环境对未来发展的影响，如所在行业的整体发展趋势、宏观政策等，合理确定业绩目标。

4.2.2　对赌结构合理配比，业绩指标设置多样化

给付交易对价时，相对于反向结构而言，采用正向结构能够给并购方更大的主动权，因此建议采用混合结构，适当减少反向结构的比例。在业绩指标的设计方面，避免过度单一化，增加除净利润之外的其他

业绩指标，比如现金流、股权持有比例、高管经营管理层面的考核等，建立更加全面、多元化的考核体系。同时，设立分段式、阶梯式的弹性考核区间，强化对目标企业的激励效果，达到循序渐进的效果。

4.2.3　加强管控，持续激励

在尽调阶段，重点甄别目标公司此前是否存在盈余管理的行为；在设计条款阶段，将每一条细化，明确目标公司管理层的行为权限，针对奖惩制度等核心条款设立弹性制度，避免企业在外部环境压力下为完成指标的利润造假行为；在执行阶段，可以根据每个业绩目标子阶段进行不同程度和方向的激励，对业绩目标实现的部分先予以支付；等等。在法律层面，相关监管部门应当加快健全规范对赌协议的相关制度，保障对赌协议对交易双方的公平性，并加强对赌协议执行方面的监管，对拒不执行业绩补偿一方根据补偿金额作出相适应的处罚。

5　结论

对赌协议的风险主要体现在高估值风险、条款设置风险及管理道德层风险等方面。正确识别企业合并中采用对赌协议时携带的风险，建立全面的对赌协议风险防控体系，监控对赌协议从签订到执行全过程，能够提高对赌协议的成功率，进而提高企业并购的质量，实现双赢。

参考文献：

[1] 刘柯. 投资方维度下对赌协议行为风险问题分析 [J]. 财会通讯，2017（29）：119-122.

[2] 仲伟淦，王海文玥，徐嘉钰. 财务视角下的企业并购对赌风险与防范：以蓝色光标收购博杰广告为例 [J]. 绿色财会，2021（5）：7-13+6.

[3] 谢敏慧，杨毅. 并购重组中的对赌协议风险："馅饼"还是"陷阱"？ [J]. 河北企业，2022（3）：60-62.

[4] 王茵田，黄张凯，陈梦. "不平等条约？"：我国对赌协议的风险因素分析 [J]. 金融研究，2017（8）：117-128.

作者简介：

李烨（1994— ），辽宁本溪人，会计专业硕士研究生，研究方向：管理会计。

刘颖（1963— ），辽宁沈阳人，教授，硕士研究生导师，研究方向：工程审计、战略管理。

论文仅代表本文作者观点，文责自负——本书编者注。

千禾味业股权激励实施效果分析

李红丽　张嵩

（沈阳建筑大学管理学院，辽宁　沈阳　110168）

摘要：简介千禾味业公司及其股权激励计划和实施现状，基于2017—2020年公司财报，根据公司股权激励计划解锁条件，从公司的财务表现、代理成本及员工的稳定性三方面分析了公司的业绩，评价了千禾味业股权激励计划的实施效果。通过研究千禾味业实施股权激励效果的相关问题，以期股权激励机制可以更好地服务于我国调味品行业。

关键词：千禾味业；调味品行业；股权激励；实施效果

Analysis on the Implementation Effect of Equity Incentive in Qianhe Weiye

Li Hongli　Zhang Song

（**College of Management**，**Shenyang Jianzhu University**，**Shenyang 110168**，**China**）

Abstract：Qianhe Weiye Company and its equity incentive plan and implementation status, based on the company's financial report from 2017-2020, according to the unlocking conditions of the company's equity incentive plan, analyzed the company's performance from the company's financial performance, agency cost and employee stability, and evaluated the implementation effect of Qianhe Weye equity incentive plan. This paper studies the related problems of the equity incentive effect, hoping that the equity incentive mechanism can better serve the condiment industry in China.

Keywords：Qianhe Weiye；condimentindustry；equityincentive；implementationeffect

1 引言

股权激励又称期权激励，是公司的拥有者为了与经营者利益相关联，将股份转让到经营者手中，使经营者与自己处于同一视角，激励经营者以所有者视角经营管理公司，参与决策、共担风险，分享利润的一种激励方式。借助股权激励这一桥梁，将激励对象与公司整体价值连通，以远期的非物质性激励，促使在工作中避免短期决策，从所有者视角看问题，实现公司长远可持续发展的目标。千禾味业在调味品行业中是正处于成长阶段的上市公司，公司从上市后就开始实施股权激励，对其实施股权激励效果分析具有重要的现实意义。

股权仅仅是一种推动激励对象尽心尽职地为公司发展的手段，目的不是为激励对象授予股票。以公司立场探究股权激励为实现公司价值增长，不是关注激励对象如何获取激励股票。

2 千禾味业股权激励实施现状

2.1 千禾味业公司简介及股权激励计划

千禾味业，全称千禾味业食品股份有限公司，1996年成立，位于我国西南地区，具有明显的地域特色，于2016年3月成功上市（603027）。公司以焦糖色为起点，从2001年开始，逐渐朝多品类领域发展，主要从事研制、生产和销售食用醋、酱油以及其他调味品。当下，消费升级、消费分级趋势明显，千禾味业定位明确，主攻高品质产品，以零添加产品占领市场，满足消费者需求。

千禾味业的核心竞争力表现为：一是以零添加为主，在不同的市场表现突出；二是精准的品牌位置，避开与业内领先企业的直接价格战；三是在西南地区拥有较高的品牌声望，具备明显的地域优势。

2017年8月25日，股权激励计划草案公告披露，具体详情见表1。

表1　千禾味业2017年股权激励计划方案详情

激励要素	具体要求
激励工具	限制性股票
股票来源	定向发行
激励对象	董事、中层管理人员和核心人员
授予价格	9.31元/股
行权期数	4期
有效期	48个月
限售期	12，24，36，48个月

同时，千禾味业此次的股权激励计划中，明确了董事、高管以及中层、核心人员为此次的激励对象，对食品制造公司而言，核心骨干人员对生产发展有着重要作用，通过股权激励措施，可激发核心人员工作积极性，发挥股权激励长期激励作用。

2.2 千禾味业股权激励实施现状

2017 年公司设计股权激励计划的解锁条件从两个层面考核，即公司业绩层面考核和员工层面的考核。当公司和个人层面的考核均已达标，即可行权。千禾味业 2017 年实施的股权激励计划中，除第一期的 3 名激励对象因离职而丧失行权资格，其余的激励对象均已达标而实现行权。

员工层面的考核依据个人考核结果来判断，当个人考核结果达到良好及优秀，即可 100%解除限售比例；当考核结果为合格时，仅能解除 60%；当考核结果为不合格时，则无法解除限售比例。

此次股权激励计划中，在公司层面的考核以 2016 年为基期，选定 2016 年的营业收入或者净利润，二者选择其一。此后解锁条件的基数，要求 2017—2020 年营业收入增长率分别不低于 20%、40%、70%、100%；2017—2020 年净利润增长率分别不低于 50%、80%、150%、220%。千禾味业在 2017—2020 年的营业收入增长率或者净利润增长率已达到公司的业绩目标，在 2017 年、2019 年以及 2020 年以营业收入增长率为考核依据，分别是 23%、76%、200%，见表 2。达到此次股权激励的公司业绩考核。

表 2　千禾味业 2017—2020 年公司层面业绩情况

年份	营业收入（万元）	营业收入增长率（%）	净利润（万元）	净利润增长率（%）
2017 年	94817	23	14406	44
2018 年	106545	38	16828	91
2019 年	135515	76	19825	98
2020 年	169327	200	20580	106

3　千禾味业股权激励实施效果分析

3.1 公司财务业绩表现良好

3.1.1 经营业绩提高

公司在 2016—2020 年期间，千禾味业的净利润呈稳健增长的状态，也高于调味也高于净利润的行业中值 1.32 亿元，2020 年的净利润较 2016 年的增长翻一番，见图 1。千禾味业在调味品行业具有一定的优势，这也会提高消费者对其品牌的认可与信赖，本

公司在股权激励期间有良好的经营表现。

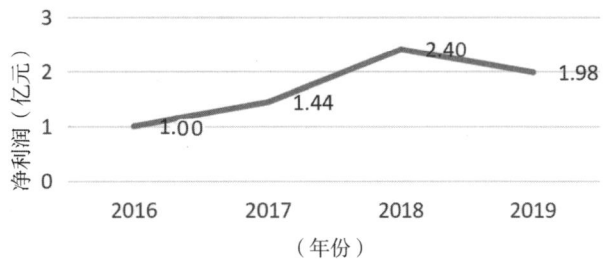

图 1　千禾味业 2016—2020 年净利润情况

千禾味业在股权激励期间的主营业务收入增长趋势呈稳健的上升趋势，在本次股权激励计划中，设立了公司的经营指标，以 2016 年的营业收入为基础，公司业绩目标满足后，激励对象才可以被授予公司的股票权益，并进行行权。在 2016—2020 年间，千禾味业经营业绩达标，在股权激励期间的平均收入增长 20%，见图 2，千禾味业的股权激励对千禾味业的营业收入具有促进作用，股权激励的长期激励性也逐年显现。

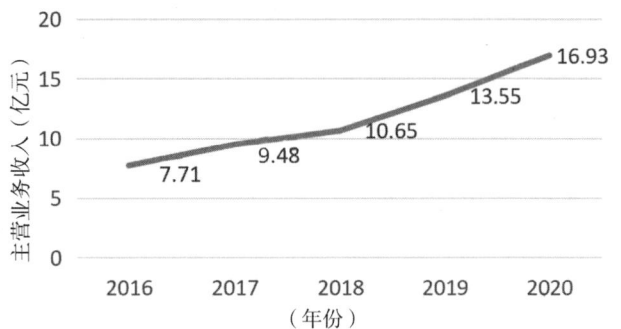

图 2　千禾味业 2016—2020 年主营业务收入情况

3.1.2 提高了股东收益率

2016—2020 年公司的股票每股收益出现明显的波动，见图 3。在股权激励期间，2016—2018 年间，千禾味业的每股收益波动巨大，在 2017 年每股收益仅有 0.45 元，说明股权激励计划初期，在短期市场上有明显的体现。在 2019—2020 年，公司每股收益出现明显的下降，在 2020 年时，每股收益降到了 0.31 元，是短期市场受外部环境影响巨大，新冠疫情的突然袭击，特别对食品行业的影响巨大，公司的每股收益有明显的反应。但在公司实施计划初期，股东的收益在股票市场上有明显的提升，虽然在计划后期受疫情影响巨大，但对股东而言，更关注公司的长期发展。每股收益的初期表现，说明股权激励计划对公司发展具有一定作用。

图 3　千禾味业 2016—2020 年每股收益变动情况

3.2　公司代理成本降低

3.2.1　降低了管理费用

2017 年后，千禾味业的管理费用率下降明显，且整体趋势也是呈现下降的态势，公司的研发费率虽有所波折，但是也呈增长态势，见表 3，说明公司注重研发，加大研发投资力度，为公司的研发人员创造良好的工作氛围，吸引更多的人才加入公司。

表 3　千禾味业 2016—2020 年费用情况

年份	2016 年	2017 年	2018 年	2019 年	2020 年
营业收入（亿元）	77086.10	94816.71	106544.58	135514.72	169327.40
管理费用（亿元）	4163.00	4399.00	5221.00	5390.00	6141.00
管理费用率（%）	5.4	4.6	1.3	4.0	3.6
研发费用（亿元）	—	2241.00	2036.00	3948.00	4522.00
研发费率	—	2.4	1.9	2.9	2.7
审计费用（亿元）	50.00	45.00	47.00	55.00	65.00
审计费率（%）	0.06	0.05	0.04	0.04	0.03
折旧、摊销费（亿元）	3123.10	4681.20	5013.40	6593.40	8220.10
折旧及摊销费率（%）	4.05	4.93	4.71	4.87	4.85

3.2.2　提高了员工劳动效率

股权激励计划实施过程中，公司员工的劳动生产率提高了。全员劳动生产率＝营业利润/全部从业人员人数。2016—2020 年千禾公司 5 年内公司营业利润不断增长，5 年增长了 160%，员工规模增加了522 人，同时劳动生产率增长率从 6.28% 到 11.53%，见表 4。在千禾味业股权激励计划前期，员工劳动率增长迅速，2018 年增长是 2016 年没有实施计划时的两倍，在 2019—2020 年，公司员工劳动率趋于平稳，稳定在 11% 左右。公司作为食品制造业，以产品的生产为公司生存的核心，劳动生产率的逐步提升，说明公司的生产各个环节的运作都在提升，各项业务也在顺利进行。千禾味业实行的限制性股票激励是有效的。

表 4　千禾味业 2016—2020 年员工劳动率一览

年份	2016 年	2017 年	2018 年	2019 年	2020 年
营业利润（万元）	10980	16919	28517	23183	26191
员工人数（人）	1749	1835	2091	2047	2271
生产率（%）	6.28	9.22	13.64	11.33	11.53

3.3　人员稳定性提高

3.3.1　公司经理层高管团队稳定

千禾味业从 2017 开始实行股权激励，对公司的中高层员工和核心骨干人员实施激励，给那些对公司重要的员工提供更多的激励。

千禾味业在 2017 年实施股权激励计划以来，激励对象中的 4 位高级管理人员全部在岗，见表 5。公司的管理与决策离不开公司的高级管理人才的智慧与才能，公司的战略与决策引领着公司的发展，为增进公司发展起主导作用。高级管理人员作为公司的核心人才，其发展理念对公司的长期战略发展具有重要作用，公司的 4 位高级管理人员在岗，没有核心人才的流失，对公司的持续发展至关重要。实施的股权激励对稳定公司的核心人才起到关键作用。

表 5　千禾味业 2017—2020 年激励高管的任职情况

首期激励高管	担任职位	在职情况
刘德华	董事/副总裁	在职
何天奎	董事/财务总监	在职
吕科霖	董事会秘书	在职
胡高宏	董事/子公司总经理	在职

3.3.2　公司员工规模稳定提高

2016—2020 年千禾公司员工总人数增加了 522 人，增长了 29.85%，见表 6。各专业人员的规模都有不同程度的增长，公司的技术人员的增长有28.48%，接近公司人员的平均增长率。在 2016—2018 年，公司员工人数稳步增长，特别是在疫情期间，公司的员工人数仍有 10.94% 的增长率。此次股权激励的人员主要集中公司的核心骨干，特别是公司技术人员的扩充，说明此次股权激励计划不仅对公司原有员工具有激励作用，对外部人员也具有吸引性。

表6　千禾味业 2016—2020 年人员情况

（单位：人）

年份	2016 年	2017 年	2018 年	2019 年	2020 年
生产人员	586	589	533	704	735
销售人员	795	848	1164	938	1103
技术人员	158	175	176	174	203
财务人员	52	49	42	59	51

4　结论

总体来说，千禾味业的首次限制性股票激励效果较为良好，全部达到解锁条件，激励对象成功解锁。从长期来看，限制性股票激励对千禾味业的营业收入、代理成本以及员工稳定性等方面具有一定促进作用。当前，越来越多的公司采用股权激励方式助力公司发展，但只有符合公司自身发展需求的股权激励方案，才能真正起到积极的作用。

此次千禾味业股权激励的具体激励效果如下：

股权激励对公司的绩效具有促进作用。股权激励以公司核心人才的稳定性为起点，吸引优秀外来人才，并以提升公司经营绩效为目标。在股权激励机制中，激励与约束并存，即当激励对象满足了特定的绩效要求时，才能得到相应的股权收益。这些约束条件一般是体现公司绩效的业务指标。鉴于股权激励是一种长期的激励手段，本文对千禾味业 2016—2020 年的净利润、主营业务收入、每股收益等进行了分析，其对公司的经营业绩具有积极作用。

通过股权激励的方式，可以使公司的骨干人员得到持续的发展。股权激励是事先设定业绩指标，通过努力可以达到条件的约定，成功解锁获得公司授予的股票激励，获得股东身份，使其继续为公司的长远发展而奋斗。根据千禾味业 2017 年度股权激励计划中 4 位被授予股权激励计划的高级管理人员仍然在职，他们对公司的发展和业绩具有重要影响，是公司重要的人力资本。通过股权激励，让公司高管成为公司的一部分，变成公司发展的关键要素。

参考文献：

[1] 王如雪. 上市公司股权激励效果的影响因素分析 [J]. 中国管理信息化，2020，23（17）：56-57.

[2] 介迎疆，高晶，张志伟. 东方财富公司股权激励效果研究 [J]. 知识经济，2018（6）：33+35.

[3] Tzioumis K. Research on the Effect and Optimization of Equity Incentive Mechanism of Listed Companies—Take Midea Group as an Example [J]. Journal of Global Economy, Business and Finance, 2020（5）：123.

[4] Liu, Xuejiao, Xiaohong Liu. CEO Equity Incentives and the Remediation of Material Weaknessesin Internal Control [J]. Journal of Business Finance&Accounting, 2017, 44（9）：1338-1369.

[5] 洪文玲. 三全食品股权激励对企业财务绩效的影响 [J]. 中国经贸导（中），2021（9）：89-91.

[6] 吴瑾晖. 美的集团股权激励对财务绩效的影响 [J]. 合作经济与科技，2021（21）：95-97.

作者简介：

李红丽（1995— ），女，山西安泽县人，会计学专业硕士研究生，研究方向：管理会计与财务决策。

张嵩（1966— ），女，辽宁葫芦岛人，硕士副教授，硕士生导师，研究方向：组织行为与绩效管理、工程伦理。

论文仅代表本文作者观点，文责自负——本书编者注。

沈阳商品房住户满意度影响因素研究

张妍 王静

（沈阳建筑大学管理学院，辽宁 沈阳 110168）

摘要：为了更好地控制房地产市场平稳发展和促进居民的购房消费，提高居民对商品房的居住满意度，从住户特征、总体感知、建筑特征、物业管理、配套设施、居住环境和住户满意7个维度构建了商品房住户满意影响因素模型，应用结构方程对模型进行了验证。结果表明，住户特征、建筑特征、物业管理、配套设施、总体感知、居住环境对住户满意有正向影响，但配套设施对总体感知的影响不显著。

关键词：满意度；影响因素；验证性因子分析；结构方程模型

Research on Influencing Factors of Satisfaction of Commercial Housing Residents in Shenyang

Zhang Yan Wang Jing

（**College of Management**，**Shenyan Jianzhu University**，**Shenyang 110168**，**China**）

Abstract：To better control and keep the stable development of the real estate market, promoting the purchase and consumption of residents. Improve the satisfaction of commercial housing residents in the meantime. Seven contents constitute a model of influencing factors of commercial housing household satisfaction , including household characteristics, overall perception, architectural features, property management, supporting facilities, living environment and resident satisfaction. The model was validated using structural equations. The results show that the household characteristics, architectural features, property management, supporting facilities, overall perception and living environment have a positive impact on resident satisfaction. However, the impact of supporting facilities on overall perception is not significant.

Keywords：satisfaction; influencing factors; validation factor analysis; structural equation models

1 引言

全面预算管理是公司实施内部控制的核心，沈阳作为新一线城市，居民收入水平的提高和消费观念的改变让沈阳市居民不仅仅满足于"住有所居"，而是"住有宜居"。针对影响沈阳住户满意度影响因素的调查，一方面可以加深房地产企业对于居民需求的认知程度，在竞争激烈的市场获得长足发展；另一方面政府可以针对问题提出相应改进措施，提升整个居民住房满意度和政府公信力，促进社会安定长治久安。

国内外学者纷纷开展对住户满意度的研究，Dolapo认为，户型结构、储存空间对于住户满意有显著的影响[1]。陈小平利用德尔菲法和层次分析法分析得出户型设计对于商品房住户满意度影响最大，剩下的依次是工程质量与教育配套[2]。吴莹等在香港公屋满意度影响因素中验证公民的居住体验是主要影响因素，强调人的主观感觉[3]。张菊香实证分析表明住宅物业服务质量对住户满意度的影响[4]。董留群研究了住户满意度对忠诚度的影响，结果表明，提升地产商形象、物业服务水平和住房质量都会帮助房地产企业获得更多住户的忠诚[5]。

2 理论依据与研究假设

费耐尔等人通过对瑞典顾客满意度模型（SCSB）进行创新拓展，最终形成满意度模型（ACSI）。将满意度设定为目标变量并且保留本来的结果变量，对于原因变量，在原来顾客预期这个总体的概念中新增了顾客需求和可靠期望方向，又把笼统的感知价格概念细分为感知质量和感知价值两方面。朱子超对长租公寓满意度进行分析研究，得出满意度影响路径分为直接路径与间接路径，由此探求长租公寓发展道路[6]。本文结合ACSI理论，将感知质量与感知价值归一为总体感知，加入住户特征、总体感知内在变量与建筑特征、物业管理等 4 个外在变量, 建立了如图 1 所示的理论模型。

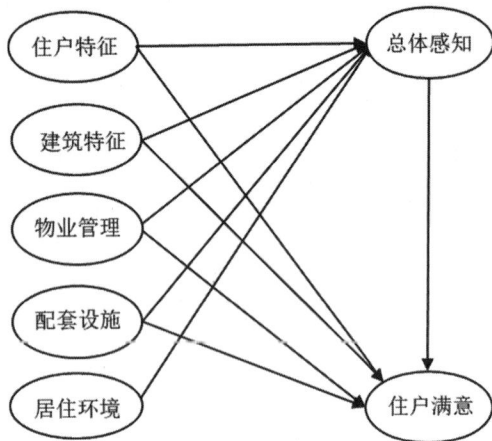

图 1　研究模型

针对研究模型中所在潜变量作出了表 1 所示的 11 个基本研究假设。

表 1　潜变量相互逻辑关系

假设	潜变量 1	"1"—"2" 逻辑假设	潜变量 2
H1	住户特征	正向影响	总体感知
H2	建筑特征	正向影响	总体感知
H3	物业管理	正向影响	总体感知
H4	配套设施	正向影响	总体感知
H5	居住环境	正向影响	总体感知
H6	住户特征	正向影响	住户满意
H7	建筑特征	正向影响	住户满意
H8	物业管理	正向影响	住户满意
H9	居住环境	正向影响	住户满意
H10	配套设施	正向影响	住户满意
H11	总体感知	正向影响	住户满意

3　实证研究

3.1　数据来源与选取

通过实证研究探求沈阳商品房住户满意度的影响因素, 采用李克特 5 级量表设计了调查问卷, 选项中数字 1—5 代表级别, 数字越大表明受访者满意或者认可的程度越深。问卷包含调查者基本信息和变量题项两部分, 正式发放问卷前, 为保证问卷问题的准确有效性, 提前进行了预先调研, 对问题进行优化与删减, 避免出现言语表达不清、影响问卷质量的情况[7]。正式问卷调查对象是沈阳市 20—30 岁居民, 调查采用智慧星软件与实地发放相结合的形式, 利用多层次多途径的收集方式来最大限度地保证获取数据的真实准确性。总计问卷发放 623 份, 回收问卷合计 542 份, 收集到的数据汇总处理后通过 SPSS21.0 的可靠性检验[8], 通过筛选得到有效问卷 447 份, 有效回收率为 82.47%。

3.2　数据信效度分析

为了确保数据有效性, 采用 SPSS21.0 进行信效度检验, 6 个潜变量的系数都大于 0.7, 属于较高可信范围。各主要变量的 α 系数见表 2。量表总体 KMO 值为 0.937, 大于 0.70, Bartlett 球度检验表明显著性概率为 0.000 ($P<0.01$), 认为量表适合做因子分析。将各变量 AVE 值的平方根和变量间皮尔逊相关系数的大小进行对比, 结果如表 2 所示, 当各变量 AVE 值开平方取值均大于各变量间的相关系数表明其具有较好的区分效度。

表 2　变量相关矩阵

	住户特征	建筑特征	物业管理	配套设施	居住环境	总体感知	住户满意
住户特征	0.841						
建筑特征	0.515	0.818					
物业管理	0.459	0.438	0.821				
配套设施	0.414	0.510	0.438	0.783			
居住环境	0.455	0.631	0.454	0.461	0.756		
总体感知	0.496	0.558	0.463	0.484	0.515	0.837	
住户满意	0.500	0.599	0.502	0.501	0.472	0.563	0.837

通过对调查数据进行验证性因子分析得到表 3 结果。可以清晰看出每个题项标准化因子荷载值都能达到标准, 很好解释其自身所在的维度; 组合信度

CR 的值全部满足大于 0.7 的条件, 说明每个潜变量中的所有题项都可以对其所在潜变量具有一致的解释性, 内部信度良好; AVE 为平均方差萃取量, 本

文研究的 7 个维度标准值都在 0.5 以上，说明量表具 有较好的聚敛效度。

表3　验证性因子分析结果

维度	测量题目	标准化因子载荷值	Cronbach 's α	CR	AVE
住户特征	对房地产企业的认知（A1）	0.84	0.829	0.828	0.707
	对房地产企业的期望（A2）	0.842			
总体感知	价格合理性（B1）	0.861	0.901	0.903	0.701
	住宅升值潜力（B2）	0.774			
	质量相对于价格感受（B3）	0.784			
	住宅总体质量（B4）	0.921			
建筑特征	住宅建筑质量（C1）	0.849	0.923	0.923	0.669
	墙体门窗质量（C2）	0.728			
	建筑风格（C3）	0.798			
	防水保温效果（C4）	0.843			
	采光通风条件（C5）	0.807			
	户型结构（C6）	0.873			
物业管理	环境卫生（D1）	0.795	0.865	0.866	0.520
	治安消防管理（D2）	0.665			
	公共设施建设维修状况（D3）	0.638			
	车辆管理（D4）	0.746			
	物业投诉处理情况（D5）	0.706			
	物业管理收费标准（D6）	0.764			
配套设施	教育配套设施（幼儿园，小学）（P1）	0.806	0.887	0.888	0.613
	生活服务设施（超市，银行等）（P2）	0.775			
	餐饮娱乐设施（P3）	0.746			
	医疗设施（医院，药店）（P4）	0.788			
	交通便利性（公交站，地铁等）（P5）	0.796			
居住环境	小区景观绿化（F1）	0.772	0.888	0.888	0.571
	空气质量（F2）	0.791			
	噪音污染（F3）	0.648			
	小区文化活动（F4）	0.744			
	居民素质（F5）	0.764			
	空间视野楼密度（F6）	0.802			
住户满意	住宅总体满意（Y1）	0.871	0.822	0.823	0.701
	与预期居住状态相比的满意度（Y2）	0.801			

3.3　数据来源与选取

　　将收集处理好的全部数据代入结构方程模型中进行验证，采用 AMOS21.0 进行分析，最终得到标准化图示，如图 2 所示。

　　对模型进行适配度检验，根据表 4 的数据可知模型的适配指标检验均达到通用标准，说明本研究所建立的结构方程模型有效且与回收数据的匹配程度较好。

表4　结构方程模型检验结果

拟合指数	判断标准	实际值
卡方自由度比（X^2/df）	<3	1.776
GFI	>0.8	0.890
AGFI	>0.8	0.867
NFI	>0.9	0.905
IFI	>0.9	0.956
CFI	>0.9	0.956
NNFI（TLI）	>0.9	0.950
RMSEA	<0.08	0.046

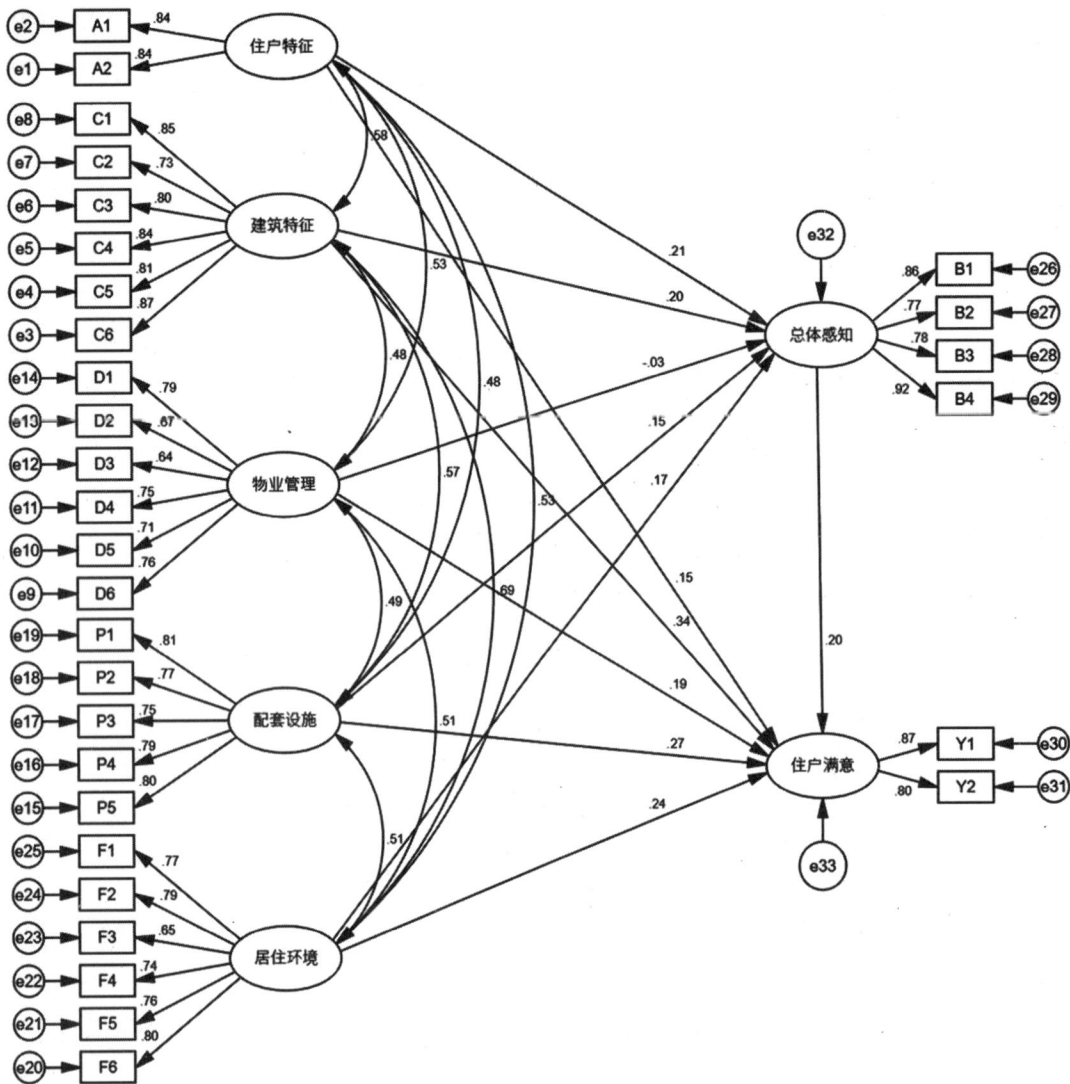

图2 标准化的结构方程模型

3.4 结果分析

通过结构方程模型对数据分析得出反映各变量之间关系的路径系数和 C. R. 值，临界比例 C. R. 可判断回归系数是否具有显著性。表5为针对模型进行的11个假设是否成立的验证结果，除假设 H3（$P>0.05$）外，其余假设 $P<0.05$，表示假设的结果达到显著水平。可以证实本文所构建的概念模型基本合理。说明本研究所建立的结构方程模型有效且与回收数据的匹配程度较好。

表5 路径分析结果

假设	研究假设			标准化估计值	S. E.	C. R.	P	检验假设结果
H1	总体感知	<---	住户特征	0.209	0.065	3.176	0.001**	支持
H2	总体感知	<---	建筑特征	0.200	0.058	2.803	0.005**	支持
H3	总体感知	<---	物业管理	−0.032	0.078	−0.610	0.439	不支持
H4	总体感知	<---	配套设施	0.152	0.064	2.542	0.011*	支持
H5	总体感知	<---	居住环境	0.167	0.066	2.420	0.016*	支持
H6	住户满意	<---	住户特征	0.147	0.077	2.225	0.026*	支持
H7	住户满意	<---	建筑特征	0.341	0.069	4.764	<0.001***	支持
H8	住户满意	<---	物业管理	0.190	0.076	3.147	0.002**	支持
H9	住户满意	<---	居住环境	0.242	0.078	3.425	<0.001***	支持
H10	住户满意	<---	配套设施	0.273	0.076	3.643	0.016*	支持
H11	住户满意	<---	总体感知	0.199	0.074	3.189	0.001**	支持

注：* 为 $P<0.05$，** 为 $P<0.01$，*** 为 $P<0.001$。

4 结论与建议

本文通过构建沈阳商品房住户满意度影响因素模型来探究沈阳住户满意度的影响因素，并且运用结构方程对理论模型进行验证，得出以下结论：

第一，只有物业管理正向影响与总体感知这个假设不存在显著的关系，$P>0.05$，住户特征、建筑特征、配套设施、居住环境都对总体感知有正向影响，$P<0.05$，假设 H1，H2，H4，H5 成立。

第二，住户特征、建筑特征、物业管理、配套设施、居住环境、总体感知都对住户满意有正向影响，$P<0.05$，假设 H6，H7，H8，H9，H10，H11 均成立。且从对沈阳市的实证研究结果可以得出这 6 项变量对住户满意度影响程度从大到小的排列顺序是建筑特征、配套设施、居住环境、总体感知、物业管理和住户特征。

通过路径分析结果可以看出，总体感知和住户满意都受到了其他潜变量或直接或间接的作用，以住户满意为核心，总效应最大的是建筑特征，达到了 0.409。中国人对于家有特殊的情感，随着经济发展和居民生活水平的提高，现代居民对于住房舒适度的需求随之加大，房子并不仅仅是一个单独满足睡觉活动需求的地点，在绝大多数住户心中家是自己的一个避风港和安全地，所以居住属性是它的核心因素。住宅质量、户型结构等也是居民在购买住房时需要着重考虑的因素，因此住户对于核心因素的重视也在意料之中，其中户型结构因子负荷量最高。配套设施是第二大效应，教育配套与交通便利的因子负荷量比较高，说明有教育配套、交通便利的商品房让住户更加满意。针对以上结论，提出相应政策建议：

（1）房地产企业要持续关注住户的需求，与时俱进。不同年代随着住户观念的变化，其对于户型的结构、面积要求也在改变；房地产商要重视商品房的建筑质量，商品房作为特殊商品，价值较大，关系到生命安全权益，商品房的质量是获得住户认同的基础；房地产商要提高物业服务品质，对于住户反馈应及时改进和处理。

（2）政府方面应当加强城市基础配套设施建设，不仅要保障居民住有所居，更要住有宜居政府方面要加强对房地产行业的调控，调控土地拍卖数量与类型，出台符合市场情况的贷款政策和税率政策稳定房地产市场。政府方面要加强对房地产行业的监管，坚决遏制违法行为损害住户权益，切实保障住户利益。

（3）住户自身方面应当提高宽容度，住户应当注重自我修养的提升，主动维护小区公共资源完好，保障每一个人使用；住户因为自己的选择走到一起并成为邻里，人和人之间应当多一些照料与帮助，如若能将居住的小区视作一个大家庭，住户彼此之间互相体谅与包容，亦能化解诸多矛盾与不悦，改善居住感受。

参考文献：

[1] Amole D. Residential satisfaction in students' housing [J]. Journal of Environmental Psychology, 2008, 29 (1): 76-85.

[2] 陈小平. 居民商品住房满意度研究：以义乌市为例 [J]. 中国房地产, 2015 (33): 35-39.

[3] 吴莹, 陈俊华. 保障性住房的住户满意度和影响因素分析：基于香港公屋的调查 [J]. 经济社会体制比较, 2013 (4): 109-117.

[4] 张菊香, 蔡少茹. 住宅物业服务质量对住户满意度的影响研究 [J]. 中国房地产, 2020 (27): 70-76.

[5] 董留群, 赵海洋, 彭婷. 商品房住户居住满意度对住户忠诚度的实证研究 [J]. 工程管理学报, 2018, 32 (4): 154-158.

[6] 朱子超, 王皓静. 长租公寓租客满意度影响因素的实证分析：基于 SEM 结构方程模型 [J]. 现代商业, 2020 (30): 46-49.

[7] 王梓祎, 包红霏. 基于 SEM 的沈阳市住户居住满意度实证研究 [J]. 辽宁经济, 2018 (1): 31-33.

[8] 韩玉, 田宝成, 王书鹏. 对数自回归条件久期模型的统计推断 [J]. 东北电力大学学报, 2020, 40 (4): 82-88.

作者简介：

张妍（1995— ），女，河北廊坊人，土木水利专业硕士研究生，研究方向：房地产市场分析。

王静（1981— ），女，辽宁朝阳人，硕士，副教授，研究方向：技术经济及管理、房地产投融资。

论文仅代表本文作者观点，文责自负——本书编者注。

税收优惠、研发投入与企业绩效的关系研究

王莹　田坤

（沈阳建筑大学管理学院，辽宁　沈阳　110168）

摘要：在当前"十四五"规划再次明确加强企业技术创新背景下，将2017年、2018年及2019年我国科创板上市的214家公司作为研究对象，对税收优惠、研发投入与企业绩效三者之间的关系进行实证研究，通过面板数据回归分析得出结论，并针对科创板上市公司和国家及政府3个层面提出对策建议。

关键词：科创板；税收优惠；研发投入；企业绩效

Research on the Relationship Among Tax incentives, R&D Investment and Enterprise Performance

Wang Ying　Tian Shen

（**College of Management，Shenyang Jianzhu University，Shenyang 110168，China**）

Abstract：In the current，"the 14th Five-Year plan" clearly strengthen the background of enterprise technology innovation again，this paper listed 214 companies from the STAR market in the year of 2017，2018 and 2019 as a research object，based on empirical research of the relationship among tax incentives，R & D investment and enterprise performance，draw a conclusion through panel data regression analysis and put forward countermeasures and suggestions to the STAR market 、the state and the government.

Keywords：STAR market；tax incentives；R&D investment；enterprise performance

1　引言

创新是引领发展的不竭动力，足以塑造未来。我国"十四五"规划再次明确了提升企业技术创新能力的重要性。2019年国家统计局数据显示，我国研发投入实现了4年的持续增长态势，创新投入稳步增高。科创板于2018年11月设立并在上海证券交易所上市。科创板的推出对于高新技术企业提升自身研发实力、拓展业务渠道、提升公司整体水平有着重要作用。由于研发活动存在预期收益不确定、风险不可控、信息不对称等特点，如果没有相关优惠政策的扶持与鼓励，企业的研发投入与效率的提升将变得困难，甚至会造成企业投入资源的浪费从而导致利润下跌。本文对税收优惠、研发投入与企业绩效三者之间的关系进行分析，为科创板企业如何更好地利用税收优惠政策加大研发投入进而驱动发展提供了重要的理论支撑，同时有助于企业合理利用创新投入增强企业竞争力。

2　文献回顾与研究假设

2.1　文献回顾

研发投入作为企业创新的来源，对于企业核心竞争力的提升十分重要。现有研究结论如下：鲍新中、孙晔（2014）提出研发投入对企业绩效正相关[1]；韩先锋、董明放（2018）认为二者的影响呈现显著的"倒U形"非线性特征[2]；孙自愿（2019）基于内部控制有效性的调节效应分析发现研发投入虽然能够提高企业绩效，但具有滞后性[3]。

随着税收优惠政策的出台，税收优惠与研发投入间的关系备受关注。王一舒、杨晶等（2013）运用问卷调查和实地调研两种方法证明现行高新技术企业税收优惠政策对企业自主创新能力无激励效应[4]；杨杨、曹玲燕（2013）提出企业所得税优惠政策明显促进创业板上市公司加大技术创新研发投入[5]；刘效梅（2017）利用面板数据模型，得出所得税优惠对企业研发投入强度的促进作用较小[6]。

对于税收优惠与企业绩效关系的研究大部分学者认为二者之间的关系是正向的，冯套柱、陈妍圆（2019）验证税收优惠与企业绩效正向关系时增加了流转税优惠这一变量[7]；唐红祥、李银昌（2020）实证研究发现税收优惠与企业绩效显著正相关[8]。

2.2 理论基础与研究假设

科创公司的研发投入水平决定了其自主创新能力，进行研发投入是一种高收益战略，通过研发创新，突破技术壁垒，优化整合资源，提高其核心竞争力。因此随着研发投入的增加，相应的收益也会随之扩大。基于此提出假设1：科创公司研发投入与企业绩效正相关。

科创板上市公司普遍存在研发投入周期长、成本费用金额大、研发投入成果的不确定性明显等问题，创新投入后所能带来的收益也受时间因素的影响。在研发时，经济资源被占用，即刻收益不明显。基于此提出假设2：科创公司研发投入对企业绩效的影响存在滞后性。

税收优惠政策作为政府进行宏观调控的强有力的工具，是政府基于企业各项条件给予的间接资金支持。税收优惠可以直接降低企业的纳税额，提升企业整体运营能力，增加企业绩效，提出假设3：科创公司税收优惠对企业绩效呈正向影响。

税收优惠在很多方面弥补了研发投入的风险价值及预期收益不确定等因素，税收优惠程度的增强能够激发企业创新意识，深化创新战略，进而提升企业的绩效。基于此，提出假设4：科创公司税收优惠在研发投入与企业绩效之间存在中介作用。

3 实证研究设计

3.1 数据来源

以2016—2019年在上交所科创板成功上市的238家公司作为初始样本，整理后确定有效样本公司214个，收集了2017—2019年3年的数据，观测值3852个，使用SPSS 20.0进行数据分析。

3.2 变量选取

变量指标及取值见表1。

表1 变量指标及取值

变量类型	名称	符号	取值方法
被解释变量	税后净利润	NOPAT	营业利润-所得税费用
解释变量	税收优惠	ITP	利润总额（名义税率-实际税率）
	研发投入	RDI	企业研发费用支出额
	企业规模	SIZE	总资产的自然对数
控制变量	主营业务利润率	RMOP	利润总额/主营业务收入
	资本结构	LEV	资产负债率

3.3 模型设计

模型一：$NOPAT = \beta_0 + \beta_1(RDI) + \beta_2(SIZE) + \beta_3(RMOP) + \beta_4(LEV) + \delta$ （1）

模型二：$NOPAT_{t+1} = \beta_0 + \beta_1(RDI) + \beta_2(SIZE_{t+1}) + \beta_3(RMOP_{t+1}) + \beta_4(LEV_{t+1}) + \delta$ （2）

模型三：$NOPAT_{t+2} = \beta_0 + \beta_1(RDI) + \beta_2(SIZE_{t+2}) + \beta_3(RMOP_{t+2}) + \beta_4(LEV_{t+2}) + \delta$ （3）

模型四：$NOPAT = \beta_0 + \beta_1(ITP) + \beta_2(SIZE) + \beta_3(RMOP) + \beta_4(LEV) + \delta$ （4）

模型五：$NOPAT = \beta_0 + \beta_1(RDI) + \delta$ （5）

$ITP = \beta_0 + \beta_1(RDI) + \delta$ （6）

$NOPAT = \beta_0 + \beta_1(ITP) + \delta$ （7）

模型一用于验证假设1，研发投入为自变量，企业规模、主营业务利润率及资本结构为控制变量，判断研发投入与企业绩效间的关系；模型二、三分别表示企业的研发投入对2018年、2019年绩效的影响程度，即对研发投入的滞后性分析，用于验证假设2和假设3；模型四将税收优惠作为自变量，加入3个控制变量建立税收优惠与企业绩效间的相关关系；模型五采用3个回归模型对税收优惠的中介作用进行检验，用于验证假设4。需要说明的是：β_0为常数项系数，β_1，β_2，β_3，β_4为各个指标的系数，δ为误差项，由于研究数据受到时间限制，这里的t表示2017年。

4 实证结果分析

4.1 相关性分析

通过对各变量间Pearson相关系数分析可知：税收优惠与企业绩效的相关系数为0.944，呈正相关，研发投入与企业绩效、税收优惠的相关系数分别为0.734，0.736，呈正相关关系，初步通过上文假设，可以进行下一步回归分析。

4.2 回归分析

（1）研发投入与企业绩效间的回归分析。

模型一参数及回归结果见表2。

表2 模型一参数及回归结果

R	R^2	调整 R^2	标准估计的误差	Durbin-Watson	F	Sig.
0.758a	0.574	0.572	1.9336541	1.107	214.796	0.000b

回归结果	非标准化系数		标准系数	t	Sig.	共线性统计量	
	β	标准误差	β			容差	VIF
（常量）	-8.107	1.185		-6.840	0		
RDI	1.408	0.075	0.598	18.757	0	0.657	1.521
SIZE	0.735	0.101	0.241	7.311	0	0.616	1.623
RMOP	0.484	0.43	0.034	1.124	0.261	0.74	1.352
LEV	-0.092	0.479	-0.006	-0.191	0.849	0.768	1.302

据表2可知，研发投入对企业绩效的影响占比57.2%，二者之间线性相关显著，β 系数为正数，研发投入与企业绩效正相关。VIF<10，表明其共线性可接受，由此判断，假设1成立。企业规模和主营业务利润率对企业绩效的影响也是正向的，资本结构与企业绩效负相关，科创板上市公司应该在合理配置资本结构的同时加大研发投入。

（2）研发投入对企业绩效影响的滞后性分析。

模型二、模型三参数及回归结果见表3。

表3 模型二、模型三参数及回归结果

RDI_{2017}	2017 年	2018 年	2019 年
NOPAT	0.088	0.201**	0.305**
SIZE	0.433**	0.456**	0.489**
RMOP	-0.038	-0.009	-0.022
LEV	0.097	0.109	0.038
R^2	0.355	0.384	0.365
调整 R^2	0.343	0.372	0.353
Durbin-Watson	1.957	1.937	1.946
F	28.782	32.58	30.006
Sig.	0.000b	0.000b	0.000b
β	-0.87	-0.515	0.067

注：**表示在0.01水平上显著相关

由表3可知，模型整体显著性较高，表明研发投入对企业绩效的影响较为显著。通过2017年研发投入对2017—2019年3年其他指标影响的回归结果可知研发投入与企业绩效的相关程度分别为0.088，0.201，0.305，逐年递增，初步表明研发投入的成果需要一定时间来实现，同时可以看出当期研发投入对前两期的企业绩效呈负相关影响，到第三期逐步变为正值，但影响程度也不明显。基于此，推断研发投入对企业影响的滞后性超过三期。

（3）税收优惠与企业绩效的相关关系分析。

模型四参数及回归结果见表4。

表4　模型四参数及回归结果

R	R^2	调整 R^2	标准估计的误差	Durbin-Watson	F	Sig.
0.946a	0.894	0.894	0.963	1.226	1349.756	0.000b

回归结果	非标准化系数		标准系数	t	Sig.	共线性统计量	
	β	标准误差	β			容差	VIF
（常量）	0.977	0.617		1.584	0.114		
ITP	9.396	0.162	0.967	57.899	0	0.594	1.684
SIZE	-0.132	0.053	-0.043	-2.492	0.013	0.548	1.823
RMOP	-0.185	0.215	-0.013	-0.859	0.390	0.736	1.358
LEV	0.802	0.238	0.049	3.366	0.001	0.770	1.299

由表4可知，税收优惠与企业绩效的相关系数为 9.396（$p<0.001$），调整 R^2 为0.894，可以明显看出税收优惠与企业绩效显著正相关。税收优惠程度越大，对企业越有利，节约应纳税额的同时优化现金流的使用，有利于公司的可持续发展，假设3得到验证。

税收优惠中有效应的检验见表5。

表5　税收优惠中介效应的检验

结果变量	预测变量	R^2	F	B	SE	β	t
企业绩效	研发投入	0.538	746.151	1.727	0.063	0.734	27.316
税收优惠	研发投入	0.541	755.376	0.178	0.007	0.736	27.484
企业绩效	税收优惠	0.891	5237.362	9.172	0.127	0.944	72.370

第一，研发投入和企业绩效的相关系数为 0.734；第二，税收优惠和研发投入之间的相关系数为0.736，两两变量均显著正相关。第三，税收优惠与企业绩效之间相关系数为0.944，可以看出税收优惠指标作为中介变量，效应显著。当引入所得税优惠作为调节变量进行回归分析时，SigF 更改的值为0，小于0.05，在研发投入与企业绩效中，所得税优惠存在调节效应，假设4得到验证。

5　对策建议

科创公司应该注重研发投入的长期效应，在保持高强度的研发投入的同时及时对研发成果进行阶段性转化；同时为确保企业研发成果的可靠性，应该结合实际情况及外部宏观环境，合理制定研发投入时间及强度，规避研发投入风险，增强企业自身实力。通过研发投入，丰富产品创新型及多元性，快速抢占市场先机，加速企业转型升级。

随着税收政策优惠力度的逐步加强、范围的不断扩大，企业应该根据税收优惠条款，结合实际研发投入目标，细化研发投入项目管理工作，合理制定研发投入与产出计划。充分利用税收优惠政策，在减税降费的同时，抵消当期研发投入对企业绩效的滞后影响，在税收优惠政策的利好中，夯实企业自身实力，稳步提升竞争力。

国家及政府的支持和引导对于行业及企业缓解自身资金压力，提升创新意识，合理加大创新投入，进而促进企业发展有着重要意义。随着经济的发展及市场环境的不断变化，税收优惠政策的制定应该逐步细化，将行业分类作为细化指标，可以进一步深化行业的创新及发展，具有针对性的政策支持能够大大促进企业技术创新的积极性，实现企业的持续发展。

参考文献：

[1] 鲍新中，孙晔，陶秋燕，等. 竞争战略、创新研发与企业绩效的关系研究 [J]. 中国科技论坛，2014（6）：63-69.

[2] 韩先锋，董明放. 研发投入对企业绩效影响的门槛效应 [J]. 北京理工大学学报（社会科学版），2018，20（2）：95-101+116.

[3] 孙自愿，王玲，李秀枝，等. 研发投入与企业绩效的动态关系研究：基于内部控制有效性的调节效应 [J]. 软科学，2019，33（7）：51-57.

[4] 王一舒，杨晶，王卫星. 高新技术企业税收优惠政策实施效应及影响因素研究 [J]. 兰州大学学报（社会科学版），2013，41（6）：120-126.

[5] 杨杨，曹玲燕，杜剑. 企业所得税优惠政策对技术创新研发支出的影响：基于我国创业板上市公司数据的实证分析 [J]. 税务研究，2013（3）：24-28.

［6］ 刘效梅. 所得税优惠对高新技术企业 R&D 的影响——以福建省上市高新技术企业为分析对象［J］. 科技管理研究, 2017, 37（21）：29-34.

［7］ 冯套柱, 陈妍圆, 张阳. 税收优惠、研发投入对企业绩效的影响研究：基于系统-GMM 方法的实证研究［J］. 会计之友, 2019（19）：116-121.

［8］ 唐红祥, 李银昌. 税收优惠与企业绩效：营商环境和企业性质的调节效应［J］. 税务研究, 2020（12）：115-121.

作者简介：

王莹（1998— ），女，辽宁抚顺人，会计专业硕士研究生，研究方向：管理会计与财务决策。

田珅（1981— ），女，辽宁沈阳人，博士，副教授，研究方向：财务分析。

论文仅代表本文作者观点，文责自负——本书编者注。

行政事业单位内部控制问题研究

李 朔 丛君竹

（沈阳建筑大学管理学院，辽宁 沈阳 110168）

摘要：内部控制是行政事业单位在必定环境中办理事务的重要部分，内部控制可以提升单位的业务能力，促进其发展，应高度重视。通过分析目前行政事业单位内部控制中人员控制、控制制度和流程控制的现状，发现内部控制存在控制环境不完善、内部控制风险意识缺乏、内部控制信息沟通不畅的问题。提出建立规范的内部控制环境、建立健全风险评估机制、确保信息沟通顺畅的政策建议，建立、完善、施行内部控制，规范内部办理和控制程序，改善安排结构，增强交流渠道，来提高行政事业单位的公共服务效率。

关键词：行政事业单位；内部控制；优化对策

Research on Internal Control of Administrative Institution

Li Shuo Cong Junzhu

（**College of Management**，**Shenyang Jianzhu University**，**Shenyang 110168**，**China**）

Abstract：Internal control is an important part of administrative institutions in a certain environment for business, internal control can improve the business ability of the unit, promote its development, should be paid great attention to. Through the analysis of the current situation of personnel control, control system and process control in the internal control of administrative institutions, it is found that the internal control environment is not perfect, the lack of internal control risk awareness, internal control information communication is not smooth. Put forward the policy suggestion of establishing standard internal control environment, establishing and perfecting risk assessment mechanism, ensuring smooth information communication, to improve the public service efficiency of administrative institutions.

Keywords：administrative Institutions；internal control；optimization countermeasures

1 引言

随着社会的不断发展，政府的不断改革，事业单位的信息越来越公开化，其中一些问题也体现出来。因为大多数公共机构资金来自财政拨款，这些资金的使用应该尤为严谨。所以，就需要提高事业单位的内部控制，保证资金使用的透明度，从而实现财政资金依法、依规使用，这样才能保障每一笔资金都能做到有法可依、有法可循，充分发挥其本身的作用。

RRDuh（2014）认为，行政事业单位应该充分认识到内控制度的重要性，并使其能够发挥作用，根据各个单位的实际情况建立内部控制体系，制定标准有效的内部控制制度，规范内部流程，加强内部权力运行过程中相互制约与监督。要根据时代的发展，建设符合经济社会发展需求的内部控制体系，才能更好地发挥社会服务职能（石琳，2016）。我国相对于西方国家，内部控制发展起步较晚，无论是法律法规建设，还是相关研究方面都很欠缺，所以亟待建立行政事业单位内部控制框架体系，发展行政事业单位内部控制。[1]

2 行政事业单位内部控制现状

2.1 人员控制现状

在行政事业单位中，人员主要由公务员、事业编制人员和合同工组成其中合同制人员占到单位人数的40%。由于行政事业单位的工作越来越受到当地政府部门的重视，因此一些基础工作的工作量较大，尤其是合同制人员的工作压力较大。目前在合同制人员的选聘录用方面并没有设置专门的人力资源部门，而是由几个部门领导负责合同制员工的直接选拔，这也导致部分合同制的员工对现有的人员选拔机制存在较大的意见，同时相应的薪酬福利增长也比较缓慢，导致了合同制属性的人员因工作不满意而存在较大流动性。在人员培训方面，行政事业单位在办公室安装了大量警示牌,强调职业道德、为人民服务的重要性。然而,从整体教育活动的角度来看,一些年纪大的工作人员因为不使用电脑而回避教育。由于对教育缺乏兴趣,对相关研究的热情不高,培训的效果不是很理想。[2]

2.2 控制制度现状

在制度管控方面,行政事业单位初步设定了内控体系和制度的确切维度。考虑到自身所处的经济环境和业务的发展,行政事业单位根据人员配置,通过讨论制定了自己的发展目标和预算,在目标和预算设置方面还较为科学。此外,在建立人事绩效考核内部控制时,根据员工岗位的不同,从思想、政治、日常工作绩效、专业技术能力四个方面对行政事业单位员工进行考核。从审计署公布的我国政府性债务的现状来看,内控环境在发展、完善,债务构成情况也更加合理、健康。见表1。但行政事业单位并没有做到考核、奖惩的有效结合,导致很多员工缺乏激励。

表1 审计署公布的债务规模与结构对比

单位:亿元

政府层级	债务类型	2019 年金额(亿元)	2019 年占比(%)	2020 年金额(亿元)	2020 年占比(%)	2021 年金额(亿元)	2021 年占比
中央	直接债务	67548.11	100.00	94376.72	79.42	98129.48	79.24
	担保债务	—	—	2835.71	2.39	2600.72	2.10
	救助债务	—	—	21621.16	18.19	23110.84	18.66
	合计	67548.11	100.00	118833.59	100.00	123814.04	100.00
地方	直接债务	67109.51	62.62	96281.87	60.60	108859.17	60.85
	担保债务	23369.74	21.80	24871.29	15.66	26655.77	14.90
	救助债务	16695.66	15.58	37705.16	23.74	43393.72	24.25
	合计	107174.91	100.00	158858.32	100.00	178908.66	100.00
全国	直接债务	134657.62	77.07	190658.59	68.66	206988.65	68.37
	担保债务	23369.74	13.38	27707.00	9.98	29256.49	9.66
	救助债务	16695.66	9.55	59326.32	21.36	66504.56	21.97
	合计	174723.02	100.00	277691.91	100.00	302749.70	100.00

2.3 流程控制现状

在流程控制方面,行政事业单位通过相关制度和渠道,有效保障了国内外信息交流。在数据传输方面,行政事业单位已经开始使用电脑进行数据加密传输,但是软件在行政事业单位中并没有积极推广,导致系统功能大部分闲置。由于缺乏专门的数据管理办公室和具有相应专业水平的技术人员,很多行政事业单位普通技术人员兼管技术培训、服务器维护、数据备份和技术支持,导致流程控制效率不佳。行政事业单位内部流程控制框架见图1。

3 行政事业单位内部控制存在的问题

3.1 内部控制运营环境缺乏规范

内部控制环境反映了整个内部控制体系的氛围,是行政事业单位内部控制体系的基础。不过,目前还没有规范的、专门针对行政事业单位特点的内控准则,难以适应日益复杂的社会环境和日渐深化的预算支出管理改革,致使无章可循、违章难究。例如,现行预算法、国家金库条例、税收征管法就与改革后的财政国库管理制度不相适应。此外,政府也出台了适应预算管理体制改革和境外募资管理的过渡性措施,但部分配套措施未能衔接,法律法规更新迟缓,行为规则不受约束,导致诸多问题出现。[3] 例如,一些部门的资金未按预期使用,专项资金和一般资金经常被覆盖或挪用。财产检查不制度、不正规,检查时间不明确,检查程序不规范。由于缺乏定期或不定期的现场检查,挪用国家资金情况也会偶尔出现。内部审计是非标准的、非制度化的。

```
┌─────────────────────────────┐
│  成立单位内部控制领导及组织机构  │
└─────────────────────────────┘
              │
┌─────────────────────────────┐
│      开展单位内部控制建设       │
└─────────────────────────────┘
              │
  ┌──────┬──────┬──────┬──────┬──────┬──────┐
┌────┐ ┌────┐ ┌──────┐ ┌────┐ ┌──────┐ ┌────┐
│预算│ │收支│ │政府采购│ │资产│ │建设项目│ │合同│
└────┘ └────┘ └──────┘ └────┘ └──────┘ └────┘
  └──────┴──────┴──────┴──────┴──────┴──────┘
              │
┌─────────────────────────────┐
│ 1.确定单位主要经济活动的管理结构。 │
└─────────────────────────────┘
              │
┌─────────────────────────────┐
│ 2.对照内控规范和相关法律法规的要求， │
│   全面梳理单位主要经济活动的业务流程。│
└─────────────────────────────┘
              │
┌─────────────────────────────┐
│ 3.结合内控规范和现行的法律法规规定， │
│   采取控制措施，进行内控设计。      │
└─────────────────────────────┘
              │
┌─────────────────────────────┐
│ 4.完成上述工作后，在单位原有管理制度的│
│   基础上，进一步完善单位的制度建设。  │
└─────────────────────────────┘
              │
┌─────────────────────────────┐
│ 5.编制内部控制工作手册。         │
└─────────────────────────────┘
```

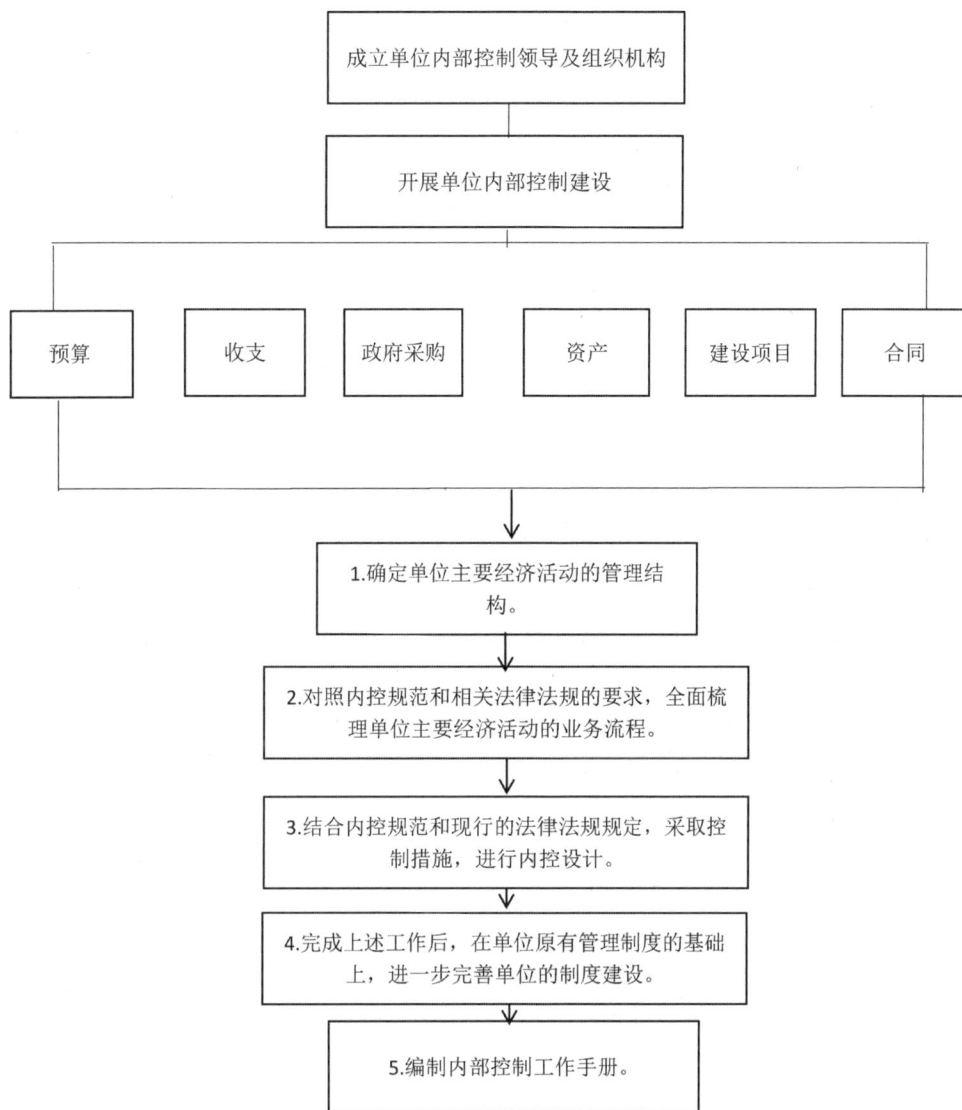

图 1　行政事业单位内部控制业务流程图

3.2　内部控制风险意识缺乏

近年来，国际金融危机愈演愈烈，危机余波逐渐波及全球，各国政府财务风险不断加大，债务危机频繁发生，政府部门迫切需要建立金融风险预警机制，完善行政事业单位无风险管控体系。行政事业单位内部控制风险意识缺乏，主要体现在以下几个方面。一是忽视滥用职权、行政腐败的风险。由于当前我国法律法规尚不健全，公共权力制约力还存在一些漏洞，给一些官员以可乘之机，利用职权违规操作、贪污腐败现象不计其数。二是资金使用不当的概率难以预测。公共产品是国有财产，我国的公共产品只能由行政事业单位提供，竞争压力小，这就无法有效保证资金的使用效率和效果。三是忽略资源分配效率低下的可能性。[4] 近两年"两高"公布职务犯罪数据情况见表 2。

表 2　近两年"两高"公布职务犯罪数据情况表

	最高人民法院		最高人民检察院	
	审结贪污贿赂、渎职等案件（件）	审结贪污贿赂、渎职等案件（人）	受理各级监委移送职务犯罪（人）	检察机关已起诉（人）
2020 年	22000	26000	19760	15346
2021 年	23000	27000	20754	16693

3.3　内部控制信息沟通不畅通

目前，我国内部控制建设的主要问题是沟通不畅。上下级部门之间沟通不方便。比如有些部门负责人未通过有效的沟通方式与上级取得联系，就私自违反规定改变专项资金用途。没有基层人员的报告，高层领导不知道问题也就不能及时纠正错误，国家资产损失的风险很高。目前行政事业单位实行的是由会计核算中心负责会计核算和监督业务的核算制度，要求两个部门重视信息共享和沟通交流。但是，行政事业单位和会计部门的数据不同，一个只关注账户，一个关注实物，沟通效果不好，导致账目分离资产管理情况时有发生。使主体内部控制无法及时生成有效信息。[5]

4 行政事业单位内部控制建设的政策建议

4.1 建立规范的内控环境

建立规范的内部控制制度，必须明确职责分工和工作方法。在制定行政事业单位关键岗位职责时，应考虑经济活动的决策、执行和监督应当相互分离，相互制衡。对记账员、保管员、审批人和决策者的职责和行政权力进行明确，并采取措施分离。在解决重大问题时，应当实行联合协商制度。该制度的有效实施，将降低行政事业单位关键资产损失的机会，妥善管理行政事业单位的会计行为，促进了内部管理制度的规范建立。

4.2 建立健全风险评估机制

鉴于目前行政事业单位内部控制的执行情况，首先要提高管理层和财务人员的风险意识，并且要建立风险管理机制。财务部门应对本单位的资金来源、资金结构和资金用途有一个全面认识，通过预测和分析来合理组织资金，不一味地寄希望于财政补助，才能更好地适应当前的经济形势，减轻国家财政负担。更加明确各个环节存在的风险点，逐条逐项进行完善风险的评估机制。

4.3 确保信息沟通顺畅

行政事业单位要畅通信息沟通的渠道，加强对财务编制和财务管理的控制。在编制预算时，需要公开预算，并显示各部门在预算执行范围内的收支情况。内部报告通过正式的书面形式向决策层反映单位财务状况、资金使用情况和运行管理状况，促使领导层做出与单位战略目标保持一致的决策，为预算编制工作提供重要的信息基础，信息沟通效果

明显。行政事业单位由于具备一定的行政职能，不可避免地要面临舞弊风险。为确保对违规、舞弊行为的举报、调查、处理正规化、透明化，应对各部门的相关职责权限予以明确规定，以保证正确信息的有效传递。[6]

5 结论

通过对行政事业单位内部控制的研究，提出对于其进行优化的建议，能够让行政事业单位进行借鉴，并且更好地管理人员及各个部门。行政事业单位内部控制实际发挥作用，可提高国有资产的保有率，以及减少腐败现象，达到提高公共服务效率的目的。

参考文献：

[1] 刘静. 行政事业单位内部控制存在的问题及对策研究 [J]. 大众投资指南，2022（2）：80-82

[2] 白华. 论行政事业单位内部控制建设中的十大关系 [J]. 会计与经济研究，2018，32：3-18.

[3] 卿文洁. 完善行政事业单位内部控制体系的思考 [J]. 湖南财政经济学院学报，2014，30：56-65.

[4] 唐大鹏，李鑫瑶，刘永泽，等. 国家审计推动完善行政事业单位内部控制的路径 [J]. 审计研究，2015：56-61.

[5] 余华. 行政事业单位业务层面内部控制建设存在的主要问题及对策探讨 [J]. 湖南财政经济学院学报，2014，30：66-76.

[6] Fedyaev D, Fedyaeva V K, Omelyanovskiy V V. Analysis of government procurements of medicines for rare diseases in Russia [J]. Value in Health, 2015, 18（7）：A677.

作者简介：

李朔（1964— ），女，辽宁彰武人，教授，硕士生导师，研究方向：工程项目融资法律，法务会计。

丛君竹（1996— ），女，吉林四平人，会计学专业硕士研究生，研究方向：项目融资风险的评价与防范

论文仅代表本文作者观点，文责自负——本书编者注。

饮料行业 NF 公司盈利能力综合分析

李 森 梁春蕾

（沈阳建筑大学管理学院，辽宁 沈阳 110168）

摘要：NF 公司在内外部环境变化的影响下，推行产品线多元化发展策略。为了研究 NF 公司调整后的盈利能力，先采用单项指标分析法，从毛利率、净利率、净资产收益率三个方面进行单独分析，再利用因素分析法对净资产收益率进行分解并综合分析和评价，揭示了 NF 公司的盈利能力情况及其经营中各因素的影响程度，为公司制定防范措施和决策提供参考。

关键词：盈利能力；食品饮料行业；净资产收益率；因素分析法

Comprehensive Analysis of Profitability of NF Companies in Beverage Industry

Li Sen，Liang Chunlei

（College of Management，Shenyang Jianzhu University，Shenyang 110168，China）

Abstract：Under the influence of changes in the internal and external environment，NF company has implemented a diversified development strategy of product lines. In order to study the adjusted profitability of NF company，firstly，the single-index analysis method is used to analyze the three important indicators of gross profit rate，net profit rate and return on equity，and then the factor analysis method is used to decompose and comprehensively analyze and evaluate the return on equity，which reveals the profitability of the NF company and the influence of various factors in the operation，and provides a reference for the company to formulate preventive measures and decision-making.

Keywords：profitability；food and beverage industry；return on equity；factor analysis

1 引言

公司盈利能力分析是保障公司健康良好发展的重要分析之一。虽然不同行业、公司的发展特点不同，具体盈利能力分析有所差异，但卿辰[1]、程辉[2]、杨逸颖[3]、刘雅坤[4] 在分析不同公司盈利能力时，均提出以毛利率、净利率、净资产收益率为分析的三个主要指标。刘俊显[5] 采用杜邦分析法与因素分析法相结合的方法，分析了新能源公司的盈利能力。宁哲[6] 基于连环替代法对一家医院影响毛利率的各因素进行了分析。综合刘华杰[7] 及以上作者的分析，可知成本管理不到位、库存积压、销售能力有待改善、市场竞争激烈等因素可能会降低盈利能力。

以"天然、健康"为代名词的 NF 公司是饮用水行业的标杆式企业，在消费市场拥有极强的竞争力。近几年，NF 公司为了更加契合市场需求，进行了多元化的产品布局，新增了饮茶、功能饮料、果汁、植物蛋白、咖啡等品类。在多元化的布局下，NF 公司的盈利能力是否依然可观，收益质量是否依然得到保持，这些问题有待深入分析研究。本文以影响 NF 公司盈利能力的主要指标入手，分别从单项指标进行分析和基于因素分析法多项指标综合分析，并为同行业企业提供借鉴意义。

2 盈利能力主要指标分析

2.1 毛利率

毛利率反映公司的获利能力，毛利率愈高，公司生产成本可能愈低或品牌溢价愈高。毛利率低，也可能是薄利多销的结果。由表 1 可知，NF 公司 2019—2021 年的营业收入呈先下降再上升的波动状态，而毛利润和毛利率却稳步上升。

表 1 NF 公司 2019—2021 年毛利率相关数据

指标	2019 年	2020 年	2021 年
营业收入（亿元）	240.21	228.77	296.96
毛利润（亿元）	133.11	135.08	176.56
毛利率（%）	55.41	59.05	59.46

2020 年，受新冠肺炎疫情等因素影响，NF 公司营业收入虽有下降，但由于公司在成本管控方面把控较好，其毛利润、毛利率还在稳步增长。2021 年，在局部洪水、PET 材料的采购成本提高等情况下，三个指标依然稳步增长，更加印证了 NF 公司成本管

控的优势。同时，该年度营业收入、毛利润上升较为明显，说明该公司成本结构的改变也增加了销量。并且三年期间，该公司的毛利率均在55%以上，反映NF公司在饮料行业获利能力较强，并在该行业市场具有很强的竞争力优势。

2.2 净利率

净利率反映公司的收益能力，是在毛利基础上去掉相关费用、利得和损失的净利润与收入的比。净利率愈高，公司收益能力、盈利能力愈强。

由表2可知，NF公司2019—2021年的净利润呈连年增长态势，其净利率分别为20.60%、23.07%、24.12%。说明2020年疫情对NF公司净利润的影响很小，虽然受此年特殊环境的影响，净利润增速有所减缓，但净利率还是一路高涨，且都保持在20%以上。从净利润每年变化幅度上看，也再次说明费用控制较好。因此可见在大环境下NF公司经营状态保持稳步上升，该角度也反映了公司相当优秀的营运能力、盈利能力。

表2 NF公司2019—2021年净利率相关数据

指标	2019年	2020年	2021年
净利润（亿元）	49.49	52.77	71.62
净利率（%）	20.60	23.07	24.12

2.3 净资产收益率

净资产收益率反映公司在一段时间内利用净资产即自有资产给公司带来的利润，也代表给股东带来的财富数量，因此是股东们最看重的盈利能力指标。该指标愈高，公司愈能有力保障投资者权益。NF公司2019—2021年净资产收益相关数据见图1。

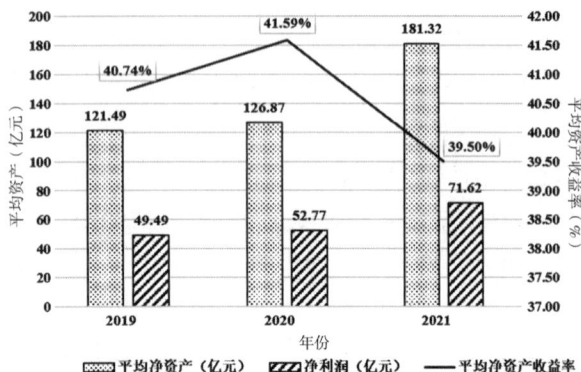

图1 NF公司2019—2021年净资产收益率相关数据

根据图1反映的各指标趋势可知，NF公司的平均净资产、净利润近三年都呈稳步增长的趋势，虽然其平均净资产收益率呈先上升再下滑的波动现象，但从比率数值上看，相差并不大。说明NF公司利用自有资金创造财富的能力较稳定，即盈利能力较稳

定。并且依照确定性选股法，平均资产收益率大于20%的公司盈利能力较强，NF公司连续三年的该指标均在40%左右，远大于20%，再次反映该公司相当优秀的盈利能力。

3 盈利能力因素分析法综合分析

3.1 因素分析法的介绍

因素分析法是计算各个因素对引起某个经济指标变动的影响程度的一种方法，这种方法具有一定的假设性[8]。对于一个指标的多个影响因素，该方法假设其他因素保持不变，只有一个因素变动，依次连环替换，分别测算出各因素对此综合指标变化的影响程度。基于上述单项指标的各自角度的分析，再运用该方法，可使盈利能力得到综合判断，并且有利于判定各经济责任，使公司管控更具效率。

3.2 因素分析法应用

净资产收益率是公司盈利能力的核心综合指标，备受公司管理层重视。单从这一指标不能清晰反映公司获利具体情况，可以将净资产收益率进一步分解如下：

净资产收益率（ROE）=净利率（X）×资产周转率（Y）×权益乘数（Z）。

利用因素分析法，将X，Y，Z三个子指标代入上述公式，依次替换、做差，分析它们对净资产收益率影响程度的高低，进而判断对盈利能力的影响力，以便公司做出更有针对性的财务管理决策。

经过查阅NF公司财务报表，计算得出其2019年、2020年、2021年的相关指标数，见表3。

表3 净资产收益率指标数据

指标	2019年	2020年	2021年
净利率（%）	20.60	23.07	24.12
资产周转率（次）	1.2399	1.0481	1.0108
权益乘数	1.595	1.72	1.62

（1）2019年、2020年数据连环替代分析。

2019年：$ROE_0 = 20.60\% \times 1.2399 \times 1.595 = 40.74\%$，然后连环替代：

$ROE_1 = 23.07\% \times 1.2399 \times 1.595 = 45.62\%$

$ROE_2 = 23.07\% \times 1.0481 \times 1.595 = 38.57\%$

2020年：$ROE_3 = 23.07\% \times 1.0481 \times 1.72 = 41.59\%$

2019—2020年，NF公司总净资产收益率变化为：$41.59\% - 40.74\% = 0.85\%$

由$ROE_1 - ROE_0$得出净利率的变动对净资产收益率的影响：$45.62\% - 40.74\% = 4.88\%$

由$ROE_2 - ROE_1$得出资产周转率的变动对净资产

收益率的影响：38.57%-45.62%=-7.05%

由 ROE_3-ROE_2 得出权益乘数的变动对净资产收益率的影响：41.59%-38.57%=3.02%

综上得出：4.88%+（-7.05%）+3.02%=0.85%

通过 2019 年、2020 年的数据计算可以清晰看出，这三项因素的综合影响，使 NF 公司的净资产收益率增加，增幅为 0.85%。其中具体的指标影响为：净利率的变动使 ROE 上升了 4.88%，可能是受 PET 材料的采购成本的下降和中国推行的社保减免政策的影响，其影响都是正向的。而资产周转率的变动使 ROE 减少了高达 7.05%，可能是由于 2020 年上半年新冠疫情及 2020 年 7 月国内多个省份由暴雨引发的水灾，影响了 NF 公司向部分零售网点的产品运输和产品销售，也使部分零售网点阶段性关闭。新冠疫情降低了消费者的出行意愿，政府同时倡导在公共场所佩戴口罩，这种措施也部分抑制了产品的销售，从而对 2020 年的经营业绩造成了一定的负面影响。权益乘数的变动使 ROE 增加了 3.02%，从财报上得知，权益乘数的增加可能是由于现金及现金等价物猛增的结果。因此，NF 公司需在产品销售方面多下功夫。

（2）2020 年、2021 年数据连环替代分析。

2020 年：$ROE_4 = 23.07\% \times 1.0481 \times 1.72 = 41.59\%$，然后连环替代：

$ROE_5 = 24.12\% \times 1.0481 \times 1.72 = 43.48\%$

$ROE_6 = 24.12\% \times 1.0108 \times 1.72 = 41.93\%$

2021 年：$ROE_7 = 24.12\% \times 1.0108 \times 1.62 = 39.50\%$

2020—2021 年，NF 公司总净资产收益率变化为：39.50%-41.59%=-2.09%

ROE_5-ROE_4 是净利率的变动对净资产收益率的影响：43.48%-41.59%=1.89%

ROE_6-ROE_5 是资产周转率的变动对净资产收益率的影响：41.93%-43.48%=-1.55%

ROE_7-ROE_6 是权益乘数的变动对净资产收益率的影响：39.50%-41.93%=-2.43%

综上：1.89%+（-1.55%）+（-2.43%）=-2.09%

由 2020 年、2021 年数据可得，这三项因素的综合影响，使得 NF 公司的净资产收益率下降，降幅为 2.09%。其中具体的指标影响为：净利率的变动使净资产收益率上升了 1.89%；而资产周转率的变动使其降低了 1.55%，权益乘数的变动使其又下降了 2.43%。净利率的影响是正向的，资产周转率的减少说明资产的利用效率有所下降，可能依旧是外部环境导致。2021 年新冠病毒变异株输入、区域性洪水灾害，物流

受阻，产品一定程度滞销造成的负向影响；也可能因为更新的设备，更先进的技术，生产能力有所提高，使得存货增加。权益乘数减少，经财报分析，可能是由于借款的减少，也可能是由于归属于母公司股东权益增加。因此，NF 公司应继续加强产品销售。

基于因素分析法，通过连续两年的数据的分析，NF 公司净利率均上升，资产周转率均下降，权益乘数波动变化，反映 NF 公司在近几年大环境的影响下，盈利能力有所波动，应持续把扩大销售规模、扩张销售渠道、严格库存管理、成本费用管理等作为管理重点。

4 结论

NF 公司整体盈利能力发展传递着向好的信号，但受各种具体因素的影响，还是会有波动，也是风险存在的地方。公司应及时判断和预防，将波动的影响最小化。

参考文献：

[1] 卿辰. 贵州茅台股份有限公司盈利能力分析 [J]. 国际商务财会，2022（6）：91-93.

[2] 程辉，周霞. 瑞幸咖啡商业模式及盈利能力分析 [J]. 现代商业，2022（4）：6-8.

[3] 杨逸颖. 我国房地产企业盈利能力分析 [J]. 投资与创业，2022，33（3）：68-70.

[4] 刘雅坤. 家电行业格力电器盈利能力综合分析 [J]. 老字号品牌营销，2022（5）：132-134.

[5] 刘俊显，贾万军. HY 公司盈利能力分析：基于杜邦分析法和因素分析法 [J]. 中国管理信息化，2022，25（3）：7-9.

[6] 宁哲. 浅谈企业多产品结构下毛利率分析：基于连环替代法 [J]. 财会学习，2017（16）：96-97+100.

[7] 刘华杰. 上市公司盈利能力分析 [J]. 财会学习，2021（30）：22-24.

[8] 隋月莉. 积极发挥财务分析的效用 [J]. 当代经济，2011（10）：124-125.

基金项目：

辽宁省社会科学界联合会委托课题"辽宁省房地产与城市经济协调发展的耦合研究（2022lslwtkt-049）"；辽宁省教育厅"辽宁省战略性新兴产业与传统产业耦合发展研究（lnqn202031）"。

作者简介：

李森（1986— ），男，辽宁沈阳人，博士，讲师，研究方向：生态经济。

梁春蕾（1996— ），女，河南郑州人，会计学专业硕士研究生，研究方向：财务会计与审计。

论文仅代表本文作者观点，文责自负——本书编者注。

预期信用损失法对会计信息质量的影响分析

于　婧　包红霏

（沈阳建筑大学管理学院，辽宁　沈阳　110168）

摘要：通过对比分析在 A+H 股上市 8 家建筑类企业应用预期信用损失法的基本情况，分析得出预期信用损失法会对会计信息质量的相关性、谨慎性、及时性产生正面影响，对会计信息质量的可靠性和可比性产生负面影响。

关键词：预期信用损失模型；应收账款；会计信息质量

Analysis of the Impact of Expected Credit Loss Method on the Quality of Accounting Information

Yu Jing　Bao Hongfei

（College of Management，Shenyang Jianzhu University，Shenyang 110168，China）

Abstract：By comparing and analyzing the basic situation of applying the expected credit loss method in 8 construction enterprises listed on A+H shares，it is concluded that the expected credit loss method will have a positive impact on the relevance，prudence and timeliness of accounting information quality. On the contrary，it will have a negative impact on the reliability and comparability of accounting information quality.

Keywords：expected credit loss model；accounts receivable；accounting information quality

1 引言

国家财政部于 2017 年发布的新准则要求国内外上市的企业从 2018 年 1 月 1 日开始实施由"预期信用损失法"代替"已发生损失法"。具体使用的减值范围包括债权投资、应收账款、合同资产等[1]。本文选择同时在 A 股和 H 股上市的建筑类企业，通过分析这些企业应收账款的减值方法，研究预期信用损失法对企业会计信息质量的影响。

2 预期信用损失法

预期信用损失法是新会计准则提出的计提金融资产减值的新方法，与已发生损失法相比有较大优势。预期信用损失是金融资产信用损失额的加权平均值，权重为违约发生的概率[2]。预期信用损失模型又被称为"三阶段"法，划分情况见表 1。预期信用损失模型三阶段下利息收入和减值准备的确认方式也有所差别。

3 建筑类企业应用"预期信用损失法"概况

应收账款是企业在生产经营中由于销售行为的方式而形成的债权资产。建筑行业 2018 年应收账款占流动资产比重超过 20%。应收账款作为建筑类企

业金融资产的重要组成部分，也是建筑类企业资产管理的核心内容。建筑类企业的良性发展离不开金融资产的管理。由于建筑行业存在工程周期长、项目周期大的问题，交易双方往往会选择利用分期付款的方式，这就会使不少建筑类企业存在大量的应收账款。

应收账款是建筑类企业在预估风险时必须考虑的资产项目。预期信用损失法主要是围绕金融资产减值提出的新方法[3]，应收账款在日常经营中需要计提减值准备，这就需要企业合理地运营预期信用损失法评估应收账款的信用风险，依据应收账款的期限、客户对象等方面，及时、准确地预测建筑类企业的应收账款风险情况[4]。

A+H 股上市公司是指既作为 A 股在上海证券交易所或者深圳证券交易所上市，同时又作为 H 股在香港联合交易所上市的公司。截止到 2021 年年底，我国 A+H 股企业共有 137 家，本文选取研究对象的建筑类企业共有 8 家，分别是海螺水泥、金隅集团、中国中冶、中铝国际、中国铁建、中国中铁、中国交建、北辰实业等。

表1 预期信用损失模型

项目	第一阶段	第二阶段	第三阶段
判定依据	报告日金融工具信用风险较初始确认后并未表现出显著的增加	报告日金融工具信用风险较初始确认后表现出显著的增加，但没有客观减值的证据	报告日金融工具信用风险较初始确认后表现出显著的增加，并且有客观减值的证据
利息收入	根据资产账面价值总额计算	根据资产账面价值总额计算	根据资产账面价值总额计算
减值准备	按照12个月预期损失金额确认	按照存续期的预期损失金额确认	按照存续期的预期损失金额确认

4 在 A+H 股上市的建筑企业应用情况分析

4.1 共性分析

从这8家上市公司2018年公布的年报可知，8家企业与应收账款减值准备政策有关的部分大多依据新会计准则中的条文进行罗列。其中8家公司均采用简易法来计提坏账准备，同时，8家公司在具体使用预期信用损失法时对应收账款采用单项和组合的基础来评估企业的信用风险。

4.2 差异性分析

体现企业针对预期信用损失模型的特别性规定的内容主要集中在三个方面：

第一方面是公司对应收账款组合分类条件和分类方式差异，具体表现见表2。

表2 对应收账款组合分类的条件和分类方式差异

差异性体现	公司名称	划分依据
对应收账款组合分类考虑的条件和具体分类方式不同	海螺水泥	以账龄组合、坏账计提方法组合和逾期账龄组合为基础评估应收账款的预期信用
	金隅集团	以账龄作为信用风险特征确认应收款项组合，并采用账龄分析法对应收账款和其他应收款计提坏账准备
	中国中冶	以账龄组合、坏账计提方法组合和逾期账龄组合为基础评估应收账款的预期信用
	中铝国际	以账龄组合、坏账计提方法组合和逾期账龄组合为基础评估应收账款的预期信用
	中国铁建	以账龄组合、坏账计提方法组合和逾期账龄组合为基础评估应收账款的预期信用
	中国中铁	依据信用风险特征将应收票据及应收账款和合同资产划分为若干组合
	中国交建	依据为保证金（不含质量保证金）、员工个人借款、备用金、账龄
	北辰实业	以账龄组合、坏账计提方法组合和逾期账龄组合为基础评估应收账款的预期信用

由表2所示，有5家企业选择"以账龄组合、坏账计提方法组合和逾期账龄组合为基础来评估应收账款的预期信用"，另外3家企业会依据自身特色选择适合的应收账款组合方式依据。

第二方面是公司对应收账款信用管理情况差异，具体情况见表3。

表3 应收账款信用管理情况

差异性体现	公司名称	划分依据
对应收账款信用管理情况有所差异	海螺水泥	本集团管理层已根据实际情况对应收账款制定了信用政策，对客户进行信用评估以确定赊销额度与信用期限
	金隅集团	按照本集团的政策，需对所有要求采用信用方式进行交易的客户进行信用审核

由表3所示，只有海螺水泥和金隅集团两家企业对自己企业的应收账款客户进行了特殊规定，分别是通过对应收账款时间和客户的信誉度进行规定。

第三方面是对违约概率、违约损失率和违约风险敞口的定量差异，这3项数据作为预期信用损失的关键性指标，需要企业在实际使用预期信用损失法有具体的计算方式，但是新会计准则没有严格的规定参数，这就需要企业在使用预期信用损失法时确定这3个关键指标的具体算法。2家企业的具体应用情况见表4。

表4 对违约概率、违约损失率和违约风险敞口的定量差别

差异性体现	企业名称	划分依据
对违约概率、违约损失率和违约风险敞口的定量不同	中国交建	预期信用损失计量的关键参数包括违约概率、违约损失率和违约风险敞口
	海螺水泥	始终按照相当于整个存续期内预期信用损失的金额计量应收账款的减值准备，并以逾期天数与违约损失率对照表为基础计算其预期信用损失

如表4所示，中国交建和海螺水泥两家企业规定了自家企业应用预期信用损失计量的关键参数。

通过对8家企业3个方面的差异性分析可以看出，不同企业在应用预期信用损失模型时的具体操作会存在较大差异，主观性较强。

4.3 企业应用"已发生损失法"与"预期信用损失"应用结果对比

通过比较8个公司的对于预期信用损失法的实际运用，可以发现，在建筑业不同的企业的应收账款的预期信用损失率会有一定的波动，具体变化见表5。

表5 在A+H股上市的建筑企业应收账款预期信用损失率变化

企业名称	2017年预期信用损失计提比例（%）	2018年预期信用损失计提比例（%）	应收账款预期信用损失率变化情况
海螺水泥	0.84	0.83	-0.01
金隅集团	23.95	24.57	0.62
中国中冶	1.58	1.01	-0.57
中铝国际	10.34	10.04	-0.30
中国铁建	2.64	1.02	-1.62
中国中铁	0.02	0.82	0.80
中国交建	14.67	12.92	-1.75
北辰实业	0.08	20.43	20.35

5 预期信用损失法对信息质量的正面影响

5.1 提高会计信息相关性

揭示企业信用风险，提高会计信息相关性。2018年建筑类企业在应用预期信用损失模型后，在应收账款计提比例上发生了变化，表明企业在选择预期信用损失法更加谨慎的计提信用减值损失，同时在预测应收账款的信用风险时更加重视与企业经营业务相关性更强的项目[5]。预期信用损失法能够较为全面地披露企业金融资产的信用风险。企业在发布会计信息时，需要充分考虑到对未来的期望和对风险的预估。

5.2 增强会计信息谨慎性

预期信用损失法扩大了资产损失减值准备计提的时间范围，考虑到未来可能发生的信用风险问题，谨慎地计提金融资产减值准备，从而提高财务报表信息的谨慎性。以海螺水泥为例，发现该企业在应用预期信用损失法之后重新规定了应收账款管理的时间和空间范围，这样能够帮助建筑类企业在计提减值准备时严格按照规定进行操作，确保计提的减值准备能够准确地反映应收账款的风险状况。

5.3 及时预测信用风险发生概率

及时预测信用风险发生概率，提高会计信息的及时性。预期信用损失法可以在开始就对某一金融资产的潜在违约风险进行预测，并及时预测在短期内因公司的经营状况而发生的信用风险恶化，从而可以及时地发出信用风险变化的信号，增强其可预测性和可控性。建筑类企业在经营的过程中，往往存在应收账款回收困难的实际问题，这就需要企业使用预期信用损失模型尽可能预测应收账款信用风险的变动情况，一旦发生信用风险恶化，及时采取措施。

6 预期信用损失法对信息质量的负面影响

6.1 较强主观性减弱会计信息的可靠性

缺乏透明度，过多的主观性减弱了会计信息的可靠性。就目前分析来看，由于预期损失模型是对应收账款整个存续期间进行风险把控，所以会涉及前瞻性估计，而8家建筑类企业中只有海螺水泥具体阐述了如何测算未来风险和违约损失率，其余的7家建筑类企业并没有说明具体的计算过程，这就使得企业在使用预期信用模型时具有主观性。另外，除

海螺水泥之外的 7 家建筑类企业均选择 "依据相关历史经验、根据资产负债表日借款人的特定因素，以及对当前状况和未来经济状况预测的评估进行调整"，不同企业没有统一的调整方案。这种情况往往会导致管理人员在判断企业未来损失时带有主观性，从而降低会计信息的可靠性。

6.2 降低行业之间的可比性

预期信用损失模型对人员专业性、企业的规模性要求比较高，不少的建筑类企业缺乏专业的技术人才，客观上难以将期望信用损失模式运用到高层次，使得预期信用损失模型在实践中的有效性大大降低[5]。同时，由于预期信用损失模型所涉及的因素较多、涉及面较广，一些规模较小的建筑类企业在实施过程中，缺少客观的评价方案和专业技术人员，一些公司在外部评级信息不完善的情况下，选择不同的评价指标和评价方法，进而可能导致行业间的会计信息缺乏可比性。

7 结论

新准则的使用会影响企业的会计信息质量。从正面影响来看，会提高会计信息质量的相关性、谨慎性和及时性；从负面影响来看，会减弱会计信息的可靠性和可比性。以建筑类企业为例来研究预期信用损失模型对会计信息质量的要求，能够为其他使用预期信用损失法的企业提供借鉴，同时为制定预期信用损失法的相关部门提供参考。

参考文献：

[1] 胡一帅. 预期信用损失模型的应用与问题研究 [D]. 上海：华东政法大学，2021.

[2] 王琰. 新准则下的预期信用损失计量方法 [J]. 新理财（政府理财），2021 (5)：19-23.

[3] 朱广瑜. 预期信用损失法在应收账款减值中的应用 [J]. 商业文化，2021 (30)：92-93.

[4] 周颖，龙舒婷. 预期信用损失法在金融资产减值会计中的应用：以应收账款坏账准备的计提为例 [J]. 财会学习，2020 (8)：118-119+129.

[5] 彭亮. 工程机械企业应收账款的预期信用损失估值模型探讨 [J]. 财务与会计，2020 (15)：41-44.

作者简介：

于婧（1995— ），女，内蒙古呼和浩特市人，硕士研究生，研究方向：财务会计与审计。

包红霏（1973— ），辽宁沈阳人，博士教授，研究方向：财务会计理论与实务。

论文仅代表本文作者观点，文责自负——本书编者注。

政府会计制度下提升高校财务审计工作质量研究

郭冠妍[1]　刘梓婵[2]

（1. 沈阳建筑大学研祥图书馆，辽宁　沈阳　110168；2. 沈阳建筑大学管理学院，辽宁　沈阳　110168）

摘要：随着国家经济进步与发展，我国高等教育体制也在不断地完善和变革，提高了对高校教育的资金支持，2019 年起行政事业单位统一开始施行的政府会计制度给高校财务审计工作带来了一定的影响。阐述了政府会计制度背景下开展高校财务审计工作的重要性，总结了对高校财务审计工作内容、职能及类别的实际影响，探讨了政府会计制度下高校财务审计工作的难点与问题，提出了新制度下提高我国高校财务审计质量的相关策略。

关键词：政府会计制度；高校财务审计；质量提高；研究

Research on Improving the Quality of Financial Auditing Work in Universities Under the Government Accounting System

Guo Guanyan[1]　Liu Zichan[2]

（1. Shenyang Jianzhu University Library，Shenyang 110168，China；

2. College of Management，Shenyang Jianzhu University，Shenyang 110168，China）

Abstract：With the national economic progress and development，China's higher education system is also constantly improving and changing，improving the financial support for university education and the government accounting system，which has been uniformly implemented in administrative institutions since 2019，has brought certain impact on the financial audit work of universities. That paper explains the importance of carrying out financial auditing work in colleges and universities under the background of government accounting system，summarizes the practical impact on the content，functions and categories of financial auditing work in colleges and universities，discusses the difficulties and problems of financial auditing work in colleges and universities under the government accounting system，and puts forward relevant strategies that can help improve the quality of financial auditing in colleges and universities in China under the new system.

Keywords：government accounting system；university financial audit；quality improvement；research

1 引言

财务审计工作不仅可以核查高校资金收支的实际情况，还能够一定程度地规范高校的权力行为，为国家高等教育的健康持续发展提供保障。因此，我国高校在开展财务审计工作中应积极响应和落实政府会计制度，并结合新制度对自身管理制度体系进行完善，优化审计工作流程和扩大审计范围，建立创新型的监管体系，明确学校相关财务审计工作人员的工作职责和义务，督促其提高审计工作效率和质量，保证学校资金的有效运用，为高校的全方面发展提供有力的资金保障。

2 新形势下高校加强财务审计工作的必要性

2.1 能够明确高校财务资金实际收支情况

开展高等学校财务审计工作主要包括监督、检查和审计等工作内容。一般情况下，由财务部门安排专业财务审计人员对高校的资金来源与使用途径进行检查，核查资金收支的实际情况，检查资金使用活动、数量等是否属实。另一方面，高校加强财务审计工作，还有利于学校领导结合学校实际资金情况作出科学合理的教学科研资金投入与分配，避免不必要的资金投入和浪费，提高学校资金的利用效率。

2.2 能够有效避免高校内部腐败现象

随着我国经济和科学技术的高速发展，高校资金需求和使用活动也越来越频繁，目前我国高校的财务监督管理和审计制度体系还不够全面，高校资金收支没有及时核对，资金使用不规范，导致高校财务资金出现问题。因此，开展高校财务审计工作，规范资金流的使用，从而避免高校内部腐败，确保高校资金对教育建设和学术科研的使用。

3 政府会计制度对高校财务审计的影响

3.1 对高校财务审计质量的影响

政府会计制度实施后，基于权责发生制的政府会计准则体系已经确立，随着"双功能""双基础""双报告"的实施，使高校财务审计的内容、职能发生了变革，从而对高校财务审计的质量产生一定的影响，如图1所示。

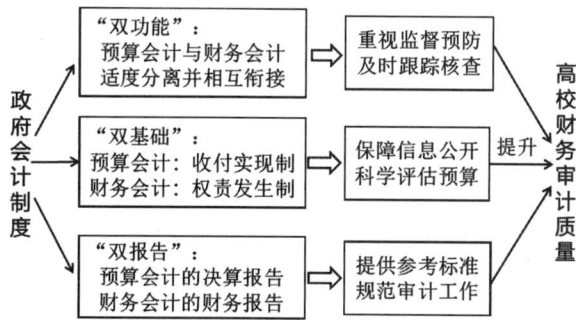

图1 政府会计制度对高校财务审计质量的影响

3.2 对高校财务审计内容的影响

政府会计制度优化了行政事业单位的会计科目，调整了原有的核算内容，增加了收入核算和预算核算等科目，为财务管理所出现的各种问题提供了相应的参考标准，同时政府会计制度也明确了行政事业单位日常运营过程中所产生的相关费用[1]。国家政府相关管理部门应对高校财务报表进行审计和评价，重点检查财务报表内容的完整性与真实性，同时政府会计制度要求高校财务审计时应明确该高校的资产变动、财务业务活动等资金收支[2]。

3.3 对高校财务审计职能的影响

政府会计制度与传统高校会计制度相比较，对当下高校财务审计工作提出了不同的工作要求，对财务审计的工作职能产生影响。以往在开展高校财务审计工作时，其审计重点是对财务资金进行核查，发现问题、解决问题，从而保证高校财务的收支平衡。而政府会计制度的改革，使得高校财务审计工作的重点转移到监督和预防，通过对高校实际经济活动的及时核查与过程跟踪，明确高校资金的实际使用情况，保证资金合理使用，从而避免高校财务出现风险[2]。

4 政府会计制度下高校审计工作的难点问题

4.1 高校财务审计体系不够完善

政府会计制度中规定，在任何事业单位进行会计核算之前，相关工作人员应对单位资产、资金等情况进行全面的了解，然后根据该单位的实际情况进行相应的预算编制和核查审计[3]。现阶段高校资金的使用频率不断提高、使用途径增多，而财务审计体系的不完善导致相关审计人员无法真实有效地对高校财务资金活动进行检查和审计，无法提供准确的财务数据。

4.2 高校专业审计人才较为匮乏

随着我国高校资金活动的增加，现阶段高校财务审计工作难度也随之增大，对高校财务审计人员的专业素质和综合能力提出了更高的要求。但目前我国高校在开展财务审计工作时存在一个普遍的问题，虽然财务会计专业人员较多，但是其中大多数对于审计专业知识了解不够，没有系统的审计经验，对审计制度和审计流程也不够熟悉，因此在进行财务审计工作时，无法全面地开展审查和监督工作，就无法达到预期的审计效果，影响高校发展。

4.3 高校财务审计缺乏执行约束力

现阶段高校财务审计工作面临着审计独立性不足，审计工作缺乏执行约束力的问题，导致了我国高校财务审计工作效率和工作质量较低。目前我国多数高校的工作重点往往放在财务管理，并没有组建审计部门，即使独立设置审计力量也明显不足，在开展财务审计工作时，往往需要抽调其他部门工作人员完成，甚至存在由外校人员开展高校财务审计工作的情况，极大程度地影响到高校财务审计的独立性、工作效率和工作质量。

5 政府会计制度下高校审计质量提升策略

5.1 扩大高校财务审计范围

高校管理层应对政府会计制度下的财务审计工作有新的认识和深入全面的了解，意识到财务审计工作是高校财务管理工作中关键的一环。加强财务内审工作的宣传力度，同时还应结合政府会计制度扩大财务审计范围，对高校财务审计重点内容和项目采取过程跟踪和实时审计，增加对于高校廉政建设、资产管理、绩效等内容的审计，促使高校审计工作全方位的开展，充分发挥审计的工作职能。因此，在审计流程中首先要确保信息的真实性、合理性、公允性，发表适当的审核意见。其次，审计流程中应将审计绩效包含在内，确定经济责任以实施绩效考核。如优化高校财务审计绩效评价体系的构建，通过建立平衡计分卡的四维度层面，并整合高校财务审计的战略目标，构建财务审计绩效考核体系，具体指标见表1。

表1　高校财务审计绩效评价指标体系

维度	战略目标	评价指标
财务指标	控制成本，降低审计风险	审计资金总额
		审计违规资金比率
		预算支出率
		各种经费支出情况
服务质量	提高服务质量，注重审计效益	服务对象满意度及投诉度
		各项审计工作的时效性
		审计建议采纳率
		审计失误率
内部业务流程	加强内部控制，服务与监督并重	审计计划执行数
		审计工作完成度
		内部监督环境
		信息沟通质量及效率
学习与成长	提高审计队伍的综合素养，培养创新意识	审计人员发表论文情况
		审计人员工作任务完成比率
		审计人员持有职业资格比例
		审计人员参与技能培训时数

5.2　完善高校内审监督体系

基于当前教育形势制定相应的符合当前高校财务发展需求的审计体系与工作模式，结合实际情况明确高校潜在的财务风险和一些影响收支平衡的相关因素，可采取相应的针对性措施开展财务审计工作，提升审核人员的工作效率，提高高校现金流的合理运用。协同治理理论为高校内部协作监督的研究提供了框架和视角，并对开放式体系下的社会多元化协调发展起到了很好的借鉴作用。要做到这一点，必须将各种监督资源与力量结合起来，以制度监督为基础，技术监督为支撑，廉政文化为抓手，建立"三位一体"的监管体系[4]，并在体制上进行创新，形成一套有效的治理机制，如图2所示。

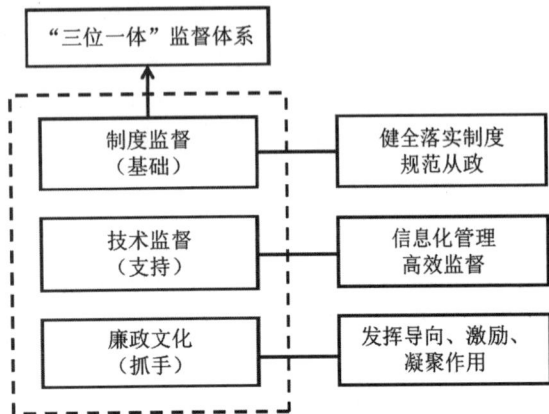

图2　"三位一体"内部监督体系

5.3　建设高校高综合素养审计队伍

在政府会计制度下，高校可以组建高质量的财

务审计团队，安排具有丰富财务审计从业经验和专业知识素养的人员管理审计部门，不仅能够提高审计人员的工作能力，提高学校审计工作效率及提升审计人员素养，还能够给整个财务审计部门带来一定的参考经验，使得高校财务审计工作发挥其相应的效能。

5.4　保障高校审计工作相对独立性

高校财务审计是高校进行自我监督和自我约束的有效机制，对新发展阶段高校的资金使用和财务管理都有着十分关键的影响。上文提到，高校必须加强对财务审计工作的关注与重视，健全财务审计体系，加强财务审计的独立性，确保财务审计工作在不被其他部门制约和人为干预的前提下，保证高校财务审计工作的真实性和公平性。其次，高校财务审计要充分认识到新形势下的相对独立性[5]。内审部门必须把自身作为高校的一分子，把工作的出发点始终放在"以大局为本"上。

6　结论

在政府会计制度下，我国高校应提高对于财务审计工作的重视，保证高校财务审计部门的相对独立性，完善和健全学校财务管理制度和审计体系，按照政府会计制度相关要求和规定开展更为全面、高效的财务审计工作，保证高校财务审计工作既满足学校未来规划发展目标，也符合政府会计制度要求。高质量高效率的财务审计工作开展能够保证高校资金的科学合理使用，避免高校腐败情况，从而为我国高校教育建设和学术研究发展提供有力的资金支持，保证高校的健康持续发展。

参考文献：

[1] 龚滨. 新财务会计制度对我国高校财务的影响[J]. 纳税，2020，14（21）：74-75.

[2] 李红娟. 新财务会计制度对我国高校财务审计影响研究[J]. 科技经济市场，2020（10）：27-29.

[3] 赵思莹. 新财务会计制度对高校财务审计影响探究[J]. 商讯，2021（25）：53-55.

[4] 陈跃泉，田锦. 新常态下高校"三位一体"协同监督实效研究[J]. 法制博览，2017（35）：45-46.

[5] 薛勇. 新时代高校内部审计独立性探讨[J]. 中国市场，2019（28）：150+152.

作者简介：

郭冠妍（1983— ），女，辽宁铁岭人，高级经济师，研究方向：教育经济与管理、组织行为学、会计学等。

刘梓婵（1997— ），女，吉林长春人，会计学专业硕士研究生，研究方向：会计学、审计学。

管理方法创新

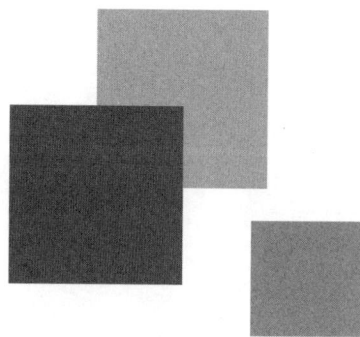

F 值模型下的房地产公司财务风险预警准确性研究

翟珈杭　包红霏

（沈阳建筑大学管理学院，辽宁　沈阳　110168）

摘要：近年来由于政府的宏观调控，房地产行业的融资渠道不断减少，大量房地产公司面临财务风险危机。为寻找适用我国房地产企业风险预警的模型，选取 30 家房地产公司为样本，运用 F 值模型，对 ST 公司在公告前三年和非 ST 公司所对应的年份进行了实证分析，并对 F 值模型进行了准确性检验，最终得出 F 值模型适用的结论。

关键词：房地产公司；财务风险；F 值模型

Research on the Accuracy of Financial Risk Early Warning of Real Estate Companies Under the F-value Model

Zhai Jiahang　Bao Hongfei

（**College of Management**，**Shenyang Jianzhu University**，**Shenyang 110168**，**China**）

Abstract：In recent years，due to the government's macro-control，the financing channels ofthe real estate industry have been continuously reduced，and a large number of real estate companies are facing financial risk crisis. In order to find a model suitable for risk early warning of China's real estate enterprises，30 real estate companies are selected as samples，and the f-value model is used to make an empirical analysis of the three years before the announcement of ST companies and the corresponding years of non ST companies，and the accuracy of the f-value model is tested. Finally，it comes to the conclusion that the f-value model is applicable.

Keywords：real estate company；financial risk；F-value model

1 引言

财务风险是一个企业能否长期持续发展的重要因素。房地产企业的资本集中程度较高，其发展状况对其所涉及的行业也会产生较大影响，因此，房地产公司的财务风险预警显得尤为重要，因为市场环境的变化以及国家政策的影响，房地产企业必须时刻注意认识和识别自身的风险，并对自身公司的风险作出分析加以预警。Altman 筛选出 5 个最具代表性指标，构建出 Z 值模型。之后改进演变为 F 值模型[1]。Jean Helwege 认为，产生财务风险的重要原因是信息传染和相关者传染[2]。杜俊娟将非财务指标应用于财务风险预警分析中，改变了传统模式中只考虑财务指标的现象，然后结合 Z 值模型对其进行风险评判[3]。刘金昕认为，房地产财务人员对风险认识不足会导致财务管理中出现风险，会对房地产的发展造成不利影响[4]。程云美、程言构建房地产上市公司财务风险预警模型，期望对房地产上市公司预警财务风险提供借鉴[5]。韩烨徽、孙喜云建

议尽量规避外在财务风险，加强建设内部控制制度和基础性工作来降低内部财务风险[6]。

2 房地产企业存在的问题

大多数房地产公司为了投资大型的项目建设，短时间内资金的筹集往往需要借助于融资，由于政府从宏观上调控了整个房地产行业，因此政策对房地产企业的发展造成一定的阻碍。面对房地产行业的高额利润，有的企业会在利益的驱使下盲目投资，而带来不可避免的财务风险。在投资大型项目时，一些企业因为缺乏完善的财务管理系统，不能很好协调企业权益资本和负债资金比例，导致借贷成本不能抵消，最终对企业在资本市场上的举债能力带来影响，同时还会影响到企业的资金流和收益，最终使企业陷入财务危机。

3 F 值评分模型

哥伦比亚大学教授爱德华·阿特曼（Edward Altman）选择了 1945 年到 1965 年 33 家美国制造业破产公司以及 33 家正常运营的制造业公司的数据深入

分析之后，得出了举世闻名的 Z 值模型。阿特曼教授从 20 多个公司运营指标中选择了 4-5 个非常重要的自变量，全面评价企业的财务风险。具体公式为：

$$Z = 1.2X_1 + 1.4X_2 + 3.3X_3 + 0.6X_4 + 0.999X_5$$

式中，X_1 为营运资本/总资产=（流动资产-流动负债）/总资产；X_2 为留存收益/总资产；X_3 为息税前收益/总资产=（利润总额+财务费用）/总资产；X_4 为优先股和普通股市值/总负债=（股票市值*股票总数）/总负债；X_5 为销售额/总资产。

Z 值模型的评判标准为：当 Z>2.99 时，表示公司财务状况处于安全区，说明公司经营良好风险较低；当 Z 值在 1.81-2.99 之间时，表示公司财务状况处于灰色区，说明公司运营可能存在潜在风险；当 Z 值小于 1.81 时，表示公司财务状况处于危机区，说明公司经营存在重大问题，有极大破产的可能。为了将 Z 值模型应用于新兴市场，阿特曼教授等人在 Z 值模型的基础上加以改进建立了适用于新兴市场财务危机预测模型，称为 F 值模型，即 $F = 6.56X_1 + 3.62X_2 + 6.72X_3 + 1.05X_4$。其中 X_1，X_2，X_3，X_4 与 Z 值模型一致，剔除了 X_5，改进之后可以不受行业影响且准确性更高。F 值模型的评判标准为：若 F 值超过 2.9。则表示公司的财务状况在安全范围内，即公司的运营风险相对较小；若 F 值为 1.23-2.90 的灰色区，表示企业经营的潜在风险；若 F 值低于 1.23，则表示企业的财务状况处在危机区，即公司存在严重的经营问题，极有可能会倒闭。在此阶段，F 值模型的应用范围比 Z 值模型要广。因此，本文将使用 F 值模型的参数和等级准则来对 F 值模型进行预测。

4 F 值模型分析

4.1 样本选择

本文选择 10 家被特别关注的上市房地产公司，并选取了 20 家与其同期的非 ST 公司作为样本，这些数据主要来自 Wind 数据库，即便有一些公司出现了数据缺失，也会通过收集公司的公开信息进行补充。ST 是一家因连续两年亏损而受到特殊对待的国内上市公司。假设该公司在第一年被特殊对待的一年是 t 年，其后的模型使用 t-1 年、t-2 年的数据进行模拟，在 t 年对公司的未来财务进行了预测，并对 t-1 年和 t-2 年的财务进行了补充，从而达到了全面的监控和事前管理。为了保证资料的质量，本文选择了以下方法：首先，因为要有三年以上的数据支持，

因此，选择的公司必须满足三年以上的数据可查询；第二个原因是公司的资料非常不完全，而且资料有明显的错误。

4.2 房地产企业 F 值计算

经过收集整理相关数据，应用 F 模型对选取 30 家房地产企业上市公司的 F 值进行计算，计算结果见表 1。

表 1　房地产企业 F 值计算结果

企业名称	F 值计算结果		
	t-2 年	t-1 年	t 年
首创置业	-1.82	-1.84	-2.33
ST 华业	-7.47	-1.17	2.04
ST 海创	-0.14	1.80	1.59
ST 海创	B-0.14	1.80	1.59
ST 银亿	-1.94	0.69	3.12
ST 基础	0.59	2.08	2.80
ST 松江	-1.63	-0.58	0.91
ST 新光	0.99	2.90	3.48
ST 新海	-0.84	0.04	0.13
ST 云城	-3.93	1.18	1.80
泛海控股	1.69	1.53	2.14
招商蛇口	3.02	2.98	3.49
大悦城	2.42	3.11	2.09
中洲控股	2.79	2.36	2.68
南山控股	1.95	2.11	3.22
绿地控股	1.48	1.57	1.87
新湖中宝	2.53	3.08	3.63
华夏幸福	3.02	2.68	2.77
荣盛发展	2.45	2.52	2.73
华远地产	2.60	1.66	4.41
栖霞建设	2.95	3.60	3.64
格力地产	4.72	5.08	5.15
新大正	8.67	5.72	5.83
荣安地产	2.38	2.74	4.42
宋都控股	1.96	2.04	2.65
中交地产	2.80	8.80	2.62
阳光城	2.53	2.44	2.90
美好置业	2.18	2.68	4.95
我爱我家	2.48	2.17	1.40
华侨城 A	2.79	3.17	3.25

从表 1 可知，被冠以 ST 的企业和没有冠名 ST 企业在 Z 值大小上的确有着很大的差异，根据表 1 分析两类上市企业的 F 值都相当地契合阿特曼教授划分的分类基准：出现财务困境企业（指 ST 企业）的

Z 值通常都低于 1.23，然而财务运作正常的企业（指非 ST 企业）的 F 值通常都高于 2.9。

为了检验阿特曼教授划分的 F 值模型分类标准能否运用于国内的上市房地产企业，首先要对两类公司样本数据的 F 值结果进行整理统计，进而得出国内上市企业的 F 值分类结果，见表 2。

表 2　房地产企业 t 年 F 值分布情况

F 值范围	$F<1.23$		$1.23 \leq F \leq 2.90$		$F>2.90$	
	公司数量（家）	比例（%）	公司数量（家）	比例（%）	公司数量（家）	比例（%）
ST 公司	10	100	0	0	0	0
非 ST 公司	20	0	15	75	5	25

由表 2 可知，阿特曼教授的分类标准和 F 值范围对我国上市房地产企业是基本适用的，分析的效果较好。对被冠以 ST 的企业来说，得到了非常精准、非常满意的预测结果，甚至准确率高达 100%。此外，对非 ST 企业来讲，预测的准确率也达到了100%。由此可见，F 值模型对我国上市房地产企业有着重大的指导和使用意义。

4.3　F 值模型分析

从文献分析中可以看出，F 值模型是根据金融风险指数和风险指数之间的关系来确定风险因子的权重，然后用 F 值和风险因子的权重来确定风险。F 值模型是从企业的盈利能力、偿债能力、营运能力、资产流动性等几个方面选择一个或两个具有代表性的企业进行综合评估。X_1 代表的是公司的流动资金，X_1 越大，则意味着公司拥有更多的流动资金、足够的偿债能力和经营能力，就能降低公司的经营风险。X_2 是企业的偿付能力，比率愈高，则表示企业的留存收益愈高，其偿付能力愈强，其财务风险愈低。X_3 表示企业的盈利能力，较高的企业盈利能力将降低企业的负债和运营风险。X_4 是企业资本结构的体现，合理的资金结构能够提高企业的财务稳定性和降低企业的风险。综合以上结论，F 值模型判断简单，可操作性强，并通过大量的实践证明，该模型在我国的上市公司中仍然是适用的。房地产业属于资金密集型产业，其发展周期较长，投资金额较大，需要具备足够的流动资金和较强的赢利能力。F 模型中的自变量都与房地产公司的资金有很大的关系，其中的利润和流动资金在房地产市场中的比重很大，并且与地产行业的关系也很好，用实证分析的方法得出了 F 值模型对于财务风险的预测准确率很高。

5　结论

通过对 F 值模型的初步分析，认为 F 值模型具有较高的预测精度，在金融风险较大的情况下，该模型可以较好地识别出企业的财务风险；并对我国上市公司的财务风险进行了分析，利用这一模型，我国上市的房地产公司能够更早地发现公司的财务风险，而其他公司也可以借鉴 F 值模型，利用 F 值模型对公司的风险进行早期的识别，并对其进行及时的补救，防止公司的财务状况进一步恶化，从而达到 ST 的目的。

参考文献：

[1] Altman E I. Financial ratios, discriminant analysis and prediction of corporate bankruptcy [J]. Journal of Finance, 1968 (9)：589-609.

[2] Jean Helwege. Financial firm bankruptcy and systemic risk. [J]. Institutions & Money, 2010, 20 (1)：1-12.

[3] 杜俊娟. 我国房地产企业财务风险的预警与防范 [J] 会计研究, 2013 (10)：44-47.

[4] 刘金昕. 新形势下房地产财务管理现状及应对措施初探 [J]. 商业文化, 2021 (8)：50-51.

[5] 程云美, 程言. 我国房地产上市公司财务风险预警模型的建立与应用 [J]. 武汉理工大学学报, 2013 (6)：151-156.

[6] 韩烨徽, 孙喜云. 财务预警三维结构与财务预警系统优化研究 [J]. 商业会计, 2017 (24)：91-92.

作者简介：

翟珈杭（1998—　），女，辽宁锦州人，会计学专业硕士研究生，研究方向：管理会计理论与实务。

包红霏（1973—　），女，辽宁沈阳人，博士教授，研究方向：财务会计理论与实务。

论文仅代表本文作者观点，文责自负——本书编者注。

后疫情时代格力电器偿债能力分析

姜鹏飞　周　莹　闫虹麟

（沈阳建筑大学管理学院，辽宁　沈阳　110168）

摘要：偿债能力分析在整个财务分析当中意义重大，它可以考察企业的财务状况和经营能力，利于会计信息使用者作出合理决策。以格力电器2019—2021年的财务数据为依托，对其偿债能力进行分析，进而采用F分数模型对其财务风险进行预测并提出相关建议，以期推动格力电器实现更好发展，为后疫情时代制造业转型提振信心。

关键词：格力电器；偿债能力；F分数模型；建议

Analysis on the Solvency of Gree Electric Appliance in the Post Epidemic Era

Jiang Pengfei　Zhou Ying　Yan Honglin

（**College of Management**，**Shenyang Jianzhu University**，**Shenyang 110168**，**China**）

Abstract：Solvency analysis is of great significance in the whole financial analysis. It can investigate the financial status and operation ability of enterprises，and is conducive to the users of accounting information to make reasonable decisions. Based on the financial data of Gree Electric from 2019 to 2021，this paper analyzes its solvency，then uses the F-score model to predict its financial risk and put forward relevant suggestions，in order to promote the better development of Gree Electric and boost confidence in the transformation of manufacturing industry in the post epidemic era.

Keywords：Gree Electric；solvency；F-score model；suggestion

1　引言

偿债能力是指企业对到期债务的偿还能力[1]。它是衡量公司生存和发展状况的关键要素。如果一个企业各项与偿债能力有关的指标都在合理水平，则说明其目前的财务状况能够维持企业的正常运转。企业只有加强偿债能力管控，合理调度与使用资金，才能在复杂的市场环境中更好地生存发展。

因偿债能力受到财务信息使用者普遍关注，所以有很多学者进行相关分析。其中分析指标的选取历来是研究的重点之一。刘松慧（2020）在浅议财务分析指标的局限及改进中，强调了在偿债能力分析中增加现金偿债能力分析指标的重要性[2]。林兆丰（2021）在外贸行业上市公司信用评价的指标体系构建中，引入了有形净值债务率这一衡量偿债能力的指标[3]。叶锐炯、吴晓涵（2021）在能源企业财务报表分析中，把利息保障倍数作为长期偿债能力分析的指标[4]。本文将对上述指标进行借鉴，并采用F分数模型使分析更全面。

格力电器是一家多元化、科技型的全球工业集团，2021年实现净利润230.6亿元，资产规模达到3195.98亿元。多年来格力坚持自主创新，掌握核心科技，弘扬工业精神，创造了具有中国特色的中国制造企业发展模式，已然成为中国制造的代表性企业。2020年以来新冠肺炎疫情全球肆虐，世界经济和整个制造业发展受阻。格力作为家电制造业的代表性企业，自然也遇到了严峻挑战。目前，我国正处于统筹经济社会发展和疫情常态化防控阶段[5]，本文将对后疫情时代下格力电器的偿债能力进行分析，指出其在偿债能力方面存在的问题并给出建议。

2　偿债能力分析

2.1　短期偿债能力分析

衡量短期偿债能力的指标有流动比率、速动比率、现金比率[6]，分别是流动资产、速动资产、现金及其等价物与流动负债之比。每一项都是对前一项范围的进一步缩小，所以选取以上3个指标可以层层深入、较为全面地考察格力的短期偿债能力。

2019—2021年格力短期偿债能力主要指标见表1。

由表1可知，历年各项指标总体趋于平稳，在2020年小幅上升，2021年出现回落。因2020年年初疫情得到有效控制后，格力迅速调整战略布局，一方

表 1 2019—2021 年格力短期偿债能力主要指标

年度	2019 年	2020 年	2021 年
流动比率	1.26	1.35	1.15
速动比率	1.12	1.17	0.93
现金比率	0.75	0.86	0.59

面抓紧推动复工复产,另一方面完善了线上线下相融合的营销模式,董明珠带领全国 3 万多家门店共同直播带货,将线上引流与线下体验融合,使其走出疫情阴霾[7]。但在 2021 年受全国多地升温较慢、原材料价格上涨以及地产竣工不及预期等多重因素影响,空调行业终端需求整体偏弱,导致各项指标出现小幅下降。一般认为制造业企业的合理流动值为 2、速动比率为 1、现金比率要在 0.2 以上时,企业的短期偿债能力能够得到保障。格力近 3 年的流动比率保持在 1.2 左右,整体普遍较低,距离合理水平还存在一些差距;速动比率在 1 附近波动,相对平衡;现金比率均在 0.5 以上,处于较高水平。综上可知,格力短期偿债能力较好,直接偿付能力较强。

2.2 长期偿债能力分析

在衡量长期偿债能力上,除了采用资产负债率和利息保障倍数这两个较为常见的指标外,还引入了有形净值债务率,它是负债总额与有形净值之比[8]。有形净值即所有者权益扣减无形资产净值后的部分,由于无形资产往往难以可靠计量,实质上无法作为偿还债务的资产,所以在反映所有者权益对债权人投入资本的保障程度时,该指标更为严谨。

2019—2021 年格力长期偿债能力主要指标见表 2。

表 2 2019—2021 年格力长期偿债能力主要指标

年度	2019 年	2020 年	2021 年
资产负债率(%)	60.40	58.14	66.23
有形净值债务率(倍)	1.61	1.47	2.18
利息保障倍数(倍)	19.37	25.17	16.30

一般认为资产负债率在 50% 左右、有形净值债务率不超过 1.5 比较合适。由表 2 可知,格力前两项指标总体处于偏高水平,可见其长期偿债能力偏弱,存在一定财务风险。2021 年更是明显上涨,究其背后原因,这与格力实行"先付款后发货"的制度有关。对负债各成分进一步分析可知,占比较高的是

应付票据、应付账款和合同负债,说明格力在利用上游供应商和下游代理商的钱来筹集资金。这虽然体现了自身的优势地位,但仍需警惕由此带来的财务风险。利息保障倍数至少要大于 1,债权人的利息收入才能得到保证。格力的该项指标在 2021 年出现下降,为近 3 年最低,主要是由于本期筹资借款大幅增加致使利息费用明显增加造成的。但近 3 年总体处于较高水平,说明其支付利息的能力较强。

2.3 对比分析

在短期偿债能力上,由表 3 可知,除 2019 年格力的流动比率和速动比率略低于美的外,其余各年均高于同行业,且格力的现金比率明显高于同行业另外 3 家公司,可见格力的资产流动性更强,短期偿债能力更强。从不同年份来看,2020 年以来格力各项指标全面占优,这也进一步体现了在市场环境面临严峻考验的情况下,格力调整营销模式取得的成效。

表 3 2019—2021 年家电行业短期偿债能力指标数据

项目	公司	2019 年	2020 年	2021 年
流动比率	格力	1.26	1.35	1.15
	美的	1.50	1.31	1.12
	海尔	1.05	1.04	0.99
	TCL	1.12	0.92	1.08
速动比率	格力	1.12	1.17	0.93
	美的	1.28	1.14	0.91
	海尔	0.76	0.78	0.67
	TCL	0.99	0.80	0.90
现金比率	格力	0.75	0.86	0.59
	美的	0.50	0.60	0.35
	海尔	0.38	0.45	0.39
	TCL	0.58	0.39	0.48

在长期偿债能力上,由表 4 可知,整体上 4 家公司的资产负债率和有形净值债务率均处于偏高水平,可见家电制造业普遍存在财务风险偏高的问题。具体在资产负债率上,相比于另外 3 家的稳定趋势,格力则存在波动。2019 年和 2020 年相对略低,但是在 2021 年则高于行业水平,要警惕财务风险进一步增大的问题。同时在利息保障倍数上,格力要低于美的和海尔,但高于 TCL,足以保证利息的偿付。

3 F 分数模型财务风险预测

为了更为全面、深入地分析格力的偿债能力,引入 F 分数模型对其财务风险进行测算。该模型是由我国学者对 Z 分数模型进行改进而得到的,更适合对国内公司的分析。具体公式如下:

表4 2019—2021年家电行业长期偿债能力指标数据

项目	公司	2019年	2020年	2021年
资产负债率（%）	格力	60.40	58.14	66.23
	美的	64.40	65.53	65.25
	海尔	65.33	66.52	62.71
	TCL	61.25	65.08	61.25
有形净值债务率	格力	1.61	1.47	2.18
	美的	3.05	2.98	2.82
	海尔	3.96	3.80	2.74
	TCL	1.73	2.30	1.96
利息保障倍数（倍）	格力	19.37	25.17	16.30
	美的	34.98	25.25	23.84
	海尔	9.37	11.22	23.34
	TCL	3.07	3.21	5.26

$$F = -0.1774 + 1.1091X_1 + 0.1074X_2 + 1.9271X_3 + 0.0302X_4 + 0.4961X_5 \quad (1)$$

其中，$X_1 =$ 营运资金/总资产；$X_2 =$ 留存收益/总资产；$X_3 =$（净利润+折旧）/平均总负债；$X_4 =$ 期末股东市价/总负债；$X_5 =$（净利润+利息+折旧）/平均总资产。

F 值的临界点为 0.0274，当计算结果大于 0.0274 时，表明企业财务状况比较稳定，可持续生存；当计算结果小于 0.0274 时，则表明企业财务风险较高，有可能破产。

表5 2017—2021年格力电器 F 值测算

年度	2017年	2018年	2019年	2020年	2021年
X_1	0.1119	0.1666	0.1548	0.1975	0.0900
X_2	0.2755	0.3400	0.3438	0.3809	0.3300
X_3	0.2310	0.2517	0.2432	0.2442	0.2552
X_4	1.7747	1.3544	2.3081	2.2953	1.0347
X_5	0.1624	0.1615	0.1409	0.1379	0.1518
F	0.5556	0.6501	0.6394	0.6909	0.5561

通过上述计算，可以看到格力历年间 F 值均显著大于 0.0274，说明企业财务状况稳定，经营良好。但在趋势上 2021 年出现下降，还需提高警惕，增强财务风险防范意识。

4 提升建议

综上可知，格力的短期偿债能力较强，长期偿债能力有待提升，总体财务状况良好。对此，为提高其偿债能力和实现更好发展，提出如下建议：

4.1 调整信用政策

因格力实行"先付款后发货"的制度，该模式固然确保了公司的利润且降低了坏账风险，但信用政策过于严格也会使一些客户望而却步。公司可根据其信用评估和监控系统进行评分，对符合资质的客户可以先提货，并加强应收款项的监管，以此减少经营负债，提高偿债能力。

4.2 优化资本结构

因格力历年间的资产负债率偏高，虽然其负债中经营负债占比较大，但仍需警惕由此带来的财务风险，而且资产负债率偏高也会影响到资产整体的周转效率。所以公司应进一步优化资本、资产结构，调整融资模式，以提高所有者权益占比，降低财务杠杆，提高风险抵御能力。

4.3 深化双线融合

受疫情影响，"直播带货"的商业模式迅猛发展。格力也在后疫情阶段加速变革，通过新零售模式使业绩回升。但需要注意的是，一直以来格力线上模式发展较为缓慢，所以还需加强线上渠道建设，规范管理体系，优化物流服务和产品体验，使线上线下深度融合，稳定市场份额，降低经营风险。

5 结论

通过对格力电器偿债能力的分析以及运用 F 分数模型对其财务风险的测算，可以发现其短期偿债能力较强，长期偿债能力不足，总体财务状况稳定。对此，提出了调整信用政策、优化资本结构、深化双线融合的建议。在互联网的时代浪潮之下，加快数字化转型升级是制造业企业的必由之路，格力电器在后疫情时代的成功经验能给更多制造业企业带去信心和借鉴，更多的制造业企业以中国制造 2025 为契机，共同推动制造业转型升级实现高质量发展。

参考文献：

[1] 刘霖，任晓宇，戴兴伟. 面向动态联盟的装配式建筑供应链协作主体选择研究 [J]. 建筑经济，2021，42 (11)：61-66.

[2] 刘松慧. 浅议财务分析指标的局限及改进 [J]. 中国商论，2020 (9)：136-137.

[3] 林兆丰. 外贸行业上市公司信用评价：基于主成分分析 [J]. 中国外资，2021 (17)：98-99.

[4] 叶锐炯，吴晓涵. 能源企业财务报表分析：以河南豫能控股为例 [J]. 现代商业，2021 (32)：172-174.

[5] 张利娟. 开局良好，中国经济"稳中求进" [J]. 中国报道，2022 (2)：62-65.

[6] 刘智. 新收入准则下黄金租赁业务会计处理探讨 [J]. 财会通讯，2022 (7)：96-100.

[7] 唐新国，夏连虎. 从商业模式角度解析"直播带货"

的价值流转过程：以格力电器为例 [J]．财务与会计，2020（19）：32-35．

[8] Tao Sun. Analysis of Long–Term Solvency of Enterprises [P]. 2021 4th International Workshop on Advances in Social Sciences，2021.

基金项目：

辽宁省社会科学规划基金项目（L21CGL023）；辽宁省教育厅高等学校基本科研项目（LJKR0213）；辽宁省教育厅项目（lnqn202030）

作者简介：

姜鹏飞（1997— ），男，辽宁铁岭人，会计专业硕士研究生，研究方向：管理会计与财务决策

周莹（1990— ），女，辽宁鞍山人，副教授，博士，研究方向：复杂系统评价。

闫虹麟（1994— ），男，黑龙江伊春人，会计专业硕士研究生，研究方向：管理会计与财务决策。

论文仅代表本文作者观点，文责自负——本书编者注。

基于 EVA 的闻泰科技并购安世绩效评价研究

王宇珂　　包红霏

（沈阳建筑大学管理学院，辽宁　沈阳　110168）

摘要：随着第四次工业革命的推进，我国高度重视高新科技产业的发展。企业为提高技术，扩大市场，并购是一个有效的途径。以闻泰科技为例，基于 EVA 指标法，利用闻泰科技 2016—2021 年的财务数据，对其并购绩效进行比较与评价，根据评价结果进行总结并提供相关建议，为之后其他企业实施此类并购提供借鉴和参考。

关键词：并购；EVA；绩效评价

Research on EVA-based Performance Evaluation of Wentai's Merger and Acquisition of Anshi

Wang Yuke　　Bao Hongfei

（**College of Management，Shenyang Jianzhu University，Shenyang 110168，China**）

Abstract：With the advancement of the fourth industrial revolution，China attaches great importance to the development of high-tech industry. In order to improve technology and expand market，m&a is undoubtedly an effective way. This paper takes Wentai Technology as an example and evaluates its m&a performance based on the financial data of Wentai Technology from 2016 to 2020 based on EVA index method. Finally，it summarizes the evaluation results and provides references for other enterprises to implement such m&a.

Keywords：M&A；EVA；performance evaluation

1 引言

闻泰科技是我国手机 ODM 行业的龙头，其收入来源主要为电子零部件制造。虽然闻泰科技在半导体行业占据一定的优势，但无法摆脱利润来源单一的困境。为此闻泰科技并购了安世，本文采用 EVA 的方法对其并购前后进行绩效分析，以此判断此次并购给企业带来的影响，并进行总结。

2 文献综述

在对于 EVA 研究的方面，国外学者 Li Qi（2011）认为在并购的绩效评价中，EVA 是最重要的工具之一。Qingmei Tan 等（2020）通过实证研究得出 EVA 与每股收益、净利润净资产收益率等存在显著相关，能更好地反映企业价值的变化。Yongjian Shen 等（2020）发现 EVA 对国企现金持有的过渡投资有一定的影响。国内学者任惠（2014）将传统的财务指标与 EVA 进行比较，对比分析了 EVA 的优势。郭湜玉（2016）将国内上市公司 2011—2013 年 EVA 排名前百位的数据作为样本进行并购绩效研究，发现 EVA 所含信息量与企业实体价值成正比。杨靖

（2019）选用 58 同城为案例，研究企业在并购后的发展经营状况，研究表明此次并购行为给企业带来经济附加价值。

综上所述，通过国内外学者对并购绩效的评价来看，说明 EVA 对大部分企业是适用的、有效的。基于此，本文在现有的研究成果基础上，采用 EVA 对闻泰科技并购安世这一案例进行并购绩效的研究。

3 并购情况介绍

3.1 双方公司简介

3.1.1 闻泰科技基本情况

闻泰科技于 1993 年 3 月 11 日成立，在 2015 年借壳中茵股份登录 A 股市场。自 2017 年以来，公司发展重心逐渐从房地产业务向通信行业转移。

闻泰科技是全球最大的手机 ODM 生产制造商，其客户群体遍布全球，并打造了全球接单当地交付的运营体系，在无锡、印度、印尼等地建设了超级工厂，且大部分为华为、苹果、三星等主流品牌的制造与供给。

3.1.2　安世集团基本情况

安世本为恩智浦的标准产品事业部，拥有60多年的半导体行业发展经验。2017年，恩智浦的标准器件部门对外脱离并取名为安世半导体。安世是半导体标准器件供应商，集设计、制造、封装测试于一体，其产品广泛应用于汽车工业、机械控制、电子产品等领域。

随着半导体行业的快速发展，安世半导体的规模也不断壮大。2018年，安世半导体元器件的生产规模量超过1000亿元，居全球第一，服务全球的各领域客户有两万余家。

3.2　并购过程

2018年4月24日，闻泰科技旗下全资子公司组成的联合体最终斥资114.35亿元的价格成为此次转让项目的受让方，闻泰科技间接持有安世43.24%的股权。

2018年9月，闻泰科技发布草案，准备收购安氏集团的部分股权。本次交易总额为264.32亿元，收购安世集团所支付的款项为199.25亿元。

2019年12月20日，闻泰科技已累计持有合肥裕芯74.46%的权益比例进而实现了对安世半导体的控股。

2020年4月27日，根据闻泰科技发布的公告，准备收购剩余部分股东上层出资人的有关权益份额，本次交易对价为63.34亿元。7月8日，闻泰科技间接持有了安世集团98.23%的权益比例。9月4日，闻泰科技同建银国际签署合同，收购建银国际所持有安世1.77%的股权，在本次交易完成后，闻泰科技间接持有安世集团100%股权（见图1）。

┌─────────────────┐   ┌─────────────────┐   ┌─────────────────┐
│2018年4月，   │→ │2018年9月，   │→ │2020年4月，   │
│闻泰科技组建联合体 │   │发行股份及现金支付实 │   │收购剩余股东权益实现 │
│竞拍   │   │现控股   │   │完全控股   │
└─────────────────┘   └─────────────────┘   └─────────────────┘

图1　闻泰科技并购安世过程

4　闻泰科技并购安世绩效分析

EVA是主要评价一定时期内企业经营业绩。具体可按照如下公式计算：经济增加值（EVA）＝税后净营业利润（NOPAT）－资本总额×加权平均资本成本（WACC）。

4.1　税后净营业利润

税后净营业利润＝营业利润－所得税费用＋［利息支出（非金融机构）＋资产减值损失＋开发支出］×（1－企业所得税税率）＋递延所得税负债增加额－递延所得税资产增加额。2016—2021年闻泰科技税后净营业利润见表1。

表1　2016—2021年闻泰科技税后净营业利润

指标年份	2016年	2017年	2018年	2019年	2020年	2021年
净利润（元）	19165.7	33484.76	7213.97	137933.59	245960.6	251291.61
利息支出（元）	3629.54	13462.76	15776.03	57446.94	62683.63	56486.56
所得税费用（元）	5980.32	4406.8	-849.19	9376.91	19196.97	45951.26
研发费用（元）	35893.45	55686.8	73205.52	131960.77	222102.51	268946.52
资产减值损失（元）	1393.58	8324.69	9678.8	35971.84	16547.87	13185.64
信用减值损失（元）	—	—	—	-723.39	891.49	364.78
营业外支出（元）	525.72	727.08	940.86	6745.88	3045.24	854.01
营业外收入（%）	6937.34	560.09	391.18	394.57	384.54	3285.73
1-所得税率（%）	0.75	0.75	0.75	0.75	0.75	0.75
递延所得税负债增加（元）	-547.3	-4264.83	-741.63	50389.82	-3922.44	63407.61
递延所得税资产增加（元）	-1473.31	1219.78	190.07	42614.83	15527.9	36252.13
税后净营业利润（元）	45664.24	81164.99	78249.41	291513.47	408082.49	502501.47

4.2　调整资本总额

本文以闻泰科技对外公布的2016—2021年度财务报告披露的相关财务数据信息为基础，调整计算2016—2021年闻泰科技的资本总额，见表2。

表2　2016—2021年闻泰科技资本总额　　　　　　　　　　　　　　（单位：元）

年份	2016年	2017年	2018年	2019年	2020年	2021年
股东权益	510673.89	366583.99	373093.96	2142195.95	2907450.28	3451601.00
资产减值损失	1393.58	8324.69	9678.8	35971.84	16547.87	13185.64
信用减值损失	—	—	—	-723.39	891.49	364.78
研发费用资本化	35893.45	55686.8	73205.52	131960.77	222102.51	268946.52
短期借款	42516.66	85876.97	199980.71	277813.43	45000.00	353651.80
一年内到期的非流动负债	13585.24	17869.03	12326.49	194843.03	87495.73	83112.70
长期借款	84928.6	—	—	1130595.06	780469.85	421844.92
长期应付款	1482.67	—	4834.32	17259.43	33085.32	22021.64
递延所得税负债	7019.00	2754.17	2012.54	52402.36	48479.92	111887.53
递延所得税资产	6890.56	8110.34	8300.41	50915.24	66443.14	102695.27
在建工程	3736.34	17.20	3274.03	48671.85	69567.89	231379.85
资本总额	686866.19	528968.11	663557.9	3882731.39	4005511.94	4392541.41

4.3 计算加权资本成本

根据EVA计算的原理和要求，资本成本主要由债务资本和股权资本构成。其中短期借款、长期借款和一年内到期的长期借款和应付债券是债务资本的主要构成。闻泰科技在2016—2020年除了应付债券，其余的指标均有，见表3。

2016—2021年闻泰科技债务资本成本率见表3。

表3　2016—2021年闻泰科技债务资本成本率

年份	2016年	2017年	2018年	2019年	2020年	2021年
短期债务（元）	56101.90	103746.00	212307.20	472656.46	132495.73	436764.50
长期债务（元）	86411.27	0	4834.32	1147854.49	813555.17	443866.56
债务合计（元）	142513.17	103746	217141.52	1620510.95	946050.90	880631.06
短期债务占比（%）	39.37	100.00	97.77	29.17	14.01	49.60
长期债务占比（%）	60.63	0.00	2.23	70.83	85.99	50.40
长期贷款利率（%）	4.90	4.90	4.90	4.90	4.90	4.65
短期贷款利率（%）	4.35	4.35	4.35	4.35	4.35	3.85
税前债务资本成本（%）	4.68	4.35	4.36	4.74	4.82	4.25
1-所得税率（%）	75.00	75.00	75.00	75.00	75.00	75.00
税后债务资本成本率	3.51	3.26	3.27	3.55	3.62	3.19

在这里，无风险利率采用我国3年期国债利率，β值来源于国泰安数据库；鉴于股市的非理性变动，市场风险溢价取值为2016—2021年度我国GDP增长率。

2016—2021年闻泰科技加权平均资本成本率见表4。

表4　2016—2021年闻泰科技加权平均资本成本率

年份	2016年	2017年	2018年	2019年	2020年	2021年
资本总额（元）	686866.19	528968.11	663557.90	3882731.39	4005511.94	4392541.41
债务资本（元）	142513.17	103746.00	217141.52	1620510.95	946050.90	880631.06
权益资本（元）	544353.02	425222.11	446416.38	2262220.44	3059461.04	3511910.35
债务资本比重（%）	20.75	19.61	32.72	41.74	23.62	20.05
权益资本比重（%）	79.25	80.39	67.28	58.26	76.38	79.95
税后债务资本成本率（%）	3.51	3.26	3.27	3.55	3.62	3.19
股权资本成本率（%）	14.52	15.21	9.49	12.80	7.67	12.25
加权平均资本成本率（%）	12.24	12.87	7.46	8.94	6.72	10.43

加权平均资本成本是指企业以各项资本占企业全部资本总额中的比例为权数，对各种长期资金的资本成本进行加权平均而计算出来的综合资本成本，它是投资者对企业进行投资的加权平均机会成本，是对企业投资的最小期望值。

4.4 计算EVA

2016—2021年闻泰科技EVA见表5。

表5 2016—2021年闻泰科技EVA经济增加值

年份	2016年	2017年	2018年	2019年	2020年	2021年
税后净营业利润（元）	45664.24	81164.99	78249.41	291513.47	408082.49	502501.47
资本总额（元）	686866.19	528968.11	663557.9	3882731.39	4005511.94	4392541.41
加权平均资本成本率（%）	12.24	12.87	7.46	8.94	6.72	0.10
经济增加值EVA（元）	−38383.28	13095.87	28762.45	−55550.76	139059.96	44260.73

从表5中可以看出，并购前，闻泰科技EVA由负转正，主要是因为企业的税后净营业利润增长，企业价值增加。并购时，EVA由正变负，主要原因在于并购安世带来的并购成本，降低企业的整体业绩。而这一现象在2020年并购完成后出现反弹趋势，EVA也由负变正，大幅上涨，可见并购完成后，闻泰科技充分整合了安世的资源，提高了企业运营效率以及资本使用率。

5 结论与启示

5.1 结论

本文基于EVA来分析闻泰科技此次并购安世的绩效，从计算结果来看，其并购后的EVA较并购前大幅度上升，说明此次并购事件总体上对闻泰科技带来正向积极的影响。

5.2 启示

5.2.1 做好并购前期准备工作

首先，分析企业的战略定位。通过分析企业的战略定位明确当前的外部环境和市场竞争情况，以此来建立目标战略。

其次，是选择并购对象。一个合适的并购对象可以通过是否符合企业长期发展战略、并购后能否带来协同效应进行选择。

最后，是论证并购方案。充分考虑双方实际情况，通过可行性分析评价当前并购方案的可行性。

5.2.2 强化投资并购后的整合

企业应重视并购后的整合工作，加强有效沟通、公司治理、风险控制，提高并购整合的成功率。

参考文献：

[1] Li Qi. A review of economic value added（EVA）survey: From the aspects of theory and application [J]. Communication Software and Networks（ICCSN），2011 I EEE International Conference on，2011（03）：147-188.

[2] Qing-mei TAN1，Na HANG1，Ming-ze MA11College of Management and Economics，Tianjin University，Tianjin，China. Empirical Investigation on EVA and Accounting Performance Measures：Evidence from China Stock Market [A]. Qing mei Tani，Ming ze Empirical Investigation on EVA and accounting performunce measures：Evidence from china Stock Marbet [A] 2020（2）：73-91，IEEE 北京分会. Proceedings of 2011 IEEE the 18th International Conference on Industrial Engineering and Engineering Management（Volume 3）[C]. 中国机械工程学会工业工程分会、IEEE 北京分会：中国机械工程学会工业工程分会，2020：4.

[3] Yongjian Shen，Lei Zou，Donghua Chen. Willett. Does EVA performance evaluation improve the value of cash holdings？Evidence from China [J]. China Journal of Accounting Research，2020（17）：213-241.

[4] 任惠. EVA 与传统财务分析指标的比较 [J]. 行政事业资产与财务，2014（12）：6-7.

[5] 郭湜玉. EVA 指标与上市公司企业价值相关性的实证分析 [J]. 现代商业，2016（3）：166-167.

[6] 杨靖. 互联网上市公司并购绩效研究：以58同城为例 [J]. 现代商业，2019（17）：135-136.

作者简介：

王宇珂（1999— ），女，辽宁大连人，会计专业硕士研究生，研究方向：财务会计理论与实务。

包红霏（1973— ），女，辽宁沈阳人，博士教授，研究方向：财务会计理论与实务。

论文仅代表本文作者观点，文责自负——本书编者注。

基于 EVA 模型的企业价值评估研究

李 森 刘 杰

（沈阳建筑大学管理学院，辽宁 沈阳 110168）

摘要：由于 EVA 模型评估方法注重与企业经营活动相关的收益，更能反映企业股东价值所创造的能力，此方法被越来越多的企业用于对企业价值进行评估。选择保利发展为研究案例，基于 EVA 模型对其企业价值进行评估。从评估结果分析中可以看出保利发展的企业价值被低估，根据此企业短板针对性作出提高企业价值的决策。

关键词：企业价值；EVA；保利发展

Research on Enterprise Value Evaluation Based on EVA Model

Li Sen Liu Jie

（**College of Management**，**Shenyang Jianzhu University**，**Shenyang 110168**，**China**）

Abstract：Since the EVA model evaluation method focuses on the is used by more and more enterprises to evaluate earnings related to enterprise busines s activities and can better reflect the ability created by shareholders' value, this method has been adopte dby more and more enterprises to evaluate enterprise value. Poly is selected as thy study case, and its enterprise value is evaluated based on EVA from the analysis of evaluation results, it can be seen that theenterprise value of poly development is underestimated, and the decision to improve the enterp risevalue is made according to the shortcomings of the enterprise.

Keywords：enterprise value；EVA model；poly real estate

1 引言

随着市场不断地变化以及疫情的出现，国家在房地产行业方面的调控政策逐渐改善。资金获得渠道门槛越来越高，房地产行业的竞争变得更加激烈，这使得行业发展慢慢降速。由于企业价值是吸引投资者使企业转型升级的重要参考标准，其重要性以及作用引起了房地产企业投资者和管理层的广泛关注。沈捷（2018）通过对企业价值评估的方法进行分析，肯定了 EVA 模型在房地产企业运用的价值与优势[1]。卢琳（2019）对碧桂园进行案例分析后认为 EVA 估值模型比较适合房地产企业价值评估应用。本文以保利发展控股集团股份有限公司（简称"保利发展"）为例，运用 EVA 评估模型对其企业价值进行分析，使企业经营与企业价值评估方法结合以发挥更好的作用，为企业管理者做决策提供一定参考，并为我国房地产企业长远发展提供保障。

2 研究设计

2.1 房地产行业发展现状

在近 20 年间，我国房地产行业飞速发展，房地产行业的产值和发展规模都已经超过了增长速度。尽管政府对房地产业实行严格的宏观调控政策，但整个房地产行业并没有出现衰退，只是增长速度上有所减缓。国家虽然出台了一些像央行降低利息等利好政策，但由于政府的监管和控制更加严格，使得房地产企业资金筹措越发困难，因此，房地产企业需要提升自有资本的使用效率[2]。企业管理者和所有者的共同目标是使股东价值最大化，房地产企业的管理者为更好地达到这一目标，必须运用适当的企业估值方法。

2.2 EVA 概述及计算过程

源于剩余收益法的经济增加值（EVA）是指企业在一定时期调整后的税后经营净利润扣除所有资本成本后的余额。EVA 指标最早由美国的斯特恩 & 斯图尔特公司提出，它的理念认为：只有当企业创造价值时，才能真正为其投资者带来财富。投资者无论投资债权还是股权，均会有资本成本。根据大多数文献研究，EVA 准确反映企业的价值能力需要通过对几个会计信息进行调整后才能实现。EVA 的计算公式为：

$$EVA = NOPAT - TC \times WACC \tag{1}$$

式中，NOPAT 指的是企业经调整后的税后经营净利润；TC 则是指调整后的净投资资本；WACC 指加权平均资本成本。其中，NOPAT 是在不影响企业资本总额的前提下，企业所取得的税后净利润。计算公式如下：

NOPAT=息前税后净利润+各项准备金增加额+广告和研发费用+营业外支出−营业外收入−广告和研发费用摊销 （2）

TC=普通股权益+短期借款+长期借款+一年内到期长期借款+应付债券−在建工程−金融资产 （3）

WACC=税后债务资本成本×债务资本成本占比+股权资本成本×股权资本成本占比 （4）

债务资本成本=短期借款利率×短期借款比例+长期借款利率×长期借款比例+债券利率×应付债券比例 （5）

股权资本成本=税后债务成本+股权风险溢价 （6）

2.3 EVA 价值评估模型

EVA 价值评估模型可以分为单阶段评估模型、两阶段评估模型和三阶段评估模型。发展比较稳定且在未来其增长也比较稳定的企业比较适合单阶段评估模型。两阶段估值模型是将企业价值增长分为高速增长期和稳定增长期两个阶段。三阶段估值模型虽然对两阶段模型进行了一些优化，考虑了其中的过渡期，但其计算比较复杂不太容易操作。相关研究表明，大多数企业普遍采用两阶段模型，综合考虑，对选定的目标企业价值拟采用两阶段评估模型进行评估，具体计算方法如下所示：

$$V=C_0+\sum_{t=1}^{t=n} \text{EVA}_t/(1+\text{WACC})^t+\text{EVA}_{n+1}/(\text{WACC}-g)(1+\text{WACC})^n \quad （7）$$

式中，V 代表企业价值；C_0 代表期初企业资本总额；EVA_t 代表第 t 年经济增加值；WACC 为加权平均资本成本；g 为永续增长率。

3 EVA 模型下保利发展价值评估分析

3.1 保利发展简介

成立于 1992 年的保利发展，经过多年发展成为有着国家一级房地产开发资质的保利发展控股集团股份有限公司。经过多年不断努力，当前保利发展拥有上百家控股子公司，经营范围包括房地产土地开发、建筑项目设计以及物业后勤服务等[3]。总的来说，保利发展作为优质实力雄厚的上市公司，其相关信息披露是比较可靠且清晰完整的，因此作为研究对象是可行的。

3.2 保利发展 2017—2021 年 EVA 计算

3.2.1 保利发展 2017—2021 年 NOPAT 计算

根据表 1 中数据可以看出保利发展的息前税后净利润的增长幅度不大，在 2019—2020 年的增长幅度仅为 5.93%，甚至在 2021 年因新冠疫情的缘故出现下降的情况。通过东方财富网的数据来看，保利发展 2019 年的营业收入增长率为 21.29%，2020 年为 3.04%，2021 年为 17.20%，通过行业之间的对比看来，排名并不是很靠前，因此，保利发展应根据社会环境以及市场的变化改进并完善销售与投资经营的策略使企业能够获得更多的利润，从而达到企业价值提升的目的[4]。

表 1　保利发展 2017—2021 年 NOPAT 计算

项目	2017 年	2018 年	2019 年	2020 年	2021 年
净利润（万元）	1967719.97	2614913.66	3755396.62	4004820.76	3718947.58
加：所得税费用（万元）	602224.97	963116.35	1297674.95	1248954.78	1284548.62
利息费用（万元）	348915.58	452206.44	460461.97	587039.78	558338.14
所得税率（%）	25	25	25	25	25
息前税后净利润（万元）	2189145.39	3022677.33	4135150.15	4380611.49	4171375.75
加：各种准备金（万元）	6611.92	235103.89	−10478433	84903.36	9453.10
广告支出（万元）	76480.59	99951.82	83295.48	82066.35	99999.26
营业外支出（万元）	15265.26	17851.28	22416.11	13604.79	14666.27
减：营业外收入（万元）	32518.22	36617.70	35259.92	40913.46	51151.30
NOPAT（万元）	2139765.73	2785460.37	3477382.67	4196342.42	4099307.68

3.2.2 保利发展 2017—2021 年 TC 计算

根据表 2 的计算结果可以看出，2017—2021 年保利的短期借款一直处于增长阶段，长期借款从 2019 年后一直是增长状态，这说明保利发展的长期债务开始不断增加。从保利发展债务融资成本比较低这一角度来说，保利发展目前的融资结构在整个房地产行业来说还是较为合理的，这对提升企业价值发挥着有利的一面。

表 2 保利发展 2017-2021 年 TC 计算 （单位：万元）

项目	2017 年	2018 年	2019 年	2020 年	2021 年
所有者权益	15823966.57	18649435.60	22952200.86	26663788.40	30291446.14
加：短期借款	306693.92	301123.65	313347.36	477701.15	409356.25
一年内到期的非流动负债	2642848.07	4570687.47	6332564.61	5979936.68	6057490.01
长期借款	14765385.08	18187395.20	17207233.44	20716040.98	23190360.36
应付债券	2745209.28	3306511.76	3151785.49	2506634.20	4161955.44
减：金融资产	170868.58	162842.97	187836.24	196842.36	270564.89
净经营资产	36113234.35	44852310.71	49769295.52	56147259.05	63840043.31
加：广告费用	76480.59	99951.82	83295.48	82066.35	99999.26
计提的各项准备金	6611.92	235103.89	-104784.33	84903.36	9453.10
营业外支出	15265.26	17851.28	22416.11	13604.79	14666.27
减：营业外收入	32518.22	36617.70	35259.92	40913.46	51151.30
在建工程	48493.53	87763.85	49526.77	54646.25	57106.37
TC	36195616.81	45154071.56	49785436.09	57092273.84	62001044.27

3.2.3 保利发展 2017—2021 年 WACC 计算

计算债务资本成本时，对于各期限借款利率的选择，以央行公布的银行贷款利率为准。

计算资本总额时发现，保利发展的股权融资逐年增加，表明其资本成本正在降低，保利发展实现股东价值最大化的目标也越来越清晰。相比之下，债务融资的方式正在逐步改变，以长期贷款和债券为主。保利发展的债券利率不是很高，因为银行政策的调整使得长期借款利率也稍微下降，所以综合来看保利发展的加权平均资本成本不是很高，这对企业价值的提升以及股东价值最大化目标的实现有着积极的作用。计算结果见表 3。

表 3 保利发展 2017—2021 年 WACC 计算

项目	2017 年	2018 年	2019 年	2020 年	2021 年
债务资本（万元）	20460136.35	26365718.08	29002106.86	30891103.62	31990397.84
股权资本（万元）	15823966.57	18649435.60	21476568.67	23678683.8	25378564.59
资本总额（万元）	36284102.93	45015153.68	50478675.53	54569787.42	57368962.43
债务资本成本权重（%）	56.39	58.57	57.45	56.61	55.76
股权资本成本权重（%）	43.61	41.43	42.55	43.39	44.24
税后债务资本成本（%）	3.56	3.56	3.77	3.85	3.61
股权资本成本（%）	8.56	8.56	8.77	8.85	8.61
WACC（%）	5.74	5.63	5.89	6.02	5.82

3.2.4 保利发展 2017—2021 年 EVA 计算

根据表 4 的计算结果显示，保利发展 2017—2021 年的 EVA 都为正数，虽然可能是因为受疫情以及市场变化等的影响波动较大，但这也能够表明保利发展为股东创造了价值。在此次计算过程中，可以大致看到融资结构与主营收入是保利发展提升价值的关键因素，保利发展在降低资金成本的同时要最大化提高资金成本使用效率，保利发展也需要提高营业收入从而提高自身利润水平，提高企业价值[5]。

表 4　保利发展 2017-2021 年 EVA 计算

项目	2017 年	2018 年	2019 年	2020 年	2021 年
NOPAT（万元）	2139765.73	2785460.37	3477382.67	4196342.42	4099307.68
TC（万元）	36195616.81	45154071.56	49785436.09	57092273.84	62001044.27
WACC（%）	5.74	5.63	5.89	6.02	5.82
EVA（万元）	62655.74	243044.28	545020.48	759387.53	490846.90

3.3　EVA 模型下保利发展价值

计算得到 2017—2021 年保利发展的 EVA 后，还需要对未来 5 年即 2022—2026 年的 EVA 进行预测，预测结果见表 5。

表 5　保利发展 2022—2026 年 EVA 预测

项目	2022 年	2023 年	2024 年	2025 年	2026 年
NOPAT（万元）	4837183.06	5611132.35	6396690.88	7164293.79	7880723.17
TC（万元）	73161232.24	84867029.40	96748413.51	108358223.10	119194045.40
WACC（%）	5.82	5.82	5.82	5.82	5.82
EVA（万元）	579199.35	671871.24	765933.22	857845.20	943629.72

在评估当日保利发展的企业价值时将 2021 年 12 月 31 日作为期初。因政策、疫情以及经济环境不断变化等影响因素，计算时的永续增长率用宏观经济增长率 2%来表示。计算在 2022—2027 年期间净投资资本的税后经营净利润的增长率时是用 2017—2021 年期间调整后的税后经营净利润的平均增长率 18%来预测的。鉴于疫情以及市场环境等不确定因素，其增长率应该会有所下降，所以之后 5 年的增长率每年按 2%递减进行预测。保利发展的加权平均资本成本在 2021 年之后保持稳定，所以这 5 年的值被用作之后 5 年预测的基础。假设保利发展 2027 年以后进入一段稳定期，其经营数据继续维持 2026 年年末的结果。计算结果见表 6。

表 6　保利发展 2021 年 12 月 31 日企业价值评估结果

项目	基期	2022 年	2023 年	2024 年	2025 年	2026 年
EVA 预测值（万元）		579199.35	671871.24	765933.22	857845.20	943629.72
WACC（%）		5.82	5.82	5.82	5.82	5.82
折现后（万元）		547343.93	599999.02	646379.59	684128.84	711152.64
C（万元）	25378564.59					
V（万元）	31964683.02					

依据计算得出的数据显示，保利发展在 2021 年 12 月 31 日的企业价值为 31964683.02 万元，截至 2021 年年末，保利股数总和为 1197010.76 万股，折算出的股价为 26.70 元/股。查询得知保利发展在 2021 年最后交易日股票的收盘价为 15.63 元/股。这说明当时保利发展的价值是被低估的，代表其为股东创造了价值（股票数据来源于新浪财经）。

4　结论与建议

运用 EVA 模型对房地产企业价值进行评估过程中，EVA 模型准确反映出股权资本成本以及债务资本成本对于企业价值的影响，全方位反映出有关企业的整体价值。通过运用 EVA 指标，使股东利益与企业发展这两方面结合得更为紧密，有利于企业未来的长远发展[6]。企业本身持有的各类资产是企业价值得以实现的根据，管理者在经营管理时应当把价值管理作为指导，加强自身的核心竞争力，以对抗市场竞争，提升税后净利润率，同时设立合理有效的融资模式，让企业不断朝着凭借最小的资本成本转化为最高的资金使用效率的目标前进。

参考文献：

[1] 沈捷. 基于 EVA 模型的房地产企业价值评估运用 [J]. 现代营销（下旬刊），2017（12）：232-233.

[2] Du Fei, Erkens David H, Young S et al. How Adopting New Performance Measures Affects Subjective Performance Evaluations: Evidence from EVA Adoption by Chinese State-Owned Enterprises [J]. The Accounting Review, 2018, 93（1）：145-146.

[3] 郑怡. 基于 EVA 评估模型的房地产企业价值评估：以保利发展为例 [J]. 财政监督，2018 (9)：97-104.

[4] 孙文静，张铎. EVA 在我国房地产企业价值评估中的应用研究 [J]. 中国市场，2016 (25)：171-172.

[5] 胡宁韵，陈杨. 房地产企业价值评估与政策影响：以新城控股为例 [J]. 江苏商论，2019 (12)：122-124.

[6] 王聪聪. 基于 EVA 模型的企业价值评估研究：以保利发展为例 [J]. 商业会计，2020 (10)：43-45.

基金项目：

辽宁省战略性新兴产业与传统产业耦合发展研究（lnqn202031）；辽宁省社会科学界联合会委托课题（2022lslwtkt-049）。

作者简介：

李森（1986— ），男，辽宁沈阳人，博士，辽宁省科学委托课题，讲师，辽宁省房地产与城市经济协调发展的耦合研究，研究方向：生态经济。

刘杰（1999— ），女，山东淄博人，会计学专业硕士研究生。研究方向：管理会计与财务决策。

论文仅代表本文作者观点，文责自负——本书编者注。

基于 F 分数模型的 DY 公司财务风险分析

佟 曾 武钰瑶

（沈阳建筑大学管理学院，辽宁 沈阳 110168）

摘要：新冠疫情背景下，多数旅游企业经营业绩下滑，财务状况不断恶化，面临巨大财务风险。选取东北地区首家旅游上市公司为案例对象，运用 F 分数模型对其 2017—2021 年财务数据进行风险评价，在找出问题的基础上给予相关建议，以期在改善该公司财务状况的同时为旅游行业的财务风险管理给予思路与警示。

关键词：F 分数模型；财务风险；旅游公司

Financial Risk Analysis of F-score Model-A Study of DY Company

Tong Zeng Wu Yuyao

（**College of Management**，**Shenyang Jianzhu University**，**Shenyang 110168**，**China**）

Abstract：Against the backdrop of COVID-19, most tourism companies facing huge risks as their business performance declines and their financial situation deteriorates. The paper selects the first listed tourism company in northeast China as the case object, uses F-score model to carry out risk evaluation on its financial data from 2017 to 2021, and gives relevant suggestions based on finding problems, in order to improve the company's financial situation and give ideas and warnings for other companies' financial risk management.

Keywords：F-score model；financial risk；space；tourism company

1 引言

旅游企业在经营管理过程中始终面临各种风险，特别是直接影响企业盈利能力的财务风险[1]。因此，如何识别财务风险，加强财务风险防范对企业而言尤为重要。最初的财务风险预警由 Fistpatrikc 提出，他采用了单一财务比率对样本公司进行分析。我国学者对于财务预警的研究始于 20 世纪 90 年代，周首华等人提出的 F 分数模型是现阶段最为常用的风险预警模型。面对突如其来的新冠疫情与日益复杂的旅游市场环境，旅游企业的市场竞争较以往更加激烈，管理者需要及时识别财务风险并实施更为有效的管理策略，以保证企业持续健康发展。

2 公司简介

DY 公司成立于 1994 年，注册资本 1.28 亿元，拥有员工 600 余人，前身为大连市对外经济贸易委员会批准下四家企业合资设立的中外投资企业。

DY 公司主要经营旅游服务业，其主要产品或服务有海洋基地主题公园建设、游乐园建设及餐饮服务等。DY 公司于 2002 年在上海证券交易所成功上市，是东北地区首家上市的旅游公司。2021 年，公司因经营不善被上海证券交易所实施退市风险警示，表明其内部具有较大财务风险。

3 F 分数模型介绍

F 分数模型是一种应用广泛并较为权威的多变量财务风险评价模型，由我国学者周首华、杨济华、王平提出。F 分数模型的优势在于其无需利用较多历史信息，只需收集风险评价期内企业提供的数据便可进行直接计算。

F 分数模型是 Z 分数模型的改良与优化，其在 Z 分数模型的基础上增设了对企业财务危机影响巨大的现金流量指标[2]，打破了 Z 分数模型无法考虑现金流量变动对企业财务风险影响的局限性。相比于 Z 分数模型，F 分数模型能够更加准确地评价企业财务风险，为上市公司提供警醒[3]。

F 分数模型的公式是：

$$F = -0.1774 + 1.1091X_1 + 0.1074X_2 + 1.9271X_3 + 0.0302X_4 + 0.4961X_5$$

F 分数模型各指标及其含义见表 1。

表1 F分数模型各指标及其含义

公式	含义
$X_1 = （流动资产-流动负债）/总资产$	X_1 代表企业变现能力及规模特点
$X_2 = 留存收益/总资产$	X_2 代表企业资产的使用效率及累计的获利能力
$X_3 = （净利润+折旧）/平均总资产$	X_3 代表企业现金流量偿还本企业债务的能力水平
$X_4 = 股东权益市场价值/总负债$	X_4 代表企业资产结构的状况
$X_5 = （净利润+利息+折旧）/平均总资产$	X_5 代表企业总资产创造现金流量的能力

F分数模型计算结果以0.0274为临界点，当计算结果F<0.0274时，该企业被预测为破产企业，说明该企业经营不善且很可能具有较大财务风险，企业应寻找原因，调整发展战略；当计算结果F>0.0274时，该企业被预测为持续发展企业，说明该企业经营情况良好且具有较大财务风险可能性低，企业可延续之前发展战略继续运营；0.0501<F<-0.1049时，需要进一步根据企业相关信息进行判断与评价。

4 DY公司财务风险评价

DY公司2017—2021年相关财务数据见表2。

表2 DY公司2017—2021年相关财务数据 （单位：万元）

年份	2021年	2020年	2019年	2018年	2017年
流动资产合计	9864.24	18349.27	33885.90	33382.32	32809.00
流动负债合计	84750.71	73585.16	69887.86	79118.93	47720.85
资产总计	209133.15	209970.07	218480.75	179558.26	116354.95
负债总计	169553.95	149803.13	132550.08	100565.21	47720.85
盈余公积	4246.83	4246.82	4315.10	3608.38	2937.86
未分配利润	-6454.24	13321.27	20933.87	17034.42	11939.33
净利润	20388.72	-7314.68	3813.58	5311.63	5248.86
折旧费用	157651.20	240856	559764.80	341191.20	255208.00
股东权益市场价值	3882.17	1512.34	2030.02	1975.47	1439.03
利息费用	9864.24	18349.27	33885.90	33382.32	32809.0

根据表2财务数据，可分别计算DY公司近5年 F值，见表3。

表3 DY公司2017—2021年F分数模型计算过程及结果

	2021年	2020年	2019年	2018年	2017年
X_1	-0.3580	-0.2630	-0.1647	-0.2547	-0.1281
X_2	-0.0105	0.0836	0.1155	0.1149	0.1278
X_3	0.1286	-0.0504	0.0346	0.0748	0.1234
X_4	0.9297	1.6078	4.2230	3.3927	5.3479
X_5	0.1165	-0.0262	0.0304	0.0508	0.0636
F值	-0.2419	-0.0201	0.0565	0.0721	0.1000
评价结果	风险较大	进一步分析	持续经营	持续经营	持续经营

根据表3可得，2017—2021年DY公司的F值呈明显下降趋势。其中，2017—2019年公司F值远高于临界点0.0274，说明公司经营状况良好，资本结构合理，获利能力及偿债能力较强，暂时不会陷入财务风险。2020年起，DY公司F值下降明显，且首次低于临界值0.0274并出现负值，这表明公司存在巨大财务风险，与2020年新冠疫情席卷全球，对旅游服务业造成巨大冲击的现实情况相一致。

综上所述，F分数模型计算结果符合DY公司实际经营情况，目前公司财务问题严重，风险较大，如不及时采取措施，将会面临资不抵债的破产局面。

5 DY公司财务风险分析

5.1 主营项目盈利能力弱

DY公司主营旅游服务业，受新冠疫情影响，DY

公司多次暂停经营，其中，大连景区 2020 年闭园近 6 个月，2021 年闭园 60 余天，停业期包括清明、五一等多个节假日。此外，游客出游意愿不高，仅为正常年度的 20%。DY 公司对于门票收入的过度依赖导致公司受损严重，主营业务收入的骤减使公司营业收入大幅降低，进一步加剧了公司的亏损。

5.2 债务结构失衡

自 2017 年起，DY 公司资产负债率逐步加大，截至 2021 年三季度，DY 公司资产负债率为 71.3%，超警戒线 1.01%。高额的债务必将伴随高额的财务费用，2020 年 DY 公司财务费用为 1910.48 万元，其中利息费用为 1512.34 万元。此外，DY 公司近年的流动比率及速动比率均小于 1，这意味着 DY 公司流动资产不足以偿还流动负债。DY 公司的高额债务已给公司带来明显影响，如公司无法维持稳定收入，将会面临债务危机。

5.3 盲目扩张

现阶段，DY 公司为抢占市场盲目进行扩张，然而实际结果均与预期收益相差较大，至今多处投资项目进展缓慢且尚未产生营收。2020 年年报显示，DY 公司在建工程期末余额仍有 8.44 亿元，占总资产 38.67%。DY 公司多个项目同时建设不仅耗用大量现金，造成资金短缺，更进一步恶化了公司偿债能力。一旦公司资金无法支撑后续项目建设，相关项目将会面临巨额资产减值，导致公司严重受损。

6 DY 公司财务风险对策建议

6.1 优化资本结构

负债过多会为公司带来不利影响，如无法偿还债务则会面临破产风险。一方面，公司要控制好负债与资产的比例，优质的资产可以保证公司有足够的资金去开展日常的活动[4]，合理的负债可增加公司现金流量，创造大于负债成本的收益，两者共同作用可加速公司经营发展，形成良性循环。另一方面，公司应加强对流动资金的需求监控，确保公司拥有充足的货币资金及有价证券以满足短期及长期流动资金需要。

6.2 产业多元化发展

以 2021 年为例，DY 公司主营业务构成中旅游服务业占比高达 91.2%，公司收入主要来源于收取景区的门票费用。该获利模式较为单一且受天气、季节、政策影响较大，一旦受不可抗力冲击，公司经营将会面临绝境。多元化的经营方式一方面可打

破当下 DY 公司对于门票收入的过度依赖，当公司无法从原有市场中获利时，其他产品及市场可为公司承担风险，提供保护。另一方面，多元化经营可对公司资源进行充分利用，有助于公司挖掘自身经营潜力。例如 DY 公司以海洋主题作为公司经营特色，可通过该主题与科技、文创、影视等领域的结合扩大经营范围，以此提高公司收入水平。

6.3 提高企业财务风险意识

DY 公司近年来的经营情况说明了公司财务风险意识的缺失。首先应注重高级管理人员财务风险意识培养，使公司人员了解财务风险内容，提高其财务风险意识。其次需建立符合公司自身情况的财务风险预警机制[5]，良好的预警机制有助于公司对潜在问题进行监测、预警和分类。一旦发现财务漏洞，可及时判断其风险等级并找出形成原因，还可根据成因制定相应管控措施，降低公司财务风险，保持公司健康发展。

7 结论

DY 公司目前财务状况不容乐观，财务风险较大，管理者应从公司治理出发，提高员工财务风险防范意识，健全财务风险防范体系；调整公司资本结构，平衡资产与负债、负债与负债之间的关系；同时加强业务多元化发展，利用公司自身资源优势，积极寻求利润增长点，提高经营业务利润。

参考文献：

[1] 黄超. 旅游企业财务风险的成因分析及应对措施浅议 [J]. 当代会计，2020 (12)：90-92.

[2] 王树锋，李世民，倪云珍. F 分数模型在上市公司财务风险预警中的应用：基于洛阳玻璃数据 [J]. 商业会计，2019 (7)：62-64.

[3] 刘学兵，袁智慧，钟俐玲. F 分数模型与 Z 计分模型的比较分析：以 ST 轻骑为例 [J]. 会计之友，2011 (6)：101-103.

[4] 肖小月. 丽江玉龙旅游股份有限公司财务风险分析 [J]. 老字号品牌营销，2021 (12)：149-151.

[5] 秦智，王越. 基于 F 分数模型我国旅游上市公司财务预警研究 [J]. 沿海企业与科技，2020 (10)：19-25.

作者简介：

佟曾（1976— ），女，辽宁沈阳人，硕士研究生，副教授，研究方向：工程管理、审计与法务会计。

武钰瑶（1998— ），女，辽宁大连人，会计专业硕士研究生，研究方向：管理会计与财务决策。

论文仅代表本文作者观点，文责自负——本书编者注。

基于 SAS 模型的 HTY 公司财务困境成因分析

陈　爽[1,2]　王婉郦[1]　冯文琳[1]

（1. 沈阳建筑大学管理学院，辽宁　沈阳　110168；2. 北京百华悦邦科技股份有限公司，北京　100020）

摘要：受市场波动、行业衰退及自身经营等因素的影响，部分上市公司陷入财务困境，探究上市公司陷入财务困境的原因，对于上市公司可持续经营发展具有重要的现实意义。基于 SAS 财务分析模型，结合 HTY 公司 2016—2021 年的实际情况进行系统性分析，揭示该公司陷入财务困境的成因。得出结论：HTY 公司陷入财务困境的主因有低价战略失策、营销策略欠佳、内控制度不严、风险识别薄弱、融资管理混乱、成本负担重、运营效率低，建议 HTY 公司制定科学的企业战略，健全风险预警机制，改善资产负债结构，提高运营效率。

关键词：财务困境；SAS 财务分析模型；内部控制

Analysis on the Causes of HTY Company's Financial Difficulties Based on SAS Model

Cheng Shuang[1,2]　Wang Wanli[1]　Feng Wenling[1]

（ 1. College of Management, Shenyang Jianzhu University, Shenyang 110168, China;

2. BYBON Group Company Limited, Beijing 100020, China）

Abstract：Affected by market fluctuations, industry recession and their own operation, some listed companies fall into financial difficulties. Therefore, exploring the reasons for the financial difficulties of listed companies has important practical significance for the sustainable operation and development of listed companies. Based on SAS financial analysis model and combined with the actual situation of HTY company from 2016 to 2021, the study makes a systematic analysis to reveal the causes of the company's financial difficulties. It is concluded that the reasons for HTY company's financial difficulties include: low price strategy failure, poor marketing strategy, lax internal control system, weak risk identification, chaotic financing management, heavy cost burden and low operation efficiency. Therefore, it is suggested that HTY company formulate scientific enterprise strategy, improve risk early warning mechanism, improve asset liability structure and improve operation efficiency.

Keywords：financial distress; SAS financial analysis model; internal control

1 引言

HTY 公司是我国农药行业排行较前的上市公司之一，但是近年来，公司受环保危机、新冠肺炎疫情、金融环境恶化等因素影响，业绩出现较大亏损，在 2019 年陷入了财务困境。本文将从 HTY 公司实际出发，基于 SAS 模型并结合相关理论，分析其陷入财务困境的原因，希冀助力 HTY 公司脱离财务困境。

窦雯璐（2017）认为，资金链断裂不仅会使公司无法正常开展日常经营活动，还会导致公司负债规模不断扩大，增加公司财务风险和偿债压力，是导致公司陷入财务困境的主要原因之一[1]。董凌（2019）将相关财务数据指标的变化特点考虑进对财务困境企业的分析中，通过对公司财务报表与相关财务数据指标的结合，分析了财务困境公司的特征和指标所反映的企业现状[2]。但是以往的研究并不足以全面揭示出公司陷入财务困境的原因，目前 SAS 财务分析模型可以全面详实地分析公司陷入财务困境的原因，因此本文将基于 SAS 模型对 HTY 公司陷入财务困境的成因进行研究分析。

王晓莺（2019）认为，SAS 分析方法用于分析企业经营战略、会计政策以及财务报表等多方面因素，不仅包含了对企业内部环境和外部环境的细化分析，还从财务因素和非财务因素进行深入研究，进而挖掘出企业财务困境更深层的诱发因素[3]。

2 SAS 财务分析模型

SAS 财务分析模型从所有者角度出发，在公司战略分析、会计分析和财务报表分析三个方面进行详细的财务分析，利用财务分析发现公司存在问题，并通过财务分析来判断公司资本运营效果。

首先，公司财务分析的起点是公司战略分析，通过分析公司所在行业或公司进入的行业战略，确定行业地位以及竞争战略，达到权衡收益和风险的目的，充分激发公司发展潜力。其次，会计分析是明确会计信息的内涵和质量，分析中不仅需要对会计变动及质量进行分析，而且需要分析各会计报表以及相关会计科目。最后，财务报表分析是以财务报表为基础，采用一系列评价标准和分析方法，遵循规范的分析程序，以达到对公司的经营情况和发展情况作出科学判断、评价及预测的目的。

SAS 财务分析模型见图1。

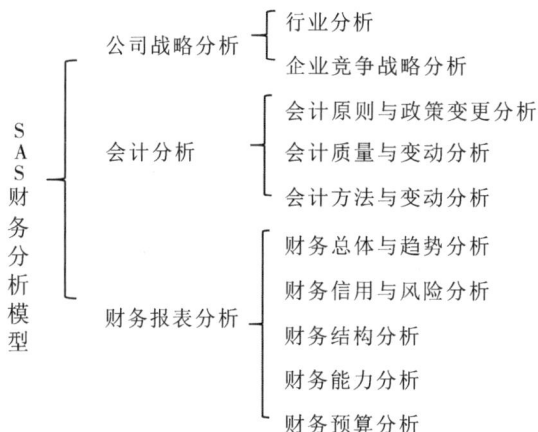

图1 SAS财务分析模型

3 实证分析

3.1 公司战略分析

HTY 公司战略趋势见图2。

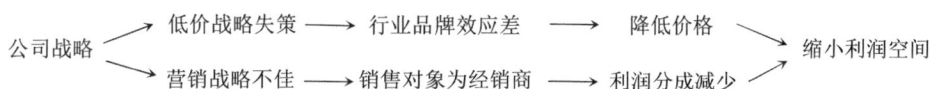

图2 公司战略趋势图

低价战略失策。我国农药市场的从业主体是知名度低的中小型公司，从业者普遍没有品牌，难以形成品牌效应，大部分在资金、管理、供应链和营销方面的能力都比较差[4]。这时只能通过价格优势拓宽市场，HTY 公司也是采取价格战略。HTY 公司通过自主研发吡啶碱产业化合成，打破国外跨国公司半个多世纪的垄断，虽然进一步降低了成本，但是在质量方面不具备优势，而成本的降低在某种程度上也意味着利润空间的下降。综上所述，低价战略压缩企业的利润空间，导致产品缺乏优质的质量，无法树立良好的品牌形象，进而市场份额并没有得到扩大，缩小了企业利润空间。

营销战略欠佳。HTY 公司的营销模式主要是以经销商为销售对象，这使得 HTY 公司节约了大量的销售费用，但是这种模式下增加的销售环节严重减少了利润分成，企业获利减少。另外，在与国内外公司的竞争中，HTY 缺少全面可持续开拓国内外市场的营销战略，导致市场占有率低，缺乏行业竞争力。企业营销战略过分依赖经销商的模式，导致中间商赚差价，企业获利减少。企业不应采用分销模式，而应采用直销模式，公司的经营及财务状况才不会每况愈下。

3.2 会计信息与质量分析

内部控制失效。为了实现公司内部各层次、各环节、各部门整体高效的管理，保证公司经营活动高效、有序的运行，需要公司不断地完善内部控制机制[5]。内部控制的缺失，往往会使权责分配不明、公司内外部的沟通不畅、内部审计工作不到位、各个监管环节无法起到作用，各个利益主体只关心与自己相关的利益，而忽略了公司的整体利益及未来发展，最终导致公司经营不善[6]。

公司经营过程中的每一次重要投资管理决策诞生的同时也会伴随着一定的风险，如 HTY 公司受行业竞争的影响，产品滞销，存物堆积；大量应收账款无法及时收回而影响到现金流及资金分配的利用。如果战略决策不考虑本公司实际情况，将面临巨大的风险，甚至丢失核心产品竞争力，直接削弱公司各方面能力。

风险识别欠缺。HTY 公司发展过程中之所以陷入财务危机、被证监会实施退市风险警示，正是因为一方面在公司环环相扣的经营流程中，不具备完善内部控制制度，无法形成有效的监管，致使财务风险预警机制失效[7]。另一方面，管理层也缺少风险防范的意识，在管理不当的情况下，未能及时发现资金分配中存在的种种问题，而使得公司资金链断裂，资不抵债，深陷入了财务困境之中。

3.3 财务报表分析

融资管理混乱。HTY公司在财务管理方面缺乏充足的经验，例如资金管理及使用、利益划分等方面均存在管理混乱、权责不明的现象，不仅导致资金利用效率低下，资金严重流失，而且资金的安全性无法得到保障[8]。当这种混乱的管理问题积累到一定程度将无法掩盖彻底暴露，最终导致公司资金失控。

从表1简单计算可以得出，HTY公司的投资活动和筹资活动综合收入大部分年限为负，并没有为公司带来预期内的正回报，说明HTY的资金管理是混乱无效的，在事实上损害公司的利益，多年的投资性收益为负不断蚕食HTY公司微薄的利润，对公司的财务状况也造成了一定的负面影响。

表1　HTY公司投资/融资现金流情况

（单位：亿元）

年份	2017年	2018年	2019年	2020年	2021年
投资流入	6.61	0.11	20.57	19.73	1.73
投资流出	7.27	4.86	61.49	32.68	1.90
筹资流入	63.71	63.71	130	43.51	9.71
筹资流出	52.49	71.65	105.8	32.94	12.66

成本负担重。HTY公司成本负担重主要体现在其原材料成本和研发成本两个方面[9]。一方面，原材料的不断涨价也加重了HTY公司成本负担。据《上海证券报》载文，受原材料价格提高、国内供应紧张等因素影响，农药价格持续高位运行，2021年6月价格上涨势头明显（见图3）。草甘膦占全球农药行业中除草剂的市场份额已达30%。根据卓创咨询

图3　农药草甘膦历史年份价格走势图

数据，2021年年初国内草甘膦均价为2.7万元/吨，年底价格涨至约8万元/吨。由此可见，这对HTY公司来说，原材料成本增加，不断压缩毛利空间，也

对资金产生压力。

另一方面，HTY公司的研发费用支出也加重了HTY公司资金负担。从图4可以看出，HTY公司2017年对研发投入，并在2018年后大幅提高研发费用的支出，占营业总成本的比率保持在24%左右。当公司面临资金困难的情况时，一般会减少对研发费用的支出达到节流的目的[10]，但是HTY公司在面临财务困境时，仍然在研发方面投入大量资金，没有为公司带来明显收益的同时进一步加剧财务危机。

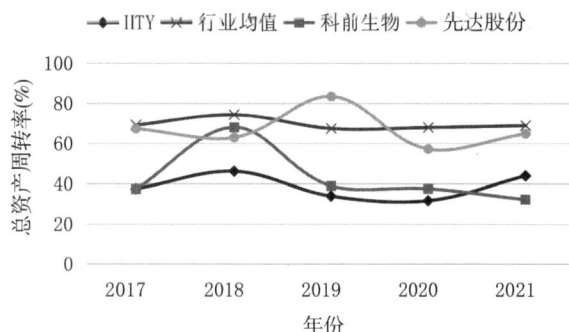

图4　HTY公司研发费用与营业成本（单位：亿元）

运营效率低下。通过图5的数据对比，HTY的总资产周转率在2018—2021年间始终低于行业均值，表现出较低的资金运用能力。总资产周转率受各项流动资产周转率及非流动资产周转率指标的影响，对比先达股份公司虽然在2019年间经历疫情等因素的影响，但是调整能力好，能够快速适应市场变化，总资产周转率远高于行业平均水平[11]。

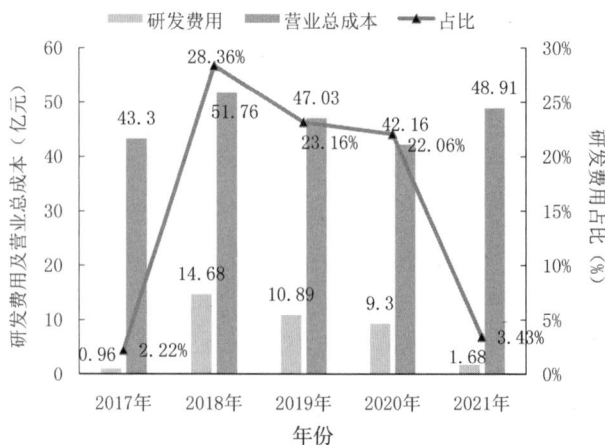

图5　HTY公司与行业的总资产周转率比较

另外，从应收账款周转率来看，应收账款数额在公司流动资产中占比庞大，且以3个月左右的应收账款为主，账龄比较短，见表2数据显示，2018年与2019年应收账款周转天数的大幅增长与行业平均周转天数拉开差距，从而导致应收账款周转率下降。

直至 2021 年应收账款周转天数与行业平均水平相差较小。

表 2　HTY 公司应收账款周转天数

年份	2017 年	2018 年	2019 年	2020 年	2021 年
应收账款周转天数（天）	87.25	99.19	122.4	82.34	56.28
应收账款周转率（%）	4.13	3.63	2.94	4.38	6.40
行业平均应收账款周转天数（天）	71.01	55.35	56.07	71.99	68.54

4　结论

通过 SAS 财务分析模型对 HTY 公司陷入财务困境的成因分析，可知该公司在公司战略、会计分析及财务报表等多重方面都存在问题，在公司战略方面，HTY 公司实施的低价战略并没有开拓更广阔的市场，扩大市场规模，反而缩小了利润空间；营销战略方面，缺失全面可持续开拓国内外市场的营销战略，导致市场占有率低，行业竞争力弱[12]；在会计分析方面，HTY 公司内部控制和风险预警机制建立的不完善，面临着公司各种运行机制运行困难的情况，造成公司运营管理的效率不高；在财务分析方面，融资管理混乱、预算管理机制不完善加上成本负担，公司没有作出对应的改进措施，导致公司在财务方面面临巨大的风险[13]。

建议 HTY 公司在企业战略方面，应及时顺应现代市场发展潮流，转变营销理念，合理规划公司发展、科学制定公司战略；在会计信息与质量分析方面，健全财务风险预警机制、建立完善的内部控制制度，建设产、供、销、财务管理一体化的信息系统，保证信息传递的及时性和准确性；在财务分析方面，提高生产组织效率和运营管理效率，集中管理资金，这样有利于控制运营成本，同时提高资金使用效益，完善整体的资金链，并且采用内控审计制度监督资金动向的各个环节，从而保证公司财务信息的真实可靠，从而进一步改善资产负债结构，发挥财务杠杆的最大作用。

参考文献：

［1］窦雯璐. 财务困境上市公司治理失败的实证研究［J］. 财经科学，2017（4）：59-65.

［2］Sabri Boubaker. Financial Distress and Equity Returns：A Leverage-Augmented Three-Factor Model［J］. Research in International Business and Finance，2019（2）：26-32.

［3］王晓莺，赵丽. 基于 SAS 模型的 KYT 公司财务困境成因分析［J］. 北方经贸，2019（1）：88-89.

［4］邓文文. H 集团财务困境破解案例研究［J］. 中国市场，2021（1）：135-137.

［5］程媛媛. 内部控制与公司绩效［J］. 现代营销（经营版），2020（2）：45-52.

［6］陈丽萍. 内部控制与财务风险管理［J］. 时代经贸，2018（22）.：36-40

［7］王克敏，姬美光. 基于财务与非财务指标的亏损公司财务预警研究：以公司 ST 为例［J］. 财经研究，2018（7）：63-72.

［8］董梦圆. 华晨集团财务困境成因与对策研究［J］. 今日财富，2021（15）：127-128.

［9］董凌. 我国上市公司的财务困境成本及其影响因素分析［J］. 纳税，2019（1）：83-86.

［10］袁文昱. 企业财务危机预警研究综述［J］. 合作经济与科技，2021（2）：142-143.

［11］周克金. 财务困境下的上市公司资金管理内部控制问题探讨：以辅仁药业为例［J］. 江苏经贸职业技术学院学报，2021（1）：31-34.

［12］袁文昱. 企业财务危机预警研究综述［J］. 合作经济与科技，2021（2）：142-143.

［13］蔡丽君. 财务困境预测研究综述［J］. 全国流通经济，2020（34）：58-60.

基金项目：

教育部人文社科青年项目（20YJC790155）。

作者简介：

陈爽（1995— ），女，河南安阳人，会计专业硕士研究生，研究方向：法务会计。

王婉郦（1983— ），女，辽宁沈阳人，博士讲师，研究方向：建筑经济、企业管理。

冯文琳（1997— ），女，黑龙江伊春人，会计专业硕士研究生，研究方向：财务会计与企业管理。

论文仅代表本文作者观点，文责自负——本书编者注。

基于 SAS 模型的万科多元化战略财务绩效分析

宋煜凯　贺毅恒

（沈阳建筑大学管理学院，辽宁　沈阳　110168）

摘要：房地产行业进入深度调整期，房地产企业纷纷开始多元化经营，通过使用 SAS 模型对万科实施多元化战略分析、会计分析、财务报表分析，分析万科当前的财务状况以及财务特点并分析多元化战略对于万科财务的影响，结合财务分析结果会计对万科的主营业务和多元化业务提出提升主营业务毛利率等具体的、可行的优化方案。

关键词：SAS 模型；财务分析；万科；多元化

Financial Performance Analysis of Vanke's Diversified Strategy Based on SAS Model

Song Yukai　He Yiheng

（**College of Management**，**Shenyang Jianzhu University**，**Shenyang 110168**，**China**）

Abstract：The real estate industry has entered a period of in-depth adjustment，and real estate c ompanies have begun to diversify their operations. By using the SAS model to implement the diversification strategy analysis of Vanke，the accounting analysis of Vanke，and the analysis of Vanke's financial statements，the current financial status and financial characteristics of Vanke are analyzed and the diversification is analyzed. Based on the financial analysis results，specific and feasible optimization plans are put forward for Vanke's main business and diversified businesses，such as improving the gross profit margin of main business.

Keywords：SAS model；financial analysis；Vanke；diversification

1 引言

房地产行业是典型的资金密集型企业，对于资金的需求量极大，"三道红线"政策的出台极大地限制了房地产企业的融资渠道，加速了房地产企业向其他行业转型的趋势。万科作为房地产企业的龙头企业，也在 2014 年开始正式布局多元化。对于多元化经营是否能够提升企业财务绩效，不同学者有着不同结论。朱淑平通过对恒大进行分析认为多元化会增加房地产企业的财务风险[1]，王丹丹研究发现多元化经营对于企业的偿债能力具有正向影响[2]，金志博认为零售企业在资金充足且股权集中度较高的时候多元化经营可以有效地提升企业的经营绩效[3]，夏文涛研究发现中国服务企业的多元化程度和财务绩效没有明显的关系[4]，王颖研究得出总体上多元化经营与企业绩效之间存在着负向关系[5]。

2 万科 SAS 模型

SAS 模型是一种综合财务分析模型，将企业战略分析、会计分析、财务报表分析三方面进行结合。其中以财务分析为主，战略分析和会计分析为辅，重点分析万科偿债能力、发展能力、营运能力、盈利能力四大方面。在战略分析中主要分析行业和企业战略，会计分析中主要分析万科的会计政策与方法。

3 万科 SAS 财务分析

3.1 战略分析

3.1.1 行业分析

房地产行业已经走过了高速发展的时期，进入了深度调整期，房地产企业不再单单是住房的提供商，而是纷纷转型为住宅与生活服务的提供商。房地产曾经是高投入高回报的资金密集型行业，但是近些年房企的投资回报率逐渐下降，政策的收束导致房地产企业融资困难，房地产企业纷纷进行多元化业务的开拓，创造新的利润增长点。

3.1.2 企业战略分析

万科战略决策始终具有前瞻性。1993 年万科审时度势聚焦发展房地产行业，专注城市住宅开发获得超额利润，2010 年行业受到政策的限制与调控，公司提出以快周转、小股操盘等运营模式提升净资产收益模式，2014 年公司前瞻性地预见行业进入成熟期，开始多元化业务布局。万科作为我国房地产龙头企业，目前已经形成物业服务、长租公寓、物流地产、商业开发四大核心业务等多元化经营。

3.2 会计分析

万科在 2018 年执行了《企业会计准则第 14 号——收入》并对预收账款科目进行调整。万科编制财务报表均符合财政部和证监会对于财务报表及其附注的编制要求，科目设置规范，会计方法选择准确，具有较高的财务信息质量。

3.3 财务报表分析

3.3.1 偿债能力分析

短期偿债能力分析选用现金短债比指标（见表1）。万科现金短债比在 2017—2020 年均大于 1 且保持高位，2021 年由于主营业务利润大幅下降造成短期偿债能力下滑，利润下降主要是由于主营业务成本持续提高，虽然万科的期间费用已经 3 年大幅缩减，但是土地成本居高不下。2021 年万科拿地金额 1274 亿元，位于全国房地产企业第二位，拿地面积仅有 1630 万平方米，拿地成本是碧桂园的 2.25 倍。

表 1 万科 2017—2021 年现金短债比统计

（单位：亿元）

年份	经营现金流量	短期负债	现金短债比
2017 年	823.22	161.10	5.11
2018 年	336.18	101.12	3.32
2019 年	456.87	153.65	2.97
2020 年	531.88	25.11	2.12
2021 年	41.13	144.13	0.29

长期偿债能力分析选用资产负债率指标，将万科的资产负债率同 2021 年房地产综合实力前十企业（保利、碧桂园、中海、华润、招商蛇口、绿城集团、龙湖集团、金地集团、绿城控股）的均值进行对比（见表2）。

表 2 万科与同行业资产负债率对比

年份	万科	行业均值
2017 年	83.98	78.296
2018 年	84.59	78.833
2019 年	84.36	77.622
2020 年	81.28	77.177
2021 年	79.7	74.613

总体来看，万科的资产负债率高于房地产行业均值，长期偿债能力较差，但是从 2018 年万科的资本负债率有下降的趋势，这说明实施相关多元化初段时间提升了万科的资产负债率，随着相关多元化的稳步推进企业的资产负债率呈下降趋势，长期偿债能力逐渐提升。这主要由于万科不断调整自己的融资结构并不断降低融资成本，同时分析现金流量表（见表3）可知，2018 年后万科的筹资现金流量均为负数，资产负债率也持续降低，这说明万科的去杠杆的措施见效，整体财务状况健康化。

表 3 万科 2018—2021 年筹资现金流量

（单位：亿元）

年份	筹资现金流量
2018 年	447.98
2019 年	-333.38
2020 年	-325.04
2021 年	-231.04

3.3.2 发展能力分析

万科的净资本增长率稳定维持在房地产前十位均值上下（见表4），万科多年来保持着稳定的资本扩张速度，在平稳性和增长率的数值上均优于部分企业，企业的资本总量增长变动稳定，企业经营规模不断扩大，万科稳定持续地推进相关多元化的发展。同时在净资产增长率的变化中也可以看出万科在资本扩张中十分稳健并且万科正在积极地去杠杆，财务状况持续优化，再融资能力潜力巨大，发展能力较强。

表 4 2017—2021 年万科与同行业净资本增长率对比

年份	万科	行业均值
2017 年	15.5	24.07
2018 年	26.2	16.54
2019 年	14.8	36.37
2020 年	29.3	28.09
2021 年	12.3	29.55

3.3.3 营运能力分析

万科的应收账款周转率始终处于行业的较高水平（见表5），说明万科资金使用效率较高，企业的坏账风险较小，但是从 2019 年开始万科的应收账款周转率就开始下降，原因是多元化业务的应收账款额增加，其中主要是物业服务应收款。开展物业等相关多元化业务，导致应收账款变多，回款速度变慢，这说明万科需要提高物业等业务的管理能力，降低坏账风险。

表5　应收账款周转率对比

年份	万科	行业均值
2017 年	138.5	47.11
2018 年	197.0	59.46
2019 年	204.1	78.21
2020 年	167.0	75.73
2021 年	116.5	74.61

3.3.4　盈利能力分析

万科的净资产收益率始终在房地产前十均值上下波动但较为稳定（见表6），万科的整体盈利能力多年来较为稳定，企业的管理能力和抗风险能力较强，自有资本的使用效率保持稳定，投资稳定。2021年净资产收益率快速下降，是净利率的大幅下降造成净资产收益率下降，同时可见万科的下降幅度大于房地产前十位均值下降幅度，万科需要在经营中巩固主营业务的发展，同时加快相关多元化的布局。

表6　2017—2021 年万科与同行业净资产率对比表

年份	万科	行业均值
2017 年	22.8	23.10
2018 年	23.42	19.92
2019 年	22.61	11.73
2020 年	20.13	16.59
2021 年	9.8	24.11

资本回报率不同于净资产收益率，该指标能够反映公司全部资产创造多少利润，而非自有资本。万科的资本回报率一直高于行业均值（见表7），整体盈利能力较强，2021年资本回报率大幅下降主要是因为净利润大幅缩水，部分地区经营投资过于激进，拍地价格过高，降低主营业务的利润率，同时由于房地产行业整体的下行导致合作项目利润也大幅下降。万科多元化业务营业收入365亿元，但是并没有减少净资产收益率的大幅下滑，多元化业务对于财务风险分散的能力还有待加强，还需进一步发展多元化业务。

表7　2017—2021 年万科与同行业资产回报率对比

年份	万科	行业均值
2017 年	13.7	7.25
2018 年	14.7	6.41
2019 年	13.9	5.69
2020 年	13.5	6.51
2021 年	8.3	7.36

4　结论

通过 SAS 模型分析后得出，万科整体的财务状况较好，但房地产行业进入了下行阶段，万科的财务各项财务指标也逐渐下降，同时万科的多元化业务仅占全部营业收入的8%，占比较小，尚不能对主营业务的强烈动荡下滑产生分散风险的作用。

首先，针对主营业务，万科应当提升主营业务毛利润。在土地储备上，对于土地的投资应当更加谨慎，降低土地的成本是提升主营业务毛利润的关键，同时继续降低期间费用。同时万科应当加速售房回款。对于全额付款提供折扣优惠，高首付高折扣的销售策略，制作标准化的回款流程，将销售业绩与薪金挂钩调整为回款额度与薪金挂钩，与银行深度合作争取更高的授信额度简化手续和流程，设置购房尾款 ABS，设立专业的回款部门。

其次，在多元化业务上应当制定明确的战略规划。万科应当有着明确的业务布局战略规划，对现存业务进行梳理规划，发掘业务关联性，创造新的业务组合和利润增长点，结合自身投资能力、产业发展潜力制定投资战略，打造综合性万科品牌。打造特色运营模式。在开展的多元业务中进行市场调研分析消费人群特性，针对消费者特性进行产品与服务改进升级。在国内外寻找同行业的对标企业，分析其核心竞争力。建设自己的财务管理系统与财务测算模型，分析开展业务中的投入产出比，关注资金等资源的利用效率。加强企业内部合作与交流，促进资源更加充分地在各个业务间的流动。研发使用高阶数字化平台，开展数字化的运营模式。

参考文献：

[1] 朱淑平，戴军. 从多元化看房地产企业财务风险：以恒大为例 [J]；中国经贸导刊（中），2021（9），96-98.

[2] 王丹丹. 多元化对企业偿债能力和营运能力影响浅析 [J] 时代金融，2020（20）：142-143.

[3] 金志博. 零售企业多元化对财务绩效的影响分析 [J]. 现代商业，2021（26）：，162-164.

[4] 夏文涛，余倩倩，张荣，等. 疫情冲击下企业多元化与抗风险能力研究：基于我国上市服务业公司 [J]. 现代商贸工业，2022（7）：29-31.

[5] 王颖，刘劭春. 多元化经营对农业上市公司绩效影响的实证研究：基于农业产业链视角 [J]. 上海管理科学，2019（1）：111-116.

作者简介：

宋煜凯（1963—　），男，辽宁抚顺人，博士，副教授，研究方向：资本市场投融资（PPP），房地产金融，养老产业等。

贺毅恒（1998—　），男，黑龙江伊春人，建筑会计学硕士研究生，研究方向：企业带购。

论文仅代表本文作者观点，文责自负——本书编者注。

基于 Y-score 模型的康美药业财务舞弊预警研究

尚云鹏 吴访非

（沈阳建筑大学管理学院，辽宁 沈阳 110168）

摘要：近年来，屡次发生上市公司财务舞弊事件，使广大投资者蒙受巨大损失，给我国金融市场秩序带来了极其恶劣的影响。选取证监会最新披露的热点案件康美药业财务舞弊案进行研究。简略概括康美药业财务舞弊案，运用 Y-score 模型对康美药业发生财务舞弊的 2016—2018 年财务报表数据进行财务舞弊风险评估，为防范上市公司财务舞弊提出切实可行的防范措施。

关键词：Y-score 模型；财务舞弊；研究

Research on Financial Fraud Warning of Kangmei Pharmaceutical Based on Y-score Model

Shang Yunpeng Wu Fangfei

（**College of Management，Shenyang Jianzhu University，Shenyang 110168，China**）

Abstract：In recent years, the financial fraud of listed companies has occurred repeatedly, which has caused huge losses to investors and brought extremely bad effects to the order of China's financial market. This paper selects the financial fraud case of Kangmei Pharmaceutical, a hot case recently disclosed by the Securities Regulatory Commission. First of all, it briefly summarizes the general situation of Kangmei Pharmaceutical's financial fraud case. This paper uses Y-score model to assess the financial fraud risk of Kangmei Pharmaceutical from 2016 to 2018, and puts forward practical preventive measures to prevent financial fraud of listed companies.

Keywords：Y-score model；financial fraud；research

1 引言

随着我国经济的持续高速增长，资本市场也得到不断发展，截至 2021 年我国已有 4685 家上市公司，沪深京交易所股票总市值超过 91 万亿元人民币。虽然长期向好，但我国资本市场周期性强，波动性强，因此，部分上市公司出于利益考虑，虚增财务数据，给我国资本市场秩序带来了恶劣的影响，使投资者蒙受巨额损失。证监会最新披露的康美药业财务造假案件就是一起典型案例。因此，预警与识别财务舞弊风险成为预防上市公司财务舞弊的核心，对增强投资吸引力，促进我国资本市场高质量发展具有重要意义。

目前，学界针对上市公司财务风险的预警研究主要运用多变量预测模型，1968 年，Edward Altman 以 30 多家非破产和破产公司为样本，选取 5 个最重要的财务指标建立财务预警模型，首次提出 Z-Score 模型[1]，但其与我国资本市场的符合度较低。杨淑娥从我国资本市场的实际情况出发，借鉴已有的财务预警模型，特别是美国学者 Altman 的 Z-score 预测模型，立足我国资本市场现状，对 134 家上市公司进行了实证研究，最终筛选出 8 家建立了 Y-score 预警模型[2]。此后，李想以 1994—2011 年沪深两市财务舞弊上市公司为样本，全面检验了符合中国财务造假公司特征的 8 个指标与西方常用的财务造假预测模型中的常用变量，逐步筛选后建立了适合中国市场的财务造假预测模型[3]。雷艳丽利用 SOA 算法，对现有模型进行优化，并通过对 2017—2019 年饲料行业的实证研究，发现优化后的预警效果良好，预测能力大幅提高[4]。由于 Y-score 预测模型更贴近于我国资本市场的实际情况，预测成功率高且针对性强，所以本文将采取 Y-score 预测模型，对康美药业 2016—2018 年的财务指标进行分析，以得出其财务舞弊风险指数。

2 Y-score 财务舞弊风险预警模型

根据我国学者杨淑娥提出的 Y-score 财务预警模型，首先选取康美药业在 2016—2018 年的 8 个财务数据指标，见表1。

表1 Y-score模型财务指标及计算公式列举

财务指标	计算公式
速动比率（$F1$）	速动比率＝速动资产/流动负债
权益比率（$F2$）	权益比率＝股东权益总额/资产总额
债务保障率（$F3$）	债务保障率＝经营活动现金净流量/（流动负债＋长期负债）
经营现金总负债比率（$F4$）	经营现金总负债比率＝经营活动现金净流量/负债总额
总资产报酬率（$F5$）	总资产报酬率＝（利润总额＋利息支出）/平均总资产
销售成本利润率（$F6$）	销售成本利润率＝利润总额/产品销售成本
主营业务收入增长率（$F7$）	主营业务收入增长率＝（本期主营业务收入－上期主营业务收入）/上期主营业务收入
累计盈利能力（$F8$）	累计盈利能力＝留存收益/资产总额

代入Y-score模型的因子荷载矩阵，计算得出X_1-X_5的值。最后将X_1-X_5代入Y-score模型最终评估公式：

$$Y = 0.3847X_1 + 0.1908X_2 + 0.1251X_3 + 0.1088X_4 + 0.0828X_5$$

由此得到Y-score模型的财务风险预测指数。Y-score模型指标评价表区间见表2。

表2 Y-score模型指标评价表

Y值	$Y<0$	$0<Y<0.3$	$0.3<Y<0.5$	$0.5<Y<1.0$	$Y>1.0$
判别	恶化	失败	灰色	良好	安全
描述	破产	堪忧	不稳定	较好	良好

3 康美药业财务舞弊预警体系指标计算评价

3.1 Y-score模型财务风险指标评价

根据前文的介绍，首先选出8个康美药业财务指标，见表3。

表3 康美药业2016—2018年Y-score模型指标

财务指标	2016年	2017年	2018年
$F1$	0.67	0.66	0.65
$F2$	0.54	0.44	0.36
$F3$	0.06	-0.13	-0.07
$F4$	0.06	0.11	0.04
$F5$	0.10	0.05	0.01
$F6$	0.26	0.19	0.04
$F7$	0.20	-0.19	0.03
$F8$	0.18	0.14	0.12

将上述康美药业2016—2018年的8个财务指标代入Y-score模型因子荷载矩阵，得出X值，并最终取得评估Y值，见表4。

表4 康美药业2016—2018年因子荷载矩阵数值

项目	2016年	2017年	2018年
X_1	1.35	1.00	0.87
X_2	-0.13	0.09	0.02
X_3	-0.12	-0.44	-0.20
X_4	0.06	-0.03	-0.12
X_5	0.36	0.26	0.35
Y	0.52	0.37	0.23
描述	不稳定	不稳定	堪忧

此结果表明，康美药业2016—2018年财务状况均已处于灰色区域，财务风险较大，而且2016—2018年的Y值呈现逐年递减的趋势，其在Y-score评价结果描述已从不稳定级别下滑至堪忧级别，说明康美药业在2016—2018年间的财务状况是在不断恶化，其财务状况已经处在失败边缘，与其披露年报上的大量货币资金严重不符，说明康美药业在2016—2018年间大概率使用了财务舞弊的手段，虚构了其货币资金的数量，欺骗报表使用者。

3.2 偿债能力分析

本文对于康美药业2016—2018的偿债能力数据进行了整理，见表5，从中我们可以看出，康美药业在2016—2018年间流动比率一直在2左右，3年中的最低值也有2.08，高于行业平均水平。速动比率变化在2016—2017两年也都维持在1.5左右，相对高于行业平均，但在2018年其速动比率暴跌55.9%，跌至0.67。结合其长期偿债能力来看，在其流动比率和速动比率较高的情况下，其资产负债率却不断升高，说明企业在不断举债，在有大量流动资金时却不断大量举债本就十分反常，再观察康美药业2017年从133.36%降至2018年7.00%的现金流的比率，可以推测出其在 2016—2017 年的大量货币资金实际上是伪造的财务数据，企业需要依靠提高负债比率来维持日常经营所需的现金流。另一方面，通过对比 Y-score 模型得出的数值，也可以佐证康美药业在 2016—2018 年间的巨额货币现金存在财务造假行为。

表 5　康美药业 2016—2018 年偿债能力指标

偿债能力指标	2016 年	2017 年	2018 年
流动比率	2.22	2.21	2.08
速动比率	1.54	1.52	0.67
现金比率（%）	136.46	133.36	7.00
资产负债率（%）	46.40	53.24	62.08

3.3　盈利能力分析

本文对于康美药业 2016—2018 的盈利能力数据指标进行了整理，见表 6，由表 6 中数据可知，2016 年和 2017 年康美药业的销售毛利润率保持在 30% 左右，并未出现较大的起伏，且销售净利润率也一直保持在 15% 左右，但 2018 年的其销售毛利润率未明显波动的情况下，销售净利润数据近乎腰斩，可以由此推测判断康美药业在 2018 年的费用科目金额出现暴涨，说明其主营业务以外的费用因素，正在影响企业的盈利能力。另外，通过对比康美药业 2016—2018 年的每股收益和净资产收益率的数据，从 2016 年最高点 14.88% 暴跌到 3.44%，降幅约 78%。每股收益也下降了约 73%。说明企业利用资产进行获利的能力逐步减弱，而且如此巨大的下降已经说明康美药业不只是产品营销层面出现了问题，极有可能是企业为了掩盖财务舞弊行为，大量计提减值，影响其盈利能力，导致大量财务数据异常。

表 6　康美药业 2016—2018 年盈利能力分析

盈利能力指标	2016 年	2017 年	2018 年
毛利润率（%）	29.90	30.32	30.04
销售净利率（%）	15.42	15.46	5.80
净资产收益率（%）	14.88	7.20	3.44
每股收益	0.67	0.37	0.18

3.4　营运能力分析

本文对于康美药业 2016—2018 年的营运能力数据进行了整理，见表 7，由表 7 可见，2016—2018 年间应收账款周转率出现了大幅度的下降，其存货周转天数也大幅度上升，从 2016 年的 46.95 天上涨到了 2018 年的 99.22 天，说明企业在存货的销售方面

出现问题，但在此期间康美药业货币资金数量却反常地不断增长，这种现象十分反常。从其总资产周转率数据分析，可以发现康美药业的流动性在持续降低，在 2018 年其总资产周转率明显低于行业平均值，仅为 0.27。结合其 2016—2018 年 3 年的账面存在高达 300 亿元的货币资金，由此可以判断康美药业对货币资金进行了财务造假，并且其造假行为很可能是通过长期的伪造销售数据展开的。

表 7　康美药业 2016—2018 年营运能力分析

营运能力指标	2016 年	2017 年	2018 年
应收账款周转率（次）	7.0	4.1	3.0
存货周转率（天）	46.95	50.62	99.22
总资产周转率（次）	0.47	0.43	0.27

4　结论

通过对康美药业 2016—2018 年的 Y-score 财务舞弊风险模型分析，本文得出以下结论：Y-score 财务舞弊风险模型可以有效地对康美药业财务舞弊事件作出预警。针对上市公司财务舞弊案件，证监会应利用财务舞弊模型对上市公司财务舞弊风险作出评价，对高财务舞弊风险企业的异常财务数据进行问询，必要时结合专项审计，以提早发现和防范上市公司财务舞弊行为[5]。

参考文献：

[1] Edward Altman. Modelling credi risk for SMEs [J] Evidence from Indian market. 2001 (6): 34-39.

[2] 杨淑娥，黄礼. 基于 BP 神经网络的上市公司财务预警模型 [J]. 系统工程理论与实践，2005 (1): 12-18.

[3] 李慧，温素彬，焦然. 基于盈利质量的 DANP 变权财务预警模型 [J]. 系统工程理论与实践，2019，39 (7): 1651-1668.

[4] 雷艳丽，洪丽君，胡晓峰. 基于改进 Z-SCORE 模型饲料上市公司的财务风险预警研究 [J]. 饲料研究，2022，45 (2): 107-111.

[5] 蔡璨. 区块链技术在企业集团财务风险预警模型的应用 [J]. 财会通讯，2021 (6): 134-137.

基金项目：

辽宁省人文社会科学研究项目（WJZ2016009）。

作者简介：

尚云鹏（1998— ），男，山东德州人，会计学专业硕士研究生，研究方向：管理会计、财务会计。

吴访非（1963— ），女，辽宁沈阳人，博士，教授，研究方向：法学、法务会计。

论文仅代表本文作者观点，文责自负——本书编者注。

基于博弈理论东方金钰财务舞弊行为研究

丁 欣 金晓玲

（沈阳建筑大学管理学院，辽宁 沈阳 110168）

摘要：从安然事件到瑞幸咖啡财务造假22亿元，企业财务舞弊行为不断地挑战投资者的心理。财务舞弊不仅对企业自身的形象产生巨大影响，也不利于资本市场良性发展。利用博弈论建立企业、证监会、注册会计师三者博弈模型，从新的视角分析企业财务舞弊行为，并且从管理层、股权结构、证监会、社会监督以及会计师事务所角度提出改进建议。

关键词：舞弊动因；博弈论；舞弊治理

Research on Financial Fraud of Oriental Jinyu Based on Game Theory

Ding Xin Jin Xiaoling

（**College of Management，Shenyang Jianzhu University，Shenyang 110168，China**）

Abstract：From the Enron incident to Luckin Coffee financial fraud of 2.2 billion yuan, corporate financial fraud constantly challenges the hearts of investors. Financial fraud not only has a huge impact on the image of the enterprise itself, but also is not conducive to the benign development of the capital market. Game theory is used to establish the game model of enterprises, CSRC and certified accountants, analyze the financial fraud of enterprises from a new perspective, and put forward improvement suggestions from the perspective of management, equity structure, CSRC, social supervision and accounting firms.

Keywords：fraud motivation；game theory；fraud management

1 引言

安然事件爆出后，美国资本市场又接二连三地爆发了一系列上市公司财务舞弊的丑闻，导致纽约股市大幅跌盘，使广大投资者遭受了巨大的损失。在我国历史上，从2001年主板声名狼藉的"银广夏"事件，再到2020年瑞幸咖啡财务造假22亿元强制退市，企业的财务舞弊行为不断挑战投资者的心理，同时对资本市场的资源配置带来消极影响。

对我国部分学者利用博弈论研究舞弊行为的结果进行总结，梁海林（2010）建立混合策略均衡模型. 对该博弈模型进行求解得出结论：上市公司财务舞弊概率与被证监会处罚成本和道德成本有关[1]。王鲁平、陈羿（2018）突破经典的博弈论研究的完全理性假设，认为上市公司管理层和外部审计是有限理性博弈方，分析管理层和外部审计群体在4种不同环境下的博弈过程，得出达到舞弊稳定状态的形成机理[2]。闫玲玲（2021）从博弈论视角建立上市公司和监管机构之间的混合策略纳什均衡模型，分析舞弊行为[3]。本文构建企业、会计师事务所、证监会三方博弈模型从一个全新的视角分析舞弊行为。

2 博弈理论及可行性分析

博弈论又称为对策论，依据对手方决策调整方案，以实现自身利益最大化，并且以此循环往复。博弈论从复杂的环境中分离出关键的因素，构建基础的博弈模型，根据实际情况加入其他因素，代入数据，对研究结果进行分析，得出结论。

企业财务舞弊，除了与企业自身有关，还与负责审计该企业的注册会计师以及证监会有关。注册会计师作为独立的第三方的机构，负责审计企业的财务信息，合理保证企业提供的财务信息的真实性、可靠性。证监会则是代表政府监管机构，来维持市场有序运行，如果企业提供虚假的财务信息则会扰乱市场。现实中的企业、证监会、注册会计师这三者的实质联系，恰好是博弈论可以解决的，所以利用博弈论研究东方金钰股份有限公司简称"东方金钰"财务舞弊行为。

3 东方金钰财务舞弊行为博弈研究

3.1 东方金钰简介

东方金钰由赵兴龙一手创立，于1997年6月在上海证券交易所上市（股票代码为"600086"），目前公司由赵兴龙之子赵宁接手。东方金钰主要经营范围为珠宝玉石的加工、生产、批发、销售以及翡翠原材料的批发销售。

2018年中旬，证监会披露东方金钰2016—2018年上半年存在财务舞弊行为。在2021年12月，证监会对东方金钰作出行政处罚，处以60万元罚款，并且分别对公司的股东、董事、监事以及高管作出相应处罚。

3.2 东方金钰三方博弈模型构建

针对东方金钰、注册会计师、证监会三方建立博弈模型，并进行具体分析。

3.2.1 基本假设

a. 决策主体理性假设，以自身利益最大化为目标。

b. 不完全博弈，即博弈的主体不完全掌握其他人的决策。

c. 收益、成本可估计。

d. 各主体可供选择的方案有限，企业只有选择舞弊和不舞弊，证监会有效监管或者无效监管，注册会计师选择合谋或者不合谋。

e. 如果企业选择财务舞弊，并且证监会选择监管，则证监会定能查出问题，并且注册会计师选择不合谋，则出具非标准的无保留审计意见。

f. 证监会行使监管权利，必会付出更多的成本。

3.2.2 模型建立

根据上述假设和参数含义，分别对企业、证监会、注册会计师的得失情况汇总：假设企业选择舞弊、证监会有效监管，而注册会计师合谋时，收益分别为 $E-G-H$，$G-K+J$，$H-J$，如果注册会计师选择不合谋，此时收益分别为 $E-F$，$-K$，I；在企业非舞弊、注册会计师不合谋并且证监会有效监管的情况下，收益分别为0，K，0；在证监会无效监管下，企业选择舞弊而注册会计师选择合谋时的收益分别为 $E-H$，0，H，反之注册会计师选择不合谋时，三者的收益分别为 $E-F$，0，I。

博弈参数及含义见表1。

表1 博弈参数及含义

变量含义	变量参数
证监会有效监管的概率	A
证监会无效监管的概率	$1-A$
注册会计师与企业合谋的概率	B
注册会计师与企业不合谋的概率	$1-B$
企业选择财务舞弊的概率	C
企业选择非财务舞弊的概率	$1-C$
企业财务舞弊带来的额外收益	E
舞弊被事务所发现而发生的修改成本	F
舞弊被证监会监管发现而发生的成本	G
企业买虚假审计报告付出的成本	H
注册会计师严格审计额外付出的成本	I
注册会计师合谋被证监会查出付出的成本	J
证监会有效监管额外付出的成本	K

3.3 东方金钰舞弊行为分析

3.3.1 东方金钰博弈决策分析

假设东方金钰选择财务舞弊的收益为 E_1，则：

$$E_1=(E-G-H)C+(E-F)C)+(E-H)C+(E-F)C$$
$$=4CE-CG-2CH-2CF \tag{1}$$

当企业选择财务舞弊的收益与非财务舞弊的收益相等时，得到公式：

$$4CE-CG-2CH-2CF=0$$
$$C=(G+2H+2F-4E)^{-1} \tag{2}$$

根据公式（2）可知，企业发生财务舞弊的概率 C 与 F，H，G 呈反比例关系，与 E 呈正比例关系，并且与 $G-4E$ 呈正比例关系，即企业财务舞弊付出的成本大于其收益，则企业选择财务舞弊的概率就会降低。

根据证监会的行政处罚决定书可知，企业财务舞弊累计虚增5.57亿元利润。但对企业罚款只有60万元，对东方金钰的董事长罚款30万元。所以相比于企业财务舞弊带来的收益，对企业的财务舞弊付出的成本明显小于其成本。

3.3.2 证监会博弈决策分析

假设证监会的收益为 E_2，则：

$$E_2=A(G-K+J-K)+(1-A)K \tag{3}$$

对公式（3）中的 A 求导，可到 E'_2：

$$E'_2=G+J-3K \tag{4}$$

由公式（4）可知，证监会有效监管的概率与 G，J 呈正比例关系，与 K 呈反比例关系。证监会的精力、人力是有限的，如果查一家公司需要付出较大的成本，则影响检查企业的数量，易导致企业存在侥幸心理。

东方金钰很多客户都是个人客户，选择隐匿姓名，导致检查人员从银行账单中在寻找虚假交易的客户时，存在非常大的困难。此外，东方金钰的翡翠原石需要跨国检查，并且高管也不配合调查。所以证监会从发现东方金钰财务舞弊到发出行政处罚决定书用了两年半，耗费了大量的时间、人力[4]。

3.3.3　注册会计师博弈决策分析

假设注册会计师的收益为 E_3，则：

$$E_3 = (H-J)B + (1-B)2I + BH \qquad (5)$$

对公式（5）中的 B 求导，得到 E_3'：

$$E_3' = 2H - J - 2I \qquad (6)$$

根据公式（6）可知，注册会计师是否选择和企业合谋，受 H，J，I 影响，与 H 成正比例关系，与 J，I 成反比例关系。

会计师事务所根据"成本效益"原则，充分利用时间，尽可能多地审计一些公司，所以有些审计程序只是流于形式。根据证监会的行政处罚决定书可知，东方金钰虚构的交易并没有相关的提货单，不符合收入确认准则。如果审计人员尽责审计，是很容易发现企业虚增营业收入[5]。

4　建议与对策

4.1　提高管理层法律意识

道德约束是自我的约束，约束力较弱，所以应该提升到法律层面的约束，加强管理层的法律意识，比如定期组织法律法规的培训、法律讲座、与公司治理有关的法律知识竞赛等活动，让遵纪守法的意识深入企业日常。

4.2　分散公司股权

根据东方金钰 2016—2018 年的财务报表可知，赵宁持股达到 53%，并且东方金钰的第三大股东持股比例仅为 2.53%。由此可知，东方金钰属于集中性的股权结构。过于集中的股权，使得企业的内部的监督机构难以发挥出监管作用。此外，集中型的股权机构，也容易形成小股东"搭便车"的情况。

4.3　提高违法成本

企业的财务舞弊行为归根到底还是因为其财务舞弊的利大于弊，所以企业才会铤而走险。本案中

的最高处罚为 60 万元，相对于其财务舞弊的收益，代价甚小。虽然新证券法大幅提高对证券违法行为的处罚力度，对于提供虚假财务信息的企业处罚提高至 1000 万元，但是相对于其财务舞弊收益，还是不够起到震慑作用。

4.4　加强社会监督

相较于企业精心准备的财务舞弊行为，仅凭证监会和注册会计师执行外部监管，势单力薄，还应该调动市场上广大的投资者以及其他社会团体。例如浑水公司，能专业地分析企业的实际情况，并且还有强大的财务专业背景的公司，对企业财务舞弊有很好的震慑作用。

4.5　提高会计师事务所的诚信水平以及专业性

可以建立诚信系统，一旦审计人员出具与实际情况不相符的审计报告，则降低会计师事务所的诚信度，诚信度低的事务所出具的审计报告，自然会让市场的投资者更为谨慎地选择投资公司，公司为了不影响自己的发展，也不会选择诚信度低的注册会计师，进而形成良好的循环。此外，还应该根据注册会计师所审计行业的特点，进行专门的培训，了解相关行业的特点，选择使用的财务指标、审计方法。

参考文献：

[1] 梁海林. 博弈论视角下上市公司财务舞弊机理研究 [J]. 会计之友，2010 (35)：111-113.

[2] 王鲁平，陈羿. 管理舞弊的形成机理及治理对策研究 [J]. 管理工程学报，2018，32 (1)：107-116.

[3] 闫玲玲. 博弈论视角下的 A 公司财务舞弊研究 [J]. 会计师，2021 (3)：57-58.

[4] 沈彩云. 基于博弈论视角的上市公司财务舞弊行为研究 [J]. 会计师，2021 (5)：15-16.

[5] 隆正伟. 基于博弈论的上市公司财务舞弊监管分析 [J]. 会计之友，2013 (17)：23-25.

作者简介：

丁欣（1996— ），女，内蒙古通辽人，会计学专业硕士研究生，研究方向：法务会计。

金晓玲（1978— ），女，辽宁沈阳人，硕士，副教授，研究方向：法务会计内部控制与风险。

论文仅代表本文作者观点，文责自负——本书编者注。

基于灰色预测模型的沈阳市建筑垃圾产量预测研究

李思颖 栾世红

（沈阳建筑大学管理学院，辽宁 沈阳 110168）

摘要：针对目前沈阳市建筑垃圾没有专门统计平台，且对房屋新建、拆除产生的建筑垃圾量没有明确规定的问题，提出一种建筑垃圾的产生量估算和预测的方法。通过建筑面积估算法、灰色预测模型对沈阳市2015—2020年的统计数据进行分析，发现利用灰色预测模型，通过SPSSAU软件进行模型检验，并进行定量评价，可以较为准确地预测出2022—2026年沈阳市建筑垃圾产生量，为建筑垃圾资源化处理行业提供前期准备数据。

关键词：城市建筑垃圾；建筑面积估算法；灰色预测模型

Research on Construction Waste Production Forecast in Shenyang Based on Grey Prediction Model

Li Siying Luan Sihong

（**College of Management，Shenyang Jianzhu University，Shenyang 110168，China**）

Abstract：There is no special statistical platform for construction waste in Shenyang，and there is no clear provision on the amount of construction waste generated by new construction and demolition of houses. This paper proposes a method for estimating and predicting the amount of construction waste generated. The data of Shenyang from 2015 to 2020 were analyzed by the construction area estimation method and the gray forecasting model. The gray prediction model was found to be tested by SPSSAU software and quantitatively evaluated. It can accurately predict the amount of construction waste generated in Shenyang from 2022 to 2026，and provide preliminary preparation data for the construction waste resource treatment industry.

Keywords：city construction waste；area estimation；grey prediction model

1 引言

随着沈阳市城市发展水平不断提高，新建扩建改建项目不断增多，装修施工及老旧小区改建每年会产生大量建筑垃圾。目前国内建筑垃圾处理一部分会送到建筑垃圾处理厂处理，一部分用于回填，一部分可进行资源化再利用。总的来说，建筑垃圾总量大，成分复杂，不易细化分类。例如拆迁产生的建筑垃圾、混凝土、砖、装修垃圾和一部分生活垃圾，其成分复杂，不易推进产量统计及建筑垃圾资源化利用，不仅会占用大量土地资源，还会造成一定安全隐患[1]。

2016年以来，政府对建筑垃圾处理的关注度越来越高。建筑垃圾的产出及资源化处理成为建筑垃圾处理行业及专家的主要研究内容。2019年建筑垃圾资源化利用被各地政府提上日程。2021年沈阳市城乡建设局基于沈阳市建筑垃圾产量大、资源化利用率低等难题，为加快推进海绵城市建设，开始着手研究适合本

地条件的建筑垃圾资源化利用技术研究，以期为建筑垃圾的再生利用及推广使用提供技术依据。基于此背景，对2015—2020年沈阳市建筑垃圾产量进行估算，并预测出沈阳市建筑垃圾年产量，为推进建筑垃圾资源化利用及治理提出数据指标性参考。

2 建筑垃圾产生来源

通过查找《沈阳统计年鉴》《中国建筑业统计年鉴》，分析出沈阳市产生建筑垃圾的主要行业来源，如图1所示。综合以上信息，分析出建筑垃圾主体来源：建筑拆除过程产生的固体废弃物；新建地下工程、公路产生的建筑垃圾；施工过程及装饰装修工程产生的建筑垃圾和生活垃圾。结合2020年我国建筑垃圾的主体构成分布，分析出中国建筑垃圾主体占比。其中，旧建筑物拆除所产生的比例占29.52%左右；新建筑施工产生的垃圾比例为45.08%左右；建筑装修所产生的比例为25.40%左右[2]。

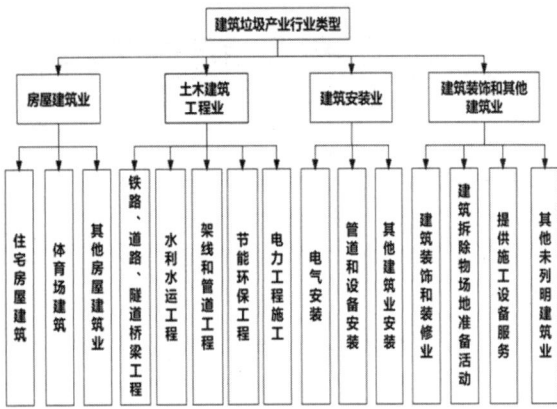

图1　建筑垃圾产生行业类型

3　建筑垃圾产量估算方法

3.1　估算方法的选择

由于沈阳市建筑垃圾统计相关资料里没有对于建筑垃圾产量的明确数据，需要依据相关方法进行估算。目前可采用的建筑垃圾的估算方法主要有现场勘察调研法、建筑材料分析法、建筑面积估算法。由于现场勘察调研法与建筑材料分析法需要收集大量数据，且范围较广、内容细化会导致内容不全面而且数据较主观，结果可能会缺乏准确性。因此通过采用建筑面积估算法，对2015—2020年沈阳市建筑垃圾产生主要来源，即对新建建筑施工垃圾年产量、旧建筑物拆除量、装修垃圾年产量三方面进行估算[3]。确定建筑面积估算法所需统计量，结合《沈阳市统计年鉴》列出2015—2020年沈阳市施工面积和竣工面积，见表1。

表1　2015—2020年沈阳市历年商品房施工、竣工面积

（万 m²）

年份	施工面积	竣工面积
2015 年	8341.3	1037.0
2016 年	7058.1	903.2
2017 年	6967.1	823.0
2018 年	6525.8	660.6
2019 年	6626.6	666.4
2020 年	7111.8	649.5

3.2　建筑垃圾类型与年产量估算

3.2.1　新建建筑施工垃圾类型及年产量估算

新建建筑施工垃圾主要成分主要包括废弃砂浆、混凝土、砖、碎石块、钢筋混凝土桩头、废弃材料等。按照建筑面积估算法，建筑施工垃圾年产量可按照建筑施工面积和建筑面积垃圾产出比 $0.05\ t/m^2$ 计算，代入公式：新建建筑施工垃圾年产量=建筑年施工面积×单位建筑施工面积年产量。

3.2.2　旧建筑拆除垃圾的类型及年产量估算

旧建筑拆除垃圾也是占比较大的建筑垃圾的产生来源。沈阳市目前旧建筑物拆除包括旧楼、房屋拆迁、老旧小区改造。旧建筑物拆除垃圾主要分为两类：按照建筑类型，旧建筑物拆除主体包括旧砖混凝土结构和框架、剪力墙结构。旧建筑拆除垃圾主要包括砖块、瓦砾、木料、渣土等[4]。按照建筑面积估算法，我国建筑拆除面积大约是新建建筑面积的 10%[5]。旧建筑拆除垃圾年产量可按照建筑拆除面积和建筑面积垃圾产出比 $1.35\ t/m^2$ 计算，将拆除单位面积的建筑垃圾计算基数 $1.35\ t/m^2$ 代入公式：旧建筑拆除垃圾年产量=建筑年拆除面积×单位建筑拆除面积的垃圾产量

3.2.3　装修垃圾类型及年产量估算

建筑装修垃圾类型及成分比较复杂，一些不可回收的建筑垃圾如废油漆、涂料、胶粘剂等含有一定量的有毒有害物质，而且建筑垃圾清运又比较复杂，因此装修垃圾产量的计算可根据建筑面积估算法，将建筑垃圾计算基数定为 $0.15\ t/m^2$，代入公式[5]：装修垃圾年产量=建筑年竣工面积×单位面积年竣工产量。

综合以上3种类型建筑垃圾排放量计算公式，确定建筑垃圾产量估算的基本参数并进行计算，估算得出3种类型建筑垃圾总量，见表2。

表2　2015—2020年沈阳市建筑垃圾年产量统计数据

（单位：$\times 10^4\ m^2$）

年份	施工面积	建筑施工垃圾总量	单位面积建筑施工垃圾总量	建筑拆除垃圾总量	住宅竣工面积	装修垃圾总量	总产量
2015 年	8341.3	417.07	834.13	1131.92	1037.00	155.55	1704.53
2016 年	7058.1	352.91	705.81	957.79	903.20	135.48	1446.17
2017 年	6967.1	348.36	696.71	940.56	823.0	123.45	1412.36
2018 年	6525.8	326.29	652.58	880.99	660.60	99.09	1306.36
2019 年	6626.6	331.33	662.66	894.59	666.40	99.96	1325.88
2020 年	7111.8	355.59	711.18	960.00	649.50	97.43	1413.10

表3　GM（1，1）模型级比值表格

序号	原始值	级比值λ	原始值+平移转换 shift 值（shift=0）	转换后的及比值λ
1	1704.53	—	1704.53	—
2	1446.17	1.179	1446.17	1.179
3	1412.36	1.024	1412.36	1.024
4	1306.36	1.081	1306.36	1.081
5	1325.88	0.985	1325.88	0.985
6	1413.10	0.938	1413.10	0.938

4　预测模型 GM（1，1）构建

4.1　GM（1，1）预测模型的选择

对于 GM（1，1）的选择，考虑到沈阳市建筑垃圾年产量发布的数据较少不具备完整性。灰色预测模型正适用于数据较少且完整度低的情况[6]，且 GM（1，1）利用微分方程来充分挖掘数据的本质，建模所需信息少，精度较高，运算简便，易于检验，也不用考虑分布规律或变化趋势等。基于此，首先要检验数据是否具备模型构建的条件，见表3。

从表3可知，首先针对建筑垃圾年产量进行模型构建。进行初步级比值检验。判断5年内的沈阳市建筑垃圾年产量是否适可进行预测。结果显示：级比检验值均在标准范围区间［0.751，1.331］内，意味着本数据适合进行 GM（1，1）模型构建，根据以上数据进行下一步模型检验，见表4。

表4　模型构建

a	b	C	p
0.0114	1439.6532	0.1221	1

注：a 代表发展系数；b 代表灰色作用量；C 代表后验差比值；p 代表小误差概率。

4.2　灰色预测 GM（1，1）模型预测结果

对数据进行构建，得到发展系数、灰色作用量，得出后验差比值进行精度检验，见表4。由表4可知：发展系数、灰色作用量为模型构建输出值；后验差比 C 值判断出模型等级。C 值小于0.35则模型精度等级好，小误差概率 p 值大于0.95则说明模型精度很好。因此可用于输出预测值进行下一步预测[7]。根据《沈阳统计年鉴》《中国建筑业统计年鉴》得出数据。将2015—2020年建筑垃圾年产量估计值输入，预测出向后6期的预测值。根据 GM（1，1）模型的特征仅适用于中短期预测，因此向后1期

和向后2期的数据更具有价值，可作为沈阳市建筑垃圾产生量的预测研究参考，见表5。

表5　模型预测

序号	原始值	预测值
1	1704.53	1704.53
2	1446.17	1412.274
3	1412.36	1396.333
4	1306.36	1380.573
5	1325.88	1364.99
6	1413.1	1349.583
向后1期	–	1334.35
向后2期	–	1319.289
向后3期	–	1304.398
向后4期	–	1289.675
向后5期	–	1275.118
向后6期	–	1260.726

模型预测拟合如图2所示。

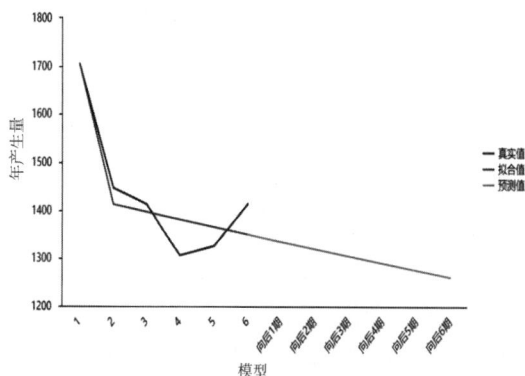

图2　2021—2026年沈阳市建筑垃圾年产生量趋势

4.3　灰色预测 GM（1，1）模型检验

综合以上向后6期的预测数据，为了检验模型的准确性，针对残差值进行检验，确定相对误差值和级比偏差值，见表6。

表6 GM（1，1）模型检验表

序号	原始值	预测值	残差	相对误差	级比偏差
1	1704.53	1704.53	0	0	-
2	1446.17	1412.274	33.896	0.02344	-0.165
3	1412.36	1396.333	16.027	0.01135	-0.012
4	1306.36	1380.573	-74.213	0.05681	-0.069
5	1325.88	1364.99	-39.11	0.0295	0.026
6	1413.1	1349.583	63.517	0.04495	0.072

表格来源：根据 SPSSAU 的分析结果整理[8]

根据数据模型预测结果及年产量趋势图2可知，向后6期的建筑垃圾预测值呈逐年递减趋势，由于灰色预测模型适用于短期预测，因此，对于模型的残差、相对误差和级比值偏差进行计算，判断模型预测数据的精确性。

从表6可知，根据6组原始数据可以利用模型预测模拟出后6期数据预测值。模型相对误差值最大值0.05681，小于0.1，意味着模型拟合效果达到较高要求，级比偏差值小于0.1，说明结果达到较高要求；模型级比偏差值最大值为0.072，小于0.1，意味着模型拟合效果达到较高要求，预测结果较为精确可用于输出预测值。

将数据进行整理，沈阳市建筑垃圾预测年产量见表7。

表7 2021—2026 年沈阳市建筑垃圾年产量预测值

（单位：万吨）

年份	产量预测
2021 年	1334.35
2022 年	1319.29
2023 年	1304.39
2024 年	1289.68
2025 年	1275.12
2026 年	1260.73

5 对策与建议

以上数据以《沈阳统计年鉴》《中国建筑业统计年鉴》为基础，通过灰色预测模型 GM（1，1）构建数据，利用 SPSSAU 软件对数据进行了模拟。推出2021—2026 年沈阳市建筑垃圾年产量预测数据，通过表17数据可以看出建筑垃圾年产量总体呈下降趋势。

从整体来看，沈阳市建筑业正处于转型攻关期。目前沈阳市建筑行业进入平稳发展阶段。沈阳市2011—2020 年共完成外墙保温 4504 万平方米，其中，"暖房子"工程 3684 万平方米，老旧小区改造 370 万平方米。根据数据可知当前沈阳市建筑垃圾产量仍然巨大。据了解，2021 年沈阳城市的固废处理基地建成投产，该项目设计能力年处理建筑垃圾 150 万吨。基于以上结论，虽然建筑垃圾总量处于下降趋势，但建筑垃圾年产量预测处理及资源化仍旧是不可或缺的一部分。因此仍要推行建筑垃圾资源化，把城市建设过程中产生的固体废弃物变成可利用城市的"矿产"，为推行建筑垃圾资源化，根据结论通过调查研究提出如下建议：

（1）培养专业的建筑垃圾处理及管理人才，提高资源化处理技术水平。参照一些建筑垃圾试点城市的资源化处理结合沈阳市现状进行改进。

（2）提高工程质量，减少不必要的工程拆除。尤其在拆除过程中要采取降噪降尘措施。

（3）促进公众尤其是建筑单位提高建筑垃圾分类及资源化处理意识。

（4）完善建筑垃圾管理规范。目前沈阳市已经出台《沈阳市建筑垃圾和散流体物料处理管理规定》，对于施工工地管理、运输企业和车辆管理、垃圾排放和收纳场所进行了规定，应该根据管理规定及时对建筑施工主体进行监督。

参考文献：

[1] 张信龙，刘庆东，秦文萍，等. 沈阳市建筑垃圾存量统计及未来产生量预测研究 [J]. 建筑节能，2019，47（2）：138-143.

[2] 薛立强，曹丹丹. 基于灰色 GM（1，1）模型的超大城市建筑垃圾产量预测：以天津市为例 [J]. 城市，2021（2）：71-79.

[3] 张瑞瑞. 济南市建筑废弃物资源化产业发展动力机制研究 [D]. 济南：山东建筑大学，2020.

[4] 马彩云，刘远贵，徐林，等. 基于灰色预测模型的福建省建筑垃圾产量预测 [J]. 哈尔滨商业大学学报（自然科学版），2019，35（5）：545-550.

[5] 李振华. 浅谈我国建筑垃圾资源化利用的现状及发展建议 [J]. 中国资源综合利用，2018，36（10）：74-77.

[6] 周豪奇，张云宁，赵杰. 基于灰色预测模型 GM（1，1）

的建筑垃圾产量研究［J］. 武汉理工大学学报（信息与管理工程版），2016，38（5）：612-615.

［7］ 王瑞英. 西安市建筑垃圾资源化关键成功因素研究［D］. 西安：西安建筑科技大学，2016.

［8］ The SPSSAU project（2021）. SPSSAU.（Version 21.0）［Online Application Software］.

作者简介：

李思颖（1998—　），女，辽宁沈阳人，管理科学与工程学术硕士研究生，研究方向：建设工程管理。

栾世红（1970—　），男，辽宁大连人，博士，副教授，研究方向：区域经济与金融、房地产项目融资。

论文仅代表本文作者观点，文责自负——本书编者注。

基于绿色 EVA 的公司业绩评价研究

石 可 岳 红

（沈阳建筑大学管理学院，辽宁 沈阳 110168）

摘要：为了切实实现可持续发展，2021 年国务院发布了《关于深入打好污染防治攻坚战的意见》，进一步加强了对企业在生态环保方面的关注。为了更加准确地对企业的业绩水平以及企业价值进行评估，引入绿色 EVA 指标对企业进行业绩评价研究。在传统 EVA 指标的基础上考虑企业在环境保护方面的投入对企业业绩的影响，使环境成本内部化，以更全面地评价企业的业绩水平。

关键词：绿色 EVA；业绩评价；环境成本

Research on Company Performance Evaluation Based on Green EVA

Shi Ke Yue Hong

（**College of Management**，**Shenyang Jianzhu University**，**Shenyang 110168**，**China**）

Abstract：In order to effectively realize sustainable development，in 2021，the State Council issued the opinions on deepening the battle of pollution prevention and control，which further strengthened the state's attention to enterprises in ecological and environmental protection. In order to evaluate the performance level and enterprise value more accurately，this paper will discuss the introduction of green EVA index to evaluate the performance of enterprises. Based on the traditional EVA index，consider the impact of the investment made by the enterprise in environmental protection on the enterprise performance，internalize the environmental cost and evaluate the enterprise performance level more comprehensively.

Keywords：green EVA；performance evaluation；environmental cost

1 引言

随着我国经济高速稳定发展，国家对于提升生态资源利用效率，减少环境污染，加强环境治理给予了更高的关注。但是我国现有的企业业绩评价体系大多并未考虑到企业在生态环境保护方面的投入所产生的影响，仅仅计算了企业的经济收益，无法准确衡量企业的生态收益[1]。为了解决这一问题，沈小裕、贺武（2005）提出绿色财务评价系统，认为企业业绩评价需要将环境收益和环境成本纳入考量中。郭红彩（2013）构建了将隐性环境成本内部化的方法与机制。杨婷蓉、丁慧平（2017）从预期生态效率的角度构建了绿色 EVA 指标。

为了提高企业在环保方面业绩评价的全面性与准确性，本文将探讨引入绿色 EVA 在企业业绩评价中的可行性，并分析其优势。

2 绿色 EVA

绿色 EVA 是指企业满足生态资源所有者对生态效率要求的经济增加值，是以期望的生态效率为基础计算所得的经济增加值[2]。即在传统 EVA 指标的基础上，对企业所付出的生态环保方面的投入进行价值衡量，将企业生态效率的标准值与实际值的差额产生的影响作为调整值，附加到传统 EVA 指标上，得出绿色 EVA 指标。

绿色 EVA 区别于传统 EVA 的地方在于调整值，调整值本质上是生态资源所有者的机会成本，也就是生态资源所有者对企业环保成本投入所产生的期望[3]，当企业生态效率指标的实际值与标准值相等时，说明企业环保成本的投入刚好达到了期望；当生态效率指标的实际值高于标准值时，说明企业环保成本投入所获得的收益相比于生态资源所有者的期望更好，实现了正向的经济收益，是企业价值的增值；当生态效率指标的实际值低于标准值时，说明企业环保成本投入所产生的收益或损失已经无法满足期望，这部分差额就是企业未来要清偿的部分，本质上是对本期股东财富的一种损害[4]。

3 绿色 EVA 的计算

绿色 EVA 的计算主要分为两部分，传统 EVA 和调整值的计算。计算公式为：绿色 EVA = 传统 EVA +

调整值。

3.1 传统 EVA 的计算公式

传统 EVA 指标，本文主要参考国资委《经济增加值考核细则》进行计算：

传统 EVA = 税后净营业利润 - 调整后的资本占用 × 加权平均资本成本率

①税后净营业利润 = 净利润 + （利息支出 + 研究开发费用调整项 + 非经常性收益调整项 × 50%）×（1 - 所得税率）

②调整后资本占用 = 平均所有者权益 + 平均负债合计 - 平均无息流动负债 - 平均在建工程

③加权平均资本成本率原则上为 5.5%，本文所研究的浙江巨化股份有限公司（以下简称"巨化股份"）近 5 年的资产负债率未超过 75%，不用做额外的调整。

3.2 调整值的计算公式

根据沃尔评分比重法，本文以生态效率指标的实际值与标准值产生的差异为评分依据。

①调整值 = 多出的费用化环保成本 ×（1 - 所得税率）+ 多出的资本化环保成本 × 加权资本成本率

②多出的费用化环保成本 = 费用化环保成本 × 综合差异率

③多出的资本化环保成本 = 多出的环保成本 × 综合差异率

④综合差异率 = ［（综合得分 -100）/100］×100%

⑤综合得分 = Σ各指标实际分数

⑥实际分数 = 关系比率 × 权重

⑦关系比率 = 1+（标准值 - 实际值）/标准值

沃尔评分法见图 1。

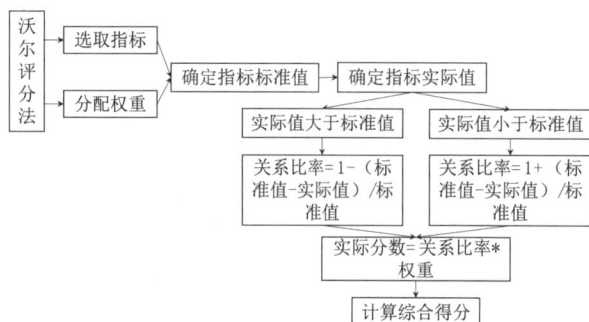

图 1　沃尔评分法

4　绿色 EVA 的应用与分析

巨化股份是我国化工行业领域内第一梯队的氟化工、氯碱化工新材料先进工业基地，其所处的化工行业是我国的支柱产业，但同时它也属于重污染、高耗能的行业。巨化股份近年来积极推动产业转型升级，以新材料、新能源、新用途为导向，实现公司的绿色低碳高效发展。

4.1　传统 EVA 计算值

根据巨化股份 2019—2021 年的财务报表数据计算得出传统 EVA，见表 1。

表 1　2019—2021 年巨化股份传统 EVA 计算

项目		2019 年	2020 年	2021 年
税后净营业利润计算	净利润（百万元）	918.06	102.46	1078.09
	利息支出（百万元）	2.98	9.04	17.60
	研究开发费用调整项（百万元）	497.95	459.15	654.07
	非经常性收益调整项（百万元）	325.07	208.17	76.57
	税后净营业利润（百万元）	1415.66	531.67	1610.56
调整后资本占用计算	平均所有者权益（百万元）	13050.93	13043.35	13251.03
	平均负债合计（百万元）	2275.13	2495.12	3541.99
	平均无息流动负债（百万元）	1838.52	1581.59	2289.08
	平均在建工程（百万元）	934.99	1122.28	1122.28
	调整后资本占用（百万元）	12552.55	12834.60	13381.66
资本成本率（%）		5.5	5.5	5.5
传统 EVA 计算值（百万元）		725.27	-174.23	874.57

4.2　调整值

调整值计算所需的数据，为简化计算，费用化环保成本采用企业年度财务报告中的环保税、资源税、排污费和绿化保洁费四项；资本化环保成本为企业社会责任报告中披露的环保投入[5]。

巨化股份在生态环保方面始终保持高度关注，

大力推进节能减排相关项目的建设，巨化股份的各类废弃污染物均通过处理，符合相关环保法律法规要求后排放，参考《浙江省关于执行国家排放标准大气污染物特别排放限值的通告》中的规定来确定

排放物的标准值。基于上述文件，选取氨氮、化学需氧量、二氧化硫、氮氧化物等四项作为生态效率指标。标准值分别为 8 mg/L，60 mg/L，400 mg/m³ 和 200 mg/m³，权重均为 25%。

表 2 巨化股份生态效率指标综合得分计算

项目	实际值	2019 年关系比率	实际分数	实际值	2020 年关系比率	实际分数	实际值	2021 年关系比率	实际分数
氨氮（mg/L）	2.40	1.70	42.50	3.08	1.62	40.50	0.80	1.90	47.50
化学需氧量（mg/L）	55.38	1.08	27.00	57.93	1.03	25.75	41.18	1.31	32.75
二氧化硫（mg/m³）	111.07	1.72	43.00	32.73	1.92	48.00	22.12	1.94	48.50
氮氧化物（mg/m³）	19.25	1.90	47.50	48.93	1.76	44.00	66.59	1.67	41.75
综合得分	—	—	160.00	—	—	158.25	—	—	170.50

通过表 2 数据可以看出，巨化股份在 2019 年到 2021 年的综合得分分别为 160.00%，158.25% 和 170.50%，均超过标准得分 100%，说明 2019—2020 年巨化股份的生态效率指标都在标准范围内，而综合得分与标准得分 100% 的差额越大，说明企业的实

际生态效率指标的排放量与标准规定差距越大，在此基础上，当综合得分高于 100% 时，表明企业的污染物综合排放越低；当综合得分低于 100% 时，表明企业的污染物排放越高。因此可以看出巨化股份在 2019—2021 年认真执行环保与污染防控。

表 3 2019—2021 年巨化股份绿色 EVA 计算

项目	2019 年	2020 年	2021 年
费用化环保成本（百万元）	24.45	30.45	39.12
资本化环保成本（百万元）	30.00	108.85	122.82
综合得分	160.00	158.25	170.50
综合差异率（%）	60	58.25	70.5
多出的费用化环保成本（百万元）	14.67	17.74	27.58
多出的资本化环保成本（百万元）	18.00	63.41	86.59
加权平均资本成本率（%）	5.5	5.5	5.5
所得税率（%）	25	25	25
绿色 EVA 调整值（百万元）	11.99	16.80	25.45
传统 EVA（百万元）	725.27	−174.23	874.57
绿色 EVA（百万元）	737.26	−157.43	900.02

根据表 1 和表 3，净利润由 2019 年的 918.06 百万元下降至 2020 年的 1078.09 百万元，传统 EVA 由 918.06 百万元降至 −174.23 百万亿元，说明巨化股份的经营状况下滑，绿色 EVA 也从 737.26 百万元变为 157.43 百万元，而 2020—2021 年净利润、EVA 和绿色 EVA 都大幅回升，三者的变化趋势相同，绿色 EVA 并未背离其他业绩评价指标的结果。

另一方面，2019—2021 年的绿色 EVA 调整值分别为 11.99 百万元、16.80 百万元和 25.45 百万元，三者均为正数，即绿色 EVA 值高于传统 EVA 值，从

2019 年的数据来说，巨化股份对环保的投入实现了价值增值，传统 EVA 在实际上低估了巨化股份的业绩水平和企业价值；2020 年的数据显示，传统 EVA 为 −174.23 百万元，小于 0，说明企业当期的经营成果已经对股东财富造成了损害，但是因为绿色 EVA 调整值为 16.80 百万元，大于 0，表明巨化股份 2020 年在环保方面的投入在一定程度上减少了股东财富的损失，降低投资者投入的风险，理论上说，当调整值的绝对值高于传统 EVA 若为负值的绝对值时，是可以实现扭亏为盈的[6]。因此如果单纯地用传统

EVA进行考量企业的业绩水平，企业可能会为了追求传统EVA指标为正数，采用降低费用化环保成本的方式进行调整，这种短视行为会损害企业的未来利益，增大环境污染可能带来的罚款、撤销等风险，最终损害股东利益以及造成社会不良影响，不利于企业实施长远性战略[7]。

2020年受新冠肺炎疫情的影响，巨化股份产品价格相较于2019年大幅减少，同时市场竞争更加激烈，收入水平和利润均大幅下降，但是绿色EVA调整值却有所提高，2021年疫情导致的严峻市场环境有所改善，全面复工为企业创造了良好的上升环境，巨化股份对环保方面的投入继续增加，说明巨化股份意识到生态资源所带来的价值创造，使得其在公司经营业绩出现下行时也能够通过增加环保成本投入来提高绿色EVA指标，客观地反映公司的业绩水平，从而提升投资者信心，形成投资者与企业的良性循环发展[8]。

5 结论

绿色EVA指标相比于传统EVA指标能更加科学、客观、全面地反映企业的业绩水平和价值创造能力，它完善了企业在生态资源、环境保护方面所作出的贡献难以衡量其价值方面的不足，将企业的环保成本投入实现具象化，使其具有可比性与公开性，既方便投资者能够更直观地看出企业的投资价值，同时满足了政府与社会公众对其监管的需求，从而促使企业向绿色经济发展道路前行，实现可持续发展[9]。

绿色EVA虽然在一定程度上完善了现行的业绩评价方法在环保方面的不足，但是绿色EVA目前尚未形成统一的计算方法，在绿色EVA的计算中需要运用的指标也不明确，同时企业的环保会计信息披露并不完全，因此想要大范围推广实施仍然存在困难。

绿色EVA指标是企业业绩评价体系发展的必然需求，但由于绿色EVA指标尚存在一些问题，如何将绿色EVA指标进一步完善并进行推广应用，将会是绿色EVA指标的下一个攻克方向。

参考文献：

[1] 沈小裕，贺武. 企业绿色财务评价系统框架理论研究[J]. 经济与社会发展，2005，3（5）：58-60.

[2] 沈宏益，毛阳海. 企业绿色财务管理体系构建[J]. 会计之友，2012（21）：33-35.

[3] 郭红彩. 基于环境成本内部化的环境业绩评价指标研究[J]. 商业会计，2013（10）：62-64.

[4] 杨婷蓉，丁慧平. 绿色EVA：基于预期生态效率的经济增加值[J]. 东北大学学报（社会科学版），2017，19（2）：147-152+159.

[5] 许超然. 化工行业环境信息披露对企业绩效的影响研究[D]. 南京：南京航空航天大学，2019.

[6] 滕美玉. 基于绿色EVA的宝钢股份业绩评价研究[D]. 新疆：新疆财经大学，2018.

[7] 高金明. 基于生态效率的绿色EVA构建与应用研究[J]. 绿色财会，2019（10）：27-34.

[8] 李旭坤. A公司绿色EVA的计量与应用研究[D]. 哈尔滨：哈尔滨商业大学，2020.

[9] 阮欣怡，汪榜江. 基于绿色EVA视角构建环境成本内部化绩效评价指标：以巨化股份为例[J]. 会计师，2020（5）：3-4.

作者简介：

石可（1996—　），女，黑龙江佳木斯人，会计专业硕士研究生，研究方向：财务管理。

岳红（1967—　），女，辽宁抚顺人，硕士，副教授，研究方向：财务管理、成本会计、环境会计。

论文仅代表本文作者观点，文责自负——本书编者注。

基于潜在投资者视角的宝信软件公司财务分析

卢 麒 张 嵩

（沈阳建筑大学 辽宁 沈阳 110168）

摘要：作为战略新兴产业，软件和信息服务技术业当前在我国发展规模急速扩张，政府也高度关注该行业的发展。上海宝信软件股份有限公司作为其中的一分子，在近些年开始受到了众多潜在投资者的关注，以潜在投资者的视角对2017—2020年上海宝信软件有限公司的偿债能力、营运能力、盈利能力以及成长能力进行经营业绩上的财务分析，以此为潜在投资者提供投资决策上的参考依据。

关键词：潜在投资者；宝信软件公司；财务分析

Financial Analysis of Baosight Software Company Based on the Perspective of Potential Investors

Lu Qi ， Zhang Song

（College of Management，Shenyang Jianzhu University，Shenyang 110168，China）

Abstract：As a strategic emerging industry，the software and information service technology industry is rapidly expanding in China，and the government also pays great attention to the development of this industry. Shanghai Baosight Software Co.，Ltd.，as one of them，has begun to attract the attention of many potential investors in recent years. From the perspective of potential investors，this paper will conduct financial analysis on the operating performance of Shanghai Baosight Software Co.，Ltd. in terms of its solvency，operating capacity，profitability and growth capacity from 2017 to 2020，so as to provide a reference basis for potential investors to make investment decisions.

Keywords：potential investors；Baosight Software Company；financial analysis

1 引言

2020年软件和信息技术服务业的营收和盈利增速稳定，利润总额达106760亿元，软件业务收入累计完成81616亿元，这说明该行业规模正在迅速扩张，获利水平不断提高，研发投入持续提高。该行业企业在这个发展的机遇期，扩张企业的规模，以求企业发展能够更进一步，上海宝信软件股份有限公司（简称"宝信软件公司"）就是其中的一分子。宝信软件公司是中国宝钢实际控制、宝山钢铁股份有限公司控股的一家上市软件企业，主营业务涵盖软件开发及工程服务、服务外包以及系统集成三大板块。企业核心产品为MES（承上启下的枢纽性系统）软件。本文以潜在投资者的视角从4个方面对上海宝信软件股份有限公司的经营业绩展开分析，并进行评价，具有重要的现实意义。

2 宝信软件公司财务比率分析

2.1 偿债能力分析

2017—2020年宝信软件公司的短期偿债能力变化情况见表1。

表1 2017—2020年宝信软件公司的短期偿债能力变化情况

年份	流动比率			速动比率		
	宝信软件公司	国电南瑞	行业平均	宝信软件公司	国电南瑞	行业平均
2017年	2.85	1.45	1.90	2.58	1.22	1.59
2018年	2.66	1.83	1.84	2.42	1.57	1.55
2019年	2.51	1.75	1.87	2.24	1.51	1.59
2020年	1.73	1.95	1.71	1.30	1.43	1.68

偿债能力指企业负债的到期偿还能力[1]。从表1中来看，宝信软件公司2017—2019年的流动比率始终比标杆企业高，2020这一年下降到1.73。速动比率与同行业对比处于领先水平，2020年迅速降至1.30，结合年报得知，均是受到了执行新收入准则的影响，但国电南瑞在执行新收入准则后，流动比率和速动比率均能保持稳定的水平，侧面反映出宝信软件公司的短期偿债能力与国电南瑞还是存在一定差距。年报中显示宝信软件公司拥有过多货币资金，虽可用于短期偿债，但长此以往，将失去最好的投资和盈利的可能性。

2017—2019年宝信软件公司企业产权比率一直处于领先地位，2020年迅速涨至87.29%，从年报得知一方面是受到了执行新收入准则的影响，另一方面是企业实施了限制性股票激励计划，随着企业规模的扩大，产权比率也会相应增加，会产生财务风险。企业资产负债率近4年波浪式变动，采用了保守财务策略，逐渐减少负债的比重，企业外部资金占比19.40%，不足20%，与近几年的国电南瑞相比企业资本结构不够优化，但总体来说，企业长期偿债能力稳健，这可以减少潜在投资者的顾虑，降低投资风险。

2.2 营运能力分析

营运能力分析是对企业使用资产进行生产和运营的能力进行的一种评估。表2显示宝信软件公司企业存货周转率在2017—2019年一直领先于行业平均水平，这意味企业的存货流动要比同行业快得多，资产流动性比较强。企业因为其行业的特殊性，存货库存量很少，所以企业的存货周转率在一个合理的区间就可以，企业年报中存货占比在逐年下降，但值得注意的是，企业营业成本同比增加40.76%，企业成本费用控制有待加强。近4年企业的应收账款周转率整体优于国电南瑞和行业平均水平，2020年涨至5.17，是因新收入准则将合同资产和应收账款进行了拆分。与正常应收账款周款率系数相比，企业应收账款周转率一般，变现能力较弱，会提高应收账款的机会成本，企业应有效管控应收款项的规模。企业的总资产周转率平均都在60%以上，总体处于较高水平，表明宝信软件公司对总资产进行了有效利用，资产的流动速度和收益能力相对来说比较好，这一指标的提高将会提高企业的还本付息和盈利水平的能力。

表2 2017—2020年宝信软件公司的营运能力变化情况

年份	存货周转率			应收账款周转率			总资产周转率		
	宝信软件公司	国电南瑞	行业平均	宝信软件公司	国电南瑞	行业平均	宝信软件公司	国电南瑞	行业平均
2017年	5.07	4.45	3.52	2.38	2.23	2.86	0.62	0.76	0.53
2018年	6.30	3.57	3.59	3.00	176	2.70	0.61	0.58	0.53
2019年	6.89	3.98	3.82	3.47	1.77	2.70	0.69	0.59	0.56
2020年	3.65	4.14	3.80	5.17	2.02	2.85	0.78	0.62	0.55

2.3 盈利能力分析

盈利能力是企业利用自身的经济资源进行业务运作以此获得收益。2017—2020年宝信软件公司的盈利能力变化情况见表3。

表3 2017—2020年盈利能力变化情况 （单位：%）

年份	销售毛利率			营业利润率			总资产净利率			净资产收益率		
	宝信软件公司	国电南瑞	行业平均	宝信软件公司	国电南瑞	行业平均	宝信软件公司	国电南瑞	行业平均	宝信软件公司	国电南瑞	行业平均
2017年	26.66	30.01	34.46	10.62	17.36	10.25	5.96	11.66	4.60	10.06	24.61	7.21
2018年	27.94	28.74	34.11	14.35	17.51	4.32	7.89	9.05	1.52	11.92	19.62	2.47
2019年	30.04	28.79	34.46	14.66	16.20	5.56	9.38	8.49	2.10	13.14	15.09	3.44
2020年	29.13	26.80	33.85	15.56	15.26	6.51	11.18	8.45	2.87	20.29	14.77	4.71

表3显示2017—2019年宝信软件公司的销售毛利率整体上逐年上升，主要是IDC上架率的增长提升了业务整体的毛利率，说明企业的盈利能力在不断上升，2020这一年略微下降，是由于企业近4年的营收成本同比增幅均大于营业收入，导致企业销售毛利率增幅不大，始终低于行业平均水平，企业的成本管理水平没有跟上行业发展的进程。宝信软件公司的营业利润率在2020年略超国电南瑞，且始终高于行业平均水平，企业的盈利水平处于行业上游水平，说明企业的经营策略得到了有效实施，企业有进一步可以发掘的潜力。

宝信软件公司总资产净利率在2019年反超国电南瑞，在这几年中，企业的IDC项目扩大了核心业务量，不断扩展云计算机房的规模，使得企业获利能力在不断平稳上涨，说明企业资产投入获得的回报水平比较高。数据上看宝信软件公司处于行业上游水平，有较高的盈利水平。企业的净资产收益率整体大幅上涨，这代表企业收益位于上游水平，反观国电南瑞，其净资产收益率在近几年逐渐下降。宝信软件公司的这一指标从2018年的11.92%上升到2020年的20.29%，表明企业盈利能力很强，承受的经营风险小，企业未来发展空间广阔。

2.4 成长能力分析

成长能力指企业未来发展方向与发展速度，是对企业扩展经营能力的分析[2]。2017—2020年宝信软件公司的成长能力变化情况见表4。

表4　2017—2020年宝信软件公司的成长能力变化情况　　　　　　　　　（单位:%）

年份	主营业务增长率			净利润增长率			总资产增长率		
	宝信软件公司	国电南瑞	行业平均	宝信软件公司	国电南瑞	行业平均	宝信软件公司	国电南瑞	行业平均
2017年	20.59	111.98	30.10	56.12	155.15	2.64	26.09	162.25	25.87
2018年	14.56	17.95	18.08	54.79	20.18	31.08	23.64	13.84	10.95
2019年	25.19	13.61	19.07	38.73	4.73	55.41	8.71	9.72	14.31
2020年	38.96	18.75	13.08	47.51	11.83	59.56	37.04	14.87	18.71

表4显示宝信软件公司主营业务增长率2018年开始高于国电南瑞和行业平均水平，逐渐拉开差距，主要归功于企业通过拓展服务外包业务抢占新的市场份额，扩大IDC业务的规模，使主营业务增长率从2017年的20.59%上升至2020年的38.96%，从而实现企业主营业务收入不断增长。宝信软件公司2019年净利润增长率的下降是由于企业加大了软件研发的费用。企业近四年总资产增长率与行业平均水平走向一致，2020年企业总资产增长率与2019年相比增长过快，一方面是由于企业执行新收入准则所致，另一方面受益于宝武智慧制造需求增加和IDC服务业务的全面展开，企业经营规模进一步得到扩大。由此可知，宝信软件公司的竞争力占据优势，经营业绩突出，未来有很好的成长前景，但要避免盲目扩张[3]。

3 财务分析评价

从潜在投资者视角对宝信软件公司进行财务分析评价，可知:

(1) 2017—2020年期间，宝信软件公司盈利能力虽然与国电南瑞比有所差距，但相比其他企业来说盈利能力强，随着经营策略的有效实施，净资产收益率稳步增长，说明企业的盈利状况良好，这对于潜在投资者是否会进行投资很重要，但在发展的同时也要注意成本的把控[4]。

(2) 企业短期偿债能力优于国电南瑞和行业平均水平，但近4年在持续降低，可能会产生财务风险，长期偿债能力在逐年增强，企业负债经营占比低，资金充足，说明资金的使用效率却不高，财务策略过于保守，资金的机会成本过高，且没有很好地利用财务杠杆，绝大部分都是自有资金，企业需要加强对资产的充分利用，从而为企业带来更多利益回报，在优化资金结构方面还有待提升。

(3) 2017—2020年企业营运能力整体优于国电南瑞和行业水平，总资产的有效利用可增强企业的偿债能力和获利能力，但营业成本占比大，成本费用管理亟须强化，应收账款的回款能力相较于其他行业而言较慢，回款速度的延迟会导致机会成本加大，长久以往会致企业经营活动得不到提升，应有效控制应收账款的规模[5]。成长性业务的全面展开促使企业经营业绩突出，未来十分可观。

4　结论

总体来说，从潜在投资者视角可以看到目前宝信软件公司的财务指标状况虽然不平衡，但是整体是在向更好的方向发展，其未来的发展前景广阔，投资风险小，改善的空间很大，可以预见企业的整体财政指标在今后的发展中会得到更大的提高。

参考文献：

[1] 黄世忠. 新经济时代财务分析的可比性问题研究：以腾讯为例 [J]. 财会月刊，2020（13）：3-7.

[2] 许立志. 基于投资者视角的经营业绩评价体系研究 [J]. 企业改革与管理，2021（8）：3-4.

[3] 苏颖. 浅谈大数据时代下企业财务分析中存在问题及方法 [J]. 当代会计，2020（2）：121-122.

[4] 张欣. 浅谈企业财务分析 [J]. 中国总会计师，2021（12）：162-164.

[5] 李宏军. 深化财务报表分析的探讨 [J]. 财会研究，2020（21）：76-77.

作者简介：

卢麒（1995—　　），女，辽宁沈阳人，会计学专业硕士研究生，研究方向：管理会计与财务决策。

张嵩（1966—　　），女，辽宁葫芦岛人，硕士，副教授，硕士生导师研究方向：组织行为与绩效管理、工程伦理。

论文仅代表本文作者观点，文责自负——本书编者注。

基于三维框架下 Y 公司营运资金管理绩效评价研究

齐晓丹　张　嵩

（沈阳建筑大学管理学院，辽宁　沈阳　110168）

摘要：物业管理公司属于服务行业，结合物业行业的特点，分析了 Y 公司的营运资金的管理。构建了流动性、盈利性、风险性的三维度的营运资金绩效管理评价指标体系，包含风险的三维评价指标能够突出展现营运资金管理目前所处的状态，对 Y 公司营运资金管理做了绩效评价分析，结合上述指标体系，提出公司营运资金管理的优化建议。

关键词：营运资金；物业管理；绩效评价

Performance Evaluation of Working Capital Management of Y Company Based on 3 D Framework

Qi Xiaodan　Zhang Song

（College of Management，Shenyang Jianzhu University，Shenyang 110168，China）

Abstract：The property management company belongs to the service industry，combined with the characteristics of the industry，analyzed the working capital management of Y company. A three-dimensional working capital performance management evaluation index system of liquidity，profitability and risk was constructed，and the performance evaluation of the working capital management of Y Company was made，and optimization suggestions for the company´s working capital management were given.

Keywords：working capital；property management；performance evaluation

1　引言

近年来，随着我国工业化、城镇化的不断发展，房地产行业迅速兴起并在国民经济中占有重要地位，物业管理行业也因此迎来绝佳的发展时机。与此同时，营运资金管理在物业管理行业中显得尤为重要，它不仅是物业公司财务能力的集中体现，也是物业公司资金顺利流通的重要保障。从企业获得利润的能力、企业会遭受到的危机、营运资金的流动能力这三个维度，选取 Y 公司为研究的案例，对业务资金管理进行深入的探讨和分析。以便为未来的物业管理公司提供指导，对营运资金的管理方面进行更好的研究，由此加强了企业的竞争优势，促进行业的积极发展。由于物管行业的特殊性，具有和其他行业不同的特征和运营方向，所以对它的管理绩效的评价研究也是一种挑战和创新[1]。

2　营运资金管理评价指标体系

2.1　营运资金管理

营运资金通过对企业流动资产和负债进行管理。公司要想正常运作，就必须有足够数量的营运资金，因此必须充分注意对营运资金的管理[2]。产品和业务的种类多种多样，管理水平和区域也在增加，因此必须充分注意对营运资金的管理[3]。

2.2　三维度的营运资金管理评价指标体系

Y 公司是一个物业管理公司，属于第三产业即服务业，结合物业管理行业的特点以及客观、科学、全面的原则进行评价，从三个维度对营运资金管理进行分析评价，即从企业要遭受的风险、营运资金的流动能力及其获得利益的技能这三个方面来建立较为完善的营运资金管理绩效评价体系[4]。

3　Y 公司营运资金管理评价

3.1　Y 公司概况

Y 公司是当前国内物业管理行业的一级资质产业，借鉴并吸收西方国家的服务与管理经验，以提升客户的幸福感为出发点，从而打造出高端的社群服务体系。Y 公司成立于 1992 年，是大型服务的服务专家和旅游房地产服务专家，目前，在全国已经成立了 10 家独立的物业管理公司和 50 家家居服务公司，作为中国房地产服务部管理的主要服务公司，房地产管理方面的主要品牌是"绿色房地产"项目。Y 公司与其他物业管理企业不同，没有以房地产开发公司为依托，在经营管理业务方面独当一面，不断提升服务品质，以高素质服务及运营效率为用户提供良好体验。

3.2 基于流动性进行评价

Y 公司 2016—2020 年物业资金转移所需时间是根据现金和现金等价物、库存、流动负债最终余额等数据来显示的，包括应收款以及物业收益的数据，根据 Y 公司 2016—2020 年综合财务状况表和综合收入表进行计算，计算结果见表 1：

表 1 三维视角的 Y 公司营运资金周转期

（单位：天）

年份	前期物业管理营运资金周转期	后期物业管理营运资金周转期	营运资金周转期
2016	−25	55	31
2017	342	21	363
2018	62	45	105
2019	43	39	82
2020	−31	92	61

营运资金周转期变化趋势如图 1 所示：

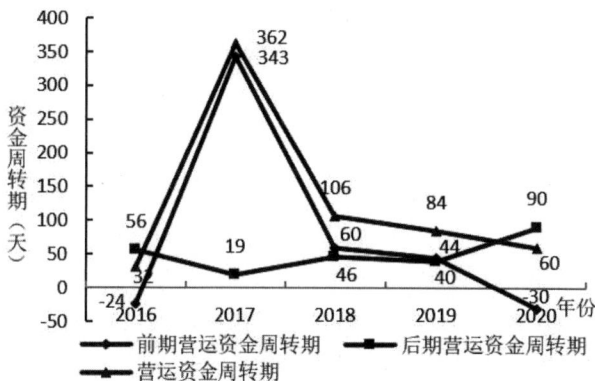

图 1 三维视角 Y 公司营运资金周转期变化趋势（单位：天）

Y 公司前一阶段的物业管理业务资金的转换期变动的幅度很大，2016 年变化增加较快，随后 3 年内，物业管理营运资金变化的速度有所提高，工作天数从 1 年下降到 30 天。在 2016—2020 年期间，该公司的余额仅占流动资产的 2%，库存对营运资本流通进度的影响很小。2018 年之后，前后期物业营运资金管理周转天数的变化趋势相差不多，这表明，在物业公司全年的营运资金整体管理方面，营运资金在前后物业管理阶段中可以得到互补，从而加快资金的周转速度，提高资金的流动性。将 Y 公司营运资金周转期与中海物业进行对比分析，见表 2，相比之

下两家物业公司的营运资金周转期整体趋势相同，中海物业更侧重于后期的营运资金管理，资金周转期更短，而 Y 公司在前期的营运资金管理中保证了资金的利用效率更高。

表 2 三维视角的中海营运资金周转期

（单位：天）

年份	前期物业管理营运资金周转期	后期物业管理营运资金周转期	营运资金周转期
2016	30	40	70
2017	101	−26	75
2018	156	−23	133
2019	120	−27	93
2020	75	−3	72

图 2 2016—2020 年 Y 公司销售毛利率变动趋势

根据上图的趋势可以看出，Y 公司销售的总利率保持在 25%~33% 之间，2018 年下降到了 24.68%。这是近五年以来较低的营业收入，但是与采取包干制收费模式的中海物业相比，当年收益仍然略高于中海物业。这表明 Y 公司在同行业中享有竞争上的极大优势和地位。

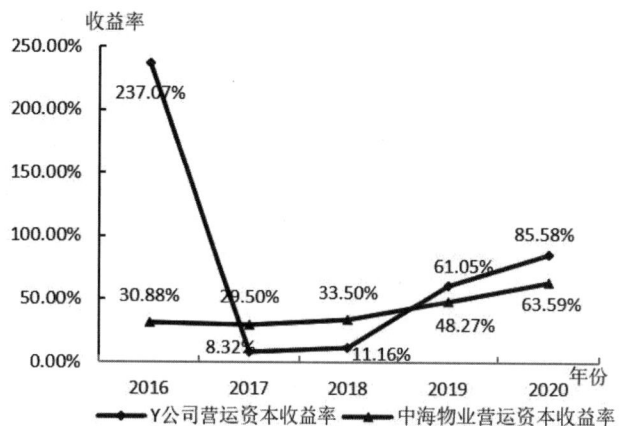

图 3 2016—2020 年 Y 公司营运资本收益率变化趋势

从图 3 可以看出，Y 公司的 2016 年的营运资本

收益率达到峰值，随后出现急剧下降的趋势，降低到 2017 年的 8.32%，之后收益率又逐渐提高至 2020 年的 85.58%，其发生急剧变化的主要原因在于 Y 公司的上市，使得营运资本出现急剧增多的现象。2017 年资本收益率逐年增加，说明随着单位营运资本的投入，营运资本的盈利能力获得了提高。从与中海物业的收益率对比中可以看出，Y 公司的营运资本收益率具有一定的不稳定性，表明 Y 公司的盈利能力具有波动性。

3.3 基于风险性进行评价

根据 Y 公司 2016—2020 年的现金流量表、损益表和综合财务报表中相关数据，计算得到公司的现金流动负债比和营运指数，如图 4 和图 5 所示：

图 4 2016—2020 年 Y 公司现金流动负债比变化趋势

从图 4 中可以看出，Y 公司的资金流动性变化很大，从 2016 年的最高点 52.98% 降至最低点 -0.58%，随后连续两年处于上升的状态，到 2020 年再次降至 8.7%，表明其短期偿债能力的状态不是很好。中海的现金流动比率和 Y 公司相比较为平稳，Y 公司经营业务的净现金流量净额不足以支付现金支出。

营运指数是业务现金流量与利润总额之间的比率，反映出企业产生现金流量的能力。从图 5 的数据可以看出，Y 公司的运营指数也不稳定，高的时候很高，低的时候很低，在利润总额和业务现金流量之间存在不平衡。

4 Y 公司营运资金管理的优化策略

4.1 重视应收应付

由于 Y 公司的流动资产中存在应收款项多且急剧增长的现象，导致企业的日常经营出现一定的问题，严重影响后期物业管理营运资金周转速度，所以企业要进一步管理好应收款项的回笼，更加重视物业费的收缴比率，减少资金回收的周期时长，从

图 5 2016—2020 年 Y 公司营运指数变化趋势

而使企业获得更多的收益。

4.2 明确市场地位

根据公共财务报表可以看出，Y 公司的平均物业管理服务自进入市场以来，较低于全国物业管理服务价格均值。公司可以继续向经济较为发达的地区迈进，提高物业费用收缴情况进而提高利润水平。

4.3 协调现金流量

应加强对后期款项收回的控制，Y 公司应加强应收款项的全过程管理，如设置赊销和征信部门，专门负责客户信用评级以及应收款的催收，完善坏账核销制度，严格遵循配比原则和谨慎性原则。合理安排各项活动的现金流量比例并制定合理的应收账款信用政策来协调利润总额和业务现金流量。

5 结论

本文构建的三维视角下营运资金管理绩效评价指标将营运资金与利润、现金流量等结合，分析发现 Y 公司存在应付及应收账项占比大、现金流量不稳定等问题。Y 公司物业管理营运资金周转期波动较大，营运资本收益率的具有不稳定性，同时经营活动产生的现金净流不能持续满足现金支出的需要。Y 公司需提高收益能力，把控风险水平以及加快周转速度，在进行营运资金管理时关注其效率，重视效益表现，并对风险水平高度警惕，使三者均衡协调、齐头并进，才能全面有效地提高营运资金管理的效率及效果。

参考文献：

[1] 毛付根. 论营运资金管理的基本原理 [J]. 会计研究，2017（01）：38-40.

[2] 王竹泉，马广林. 分销渠道控制：跨区分销企业营运资金管理重心 [J]. 会计研究，2019（06）：28-33+95.

[3] 王竹泉，逄咏梅，孙建强. 国内外营运资金管理研究的回顾与展望 [J]. 会计研究，2019（02）：85-90+92.

[4] 王竹泉, 刘文静, 高芳. 中国上市公司营运资金管理调查: 2016—2019 [J]. 会计研究, 2017 (12): 69-75+97.

作者简介:

齐晓丹 (1996—), 女, 辽宁沈阳人, 会计学专业硕士研究生, 研究方向: 管理会计与财务决策。

张嵩 (1966—), 女, 辽宁葫芦岛人, 硕士, 副教授硕士生导师, 研究方向: 组织行为与绩效管理、工程伦理。

论文仅代表本文作者观点, 文责自负——本书编者注。

基于委托代理理论的建筑行业碳排放政府激励机制分析

张爱苓　刘宁

（沈阳建筑大学管理学院，辽宁　沈阳　110168）

摘要：近年来，随着国家碳中和战略目标的制定，建筑行业碳排放问题走进大众的视角。政府可以通过奖惩机制以及成本加奖励的方式对地方房地产开发企业进行限制。建立一个地方政府与房地产开发企业的"委托—代理"模型，从信息不对称的视角下，分析政府对地方房地产开发企业激励机制的最优方案。指出如果地产开发企业的努力程度可以被政府部门所监测，则帕累托最优估计时的地产企业就无须承担风险，而政府部门应给企业与个人相应的经营补贴，使地产企业的减排活动可以实现收支平衡。

关键词：委托代理；信息不对称；政府激励；碳排放

Analysis on Government Incentive Mechanism of Carbon Emission in Construction Industry Based on Principal-agent Theory

Zhang Ailing　Liu Ning

（**College of Management，Shenyang Jianzhu University，Shenyang 110168，China**）

Abstract：In recent years，with the establishment of national carbon-neutral strategy，the issue of carbon emission from the construction industry has become more and more popular. The government may carry on the restriction to the local real estate development enterprise through the reward and punishment mechanism as well as the cost plus the reward way. In this paper，a "Principal-agent" model of local government and real estate development enterprises is established. In this paper，from the perspective of Information asymmetry，the optimal scheme of government's incentive mechanism to local real estate development enterprises is analyzed. the study also points out that if the level of effort of real estate developers can be monitored by government departments，then the real estate companies at the time of the PARETO efficiency estimate do not have to take risks，and the government department must give the enterprise and the individual corresponding operation subsidy，causes the real estate enterprise the emission reduction activity to be able to realize the balance of payments.

Keywords：agency by agreement；information asymmetry；government incentives；carbon emissions

1 引言

"十四五"规划将生态文明建设置于我国发展的重要位置，节能减排既是我们国家发展的政策指向，也是我国发展过程中的必经之路。2020 年全国建筑全过程能耗总量为 22.33 亿吨标准煤。2020 年全国建筑全过程碳排放总量为 49.97 亿吨二氧化碳，占我国全国碳排放的比重为 49.97%[1]。我国建筑行业的低碳转型工作迫在眉睫，这关系到建筑行业是否能够持续稳定发展。许多专家对建筑行业碳减排问题都有过深入的研究。地方政府应该发挥在此过程中的积极作用，制定有效的措施，促进建筑行业碳减排工作的有效推进。在市场经济条件下，低碳减排工作具有很强的产品特性，市场的调控必不可少，

然而，只依靠市场的自身调控肯定会导致一定程度的碳排放失调，因此，在这个过程中政府部门的干预就显得尤为重要[2]。Loasby 认为，真实的企业决策过程并不符合新古典经济学的最大化和均衡假设，而是根据企业惯例行为不断揭示和学习的过程[3]。建筑行业的碳排放是一种自上而下的结构，这种结构十分依赖政府的调控机制。非物理因素的影响往往在细节上难以实现[4]。这就需要政府在建筑行业低碳转型的过程中采取更加科学的激励方式，使得企业能够有一个良性的配合。

2 模型构建

一般来说，政府可以对地产开发企业采取补贴或者罚款的方式来约束企业行为[5]。对于政府部门

而言，由于采取限制手段，从而减少了碳的排放量，在环保程度提高的同时降低了处理污染的成本，所以，政府部门也会在这一过程中获取相应的利润额。对此，地方政府可以针对房地产开发企业的碳排放行为进行一定程度的管辖。如果房地产开发企业对减排的努力程度较高，就可以得到一定程度的奖励；相反，就会受到一定程度的惩罚。

假设一：房地产开发企业减排努力程度为 p，p 是一个一维变量。房地产开发企业越努力，政府的收益就越高。那么就可以将政府的收益函数进行一个线性假设 $\pi = p + \theta$（其中，θ 表示为均值为 0、方差为 σ^2 的正态分布随机变量），表示不确定的影响外因。

$$\begin{cases} 政府期望收益\ E\pi = E(p+\theta) = p \\ 政府收益的方差\ Var(\pi) = \sigma^2 \end{cases}$$

可以发现，房地产开发企业对于降低排放行为努力程度的大小可以直观地影响政府收益均值，但对政府收益的方差并不构成直接影响。

假设二：如果政府根据自身收益的情况，制定收益规范：$s(\pi) = \alpha + \beta\pi$，其中 π 代表了财政的固定收益值，而这个价值也是按照合同中规定而产生的，和财政利润大小与 p 没关系。β 表示政府根据房地产开发企业总收入的一定比例设定一种额度分配单位给企业作补偿，也就是政府收益 π 每增加一单位，代表政府向地产开发公司提出对 β 单位的补偿，二者之间是线性的关系。由此可知，政府部门的期望效用：

$$\begin{aligned} Ev[\pi - s(\pi)] &= E(\pi - \alpha - \beta\pi) \\ &= -\alpha + E(1-\beta)\pi = -\alpha + (1-\beta)p \end{aligned} \tag{1}$$

假设三：假定企业的效用函数可以表示为 $u = -e^{-\rho\omega}$，其中，ρ 是风险规避行为量化程度；ω 是房地产开发企业收益。

假设四：房地产开发企业实现低碳需要一定的措施，这个过程中必然带来额外的改建成本。如果房地产企业的努力程度越高，随之所带来的成本就越高。设房地产开发企业减排成本 $c(p) = bp^2/2$，其中 $b>0$ 代表企业的成本系数，可以理解为 b 值越大，同样的努力给企业带来的成本越高。综合以上的假设可以得出企业的实际收益为：

$$\omega = s(\pi) - c(p) = \alpha + \beta(p+\theta) - \frac{b}{2}p^2 \tag{2}$$

企业确定性等价收益为：

$$E\omega - \frac{1}{2}\rho\beta^2\sigma^2 = \alpha + \beta p - \frac{1}{2}\rho\beta^2\sigma^2 - \frac{b}{2}p^2 \tag{3}$$

如果 $E\omega$ 代表企业的期望收益，那么 $\frac{1}{2}\rho\beta^2\sigma^2$ 表示企业的风险成本。企业最大化期望效用函数 $Eu = -Ee^{-\rho\omega}$ 等价于最大化确定性等价收益。即企业的激励约束可用公式（3）对 p 求一阶导数得到，整理得到：

$$(IC)\ p = \beta/b \tag{4}$$

当合约不被企业执行的时候，企业也是有收益的。用 ω_0 表示企业在不参与政府合约情况下的收益水平。此时，房地产开发企业的参与约束可表述为：

$$(IR)\ \alpha + \beta p - \frac{1}{2}\rho\beta^2 - \sigma^2 - \frac{b}{2}p^2 \geq \omega_0 \tag{5}$$

3 模型分析

这里认为，政府是可以观测到房地产开发企业的努力程度的。因此，通过约束公式（5）可以实现政府与企业之间强制的合约关系。如果政府部门希望实现最大化的期望效用，则：

$$\begin{cases} \max Ev = -\alpha + (1-\beta)p \\ s.t.\ (IR)\ \alpha + \beta p - \frac{1}{2}\rho\beta^2\sigma^2 - \frac{b}{2}p^2 \geq \omega_0 \end{cases} \tag{6}$$

假设房地产开发公司的确定性等价收益率低于公司的保留收益率时，则政府部门并不会给予公司更大的补偿。那么，将参与约束通过固定项 p 代入目标函数，公式（6）就可以优化为：

$$\max p - \frac{1}{2}\rho\beta^2\sigma^2 - \frac{b}{2}p^2 - \omega_0 \tag{7}$$

在以上公式中能得知 ω_0 是已经确定的，而公式（6）中所描述的最优化问题，实际意义就是在确定性等价收益的基础上，扣除了房地产开发公司在进行建设项目减排活动中所必须另外承担的所有成本。于是可以将公式（7）依次对 p 和 β 求导，得到政府部门的预期效用最大化所满足的条件是：

$$\begin{cases} p^* = \dfrac{1}{b} \\ \beta^* = 0 \end{cases} \tag{8}$$

将（8）带入约束条件公式（5）中，可以得到：

$$\alpha^* = \omega_0 + \frac{b}{2}(p^*)^2 = \omega_0 + \frac{1}{2b} \tag{9}$$

从公式（9）中可以得知，此时的房地产开发企业不必承担风险。企业的风险由于政府部门所签订的合约而被规避。政府承担了房地产开发企业降低碳排放过程中的风险。从政府风险评价的角度上来看，对政府部门的风险是中性的。所以这是房地产开发公司被政府所提出的帕累托最优合同。房地产开发企业可接受的最低收益加上企业因为努力降低碳排放而产生的成本构成了房地产企业的收益结构。这是由政府根据合同约定向房地产开发公司提供补助而实现的。如果企业最高能力水平所需要付出的边际期望收益远小于努力工作的边际生产成本，即 $p^*=1/b$，那么，由于房地产开发公司对于减少碳排放量问题上的努力程度可以被政府部门所观察，所以政府部门也就能够通过观察地产开发公司所使用的建筑方法、绿色建筑材料使用率、洁净燃料利用率等来确定公司的努力程度 p。只要政府部门认为企业的边际期望利润小政府节能减排努力的边际成本，即 $p^*<1/b$，此时，政府就可以根据事先所约定的合同内容，对房地产开发企业实施一定的惩罚手段。从而降低企业的收益水平。这个收益水平一定要低于企业努力降低碳排放时的收益水平。这个时候，企业就会选择更加低碳的方式进行生产与建设。此时 $p=1/b$，最优风险分担与激励没有矛盾。

4 对策与建议

本文建立了一种地方政府部门和房地产开发公司之间的"委托—代理"合作模式，在信息不对称的角度下，分析了政府部门对地方房地产开发公司激励机制的最优方法。经过数据分析可以得到几个结果：

（1）政府部门向房地产开发企业提供的帕累托最优合约要求房地产企业不承担风险，企业就会更愿意去选择低碳的方式展开自己的生产行为。此时政府应该拿出一部分补贴给房地产开发企业，使企业的收益等于企业的保留收益加上企业努力减排的成本，使得企业在节能减排工作中更加具有主观能动性。

（2）政府在降低建设项目碳排放的过程中，扮演着相当重要的角色。政府可以通过制定相应法规以及鼓励机制的措施，使得企业可以更好地调和自身利益需求以及经济发展中的低碳需求。必要的时候，政府可以采取一些强硬手段，使得房地产开发企业能够更加重视低碳建设与能源利用率，以促进绿色建筑高质量发展。

（3）房地产开发企业碳减排决策受政府补贴强度和违规惩罚倍率调整的冲击更为显著[6]。大环境多变而复杂，鉴于建筑领域单体排放量小且主体分散，碳核查和监测等监管规制成本高[7]，使得房地产开发企业的减排决心并不足以满足社会发展的需求。此时政府部门适当的奖惩可以推动企业的低碳行为，使得企业本着利益最大化的原则进行减排。

参考文献：

[1] 中国建筑能耗研究报告2020 [J]. 建筑节能（中英文），2021：49（2）：1-6.

[2] Peter M, Clarkson, *et al.* The Valuation Relevance of Greenhouse Gas Emissions under the European Union Carbon Emissions Trading Scheme：[J]. European Accounting Review, 2015, 24（3）：51-580.

[3] Loasby B J. An Evolutionary Theory of Economic Change [J]. The Economic Journal, 1983.（17）652-654.

[4] Johnston D. A physically-based energy and carbon dioxide emission model of the UK housing stock [J]. leeds metropolitan university, 2011. 18（1）：109-114.

[5] Griscom, Ellis, Putz, et al. Carbon emissions performance of commercial loggi ng in East Kalimantan, Indonesia [J]. Global Change Biol, 2020. 20（3）：923-937.

[6] 宋向南，卢昱杰，申立银. 碳交易驱动下建筑业主最优碳减排决策研究 [J]. 运筹与管理，2021，30（12）：65-71.

[7] 金帅，张洋，杜建国. 动态惩罚机制下企业环境行为分析与规制策略研究 [J]. 中国管理科学，2015，23（S1）：637-644.

作者简介：

张爱苓（1997— ），女，辽宁沈阳人，土木水利专业硕士研究生，研究方向：项目管理。

刘宁（1976— ），男，辽宁沈阳人，博士，教授，研究方向：住房保障、项目管理。

论文仅代表本文作者观点，文责自负——本书编者注。

基于因子分析的辽宁省县域经济发展水平研究

王利印　郭茗菲

（沈阳建筑大学，辽宁　沈阳　110168）

摘要：在巩固脱贫攻坚成果，推进乡村振兴战略布局的背景下，以辽宁省41个县域为研究对象，选取5个一级指标和16个二级指标构建评价体系。运用因子分析和聚类分析划分为5个发展类别并提出相应的对策建议，以求县域经济在高质量发展的同时保证因地制宜、扬长补短。

关键词：因子分析；聚类分析；县域经济

Study on the Development Level of County Economy in Liaoning Province Based on Factor Analysis

Wang Liyin　Guo Mingfei

（**College of Management**，**Shenyang Jianzhu University**，**Shenyang 110168**，**China**）

Abstract：Under the background of consolidating the achievements of poverty alleviation and promoting the strategic layout of rural revitalization，41 counties in Liaoning Province are taken as the research object. Five primary indicators and 16 secondary indicators are selected to build the evaluation system. Using factor analysis and cluster analysis，Liaoning county is divided into five development categories，and the corresponding countermeasures and suggestions are put forward. It is hoped that while the economy develops with high quality，we can ensure to adapt measures to local conditions and develop our strengths to make up for our weaknesses.

Keywords：factor analysis；cluster analysis；county economy

1 引言

"郡县治，天下安"。县域是城乡融合与乡村振兴的重要单元，县域经济高质量发展推动着党的"两个一百年"奋斗目标实现。党的十九届五中全会将"发展县域经济"列入工作任务，为解决城乡发展差距大、产业结构不合理等问题提供了全新的思路。

在县域经济的研究中，曹丽哲等采用层次分析法从三次产业、金融、财税、公共服务角度计算中国县级行政单元的活力指数[1]；王蕾等将生态实力纳入评价标准，对经济发展水平和功能定位不同的县域进行测算评价[2]；叶斌、陈丽玉运用网络DEA模型考察不同省市的区域创新能力，从而在产业发展中识别潜力，降低风险[3]。罗智霞等选择熵权TOPSIS法评价辽宁省县域发展水平得出结论：资源禀赋条件、区位条件、经济政策是地区发展水平不均衡的原因[4]。

上述研究为县域发展水平评价提供了思路和基础，但也存在不足之处：一是评价体系上，角度和维度未达成共识。二是评价方法上，专家打分环节不够客观，会对结果造成一定的偏差。而因子分析法则通过对多指标的降维处理，有效地克服上述问题，作出科学的评价[5]。

2 辽宁省县域经济实证分析

2.1 研究样本与指标选取

以辽宁省所辖41个县（县级市）为样本，数据来源自2021年辽宁省统计年鉴、县域年度统计公报，个别指标缺失采用相邻年份数据插值补齐。计算求解过程使用IBM SPSS Statistics 25.0版本，选取一级指标5个、二级指标16个，构建评价指标体系如表1。

表1　县域经济发展水平评价指标体系

符号	指标名称	类别
X_1	地区生产总值	
X_2	社会消费品零售总额	发展
X_3	非农产业比重	规模
X_4	每万人规上工业企业数	
X_5	地区生产总值增速	
X_6	工业企业主营业务收入	发展
X_7	固定资产投资	结构
X_8	地方财政一般公共预算收入	

续表

符号	指标名称	类别
X_9	人均地区生产总值	生活
X_{10}	人均储蓄存款	水平
X_{11}	农村人均可支配收入	
X_{12}	空气质量达标天数	公共
X_{13}	每万人医疗卫生机构床位数	服务
X_{14}	每万人设施农业面积	发展
X_{15}	基础教育活力水平	潜力
X_{16}	网商数字指数	

2.2 因子分析

2.2.1 适宜性检验

首先判断样本数据的适宜性。对所选变量相应的样本数据进行 KMO 和 Bartlett 球形检验。获得结果：KMO 值为 0.716，大于 0.6，显著性 Sig. 值为 0.000，小于 0.05，旋转后的成分矩阵认为所选取变量符合做因子分析的条件。

2.2.2 计算特征值、方差贡献率并提取公共因子

选择主成分分析法抽取因子，选用相关矩阵分析。其中，5 个成分特征值大于 1，累计贡献率达到 74.599%（见表 2），所选因子能够代表大部分信息，将这 5 个因子分别用 F_1, F_2, F_3, F_4, F_5 表示。

表 2 总方差解释

成分	初始特征值			提取载荷平方			旋转载荷平方		
	总计	方差（%）	累计（%）	总计	方差（%）	累计（%）	总计	方差（%）	累计（%）
1	5.134	33.209	33.209	5.314	33.209	33.209	3.066	19.161	19.161
2	1.965	12.279	45.488	1.965	12.279	45.488	2.851	17.816	36.977
3	1.761	11.009	56.497	1.761	11.009	56.497	2.519	15.744	52.720
4	1.576	9.848	66.345	1.576	9.484	66.345	1.866	11.662	64.383
5	1.321	8.254	74.599	1.321	8.254	74.599	1.635	10.217	74.599

对因子载荷矩阵进行最大方差正交旋转变换以增强因子的解释性，得到 16 个原始指标的因子载荷系数。

表 3 旋转后的成分矩阵

指标	旋转后的成分矩阵				
	1	2	3	4	5
X_2	0.780	0.035	0.152	-0.025	0.243
X_3	0.758	0.176	-0.160	0.331	-0.034
X_4	0.717	0.140	0.318	-0.002	0.041
X_1	0.595	0.267	0.054	-0.258	-0.198
X_5	-0.159	0.837	-0.026	-0.044	0.068
X_6	0.284	0.818	0.220	0.142	0.030
X_7	0.324	0.797	0.069	0.042	0.189
X_8	0.493	0.709	0.230	0.133	0.033
X_{11}	0.061	0.004	0.973	0.039	-0.061
X_9	0.153	0.328	0.880	0.060	-0.020
X_{10}	0.467	-0.058	0.536	0.497	0.209
X_{13}	0.141	0.068	-0.037	0.881	0.132
X_{12}	-0.129	0.069	0.136	0.782	-0.020
X_{14}	0.009	-0.035	0.011	0.035	0.776
X_{15}	-0.066	0.214	-0.072	0.090	0.729
X_{16}	0.515	0.223	0.475	0.023	0.539

结合表 2 和表 3，可见：在提取的 5 个公共因子中，第一公共因子（F_1）的方差贡献率为 33.209%。F_1 上载荷系数大于 0.5 的原始变量有 4 个，分别是 X_1, X_2, X_3, X_4，将第一个公共因子命名为发展规模因子。第二公共因子（F_2）的方差贡献率为 12.279%。F_2 上载荷系数大于 0.7 的原始变量有 4 个，分别是 X_5, X_6, X_7, X_8，将第二个公共因子命名为发展结构因子。第三个公共因子（F_3）的方差贡献率为 11.009%。F_3 上载荷系数大于 0.5 的原始变量有 3 个，分别是 X_9, X_{10}, X_{11}，将第三个公共因子命名为生活水平因子。第四个公共因子（F_4）的方差贡献率为 9.848%。F_4 上载荷系数大于 0.7 的原始变量有 2 个，分别是 X_{12}, X_{13}，将第四个公共因子命名为公共服务因子。第五个公共因子（F_5）的方差贡献率为 8.254%。F_5 上载荷系数大于 0.5 的原始变量有 3 个，分别是 X_{14}, X_{15}, X_{16}，将第五个公共因子命名为发展潜力因子。

2.2.3 计算公共因子得分及综合得分

对指标的原始数据进行标准化处理，计算每个观测量的因子得分。通过公共因子的贡献率和累计贡献率的关系得出权重，计算综合得分并排序。每个县域得分和排名情况如表 4。

表4　辽宁省县域经济发展得分情况及排序

县市名	综合得分	排名	县市名	综合得分	排名
瓦房店市	1.68	第1位	盖州市	-0.11	第22位
海城市	1.25	第2位	北票市	-0.14	第23位
大石桥市	0.92	第3位	康平县	-0.18	第24位
庄河市	0.74	第4位	北镇市	-0.21	第25位
东港市	0.53	第5位	桓仁县	-0.21	第26位
盘山县	0.48	第6位	喀左县	-0.24	第27位
法库县	0.39	第7位	开原市	-0.26	第28位
凤城市	0.32	第8位	凌海市	-0.26	第29位
调兵山市	0.32	第9位	清原县	-0.40	第30位
兴城市	0.29	第10位	新宾县	-0.41	第31位
台安县	0.24	第11位	长海县	-0.42	第32位
岫岩县	0.15	第12位	义县	-0.43	第33位
灯塔市	0.14	第13位	抚顺县	-0.47	第34位
新民市	0.12	第14位	阜蒙县	-0.48	第35位
凌源市	0.11	第15位	黑山县	-0.48	第36位
本溪县	0.04	第16位	彰武县	-0.51	第37位
铁岭县	0.04	第17位	朝阳县	-0.58	第38位
辽阳县	0.00	第18位	昌图县	-0.59	第39位
建平县	-0.01	第19位	建昌县	-0.65	第40位
宽甸县	-0.07	第20位	西丰县	-0.74	第41位
绥中县	-0.10	第21位			

公共因子得分 F_k 计算公式为：

$$F_k = \sum_{i=1}^{16} a_{ik}^{*} x_i$$

式中，a_{ik} 是第 k 个公共因子下第 i 个指标的载荷（$k=1，2，\cdots，5$）；x_i 为标准化处理后的指标观测值。

综合得分计算公式为：

$F =$（$33.209\% \times F_1 + 12.279\% \times F_2 + 11.009\% \times F_3 + 9.848\% \times F_4 + 8.254\% \times F_5$）$\div 74.599\%$

2.3　聚类分析

上述因子分析直观反映出辽宁省41个县域地区在评价体系下的发展水平，为了合理划分类别并提出具体发展建议，将因子分析得到的综合得分作为新变量做聚类分析。通过对比个案的分布情况最终确定分为五类。

从分类情况来看，第一类地区仅有瓦房店市。作为唯一入选2022年百强县且排名48位的东北县级市，瓦房店市的各个指标优势明显。瓦房店市三次产业均衡发展，在发展规模与结构、人民生活水平、公共服务能力上得分均有良好表现，发展潜力上仍有进步空间。

第二类地区包括海城市、大石桥市、庄河市，

为较发达地区。这3个县域分别紧挨辽宁的2个副省级城市沈阳和大连，结合因子得分情况来看，第二类地区在发展规模和人民生活水平上与第一类相似，发展结构略逊色但远超全省平均水平。

第三类地区包括东港市、盘山县等7个县，占县域总数的17%，为相对发达地区。第三类地区的发展以第一、二产业为主，除少数两个沿海地区，其他县域的三产水平相对落后。缺失支柱企业和品牌，发展结构不尽合理，潜力不足。但人民生活水平和消费能力较好，城市建设和民生保障措施比较完善。

第四类地区包括岫岩县、灯塔市等18个县，数量最多，为欠发达地区。

第五类地区包括清原县、黑山县等12个县，为落后地区，存在"一产不强、二产不精、三产不优"的问题。第四类和第五类地区集中在内陆，人民生活水平较差、县域基建工程和配套设施不全面，缺乏发展潜力。

3　结语

3.1　研究结论

基于模型与指标体系构建、辽宁省县域经济发展水平因子分析的具体研究，通过五类发展层次的划分和对县域地区产业结构的分析，研究结论如下：

得益于国家重视、政府配合和从业者的努力，辽宁县域地区的发展整体上展现出良好态势。以县为基本单元，形成了中心城市与周边县域协同发展的局面。从不同类别地区的分布情况可以看出，沿海县域地区普遍比内陆县域更发达，隶属于省会及中心城市的县域比边缘县域更有潜力。

经进一步分析，辽宁是全国人口流失最严重的省市之一，高污染的粗放型经济模式逐渐成为限制营商环境和投资机遇的因素。短期内各个县域的产业结构很难发生实质性的调整，而对发达县域的模仿借鉴虽然能一定程度上推进县域的城镇化发展，但也会逐渐拉大城市与县域之间的差距。从长期角度看，辽宁四大支柱产业装备制造、冶金、石化和农产品面临发展瓶颈，合理提高三产的比重将有助于实现东北地区长治久安。

3.2　对策建议

为了有效提升辽宁县域地区的发展水平，结合因子分析结果提出以下建议：

（1）自"上"而"下"，促进县域发展政策落地。以国家乡村振兴战略为纲领、东北振兴战略为

参照、辽宁县域发展政策为指导，制定符合地区实际的发展策略。发挥政府在调控中的主导地位，从技术、市场、财政、金融等方面提供政策支持。深化"放管服"，严格把控改革深度和监管力度，科学选择营商路径，打破"投资不过山海关"的刻板印象。紧扣人才创新驱动战略，全方位、多元化地促进县域经济高质量发展。

（2）连"点"成"链"，促进县域产业结构全面优化。建链——注重招商引资，吸引国内外知名企业入驻，丰富产业类型；延链——向既存产业链上下游延展拓伸，提升基础环节、技术研发环节和市场环节的综合实力；补链——有针对性地择优补充产业链断点和弱点，逐步打造专项产业园；强链——提高支柱产业的抗风险能力，实现全产业链的强劲稳定发展。在规划过程中，充分考虑项目的可行性与盈利能力，大力推广"产业+"模式。

（3）由"县"对"县"，促进辽宁全域协调发展。因子分析结果显示，辽宁县域综合得分存在聚集现象，综合实力差异较大。可以将瓦房店市和海城市分别作为沿海与内陆的发达县域典型，对落后地区精准帮扶。同时，个别领域突出的县域可将视野放眼全国乃至世界，如建平县、昌图县的风电产业和新民市农产品加工等。充分发挥优势县域的辐射引领作用，从县域层面提高辽宁整体实力。

参考文献：

[1] 曹丽哲，潘玮，公丕萍，等. 中国县域经济发展活力的区域格局 [J]. 经济地理，2021，41（4）：30-37.

[2] 王蔷，丁延武，郭晓鸣. 我国县域经济高质量发展的指标体系构建 [J]. 软科学，2021，35（1）：115-133.

[3] 叶斌，陈丽玉. 基于网络 DEA 的区域创新网络共生效率评价 [J]. 中国软科学，2016（7）：100-108.

[4] 罗智霞，廉萌，张俊芳，等. 基于熵权 TOPSIS 法的辽宁省县域经济发展水平综合评价 [J]. 国土与自然资源研究，2016（2）：12-14.

[5] 孔令强，王光玲. 因子分析法在县域经济发展水平综合评价中的应用 [J]. 企业经济，2006（8）：128-130.

作者简介：

王利印（1967— ），男，辽宁沈阳人，硕士生导师，研究方向：房地产开发与管理。

郭茗菲（1998— ），女，辽宁抚顺人，土木水利专业硕士研究生，研究方向：工程营造技术与管理。

论文仅代表本文作者观点，文责自负——本书编者注。

基于因子分析法的 A 股上市物流公司财务绩效研究

江婵 韩凤

（沈阳建筑大学管理学院，辽宁 沈阳 110168）

摘要：鉴于物资运输的重要性，国务院发文部署货运物流保通保畅有关工作，物流行业亟须加强内部管理，重视财务绩效评价，为其高效运转和发展提供保障。选取 2021 年 A 股上市的 30 家头部物流公司的财务指标数据，运用因子分析法构建财务绩效评价体系，分析其财务绩效状况，得出物流业存在发展能力和盈利能力不足、资产管理和企业经营效率不高等问题，并提出加快物流业的横纵向发展、加强物流信息系统的全覆盖建设、加快物流供应链的网络布局等建议。

关键词：物流业；上市公司；因子分析；财务绩效

Research on Financial Performance of A-Share Listed Logistics Companies Based on Factor Analysis

Jiang Chan Han Feng

（**College of Management**，**Shenyang Jianzhu University**，**Shenyang 110168**，**China**）

Abstract：In view of the importance of material transportation, The State Council issued a document to deploy the work related to freight logistics protection, and the logistics industry is in urgent need of strengthening internal management, paying attention to financial performance evaluation, and providing guarantee for its efficient operation and development. This paper selects 2021 A-share listed 30 head logistics company financial index data, using factor analysis method to build financial performance evaluation system, analyze its financial performance, concluded that the logistics industry development ability and profitability, asset management and business efficiency is not high, and put forward to accelerate the horizontal and vertical development of logistics industry, strengthen the construction of logistics information system, speed up the logistics supply Chain of the network layout , etc.

Keywords：logistics industry；listed company；factor analysis；financial performance

1 引言

新冠疫情背景下，保障性物资的运输需求大大增加，国务院为此印发了关于部署货运物流保通保畅工作的通知[1]。因此，作为供应链的重要基础和流通体系的关键环节，物流业亟须加强内部运营管理，重视财务绩效评价，进而提升行业运转效率和质量。目前财务绩效的评价方法集中于杜邦分析法、平衡计分卡法、EVA 经济增加值法和因子分析法。如任子怡（2021）[2] 运用杜邦分析法，选取相关指标对圆通速递公司的偿债能力、营运能力、发展能力、盈利能力展开分析；蔡瑞童（2021）[3] 基于平衡计分卡法，为 A 物流企业构建绩效评价体系；石一凡等（2021）[4] 基于 EVA 经济增加值法，对资源物流型企业的财务绩效进行分析评价；李崇峰（2021）[5] 通过问卷收集和 Amos 软件，分析绿色实践对物流企业经营绩效的影响。本文根据物流业特点，从盈利能力、偿债能力、营运能力和发展能力这 4 个维度选取财务绩效指标，利用因子分析法的降维作用重新构建物流业财务绩效评价体系，对 2021 年 30 家 A 股上市的头部物流公司的财务绩效进行评价，分析得出物流业的主要问题，并提出发展建议。

2 物流业财务绩效实证分析

2.1 样本与财务绩效指标选取

本文以年营业收入作为判定企业规模大小的标准，依照 2021 年物流企业营业收入排行，剔除其中的 ST 企业和数据不全的企业，从国泰君安数据库选取 2021 年营业收入在 10 亿元以上的前 30 家 A 股上市头部物流公司的财务指标数据。这些企业规模较大，经营较为平稳，占据了物流市场的多数份额，可作为物流业头部企业的代表。基于文献法和《企业绩效评价操作细则》中关于物流业的绩效评价指标体系，本文从盈利能力、营运能力、偿债能力和发展能力这 4 个维度出发，选取了有代表性的 11 项财务绩效指标并构建评价体系，具体见表 1。

表 1　A 股上市物流企业财务绩效评价指标体系

维度	指标	代码	指标类型
盈利能力	资产净利率	X_1	正向
	权益净利率	X_2	正向
	营业利润率	X_3	正向
偿债能力	资产负债率	X_4	适度
	流动比率	X_5	适度
营运能力	流动资产周转率	X_6	正向
	总资产周转率	X_7	正向
	股东权益周转率	X_8	正向
发展能力	营业利润增长率	X_9	正向
	净利润增长率	X_{10}	正向
	股东权益增长率	X_{11}	正向

2.2　指标正向化处理

由于资产负债率和流动比率为适度指标，本文以物流业资产负债率和流动比率的均值代替指标最优值，对指标进行正向化处理，正向化公式如下：

$$X_{ij} = \frac{1}{1+|X_{ij}-A|} \qquad (1)$$

式中，A 为指标最优值。

2.3　适用性检验

利用 SPSS 统计软件对 2021 年国内 30 家 A 股上市的头部物流公司的 11 个财务指标进行 KMO 检验和巴特利特球形检验，结果见表 2。

表 2　KMO 和巴特利特检验

KMO 取样适切性量数		0.571
巴特利特球形度检验	近似卡方	298.031
	自由度	55
	显著性（Sig.）	0.000

由表 2 可知，KMO 值超过临界值 0.5，可采用因子分析法。巴特利特球形度检验的 Sig. 值为 0.000，远小于一般认定标准 0.05，也说明适合做因子分析。

2.4　主成分因子提取与命名

通过主成分分析法提取特征值大于 1 的因子，以此作为主成分因子，并用方差百分比表示其所包含的信息量。如果累计信息保存度高于 80% 则证明因子分析有效。总方差解释（旋转前）见表 3。

表 3　总方差解释（旋转前）

成分	初始特征值			提取载荷平方和		
	总计	方差百分比（%）	累积（%）	总计	方差百分比（%）	累积（%）
1	3.717	33.787	33.787	3.717	33.787	33.787
2	2.603	23.665	57.453	2.603	23.665	57.453
3	1.964	17.853	75.306	1.964	17.853	75.306
4	1.034	9.400	84.706	1.034	9.400	84.706

从表 3 可知，前 4 个因子的特征值大于 1，且累积方差百分比达 84.706%，说明通过主成分分析法所提取的因子信息完整度得到保证。可确定 4 个主成分因子 F_1，F_2，F_3，F_4。然而，提取载荷平方和得出的结果只适用于主成分分析法，所以需要采用最大方差法对上述载荷平方和进行旋转，以便进行因子分析，旋转后见表 4。

表 4　总方差解释（旋转后）

成分	初始特征值			旋转载荷平方和		
	总计	方差百分比（%）	累积（%）	总计	方差百分比（%）	累积（%）
1	3.717	33.787	33.787	3.158	28.711	28.711
2	2.603	23.665	57.453	3.011	27.377	56.088
3	1.964	17.853	75.306	1.96	17.82	73.907
4	1.034	9.400	84.706	1.188	10.798	84.706

利用最大方差法得到的旋转后因子矩阵各指标载荷值大小见表 5。

表 5　旋转后的因子矩阵

指标	因子			
	F_1	F_2	F_3	F_4
X_7	0.934	-0.092	0.065	0.143
X_6	0.932	0.064	0.145	0.017
X_8	0.775	-0.026	-0.114	0.335
X_3	0.687	-0.082	-0.102	0.032
X_2	0.029	0.980	0.009	-0.081
X_1	-0.093	0.940	-0.020	0.119
X_5	-0.026	0.920	0.013	-0.330
X_{11}	-0.540	0.521	-0.088	-0.250
X_9	0.004	0.021	0.976	-0.102
X_{10}	-0.029	-0.003	0.974	0.037
X_4	0.251	-0.102	-0.054	0.922

由表 5 可得出：F_2 与权益净利率、资产净利率、股东权益增长率的相关度较高，代表了企业的资产获利能力和权益增长能力，可把 F_2 设为盈利能力和发展能力因子 F_1；与总资产周转率、流动资产周转率、股东权益周转率和营业利润率的相关度较高，代表了企业的资产管理效率和企业经营效率，因此把 F_1 设为资产管理效率和经营效率因子；F_3 与营业

利润增长率和净利润增长率的相关度较高，代表了企业的利润增长能力，可把 F_3 设为利润增长能力因子；F_4 与资产负债率的相关度较高，代表了企业的长期偿债能力，可把 F_4 设定为长期偿债能力因子。

2.5 因子得分计算

采用回归法得到各主成分因子关于各指标的线性表达式，并计算各样本对应的主成分因子得分。因子得分系数矩阵见表6。

表6 因子得分系数矩阵

财务绩效指标	因子			
	F_1	F_2	F_3	F_4
X_1	0.300	0.017	0.039	-0.005
X_2	0.324	0.063	0.071	-0.108
X_3	0.194	-0.175	-0.055	-0.340
X_4	-0.051	0.026	0.023	0.806
X_5	0.220	0.045	-0.043	0.190
X_6	-0.008	0.326	-0.014	0.172
X_7	0.065	0.334	-0.010	-0.026
X_8	0.080	0.298	-0.021	-0.252
X_9	0.013	-0.009	0.496	-0.040
X_{10}	-0.019	-0.011	0.503	0.092
X_{11}	0.231	0.005	-0.052	-0.080

根据表6得：

$$F_1 = 0.300X_1 + 0.324X_2 + 0.194X_3 - 0.051X_4 + 0.220X_5 - 0.008X_6 + 0.065X_7 + 0.080X_8 + 0.013X_9 - 0.019X_{10} + 0.231X_{11}$$

$$F_2 = 0.017X_1 + 0.063X_2 - 0.175X_3 + 0.026X_4 + 0.045X_5 + 0.326X_6 + 0.334X_7 + 0.298X_8 - 0.009X_9 - 0.011X_{10} + 0.005X_{11}$$

$$F_3 = 0.039X_1 + 0.071X_2 - 0.055X_3 + 0.023X_4 - 0.043X_5 - 0.014X_6 - 0.010X_7 - 0.021X_8 + 0.496X_9 + 0.503X_{10} - 0.052X_{11}$$

$$F_4 = -0.005X_1 - 0.108X_2 - 0.340X_3 + 0.806X_4 + 0.190X_5 + 0.172X_6 - 0.026X_7 - 0.252X_8 - 0.040X_9 + 0.092X_{10} - 0.080X_{11}$$

按4个因子各自累计百分比，计算加权得分：

$$F = 0.338F_1 + 0.237F_2 + 0.179F_3 + 0.094F_4$$

2.6 得分结果与分析

根据张梦瑶、曾华锋（2019）[6] 关于财务绩效等级划分标准，本文将样本企业的财务绩效总得分和因子得分进行等级划分，其中-1以下表示极差，-1到-0.5表示非常差，-0.5到0表示较差，0表示一般，0到0.5表示良好，0.5到1及1以上表示优秀。

根据表7，从总得分看，物流公司样本中有14家企业得分为正值，其中5家表现优秀；16家企业得分是负值，其中14家表现较差，另外2家表现非常差。近一半的样本企业财务绩效表现较好。

表7 各因子得分和总得分

公司	F_1	F_2	F_3	F_4	总分
海程邦达	2.599	0.504	0.395	0.836	1.147
东航物流	3.748	-0.385	-0.101	-0.139	1.145
飞力达	-0.205	-0.231	5.003	0.364	0.806
远大控股	-0.067	3.113	0.085	-0.103	0.721
浙商中拓	0.407	2.580	-0.284	-1.672	0.541
华贸物流	0.278	0.069	-0.085	0.978	0.187
中创物流	-0.315	0.517	-0.197	1.685	0.139
嘉友国际	0.621	-0.633	-0.410	1.018	0.082
上海雅仕	0.043	-0.345	-0.028	1.475	0.066
炬申股份	0.959	-0.615	-0.695	0.037	0.057
物产中大	-0.159	1.026	-0.230	-0.993	0.055
中储股份	-0.755	0.596	-0.272	1.904	0.016
恒通股份	-0.376	0.714	-0.398	0.394	0.008
厦门象屿	-0.380	0.987	-0.194	-0.754	0.000
密尔克卫	0.287	-0.384	-0.172	-0.023	-0.027
厦门国贸	-0.455	0.696	-0.248	-0.440	-0.075
中国外运	-0.407	-0.214	-0.171	0.605	-0.162
圆通速递	-0.281	-0.330	-0.232	0.445	-0.173
福然德	-0.322	-0.461	-0.262	0.850	-0.185
瑞茂通	-0.523	-0.287	0.833	-1.382	-0.226
传化智联	-0.336	-0.671	-0.134	0.005	-0.296
海晨股份	0.538	-1.308	-0.175	-1.843	-0.333
怡亚通	-0.774	-0.364	0.747	-1.317	-0.338
顺丰控股	-0.559	-0.483	-0.460	0.461	-0.343
韵达股份	-0.631	-0.444	-0.253	0.221	-0.343
建发股份	-0.262	-0.450	-0.331	-1.413	-0.387
德邦股份	-0.987	0.134	-0.550	0.048	-0.396
宏川智慧	0.252	-1.600	-0.400	-1.304	-0.488
长久物流	-1.041	-0.715	-0.363	0.537	-0.536
保锐科技	-0.896	-1.018	-0.418	-0.478	-0.664

从因子得分来看，F_1 盈利能力和发展能力因子得分显示：仅10家企业得分为正，剩余20家均为负值。其中前2名得分远超1.0，而后3名得分接近于-1，样本企业间差距过大。这说明除了在盈利能力和发展能力上领先的几家企业之外，总体上物流行业运用自有资本的效率低下且发展能力不足。排名第1位的东航物流 F_1 因子得分高达3.748，其权益净利率和股东权益增长率均较高，说明其股东资金使用效率高，资本积累能力强。相比于客运受到的冲击，货运业得益于货运的旺盛需求，业务持续增加。航空运输企业东航物流在环境优势的基础上，通过加大运力投入，保持了货运业务的高效运营。

F_2 资产管理和企业经营效率因子得分显示：19家企业得分为负值，且多数在-1到0之间，说明物流行业的资产管理和企业经营效率均较低。排名第1

位的远大控股的 F_2 因子得分达到 3.113，资产周转率和营业利润率均较高，且属于物流批发业。这说明相较于其他物流行业，物流批发业的资产管理和企业经营效率高，其最大原因在于数字化转型，利用数字服务平台提升采购、仓储和分销管理能力。远大控股与供应商客户加强合作，利用信息数据服务模式增强客户黏性，优化物流模式以提供高效服务。

F_3 利润增长能力因子得分结果显示：仅排名前5位的企业得分为正，且第1位企业飞力达得分高达5.003，剩余4家得分在0到1之间；其余25家均为负值，处于较差等级且差距不大。这说明2021年物流行业多数企业的利润增长能力较差，成本费用控制仍需加强。而其中表现突出的物流仓储企业飞力达的净利润增长率非常高。飞力达在物流系统建设中引入先进的物流服务模式，加快开发仓储物流管理及信息物流管理，促进了利润的快速增长。

F_4 长期偿债能力因子得分结果显示：有17家企业得分为正，其中多数处于优秀等级；有13家企业得分为负，其中5家处于较差等级，有8家处于极差等级，这说明除少数物流企业外，物流行业总体上长期偿债能力较强。装卸搬运和运输代理物流企业中创物流的 F_4 因子得分超过1.0，其资产负债率排名靠前，与指标最佳区间十分接近。此外，其余同类企业的得分也都处于良好等级，说明物流装卸搬运和运输代理行业在提升偿债能力的同时也充分利用了财务杠杆。

3 物流行业的主要发展问题

根据上文的财务绩效总得分和因子得分分析，本文分析得出物流行业存在的3个主要问题。

3.1 发展能力不足

我国头部物流企业的发展能力不足。原因是第三方物流和供应链服务等新物流模式发展不充分，与相关产业的协同和联动不足。

3.2 盈利能力不足

我国头部物流企业的盈利能力不足。我国物流行业目前缺乏全覆盖的集成信息系统，信息沟通不畅，造成运力和库存浪费，成本费用上升。

3.3 资产管理和企业经营效率不高

我国头部物流企业总体上管理经营效率不高，原因在于企业数字服务平台的应用不够普遍，运输设备的周转和人工的调配不够高效，物流供应链管理经营效率未得到有效提升。

4 物流行业的发展建议

根据上文对物流行业的问题分析，本文提出了促进物流行业发展的3个建议。

4.1 加快物流业的横向和纵向发展

加快推进网点布局和渠道覆盖，延伸物流供应链服务链条，加快实现物流业的横向扩展与纵向延伸；通过与客户供应链的深度协同，在前端供应采购，后端配送规划、资源和库存配置等方面提供更多供应链增值服务，进一步实现业务的价值升级；加强与农业和商贸业等多行业的联动及协同发展。

4.2 加强物流信息系统的全覆盖建设

在智能物流服务和系统建设中引入新技术和先进服务模式，实现物流信息网络系统的全覆盖和高度集成化，真正做到信息的畅通，进而减少和避免各环节的资源浪费，实现成本的强管控，从而提升盈利能力。

4.3 加快物流供应链的网络布局

充分利用数字信息平台提高采购、仓储和分销管理能力，利用物流网络布局来提供服务与保障供给；在考虑供需平衡的前提下，重新设置安全库存，做到在突发事件时也能保障供应链的有效运转，进而提升管理经营效率。

参考文献：

[1] 切实做好货运物流保通保畅工作 [N]. 人民日报，2022-04-12（002）.

[2] 任子怡，周洲，王淳. 基于杜邦分析法的物流企业财务状况分析：以圆通速递为例 [J]. 物流工程与管理，2021，43（10）：130-132.

[3] 蔡瑞童. 基于平衡计分卡的A物流企业绩效评价体系研究 [J]. 财会学习，2021（27）：175-177.

[4] 石一凡，李存芳，王文虎. 基于EVA的资源物流型企业财务绩效评价与启示 [J]. 物流科技，2022，45（5）：36-40.

[5] 李崇峰. 绿色实践对物流企业经营绩效的影响分析：基于供应链视角 [J]. 商业经济研究，2021（10）：103-106.

[6] 张梦瑶，曾华锋. 我国物流上市公司财务绩效评价研究：基于因子分析法 [J]. 物流工程与管理，2019，41（12）：139-141.

作者简介：

江婵（1997— ），女，江西鹰潭人，会计专业硕士研究生，研究方向：管理会计。

韩凤（1979— ），女，山西清徐人，博士，副教授，研究方向：智慧城市、产业经济规划与管理。

论文仅代表本文作者观点，文责自负——本书编者注。

基于因子分析法的 M 医疗器械公司财务绩效分析

殷　悦　栾世红

（沈阳建筑大学管理学院，辽宁　沈阳　110168）

摘要：医疗器械行业是民生行业中的重要一环，其企业想在市场中长期占有稳定的优势，则需要对企业整体进行更加强有力的管理，需从重视绩效出发进而提升绩效。M 医疗公司是医疗器械行业的龙头企业，以其为研究对象，从盈利、偿债、营运和成长能力 4 个维度出发，选取具有代表性的 14 个财务指标，运用因子分析法对其财务绩效进行评价，分析得出相关结论，并提出相应建议。

关键词：财务绩效；医疗器械；因子分析法

Financial Performance Analysis of M Medical Company Based on Factor Analysis

Yin Yue　Luan Shihong

（College of Management，Shenyang Jianzhu University，Shenyang 110168，China）

Abstract：As an important part of the national economy in the people's livelihood industry，the medical device industry needs stronger management of the enterprise as a whole if its enterprises want to have a stable advantage in the market for a long time. They need to pay attention to performance and then improve performance. As a leading enterprise in the medical device industry，m medical company takes it as the research object，selects 14 representative financial indicators from the four dimensions of profitability，debt repayment，operation and growth ability，uses the factor analysis method to evaluate its financial performance，draws relevant conclusions，and puts forward corresponding suggestions.

Keywords：cost management；medical apparatus and instruments；value chain

1　引言

现今医疗器械行业是被全业界公认的最具有发展潜力的世界化、国际化的高新技术行业之一，也是当下我国所有贸易以及在贸易中金融增长最快的朝阳产业之一。但是在我国的医疗器械行业企业的大环境中，公司的数量众多但是规模小，在行业中生存能力比较分散，创新能力与生产能力也都呈现出参差不齐的情况，相较于国外医疗器械行业较为发达国家的医疗器械企业还存在很大的差距。为了更加清楚地了解我国医疗器械企业与国外企业之间的差距，同时在其中发现并扩大企业在行业中的竞争力，以医疗器械行业的龙头企业 M 医疗为例，通过使用因子分析法中定性与定量之间相结合的关系对医疗器械企业的竞争力进行综合性的分析与评价，最后通过更加科学、更加合理的比对、分析与总结，为 M 医疗器械股份有限公司的财务绩效以及财务管理所呈现出未来的发展趋势以及应对提出相对应的

合理建议，对我国的医疗器械行业的发展具有重要的意义。

2　财务绩效评价体系建立

从委托代理理论、利益相关者从理论以及技术创新理论等角度出发，以偿债、盈利、营运和发展能力 4 个方面选取 14 个指标进行评价。将所选取的指标进行分类与整理，第一个层次为偿债能力、盈利能力、营运能力及发展能力，第二层次为财务指标。为了在分析中避免公式与指标单位出现运算中的关联性误差导致最后对结果产生影响，指标均为比率类，且同一层级相互独立。

3　实证分析

3.1　数据指标的选取

以 M 医疗器械医疗国际公司为例进行财务绩效分析，为保证数据来源的真实性与可靠性，结合相关财经网站以及 M 医疗器械公司披露的财报，选取 2015 年至 2021 年共 7 年的相关性财务指标，利用因

子分析法进行分析得出最后的权重指标。

3.2 适用性检验和主成分选取

3.2.1 数据适用性检验

通过使用统计软件 SPSS26.0 进行 KMO 值与 Bartlett 球形检验。表 1 为检验结果，KMO 值为 0.776，表明其指标之间具有一定的相关性，Sig 值为 0.000，表明其数据具有的差异性显著，符合因子分析的一般要求。

表 1　KMO 和 Bartlett 球形检验

KMO 取样适切性量数		0.776
巴特利特球形度检验	近似卡方	223.361
	自由度	10
	显著性（Sig.）	0.000

3.2.2 因子提取及贡献率

在表 2 中，以特征值大于 1 为标准，选出 3 个主因子。主因子累计方差贡献率为 95.07%，对原变量的解释值较高。

表 2　总方差解释

成分	初始特征值			提取载荷平方和			旋转载荷平方和		
	总计	方差百分比	累积（%）	总计	方差百分比	累积（%）	总计	方差百分比	累积（%）
1	8.080	57.716	57.716	8.080	57.716	57.716	5.168	36.914	36.914
2	3.833	27.378	85.095	3.833	27.378	85.095	4.083	29.164	66.078
3	1.396	9.974	95.069	1.396	9.974	95.069	4.059	28.990	95.069
4	0.344	2.459	97.528						
5	0.199	1.422	98.950						
6	0.147	1.050	100.000						
……	……	……	……						
14	/	/	100.000						

注：提取方法为主成分分析法。

3.2.3 因子命名

在 SPSS 系统内选择最大方差法对因子载荷矩阵进行旋转，见表 3。

表 3　旋转后的成分矩阵

指标	成分		
	F_1	F_2	F_3
总资产周转率	0.979	0.098	0.168
营业利润增长率	0.967	-0.101	-0.005
销售毛利率	0.925	0.311	0.181
流动资产周转率	0.824	-0.517	0.013
净资产收益率	0.752	0.190	0.461
营业收入增长率	0.665	0.438	0.561
流动比率	-0.018	0.965	0.227
速动比率	0.118	0.950	0.234
资产负债率	0.226	-0.777	-0.548
总资产增长率	0.507	0.732	0.269
应收账款周转率	0.027	0.147	0.964
存货周转率	-0.180	-0.244	-0.946
销售净利率	0.302	0.536	0.772
总资产报酬率	0.532	0.358	0.755

注：提取方法为主成分分析法；旋转方法为凯撒正态化最大方差法；a 为旋转在 6 次迭代后已收敛。

根据旋转后的因子载荷矩阵中载荷值高低对每个公因子进行解释和命名：

因子 F_1 在总资产周转率、营业利润增长率、销售毛利率、流动资产周转率、净资产收益率、营业收入增长率和总资产报酬率上，都有较大的载荷，包含了营运、发展和盈利三方面的指标，其中发展能力的指标最多且贡献率较大，因此可以将其命名为发展能力综合因子。

因子 F_2 在流动比率和速动比率这两个财务指标上远高于其他指标的载荷，载荷值分别为 0.965 和 0.950，都属于偿债能力的财务指标，因此将其命名为偿债能力因子。

因子 F_3 在应收账款周转率、销售净利率和总资产报酬率上有较大的载荷，载荷值分别为 0.964、0.772 和 0.755，分别是营运和盈利能力的财务指标，因此可以将其命名为营运及盈利能力因子。

3.2.4 因子得分和综合得分

因子得分是进行因子分析的关键一步，可以通过因子得分和综合得分判断企业的经营状况。X_1—X_{14} 代表 14 项数据指标，根据统计系统软件自动输出的因子得分系数矩阵，见表 4。

表4　成分得分系数矩阵

指标	成分		
	F_1	F_2	F_3
资产负债率	0.106	−0.165	−0.083
流动比率	−0.013	0.326	−0.140
速动比率	0.018	0.321	−0.150
总资产报酬率	0.039	−0.041	0.193
净资产收益率	0.124	−0.028	0.072
销售毛利率	0.202	0.096	−0.111
销售净利率	−0.014	0.021	0.184
流动资产周转率	0.183	−0.193	0.037
应收账款周转率	−0.111	−0.189	0.407
存货周转率	0.070	0.143	−0.355
总资产周转率	0.212	0.015	−0.069
营业收入增长率	0.096	0.044	0.066
营业利润增长率	0.099	0.060	0.105
总资产增长率	−0.112	0.086	0.487

提取方法为主成分分析法；旋转方法为凯撒正态化最大方差法。组件得分。

各因子得分的计算公式：

$$F_1 = 0.106X_1 - 0.013X_2 + 0.018X_3 + 0.039X_4 + 0.124X_5 + 0.202X_6 - 0.014X_7 + 0.183X_8 - 0.111X_9 + 0.070X_{10} + 0.212X_{11} + 0.096X_{12} + 0.227X_{13} + 0.101X_{14}$$

$$F_2 = -0.165X_1 + 0.326X_2 + 0.321X_3 - 0.041X_4 - 0.028X_5 + 0.096X_6 + 0.021X_7 - 0.193X_8 - 0.189X_9 + 0.143X_{10} + 0.015X_{11} + 0.044X_{12} - 0.020X_{13} + 0.233X_{14}$$

$$F_3 = -0.083X_1 - 0.140X_2 - 0.150X_3 + 0.193X_4 + 0.072X_5 - 0.111X_6 + 0.184X_7 + 0.037X_8 + 0.407X_9 - 0.355X_{10} - 0.069X_{11} + 0.066X_{12} - 0.096X_{13} - 0.127X_{14}$$

综合得分 F 的计算公式为：

$$F = 0.36914F_1 + 0.29164F_2 + 0.28990F_3$$

计算得出2015—2021年M医疗的各因子及综合得分，见表5。

表5　2015—2021年M医疗器械公司各因子得分及综合得分

年份	F_1	F_2	F_3	F
2015年	−1.6284	−0.7179	−0.8779	−1.0650
2016年	0.2720	−0.8951	−0.9236	−0.4284
2017年	1.5705	−0.9437	−0.0754	0.2826
2018年	0.7041	1.3203	−0.5000	0.5000
2019年	−0.3553	1.3563	−0.3836	0.1532
2020年	−0.1638	0.2586	1.0937	0.3321
2021年	−0.3991	−0.3785	1.6666	0.2254

由表2旋转后载荷平方和可得出，在2015—2021年，M医疗3种因子的贡献率分别达到了36.914%，29.164%和28.990%。

F_1作为发展能力综合因子，在2017年到达峰值1.5705后开始呈现下降趋势，尤其2019年开始始终为负值，此数据分析结果说明M医疗器械公司除偿债能力外的发展等综合能力在逐渐下滑，且近3年的综合能力较差。

F_2作为偿债能力指标，近7年来也呈现较大的波动，2015—2017年均为负值，说明在这3年间公司偿债能力存在一定缺陷，但2018年和2019年偿债因子为正且数值有很明显的大幅度提高，说明该公司的偿债能力有一定的改善。

F_3为营运及盈利能力因子，2015—2019年这5年中指标均为负值，且在这个过程中呈现波动的趋势，2020年起有了明显的上升，说明M医疗的营运及盈利能力有所提升且发展潜力很大。

就分析所得出的综合得分来看，M医疗器械公司在2015年、2016年两年均为负数，从2017年开始为正值，数值呈现小幅度波动，但企业还具有很大的上升空间。从结果得出M医疗器械公司需要从管理层的层面以及能够有足够的时间去调整经营策略并改善经营环境，进而提升财务绩效。

4　提高M医疗器械公司财务绩效的建议

根据以上实证结果，现将从发展能力、偿债能力、营运能力以及盈利能力为M医疗器械公司提出建议。

4.1　在提升发展能力方面

在发展能力方面，发展能力因子处于波动状态，较为不稳定。医疗器械行业属于高新技术产业，所以创新应是第一发展要素，我国的医疗器械行业在创新能力和生产能力方面，对比其他发达国家医疗行业一直都有所欠缺。可对相关技术人员定期进行培训及考核，在促进效益最大化的增长前提下提升团队的竞争机制，调动其积极性。因其发展能力的不稳定性，健全企业财务绩效的管理机制也尤为重要，使其贯穿于供、产、销各重要节点。

4.2　在提升偿债能力方面

在偿债能力方面，M医疗器械公司的流动比率和速动比率近7年都是先上升，在2019年达到峰值后又呈下降的趋势，公司的短期偿债能力近两年可能会存在一些问题。而公司的资产负债率在2018—

2021 年保持在 30% 左右，较为平稳，说明近 4 年企业资源较充足，偿债能力较强。

应对偿债能力的问题，M 医疗器械公司可以加强存货管理，管理人员和市场部门需配合增加对市场的调查，合理安排器械的生产和存货的销售，保证正常销售经营的同时可以酌情降低存货的积压，尽量减少老旧机器囤积。在应收账款管理方面，建立信用审批制度，评价客户的信用状况以及财务状况，制定好政策，防止应收账款余额过大。同时还要科学地选择合适的举债融资方式，制定合理的资产偿债计划。

4.3 在提升营运和盈利能力方面

在营运和盈利能力方面，基于近几年的营运及盈利能力因子得分，2015—2019 年 M 医疗器械公司全部为负指标呈现波动态势，但自 2020 年起营运及盈利能力因子呈上升的趋势。营运能力方面，结合相关的财务指标，存货周转率等，略有波动趋势，盈利能力的财务指标较为平稳。但从长远角度来说，提高财务绩效需加强盈利及营运能力都较为关键。M 医疗器械公司可进行产业结构的调整，应使生产更加地多样化、先进化，才能在竞争激烈的市场占据一席之地，加强研发的同时加强研发的资金管理，获取毛利润的压缩空间；优化销售体系，销售费用细化管理。

参考文献：

[1] 朱维桢. 基于因子分析法下 Q 公司财务绩效的评价研究 [J]. 上海商业，2020（12）：140-143.

[2] 王凯. 基于因子分析法和专家打分法的制造业主导产业选择：以威海为例 [J]. 时代金融，2018（32）：97-100.

[3] 彭东生，袁红萍. 医疗器械行业上市公司财务绩效比较研究 [J]. 商业会计，2021（17）：26-31.

[4] 王健华，刘宁宁. 基于因子分析法的东北地区上市公司财务绩效评价 [J]. 商业会计，2020（24）：43-47.

[5] 陈璐，浦秋月，邱亚栋. 基于主成分分析的医药上市公司财务绩效评价研究 [J]. 中国集体经济，2022，（5）：147-148.

作者简介：

殷悦（1997— ），女，辽宁朝阳人，会计专业硕士，会计专业研究生，研究方向：管理会计与财务决策。

栾世红（1970— ），男，辽宁沈阳人，博士，副教授，研究方向：区域经济与金融，房地产项目融资。

论文仅代表本文作者观点，文责自负——本书编者注。

价值链视角下成本管理分析——以盛美半导体为例

甄 洋 包红霏

（沈阳建筑大学管理学院，辽宁 沈阳 110168）

摘要：价值是衡量一个企业发展水平的重要指标，企业希望通过成本管理增加企业的价值。目前，传统的成本管理方式已经不能适应激烈的竞争，因此价值链成本管理顺势而生，价值链成本管理的引入使得企业将所有环节整合到一起，从根本上促使企业立足于市场。从价值链视角出发，从不同环节出发剖析盛美半导体设备公司价值链成本，并与同行业其他公司对比，进而客观评价该公司的成本管理，希望丰富相关研究。

关键词：价值链；成本管理；战略管理

Cost Management Analysis from the Perspective of Value Chain: taking Shengmei Semiconductor as an Example

Zhen Yang   Bao Hongfei

（College of Management, Shenyang Jianzhu University, Shenyang 110168, China）

Abstract: As a special way of building protection, functional replacement has been widely used in many practical cases of existing traditional houses in China. Taken the functional replacement-typed residential reconstruction as the research object, this paper systematically summarizes and studies the symbiotic strategy of old and new elements in the traditional Chinese residential reconstruction from three aspects of quantity shape change in space, structural renewal mode and material reconstruction strategy. Through comparative analysis of typical cases, the paper systematically summarizes and studies coexistence strategy between old and new elements in Chinese traditional residence transformation and also discusses the logical relationship between the transformation of space, structure, material and function replacement, in order to provide reference for the subsequent transformation practice.

Keywords: Value chain; cost management; strategic management

1 引言

价值链成本管理是将企业内外部成本控制结合的一种管理模式，旨在将价值链上产生的各项成本进行协同管理。随着市场经济和技术的迅速发展，企业将按照动态管理的形式，使战略目标与成本管理相互影响，提升企业的核心价值能力，降低顾客成本和管理成本，分析其成本管理，从战略管理方向优化该公司的成本管理模式，希望为半导体这个新兴行业的成本管理提供新思路。

2 文献回顾

传统的成本管理主要包括设定目标、实施目标、对比差异，随着信息时代的来临，互不相同但又互相联系的环节需要被整合起来，为了使企业的价值得以实现，价值链理论诞生[1]。迈克尔·波特在他的《竞争优势》一书中提出的价值链理论将公司视为在设计、制造、销售、运输和支持产品的过程中进行的活动的集合体[2]。Rayport 和 Svioklas（1995）提倡虚拟价值链的观点，认为公司之间的竞争可以分为两种方式：一是传统的产销价值链，二是虚拟价值链即信息价值链。张林宏教授（2004）从整个企业入手，整合了企业内部的生产、销售、财务、人力资源等功能，他认为每一个功能环节都由一条链连接，为了实现价值，需要处理好企业链条中的资金流、信息流、物流。价值链成本管理帮助企业从全局出发考虑成本控制。齐祥芹、钱丹蕾和尤诗祥（2019）以亚马逊为研究对象，以价值链理论为基础，以客户为价值导向，将成本管理延伸到各个子环节，关注价值链上企业的长期共赢能提高企业的竞争力[3]。

3 盛美半导体公司简介

2005 年，盛美半导体在上海浦东新区张江高科技园区成立，这是一家拥有世界一流技术的半导体设备制造商。经过多年的沉淀，公司研发了很多的专业性设备，如单片清洗、槽式清洗以及单片槽式组合清洗等清洗设备。目前，盛美依托其先进的生产技术和优质的产品抢占了一定的市场份额，成为具有一定国际竞争力的先进企业，得到了市场的认可，获取了客户的好评，赢得了良好的口碑。

4 盛美半导体成本管理分析

一项价值活动由很多成本因素驱动，传统的成本分析以单个企业或集团为主体，核算范围为企业内部的各项经济活动[4]，波特（1997）认为不仅应该考虑企业内部的经济活动，而且要将价值活动延伸到企业外部，更注重行业价值链的分析。

4.1 内部价值链分析

4.1.1 采购环节

根据盛美半导体招股说明书提供的数据可以发现，2018—2020 年公司采购成本逐渐上升，作为制造型企业，其采购成本占营业收入的比重较大。据了解，公司原材料供应商主要集中在美国、韩国、日本和中国台湾等地区，如果疫情持续，采购流程可能将会变得复杂，甚至境外采购会受到限制，未来供应商的原材料提供数量有可能降低，疫情的不确定性导致供应商风险。目前，公司在积极与国内的供应商合作，丰富采购渠道，在采购多元化的同时降低采购成本。

截至 2021 年 9 月盛美半导体存货规模（见表 1）为 115791 万元，2020 年存货规模为 61487 万元，同比增长 88.32%，主要是销售需求增长带来的原材料在产品增加以及发出商品增加。尽管如此，与同行业相比，盛美的存货周转率高于北方华创、芯源微等公司，且高于行业均值。

表 1 2018—2021 年盛美半导体存货周转

年份	2018 年	2019 年	2020 年	2021 年
存货周转率（%）	1.51	1.44	1.21	0.53
存货周转天数（天）	238	250	298	679

4.1.2 生产环节

产品经过一连串的活动创造价值离不开研发的支持，盛美公司作为技术密集型行业，比较重视研发的投入，公司凭借其集成电路设备产业多年的积累经验，掌握了成熟的核心关键工艺技术、生产制造能力与原始创新的研发能力，根据财报数据显示，盛美半导体的技术研发人员截至 2021 年为 391 人，占总人数比重 44.99%。盛美研发投入近百亿元，主要用于研发半导体清洗设备（见表 2）。

表 2 2018—2021 年盛美研发投入情况

年份	2018 年	2019 年	2020 年	2021 年
研发投入（亿元）	79	99	141	184
销售占比（%）	14.43	13.12	13.97	16.92

4.1.3 销售环节

根据财报数据可知，公司 2017—2021 年营业收入稳步上升，但增长率呈下降趋势，2021 年 1—6 月已经达到 10 亿元的水平。公司的销售模式主要为通过代理商销售，据统计，代理商销售模式实现的收入超过 90%。资金是衡量企业运营与效率的重要指标之一，本文选取应收账款以及应付账款的周转率作为资金流的分析，公司近 4 年应收账款周转天数基本在 90 天以上（见表 3），甚至在 2021 年达到了 149 天，虽然应收账款的周转天数有所增长，但是应付账款天数远远高于应收账款天数，说明盛美半导体在进货 200 天以上才向供应商付款，而在销售货物 95 天左右便会收回货款，可见，盛美半导体具有较强的议价能力。

表 3 2018—2021 年盛美资金流情况

年份	2018 年	2019 年	2020 年	2021 年
应收账款周转率（%）	3.8	3.8	4.19	2.42
应收账款周转天数（天）	95	95	86	149
应付账款周转率（%）	3.26	1.75	1.56	1.06
应付账款周转天数（天）	110	206	231	340

4.2 外部价值链分析

4.2.1 供应商价值链分析

盛美半导体作为一家制造型企业，其采购成本占比较大，因此，供应商价值链便显得尤为重要，为了给客户提供高质量的产品，盛美建立了规范、统一、高效的供应商和客户信息平台，拥有完整的采购体系。首先，供应商必须填写"供应商调查表"以创建供应商档案，接下来，公司会调查供应商的基本情况，包括供应商人员、生产能力、设计能力、财务信息、关键零部件供应商、生产和检测设备，最后衡量供应商产品技术和质量、准时交货和售后服务。经过一系列的测试，最终确定合格的供应商并列入名单。

4.2.2 客户价值链分析

盛美半导体采用以销定产的生产模式，通过定制设计和制造，满足客户的差异化需求。为降低风险，公司还对新客户进行信用风险评估。盛美前五大客户销售额近 3 年分别占当期销售总额 92.49%，87.33%，83.36%，总体呈下降趋势。就行业整体情况分析来看，盛美半导体 2020 年前五大客户销售额占比最高，容易造成客户集中风险，如果公司对客户的购买能力预测失误，或者主要客户的财务状况发生困难，将会对公司的销售及回款产生不利影响。

2020 年盛美前五大客户销售额见表 4。

表 4　2020 年盛美前五大客户销售额

客户	中微	华创	盛美	芯源微
销售额（亿元）	13.56	26.44	8.4	1.79
占年度销售额比例（%）	60	44	83	54

5　盛美半导体价值链成本优化设计

企业价值最大化围绕着如何实现企业价值，以及如何利用价值链实现所有利益相关者的价值。作为一种绩效评估工具，平衡计分卡也可以看作是优化公司价值链的一种方式。平衡记分卡中的财务维度、客户维度是外部价值链分析的重要内容，其中

财务维度主要从成本、现金流等角度分析，本文发现盛美的存货周转率较低，尝试通过改善库存管理，降低采购成本，建立信息共享机制，提高供应商质量[5]；客户维度主要从市场开发和客户满意度为出发点，经过上述对盛美半导体价值链成本管理的分析，发现该公司的客户集中度较高，容易造成收入的风险，因此，本文试通过用新客户带来的收入增长率、客户签约率等指标来实现提高市场占有率的战略目标，另外，盛美战略优化设计见表 5。

通过建立详细客户档案系统提升信息化水平；此外，由分析资金流发现盛美半导体应收账款周转天数较长，通过产品退货率和按时完工率来提高顾客满意度，通过与客户建立信用机制，加强信用管理来提高应收账款率[6,7]。

表 5　盛美战略优化设计

层面	战略主题	战略目标	指标
财务维度	成本削减战略	减少佣金成本	长期合作优惠率
			拓展其他销售渠道
		降低采购成本	改善库存管理
			提高采购效率
	资源整合战略	提高资金利用率	加强对超期应收账款的催收
			挂钩相关人员绩效考核
客户维度	共赢持久的买卖关系	与重点客户共赢	降低重点客户流失率
		提升客户价值	提升客户毛利率
		提升产品质量	提高合同签约率
		提高市场占有率	新客户带来的收入增长率
	行业引领者	提升品牌形象	品牌的行业知名度
		提高客户满意度	产品退货率
			按时完工率
内部业务流程维度	创新流程	提升技术创新能力	新产品的投资报酬率
			新产品的开发周期
			收回投资期限
		拓展业务渠道	新客户的收益率
			新客户数量的增长率
学习与成长维度	人力资本	加强员工能力和忠诚度	股份支付比例
			员工培训情况
			核心员工离职率
		提升内部文化建设	员工满意度
			员工建议采纳率
			员工奖励落实周期
		提升员工利润贡献率	人均人力成本
			人力成本含量
	信息系统完善程度	提高信息流	信息系统与业务流程匹配度

6 结论

随着互联网时代的到来，数字经济大势所趋，半导体行业作为高新技术行业，信息的流通更是尤为重要。目前，半导体的国际市场较为发达，国内的半导体公司大多与国际接轨，盛美半导体重视与国际市场的互通有无，深入贯彻信息共享理念，为价值链成本管理的应用提供了路径。本文分析了其价值链成本管理，发现该公司的成本管理相对较好，但仍有一些不完善的地方，提出优化方法来使其更加完善，构建公司专属的价值链，从根本上提升企业竞争力，推动企业不断发展，实现企业价值最大化。

参考文献：

[1] 李新双. 价值链财务战略及成本管理在企业中的应用 [J]. 时代金融，2022（2）：82-83+86.

[2] 迈克尔·波特. 竞争优势 [M]. 北京：华夏出版社，1997：62.

[3] 齐祥芹，钱丹蕾，尤诗翔. 电商企业的精益供应链成本管理研究：以亚马逊为例 [J]. 财会月刊，2019（14）：57-64.

[4] 于丹，马影. 沃尔玛价值链成本管控分析 [J]. 财务与会计，2018（3）：26-27.

[5] 张静，季洁. 基于价值链的电商企业战略成本管理研究以苏宁易购为例 [J]. 内江科技，2022，43（1）：14-15.

[6] 倪浩. 电商企业价值链成本管理研究 [D]. 蚌埠安徽财经大学，2018.

[7] 廖联凯，郭艺威，王月媚. 家电企业价值链成本管理应用研究：以创维集团为例 [J]. 财会通讯，2017（14）：53-57.

作者简介：

甄洋（1998— ），女，辽宁沈阳人，会计学专业硕士研究生，研究方向：管理会计与财务决策。

包红霏（1973— ），女，辽宁沈阳人，博士，教授，研究方向：财务会计理论与实务。

论文仅代表本文作者观点，文责自负——本书编者注。

小米生态链构建与价值分析

刘欣燃　张　嵩

（沈阳建筑大学管理学院，辽宁　沈阳　110168）

摘要：在"互联网+"的时代背景下，企业在资源方面以及在市场上所处领域的不同，限制了企业发展过程中的资源利用和价值创造。商业生态系统参与者在经济联合体中进行资源配置，构建生态链实现价值创造。以小米生态链为研究对象，从战略分析的角度归纳了生态链战略的三个发展阶段，分析了生态系统下的生态管理模式和动因，并对生态链战略的价值效应进行阐述。

关键词：商业生态系统；生态链；小米公司

Construction and Value Analysis of Xiaomi Ecological Chain

Liu Xinran　Zhang Song

（College of Management，Shenyang Jianzhu University，Shenyang 110168，China）

Abstract：In the era of "Internet plus"，different enterprises in terms of resources and their fields in the market restrict resource utilization and value creation in the development process of enterprises. Participants of commercial ecosystem allocate resources in the economic union and construct ecological chain to achieve value creation. Firstly，taking Xiaomi ecological chain as the research object，this paper summarizes three development stages of ecological chain strategy from the perspective of strategic analysis，then analyzes the ecological management mode and motivation under the ecosystem，and finally expounds the value effect of ecological chain strategy.

Keywords：business ecosystem；ecological chain；Xiaomi corporation

1 引言

随着社会组织形式和合作关系的变化，企业竞争不再局限于传统意义上单一化的产品竞争，而是升级成了生态系统的综合性竞争。社会组织的运作模式与生态链的运作模式有着相似之处[1]，生态链组织内部也有联系，构建商业生态的互惠共生关系实现资源整合和优势互补[2]。在合作共享的前提下，深化利益联合机制，以生态链企业稳定的共享结构降低风险和成本，企业生态系统的搭建有利于企业价值的实现[3]。经济学家陆玲在其发表的文章中将生态学的概念与生态链的概念联系起来，认为企业的长期稳定发展离不开企业内部各要素的作用[4]。企业战略的制定应该关注企业生态系统的影响，企业战略可以与生态链发挥协同作用，促进企业商业生态系统的健康发展[5]。在这样的行业背景下，要求企业在创新中及时调整战略方向，从而灵活应对外部环境的不确定性因素[6]。

小米公司搭建物联网平台，以"持股而不控股"的方式布局生态链。小米生态链在小米生态体系内发挥效果，在该体系中，质量、售后、供应链等指标得到保证，双方可以实现资源置换等合作。聚焦于小米生态链，分析其3个发展阶段的特点以及内部参与者的管理模式，探究其"竹林生态"下的动因和价值效应。

2 小米公司生态链战略分析

小米公司创立于2010年，是一家专注于手机研发与销售的互联网企业。随着不断调整经营战略，公司发展成了以智能手机、智能硬件和IoT平台为核心的互联网企业。小米投身于生态链战略，入股生态链企业并以"轻模式"和"高度开放"的姿态赋予生态链企业活力。截至2021年12月，小米公司已投资了390余个生态链企业，总账面价值达人民币603亿元。

2.1 小米生态链发展历程

2.1.1 起步阶段

2010—2011年，以"硬件+MIUI"为开拓期出发点，相继推出了小米1手机和两款软件，致力于形成"软件—系统—硬件"的有机循环。

2.1.2 发展阶段

2012—2016 年，小米生态链战略进入"智能生态链"的拓展期。结合对互联网行业的分析，预测到物联网市场的巨大市场潜力，开始将目光转向"硬件+IoT"的发展方向并开启 IoT 布局，构建以智能硬件为核心的产品生态。

2.1.3 协调阶段

2017 年至今，小米公司延续了"硬件+IoT"的思路，入股 5G、人工智能等领域的生态链企业。在"手机×AIoT"的核心战略下调整生态链布局，构建了涵盖智能手机周边产品、IoT 与生活消费品、互联网服务产品的生态产品结构。2018 年，小米构建全球最大的物联网消费平台，进入真正意义上的生态链战略成型期。

2.2 生态链企业管理模式

2.2.1 生态链组织关系

联合创始人刘德全面负责生态链的整体规划，从小米公司抽调部分骨干构建新型生态链体系。另外，在组织管理中落实员工激励等利益机制，将员工利益和企业发展紧密联系在一起。在"投资+孵化"模式下与生态链企业通力合作，形成客户群、技术、供应链等资源方面的生态共生关系。

2.2.2 生态链控制关系

小米坚持"参股不控股"的原则，在合作的同时保障生态链企业的经营自主权。公司倡导"建议不决策"的方式，在生态链企业管理中以建议引导发展，必要时会参与生态链企业的重要经营决策。为了便于生态链企业的管理，会与生态链企业沟通生产经营情况，及时监控投资的资产减值风险。

2.2.3 生态链交易方式

在产品设计方面，小米和生态链企业共同参与设计和研发，确保生态链产品符合小米的工艺和质量标准。经生态链企业自行采购原材料后委托第三方代工厂批量生产，然后按照 BOM 成本向生态链企业采购产品，再通过公司的线上、线下销售渠道实现对最终用户的销售。在实现产品的对外销售后，按照合同规定比例与生态链企业进行利润分成。小米价值链见图 1。

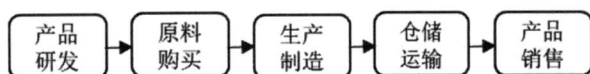

图 1 小米价值链

2.3 小米生态链战略动因分析

2.3.1 抢占物联网市场以缓解竞争压力

2011 年，工业和信息化部印发的《物联网"十二五"发展规划》中明确了物联网发展现状、发展目标和主要任务，提出了全力构建物联网产业体系、打造规模化经济的目标。小米通过生态布局形成硬件端的入口和完整的流量闭环流程，利用生态链产品填补智能硬件品类空缺。在原有小米手机庞大的用户基础上，巩固客户黏性，提高市场占有率和品牌价值，形成竞争优势，以生态链战略推动全球最大物联网平台的诞生。

2.3.2 弥补业务短板

在企业发展初期，智能手机业务是小米营业收入的核心，小米凭借高性价比的智能手机进入市场。在全球新冠疫情的影响下，核心零部件供应链出现短缺问题，芯片价格飞速上涨，上下游产业链技术面临着更新换代。智能手机价格上涨，产品销量也随之下降，单一的产品结构成为发展瓶颈。在零部件议价能力上，生态链战略实现了小米与生态链企业的共享。小米的一家生态链企业紫米公司通过资源共享，将其在电池供应链的价格优势共享给另一家生态链企业，提高了议价能力，利用生态体量优势发挥整体协同效应。小米公司 2021 年营业收入占比见表 1。

表 1 小米公司 2021 年营业收入占比

（单位：%）

项目	占比
智能手机	63.6
IoT 与生活消费产品	25.9
互联网服务	8.6
其他	1.9
合计	100

注：数据来源于小米公司年度财务报告。

2.3.3 构建产品生态实现资源反哺

在供应链或市场等内部或外部因素的影响下，小米单一的产品结构容易产生风险。小米入股生态链企业，不仅可以降低时间成本和试错成本，还能以最直接的形式打破市场壁垒，获得生态链企业的技术优势。同时，生态链企业可以共享销售渠道、获得资金支持。当消费者对某个产品有较高满意度时，生态链产品也会同样吸引目标客户群，实现生态链产品的资源反哺。

3 价值效应分析

3.1 营业收入增加

2021 年，尽管受到全球新冠疫情以及核心零部件供应链短缺问题的影响，根据小米公司年度财务报告，小米年度营业收入达人民币 3283 亿元，同比增长 33.5%；经调整净利润达人民币 220 亿元，同比增长 69.5%，各部分业务收入创历史新高。2017—2021 年的营业收入实现了人民币 1146 亿元到 3283 亿元的增长（见图 2），说明小米通过积极布局生态链，扩大了生态链范围进而补充了生态链体系产品的种类空缺，拓宽了盈利空间。

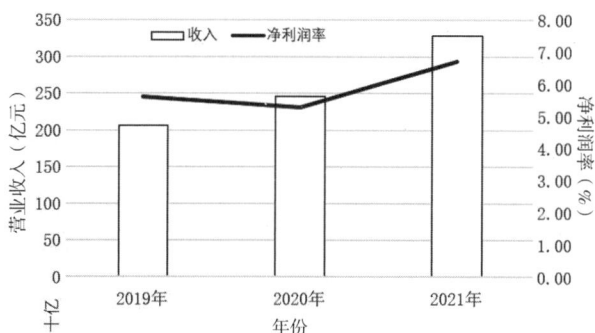

图 2　小米公司 2019—2021 年的营业收入和净利润率

数据来源：小米公司年度财务报告

3.2 市场份额稳步增长

根据 Canalys 公布的报告数据，小米公司 2021 年智能手机出货量为 1.91 亿台，同比增长 28%，智能手机出货量排名全球第 3 位。智能手机市场占有率为 14%（见表 2），相较于 2020 年上升了 2%，年度智能手机出货量和市场份额创下历史新高。随着生态链布局的进一步深化，在原有小米手机庞大的用户基础上巩固用户黏性，提高了市场占有率和竞争力，促进品牌价值的提升，缓解了单一产品结构的业务短板困境（见表 2）。

表 2　智能手机市场份额　（单位：%）

公司	2020 年	2021 年
三星	20	20
苹果	16	17
小米	12	14
OPPO	9	11
VIVO	9	10
其他	33	28

注：数据来源于 Canalys 报告。

3.3 扩大用户规模

截至 2021 年年底，全球 MIUI 月活跃用户数已达到 5.09 亿，同比增长 28.4%；AIoT 平台已连接 4.34 亿个 IoT 设备，同比增长 33.6%。小米品牌生态体系的多品类运营带动了品牌规模经济，利用生态链企业多品类产品的联动性优势巩固用户黏性，以单品类产品带动生态链产品的销售，利用生态链产品扩大了小米的市场份额。

4 结论

小米公司充分发挥生态链中各个参与者的积极性和连通性，在"手机×AIoT"的核心战略指引下，整合生态链企业上下游资源，在平台上进行信息共享与沟通合作，从而形成优势互补、技术与资金相结合的生态链。结合小米公司年度报告以及相关资料的分析，小米生态链战略在一定程度上拉动了营业收入和市场份额的增长，在树立品牌形象的同时也创造了价值效应。

参考文献：

[1] Moore J F. Predators and prey：a new ecology of competition [J]. Harvard business review, 1993, 71（3）：75-86.

[2] 陶蕊，曾平. 基于企业资源能力的商业生态模式研究：以小米公司为例 [J]. 经济研究导刊，2021（14）：31-33.

[3] 郭飞，向乐静，于畅. 公司创业投资如何影响价值创造？——基于小米生态链构建的研究 [J]. 财务管理研究，2022（2）：1-14.

[4] 陆玲. 略论企业生态学原理 [J]. 世界科学，1996（3）：44-46.

[5] 张琰. 商业生态系统理论的企业间战略协同分析 [J]. 中国商贸，2012（12）：65-66.

[6] 胡永仕，陈琦，古红霞. "互联网+"背景下实体零售与网络零售融合发展研究：生态系统重构的视角 [J]. 商业经济，2022（5）：55-61.

作者简介：

刘欣燃（1998—　），女，黑龙江哈尔滨人，会计专业硕士研究生，研究方向：管理会计与财务决策。

张嵩（1966—　），女，研究方向：辽宁葫芦岛人，硕士，研究方向：副教授，硕士生导师，研究方向：组织行为与绩效管理、工程伦理。

论文仅代表本文作者观点，文责自负——本书编者注。

新基建背景下科大讯飞融资策略优化研究

李南芳　赵瑞琪

（沈阳建筑大学管理学院，辽宁　沈阳　110168）

摘要：新基建是我国现阶段为促进经济发展、企业发展而提出的重要举措，为支持相关产业发展，国家、各部委、各地方政府发布了一系列相关政策。随着5G网络、大数据中心、人工智能等新一代信息技术成为焦点，高新技术企业作为其载体迎来了历史性的发展机遇。运用EVA_SGR财务战略矩阵模型，对科大讯飞的融资策略进行分析并提出优化建议。

关键词：新基建；融资策略；财务战略矩阵

Study on the Optimization of IFLYTEK's Financing Strategy in the Context of New Infrastructure

Li Nanfang　Zhao Ruiqi

（**College of Management**，**Shenyang Jianzhu University**，**Shenyang 110168**，**China**）

Abstract：The new infrastructure is an important initiative to promote economic development and enterprise development in China at this stage. In this context，the state，ministries and local governments have issued relevant policies to support the development of related industries，and new-generation information technology such as 5G networks，artificial intelligence and big data centers have become the main characters，and high-tech enterprises as their carriers ushered in a historic development opportunity.

Keywords：new infrastructure；financing strategy；financial strategy matrix

1 引言

为了使企业抓住新基建这个重大发展机遇，帮助企业选择恰当的融资策略具有重大意义。美国学者 Hawavini 和 Viale 在 2000 年提出的 EVA_SGR 财务战略矩阵模型能够兼顾经济增加值与财务可持续增长两者的优点，促使企业将财务资源与增长速度相匹配，把价值创造作为最终目标，帮助企业理性选择融资策略。

2 新基建对科大讯飞的影响

2.1 新基建为科大讯飞带来重要发展机遇

高新技术企业科大讯飞股份有限公司（以下简称"科大讯飞"）于 1999 年上市，以自主产权的技术为基础，占据了中国智能语音市场近 60% 的份额，在智慧教育、智能汽车、智慧医疗等领域业绩瞩目。

新型基础设施建设（以下简称"新基建"）在 2018 年被定义为 5G、人工智能、工业互联网、物联网等，涉及数字、电力、交通、通信等若干个社会民生重点行业[1]。另外，新冠疫情暴发以来，在人工智能、大数据等技术的支持下，疫情防控得以有效开展，电子商务、在线教育、在线医疗等数字经济获得蓬勃发展，加快了新基建的建设步伐。随着 5G、数据中心、人工智能等项目成为引领新一轮投资的亮点，这些与科大讯飞业务方向高度契合的领域将为科大讯飞提供更多发展机会。

2.2 新基建对科大讯飞融资政策性利好

政府部门与金融机构自"十三五"中后期开始逐渐加强对新基建相关项目的投融资资金投入，新基建的提出打破了高新技术企业在融资方面的天然弱势，为其带来了政策性利好[2]。2020 年 7 月，国务院发布的《关于促进国家高新技术产业开发区高质量发展的若干意见》指出，要扶持高新区企业发展，加大对高新技术企业的扶持力度，引导金融资源倾斜，探索专业化服务、利用科技金融工具助力高新技术企业的发展。2020 年 10 月，央行在《统筹布局新基建金融工作》中提出要以新基建资金需求为导向，不断优化信贷模式，通过股权、债权、供应链金融、"融智+融资"等多种形式丰富资本市场工具，拓宽服务新基建的业务领域，大力撬动更多社会资本投向新基建。提供全方位、多层次的金融服务，大力推动金融数字化转型，全面推进数字普惠金融发展。据中国科技部火炬中心统计，截至2021年8月占比51.1%的高新技术企业获得了金融机构贷款，较年初增加5655家；14.2万家高新技术企业平均每家企业获得贷款支持6246.6万元，获贷总额88687.7亿元。由此可见，新基建确实为高新技术企业的融资提供了更加有利的政策环境。

3 基于财务战略矩阵模型的融资策略分析

3.1 EVA_SGR 财务战略矩阵模型的构建

EVA代表了价值创造，SGR代表了可持续增长，将两个视角结合建立EVA_SGR二维矩阵模型，形成企业制定融资策略时可参考的四个象限，具体如图1所示。

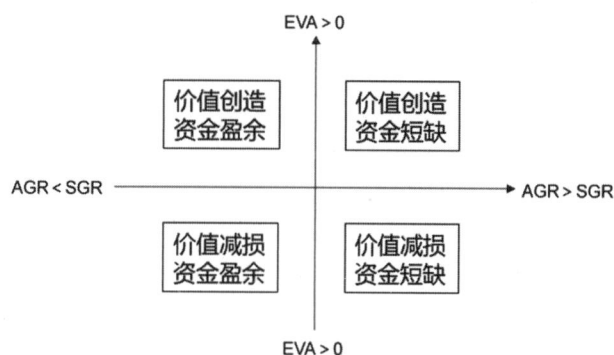

图1 财务战略矩阵

企业如果实际销售增长率（AGR）大于可持续增长率（SGR），那么企业内部资金不足以支撑目前的快速增长，此时企业出现资金短缺。只有在企业的高速增长能使企业价值增加时，才有必要进行筹资以支持当前的增长，即当EVA>0时筹资才有意义。从价值创造与可持续增长两个视角来指导企业融资策略的EVA_SGR模型，可以根据不同经营状况将其划分至矩阵的四个象限，每个象限有理论上应使用的最优融资策略，通过对比企业实际运用的融资策略，可以分析出企业融资策略存在的问题，从而进行优化，最终实现企业价值创造和可持续增长的目标[3]。

3.1.1 经济增加值

参考国资委2013年发布的《中央企业负责人经营业绩考核暂行办法》中《经济增加值考核细则》，遵循重要性、可获得性、可影响性等原则，对相关项目进行调整，具体计算过程如下。

经济增加值的计算公式：

经济增加值=税后净营业利润−资本成本=税后净营业利润−调整后资本×平均资本成本率

税后净营业利润=净利润+（利息支出+研究开发费用调整项）×（1−所得税税率）

调整后资本=平均所有者权益+平均负债合计−平均无息流动负债−平均在建工程

表1 2017—2021年科大讯飞经济增加值计算

年份	2017年	2018年	2019年	2020年	2021年
调整后税后净营业利润（万元）	106381.51	194892.69	313073.77	384917.96	500261.12
调整后资本（万元）	849890.92	955040.40	1194690.05	1443334.00	1910432.40
平均资本成本率（%）	7.20	4.07	9.39	3.69	12.10
EVA值（万元）	45189.36	156022.55	200892.37	331658.94	269098.80

注：数据来源于作者整理计算所得。

3.1.2 可持续增长率

可持续增长模型的主要代表是希金斯模型和范霍恩模型，但由于两种模型都存在一定弊端，因此本文采用我国学者樊行健和郭晓燚教授基于以上两种模型重构的可持续增长模型。该模型的计算公式如下：

$$SGR = \frac{M \times T \times (1+F)}{M_0 \times T_0 \times (1 - M \times T \times P \times R)} - 1$$

式中，T_0=期初权益乘数；M_0=期初总资产周转率；T=期末权益乘数；M=总资产周转率；P=销售净利率；R=留存收益比率；F=当期新增股份占期初所有者权益比率。

2017—2021年科大讯飞数据计算见表2。

表 2　2017—2021 年科大讯飞数据计算表

年份	2017 年	2018 年	2019 年	2020 年	2021 年
期初权益乘数	1.44	1.68	1.86	1.71	1.91
期初总资产周转率（次）	0.35	0.46	0.55	0.57	0.58
期末权益乘数	1.68	1.86	1.71	1.91	1.81
总资产周转率（次）	0.46	0.55	0.57	0.58	0.65
销售净利率（%）	8.80	7.81	9.36	11.07	8.80
留存收益比率（%）	71.02	100.00	53.37	69.13	100.00
当期新增股份占期初所有者权益比率（%）	4.16	0.00	35.28	0.00	14.71
可持续增长率（%）	67.82	43.87	35.49	51.59	35.89
实际增长率（%）	1.44	1.68	1.86	1.71	1.91

注：数据根据国泰安数据库、科大讯飞 2017—2021 年财报计算所得。

3.2　基于 EVA_ SGR 财务战略矩阵的融资策略评价

综合上文对 EVA 及 SGR 的计算，结合科大讯飞的实际增长率，构建图 2 财务战略矩阵图。

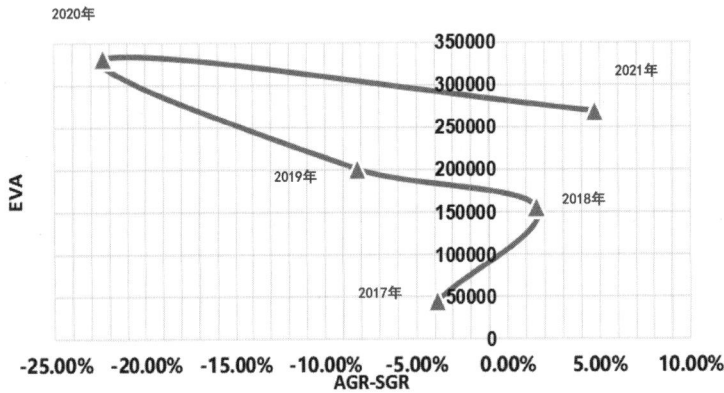

图 2　科大讯飞 EVA_ SGR 财务战略矩阵图

财务战略矩阵见表 3。

表 3　科大讯飞财务战略矩阵数据汇总

年份	2017 年	2018 年	2019 年	2020 年	2021 年
Y 轴	45189.36	156022.55	200892.37	331658.94	269098.80
实际增长率（%）	63.97	45.41	27.30	29.23	40.61
可持续增长（%）	67.82	43.87	35.49	51.59	35.89
X 轴（AGR-SGR）	-3.85	1.54	-8.19	-22.36	4.72
资金情况	盈余	短缺	盈余	盈余	短缺
价值情况	创造	创造	创造	创造	创造

注：数据来源于作者整理计算所得。

由图 2 和表 3 可知，在 EVA_SGR 矩阵中，2017—2021 年科大讯飞位于第一、二象限，经济增加值始终为正，2020 年之前科大讯飞经济增加值的增长幅度变快，说明其价值创造呈现波动上扬趋势，企业成长性较乐观，2021 年 EVA 值稍有回落，增速放缓。从横坐标来看，仅 2018 年、2021 年为正，其余年份均为负，说明 2018 年、2021 年科大讯飞发展较为迅猛，营业收入同比增长达 45.41% 和 40.61%。2017 年、2019—2020 年横坐标为负，说明科大讯飞的实际增长率虽然较高，但其实际发展速度仍未能达到企业理想状态下的发展速度，且与企业理想状态下的发展速度差距逐年加大。

从融资策略角度分析，2018年、2021年科大讯飞位于EVA_SGR矩阵的第一象限，这表明其具备很强的创造价值的能力，但是存在资本不足，现金流量不能适应公司的发展。2018年和2021年，科大讯飞的业务发展属于长期性的，应增加外部融资，在实现公司价值与股东利益协调发展的前提下，设计合理的股权融资和债权融资结构。

2017年、2019年、2020年科大讯飞位于EVA_SGR矩阵的第二象限，说明公司具有较高的价值创造能力和一定的现金剩余，能够满足公司的经营发展需求，有很好的偿债能力。所以，在融资策略选择上，应尽量降低融资规模，主要以债权融资为主，尽量降低融资成本，另外还应提高股利支付率，减少内源融资。

4 科大讯飞融资策略的优化建议

4.1 调节融资规模，提高资金效率

根据上文EVA_SGR财务战略矩阵模型分析，科大讯飞2019—2020年位于矩阵第二象限，说明存在现金剩余，超过了企业融资需求，发生资金闲置成本；2021年科大讯飞虽然进行了大规模的融资活动，但仍然出现了现金短缺的现象。科大讯飞应在开展筹资前对企业资金需求规模进行合理预测，并在发生现金剩余时对资金作出合理的使用规划，加强对融入资金的使用管理。既可直接用于自身投资，加快经营发展，也可投向收益、期限结构匹配的金融产品，获得更大的收益，从而提高资金使用效率。

4.2 关注融资期限，调整期限结构

科大讯飞短期借款的规模远高于长期借款，且商业信用融资率近5年来均超过25%，可见在其经营过程中十分依赖短期资金，但这种做法与高新技术企业资金需求规模大且研发周期长的特点并不匹配。科大讯飞应在银行借款融资时适当增加长期债务融资，在信用融资方面降低对供应链企业的资金依赖，以防上下游企业遭遇风险或合作关系断裂带来对企业的现金流冲击。

4.3 拓宽融资渠道，创新融资方式

科大讯飞的融资方式较单一。科大讯飞可以尝试发行债券、融资租赁、信用担保、资产证券化等方式。在新基建的背景下，社会融资方式是顺应市场及政策的选择之一，私募产业基金、地方政府产业引导基金等也应纳入考虑范围。科大讯飞应通过利用多种形式的市场便利和政策资源，积极探索创新融资方式，促进企业多元化、多渠道融资[4]。

4.4 利用政策优势，加快企业发展

人工智能被列入新基建，成为国家战略之一，科大讯飞作为中国人工智能产业的先行者，应把握时代机遇，通过整合各方资源，凸现产业集聚效应，灵活运用政策优势，通过展示自身实力去吸引投资者、投资机构和金融机构的投资，加深对融资渠道、融资方式的认识，从而获取更多的融资机会。同时，科大讯飞应积极关注政策变化，在众多产业相关政策中积极研究、深挖融资利好政策，主动运用融资政策，争取融资机会，创新融资渠道和方式，使企业获得加速发展。

5 结论

本文在把握国家大力推进实施新基建的重大发展战略背景下，基于EVA_SGR财务战略矩阵模型分析科大讯飞的融资策略，对科大讯飞的融资策略提出优化建议。新基建为科大讯飞带来重要发展机遇，同时带来了融资政策性利好。科大讯飞应在此基础上调节融资规模、期限结构，提高资金效率，拓宽融资渠道，利用政策优势，加快企业发展。

参考文献：

[1] 杨楠，方奇，胡怡彰. 新基建背景下的经济开发区创新升级策略研究 [J]. 智能建筑与智慧城市，2021（8）：20-22.

[2] 温方琪. 新基建在融资和发展建设方面的问题及对策 [J]. 现代营销（下旬刊），2021（2）：8-9.

[3] 谢晋雯，吴珂. 二维矩阵视角下融资策略选择模型构建：以天士力为例 [J]. 财会通讯，2020（18）：5.

[4] 柴源源. 基于财务战略矩阵的公司财务战略选择 [J]. 财会通讯，2019（3）：5.

作者简介：

李南芳（1968— ），女，辽宁沈阳人，博士，副教授，研究方向：区域经济政策、房地产经济政策、生态地产、旅游管理。

赵瑞琪（1991— ），女，辽宁沈阳人，会计学专业硕士研究生，研究方向：会计。

论文仅代表本文作者观点，文责自负——本书编者注。

新金融工具准则对信托企业财务信息影响分析

杨 帆　包红霏

（沈阳建筑大学管理学院，辽宁　沈阳　110168）

摘要：信托业是金融领域中的重要存在，在行业发展、资金规模、信息化模式等方面稍有逊色，2017 年我国财政部发布的关于新金融工具会计准则系列文件中包含了金融工具确认与计量、金融资产减值以及套期保值等方面的变动，新旧准则的过渡无疑又将为信托企业带来较大的挑战和变革。将新金融工具会计准则作为背景，通过对信托企业财务数据的分析，探究新金融工具准则对信托企业财务信息的影响，总结其中的问题并提出合理建议。

关键词：新金融工具准则；信托企业；财务信息

Analysis of the Influence of the New Financial Instrument Standards on the Financial Information of Trust Enterprises

Yang Fan　Bao Hongfei

（**College of Management，Shenyang Jianzhu University，Shenyang 110168，China**）

Abstract：As an important part of the financial field，the trust industry is slightly inferior in terms of industry development，capital scale，information mode，etc. In 2017，a series of documents on new accounting standards for financial instruments issued by China's Ministry of Finance included changes in recognition and measurement of financial instruments，impairment of financial assets，hedging，etc. The transition of the old and new standards will undoubtedly bring greater challenges and changes to trust enterprises. Therefore，taking the new financial instrument accounting standards as the background，through the analysis of the financial data of trust enterprises，this paper explores the impact of the new financial instrument standards on the financial information of trust enterprises，summarizes the problems and puts forward reasonable suggestions.

Keywords：new financial instrument standards，trust enterprises，financial information

1 引言

2008 年金融危机过后，为避免会计信息虚假披露，国际会计准则理事会（IASB）于 2014 年 7 月 24 日发布新金融工具，即国际财务报告准则（IFRS9）。根据我国财政部要求，我国在境外上市以及在境内外同时上市的企业于 2018 年 1 月 1 日同步实施新准则，其他境内上市企业自 2019 年 1 月 1 日开始实施[1]。新金融工具准则通过将企业财务、业务、风险和战略布局的全面融合，增强了对金融资产和金融负债监管力度，同时，复杂的监管体系也对监管者和执行者的专业程度提出了更高的要求。对企业来说，与之对应的财报信息披露也必然会受到影响，如何在变化的外部经济环境中稳健经营，向投资者传递良好的财务信息是企业高质量发展的关键。然而信托业在我国起步较晚，在金融行业四个板块中发展最为曲折缓慢，关于金融行业，我国大多数学者都是围绕银行、保险和证券行业进行研究，对信托行业的研究较少。因此下文将从信托企业角度出发进行研究探析。

2 新金融工具准则的变化

2.1 金融资产的确认与计量

为达到保证会计核算一致性的目的，新准则将旧准则中对金融资产的四种分类转换为三种，分别为：以公允价值计量且其变动计入当期损益的金融资产、以公允价值计量且其变动计入其他综合收益的金融资产和以摊余成本计量的金融资产。分类的依据是业务模式和合同现金流量，这种分类方式明确了不同类别之间的性质差异，使金融资产分类更有逻辑可循。

2.2 金融资产减值计提

旧准则下，企业采用"已发生损失法"为金融工具进行减值，只有存在触发减值迹象时才进行减值测试，且一次性将减值损失计提计入利润表。尽管此种减值方式较为简便，但是却无法面对金融市场变幻莫测的风险。为了更好地提升防范系统性金融风险的能力，加强会计信息质量的谨慎性、及时性，新准则规定以"预期损失法"作为金融资产的减值方法替代原有的"已发生损失法"。预期信用损失法要求分三个阶段采用不同的方式确认金融资产预期信用损失，以为财务报表使用者提供决策有用的相关金融资产预期信用损失信息[2]。在金融资产的初始确认阶段就预测未来一年可能产生的减值损失，在风险有增加趋势和已发生时也需要分别确认减值准备，提升了会计信息的谨慎性和及时性，提高了减值损失确认的预见性，有助于企业控制损失以及降低机会成本，也给企业提供了应对未来风险的规划期。

3 案例分析

3.1 信托行业概述

一般来说，信托是指投资者将自有资金通过直接委托的方式交给信托企业进行委托投资，以获得长期投资收益的商业金融服务。我国信托行业发展与西方国家相比较晚，经历了多次标准化校正和监管，直到"一法三规"出台才为信托行业创造了一个越来越理想的法律环境。虽然信托业已经成为我国金融体系的第二大子行业，但其发展并不乐观。近年来，信托公司的业绩严重下滑，2018年超过60%的信托公司业绩下滑，2019年约30%的信托公司利润同比下降，国内信托业资产规模从2017年的26.25万亿元下降到2019年的21.6万亿元。上述波动发生的时间恰逢新金融工具准则的实施时间，因此探讨新金融工具准则背景下信托行业财务信息的变化尤为重要。

3.2 财务信息影响分析

本文所选取的10家信托企业为以前年度业绩排名较好的头部企业。头部企业具有资产规模大、企业发展较稳定等特点，受其他因素干扰较小，因此适合作为本文案例。根据财政部的要求，在境内外同时上市的企业以及在境外上市并采用国际财务报告准则或企业会计准则编制财务报告的企业，自2018年1月1日起施行新准则，但所选企业实施新准则存在时间差异，其中7家企业实施时间为2018年1月1日，其余5家为2019年1月1日。为统一描述，以实施新金融工具准则前和实施新金融工具准则后作为界限进行对比分析。

3.2.1 金融资产分类与计量变化的影响

通过对执行新金融工具准则前后报表数据分析发现，实施新准则后，目标企业以公允价值为基础计量的金融资产平均同比上升44.88%。其主要原因是原来持有的可供出售金融资产等在重分类后，部分转为以公允价值计量且其变动计入当期损益的金融资产。表1为目标企业实施新准则前后的金融资产结构。

表1 目标企业实施新准则前金融资产结构

项目	金融资产账面价值（亿元）	摊余成本计量的金融资产占比（%）	公允价值计量且其变动计入其他综合收益的金融资产占比（%）	公允价值计量且其变动计入当期损益的金融资产占比（%）
陕国投	78.72	41.52	17.72	40.76
国投	610.80	—	30.37	69.63
重庆	772.42	72.59	13.85	13.56
五矿	153.78	38.11	—	61.89
中航	140.43	—	8.80	91.2
光大	29.23	—	3.18	96.82
交银	98.05	54.49	—	45.51
建信	59.46	0.37	3.69	95.94
平安	813.21	6.01	34.66	59.33
中信	140.42	50.50	12.46	37.04
平均	262.05	36.93	13.55	64.08

表2为目标企业实施新准则后的金融资产结构。

表 2 实施新准则后金融资产结构

项目	金融资产账面价值（亿元）	持有至到期投资占比（%）	可供出售金融资产占比（%）	以公允价值计量且其变动计入当期损益的金融资产占比（%）
陕国投	51.92	36.90	58.31	4.79
国投	2.45	73.74	10.89	15.37
重庆	581.81	44.01	55.99	—
五矿	152.78	—	98.90	1.1
中航	126.32	—	99.66	0.34
光大	31.90	—	89.31	10.69
交银	17.04	43.14	56.86	—
建信	41.81	—	93.72	6.28
平安	533.44	1.92	61.43	36.65
中信	131.29	13.84	39.32	46.84
平均	159.70	31.15	67.43	19.20

新金融工具会计准则的实施增加了公允价值计量的范围，而公允价值受市场影响波动较大，进而影响利润表的最终结果。表 3 分析了目标企业在执行准则前后金融工具期末公允价值数额以及其他综合收益的变动情况，目标企业执行新金融工具准则后的期末其他综合收益平均为 2.11 亿元，正向变动或反向幅度颇高，其中 7 家企业变动率绝对值在 100% 以上，最高达 361.67%，只有一家变动幅度为 4.00%。期末公允价值变动也是同样的情况，公允价值变动损益平均为 -167.866 万元，较上年由收益转为损失，变化幅度也均在 100% 以上，这一剧烈变动必然会引起利润的大幅度变化。

表 3 目标企业实施新准则前后期末公允价值数额以及其他综合收益的变动情况

信托企业	执行前公允价值损益变动（亿元）	执行后公允价值损益变动（亿元）	变动率（%）	执行前其他综合收益变动（亿元）	执行后其他综合收益变动（亿元）	变动率（%）
陕国投	-7.67	1.72	-122.43	1.95	1.05	-46.15
重庆	-1.14	1.84	-216.40	-2.78	0.23	-108.27
五矿	-0.79	-3.70	368.35	5.74	5.97	4.00
光大	-0.05	-0.25	400.00	0.14	0.48	242.86
交银	0.30	-0.09	-130.00	-0.058	—	-100.00
平安	-0.10	-7.46	7360.00	-6.73	5.45	-180.98
中信	14.06	-18.76	-233.43	0.57	1.52	167.67
建信	-0.045	2.60	-5877.78	-3.47	0.03	100.86
中航	-0.02	-4.51	22450.00	-11.94	-0.26	-97.82
国投	0.44	2.50	468.18	0.60	2.77	361.67

3.2.2 减值模型变化的影响

新金融工具准则以"预期信用损失"模型取代修订前金融工具准则中的"已发生损失"模型。金融资产从初始确认时开始，就需要在其资产减值准备中确认未来 12 个月内的预期信用损失。随后，将金融资产信用风险逐步增加的程度作为标准，将具体的资产减值准备计提方式划分为三个阶段如：第一阶段，如果金融工具的信用风险没有显著增加，就将 12 个月的预期信用损失纳入金融资产计提的减值准备；第二阶段，如果金融工具的信用风险有了显著增加，但是没有发生信用减值，那么就把整个存续期间的预期信用损失计提的减值准备；第三阶段，如果金融工具在报告日发生信用减值，就将整个存续期内预期信用损失作为计提的减值准备。根据各信托企业年报中披露的适用新旧金融工具会计准则的调节表，梳理了计提损失准备在准则变动前后的情况，见表4，大多数企业按照"预期损失模型"计提的资产减值损失，与原"已发生损失模型"计提的资产减值损失相比有所增加。

表4　实施新准则前后减值准备金额变动

信托企业	执行前（亿元）	执行后（亿元）	增加额（万元）
陕国投	2.40	4.452	2.052
国投资本	3.84	3.93	0.09
重庆	7.39	9.08	1.69
五矿	0.55	0.17	-0.38
中航	-0.22	0.01	0.23
光大	0.59	0.06	-0.53
交银国际	0	1303.03	1303.03
建信	0	0.001	0.001
平安	0.92	2.20	1.28
中信	13.56	1.95	-11.61

3.3　产生后果

新金融工具准则转换后FVTPL金融资产增多，会计错配现象更加严重，由此引起公允价值出现更大波动[3]。对于减值变化对上市公司带来的影响，新准则提高了金融资产减值准备计提基础，上市公司金融资产减值准备将有所提升[4]。尤其在信用风险有显著增加趋势时，减值的计提将会持续到风险事项消失，如若计提减值的资产金额较大，则会使利润出现大幅下降。

4　存在问题

4.1　操纵利润

首先，在新旧准则衔接时，公允价值的大幅度变化就会促使利润变化剧烈，这并不利于会计信息的可靠性。其次，新的分类标准更容易被人为操控，可以通过三类资产之间的互相转化，将确认的其他综合收益转入企业的利润，从而达到虚增利润的目的。

4.2　预期存在主观性

预期信用损失模型需要对未来情况作出主观判断，但在企业具体操作中，还没有完善的判断体系，如何精准判断资产的风险存在时间，是否有显著增加趋势仍是需要解决的问题。依赖预期金额大小、时点提前推后等人为主观判断，增加了调控准备进而操纵利润的可能；不同主体掌握信息和对未来预测不同，降低了会计信息的可比性、可理解性[5]。

5　启示与建议

新金融工具准则在应用上还存在着许多的不确定性，为完善准则体系，营造良好的外部经济环境，提出以下建议。

5.1　完善法律制度

新金融工具准则是根据IFRS9制定的，而IPRS9主要适用西方经济环境体系，对我国的适用情况有待考证。因此，在与国际会计制度接轨的过程中应结合我国经济特点，不能忽视我国经济背景，应以国际为导向，一步一步实现国际会计接轨的制度建设。同时建立符合我国经济背景的会计信息质量的量化标准或评级制度，对企业财务信息进行考核，也可以对执行新准则后的会计信息质量进行评测，判断该准则是否会对会计信息质量产生不利影响。

5.2　完善风险预期模型

参照内部评级技术、违约概率变化阈值等标准，制定和细化相关量化标准，开发违约概率、违约损失率或预期损失率新模型。与此同时，企业在日常开展各项业务时应加强对数据的收集和管理，可以通过建立与客户风险信息相关的数据库的方式，动态实时地掌握客户信用风险变化情况，随着时间的累积以及数据的增多，对客户的风险等级判断就会更加准确。

参考文献：

[1] 张媛媛. 新金融工具准则对公允价值变动价值相关性的影响研究［J］. 中国注册会计师，2019（10）：21-26.

[2] 财政部. 国际财务报告准则第9号——金融工具：减值征求意见稿［Z］. 2013年.

[3] 余芬. 新金融工具准则实施的影响分析与对策研究［J］. 财务与会计，2019（19）：35-38.

[4] 乾惠敏，林瑶. 新金融工具准则对上市公司财务信息影响分析：以四大保险公司为例［J］. 会计之友，2018（5）：139-141.

[5] 李峰，吴海霞. IFRS9预期信用损失模型对银行业的影响与实施建议［J］. 证券市场导报，2015（12）：45-50+56.

作者简介：

杨帆（1995— ），女，辽宁鞍山人，会计专业硕士，研究生研究方向：财务会计，工程会计。

包红霏（1973— ），女，博士，辽宁沈阳人，教授，研究方向：财务会计理论与实务。

论文仅代表本文作者观点，文责自负——本书编者注。

疫情下电商企业成本控制问题研究

王译晗　刘　颖

（沈阳建筑大学管理学院，辽宁　沈阳　110168）

摘要：受新冠肺炎疫情的影响，采取薄利多销的经营策略已经难以维持电商企业在市场中的地位，加强成本控制刻不容缓。为助力亚马逊公司成本控制，需要全面提升企业成本控制体系。以价值链理论为基础，对企业成本构成进行系统的分析。在此基础上，剖析企业成本控制存在的问题，并提出优化企业成本控制的对策建议。

关键词：价值链；电商企业；成本控制

Research on Control of E-commerce Enterprises Under The Epidemic Situation

Wang Yihan　LiuYing

（**College of Management**，**Shenyang Jianzhu Unversity**，**Shenyang　110168**，**China**）

Abstract：Affected by the COVID-19, it is difficult to maintain the position of e-commerce enterprises in the market by adopting the business strategy of small profits but quick turnover. It is urgent to strengthen cost control. In order to help Amazon's cost control, it is necessary to comprehensively improve the enterprise cost control system. Based on the value chain theory, this paper systematically analyzes the cost composition of enterprises. On this basis, it analyzes the problems existing in enterprise cost control. Finally, it puts forward countermeasures and suggestions to optimize enterprise cost control.

Keywords：value chain；e-commerce enterprises；cost control

1　引言

新冠肺炎疫情是 21 世纪以来国家和企业所面临的又一项严峻的挑战。虽然根据疫情防控要求，电商企业能充分发挥其线上不见面交流、线下无接触配送的服务优势，拥有更好的发展机遇，但不可否认的是在疫情的影响下电商企业的采购成本、运营成本等也受到了影响，企业所负担的成本费用有所增加。因此，对电商企业的成本实施有效的控制是保证电商企业疫情下能够正常运转、经营的关键。

通过文献调研发现，成本控制相关研究多数为基于供应链理论的研究，且研究对象多为建筑企业，对于疫情大背景下针对电商企业的成本控制研究甚少。本文以亚马逊公司作为研究对象，首先从剖析价值链理论这一核心概念入手，继而对亚马逊公司价值链上各个环节成本控制存在的问题进行系统的分析，最后得出疫情下企业成本控制的有效途径，为相关企业的成本研究提供参考。

2　电商成本控制的理论基础——价值链理论

价值链理论是由哈佛大学商学院的教授迈克尔·波特提出的，能够决定公司能否拥有自身独特的竞争优势，并实现长期可持续发展的理论基础。它贯穿于企业生产管理的各个环节。基于价值链理论的成本控制，可以从企业的竞争对手价值链、行业价值链以及内部价值链三个视角对企业成本进行分析控制，优化企业业务流程，帮助企业发挥自身竞争优势，创造企业价值。对于电商企业而言，价值链将企业从产品研发开始到原材料采购，再到最终面向顾客的市场销售这一系列的过程关联在一起，组成一个完整的统一体。电商企业可以通过与价值链上游供应商的合作来最大程度地满足下游消费者对于产品价值的需求，在实现双赢的基础上，帮助企业形成自身的核心竞争力，达到企业价值的最大增值[1]。价值链的构成如图 1 所示。

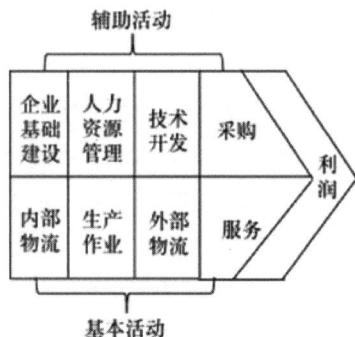

图1　企业价值链构成

3 案例介绍

亚马逊公司作为最早在互联网上经营电子商贸的公司之一，积极将价值链理论应用于企业成本管理中。通过纵向价值链了解企业行业地位，通过横向价值链明确自身优势与劣势，通过内部价值链了解自身价值链状况以降低企业内部成本。然而即便如此，亚马逊公司的价值链成本管理体系依然存在一定的漏洞，疫情的暴发使这些漏洞显现出来，导致企业成本出现大幅增加，影响企业经营。如表1所示，虽然2018—2021年平台净利润呈现逐年上升趋势，但营业成本却随着疫情的到来发生较大幅度变动。2019—2020年间企业营业成本涨幅达到49.97%，达到近四年来最高涨幅。由此可见，对疫情下亚马逊公司成本控制问题进行研究至关重要。

表1 2018—2021年亚马逊公司的净利润（单位：亿元）

年份	2018年	2019年	2020年	2021年
营业收入	13974	16830	23166	28188
营业成本	8352	9930	13998	16338
净利润	5622	6900	9168	11850

4 成本控制问题分析

4.1 供应链建设不完善

亚马逊公司在供应链中扮演着"采购者""服务者"的角色，因此实施有效的采购管理，与供应商、客户建立良好的沟通机制，形成稳定高效的供应渠道，对于其在疫情这一特殊时期下稳定发展非常重要。然而由于亚马逊的上游供应商大多来自于我国境内，疫情使其上游供应商停工停产，出现库存短缺问题，增加了企业机会成本。此外，下游客户对于平台售卖产品的供应不足也十分不满，降低了客户对企业的信赖度。

4.2 仓储成本重视不足

仓储成本是物流成本的重要组成部分。然而，亚马逊公司将关注点集中于资源渠道获取以及自身流量的提高，而忽略了仓储成本的管控。公司旗下仓库选址普遍较为偏僻，仓储中心存在运营效率低的问题。偏僻的选址虽然可以极大程度地降低房屋租金成本，使企业能够以更低的价格租到存储空间更大的仓库，但不可否认，往返偏远地方的运费也是一笔高额的支出，当出现较多分批次销售退回时，企业物流成本会有所增加。疫情暴发前企业尚可通过将仓储成本均摊到不同种类的产品中以压缩成本，疫情的暴发使非刚需产品出现大量的积压，企业存

货周转率出现下降，仓储成本无法以较低的金额分摊至销售的产品中，加重了企业的成本负担。如表2所示，2019年企业存货周转率为8.79%，相较于上年下降比率为37.30%。仓储成本管理不善，使企业经营效益受到影响，进而影响企业的市场竞争力。

表2 2018—2021年亚马逊公司的存货周转率

年份	2018年	2019年	2020年	2021年
营业成本（亿元）	8352	9930	13998	16338
平均存货余额（亿元）	996.93	1130.13	1328.76	1693.05
存货周转率（%）	14.02	8.79	10.54	9.65

4.3 货物运输时间线过长

众所周知，快递物流行业的飞速发展为电商行业大爆发提供了重要的保障，但疫情蔓延扩散导致各个国家均实行交通管控，在一定程度上影响了物流运输、快递邮寄，例如，在我国除了顺丰等少数大型物流企业在疫情相对可控后恢复经营，其他与电商企业常年合作的中小型快递公司，停运后，都没有及时复工[2]。而大型物流企业复工后主要负责国家抗疫物资的运输工作，网购商品难以及时送达，降低了客户购买商品的体验感，从而出现较多的到货拒收、运输途中退款等现象。这不仅增加了平台的物流成本，而且还使得平台的信誉度受到影响，需要企业投入更多的成本恢复企业形象。据报告显示，疫情期间亚马逊公司配送速度问题十分严重，造成网站客户大量流失，出现较多的差评信息，被BestBuy以及Target等竞争对手抢占了部分市场。表3进一步证实了报告中内容，通过对比可以发现亚马逊平台在疫情期间客户满意度远低于其他跨境电商平台，货物运输问题是亚马逊公司迫切需要解决的问题。

表3 2018—2021年各大跨境电商客户满意度评分

（单位：分）

年份	2018年	2019年	2020年	2021年
亚马逊	5.09	2.00	2.00	2.00
小红书	4.09	4.60	6.87	4.00
洋码头	3.85	4.00	2.73	5.50

4.4 新用户获取成本高

疫情期间各大电商平台在线上抢占流量，以期将刚接触电商的用户发展为自己的忠诚客户，但由于电商行业销售同类产品商户过多，各大平台均推出各种优惠活动吸引消费者，用户的注意力很容易

被分散，再加上近年来国内电商平台的崛起，进一步威胁了亚马逊公司的行业地位，增加了新用户保留难度。因此，企业为了获取更多的忠诚客户群体，不得不加大广告支出进行营销，相应地增加了企业信息系统建设成本。如表4所示，亚马逊公司广告支出逐年增加，截至2021年，广告支出已高达2482.44亿元，但支出回报率却不太理想，这足以体现电商平台竞争的激烈程度，新用户获取难度大。

表4 2018—2021年亚马逊公司广告支出回报率

年份	2018年	2019年	2020年	2021年
广告支出（亿元）	1089	1444.86	1720.56	2482.44
营业收入（亿元）	13974	16830	23166	28188
回报率（%）	7.79	8.59	7.43	8.81

5 成本优化措施

5.1 与上下游建立良好的沟通机制

平台应吸取这次疫情的教训，采取市场调研或大数据分析的方式充分了解消费者的需求，再将消费者需求及时传递给供应商，做到上下游信息对称。这一手段既可以使供应商及时按需供货，提高企业对市场需求的适应能力，节约时间成本及机会成本，又可以为客户释放出企业管理能力强的信号，增强客户对企业的信赖程度。

5.2 优化仓储管理

企业在选择仓储位置时应综合考虑所选仓储位置装卸和搬运货物是否方便，附近的运输条件是否便利，有没有交通管制限制运输等问题[2]。有利的仓储位置对于企业降低仓储成本、提高仓储效率至关重要。此外，还应规范仓储中心的管理模式以提高仓储效率。对于销量高、周转速度快的存货可以简化存储，即入库时只需清点好存货数量无需刻意摆放，而对于销路不畅的产品，企业可以适当地进行有效归类在指定地点存储，并减少相关产品的采购量，以降低存货减值给企业带来的财务风险。

5.3 利用物流外包降低企业物流成本

物流外包是一项未被电商行业从业者普遍认可的物流优化措施。这种方式可以有效缩短商品在途时间，减少商品周转过程的费用和损失。这次疫情让物流外包业务重新进入各大电商平台的视野。交通管控导致许多地方物流中断，货物不能及时运送到终端消费者手中，造成了一系列不利影响，增加了企业的物流成本。如果企业尽早将物流外包，就不会出现物流大范围停滞的情况，可以极大程度降低企业因等待期过长而流失客户的比率以及因销售退回给企业带来的运输成本损失。

5.4 利用网络信息进行数据挖掘

当今，信息是一种关键的价值资源。电商企业要想在激烈的市场竞争中生存下来，必须做到以消费者体验为先，时刻把握消费者的需求[4]。亚马逊公司应设置专门的数据收集机构，对消费者浏览企业店铺的痕迹进行深入的挖掘和分析，通过分析消费者的需求将客户群体分类，做到"对症下药"，以深入挖掘消费潜力[5]。这一方式既能够节约企业因无特定目标群体而进行大量无效广告宣传产生的销售费用，又能够保留住对店铺感兴趣的忠诚新用户，实现双赢。

6 结论

基于价值链理论的成本控制，不仅可以有效地降低企业成本，确保企业在激烈的市场竞争中取得价格优势，而且还能够保证在遇到诸如疫情这类突发事件可以时及时应对，化危机为机遇。综上，电商企业应基于价值链理论对自身成本进行分析控制。

参考文献：

[1] 郑文婷. 基于价值链理论的制造业成本控制研究 [D]. 华东交通大学.

[2] 朱家宝. 浅析新冠肺炎疫情对电商及物流行业的影响以及应对措施 [J]. 现代商业，2020（25）：46-47.

[3] 俸豪. 后疫情时代物流企业成本控制优化研究：以顺丰速运为例 [J]. 现代商业，2021（25）：122-125.

[4] 尹远. B2C电子商务企业成本控制研究 [D]. 广州：广东财经大学，2017.

[5] 倪浩. 电商企业价值链成本管理研究 [D]. 蚌埠：安徽财经大学，2018.

作者简介：

王译晗（1998— ），女，辽宁辽阳人，会计学专业硕士研究生，研究方向：管理会计与财务决策。

刘颖（1963— ），女，辽宁沈阳人，教授，硕士研究生导师，研究方向：工程审计、战略管理。

论文仅代表本文作者观点，文责自负——本书编者注。

掌趣科技股份有限公司并购商誉减值研究

苏立红　刘小源

（沈阳建筑大学管理学院，辽宁　沈阳　110168）

摘要：伴随着我国经济的不断发展以及国家政策的不断完善，我国掀起了并购的浪潮，2019 年年初，我国资本市场出现集体"暴雷"事件。掌趣科技在 2019 年计提了巨额商誉减值，是"商誉暴雷"事件中极具代表性的一员。从市场背景出发，简述掌趣科技并购过程，分析高溢价并购成因以及商誉减值的后果，为其他公司并购提供参考。

关键词：高溢价并购；商誉减值；经济后果

Study on Goodwill Impairment of Merger and Acquisition of Zhangqu Technology Co. Ltd.

Su Lihong　Liu Xiaoyuan

（**College of Management，Shenyang Jianzhu University，Shenyang 110168，China**）

Abstract：With the continuous development of China's economy and the continuous improvement of national policies，China has set off a wave of mergers and acquisitions. At the beginning of 2019，a collective "thunderstorm" event occurred in China's capital market. The company chosen in this paper deducted a huge amount of goodwill impairment in 2019，which is a representative member of the "goodwill thunderstorm" event. Starting from the market background，this paper briefly describes the process of M&A，analyzes the causes of high-premium M&A and the consequences of goodwill impairment，so as to provide reference for other m&a companies.

Keywords：high-premium M&A；impairment of goodwill；economic consequences

1 引言

2014 年国务院发布优化企业并购市场环境意见，使得并购的资金来源限制降低，掀起并购浪潮，然而在并购盛行的背后，由于信息不对称，被并购方往往呈现企业价值被高估的情况，虽然有业绩补偿协议作为保底，但一旦企业未来经营情况有变，其减值风险将带来巨大的业绩不确定性。2018 年 65% 预计亏损的企业亏损理由与商誉减值有关，其中北京掌趣科技股份公司（以下简称"掌趣科技"）也因为计提商誉减值 34 亿元导致最终产生 31 亿元净亏损。

国内外的学者主要从以下几个方面研究企业高溢价并购，首先是高溢价并购的动因研究，王冠宇（2018）通过对不同行业信息不对称所造成的并购溢价的研究发现，在游戏行业，由于行业的"轻资产"特点，导致信息不对称会带来更巨大的并购溢价。其次是并购效果受高溢价影响的相关研究，一部分学者认为高溢价并购对企业有积极的促进作用。一部分学者持相反观点，例如曾春华（2017）在进行相关研究之后，给出的结论是溢价与股价崩盘风险呈现正相关。

2 市场背景及企业概况

2.1 市场背景

随着经济全球化的不断推进以及我国经济的不断发展，越来越多的企业通过并购重组以实现优化资源配置、调整产业结构、扩大经营规模。并购市场的日趋频繁使得高溢价并购商誉问题引起重视，A 股市场于 2014 年开始大规模并购重组，截至 2020 年，我国企业并购市场交易金额从 2014 年的 3978 亿美元上涨至 7338 亿美元，同比增长 84.46%。商誉的不断增加为企业创造了超额的利润，但与此同时"商誉暴雷"事件频繁发生，给企业带来大额亏损。

2.2 掌趣科技公司简介

2004 年 8 月，并购方即掌趣科技成立，2012 年 5 月上市，深交所股票代码为 300315。2004—2012 年掌趣科技经历了 3 个阶段：创立阶段，主要从事电信增值业务和软件开发业务，为公司未来发展积累资本及技术；转型阶段，主要从事游戏平台的创建；升级阶段，加大对页面游戏的研发力度，进行网页游戏的推广与运营。2012 年掌趣科技开启了并购阶段，在原有业务基础上，通过外延加内生的战略不断发展壮大，成为游戏行业的新秀，2017 年至今掌趣科技开始转型，发展战略为"精品化、国际化、大 IP 协同"。

2.3　被并购方基本介绍

2013—2018 年间掌趣科技并购了 4 家游戏行业的公司，分别是动网先锋、玩蟹科技、上游信息以及天马时空。掌趣科技于 2013 年 2 月并购动网先锋 100% 股权，其主要优势在于拥有规模化开发团队；同年 10 月，并购玩蟹科技 100% 股权，并购上游信息 70% 股权，2015 年 2 月并购其剩余 30% 股权，上游信息主要优势在于庞大的用户数量以及游戏认可度高；2015 年 2 月并购天马时空 80% 股份，2018 年 12 月并购其剩余 20% 股份，其主要优势在于对手游市场未来发展拥有敏锐嗅觉。4 家企业均可以在不同方面帮助掌趣科技弥补短板，提升业务范围及规模，提高行业竞争力[1]。

3　商誉减值
3.1　并购历程

在支付方式方面，数次并购中，掌趣科技均选择了非公开发行股票和现金相结合的混合支付方式。

在资产估值方法选择方面，并购动网先锋 100% 股权、玩蟹科技 100% 股权、上游信息 70% 股权时，由于无形资产无法量化且可比案例缺乏，但盈利信息可获取，所以最终采用了收益法。在对上游信息 30% 股权、天马时空 100% 股权进行并购时，由于无形资产无法量化且未来收益不确定性强，但可比案例资料完备，所以最终选取了市场法。

掌趣科技在 2013—2018 年期间的 6 次并购均为非同一控制下的控股合并，其中并购动网先锋和玩蟹科技是一次性收购 100% 股权，而并购上游信息和天马时空则是先对其形成控制，然后再购买剩余股权。商誉的确认依据的是合并成本与合并目标的企业的可辨认净资产的公允价值的差额，六次高溢价并购使得掌趣科技积累了大量商誉，见表 1[2]。

表 1　掌趣科技并购产生的商誉

（单位：万元）

并购的标的	玩蟹科技	动网先锋	天马时空	上游信息
资产评估结果	174336.34	83772.02	268034.94	86018.21
支付对价公允价值	173900.00	81009.00	267760.00	81400.00
+或有对价的公允价值	596.93	428.85	16456.66	0.00
收到分红	—	—	8000.00	—
合并成本	174496.29	81437.85	276216.66	81400.00
取得的可辨认净资产公允价值份额	21698.29	9471.71	15061.20	9295.13
并购商誉	152798.64	71966.14	26155.46	72104.87

3.2　商誉减值计提情况

据年报披露显示，掌趣科技每年年末都进行商誉减值测试，但 2017 年前资产评估机构测算出的 4 家公司的账面价值均低于其估值，由此掌趣科技出具发合并财务报表并未计提过商誉减值准备。直至 2017 年掌趣科技第一次计提商誉减值 1.91 亿元，相对于 A 股市场整体减值金额来说不足为奇。但 2018 年掌趣科技突然对玩蟹科技、动网先锋、上游信息和天马时空这 4 家标的公司同时计提了约为 33.8 亿元的巨额商誉减值，使得 2019 年的减值水平与 2017 年相似，具体数据见表 2。通过表 1、表 2 的数据不难发现，2018 年为掌趣科技计提商誉减值的分水岭，在此之前商誉很少计提减值。2017 年商誉减值占当年年初商誉账面价值的 3.41%，在此之后出现大额商誉减值。尤其是 2018 年，计提的商誉减值准备高达 338035.56 万元，占比达到了 62.69%。

表 2　2017—2019 年掌趣科技并购商誉减值情况

项目	2017 年	2018 年	2019 年
年初账面价值（万元）	560883.61	539179.68	201144.12
商誉减值（万元）	19134.06	338035.56	6539.39
年末商誉账面余额	541749.55	201144.12	194604.73
占比（%）	3.41	62.69	3.25

由此可见,掌趣科技高溢价并购所引发的不良后果从 2017 年开始显现,且在 2018 年呈现井喷式增加。2018 年掌趣科技如此大规模集中计提商誉减值,这一现象引人深思。

3.3 掌趣科技高溢价并购商誉的成因

第一,是轻资产特征导致高溢价并购。掌趣科技和 4 家合并的公司经营业务主要都是关于网页游戏和网络游戏的开发运营方面,游戏行业与传统行业不同,传统行业的公司大部分资产是固定资产,其主要依靠资产来产生核心业务收入和现金流,而游戏行业情况几乎相反,是典型的"轻资产"型游戏公司[3]。

表3 标的公司资产情况 (单位:元)

项目	玩蟹科技	天马时空	动网先锋	上游信息
流动资产(元)	173927755.82	138876381.15	60042143.81	88880443.42
流动资产比例(%)	98.41	98.17	63.16	97.18
非流动资产(元)	2811907	2594020.79	35023420.68	2574840.99
固定资产(元)	2206606.82	825991.42	8620068.13	1677063.21
固定资产比例(%)	1.25	0.58	9.07	1.83
无形资产(元)	605300.18	38191.51	12884630.20	897777.78
资产总计(元)	176739662.82	141470401.94	95065564.49	91455284.41

上表清晰地列明了历次被并购的 4 家并购公司的资产情况,4 家标的公司全部具有"轻资产"特性。4 家标的公司都是各自领域的领导者,具有强大的独立开发能力,同时因其无形且难以量化的竞争力资源会增加评估机构测算的难度,因此在某种程度上[4]估值和账面价值之间存在很大差距,最终导致高溢价和高商誉。

第二,并购双方估值过于乐观。在并购评估过程中双方不够谨慎,没有考虑游戏行业的特殊性,网络游戏行业已经在 2014 年起进入稳定发展阶段,红利正在逐步消失,竞争程度越发激烈。此外,由于信息不对称,掌趣科技并购 4 家企业支付对价整体偏高。

第三,过度依赖标的企业。掌趣科技追求"内生增长+外延发展"的发展战略,想通过并购弥补自身在网游开发以及运营方面的不足,增强手游的技术优势,增强游戏产品的综合能录,提升自身现有的业务规模和盈利水平,实现 1+1>2 的协同效应,但掌趣科技的净资产收益率从 2013 年开始逐渐下降并低于行业平均值,说明掌趣科技过度依赖标的企业,忽视了"内生"的成长能力。

第四,高级管理人员的不稳定。高管的频繁变动会使得企业经营不稳定,从而经营业绩下降。掌趣科技从 2015 年起高级管理人员频繁变动,在并购结束一年半内更换三任董事长使得公司的稳定性无法得到保证,所以商誉计提减值也在意料之中。

第五,存在盈余管理动机。按照我国企业会计准则规定,企业需每年年末对并购商誉进行减值测试,考虑是否计提减值准备。掌趣科技在 2016 年、2017 年都未计提商誉减值,但在 2018 年一次性计提了 33.8 亿元的巨额商誉减值准备,这一行为可理解为通过盈余管理的手段推迟商誉减值的计提,进而减轻未来的经营压力。

4 掌趣科技巨额商誉减值的后果

4.1 商誉减值使公司盈利能力"下滑"

表4 清晰反映出,在 2015 年之前,由于掌趣科技连续并购,吸收标的公司优质资产,所以财务指标表现良好,但此之后出现了下滑趋势,甚至在 2018 年总资产收益率、销售净利率均出现负值。掌趣科技超过 50% 的资产均为并购商誉,所以可以合理推测公司盈利能力的降低是由于资产膨胀、商誉体量和商誉减值带来的财务影响。

表4 2013—2019 年掌趣科技盈利能力指标 (单位:%)

盈利能力指标	2013 年	2014 年	2016 年	2017 年	2018 年	2019 年
总资产收益率	7.97	6.98	5.36	2.96	-52.85	6.01
销售净利率	40.37	45.23	30.04	16.53	-157.10	22.27
净资产收益率	10.08	8.28	6.05	3.09	-61.42	6.55
营业利润率	41.90	44.74	29.08	14.32	-153.58	22.65

4.2 商誉减值使公司成长能力受限

2013—2017 年掌趣科技营业收入增长率虽然有下降的趋势但一直为正，但在 2018 年净利润增长率直线下降，从 -48% 下降至 -1294%，这足以说明巨额商誉减值使得掌趣科技成长能力受限[5]。虽然高溢价带来高成长，但对于企业的经营只能起到缓冲作用，并不能从根本上解决掌趣科技的发展困难。

5 启示

首先，在并购前对被并企业的价值进行评估时要选取合适的估值方法，合理确认商誉。充分了解标的企业财务数据、各项能力，减少信息不对称性。其次，财政部应优化商誉后续计量的会计处理，压缩盈余管理空间。最后，监管部门应加大监管与违规惩罚力度，重点关注高溢价并购企业。

参考文献：

[1] 龚楚洲. 上市公司商誉减值风险及其防范研究：以掌趣科技为例 [J]. 商展经济，2022（2）：103-105.

[2] 李琳. 掌趣科技高溢价并购下商誉减值及经济后果分析 [D]. 南昌江西财经大学，2021.

[3] 周叶菲. 掌趣科技高溢价并购成因及其效果研究 [D]. 上海：东华大学，2021.

[4] 梁彤缨，林坤海. 上市公司业绩布局与控股股东减持——以掌趣科技为例 [J]. 财会通讯，2020（22）：172-176.

[5] 吴珊. 上市公司商誉减值成因、风险及其防范研究：以掌趣科技为例 [J]. 上海商业，2022（3）：209-211.

作者简介：

苏立红（1969— ），女，辽宁沈阳人，副教授，研究方向：管理创新、大学文化与城市文化。

刘小源（1998— ），女，会计专业，硕士研究生。研究方向：财务会计与审计。

论文仅代表本文作者观点，文责自负——本书编者注。

工程项目实践

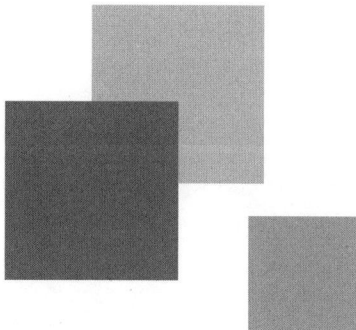

A 房地产项目成功因素的探索性研究

刘 洋[1,2] 刘 宁[1]

（1. 沈阳建筑大学，辽宁 沈阳 110168；2. 旭辉地产东北区域事业部，辽宁 沈阳 110041）

摘要：在文献阅读和大量走访调研的基础上，提炼出了 4 个影响房地产项目成功的因素，通过问卷调查收集数据，并采用信度分析和效度分析等方法对问卷调查数据进行了真实性及可靠性的研究论证。研究结果表明：影响房地产项目成功因素主要有项目自身因素、项目后期因素、项目外部环境因素、房地产开发企业因素等 4 个方面，项目的自身因素及后期因素是最重要的方面，其后依次是外部环境因素、房地产开发企业因素，上述 4 个因素对一个房地产项目来说，起到了至关重要的作用，决定了一个项目的成败。

关键词：房地产项目；影响因素；信度分析；效度分析

A Exploratory Study on the Success Factors of Real Estate Projects

Liu Yang Liu Ning

（**College of Management**，**Shenyang Jianzhu University**，**Shenyang 110168**，**China**）

Abstract：On the basis of literature reading and a large number of visits and investigations，four factors affecting the success of real estate projects are extracted. Then the data are collected through the questionnaire survey，and the authenticity and reliability of the questionnaire data are studied and verified by means of reliability analysis and validity analysis. The results show that the factors affecting the success of real estate projects mainly include the project itself，the later stage of the project，the external environment of the project and the real estate development enterprise；The self factors and later factors of the project are the most important aspects，followed by external environmental factors and real estate development enterprise factors；The above four factors play a vital role in a real estate project and determine the success or failure of a project.

Keywords：real estate project；influencing factors；reliability analysis；validity analysis

1 引言

房地产业是我国民族经济的主要支柱性行业，它的蓬勃发展对其他产业会形成巨大的联动效果，对于房地产行业来说，一个项目的成功离不开前期的投资决策，随着当今中国房地产业务的日益发达与完善，市场定位已成为一种独特的学科体系应运而生。通过分析魏诗倩的《基于商业 IP 开发的购物中心推广营销策略分析》[1] 及杨迪春《房地产开发项目营销方案研究》[2] 等研究，为了能够在实现研究目的同时还能够保证研究内容的逻辑性和连贯性，针对房地产项目的产品定位成功因素问题，笔者组织进行了问卷调查。在设计问卷调查的过程中，利用笔者自身工作条件的便利性，与地产同事、购房客户以及政府审批人员进行了深入沟通交流，利用项目风险、利益相关者等理论对房地产项目定位成功的影响因素进行重点分析。

首先由于住宅房地产本质上为项目，且较多国内外学者都从项目自身出发对项目成功进行讨论，因此有必要基于项目自身对其成功标准进行研究。基于项目自身的成功标准，主要是从"住宅房地产项目"的角度出发对其成功进行评价，不论是学术研究，抑或是实际应用，都广泛地借鉴了该思想。从学术研究上看，从 2010 年以来，几乎每一篇讨论项目成功标准的文章都认为，时间、质量、成本是项目成功的基本标准，这三项被广泛称为项目成功的"铁三角"[3]。而在实际应用上，通过访谈发现较多的住宅项目经理及其他的相关学者认为项目成功的"铁三角"是其主要的工作，大部分的企业考核及同行业评价也是从项目的时间、质量、成本控制三方面入手来讨论项目距离预期目标的完成情况。但该评价准则存在着一定的不足，比如过多地强调了项目建设过程中时间和成本的控制状况，而忽视了项目其他效益，这将会导致建造的项目在时间、成本、质量方面达标，在其他方面则不尽如人意，如运营、品牌宣传等。尽管在某些背景下，这样的评价标准是较为合理的，但随着时代的进步，该标准无法解释其他的项目成功情况。因此可以看出，项目的成功标准内涵需要进行一定的拓展。

2 问卷设计

为了实现研究目的，同时为了保证研究内容的逻辑性和连贯性，基于住宅房地产项目的成功标准调查问卷，设计了住宅房地产项目成功的影响因素问卷。在影响因素调查问卷的设计过程中，结合与相关学者、从业人员、政府官员的深度访谈，从项目角度出发，运用项目风险理论、项目全寿命周期理论，将住宅房地产项目的成功影响因素划分为4个因素、15个可度量的指标[4]。详见表1。

表1 项目自身因素的度量指标

维度	指标	指标内涵
项目自身因素	项目区位	地理位置及周边环境
	开发规模	占地面积、投资额、总建筑面积、楼栋数量
	产品	房屋户型、面积段、赠送空间、装修标准
	开发周期	建设周期、建设批次、交付时间
项目后期因素	产品设计	配比设计、绿化设计、户型设计等与市场需求匹配度
	推广销售	销售推广策略，各阶段的营销目标顺利实现
	运营	较好的口碑与实力，为客户提供优质全面的服务
项目外部环境因素	房地产相关政策	各级政府相关政策的调控（税收、土地、规划等）
	金融相关政策	各级政府金融相关政策的调控（贷款、融资、货币等）
	项目自然环境条件	气候、地质、交通、水电、不利因素、城市界面等条件
房地产开发企业因素	企业规模	房地产开发企业的规模
	企业资金实力	资金持有能力和融资能力
	企业品牌	品牌是否得到市场的较高认可度
	政企关系	房地产企业与政府的关系
	团队管理能力	对合同、费用、人力资源、劳动争端等管理能力

3 数据搜集与样本描述

3.1 数据搜集

从研究的角度看，抽样是选取整体样本中的部分样本进行研究，追求的是研究的低成本和研究结论的有效性之间的相对平衡。因此，考虑到研究成本和研究结论的相对平衡，本文选取沈阳市皇姑区新区板块作为调研和访谈的主要区域。

对于调查对象的选取，主要考虑到利益相关者较多，几乎都与住房密切相关。因此，为了尽可能选取熟悉住房项目开发的相关人员，调查对象从住房项目开发商、项目实施者、政府机构、中介机构和普通民众五大类中选取[5]。

关于调查方法，本文主要采用单独发放问卷和委托他人发放问卷两种调查方法。对于问卷发放的媒介，主要有线上渠道和线下渠道两种。在发放问卷的过程中，共发放了230份问卷，剔除部分存在漏答和矛盾的无效问卷后，回收有效问卷214份，有效率达到93.04%。

3.2 样本描述

从样本的调查对象结构来看，项目实施者和普通民众的比例较高。项目实施者比例最高为31%，样本中政府机关人员比例为14%。总体而言，样本调查结构合理，能够较好地反映各利益相关者参与住房项目开发的真实情况，详见表2。

表2 对象结构分析数据占比

利益方	频率（人）	百分比（%）
房地产商	38	18
政府人员	24	14
普通群众	48	21
施工方	62	31
中介	28	16

从样本的工作年龄结构来看，工作6—10年的人数最多，占24%。这主要是因为作者工作了10年左右，所以在调查过程中有很多工作了6—10年的同事。其次，工作11—15年的员工较多，占28%，工作16—20年和1—5年的分别占17%和19%。工作

20年以上的员工占12%。一般来说，被调查者大多经验丰富，对住房相关问题的判断能够相对理性和成熟，保证了问卷调查的有效性，详见表3。

表3 从业年龄结构分析数据占比

从业年限	频率（人）	百分比（%）
1—5 年	38	19
6—10 年	66	24
11—15 年	46	28
16—20 年	26	17
20 年以上	14	12

从调查样本的学历结构来看，本科及以上学历的员工比例为55%，大专及以下学历的员工比例为45%。从学历结构来看，受教育者普遍较好，能够对问卷中的问题有合理的理解，从而保证了问卷调查的有效性，详见表4。

表4 学历结构分析数据占比

学历水平	频率（人）	百分比（%）
中专及以下	40	20
大专	51	25
本科	78	39
硕士及上	31	16

从对样本的描述来看，样本对象的职业构成、工作年限、学历表现出高度的多样性，从而保证了整个样本调查的客观性。

4 数据分析

4.1 数据信度分析

使用的是在李克特五级测量中研究的实验人员对题目的偏好度，并使用了内部一致性系数中的克朗巴哈 a 系数对测量的准确性提供了检测。用克朗巴哈的 a 系数评价问卷的一致性时，一般认为 a 系数在0.8以上时，问卷的一致性较高；当一个系数为0.7—0.8时，问卷的一致性可以接受；当 a 系数为0.6—0.7，但分量表的 Cronbach's Alpha 系数在0.7以上时，问卷的一致性也可以接受。因此可以看出，系数 a 值越大，问卷的一致性越高，问卷的实测值与实际值的差距越小，信度越高。

（1）首先对样本中项目成功的定位标准、影响因素等45个测量指标的可靠性进行分析，可以看出样本的 a 系数为0.954（见表5），具有较好的一致性。因此，可以认为项目定位的成功准则和各子准则的调查结果是可信的。

表5 样本总体信度分析

可靠性统计量	
Cronbach's Alpha 系数	项数
0.954	25%

（2）其次对住宅项目的成功标准、基于住宅项目自身的成功标准、基于住宅项目利益相关者的成功标准等3个量表进行信度分析，分析结果见表6。可以看出，对于该住宅项目的成功标准及各子标准而言，量表的 a 系数始终在0.8以上，对于基于项目自身的成功标准和基于住宅项目利益相关者的成功标准而言，其 a 系数甚至达到了0.9，因此可以认为住宅项目的成功标准及各子标准的调查结果是可信的。

表6 项目成功影响因素及各分量表信度分析

量表对象	a 系数	系数项数
成功标准	0.862	8
自身成功标准	0.929	6
利益者成功标准	0.915	4

（3）同时对项目定位成功影响包括项目自身原因、项目后期原因以及项目外部环境影响等3个因素进行了测定与量表信度分析。可以看出，项目本身因素、项目后期因素、外部环境因素的可靠性分析结果都在0.9以上（见表7）。因此，可以认为影响项目定位成功的因素及其各自的因素表的调查结果是可信的。

表7 项目成功影响因素及各分量表信度分析

量表对象	a 系数	系数项数
项目自身因素	0.938	5
项目后期因素	0.929	5
外部环境因素	0.914	4

4.2 数据效度分析

结构效度分析可以较好地实现研究目的，因此采用 SPSS 19.0 对样本的结构效度进行分析，检验方法为 KMO 检验和 Barlett 球形检验。

首先针对住宅房地产项目成功标准进行 KMO 和 Barlett 球形检验。根据表8可以看出，该样本的 KMO 值为0.785，大于0.7，可以认为该样本的结构效度较高，适合做因子分析。Barlett 球形检验的结果为0.000，小于0.01，因此拒绝原假设，认为样本的相关系数矩阵不是单位矩阵，变量间相关性较强，有必要针对该相关性进行因子分析。因此从整体上，样本通过 KMO 检验和 Barlett 球形检验，适合做因子分析。

表8　项目成功标准的 KMO 和 Barlett 球形检验

取样足够度的 KMO 度量		0.785
Barlett 的球形度检验	近似卡方	1864.735
	df	27
	Sig.	0.000

其次针对住宅房地产项目成功的影响因素进行 KMO 和 Barlett 球形检验。根据表9可以看出，该样本的 KMO 值为0.789，大于0.7，因此认为该样本的结构效度较高，适合做因子分析。Barlett 球形检验的结果为0.000，小于0.01，因此拒绝原假设，认为住宅项目成功影响因素的变量间相关系数矩阵不是单位矩阵，变量间的相关性较强，有必要针对该相关性进行因子分析。因此从整体上看，样本通过 KMO 检验和 Barlett 球形检验，适合做因子分析。

表9　成功影响因素的 KMO 和 Barlett 球形检验

取样足够度的 KMO 度量		0.789
Barlett 的球形度检验	近似卡方	5131.565
	df	264
	Sig.	0.000

5　结论

5.1　研究结论与启示

利用问卷调查获得有关数据，应用信度分析和效度分析方法对影响房地产项目成功的4个主要因素进行了分析，得出了如下研究结论与管理启示。

（1）项目自身的因素是无法改变，既包括其区位、地块规模等自然条件，还包括项目既定的投资额、地形形成的工程量、规划中的既定工期等，这些都会直接影响到项目的工期与成本，对项目的资金占用额和时间提出了较高的要求，还会影响项目消费者的满意度，最终这些影响都将会对项目的成功与否产生作用。

（2）项目后期因素对项目的影响较大，项目的策划设计、实施、运营都会直接对项目的成功造成影响，其中项目的策划将通过影响利益相关方特别是消费者的满意度来影响项目成功，项目的实施则通过项目的成本、进度、质量等影响项目成功，而项目的运营则会影响项目的利益相关方特别是消费者和运营方的满意度来影响项目成功[6]。

（3）住宅房地产项目的外部环境开发是需要着重考虑的，对于一个具体的住宅项目而言，它的建设与发展受到政策、经济、自然等外部环境的影响。

其中，自然环境将会直接影响项目的开发难度与开发规模。而政策环境对房地产开发企业以及消费者的影响更为明显，如政府通过金融政策对房地产行业进行调控，则房地产开发企业的资金将会受到明显影响，从而影响下游各个开发阶段的资金到款情况，最终影响项目的成功开发。

（4）随着目前房地产市场的竞争越来越激烈，各个房地产开发商会采取各种方式来提升自身的核心竞争力，从而逐步压缩其他开发商的生存空间。对于大规模、成熟的房地产开发商，由于其系统化、标准化的开发流程，成熟的管理模式，较强的抗风险能力，其项目成功的可能性则大大提高。因此可以看出，房地产开发商因素已经越来越成为住宅项目成功的重要影响因素[7]。

5.2　局限性与未来研究方向

本研究存在一定的局限性，不同职业、从业年限、学历的受访者对"房地产项目定位"的理解存在偏差，可能会对分析结果产生一定影响，并显示出样本可能存在的局限性，在未来的研究中可以从实践出发，深入住宅房地产行业中去，针对房地产项目其他方面的成功因素进行更广泛的具体的分析，为房地产企业的良性发展提供理论依据。

参考文献：

[1] 魏诗倩. 基于商业 IP 开发的购物中心推广营销策略分析 [J]. 中国市场，2022（8）：127-128.

[2] 杨迪春. 房地产开发项目营销方案研究 [J]. 住宅与房地产，2020（32）：81+83.

[3] 王晓亮. 房地产开发项目的成本管控研究 [J]. 住宅与房地产，2021（19）：35-36.

[4] 雷丽媛. 新形势下房地产开发企业营销伦理问题研究 [J]. 现代商业，2021（28）：27-29.

[5] 李旭龙，李智，马鑫森，等. 购房者基本信息与需求意向相关性调查分析：以烟台市为例 [J]. 中国市场，2020（9）：38-39.

[6] 杜晋强. 体验性售楼处空间设计探讨 [J]. 居舍，2021（4）：87-88.

[7] 陈小姣. 华悦郡房地产项目营销策略研究 [J]. 居舍，2020（25）：187-188+196.

作者简介：

刘洋（1992—　），男，辽宁沈阳人，工程管理专业硕士研究生，研究方向：项目管理、工程管理。

刘宁（1976—　），男，内蒙古赤峰人，博士，教授，研究方向：住房保障、项目管理。

论文仅代表本文作者观点，文责自负——本书编者注。

BIM+GIS 技术在料场封闭工程规划阶段的应用研究

毕天平[1]　刘晓翠[1,2]

（1. 沈阳建筑大学管理学院，辽宁　沈阳　110168；2. 沈阳科维润工程技术有限公司，辽宁　沈阳　110166）

摘要：以料场封闭工程桁架拱骨架膜结构为例，针对 BIM+GIS 技术在料场封闭工程规划阶段可视化应用流程进行了研究，运用 BIM+GIS 技术的方法，将二维图纸转化为三维模型，并运用无人机倾斜摄影技术创建三维实景模型，进而使拟建场地与设计方案相结合，通过效果图及漫游动画的形式，对规划阶段设计方案进行准确、具体、生动的表达，达到与建设方高效沟通、缩短项目建设周期的目的。

关键词：BIM+GIS；规划阶段；可视化

Research on the Application of BIM+GIS Technology in the Planning Stage of Material Yard Closure Engineering

Bi Tianping　Liu Xiaocui

（**College of Management，Shenyang Jianzhu University，Shenyang 110168，China**）

Abstract：To closed yard engineering truss arch frame membrane structure as an example, in view of the BIM + GIS technology applied in closed yard project planning stage visualization process was studied, using the BIM + GIS method, the 2D drawings into 3D model, and using unmanned aerial vehicle oblique photography technology to create 3D model of real, in turn, the design scheme proposed site and combined, In the form of effect drawings and roaming animations, accurate, specific and vivid expression of the design scheme in the planning stage is made to achieve efficient communication with the construction party and shorten the project construction period.

Keywords：BIM+GIS technology；the planning stage；visualization

1　引言

在料场封闭工程规划阶段，由于在方案初期，运用桁架拱骨架膜这种新的结构形式，工程建设方对拟建场地规划及竣工后效果没有整体概念，运用传统的二维图纸往往做不到高效沟通，需要多次交流才能确定设计方案。而运用 BIM+GIS 技术实现料场封闭工程在规划阶段可视化，对设计方案进行准确、具体、生动的表达，可达到与建设方高效沟通、缩短项目建设周期的目的。

GIS 可以弥补 BIM 宏观环境不足的问题，BIM+GIS 技术能够有效结合宏观场景与工程方案，显著提升方案的可视化程度。近年来，众多 BIM 工作者对 BIM+GIS 进行了大量的研究与探索。董明泽等人实现了基于 BIM 与 3DGIS 集成的智慧园区规划与管理，但未解决 BIM 与 3DGIS 集成的三维模型体量较大的问题，需对模型轻量化进行进一步研究[1]。袁占全等人对基于 BIM+GIS 的航道三维漫游系统设计与实现进行了深入研究，运用 Unity3D 实现 BIM+GIS 可视化，但 Unity3D 平台操作需要一定的编程基础，对工程人员来说难度较大[2]。武鹏飞等人初步实现了 GIS 与 BIM 数据的相互转化和融合，但几何信息和属性信息丢失、语义信息歧义等突出的问题没有得到解决[3]。曾庆达等人通过将 BIM 技术与 UE4 游戏引擎进行结合，成功将 BIM 应用可视化运用至水务工程管理阶段，但系统开发难度大，开发费用昂贵[4]。从以上研究来看，BIM+GIS 技术可视化展示平台的选择至关重要，既要满足三维模型轻量化的要求，又要解决数据转化格式中数据及模型材质丢失的问题，还要符合 BIM 工作者的专业基础，易于操作。本文以料场封闭工程为例，系统介绍在料场封闭工程规划阶段，运用 BIM+GIS 技术实现方案可视化的方法，以期为料场封闭工程规划阶段 BIM+GIS 技术可视化应用提供经验和借鉴。

2 工程介绍

以某钢铁厂烧二车间料场封闭工程为例，研究其在规划阶段 BIM+GIS 技术可视化应用。

2.1 工程概况

拟建场地西侧长约 154m、宽约 145m，东侧长约 70m、宽约 95m，呈 L 形布置，建筑面积约为 29250 m^2（见图 1）。此区域内北侧有 230 m^2 烧结机地下配料室及配电室封闭在料场内，东侧原平烧的两个机尾除尘器保留，但不封闭在料场内，拟建区域内的其他建筑物均需拆除。

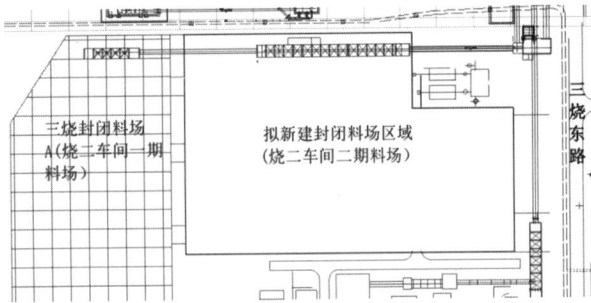

图 1 拟建场地二维平面示意

2.2 空间桁架拱骨架膜结构料场封闭工程

烧二车间料场封闭工程采用的空间桁架拱骨架膜结构是一种新型结构，能够解决传统网壳结构的弊端。结构专业由主结构和膜结构组成，空间桁架结构体系由正交双向桁架体系结合合理的钢结构支撑体系，在各种荷载及组合下受力分布合理清晰，具有良好的受力性能及稳定性；建筑专业由 PE 膜材作为维护结构，具有轻质高强、抗冲击性能好、保温隔热、使用寿命长等优点，有显著的优势和发展前景。

3 BIM+GIS 应用流程设计

3.1 可视化应用流程

在规划阶段，需要总图专业、工艺专业、结构专业及建筑专业的相互配合，确定设计方案。在此阶段 BIM+GIS 技术可视化应用流程如图 2。

3.2 拟建场地实景模型的创建

对建设方拟建场地，运用无人机倾斜摄影技术，结合 Context Capture Center Master 与 Context Capture Center Engine 软件进行数据处理，生成三维实景模型，模型中具有足够的细节，为理解场景空间结构、场地布置、定位物料位置提供了便利。生成的三维实景模型使用 Context Capture Viewer 软件打开后，可对三维实景模型进行距离测量、高程点量取、坐标

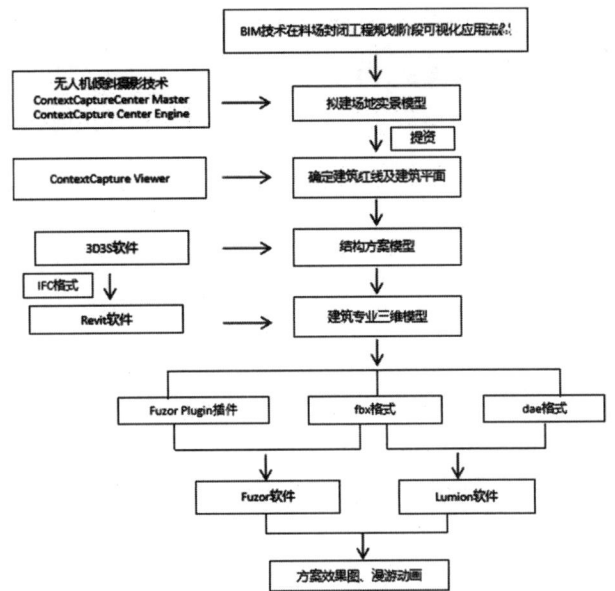

图 2 BIM+GIS 技术可视化应用流程

值点取等设计所需数据的获取，为设计人员准确提资，还可根据给定平面高程自动进行土方填挖方的计算（如图 3），通过将不同方案填挖方量的对比，进行方案优化，规划出经济合理的设计方案。

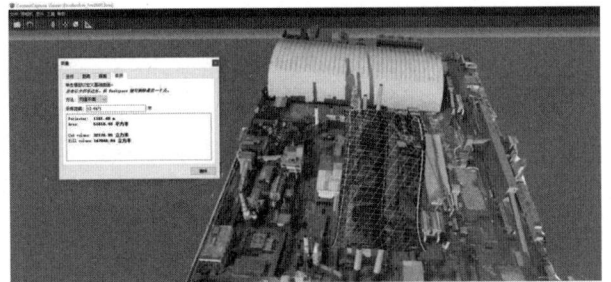

图 3 实景模型提取设计数据

3.3 结构专业方案设计

通过将拟建场地的三维实景模型进行描图，可将拟建场地坐标、高程及原有建筑物、构筑物轮廓线等绘制出来，导出为 CAD 文件，总图专业设计人员通过三维实景模型及导出 CAD 文件，结合周边建筑物、构筑物、道路规划、消防设施及相关规范标准，确定方案红线位置。建筑专业根据总图专业红线，对拟建建筑进行轴网、标高及其他满足规范标准的数据进行确定后，由结构专业对拟建建筑进行结构设计。结构专业运用 3D3S 软件对拟建建筑钢结构进行设计，空间桁架结构体系由正交双向桁架体系结合合理的钢结构支撑体系，综合考虑建筑物所在地区的抗震设防烈度、屋面恒荷载，活荷载，基本雪压、基本风压等系数，对结构进行力学计算，设计出具有良好受力性能和稳定性的三维结构方案（如图 4）。

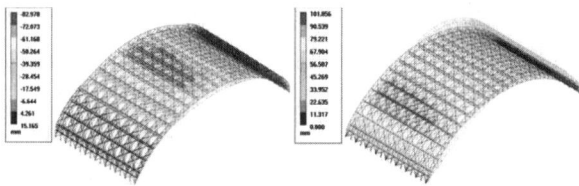

图4 结构专业设计竖向位移图与水平侧移

钢结构设计与规范对比见表1。

表1 钢结构设计与规范对比

项目	最大竖向位移（mm）	挠度	最大水平侧移（mm）	侧移度
本设计	82.98	1/1747	101.86	1/313
规范要求	—	≤1/400	—	≤1/200

3.4 建筑专业方案设计

结构专业设计软件 3D3S 创建的钢结构三维模型可通过 IFC 格式导入至 Revit 软件中，建筑专业以钢结构三维模型为依据进行建筑设计。通过建设方要求及现场周围建筑物、构筑物情况，将建筑专业 PE 膜材、门窗洞口等进行三维表达，在模型创建过程中，要注意将模型材质进行区分，以备在效果图及漫游动画制作中合理给予模型材质。设计方案见图5。

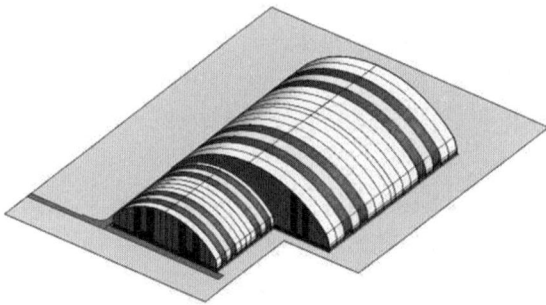

图5 建筑专业三维设计方案

3.5 效果图及漫游动画制作

制作方案效果图及漫游动画有 Lumion 和 Fuzor 两款软件可以实现，本文将分别通过 Lumion 和 Fuzor 两款软件进行说明。

3.5.1 Lumion 的效果图及漫游动画制作流程

Lumion 拥有强大的模型、配景、材质库，加上高效的 GPU 渲染能力、实时编辑三维场景，在保证可视化效果的基础上可为 BIM 工作者节省时间和精力[5]。

将建筑、结构专业方案三维模型导出 dae 格式或 fbx 格式，导入 Lumion 软件中。同时将拟建场地的三维实景模型以 fbx 格式导入。将实景模型与建筑、结构专业方案模型结合建筑红线进行整合，可以生动、直观地看出方案模型与拟建场地原有建筑物及构筑物的平、立面位置关系，方案是否满足要求等问题，并作出相应修改，从而优化设计方案。

在 Lumion 软件中，运用"拍照模式"对模型视口进行调整及保存，保存后进行渲染即可。根据分辨率大小的选择不同，渲染时长也有所不同，在制作过程中可通过对比选择适合的分辨率。运用"动画模式"工具制作效果漫游动画，通过设置关键帧视口的方式，软件会将各视口经过计算，渲染出一个完整的漫游动画视频（如图6）。

图6 基于 Lumion 渲染后的效果图

3.5.2 Fuzor 的效果图及漫游动画制作流程

Fuzor 软件具有强大的虚拟现实引擎，可以实现三维模型的可视化管理，使模型可以更加高效地浏览，具有较好的视觉效果，可导出较高分辨率的效果图和漫游动画，且具有强大的 4D 施工模拟进度功能[6]。

运用 Fuzor 软件制作效果图及漫游动画时，拟建场地的三维实景模型可通过 fbx 格式进入软件中，并可自动确定位置。将 Revit 软件创建的方案模型通过 Fuzor Plugin 插件形成与 Fuzor 软件的实施联动，过程中对模型的修改可以实时反映在 Fuzor 软件中，操作方便快捷。在 Fuzor 软件中，通过视频工具栏中的"高清视图"工具制作效果图，在视图区域将模型调整到适当视角后，在高清截图设置相关参数后进行效果图的渲染（如图7）。

图7 基于 Fuzor 渲染后的效果图

漫游动画则是运用"视点"工具，和Lumion软件制作效果漫游同样的原理，通过调整视角，保存关键帧视口的方式，形成一个完整的漫游动画。在进行漫游动画渲染时，需对视频质量中的抗锯齿、分辨率、宽高比等进行设置，相关设置完成后即可进行渲染。

Lumion及Fuzor软件在制作漫游动画的方式具有相同原理，但如需在动画中为构件添加拼装动作，或需要进行施工设备模拟时则需要选择Fozur软件，Fuzor软件中可通过"4D模拟功能"进行构件拼装动画的制作（如图8），并且软件中自带施工机械设备素材库，并且已为设备设置参数及动作，只需要简单调整就可达到预期效果。如果只是进行效果漫游，首选Lumion软件，因为它制作过程相对简单，效果较好，并且渲染时长短，能更好地满足BIM工作者的要求。

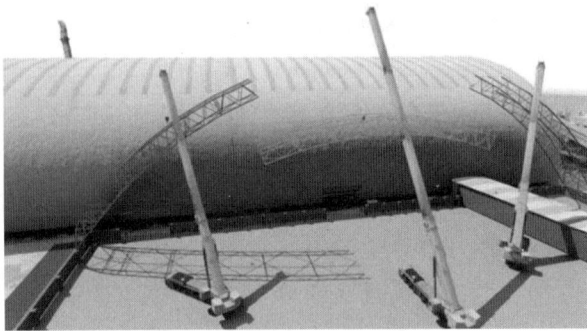

图8 钢结构拼装动画效果

4 结论

在料场改扩建工程中，当拟建场地情况复杂，原有建筑物之间以及与料堆之间相互遮挡，传统的测绘手段难以准确测量现场数据，传统的二维总图提资方式对现场情况体现不够全面，例如施工场地存在数米高差，而总图中并未体现，造成土建用料增加，进而造成工程造价增加。运用BIM+GIS技术可以真实还原拟建现场情况，为规划阶段准确提资设计方案，为方案的最优化提供保障。

料场封闭工程规划阶段运用传统二维平面，通常需要方案设计者多次与建设方进行方案交流，周期长，成本高。运用BIM+GIS技术在料场封闭工程规划阶段可视化应用，将各专业不同种BIM软件结合GIS使用，发挥出BIM技术的价值，直观、形象、生动地展示规划阶段设计者的设计意图，达到与建设方高效沟通的目的，使得方案快速优化，此项目在规划阶段周期，较未使用BIM+GIS技术项目缩减60%，前期投入经费减少30%，在短时间内确定了最终方案，减少规划阶段成本，达到降本增效的最终目的。

参考文献：

[1] 董明泽. 基于BIM与3DGIS集成的智慧园区规划与管理 [J]. 数据库技术，2021（24）：176-180.

[2] 袁占全. 基于BIM+GIS的航道三维漫游系统设计与实现 [J]. 水运工程，2022（2）：153-157.

[3] 赵文超. 大跨度工业厂房BIM技术应用 [J]. 机电安装，2022（1）：49-52.

[4] 曾庆达，胡亭，王煌. 基于BIM和UE4的调蓄池数字孪生BIM管理系统 [J]. 人民珠江，2021（11）：24-28.

[5] 於海美，张玙. 浅谈Revit模型导入Lumion的应用 [J]. 智能建筑与智慧城市，2021（12）：73-74.

[6] 邢文翠，赵永生. 基于BIM模型的动画效果表现途径分析 [J]. 2021（7）：115-117.

基金项目：

住房和城乡建设部科学技术计划项目（2019-K156）；辽宁省社科规划基金项目（L19BGL031）。

作者简介：

毕天平（1979— ），男，河南信阳人，博士，教授，研究方向：工程信息化管理。

刘晓翠（1993— ），女，黑龙江鸡西人，工程管理专业硕士研究生，研究方向：工程管理。

论文仅代表本文作者观点，文责自负——本书编者注。

承德 W 项目开发模式选择评价研究

姜凯利　李海英

（沈阳建筑大学管理学院，辽宁　沈阳　110168）

摘要：旅游业带动了经济的发展，同时旅游地产的合理开发也促进了中国房地产市场的发展。通过专家问卷调查形式确定评价指标权重，用层次分析法（AHP），从政府政策、经济发展、社会环境、旅游资源、企业自身 5 个方面，选取政府支持与监管力度、区域 GDP 增长率等 17 个指标，计算各层次权重，建立层次结构模型。并以河北省承德市 W 项目为例进行了实例研究，结果表明，该项目适合选择旅游综合型地产开发模式，且在此基础上提出建议。

关键词：旅游地产；开发模式选择；层次分析法

Selection and Evaluation of Chengde W Project Development Mode

Jiang Kaili　Li Haiying

（**College of Management，Shenyang Jianzhu University，Shenyang 110168，China**）

Abstract：Tourism promotes economic development， while the rational development of tourism real estate also promotes the development of China's real estate market. Through expert questionnaire survey form to determine evaluation index weights， using the analytic hierarchy process （AHP）， from the government policy， economic development， social environment and tourism resources， the enterprise itself， government support and supervision， area 17 indexes such as GDP growth， and calculate the weights of various levels， the hierarchy structure model is established. And taking a project in Chengde city of Hebei Province as an example， the result shows that the project is suitable to choose the tourism comprehensive real estate development mode， and on this basis， suggestions are put forward.

Keywords：Tourist Real Estate；Development Mode Selection；AHP

1 引言

旅游地产是房地产开发项目中对于资源整合和产业整合应用的最卓有成效的一种模式，然而旅游地产的开发往往伴有大规模的自然资源及项目区位生态被破坏[1]，不合理的开发对当地环境产生了许多不可逆的消极影响。因此必须根据旅游地产项目本身的特点，因地制宜地选择合适的开发模式，这对于提高城市发展高度，合理保护和利用旅游资源具有举足轻重的作用[2]。

2 旅游地产开发模式相关研究

2.1 旅游地产开发模式

（1）旅游住宅地产开发模式。

旅游住宅地产以旅游景点或其周边丰富的旅游资源为依托，寻找区域内观赏景观或地理位置有相对优势，打造以居住为目的的地产项目。此类项目开发前期以住宅销售为主，后期以物业经营为主。

（2）旅游度假地产开发模式。

旅游度假地产开发模式保护生态资源，依靠旅游项目盈利，以为游客提供旅游度假、休闲娱乐为主要目的。此类旅游地产开发模式主要开发项目为大型旅游度假酒店和旅游度假区。

（3）旅游商务地产开发模式。

旅游商务地产开发模式指的是为客户提供旅游景区内或周边具有商业服务性质的建筑物，主要为大型酒店、会议中心等，该模式发展点是以商务服务为主，主要服务方面为会议、展览等活动为主的旅游形式。

（4）旅游综合型地产开发模式。

旅游综合性地产被称作 T-C-D 模式，即 Tourism Complex Development，是一种开发商将住宅、度假、商务等多种形式融为一体的开发模式[3]，且往往涉及较大的区域。采用该开发模式的国内项目主要有宋城系列度假区、华侨城欢乐谷主题乐园、方特主题乐园等。

2.2 旅游地产开发影响因素分析

旅游地产的开发过程投资量大，时间跨度长，资金回流长，对项目区域的经济、资源影响较大，涉及的方面除传统住宅地产所包括的设计规划、土地政策、资金、市场供求关系与消费者心理等影响之外，还包括项目所在地相关的旅游、公共资源等政府部门。

（1）政府政策因素。

旅游地产项目的开发对项目所在地政府政策的依赖性较强，相关政策的不断完善可以为项目开发提供持续基础背景支撑。旅游地产在开发的过程中一定要与当地政府做好沟通并研究好相关政策。

（2）经济发展因素。

区域 GDP 增长率对于需要大量资金投入的旅游地产项目具有十分重要的作用，居民年均收入是旅游地产开发选择的直接影响因素。

（3）社会环境因素。

旅游地产是具备旅游业特性的房地产开发项目，所以也跟旅游业一样受到社会文化环境的影响，根据其特点要充分考虑到不同区域的民俗民风及文化环境，旅游地产项目不能冲撞当地的社会环境，要与其相融合。

（4）旅游资源因素。

旅游地产项目的开发对旅游资源自身的要求较高，例如旅游资源的稀缺度、历史文化价值、知名度都会对其产生重要的影响。

（5）企业自身因素。

旅游地产项目具有开发规模大、周期长、资金投资量大、资金回流时间长等特点，这样的项目特征对房地产开发商的综合实力有着较高的要求。而且旅游地产项目涉及旅游业、政府政策、历史文化等多方面领域，需要更多的相关方面的专业性人才，所以开发商的开发资质、管理水平、能力素质、品牌实力等方面，直接关系到项目的开发情况以及后期销售盈利情况和运营情况。

3 案例分析

3.1 项目区域概况

承德作为京津冀区域内非常具有代表性的旅游城市之一，位于河北省东北部，临近北京、天津两大直辖市。交通网络发达，中心市区有高铁、飞机，可快速到达北京、天津、大连等城市。且承德市内

主要以第三产业尤其是旅游业为支柱产业，为典型旅游城市且经济发展处于稳定增长态势，城市旅游市场基础及经济环境较好，非常适合旅游地产项目开发。

3.2 建评价指标体系

初次选择的评价指标往往会受到主观因素的影响，会存在一部分指标的重叠和融合，为了提高评价指标的代表性、可行性和准确性，采用国际惯用的德尔菲法对选取影响旅游地产开发模式的初选指标做进一步的筛选。

（1）评价指标的筛选。

通过问卷调查的形式对初选指标进行德尔菲法筛选，邀请了 20 位相关领域的专家进行评分，共收回有效问卷 17 份，通过有效问卷的内容对每个指标的重要程度进行评价。综合有关研究[4]，赋值原则见表 1。

表 1 分数重要程度赋值原则

很重要	10 分
重要	8 分
比较重要	6 分
一般重要	4 分
不太重要	2 分
不重要	0 分

专家为准则层打分的公式可表示为：

$$E_i = \frac{1}{n} \sum_{j=1}^{n} x_{ij}$$

当 $E_i \geq 6$ 时，表明专家对该指标的认可度较高，则该指标的重要程度较高可以采用，否则就不重要。

通过检验指标 i 的离散程度来表示专家对其重要程度打分的一致性，取标准差：

$$\sigma = \frac{2}{3} \approx 0.67$$

当指标的 $\sigma_i < \sigma$ 时，表示专家对该指标的打分具有较高的一致性，则该指标的打分可靠程度较高，反之则表示专家对其的打分意见较分散，专家应当对其重新评价。离散程度测试公式如下：

$$\sigma_i = \sqrt{\frac{1}{n-1} \sum_{j=1}^{n} (x_{ij} - E_i)^2}$$

用变异系数来表示专家对指标重要程度打分的协调程度，变异系数用 V_i 表示，其公式为：

$$V_i = \frac{\sigma_i}{E_i}$$

当 V_i <0.1 时，表明专家对该指标的重要程度判断一致，其打分结果可用。

（2）评价指标的建立。

根据上述指标结果，可以分别计算出准则层和指标层指标的平均值、标准差以及方差，并将不符合标准的指标予以剔除，得出旅游地产项目开发模式选择评价指标。

3.3　计算权重

（1）建立层次结构模型。

层次结构模型具体见图1。

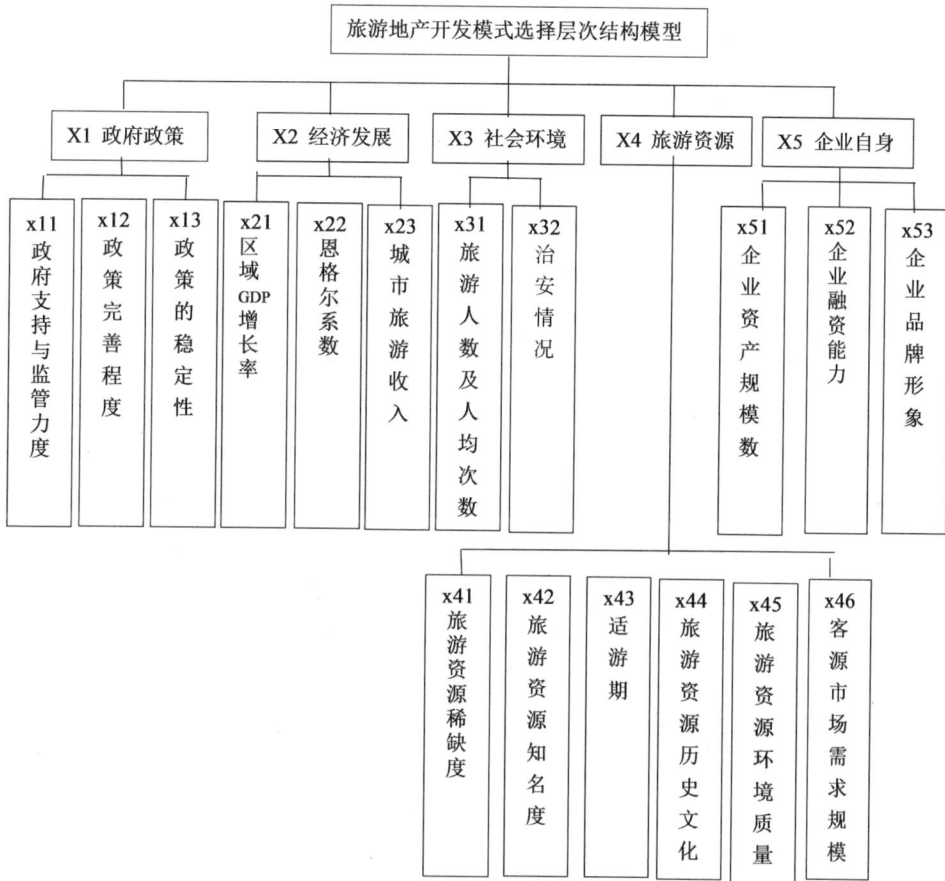

图1　层次结构模型

（2）构造判断矩阵。

根据图1可知，目标层、准则层、指标层为相互关联的有序层次，现采用层次分析法对各评价指标进行比较，运用德尔菲法邀请相关专家以1~9标度法进行打分，并将同一层次下的指标两两对比，判断其重要程度并构造判断矩阵。

（3）一致性检验。

计算判断矩阵 $XH = \lambda H$ 的最大特征值 λ_{max}，由于误差的不可避免性，判断矩阵完全满足一致性条件时需考虑层次分析所得结论是否基本合理，能否反映数本身的真实情况，就需要通过一致性指标进一步检验。一致性指标为：

$$CI = \frac{\lambda_{max} - n}{n - 1}\left(\text{其中 } \lambda_{max} = \sum_{i=1}^{n} \frac{(XH)_i}{nh_i}\right)$$

当 CR <0.1 时，指标检验符合要求；当 CR >0.1 时，指标检验不符合一致性，专家需要对指标重新打分。

（4）各种开发模式的指标权重。

由上文所建立的评价指标体系以及各指标权重计算得出4种模式下的得分，主要结果见表2。

表2　四种开发模式下各指标权重表

旅游住宅地产		旅游度假地产		旅游商务地产		旅游综合型地产	
准则层	指标层	准则层	指标层	准则层	指标层	准则层	指标层
0.4905	0.1127	0.4413	0.0462	0.4631	0.2791	0.4262	0.0634
	0.3180		0.1140		0.1459		0.0280
	0.0598		0.2811		0.0382		0.3347
0.2323	0.0243	0.2823	0.0229	0.2376	0.0278	0.3089	0.0301
	0.1480		0.2062		0.1460		0.1759
	0.0600		0.0532		0.0638		0.1029
0.0925	0.0694	0.0956	0.0850	0.1188	0.0990	0.1022	0.0681
	0.0231		0.0106		0.0198		0.0341
0.1383	0.0391	0.1288	0.0491	0.1203	0.0400	0.1218	0.0336
	0.0241		0.0217		0.0176		0.0157
	0.0418		0.0278		0.0335		0.0423
	0.0118		0.0106		0.0082		0.0090
	0.0076		0.0062		0.0074		0.0068
	0.0139		0.0134		0.0137		0.0144
0.0464	0.0276	0.0520	0.0043	0.0602	0.0381	0.0409	0.0265
	0.0128		0.0123		0.0116		0.0094
	0.0060		0.0355		0.0105		0.0050

3.4　项目开发模式选择

（1）各指标得分情况处理。

政府支持与监管力度75分；政策完善程度60分；政策的稳定性75分；区域GDP增长率92分；恩格尔系数65分；城市旅游收入92分；旅游人数及人均次数88分；治安情况75分；旅游资源稀缺度85分；旅游资源知名度83分；适游期80分；旅游资源历史文化价值90分；旅游资源环境质量85分；客源市场需求规模90、80、75、60分；企业资产规模79分；企业融资能力72分；企业品牌形象80分。

（2）该项目开发模式评价结果计算及选择。

本文分析列举的旅游地产开发模式共四类，而不同的开发模式指标的得分、权重都存在差异，因此需要分别计算各模式下的指标权重。最终评价结果如下：旅游住宅地产项目开发的得分为72.4416分、旅游度假地产项目开发的得分为74.8836分、旅游商务地产项目开发的得分为75.2861分、旅游综合型地产项目开发的得分为76.7227分。因此该项目应该选择旅游综合型地产的开发模式。

4　结论及建议

4.1　结论

本文采用定性与定量、主客观相结合的方法，将影响旅游地产项目开发模式选择的因素总结为五大类，并选取最有影响力的17个因素作为评价指标，归纳出了一套较为完整的旅游地产开发模式选择的评价指标体系，同时运用层次分析法对旅游地产开发模式的选择进行结构模型的建立与实例研究，希望为旅游地产开发模式的选择提供一定的理论与实践指导。

4.2　建议

（1）要充分了解承德市内的土地资源。合理规划、建立长期规划目标[5]、严格选址，此外，还要充分尊重本地文化环境，注重品质。

（2）宏观上要坚持"适度发展，适度推进"的原则。其目标是在生态保护的前提下，实现旅游地产的可持续发展。

（3）必须符合当地的氛围，结合当地的土地、农副产品、民俗、文化、人文与环境[6]。以项目的定位和功能目标为中心，协调材料、文化环境和地理位置，形成有利的环境。配合政府规划，反映当地特色。

参考文献：

[1] 陶慧，刘家明. 旅游城镇化地区的空间重构模式 [J]. 地理研究，2017，36（6）：1123-1137.

[2] 周维. 农庄旅游地产开发模式初探 [J]. 技术与市场，2015，22（8）：311-312.

[3] 杨建平，宿琛欣. 生态文化旅游地产开发模式实证研究

[J]. 生态经济, 2015, 31 (1): 147-149.

[4] 胡宇橙, 吴秀苹. 基于 AHP 的葡萄酒旅游资源综合评价研究: 以山东烟台为例 [J]. 中外葡萄与葡萄酒, 2021 (2): 54-59.

[5] 兴婵, 李辉. 我国旅游地产开发模式的分析 [J]. 建材与装饰, 2018 (7): 129-130.

[6] 黄靖钦. 文化产业发展背景下旅游地产的开发 [J]. 南方论刊, 2021 (11): 37-38+51.

作者简介:

姜凯利 (1997—), 女, 河南驻马店人, 土木水利专业硕士研究生, 研究方向: 房地产开发与管理。

李海英 (1979—), 女, 辽宁沈阳人, 硕士, 副教授, 研究方向: 土地利用管理、智慧城市建设、3S 技术在土地管理中应用等。

论文仅代表本文作者观点, 文责自负——本书编者注。

基础设施 REITs 优质底层资产的识别研究

张湘悦 项英辉

（沈阳建筑大学管理学院，辽宁 沈阳 110168）

摘要：我国不动产投资信托基金 REITs 已于 2020 年正式推出，目前处于逐步推广阶段。基础设施 REITs 项目具有盘活存量资产、吸纳社会资本的优势。如何选取优质项目，以便获取最大收益，是投资者关注的重点。筛选出财务状况、项目管理和技术状况、项目类型和产权、市场环境、政府治理 5 个一级指标，盈利能力、政策完备性等 14 个二级指标，总资产净利率、净资产收益率等 24 个三级指标，并结合案例分析，为基础设施 REITs 优质底层资产识别提供理论参考。

关键词：基础设施 REITs；底层资产；识别；主成分分析；组合赋权法

Research on Identification of High-quality Underlying Assets of Infrastructure REITs

Zhang Xiangyue Xiang Yinghui

（**College of Management，Shenyang Jianzhu University，Shenyang 110168，China**）

Abstract：China's real estate investment trust fund REITs has been officially launched in 2020，and is currently in the stage of gradual promotion. Infrastructure REITs projects have the advantages of revitalizing the stock of assets and absorbing social capital. How to choose high-quality projects，in order to obtain the maximum income，is the focus of investors. This paper selects five first-level indicators：financial status，project management and technical status，project type and property rights，market environment and government governance；14 second-level indicators such as profitability and policy completeness，as well as 24 third-level indicators such as net interest rate on total assets and return on equity，and combines case analysis to provide theoretical reference for identifying high-quality underlying assets of infrastructure REITs.

Keywords：infrastructure REITs；underlying assets；identification；principal component analysis；combined weighting method

1 引言

当前我国新型城镇化进程不断推进，生产和生活领域对基础设施的需求日益增加。2020 年 4 月 30 日，中国证监会和国家发展改革委联合发布《关于推进基础设施领域不动产投资信托基金（REITs）试点相关工作的通知》，标志着 REITs 模式成为我国基础设施投融资的主要模式之一，对经济社会发展起到重要促进作用。

在基础设施分类方面，徐成彬将基础设施按照用途分为经济基础设施、社会基础设施、信息基础设施、融合基础设施和创新基础设施五大类[1]。在发展前景方面，谢松等认为 REITs 具有盘活存量，推动产业升级和盈利模式的转变，降低融资成本的特点[2]；周景彤等提出未来基础设施 REITs 的推广需要筛选优质资产，解决因交易结构复杂而导致的产品设计成本较高的问题[3]。在风险控制方面，王守清等通过建立 CARCH-VaR 模型有效评估了基础设施 REITs 的风险水平，方便建立成熟的风险度量工具完善风险管控制度，提高项目监管水平[4]。Giacomo Morri 通过对美国市场上的 REITs 项目进行分析，研究 REITs 对资本结构的影响，结果表明，运营风险和增长机会变量呈负相关[5]。

本文主要针对基础设施 REITs 优质底层资产的识别进行研究，通过对基础设施 REITs 优质底层资产的评价指标体系和识别模型进行构建，以浙江沪杭甬高速公路项目作为实证案例，构建基础设施 REITs 优质底层资产的识别体系[6]。

2 影响因素分析

按照科学性、全面性、可操作性、独立性和使用性的原则[7]，在查阅相关文献并咨询专家的基础上得出表 1 所示的影响因素。

表1 基础设施 REITs 优质底层资产影响因素

影响因素	描述
财务状况	项目财务状况是指项目在一个周期内，按照资产负债表、利润表和现金流量表等表格，反映项目的财务状况
项目管理和技术情况	项目管理的情况直接关乎项目质量、项目利润以及项目工期情况。技术进步将影响市场需求，市场反过来需要应用先进技术提升综合竞争力
项目类型和产权	REITs 项目类型分为公募和私募两种形式。REITs 项目大多从已经建成的原始项目中进行选择，原始项目的产权如不清晰，将直接影响项目的上市，影响后续融资
市场环境	基础设施 REITs 是盘活存量资产的重要工具，全国在基础设施领域积淀了大量的资金，市场急需被盘活
政府治理	政府在基础设施 REITs 扮演着核心角色，是项目的投资者、监管者和政策制定者。政府治理在立项中起到引领作用，以良好的社会形象吸引投资者并给投资者提供保障

3 基础设施 REITs 优质底层资产的识别体系

3.1 构建评价指标体系

指标在确立时保持与评价目标之间高度的一致性；选取可操作、简单又全面的指标；定性指标与定量指标相结合。具体指标见表2。

表2 基础设施 REITs 优质底层资产评价指标

一级指标	二级指标	三级指标	指标描述
项目财务状况（A_1）	盈利能力（B_1）	总资产净利率（C_1）	定量
		净资产收益率（C_2）	定量
		销售净利率（C_3）	定量
	偿债能力（B_2）	流动比率（C_4）	定量
		速动比率（C_5）	定量
		资产负债率（C_6）	定量
	未来收益预测（B_3）	未来年收益（C_7）	定量
		收益增长率（C_8）	定量
项目管理和技术状况（A_2）	项目管理水平（B_4）	管理制度和流程完善性（C_9）	定性
	项目技术水平（B_5）	人员平均学历（C_{10}）	定量
		技术成熟性（C_{11}）	定性
		自有专利数量（C_{12}）	定量
	项目类型（B_6）	是否国家鼓励（C_{13}）	定性
项目类型和产权（A_3）	项目资产规模（B_7）	项目投资额（C_{14}）	定量
	项目产权情况（B_8）	土地产权是否明晰（C_{15}）	定性
		其他产权是否明晰（C_{16}）	定性
	基础设施水平（B_9）	人均道路长度（C_{17}）	定量
		人均基建投资（C_{18}）	定量
市场环境（A_4）	行业潜力（B_{10}）	行业增长率（C_{19}）	定量
	所在地收入水平（B_{11}）	人均 GDP（C_{20}）	定量
	政策完备性（B_{12}）	人均可支配收入（C_{21}）	定量
		项目所在地是否出台 REITS 办法（C_{22}）	定性
政府治理（A_5）	地方政府债务（B_{13}）	地方财政负债率（C_{23}）	定量
	地方政府信用（B_{14}）	是否有政府违约（C_{24}）	定性

3.2 基于主成分分析确定影响因子

主成分分析通过信度分析和效度分析检验数据的可行性，划分直接影响因子和间接影响因子，计算具体影响因素权重。

3.3 基于组合赋权法确定指标权重

层次分析法通过元素重要性比较，计算相对权重、最大特征根并进行一致性检验的方式确定权重；熵值法通过确定指标值占比，确定熵值，确定差异系数的方式计算权重。主观赋权法无法体现数据信息，客观赋权法无法反映自身的重要性，将熵值法与层次分析法结合形成组合赋权法。

4 案例分析

4.1 案例基本情况

沪杭甬高速公路项目位于浙江省，是由沪杭甬公司进行运营管理的公募 REITs 项目。

4.2 案例影响因素分析

4.2.1 信度分析

对问卷中的数据进行可靠性分析，得到结果 $\alpha = 0.673$，大于 0.6，该数据具有可靠性。

4.2.2 效度分析

效度分析是测量尺度量表达到测量指标准确程度的分析。笔者采用 KMO 和 Bartlett 球形度检验与因子方差贡献率检验进行验证。检验统计量（Kaiser-Meyer-Olkin，KMO）和 Bartlett 球形度检验结果 KMO 度量值为 0.692，大于 0.6 的基准且检验的 P 值为 0，因此该问卷中的数据适合做主成分分析。因子方差贡献率检验结果中，主因子解释的总变异百分比为 43.953%，两个因子的累计贡献率为 66.197%，故该问卷数据结构效度良好，可进行主成分分析，所得结果具有科学性。

4.2.3 主成分分析

描述性分析和因子分析：运用社会科学统计软件包（Solutions Statistical Package for the Social Sciences，SPSS）软件进行主成分分析得到旋转成分，从 5 个因素中提取 2 个主成分，其中，主成分 1 包括项目类型和产权、财务状况和政府治理，为直接影响因子；主成分 2 包括项目管理和技术水平以及市场环境，为间接影响因子。其中财务状况得分为 0.229，项目管理和技术水平得分为 0.172，项目类型和产权得分为 0.211，市场环境得分为 0.179，政府治理得分为 0.209。

4.3 案例优质底层资产识别

4.3.1 优质底层资产层次分析

运用层次分析法确定指标权重。邀请专业专家学者对优质底层资产识别的指标进行打分。本次发放调查问卷 100 份，有效问卷 74 份。得到一级指标中：项目财务状况权重 0.2077；项目类型和产权权重 0.1290；政府治理权重 0.6633。二级指标中：盈利能力权重 0.6428；项目类型权重 0.5350；项目产权情况权重 0.3563；地方政府债务 0.5760。三级指标中：总资产净利率权重 0.0743；净资产收益率权重 0.0429；地方财政负债率 0.3821。

从层次分析法结果可以看出，专家对沪杭甬高速公路项目所在地的政府治理情况较为关注，政府可对项目的发展起到引领示范作用，良好的政府治理水平可提升公众形象，吸引投资[8]。

4.3.2 优质底层资产熵值法分析

运用熵值法确定指标权重。针对客观指标采取查阅统计年鉴、项目官网、政府工作报告和募集说明书的方式寻找数据；主观指标通过向专家发放问卷的方式，调查优质底层资产识别指标打分，评价值范围为 1 到 10（包括 1 和 10）。根据熵值法的计算规则处理数据。得到一级指标中：项目财务状况权重 0.2831；项目类型和产权权重 0.2734；政府治理权重 0.3256。二级指标中：盈利能力权重 0.1713；项目产权情况权重 0.1544。三级指标中：是否政府存在违约权重 0.1806。

从熵值法结果可以客观看出，沪杭甬高速公路项目政府治理是需重点关注的指标，与层次分析法结论相同。三级指标中政府违约情况占比较大，很多基建项目政府都参与了投资，故公众对政府的违约较为关注[9]。

4.3.3 优质底层资产组合赋权法分析

根据前述结果，将层次分析法和熵值法的结果进行主客观结合，重新计算三级指标，使数据更加可靠。具体见表 3。

表3 优质底层资产组合赋权法权重

一级指标	二级指标	三级指标	权重
项目财务状况（A₁）	盈利能力（B₁）	总资产净利率（C₁）	0.0587
		净资产收益率（C₂）	0.0218
		销售净利率（C₃）	0.0104
	偿债能力（B₂）	流动比率（C₄）	0.0049
		速动比率（C₅）	0.0008
		资产负债率（C₆）	0.0010
	未来收益预测（B₃）	未来年收益（C₇）	0.0022
	项目类型（B₆）	收益增长率（C₈）	0.0062
		是否国家鼓励（C₁₃）	0.0572
项目类型和产权（A₃）	项目资产规模（B₇）	项目投资额（C₁₄）	0.0090
	项目产权情况（B₈）	土地产权是否明晰（C₁₅）	0.0310
		其他产权是否明晰（C₁₆）	0.0102
政府治理（A₅）	政策完备性（B₁₂）	项目所在地是否出台REITS办法（C₂₂）	0.0777
	地方政府债务（B₁₃）	地方财政负债率（C₂₃）	0.2229
	地方政府信用（B₁₄）	是否有政府违约（C₂₄）	0.4860

4.4 案例识别结果

根据沪杭甬高速公路项目，从现有公开数据来看，该省政府治理良好[10]；从公司财务报表看，公司近几年利润逐年上升[11]；从募集说明书中看，此项目为政府鼓励的公募项目，规模大，产权明晰。结合上述主成分分析和组合赋权结果，判断此项目值得公众投资。

5 结论

（1）首次构建了基础设施REITs优质底层资产识别体系。构建了包括财务状况、项目管理和技术状况、项目类型和产权、市场环境、政府治理5个一级指标，盈利能力、政策完备性等14个二级指标，总资产净利率、净资产收益率等24个三级指标。

（2）项目财务状况、项目类型和产权和政府治理为关键指标因素，政府治理指标最重要，项目财务状况和项目类型重要程度相当。在REITs项目识别时应重点关注政府信用，政府是否存在违约情况。

（3）基于构建的识别体系进行实证分析，发现案例中的沪杭甬高速公路项目识别结果为值得投资的基础设施REITs底层资产。

参考文献：

[1] 徐成彬. 基础设施REITs优质底层资产的识别与评价 [J]. 中国工程咨询，2020（6）：40-45.

[2] 谢松，曲鹏飞. REITs在建筑、投资企业开展的可行性研究 [J]. 中国总会计师，2020（3）：44-46.

[3] 周景彤，叶银丹. 基础设施REITs开启新时代 [J]. 中国金融，2020（18）：58-59.

[4] 牛耘诗，伍迪，王守清，等. 基础设施REITs市场风险度量 [J]. 项目管理评论，2020（6）：34-39.

[5] Giacomo Morri, Edoardo Parri. US REITs capital structure determinants and financial economic crisis effects [J]. Journal of Property Investment & Finance, 2017, 35 (6): 556-574.

[6] Jain Pawan, Sunderman Mark, Westby Gibson K, et al. REITs and Market Microstructure: A Comprehensive Analysis of Market Quality [J]. Journal of Real Estate Research, 2017, 39 (1): 65-98.

[7] Antonios Rovolis, Andreas Feidakis. Evaluating the impact of economic factors on REITs' capital structure around the world [J]. Journal of Property Investment & Finance, 2014, 32 (1): 5-20.

[8] 孙汉康. 国外REITs发展的经验及对我国REITs转型的启示 [J]. 经济问题，2019（10）：56-63.

[9] 秦颖，孙丽梅. 组态视角下公募REITs底层资产选择研究：以美国样本进行实证研究 [J]. 金融理论与实践，2021（9）：80-88.

[10] 中信建投证券课题组，吴云飞. 基础设施REITs发展的国际经验及借鉴 [J]. 证券市场导报，2021（1）：12-21.

[11] 项英辉，乌立慧. 交通基础设施PPP项目执行阶段绩效评价 [J]. 地方财政研究，2020（8）：24-34.

基金项目：

沈阳市哲学社会科学规划重点课题"沈阳建设国家中心城市的对策研究"（SY202111Z）。

作者简介：

张湘悦（1998—　），女，辽宁抚顺人，土木水利专业硕士研究生，研究方向：城镇管理工程。

项英辉（1971—　），女，辽宁朝阳人，博士，教授，研究方向：城市经济。

论文仅代表本文作者观点，文责自负——本书编者注。

基于 CiteSpace 的绿色施工研究热点可视化分析

宋　姣　孔凡文

（沈阳建筑大学管理学院，辽宁　沈阳　110168）

摘要：近年来随着"双碳"目标的提出，绿色施工成为工程建设领域的重要内容。为进一步研究绿色施工前沿热点与研究趋势，利用 CiteSpace 文献分析软件对 2011—2021 年中国知网 CNKI 数据库中绿色施工相关研究的 2109 篇文献进行文献数量分析、关键词共现分析、聚类分析、突变性分析以及时区分析，结果表明，绿色施工技术与管理模式的创新以及优化提升等方面是当前绿色施工研究热点。

关键词：绿色施工；研究热点；可视化分析

Visualization Analysis of Green Construction Research Hotspots Based on CiteSpace

Song Jiao，Kong Fanwen

（**College of Management**，**Shenyang Jianzhu University**，**Shenyang 110168**，**China**）

Abstract：In recent years，with the proposal of double-carbon target，green construction has become an important content in the field of engineering construction. In order to further study the frontier hotspots and research trends of green construction，CiteSpace document analysis software was used to analyze the number of documents，keyword co-occurrence，cluster analysis，mutation analysis and time zone analysis of 2109 documents related to green construction in CNKI database of CNKI from 2011 to 2021. The results show that the innovation and optimization of green construction technology and management mode are the current research hotspots of green construction.

Keywords：green construction；research hotspot；visualization analysis

1　引言

绿色施工既是建筑施工企业履行社会责任的表现，也是实现科学管理的先进生产方式，不仅能响应国家绿色发展的号召，还能通过有关方法和手段，使资源得到循环利用，缓解资源和能源匮乏的问题。王君林等（2020）从装配式建筑绿色施工评价入手，对中国知网数据库 2005—2018 年期间的文献进行可视化分析，并得出绿色施工评价体系定量研究不足、指标不够完善等问题[1]；汪振双等（2021）以（CNKI）数据库中 2005—2020 年间的国内论文为基础数据，通过可视化图谱对绿色施工研究现状及发展趋势进行分析，并得到六大研究前沿领域[2]。

为进一步了解绿色施工研究动态，本文对国内绿色施工前沿热点与研究趋势进行可视化分析，为绿色施工相关领域开展深入研究提供借鉴与参考。

2　数据来源与研究方法

2.1　数据来源

数据来源于（CNKI）数据库，包括核心数据库以及拓展数据库。通过 CNKI 数据库的高级检索功能，选取"绿色施工"为主题词，时间跨度设置为 2011 年 1 月至 2021 年 12 月，共获取绿色施工相关文献 2431 篇。为保证分析结果的质量，采用人工筛选的方式，剔除报纸新闻、会议记录、无作者文章等无效数据，最终获得 2109 篇文献作为基础数据，据此对绿色施工研究热点进行进一步探索。

2.2　研究方法

在文献可视化分析方面，由陈超美博士基于 Java 语言开发的 CiteSpace 软件在文献统计分析类软件中具有明显优势，并在学术研究中得到广泛使用。该软件能够以图谱的形式在学科结构、重点分布、发展脉络等方面对某一具体研究领域的相关文献进行可视化分析，以此来探寻该研究领域的研究热点和前沿领域。因此本文将通过 CiteSpace 软件对 2109 篇绿色施工相关文献进行可视化分析。

3　绿色施工研究热点分析

3.1　文献数量分析

利用（CNKI）中的文献统计功能，以 2011—2021 年间的 2109 篇文献资料为研究样本，绘制出绿色施工相关文献年度发文数量变化情况，所得结果如图1所示。由图1可以看出，国内对绿色施工的研究文献发表数量总体呈上升趋势，2014—2015年文献数量出现激增现象，文献量在2015年达到第一个小高峰。随后2016—2017年增长率明显提升，达到52.54%。由此可见，绿色施工相关领域的研究得到了国内学者们的广泛关注。2018—2021年文献数量始终保持在每年300篇以上，伴随着国家对绿色经济发展的重视，绿色施工的相关研究已经成为热点问题。

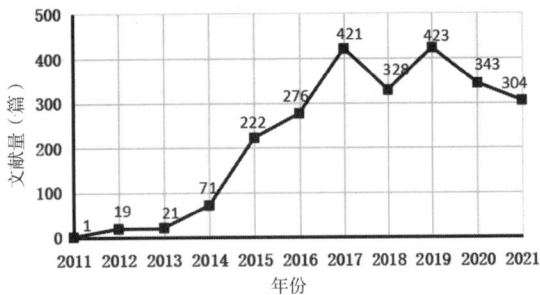

图1　2011—2021年绿色施工发文量分布

3.2　关键词共现分析

关键词是一篇论文的核心概括，通过对论文关键词的分析可以窥探论文的研究主题。通过分析关键词间共同出现的情况，可以进一步确定该学科中各主题之间的关系。

在CiteSpace中，将时间区间设置为2011年1月至2021年12月，时间切片为1年，生成关键词共现网络图谱如图2所示。其中，N = 504，E = 1592（Density = 0.0126），表示该图谱中包括504个网络节点，1592条边线，图谱密度为0.0126。在关键词共现图谱中，关键词频次越高，其节点越大，其中，关键词"绿色施工"出现频次最高，达到827次。"建筑工程""绿色建筑""应用""施工技术""施工管理"和"绿色节能"依次位列第2至第7位，频次均超过100次。由此可见，随着绿色经济在我国的大力

图2　关键词共现网络图谱

发展，学术界对绿色施工的重视程度有所提升，而绿色建筑、节能施工技术与管理等方面也逐步成为国内专家学者们对绿色施工展开进一步探索的研究热点。

3.3　关键词聚类分析

根据文献的输出结果，对关键词的聚类分析如图3所示。当模块值M（modularity）>0.3且轮廓值S（silhouette）>0.5时，即可认为聚类是成功合理的。此次聚类M = 0.4096，S = 0.752，均符合要求。

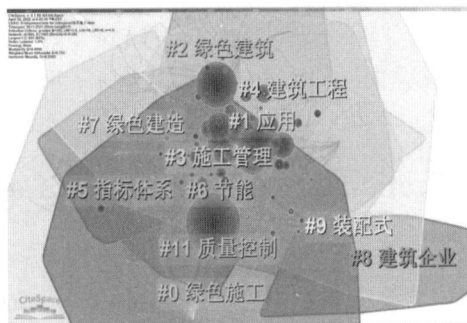

图3　关键词聚类网络图谱

从图3中可以看出，聚类集群分别是#0绿色施工、#1应用、#2绿色建筑、#3施工管理、#4建筑工程、#5指标体系、#6节能、#7绿色建造、#8建筑企业、#9装配式以及#10质量控制。根据各聚类集群中的高频关键词并结合相关文献，绿色施工的研究热点可以归纳为以下3个方面。

首先，在绿色施工管理方面，学者们从管理体系、管理创新以及效果评价等不同研究视角对绿色施工展开进一步研究。李惠玲等（2014）从绿色施工推进中出现的问题出发，构建多方参与的绿色施工项目管理总体框架及其管理体系[3]；孙福贺等（2021）提出应进行绿色规划，在管理理念中融入绿色元素[4]；徐长靖等（2019）以济南市某项目为例，通过层次分析法建立评价体系，对该项目绿色施工管理效果进行评价[5]。

其次，在绿色施工指标体系方面，李万庆等（2019）采用灰色关联分析法，分析了绿色施工的影响因素并提出施工阶段的绿色施工评价指标体系[6]；赵金先等（2017）构建了多层次的绿色施工项目评标指标体系，将向量夹角余弦与敏感性分析相结合，为投标单位指明弱项[7]。

最后，在绿色施工质量控制方面，林琛（2021）提出了从绿色施工理念、绿色建材与先进设备的应用以及绿色施工工艺优化等方面对绿色施工的质量进行监督控制[8]；劳孟蛟（2021）针对与工程质量

有关的 11 种因素，通过灰色关联法研究了各因素间的相互关系从而对施工质量提出了合理的控制措施[9]。

3.4 关键词突变性分析

关键词的突变能够表现出科研主题变化和发展新动向。通过 CiteSpace 对关键词的突变性进行分析，可以推断出关键词突变年份的研究热点与随着时间变化的研究趋势。突变强度如图 4 所示，排名前 8 位的关键词为"建筑企业""绿色建筑""环境保护""建筑行业""高层建筑""问题""管理理念"以及"土木工程"。

Top 8 Keywords with the Strongest Citation Bursts

Keywords	Year	Strength	Begin	End	2011 - 2021
建筑企业	2011	2.82	2012	2015	
绿色建筑	2011	4.03	2013	2014	
环境保护	2011	4.03	2014	2015	
建筑行业	2011	2.56	2014	2017	
高层建筑	2011	2.8	2015	2017	
问题	2011	2.99	2016	2018	
管理理念	2011	2.76	2018	2019	
土木工程	2011	5.68	2019	2021	

图 4 关键词突变性图谱

2012 年 4 月，国家财政部和住房城乡建设部联合发布《关于加快推动我国绿色建筑发展的实施意见》（财建〔2012〕167 号），该时间段"建筑企业"的关键词出现了突变，自 2013 年开始，学者们对于绿色施工的研究主要集中于绿色建筑方面，由此可见，政策的推动作用促进了相关学科领域的进一步研究。2014—2015 年间，环境保护作为绿色施工的目标之一，成为当时的研究热点。随后的 2016—2019 年间关键词相继出现"问题""管理理念"与"土木工程"，由此推断随着绿色施工的实施与发展，各方面出现的问题亟待解决，施工管理方法与施工技术也有待提升。

总体来看，关键词突变主要集中于 2012 年以后，每次突变持续时间较短，可以看出随着时间的推移，研究主题变化速度加快，学者们不断发现新的视角对绿色施工进行研究。

3.5 关键词时区分析

为了进一步反映出研究热点随着时间的变化趋势，通过 CiteSpace 中的 Time Line 绘制出关键词时间线图谱，如图 5 所示。

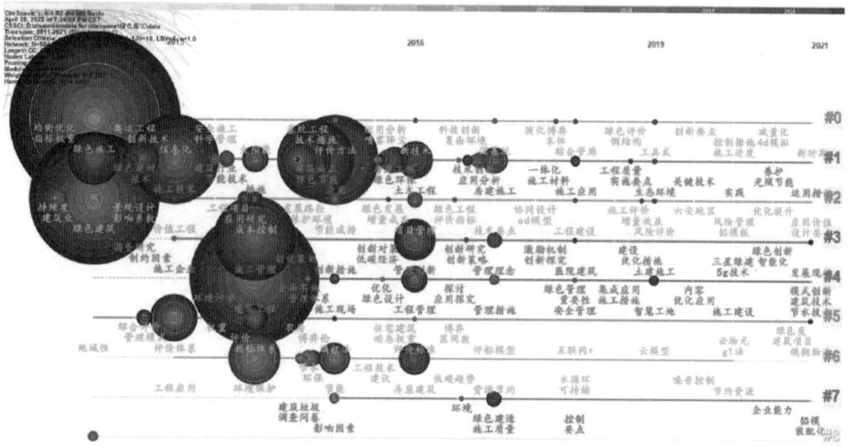

图 5 关键词时间线图谱

通过 CiteSpace 中的 Time Zone 绘制出关键词时区图谱，如图 6 所示。

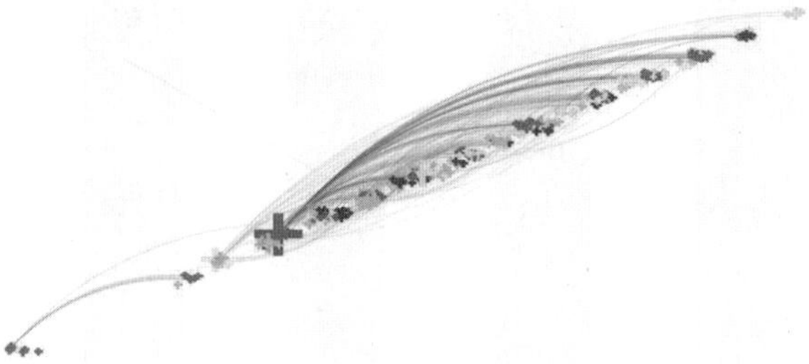

图 6 关键词时区图谱

由图 5 和图 6 可以看出，绿色施工相关研究自 2011 年至 2021 年各时期的热点研究内容，从而了解绿色施工的发展脉络与前沿动态。

从图谱中可以看出，"绿色施工""绿色建筑"以及"施工技术"等高频关键词集中出现于 2013 年前后，推测是因为 2010 年国家住房和城乡建设部与国家质量监督检验检疫总局联合发布《建筑工程绿色施工评价标准》（GB/T5 0640—2010），由此带来绿色施工及其相关领域的研究热潮。2013—2015 年间的高频研究热点主要包括"绿色节能""质量控制"与"管理理念"等方面，随着国家对环境保护重视程度的提升，绿色施工相关研究也随之出现新的热点。而 2016—2018 年间高频关键词数量明显减少，在这个时间段内涌现出"SD 模型"与"演化博弈"等新型研究方法，可见研究热点已经开始转向方法的创新。随着对绿色施工研究的不断深入，2019 年至今，国内学者的研究视角更多关注于"4D 模拟""5G 技术""智慧工地"等绿色施工的技术创新与管理创新方面。除此之外，"优化提升"与"优化措施"也成为当今绿色施工研究的热点内容。

4 结论

我国环境污染和资源过度消耗带来的问题日益凸显。近年来随着绿色低碳经济在我国的大力发展，绿色施工及相关领域已经受到国内学者们的广泛关注。

通过 CiteSpace 对关键词的共现分析以及聚类分析可以归纳出当前研究前沿领域分别是绿色建筑、施工管理、指标体系、绿色节能以及绿色建造等。

通过对关键词的突变性分析以及时区分析可以看出，绿色施工的研究已经从对于概念与内涵的理论探索时期逐步转变为发展新技术新方法的创新时期，近期研究热点集中于绿色施工技术与管理模式创新以及优化提升等方面。

在大数据与云计算等技术日趋成熟的情况下，智慧工地、5G 技术等高科技技术在当今工程项目建设过程中开始逐步尝试，并在施工技术与项目管理等方面得以运用。因此绿色施工在技术创新、优化提升等方面仍存在研究潜力。

参考文献：

[1] 王君林，胡龙伟，王雪，等. 基于 Cite space 的绿色施工评价可视化研究 [J]. 中国储运，2020（1）：132-135.

[2] 汪振双，孙剑书. 中国绿色施工研究现状与趋势：基于 2005—2020 国内文献知识图谱分析 [J]. 沈阳大学学报（自然科学版），2021，33（3）：267-271+287.

[3] 李惠玲，高心蕊，崔旭翔. 多方参与的绿色施工项目管理研究 [J]. 建筑经济，2014，35（11）：38-41.

[4] 孙福贺，胡亚男，孔忠望. 绿色施工管理理念下建筑施工管理的创新途径 [J]. 绿色环保建材，2021（8）：126-127.

[5] 徐长靖，徐云鹏，刘枚，等. 市政工程项目绿色施工管理效果综合评价 [J]. 山东交通学院学报，2019，27（3）：80-86.

[6] 李万庆，王虎军，孟文清. 基于灰色关联分析法的绿色施工评价研究 [J]. 工程管理学报，2019，33（4）：54-58.

[7] 赵金先，王苗苗，李堃，等. 基于 C-OWA 算子与向量夹角余弦的绿色施工项目评标模型 [J]. 土木工程与管理学报，2017，34（5）：39-45.

[8] 林琛. 绿色建筑施工质量控制方法 [J]. 陶瓷，2021（12）：124-125.

[9] 劳孟蛟. 绿色房建施工质量控制灰色关联分析 [J]. 四川水泥，2021（2）：104-105.

作者简介：

宋姣（1999—　），女，辽宁抚顺人，土木水利专业硕士研究生，研究方向：工程营造技术与管理。

孔凡文（1963—　），男，辽宁北票人，博士，教授，研究方向：建筑与房地产经济。

论文仅代表本文作者观点，文责自负——本书编者注。

基于 DEA 模型的城市更新项目绩效评价研究

梁馨月　卢鸿志　任家强

（沈阳建筑大学管理学院，辽宁　沈阳　110168）

摘要：城市更新是城市功能的重新定位，也是城市动能的重新发现，涵盖了老旧小区改造、商业设施、街区改造等。为研究以老旧小区改造为主的城市更新项目绩效情况，以2020年四川省巴州区4个老旧片区为例，选取改造投资额、面积为投入指标，居民满意度、租金差等为产出指标，运用 DEA 模型进行项目绩效评价。结果表明，龙泉片区和北门片区为 DEA 有效；文星街片区由于投入规模不合理处于规模递减状态；大东片区因为技术效率原因处于 DEA 无效。

关键词：城市更新；绩效评价；老旧小区改造；DEA

Research on Performance Evaluation of Urban Renewal Project Based on DEA Model

Liang Xinyue　Lu Hongzhi　Ren Jiaqiang

（**College of Management，Shenyang Jianzhu University，Shenyang 110168，China**）

Abstract：Urban renewal is the repositioning of urban functions and the rediscovery of urban kinetic energy，which covers the transformation of old residential areas，commercial facilities and blocks. In order to study the performance of urban renewal projects focusing on the renovation of old residential areas，this paper takes four old districts in Bazhou District，Sichuan Province in 2020 as examples，selects the renovation investment amount and area as input indexes，residents' satisfaction and rent difference as output indexes，and uses DEA model to evaluate the project performance. The results show that Longquan area and Beimen area are DEA effective. Wenxing Street area is in a state of decreasing scale due to the unreasonable investment scale. Dadong area is in DEA invalid for technical efficiency reasons.

Keywords：urban renewal；performance evaluation；old community transformation；DEA

1 引言

2019 年 12 月，中央经济工作会议首次提出了"城市更新"这一概念，提出"要加强城市更新和存量住房改造提升，做好城镇老旧小区改造"。2021 年城市更新首次被写入政府工作报告；《中华人民共和国国民经济和社会发展第十四个五年规划和 2035 年远景目标纲要》中也提出，将加速实施城市更新行动，推进老旧小区、旧楼亭改造、积极扩建停车场等。继三旧改造与棚改之后，在国家政策的驱动下，现阶段推动了以老旧小区为主的城市更新项目改造。

2020 年四川省巴州区共改造小区 87 个，涉及 17478 户，建筑面积 225.79 万平方米。主要包括龙泉片区、大东片区、文星街片区、北门片区四大区域。为研究城市更新项目效果，本文基于 DEA 模型对城市更新项目绩效进行评价，为相关研究提供参考。

2 评价指标及模型选取

2.1 城市更新项目绩效评价指标选取

以科学性、代表性、可比性、指标数据可得可量为原则，结合相关文献分析，选取城市更新项目绩效评价使用频率较高的指标，见表1。

表 1　城市更新项目绩效评价指标

评价层面	评价指标
输入指标	I_1 改造面积（平方米）
	I_2 改造投资额（百万元）
	O_1 绿化率（%）
输出指标	O_2 租金差值（元）
	O_3 综合满意度（分）
	O_4 改造户数（户）

2.2 DEA 模型

DEA 模型是使用数学规划评价具有多个输入和输出的项目间的相对有效性方法。DEA 模型中 CCR 和 BCC 模型是最常用的模型[1]。

2.2.1 CCR 模型

CCR 模型用于测量评价项目的综合效率[2]，是不考虑规模收益时的技术效率，数学模型为：

$$\begin{cases} min V_D = \theta \\ \sum_{j=1}^{n} \lambda_j \chi_j + S^- = \theta_{\chi 0} \\ \sum_{j=1}^{n} \lambda_j \gamma_j - S^+ = \theta_{\gamma 0} \\ S^- \geqslant 0, \ S^+ \geqslant 0, \ \lambda_j \geqslant 0 \end{cases}$$

式中，λ^*，S^{*+}，S^{*-}，θ^* 分别表示评价项目、剩余变量、松弛变量、综合效率的最优解。

模型分析结果 $\theta^* = 1$，且 S^{*-}、$S^{*+} = 0$ 时，称 DEA 有效；模型分析结果 $\theta^* = 1$，而 S^{*-}，S^{*+} 不全为 0 时，称弱 DEA 有效；模型分析结果 $\theta^* < 1$，DEA 无效。

2.2.2 BCC 模型

BBC 模型为用于测量评价项目的技术效率，为考虑规模收益时的技术效率[3]，数学模型为：

$$\begin{cases} min V_D = \sigma \\ \sum_{j=1}^{n} \lambda_j \chi_j + S^- = \theta_{\chi 0} \\ \sum_{j=1}^{n} \lambda_j \gamma_j - S^+ = \theta_{\gamma 0} \\ \sum_{j=1}^{n} \lambda_j = 1 \\ S^- \geqslant 0, \ S^+ \geqslant 0, \ \lambda_j \geqslant 0 \end{cases}$$

式中，λ^*，S^{*+}，S^{*-}，σ^* 分别表示模型中评价项目、剩余变量、松弛变量、综合效率的最优解。

3 基于 DEA 城市更新项目绩效评价

3.1 评价对象基本情况

四川省巴中市巴州区改造分为四大片区，其中，龙泉片区投资 4330 万元，改造住宅 136 栋 1470 户，涉及状元巷、状元桥、胡家巷、怡河苑等 6 个小区；大东片区投资为 6555 万元，改造住宅 74 栋 2626 户，涉及 12 个老旧小区；文星街片区改造项目占地面积 47 万平方米，改造 3781 户，涵盖街心花园、医药公司、糖酒公司、黎明小区等 19 个小区，投资 7662 万元；北门片区改造涉及 35 个小区、5700 多户居民，投资 8800 万元，改造面积 50 万平方米。

指标数据中，改造面积、户数、投资、绿地率来源于项目的网站；租金差值为改造前一年和改造后当年租金价格的差额，通过百姓网、安居客、房多多等网络平台上的数据统计平均值而得；居民满意度来自走访当地居民发放问卷所得，问卷包括住房品质、小区周边环境、改造前后满意度等。整理后见表 2。

表 2 2020 年巴州区城市更新项目投入产出数据值

片区	改造面积（平方米）	改造投资额（百万元）	绿化率（%）	租金差值（元）	综合满意度（分）	改造户数（户）
龙泉片区	14.70	43.3	17%	175	70	1470
大东片区	32.90	65.55	20%	150	68	2626
文星街区	47.29	76.63	15%	220	95	3781
北门片区	50.00	88.00	25%	200	85	5700

3.2 城市更新项目绩效评价结果

3.2.1 DEA 评价结果

运用 BCC 模型，以投入为导向[4]，将数据导入 DEAP2.1 软件进行有效性分析，结果见表 3。

表 3 四大片区效率值

片区	TE	PTE	SE	RTS
龙泉片区	1.000	1.000	1.000	—
大东片区	0.871	0.961	0.951	drs
文星街区	0.978	1.000	0.978	drs
北门片区	1.000	1.000	1.000	—

表 3 中 TE 为综合技术效率；PTE 为纯技术效率；SE 为规模效率，SE = TE/PTE，"—" 为规模效益不变；"drs" 表示随着规模的扩大，所得收益的增幅小于投入量的增幅，称规模效益递减。龙泉片区与北门片区所有效率值均为 1.000；文星街片区综合技术效率为 0.978；大东片区综合效率值为 0.871，大东片区和文星街片区处于规模递减状态。

3.2.2 城市更新项目有效性分析

综合效率有效的片区有 2 个，分别是龙泉片区和北门片区，而无效的有文星街片区和大东片区，其中大东片区综合效率排名最低，说明其生产效率较低，投入资源不能充分利用转化为产出，有较大的提升空间。大东片区纯技术效率值为 0.961，需要在技术发展和管理水平提升上继续努力。文星街片区纯技术效率等于 1.000，表面这个项目已经处在技术最前沿了，规模效率小于 1.000，说明规模并不有效，从技术上分析，此片区投入可以获得最大产出，但是由于投入规模不合理，导致效率没有达到最高。文星街片区和大东片区处于"drs"状态，即随着规模的扩大，产出获得的绩效增量将远小于投入的增

量，所以应减少这两个片区的投入才能达到最高效率；北门社区和龙泉片区规模收益情况不变，且规模效率均为 1.000，说明这两个片区处在最合适的规模下，可以继续保持此规模。

3.2.3 城市更新项目无效性改进分析

在基于规模收益不变情形下，用 CCR 模型导入计算，其主要目的是分析当前资源配置情况及运用效率[5]。根据投入和产出松弛变量对需要调整的两个片区进行投影分析。见表 4。

表 4 指标的原始值与改进值

决策单元	改造面积 (S−)		绿地率 (S+)		租金差 (S+)		居民满意度 (S+)	
	改进值 (平方米)	原始值 (平方米)	改进值 (%)	原始值 (%)	改进值 (元)	原始值 (元)	改进值 (分)	原始值 (分)
大东片区	28.73	32.90	20	20	191.35	150	77.81	68
文星街片区	35.67	47.29	16	15	231.80	220	95.00	95

从投入指标来看，大东区和文星街片区存在投入过剩的现象，改造面积的投入冗余率分别为 14.5%、32.6%。文星街片区的改造面积冗余率较高，其投入的改造面积为 35.67 万平方米，即可达到 DEA 有效。

从产出指标来看，文星街片区绿地率产出不足率为 6.25%，租金差产出不足率为 5.09%，大东片区租金差产出不足率为 21.6%，居民满意度产出不足率为 12.6%。其中大东区的租金差值不足情况比较严重，改造后的租金需要达到 191.35 元才能达到 DEA 有效，由此看大东片区的投入没有达到有效利用。通过以上分析可知，巴州区改造项目效率低的原因主要是改造面积投入过多和改造后租金较低。

4 结论与建议

（1）合理配置资源，适当精简投入。城市更新项目中绩效水平并不一定和投入量成正比，单纯增大投资规模不一定会带来高绩效。故当投入规模达到一定程度后，不应再盲目增加投入资金，而是应该改变投资结构，合理分配项目的投入比例。

（2）结合外部条件提高城市更新水平。当规模投入达到一定程度开始出现规模收益递减时，投资规模已超过其产生最大效益的规模，在当前的技术水平下，无论增加哪种投入都无法变成规模收益递增。只能寻求政府政策支持或周边外部环境帮助。

（3）注重组织架构和加强人才培养。大东片区包含纯技术原因处于 DEA 无效，可能由于存在项目管理或其他技术缺陷。现有城市更新大多注重硬性投入，如改造资金、公共设施等，容易忽视软实力，因此不仅要提升人员的专业素养，还要注重项目整体的组织架构。

参考文献：

[1] 谢成. 城市更新"留改拆"模式的管理机制探索 [J]. 中华建设, 2020 (2): 42-43.

[2] 李林霏. 基于 DEA 的城市更新绩效评价：以深圳为例 [J]. 中国房地产, 2020 (36): 55-61.

[3] 任家强, 张志豪, 楚国威. 基于 DEA 分析的辽宁省建筑业生产效率评价研究 [J]. 沈阳建筑大学学报（社会科学版）, 2017, 19 (6): 5.

[4] 楚国威. 基于 DEA 模型的沈阳市公租房项目效率评价研究 [D]. 沈阳：沈阳建筑大学, 2017.

[5] 周丽平. 基于 DEA 模型的河南省房地产业绩效评价研究 [J]. 度假旅游, 2018 (11): 2.

作者简介：

梁馨月（1999— ），女，辽宁抚顺人，土木水利专业硕士研究生，研究方向：房地产开发。

卢鸿志（2002— ），男，辽宁大连人，土地资源管理专业本科生，研究方向：土地管理。

任家强（1980— ），男，辽宁沈阳人，博士，副教授，研究方向：房地产开发与管理、城市更新。

论文仅代表本文作者观点，文责自负——本书编者注。

基于 ISM 的 PC 构件成本影响因素与控制对策分析

刘　璐　孔凡文

（沈阳建筑大学管理学院，辽宁　沈阳　110168）

摘要：装配式建筑具有施工周期短、五节一环保等优点，近年来一直被国家所推崇，但是由于预制混凝土构件（PC 构件）的成本相对较高，使得装配式建筑没有得到广泛使用。基于 PC 构件全生命周期的角度，从设计、生产、运输和安装 4 个方面出发，利用 ISM 模型对 PC 构件成本影响因素进行分析，根据多级递阶图提出各阶段相对应的成本控制对策，以更好地降低装配式建筑成本，促进其发展。

关键词：装配式建筑；PC 构件；成本影响因素；ISM 模型

Analysis on the Influencing Factors and Control Countermeasures of PC Component Cost Based on ISM

Liu Lu　Kong Fauwen

（**College of Management**，**Shenyang Jianzhu University**，**Shenyang 110168**，**China**）

Abstract：Prefabricated building has the advantages of short construction period, five sections and one environmental protection, etc., has been praised by the country in recent years, but because of the relatively high cost of precast concrete components (PC components), the prefabricated building has not been widely used. Therefore, based on the PC component life cycle perspective, from the design, production, transportation and installation of four aspects, the use of ISM model of PC component cost factors are analyzed, according to the multi-level hierarchical diagram of the corresponding stages of the cost control countermeasures, in order to better reduce the cost of prefabricated building, promote its development.

Keywords：Prefabricated Building; PC Components; Cost Influencing Factors; The ISM Model

1 引言

装配式结构是指将在工厂生产完成的构件运输到工地现场进行拼接的建筑。构件的成本约占装配式建筑总成本的 60%[1]，并且由于构件成本较高，故装配式建筑的成本一直高于传统式建筑。因此，对构件成本进行控制，对于装配式建筑是非常重要的。

2 PC 构件成本分析

本文从装配式建筑全生命周期出发，将 PC 构件的成本拆分为设计、生产、运输、安装 4 个阶段所产生的费用[2]。

2.1 设计阶段

与现浇式混凝土建筑相比，装配式建筑在设计阶段增设了根据建筑图纸将各部件在节点处进行合理拆分一项，增加了其设计成本。

2.2 生产阶段

PC 构件的生产不仅需要混凝土及生产所需要的其他材料，还需要专业的设备和模具，但因各项目结构不同，其 PC 构件的尺寸、出筋位置也会有所不同，所以导致各构件无法共用同一模具。因此 PC 构件在生产阶段的主要成本为材料费、人工费、机械费和模具费，此外，还有构件的养护费以及折旧摊销费[3]。

2.3 运输阶段

PC 构件在工厂生产完成后由工人装载至运输车，运送到施工现场进行卸载和搬运。由此产生的费用包括装卸费、运输费、现场临时存储费[4]。

2.4 安装阶段

PC 构件运输到施工现场后，由专业施工队利用大型机械对各构件进行吊装拼接，因此会产生较高的机械使用费以及安装人工费。

3 PC 构件成本影响因素 ISM 模型

3.1 PC 构件成本影响因素

根据上节对 PC 构件成本构成的介绍，通过文献研究法结合各专家意见，现总结各阶段影响 PC 构件成本的因素见表 1。

表1 PC构件成本影响因素

阶段	影响因素	解释说明
设计阶段	构件拆分合理性（S_1）	构件的拆分需要考虑构件的受力情况以及是否便于运输和安装
	构件设计标准化程度（S_2）	建筑结构构件尺寸多种多样，缺少统一的相关标准，使得构件的标准化、模块化程度低
	装配率（S_3）	装配率较低时，PC构件的使用率低，不成规模的构件会让构件的成本增加
生产阶段	生产自动化水平（S_4）	在工厂仍然存在大量的手工作业，预制构件生产自动化水平偏低
	模具利用率（S_5）	模具使用率的上升，会使预制构件的生产效率增加，有利于装配式建筑生产成本的控制
	原材料价格（S_6）	混凝土及生产所需要的其他材料费用
运输阶段	厂址位置选择（S_7）	构件运输距离受到预制部件厂址的影响，而运输距离直接决定运输成本
	装卸费（S_8）	在运输前的装车费用以及到场地之后的卸货费用
	存储位置（S_9）	主要为短期仓储费，有的还会发生二次搬运费
安装阶段	操作人员技术水平（S_{10}）	构件安装熟练度
	吊装机械选择（S_{11}）	施工现场对预制部件的吊装选取的机械

3.2 构建PC构件成本影响因素模型

3.2.1 建立邻接矩阵和可达矩阵

通过阅读国内外关于影响PC构件成本的文献，分析各影响因素间关系，构建出邻接矩阵A，如下所示：

$$A = \begin{bmatrix} 0 & 0 & 0 & 0 & 0 & 0 & 0 & 0 & 0 & 0 & 1 \\ 0 & 0 & 1 & 0 & 1 & 0 & 0 & 0 & 0 & 1 & 1 \\ 0 & 0 & 0 & 0 & 1 & 0 & 0 & 0 & 0 & 1 & 0 \\ 0 & 0 & 1 & 0 & 1 & 0 & 0 & 0 & 0 & 1 & 0 \\ 0 & 0 & 0 & 0 & 0 & 0 & 0 & 0 & 0 & 0 & 0 \\ 0 & 0 & 0 & 0 & 0 & 0 & 1 & 1 & 0 & 0 & 0 \\ 0 & 0 & 0 & 0 & 0 & 1 & 0 & 1 & 0 & 0 & 0 \\ 0 & 0 & 0 & 0 & 0 & 1 & 1 & 0 & 0 & 0 & 0 \\ 0 & 0 & 0 & 0 & 0 & 1 & 1 & 1 & 0 & 0 & 0 \\ 0 & 0 & 1 & 0 & 1 & 0 & 0 & 0 & 0 & 0 & 0 \\ 0 & 0 & 0 & 0 & 0 & 0 & 0 & 0 & 0 & 1 & 0 \end{bmatrix}$$

邻接矩阵中只存在0和1两种元素，0代表S_i元素对S_j元素不产生影响，1代表S_i元素对S_j元素产生影响[5]，i，j=1，2，3…11。

运用Matlab软件进行运算，当$k=4$时，$(A+I)^K = (A+I)^{K+1}$，得到可达矩阵$M=(A+I)^4$，如下所示：

$$M = \begin{bmatrix} 1 & 0 & 1 & 0 & 1 & 0 & 0 & 0 & 0 & 1 & 1 \\ 0 & 1 & 1 & 0 & 1 & 0 & 0 & 0 & 0 & 1 & 1 \\ 0 & 0 & 1 & 0 & 1 & 0 & 0 & 0 & 0 & 1 & 0 \\ 0 & 0 & 1 & 1 & 1 & 0 & 0 & 0 & 0 & 1 & 0 \\ 0 & 0 & 0 & 0 & 1 & 0 & 0 & 0 & 0 & 0 & 0 \\ 0 & 0 & 0 & 0 & 0 & 1 & 1 & 1 & 0 & 0 & 0 \\ 0 & 0 & 0 & 0 & 0 & 1 & 1 & 1 & 0 & 0 & 0 \\ 0 & 0 & 0 & 0 & 0 & 1 & 1 & 1 & 0 & 0 & 0 \\ 0 & 0 & 0 & 0 & 0 & 1 & 1 & 1 & 1 & 0 & 0 \\ 0 & 0 & 1 & 0 & 1 & 0 & 0 & 0 & 0 & 1 & 0 \\ 0 & 0 & 1 & 0 & 1 & 0 & 0 & 0 & 0 & 1 & 1 \end{bmatrix}$$

3.2.2 区域和级位划分

在可达矩阵的基础上求出其可达集、先行集和交集，见表2。

表2 可达矩阵元素关系集合

S_i	可达集	先行集	交集
1	1, 3, 5, 10, 11	1	1
2	2, 3, 5, 10, 11	2	2
3	3, 5, 10	1, 2, 3, 4, 10, 11	3, 10
4	3, 4, 5, 10	4	4
5	5	1, 2, 3, 4, 5, 10, 11	5
6	6, 7, 8	6, 7, 8, 9	6, 7, 8
7	6, 7, 8	6, 7, 8, 9	6, 7, 8
8	6, 7, 8	6, 7, 8, 9	6, 7, 8
9	6, 7, 8, 9	9	9
10	3, 5, 10	1, 2, 3, 4, 10, 11	3, 10
11	3, 5, 10, 11	1, 2, 11	11

3.2.3 绘制多级递阶图

结合表2对模型进行计算，求出其缩减可达矩阵，最终将影响因素划分为两个部分、四个层级，其中，第一部分：S_6，S_7，S_8为第一层，S_9为第二层；第二部分：S_5为第一层，S_3，S_{10}为第二层，S_4，S_{11}为第三层，S_1，S_2为第四层。绘制出多级递阶图如图1所示。

3.3 SM模型分析

通过ISM模型计算，绘制多级递阶图，将11个成本影响因素分为两个部分四个层级，其中，原材料价格、厂址位置、装卸费三者有着强关联性，装配率和专业操作技术水平有强关联性；构件拆分合理性、构件设计标准化程度、装配率、生产自动化水平、专业操作人员技术水平、吊装机械均会影响模具利用率。

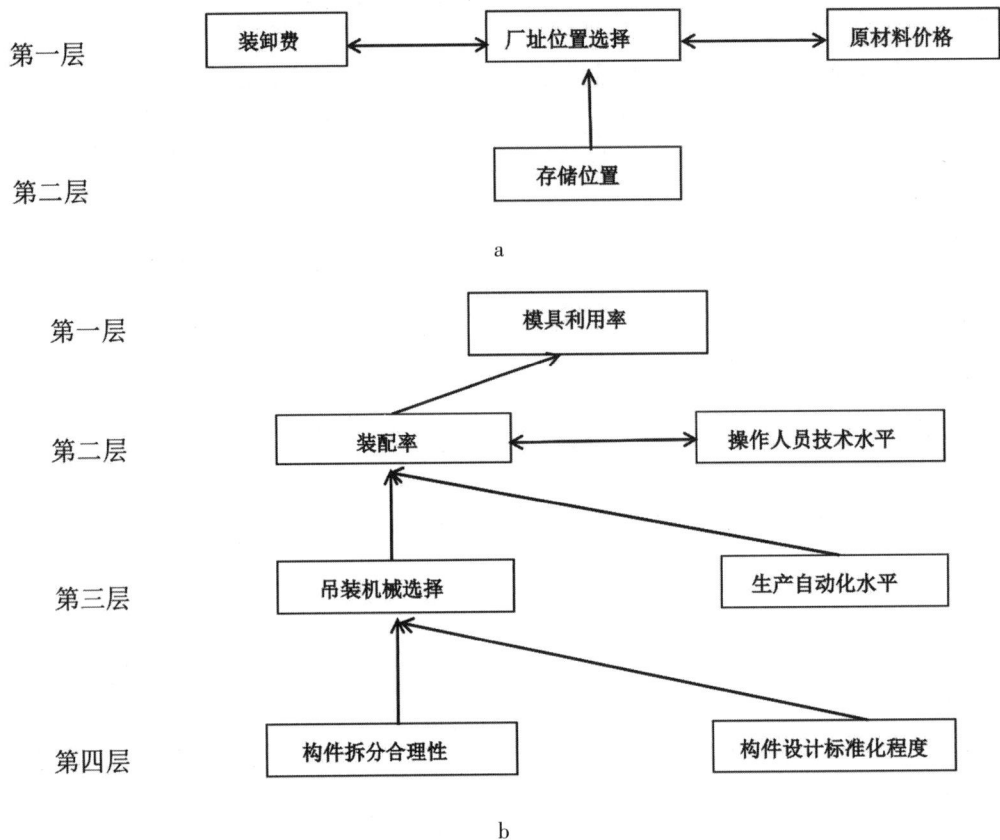

图1 多级递阶图

4 对策与建议

本文从设计、生产、运输、安装四个方面对 PC 构件成本影响因素进行 ISM 分析，并对提出以下建议。

4.1 设计阶段

在装配式建筑中，设计阶段应充分考虑到各配件对于同一尺寸模具、吊装器具的使用频率，合理拆分各配件，使其尽可能统一尺寸，大力推广标准化设计，实现构件的模块化生产，使工厂预制达到最大化，以节约设计及生产成本。

4.2 生产阶段

装配式建筑中在工厂将原材料进行加工形成 PC 构件，需要更加精准的模具，这就造成了模具成本过高的问题，可利用 3D 打印技术生产模具，减少产品的研制时间；同时提高机械化生产水平，减少工厂手工作业流程，更大程度地实现生产自动化，提高生产率和降低生产成本。

4.3 运输阶段

因在生产阶段原材料占据了主要成本，所以可根据实际情况考虑将原材料供应地纳入选择厂址范围，降低因地域产生的差价及运输原材料发生的费

用；同时根据工地现场施工情况，制定合理的供求计划和存储方案，减少不必要的囤积造成成本浪费；选择合适的运输机具和行驶路线，以降低在运输阶段所产生的成本[6]。

4.4 安装阶段

选择合理的吊装机械对于构件的质量及成本都大为有利，构件的吊装一直是装配式建筑中的重点难点问题，在施工之前要制定相关的吊装方案，根据不同构件选择适合的吊装工具，安排好各构配件的吊装顺序，减少成本上不必要的浪费。

5 结语

PC 构件的成本直接影响到整个装配式项目的成本，故为实现装配式建筑在我国更好的发展，本文根据文献研究法，对影响 PC 构件成本的因素进行归纳总结，运用 ISM 模型进行分析，得知：原材料价格、厂址位置、装卸费三者互为影响，装配率和专业操作技术水平有强关联性，构件拆分合理性、构件设计标准化程度、装配率、生产自动化水平、专业操作人员技术水平、吊装机械直接或间接地影响到模具利用率，最后根据上诉影响因素之间的关系，从设计、生产、运输以及安装4个方面提出控制成本

的相关建议，以更好地降低成本。

参考文献：

［1］ 常春光，张瑜. 装配式建筑构件生产成本控制问题与措施研究［J］. 沈阳建筑大学学报（社会科学版），2016，18（5）：470-475.

［2］ 李强年，黄亚琴. 基于SNA-ISM的装配式建筑成本影响因素分析［J］. 工程管理学报，2022，36（2）：141-146.

［3］ 余灿. 基于系统动力学的PC构件成本控制研究［D］. 哈尔滨：哈尔滨工业大学，2018.

［4］ 杨虎林，周东明，陆子雨. 基于供需平衡的装配式PC构件运输成本优化［J］. 建筑施工，2021，43（2）：306-309+313.

［5］ 李楠，刘喆. 基于ISM模型的PC构件成本影响因素分析［J］. 上海节能，2022（2）：139-144.

［6］ 苗泽惠，夏苗. PC构件运输阶段成本控制研究［J］. 智能建筑与智慧城市，2021（5）：32-33.

作者简介：

刘璐（1998—　），女，辽宁大石桥人，土木水利专业硕士研究生，研究方向：工程项目营造与管理。

孔凡文（1963—　），男，辽宁北票人，博士，教授，研究方向：建筑与房地产经济。

论文仅代表本文作者观点，文责自负——本书编者注。

基于 WSR 的工程项目施工进度管理事理分析

李 诺 孔凡文

（沈阳建筑大学管理学院，辽宁 沈阳 110168）

摘要：随着社会经济的发展，工程项目体量不断增加，施工工序趋于复杂、建设周期随之增大，工程项目的施工管理方法亟须提高。将 WSR 方法融入工程项目施工进度管理中，基于事理层面对项目施工进度和其他主控目标之间关系进行分析，发现施工过程中进度管理对其他指标的重要影响，运用多属性效用理论进行分析，得出缩短工期、提升工期效益的均衡优化模型，为工程项目施工进度管理提供参考依据。

关键词：施工进度管理；WSR 模型；事理分析；均衡优化模型

Analysis of Project Construction Schedule Management Based on WSR

Li Nuo Kong Fanwen

（College of Management，Shenyang Jianzhu University，Shenyang 110168，China）

Abstract：With the development of social economy, the volume of engineering projects is increasing, the construction process tends to be complex, the construction cycle increases. The construction management method of engineering projects needs to be improved. Integrates the WSR method into the project construction schedule management, studies the relationship between the project construction schedule and other main control objectives based on the rational level, finds the important impact of schedule management on other indicators in the construction process, analyzes it by using the multi-attribute utility theory, and obtains a balanced optimization model to shorten the construction period and improve the benefit of the construction period, so as to provide a reference basis for the construction schedule management of the project.

Keywords：construction schedule management；WSR model；rational analysis；multi attribute utility function

1 引言

目前，国内外学者结合工期—成本之间均衡优化、协调施工进度资源配置及预防不确定因素等方面，对工程项目施工进度管理进行了深入研究。张润沂、郭炎乐等通过改进增值绩效计算软件，更好地提供施工阶段进度成本协同管理的决策信息[1]；马国丰、张灵祉构建了项目进度重叠策略的决策模型，通过优化算法得到成本最低的方案[2]；Azaron 等认为工期的确定介于项目管理的不同角度之间，运用多种算法构建均衡模型[3]；金德智、韩美贵等基于 WSR 方法，提出了进度控制目标，列出了具体的进度控制方法和工具[4]；王张军、顾伟红等通过 WSR 的方法建立施工进度的风险评价指标体系，加强了对施工进度的控制[5]。

综上所述，目前对施工进度管理的研究已取得诸多成果，WSR 理论方法因模块化、成体系等优点也得到了学者们广泛关注，但将 WSR 方法在工程项目中应用研究尚浅，因此将 WSR 方法应用于施工进度管理研究有重要意义。在事理维度分析施工过程中的各项控制指标，能够最大限度地实现项目时间效益、经济效益和社会效益的协调发展。

2 基于 WSR 的进度管理分析

2.1 WSR 系统方法论

WSR 方法论[6] 在分析问题时可以将定性与定量结合，根据具体情况将方法组层次化、条理化，起到以简驭繁的功效。从 3 个维度简要说明："物理"是追寻"是什么"的功能分析，解释为研究对象与客观世界之间的关系；"事理"是解决"怎么做"的逻辑分析，解释为研究对象内部之间关系的均衡与优化；"人理"是思考"做更好"的人文分析，解释为协调利益相关方之间如何更好地追求成效。

2.2 施工进度管理的 WSR 分析

基于系统工程角度，将工期作为进度管理主要研究对象，主要分析的问题包括外部的影响因素、过程中的目标控制、人员间沟通协调 3 个方面，这与 WSR

方法论的 3 个维度具有对应关系。据此,本文构建基于施工进度管理的 WSR 三维分析模型,如图 1 所示。

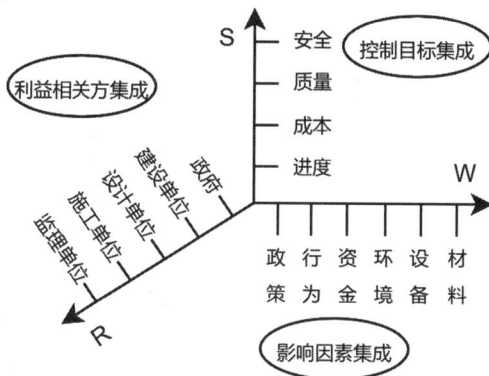

图 1　施工进度管理的 WSR 三维分析模型

其中物理维度包括影响进度的国家相关政策、制度等宏观因素、主体行为等中观因素、设备资金等微观因素;事理维度指使用科学的方法优化进度与其他控制目标之间的关系,通过安全、质量及成本与工期关系分析出工期效益最优化的均衡模型,在实际工程中取得缩短工期,最大化提前投产收益的效果;人理维度指参与施工利益相关方的相互协调与沟通。

3　施工进度管理事理维度目标分析

3.1　工期与成本相互关系分析

在实际工程中,总费用包括直接成本、间接成本、提前投产收益三部分。直接成本为施工直接消耗的各项费用,如人工费、材料费、机械台班费和措施费等;间接成本包括工程前期审查、管理的相关费用等;项目的提前投产效益是项目提前交付投入生产带来的额外收益。设 T_{min} 表示工期最短可达到的时间,T_i 表示第 i 项工作完成所需时间,T_{max} 表示工期最长截止时间,则有 $T \in [T_{min}, T_{Max}]$。设 C_{min} 表示工程项目所需费用最小值,C_i 表示第 i 项工作完成所需费用,C_{max} 表示工程项目所需费用最大值,设 B 表示项目提早投产收益,项目工期与总费用关系如图 2 所示。

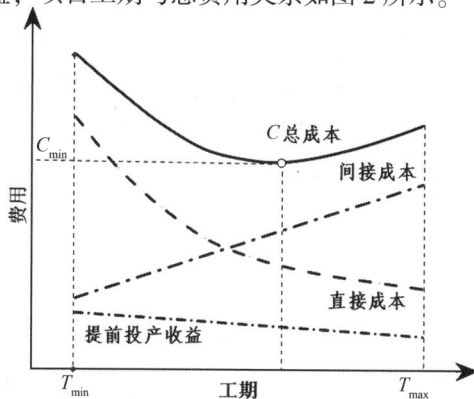

图 2　工期—总费用关系

用数学函数模拟施工总费用与工期的基本模型为:

$$C = \sum_{i=1}^{n} [C_i^n + (\alpha - \gamma)(T_i^n - T) + \beta T] \quad (1)$$

式中,α 为赶工费率;β 为间接费率;γ 为提早投产效益系数;n 为总工序数。

3.2　工期与质量相互关系分析

项目的质量受到施工工期的影响,一般来说,如果有充裕的时间进行施工会使得施工质量有所提高,但在实际工程中人们对于施工质量的要求并没有明显界限,施工质量和工期之间不表达出一次函数关系。设 Q_{min},Q_{max} 分别表示项目最低、最高作业水平,则有 $Q \in [Q_{min}, Q_{max}]$,项目工期与项目质量关系如图 3 所示。

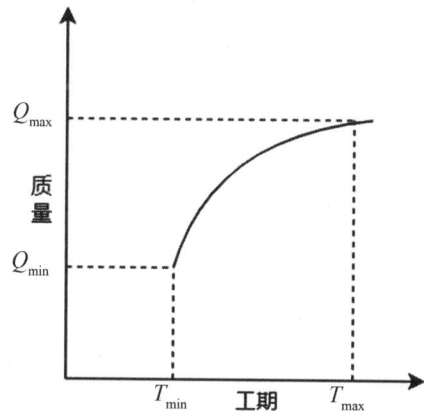

图 3　工期-质量关系

工程项目整体质量与工期的基本模型为:

$$Q = \frac{\sum_{i=1}^{n} \omega_i [Q_i^n + \rho_i(T - T_i^n)]}{n} \quad (2)$$

式中,ρ_i 为第 i 项工作的实际质量水平与工期斜率,$\sum_{i=1}^{n} \omega_i = 1$。

3.3　工期与安全相互关系分析

施工安全管理包括施工防污染、防毒害、防辐射职业危害等。在实际工程中,加快施工进度,安全事故发生可能性随之增大,故需增加保证安全费。设 S_{min}^{jc},S_{max}^{jc} 分别为项目最小、最大安全事故关发生概率减小比例,由于此费用属于间接成本,得到工期与安全事故发生概率减小比例关系如图 4 所示。

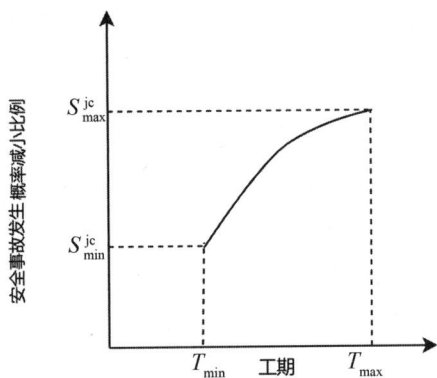

图 4 工期-安全事故发生概率减小比例关系

工程项目安全事故发生概率减小比例与工期模型为：

$$S^{jc} = \frac{\sum_{i=1}^{n} \mu_i [S_i^n + \sigma(T - T_i^n)]}{n} \qquad (3)$$

4 事理维度目标优化模型构建

4.1 多目标效用函数的建立

本文采用多属性效用函数理论[7]构建多目标优化模型，以施工进度管理中工期（T）、成本（C）、质量（Q）、安全（S）为主控目标，根据效用可加理论有：$u(T, C, Q, S) = K_0 u(T) + K_1 u(C) + K_2 u(Q) + K_3 u(S)$，其中 K_0，K_1，K_2，K_3 分别为工期、成本、质量和安全事故发生概率减小比例的单变量权重系数，K_0，K_1，K_2，K_3 大于等于 0 且 $K_0 + K_1 + K_2 + K_3 = 1$。定义工期目标当 $T = T_{min}$，给管理者的效用为 1；当 $T = T_{max}$ 时，给管理者的效用为 0，且效用函数在 0~1 的范围内的二次凹函数为：

$$u(T) = \begin{cases} a + b(T - T_{min})^2, & T \in [T_{min}, T_{max}] \\ 0, & T \notin [T_{min}, T_{max}] \end{cases} \qquad (4)$$

同理可得：

$$u(C) = \begin{cases} c + d(C - C_{min})^2, & C \in [C_{min}, C_{max}] \\ 0, & C \notin [C_{min}, C_{max}] \end{cases} \qquad (5)$$

$$u(Q) = \begin{cases} e + f(Q - Q_{max})^2, & Q \in [Q_{min}, Q_{max}] \\ 0, & Q \notin [Q_{min}, Q_{max}] \end{cases} \qquad (6)$$

$$u(S) = \begin{cases} g + h(S - S_{min})^2, & S \in [S_{min}, S_{max}] \\ 0, & S \notin [S_{min}, S_{max}] \end{cases} \qquad (7)$$

4.2 模型构建

本文的条件假设是基于各作业工序之间的逻辑关系、各目标之间的逻辑关系及各变量的值域所确定的。根据以上研究可知目标函数约束条件为：

$$T_1^T \leqslant T \leqslant T_1^H$$

将每项工序单目标效用函数代入多变量效用函数 $u(T, C, Q, S)$ 中，建立多目标均衡优化模型如下：

$$max\, u = K_0 u(T) + K_1 u(C) + K_2 u(Q) + K_3 u(S) \qquad (8)$$

5 实例应用

5.1 项目背景及数据分析

DL 航站楼扩建项目工程主要内容包括桩基础、主体、高架桥及建筑粗装修等内容。合同工期为 345 天，正常作业成本为 5291.23 万元。项目部确定了工程按时竣工且达到验收条件的管理目标，为此建立健全的进度保证体系，由项目经理牵头成立进度监管领导小组。项目的施工过程可以划分为以下施工工序，见表 1。

表 1 施工工序划分

工作代号	A	B	C	D	E	F	G	H	I	J
工作名称	施工准备	桩基施工	承台地梁	钢筋砼结构	钢结构安装	墙体屋面	高架桥台墩柱	高架箱梁引道	高架桥面	粗装修

施工过程的网络计划如图 5 所示。

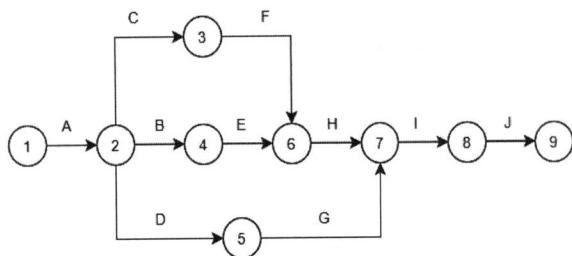

图 5 双代号网络计划图

5.2 模型的建立

根据上文工期、成本、质量、安全水平的上下限，建立各目标的效用函数，依据工程项目总工期的效用函数式，将工期最小值和最大值代入可得成本效用函数的系数 $a = 1$，$b = -1/4900$；将费用最小值和最大值代入可得总费用效用函数的系数 $c = 1$，$d = -1/26569$；将质量指标最小值和最大值代入可得质量效用函数的系数额 $= 1$，$f = -1/113.6$；将安全指标最小值和最大值代入可得安全效函数的系数给 $g = 1$，

$h = -1/1.423$，将结果代入多目标均衡优化模型中，可得到多属效用函数为：

$$\max u(T, C, Q, S) = k_0\left[1 - \frac{1}{70^2}(T-298)^2\right]$$

$$+ k_1\left[1 - \frac{1}{163^2}(C-298)^2\right] + k_2\left[1 - \frac{1}{10.66^2}(Q-83.33)^2\right]$$

$$+ k_3\left[1 - \frac{1}{1.193^2}(S-2.81)^2\right] \tag{9}$$

式中，$K_0 = K_1 = K_2 = K_3 = 0.25$。

5.3 模型求解分析

本文借助 MATLAB 的编程运算，运用微粒群算法[8]的迭代公式，并设定微粒群算法基本参数，种群规模为 200，学习因子 0.5，中粒子群个数取 30，迭代次数设置为 200 次。求得该多目标的最优解在第 10 维空间出现，满意解为 $(T, C, Q, S) = (314, 5350.75, 93.991, 617)$，工作持续时间依次为 18，25，33，43，34，37，32，29，34，29 d。

由以上最优解可得，目标均衡优化后总费用为 5350.75 万元，比极限作业成本 5517.45 万元节约 166.7 万元，比正常作业总成本 5291.23 万元高 59.52 万元。作业成本的增加主要为了同时兼顾成本、质量和安全目标，而成本的减少则主要由项目间接成本的减少和工期提前而获得的工期效益组成。优化后的整体质量水平为 93.991%，比在极限作业时间下的整体质量水平提升了 10.66%，虽然通过压缩工序作业时间能使工程项目提前竣工，但对于诸如墙体屋面等包含混凝土养护等的工序，作业时间不能满足规定值时，通过投入成本的增加也不能保证工序的质量，因此对于类似的关键工作均没有采取极限作业方案，使工程项目的质量水平继续提高，进而达到质量更优。优化后的工期为 3141 d，比合同要求的 345 d 提前了 31 d。根据上述结果得出，该工程施工进度管理在满足工程项目质量、总费用和安全的基础上，使工程项目提前交付，从而将工期效益最大化。由此可见，该方案是科学可行的。

6 结论

通过理论分析及案例验证，发现 WSR 方法论在工程项目施工进度管理中具有良好的适用性，具体结论如下：

WSR 方法论可以将施工进度管理整体过程模块化，从不同维度进行分析管理，使复杂问题简单化；在事理维度分析成本、质量、安全与工期之间关系，可以发现工期的最优化均衡模型；进而优化工程项目施工工期，使项目提前投产收益最大化。

运用 WSR 系统方法论对施工进度管理进行合理分析并采取有效措施，不仅有利于实现系统控制施工进度目标，也在推动项目管理过程系统化、科学化的同时，丰富了东方系统方法论的应用与内涵，对促进更加科学系统地思考问题、研究问题、分析问题、解决问题，具有非常重要的指导意义。

参考文献：

[1] 张润沂，郭炎乐，付建华，等．基于建筑信息模型的施工阶段进度—成本协同管理研究［J］．西安建筑科技大学学报（自然科学版），2021，53（2）：302-308．

[2] 马国丰，张灵祉．基于改进遗传算法的工程施工进度优化［J］．土木工程与管理学报，2019，36（5）：1-6．

[3] Azaron A，Tavakkoli-Moghaddam R．Multi-objective time-cost trade-off in dynamic PERT networks using an interactive approach［J］．European Journal of Opera-tional Research，2007，180（3）：1186-1200．

[4] 金德智，韩美贵，杨建明．浅谈施工项目进度控制：基于 WSR 方法论的观点［J］．中国制造业信息化，2010，39（5）：1-5．

[5] 王张军，顾伟红，李健强．基于 WSR-GCM 的地铁 TBM 施工进度风险评价［J］．铁道标准设计，2020，64（9）：127-132．

[6] 顾基发．物理事理人理系统方法论的实践［J］．管理学报，2011，8（3）：317-322+355．

[7] 张连营，岳岩．工期—成本—质量的模糊均衡优化及 Pareto［J］．同济大学学报（自然科学版），2013，41（2）：303-308．

[8] Yu fangShi，Hui min．Quality reliability-cost optimization of construction project based on genstic algorithm［J］．Engineering Computation，2009（5）：159-162．

作者简介：

李诺（1997—），女，辽宁锦州人，土木水利专业硕士研究生，研究方向：工程项目营造与管理。

孔凡文（1963—），男，辽宁北票人，博士，教授，研究方向：建筑与房地产经济。

论文仅代表本文作者观点，文责自负——本书编者注。

基于博弈论的老旧小区改造长效管理研究

李 森 闫 昱

（沈阳建筑大学管理学院，辽宁 沈阳 110168）

摘要：截至2021年我国已经完成9万余个老旧小区改造工程，改造成果的有效保护是每一个老旧小区面临的共性问题。针对如何解决老旧小区改造的长效管理问题，分析了引入物业企业的必要性，通过构建老旧小区居民和物业企业的博弈模型，并借助系统动力学仿真说明引入物业企业管理改造后的老旧小区的可行性，针对如何在老旧小区引入物业管理提出具体建议。

关键词：老旧小区改造；物业管理；博弈论

Research on Long-term Management of Old Community Renovation Based on Game Theory

Li Sen　Yan Yu

（College of Management，Shenyang University of Architecture，Shenyang 110168，China）

Abstract：As of 2021，China has completed more than 90，000 old residential area transformation projects，and the effective protection of renovation results is a common problem faced by every old community. In view of how to solve the long-term management problem of the renovation of old residential areas，the necessity of introducing property enterprises is analyzed，and the game model of residents and property enterprises in old residential areas is constructed，and the feasibility of introducing property enterprises for management of the old residential areas after renovation is explained with the help of system dynamic simulation，and specific suggestions are put forward on how to introduce property management in old residential areas.

Keywords：renovation of old residential areas；property management；game theory

1 引言

2020年国务院出台《关于全面推进城镇老旧小区改造工作的指导意见》，标志着大规模的老旧小区改造工作正式开始。现今已经有可观数量的老旧小区完成了改造工作，如何做好后续改造成果的保护工作，是实现老旧小区改造长效管理的重要内容。"十三五"规划提出把引进物业企业作为老旧小区改造的前置条件，然而实际情况是由于被长期弃管、与物业企业的利益冲突等历史遗留问题，改造后的老旧小区选择物业企业进行后续管理的数量并不多，由业主委员会、社区居委会负责老旧小区改造后的管理工作成为老旧小区居民现阶段更加认可的方式。

当前住宅小区的管理模式主要分为物业管理、业主委员会管理和社区居委会管理3种模式[1]。就老旧小区而言，由于房屋产权复杂、人口流动性大、居民管理水平有限等原因，难以通过业主委员会进行物业管理，而相对社区居委会的物业服务，物业企业能够提供更加专业、更加稳定的管理服务，可

以有效解决业主由于管理意见分歧而产生的邻里矛盾，有效减少居民因为社区管理水平有限而产生的不满投诉。因此，引入专业物业企业对改造后的老旧小区进行物业管理具有必要性。

Weiss Dominik J.（2015）等人假设城市更新提高物业的期权溢价，认为期权溢价为业主提供了一个利用和开发物业的机会[2]。喻燕（2021）等人研究发现虽然业主对于老旧小区改造有强烈要求，但是参与老旧小区改造的意愿很弱[3]。张羽（2021）等人讨论了不同情景下居民与市场改造方的博弈策略，认为理想的老旧小区改造成果需要双方共同维护[4]。经过搜集、阅读近年来关于老旧小区改造研究文献发现，一方面，相关研究忽视了在后续改造的成果保护过程中所涉及利益主体的关系；另一方面，少量关于将物业企业引入老旧小区管理的研究就如何平衡物业企业和老旧小区居民的利益关系并没有深入探讨。因此，探讨改造后的老旧小区如何统一居民与物业企业的利益关系，对于科学实现老

旧小区改造后的长效管理具有重要意义。

2 物业企业与老旧小区居民的演化博弈模型

2.1 问题描述

老旧小区改造成果得到有效保护确实需要专业物业企业的服务，但是老旧小区居民对物业管理认知水平有限，投资风险和资金缺口大等历史原因，难以吸引专业的物业管理团队，同时由于信息的不对称性等，确实存在物业企业提供的服务不足以匹配向业主收取管理服务费的现象，老旧小区居民对物业企业存在抵触心理。因此有必要建立物业企业与老旧小区改造居民的演化博弈模型，探讨如何使物业企业和老旧小区居民实现利益均衡，使老旧小区改造成果实现长效管理[5]。

2.2 基本假设

假设一：物业企业和改造后的老旧小区居民都是理性的，完全基于自己的经济利益作出选择。

假设二：在博弈过程中，物业企业有提供专业的物业服务，完全按照居民要求进行优质的物业管理和提供非专业的物业服务，最大化自身利益两种策略（以下简称"专业"与"非专业"）；居民有对物业企业服务进行监督和不监督的两种选择（以下简称"监督"与"不监督"）。

假设三：物业企业作出"专业"决策的概率为x，作出"非专业"决策的概率为$1-x$；居民作出"监督"决策的概率为y，作出"不监督"决策的概率为$1-y$。

假设四：居民需按照每月每平方米M元向物业企业交纳物业管理费，物业提供非专业和专业的物业服务成本分别为每月每平方米为$\alpha_1 M$元和$\alpha_2 M$元，其中$\alpha_1 M < \alpha_2 M < 1$。当物业企业提供非专业的物业服务被老旧小区居民发现时，物业企业需要向小区居民以每月每平方米βM元交以罚款，当物业企业服务提供专业的物业，除去物业管理利润还可以通过外租停车位、广告收益等途径获得额外收益每月每平方米αM元，当小区业主对物业企业进行监督时，需要多承担$\gamma_1 M$元的投入，当物业提供专业物业服务时可以分得$\gamma_2 R$元的分红。

2.3 模型建立与求解

根据以上模型假设，得到物业企业与小区居民的收益矩阵，见表1。

表 1 物业企业与小区居民的收益矩阵

	专业	非专业
监督	$M-\alpha_2 M+(1-\gamma_2)\alpha M$	$M-\alpha_1 M-\beta M$
	$\gamma_2 \alpha M-\gamma_1 M-M$	$\beta M-\gamma_1 M-M$
不监督	$M-\alpha_2 M+\alpha M$	$M-\alpha_1 M$
	$-M$	$-M$

当物业企业选择"专业"决策时的收益为：
$$E_1 = xy[M-\alpha_2 M+(1-\gamma_2)aM]+x(1-y)(M-\alpha_2 M+\alpha M) \tag{1}$$

当物业企业选择"非专业"决策时的收益为：
$$E_2 = (1-x)y(M-\alpha_1 M-\beta M)+(1-x)(1-y)(M-\alpha_1 M) \tag{2}$$

物业企业收益的复制动态方程为：
$$
\begin{aligned}
F(x) &= \frac{dx}{dt} = x(1-x)(E_1-E_2)\\
&= x(1-x)[(2x-1)M+(1-x)\alpha_1 M-x\alpha_2\\
&\quad +(1-x)y\beta M+(1-y\gamma_2)x\alpha M]
\end{aligned}\tag{3}
$$

同理，当小区居民选择"监督"策略时的收益为：
$$R_1 = xy(\gamma_2\alpha M-\gamma_1 M-M)+(1-x)y(\beta M-\gamma_1 M-M) \tag{4}$$

当小区居民选择"不监督"策略时的收益为：
$$R_2 = x(1-y)(-M)+(1-x)(1-y)(-M) \tag{5}$$

小区居民的复制动态方程为：
$$
\begin{aligned}
F(y) &= \frac{dy}{dt} = y(1-y)(R_1-R_2) = y(1-y)[(1-2y)M-\\
&\quad y\gamma_1 M+xy\gamma_2\alpha M+(1-x)y\beta M]
\end{aligned}\tag{6}
$$

建立老旧小区改造物业企业和小区居民的演化博弈模型的目的在于探究影响双方利益均衡的关键因素，借助局部稳定性求解的方式相对侧重学术研究并不直观，因此选用系统动力学建模的方式对以上演化博弈模型进行分析。

3 系统动力学仿真分析

3.1 系统动力学模型建立

根据关于老旧小区改造物业企业和小区居民演化博弈模型，构建系统动力学模型如图1。

3.2 数值仿真

据中国物业管理协会提供数据可知，当前我国物业企业的利润率在10%~30%，因此设定$\alpha_1 = 0.7$，$\alpha_2 = 0.9$，据2021年《物业法》对物业收费标准的最新规定，设定$M=1$，物业企业选择"专业"的概率

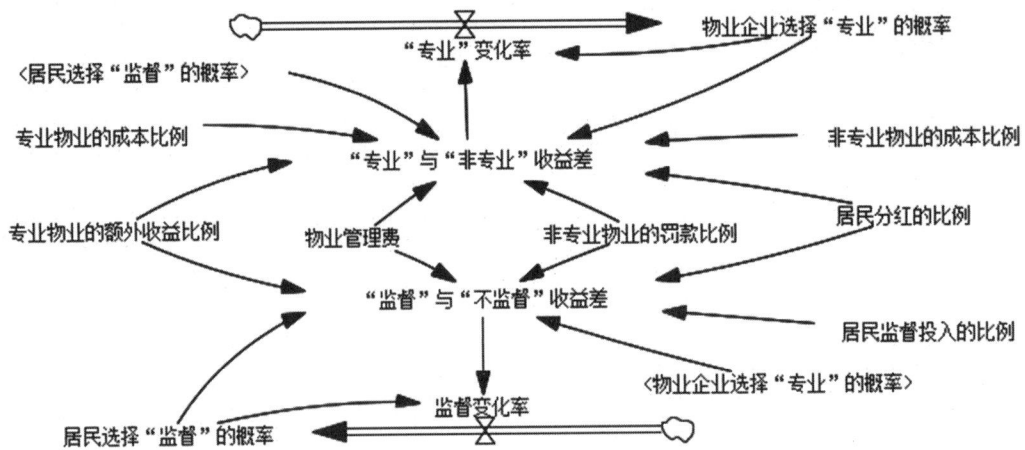

图1 系统动力学模型

和小区居民选择"监督"的概率均为0.5。参照当前物业行业实际运营情况，设定 $\beta = 0.2$，$\gamma_1 = 0.2$，$\gamma_2 = 0.8$，$a = 2$，演化结果如图2，可以看出在当前条件下，博弈系统会向着物业企业提供专业服务，小区居民对物业企业进行监督的理想方向演化。

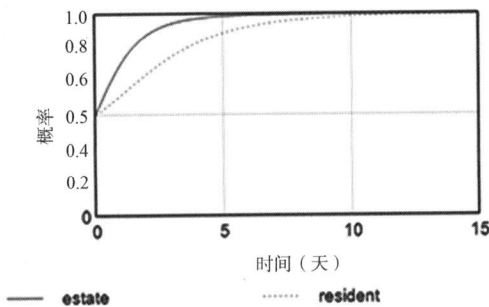

图2 初始条件下双方演化结果

物业企业额外收益对双方策略的影响。其他条件不变，分别设定物业企业额外收益是物业管理费用的1倍、2倍、3倍，物业企业决策演化结果如图3所示。

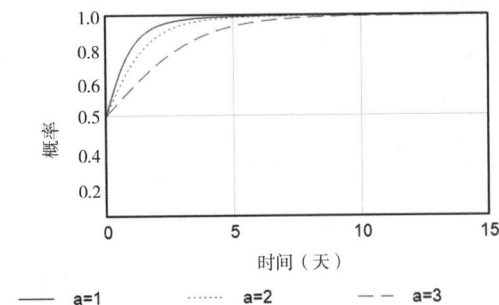

图3 物业额外收益对物业决策的影响

由图3和图4可以发现，专业的物业企业得到的额外收益的数额对居民的影响要大于对物业本身决策的影响，这一参数只能改变物业企业最终作出提供专业服务策略的速度，但是却不能够改变居民对物业服务进行监督的意愿，考虑到物业企业的管理

水平有限，当物业企业将额外收益提高至物业管理费的2倍左右时，即可使老旧小区改造实现长效管理。

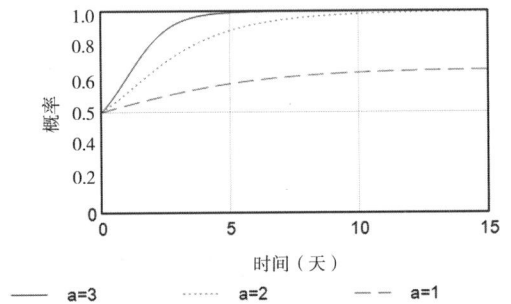

图4 额外收益对居民决策的影响

居民分红比例对双方策略的影响。其他条件不变，分别设定居民分红的比例是物业企业额外收益的0倍、0.5倍、1倍，物业企业的行为演化过程如图5。

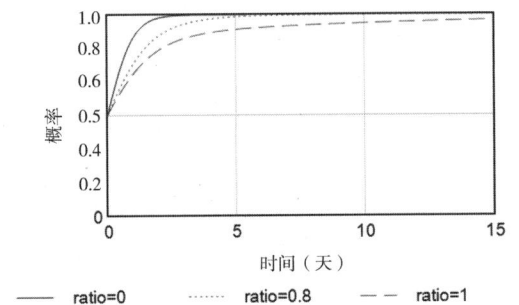

图5 居民分红比例对物业决策的影响

小区居民的行为演化过程如图6。

由图5和图6可以发现，小区居民与物业企业关于物业企业额外收益的分配比例可以同时影响小区居民和物业企业的最终决策选择，随着居民分红比例的增加，物业企业提供专业物业管理的意愿减小，居民对物业企业进行监督的意愿增加，出现不利于

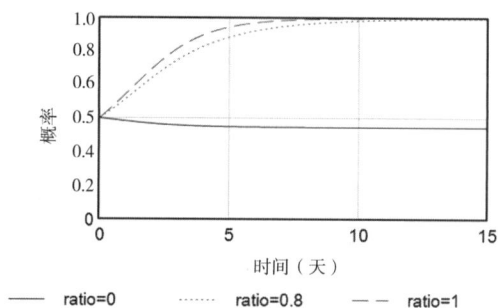

图6 居民分红比例对居民决策的影响

老旧小区长效管理的局面，参考仿真结果，当居民分红比例为80%时，能够保证物业企业提供专业服务的同时小区居民也对物业管理进行监督。

4 结论与展望

在完成改造的老旧小区中引入专业的物业管理，不仅具有必要性而且具有可行性。物业企业和老旧小区居民的利益均衡是物业企业在老旧小区管理中发挥出专业水平，老旧小区居民认可物业企业的管理的关键。传统老旧小区缺少专业物业管理的原因主要是居民认为物业费用和服务质量不匹配，物业企业认为老旧小区管理投资风险高，因此可以采取居民监督，物业企业开发额外收益的模式，为双方利益提供保障。在当前物业行业发展水平下，物业企业的管理水平至少要保证额外收益是业主物业管理费的两倍，同时这部分收益业主和物业企业按照8∶2的比例进行分配，才能实现对老旧小区改造成果的长效管理，这也是决定老旧小区居民和物业企业行为的关键因素。

老旧小区改造是政府主导的惠民工程，在老旧小区的后续管理阶段，政府因素也不可忽视，下一步可引入政府奖励因子，探讨政府政策和资金扶持对老旧小区引入专业物业企业管理的影响。此外，物业企业的额外收益有出租停车位、广告收益等多种渠道，可以进一步研究每种渠道对物业企业总的额外收益的贡献率，为物业企业选择收益率最高的获益渠道，从而增加物业企业和小区居民的收益。

参考文献：

[1] 闵学勤. 嵌入式治理：物业融入社区社会的可能及路径：以中国十城市调研为例 [J]. 江苏行政学院学报，2019（6）：58-65.

[2] Weiss, Dominik J, Rosenfeld, et al. Effects of urban renewal on non-subsidised property owners: evidence from East Germany [J]. Town Planning Review, 2015, 86（3）: 303-324.

[3] 喻燕，吴凡，杜成贤. 老旧小区改造中业主参与社区自治意愿研究：基于南宁市 vZS6 个样本 [J]. 上海，2021（8）：21-25.

[4] 张羽，邓香宏，唐颖. 老旧小区改造中居民与市场改造方的行为策略选择研究：基于 EG-SD 方法 [J].，2021，42（9）：88-94.

[5] 李嘉敏. PPP 模式下老旧小区改造中利益均衡机制构建研究 [D]. 西安：西安建筑科技大学，2019.

基金项目：

辽宁省社会科学规划基金项目"辽宁先进制造业与现代服务业融合驱动制造业升级研究（L21AJY013）"；辽宁省社会科学界联合会委托课题"辽宁省房地产与城市经济协调发展的耦合研究（2022lslwtkt-049）"。

作者简介：

李森（1986— ），男，辽宁沈阳人，博士，讲师，研究方向：生态经济。

闫昱（1997— ），女，河北张家口人，管理科学与工程专业硕士研究生，研究方向：生态经济。

论文仅代表本文作者观点，文责自负——本书编者注。

基于改进的 TOPSIS 法大连开发区产城融合度研究

宋煜凯　马玉洁

（沈阳建筑大学管理学院，辽宁　沈阳　110168）

摘要：长期以来，中国的开发区一直采用行业领先的发展模式，导致出现了许多空间问题。开发地区无法满足区域格局变化和新经济发展带来的新需求。土地利用状况与生产和城市一体化密切相关，优化土地利用可有效促进生产和城市一体化。以大连开发区为例，探讨产城融合型发展的内涵、特点及规划要求，并用改进的 TOPSIS 法为评价因子赋权重，得出产城融合的类型，分析了大连开发区的规划策略，为大连开发区未来的发展提供了一定的借鉴。

关键词：大连开发区；产城融合；改进的 Topsis 法

Research on Integration Degree of Production and City in Dalian Development Zone Based on Improved Topsis Method

Song Yukai　Ma Yujie

（College of Management，Shenyang Jianzhu University，Shenyang 110168，China）

Abstract：For a long time，China's development zones have adopted the industry-oriented development mode，and there are many spatial problems：the development zones can not adapt to the new demands brought by the changes of regional structure and the development of new economy；Land use is closely related to the integration of production and city. Optimizing land use can effectively promote the integration of production and city. Taking Dalian Development Zone as an example，this paper discusses the connotation，characteristics and planning requirements of the integration of production and city development，and authorizes the evaluation factors with the improved Topsis method. This paper analyzes the planning strategy of Dalian Development Zone，and provides some reference for the future development of Dalian Development Zone.

Keywords：Dalian Development Zone；urban integration；improved Topsis method

1 引言

如果要实现社会和谐发展，最重要的一步就是推进工业化和城镇化，使人民生活水平稳步提高和保持健康生态环境。从 21 世纪开始，在区域经济发展进程中，空间分布和功能定位两极分化[1]。外部扩张引发了许多问题，如重要功能失衡、生产两极分化、资源浪费、土地利用率低以及难以满足人民的生活需要等。2020 年 4 月国家发改委印发了《2020 年新型城镇化建设和城乡融合发展重点任务》，由此可见，国家非常重视"空城"在产城融合发展的问题。

当前，产城关系、产城互动理论、城市健康可持续发展是国外学者的研究方向。相比较于国外，我国产城融合的愿景相对滞后，相关研究人员重点关注产城融合的内涵和评价体系。裴汉杰（2011）等人认为产城融合的关注点应该在工业化与城镇化的关系上[2]，林华（2011）和刘明、朱云鹏（2011）等人对产城融合的影响因素进行了研究，明确了产城融合的影响[3,4]。李学杰（2012）以系统工程的角度看待，他认为应充分考虑城市的经济、社会、文化来促进可持续发展[5]。

在总结当前产城融合研究的文献时，学者们只停留在评价结果的研究上，只有对影响产城融合发展的主要因素有了清晰的认识，才能清晰地解决问题，达到产城融合的协调发展。本文从产城融合的居住、配套设施建设、城市功能融合[6] 进行分析，整理出了产城融合有关评价因子的指标，并且用改进的 Topsis 方法（熵值 TOPSIS）[7] 进行计算，将大连经济开发区与苏州工业园、广州花都经济开发区进行对比，算出排名，并对大连经济开发区的结果进行分析。

2 大连金州经济开发区的概况

2.1 自然地理条件

金州新区位于大连主要城市北部，横跨黄渤两海。面积为1040平方千米，海岸线322千米，居民人口110万人。2010年4月9日，大连市议会决定合并金州区和大连经济技术开发区，成立新的金州区。

2.2 产业条件

金州经济开发区总投资500万元以上重点项目达50个。2020年前三季度，开发区工业经济累计实现产值2655.8亿元，年增长率为18.4%。全区固定资产投资315.5亿元，比2019年增长33.6%。其中，建设工程为188亿元，同比增长44.8%，金州新区拥有许多高速公路和铁路交会处。新建大连国际机场位于金州湾，它是许多重要经济贸易关系的港口，是东北亚的重要入境口岸。

3 研究方法与改进的TOPSIS土地利用优化模型

3.1 评价指标体系的构建

本文综合考虑产城融合度的各方面影响因素，评价体系由体系层、目标层和评价因子组成。其中体系层为产城融合度，目标层分为3个部分，包含居住、配套设施建设、城市功能融合，评价因子由7个指标构成，指标体系见表1。

表1 产城融合度评价体系

体系层	目标层	评价因子	性质
产城融合度	居住	居住用地面积比例	正向
	配套设施建设	商服娱乐场所用地比例	正向
		公共管理与公共服务比例	正向
		公用设施面积比例	正向
	城市功能融合	产业用地面积比例	正向
		道路与交通设施用地比例	正向
		绿地与广场用地比例	正向

3.2 样本选取与数据来源

本文评价指标主要来源于《大连市开发区统计年鉴（2021年）》、大连市土地利用变化调查数据库以及《苏州工业园统计年鉴（2021年）》和《广州花都经济开发区统计年鉴（2021年）》，在测量和分析时，需要标准化原始数据以实现维度的一致性，这对于计算产城融合的总分非常有用，具体数据见表2。

表2 开发区评价因子数值 （单位:%）

开发区	金州经济开发区	苏州工业园	广州花都经济开发区
居住用地面积比例	15.70	22.60	10.73
商服娱乐场所用地比例	9.50	2.30	4.01
公共管理与公共服务比例	2.03	4.70	0.22
公用设施面积比例	8.31	8.60	1.22
产业用地面积比例	1.19	2.40	0.71
道路与交通设施用地比例	12.73	14.00	16.59
绿地与广场用地比例	8.74	37.90	65.29

3.3 改进的Topsis法测算方法

改进的TOPSIS法是一种多目标、多属性的决策方法，已在许多领域得到成功应用。将熵值法和TOPSIS进行合并，在模型权重标准化水平提高后，使问题处理的结果更加科学合理。在居住、配套、城市功能融合上进行分析，来解决大连开发区的相关问题。

①假设有m个被评价对象，有n个被评价对象，构建判断矩阵：

$$X = (x_{ij})m \times n \qquad (1)$$

式中，$i = 1, 2 \cdots m$；$j = 1, 2 \cdots n$。

②对判断矩阵进行标准化处理：

$$X'_{ij} = \frac{x_{ij}}{x_{max}} \qquad (2)$$

式中，X_{max}为同一指标下的最大值。

③计算信息熵：

$$H_j = -K \sum_{i=1}^{m} p_{ij} \ln p_{ij} \qquad (3)$$

式中，$P_{ij} = \frac{X'_{ij}}{\sum_{i=1}^{m} X'_{ij}}$，$K = \frac{1}{\ln m}$。

④定义指标j的权重：

$$W_j = \frac{1 - H_j}{\sum_{j=1}^{n} (1 - H_j)} \qquad (4)$$

式中，$W_i \in [0, 1]$，且$\sum^{n} W_j = 1$。

⑤计算加权矩阵：

$$R = (r_{ij})m \times n, r_{ij} = W_j \times x'_{ij} \qquad (5)$$

⑥确定最优解S_j^+和最劣解S_j^-：

$$S_j = \max (r_{1j}, r_{2j} \cdots r_{mj}) \qquad (6)$$

$$S_j^- = \min (r_{1j}, r_{2j} \cdots r_{nj})$$

⑦计算各方案与最优解和最劣解的欧式距离：

$$Sep_i^+ = \sqrt{\sum_{j=1}^{n}(S_j^+ - r_{\bar{y}})^2}$$ （7）

$$Sep_i^- = \sqrt{\sum_{j=1}^{n}(S_j^- - r_{\bar{y}})^2}$$

⑧计算综合评价指数：

$$C_i = \frac{Sep_i}{Sep_i^+ + Sep_i^-}$$ （8）

式中，$C_i \in [0, 1]$。

3.4 产城融合度的测算结果

运用 SPSSAU 对 7 个指标数据进行标准差的计算，得到检验结果见表3。表格内容较为丰富，适宜采用改进的 TOPSIS 法。

表3　评价因子的平均值及标准差

评价因子	平均值	标准差
居住用地面积比例	0.163	0.060
商服娱乐场所用地比例	0.053	0.038
公共管理与公共服务比例	0.023	0.023
公用设施面积比例	0.060	0.042
产业用地面积比例	0.014	0.009
道路与交通设施用地比例	0.144	0.020
绿地与广场用地比例	0.373	0.283

利用改进的 Topsis 法计算。先根据计算公式中的 $k = 1/\ln(n)$，得到相应的 k 值，然后根据相应的公式计算出 e_j、d_j 和 w_j。

表4　评价因子的 e_j、d_j 和 w_j

评价因子	e_j	d_j	w_j
居住用地面积比例	0.9595	0.0405	0.0395
商服娱乐场所用地比例	0.8506	0.1494	0.1460
公共管理与公共服务比例	0.6675	0.3325	0.3249
公用设施面积比例	0.8128	0.1872	0.1829
产业用地面积比例	0.8906	0.1094	0.1069
道路与交通设施用地比例	0.9944	0.0056	0.0054
绿地与广场用地比例	0.8012	0.1988	0.1942

使用改进的 TOPSIS 方法，根据公式对原始数据进行可操作处理，并将上述公式得出的 w_j 代入公式（5），得出加权数据，根据 TOPSIS 法算出的加权数据代入公式（6），算出最优解以及最劣解，见表5。

表5　各开发区的最优解以及最劣解

评价因子	最优（A）	最劣（A-）
居住用地面积比例	0.009	0.004
商服娱乐场所用地比例	0.014	0.003
公共管理与公共服务比例	0.015	0.001
公用设施面积比例	0.016	0.002
产业用地面积比例	0.003	0.001
道路与交通设施用地比例	0.001	0.001
绿地与广场用地比例	0.127	0.017

然后将最优最劣解代入公式（7），得出各评价对象与最优最劣向量的欧式距离，见表6。

表6　各开发区的排序结果

开发区	正理想解距离（D）	负理想解距离（D-）	相对接近度（C）	排序结果
金州经济开发区	0.11	0.018	0.139	第3名
苏州工业园	0.054	0.060	0.526	第2名
广州花都经济开发区	0.022	0.110	0.833	第1名

再将所得的数据代入公式（8）算出综合评价指数，进而得出各开发区分别的产城融合情况，见表7。

表7　各开发区的产城融合类型

开发区	产城融合度	产城融合类型
金州经济开发区	0.139	产城严重失调性
苏州工业园	0.526	高度融合型
广州花都经济开发区	0.833	高度融合型

从表7可以看出，金州经济开发区的产城融合度处于最低的状态，只有0.139；广州花都经济开发区产城融合度最高，有0.833。大连金州经济开发区的产城融合度处于产城严重失调性的状态，而苏州工业园和广州花都经济开发区的产城融合度处于高度融合型的状态。

4 大连金州经济开发区产城融合的主要问题

4.1 城镇化全面滞后于工业化

从计算结果能看出，大连金州经济开发区处于产城严重失调性，产城融合严重失调最主要的原因有以下两个方面：一方面，开发区大力推进园区科技创新，刺激经济高速增长，与地方大学、企业、科研机构、政府组织建立了紧密联系，成为经济增长的支柱；另一方面，开发区分散的人口密度和昼夜差别明显的城市生活，揭示了高新区生产与城市分离的不平衡状态。

4.2 基础设施建设欠发展

大连金州经济开发区面临着产城融合的挑战，最主要的原因是在基础设施的建设上有所欠缺，园区员工人数逐年增加，而常住居民的增速却没有提高，给城市主要区域带来了交通负担。

5 结论与建议

本文从开发区生产城市一体化互动机制出发，分析了产城融合的影响因素，用改进的 TOPSIS 方法计算了产城融合的类型。

本文引进了开发区产城融合的评价指标，并以3个开发区为例进行实证研究。从因子分析中提取共同因素，建立了开发区产城融合的框架评价指标体系，并利用改进的 TOPSIS 对各种评价指标进行计算，对比出大连金州经济开发区产城融合程度的整体情况。研究结果表明，大连金州经济开发区处于产城融合严重失调型，有诸多问题亟待解决。

针对大连金州经济开发区的产城融合问题提出以下建议：将土地利用结构与城市规划和开发区的发展相结合，合理划分功能区，推进产业规划，考虑其经济效益。从微观上看，企业的土地利用规划应与企业的长期规划保持一致。此外，土地利用应由近到远，选址效益好、地势平坦的土地应首先扩建和建设。创新户籍制度，培养高素质人才，确保高素质人才"进得来、留得下"。

在此背景下，本文提出了一些优化土地利用的建议，不仅可以为开发区土地利用的优化提供一些指导，也有助于推进产城融合的实现。

参考文献：

[1] 冉江宇，王森，康浩，等. 产城融合导向下开发区职住分离评估及改善对策研究：以武汉经开区为例［J/OL］. 综合运输：1-9［2022-05-07］. http://kns. cnki. net/kcms/detail/11. 1197. U. 20220414. 1611. 002. html.

[2] 裴汉杰. 浅议"十二五"期间"产城融合"的新理念［J］. 中国工会财会，2011（7）：13

[3] 林华. 关于上海新城"产城融合"的研究：以青浦新城为例［J］. 上海城市规划，2011（5）：30-36.

[4] 刘明，朱云鹏. 产城融合建设天府新区的文化视角初探［J］. 四川省干部函授学院学报，2011（4）：20-22.

[5] 李学杰. 城市化进程中对产城融合发展的探析［J］. 经济师，2012（10）：43-44.

[6] 杨思莹，李政，孙广召. 产业发展、城市扩张与创新型城市建设：基于产城融合的视角［J］. 江西财经大学学报，2019（1）：21-33.

[7] 张雪梅，陈浩然，胡佳薇. 基于熵值法和耦合模型的产城融合评价研究：以F市为例［J］. 阜阳师范大学学报（自然科学版），2021，38（4）：102-108.

作者简介：

宋煜凯（1963— ），男，辽宁抚顺人，博士，副教授，研究方向：资本市场投融资（PPP）、房地产金融、养老产业等。

马玉洁（1998— ），女，辽宁大连人，土木水利专业硕士研究生，研究方向：房地产。

论文仅代表本文作者观点，文责自负——本书编者注。

基于结构方程模型的老旧小区改造居民意愿研究

杨晓晴 刘 宁

（沈阳建筑大学管理学院，辽宁 沈阳 110168）

摘要：近年来，老旧小区改造已成为推动惠民生扩内需的重大民生工程和发展工程。构建老旧小区改造居民意愿模型，研究发现改造计划下居民居住体验对改造意愿有显著正向影响；供暖设施、消防设施、休闲设施、安防系统、环境美化、线路改造对居住体验有显著正向影响，道路改造对居住体验有显著负向影响，充电桩改造对居民居住体验无显著影响，据此针对老旧小区改造工作提出建议。

关键词：老旧小区改造；居民意愿；结构方程模型

Study on Residents' Willingness to Transform Old Residential Areas Based on Structural Equation Model

Yang Xiaoqing Liu Ning

（College of Management，Shenyang Jianzhu University，Shenyang 110168，China）

Abstract：In recent years, the renovation of old residential areas has become a major livelihood project and development project to promote the improvement of people's livelihood and expand domestic demand. This paper builds a model of residents' willingness to renovate old residential areas. The renovation of heating facilities, fire protection facilities, leisure facilities, security system, beautification and circuit has a significant positive impact on residential experience, the renovation of road has a significant negative impact on residential experience, and the renovation of charging piles has no significant impact on residential experience, and put forward suggestions for the renovation of old residential areas.

Keywords：renovation of old residential areas；residents' willingness；structural equation model

1 引言

老旧小区是指城市、县城（城关镇）建成于2000年以前、公共设施落后影响居民基本生活、居民改造意愿强烈的住宅小区[1]。城镇老旧小区改造是重大民生工程和发展工程，对满足人民群众美好生活需要、推动惠民生扩内需、推进城市更新和开发建设方式转型、促进经济高质量发展，具有十分重要的意义[2]。

蔡云楠等（2017）从"微改造"角度系统归纳了老旧小区改造的主要内容和策略[3]。张春苗等（2018）建立了PPP模式下老旧小区改造项目绩效审计指标体系及项目绩效审计模型，为提高老旧小区项目整体绩效水平提供指导借鉴[4]。吴二军等（2020）介绍了多种老旧小区改造新模式及其所需的关键施工技术[5]。孙念念（2020）就城市老旧小区改造新模式以及关键技术进行了研究[6]。陈娟（2021）对社区养老背景下老旧小区改造工程标准进

行了研究[7]。研究发现，在老旧小区改造方面，多数学者的研究倾向于改造方案、技术等，缺少对老旧小区改造居民意愿的研究。因此老旧小区改造居民意愿的研究具有十分重要的意义。

2 研究假设

结合老旧小区改造现状，总结出可能影响老旧小区居民改造意愿的因素并作出如下假设：

H1：道路改造显著正向影响老旧小区居民居住体验。

H2：供暖设施改造显著正向影响老旧小区居民居住体验。

H3：消防设施改造显著正向影响老旧小区居民居住体验。

H4：休闲设施改造显著正向影响老旧小区居民居住体验。

H5：安防系统改造显著正向影响老旧小区居民居住体验。

H6：环境美化改造显著正向影响老旧小区居民居住体验。

H7：线路改造显著正向影响老旧小区居民居住体验。

H8：充电桩改造显著正向影响老旧小区居民居住体验。

H9：居住体验显著正向影响老旧小区居民改造意愿。

通过构建结构方程模型（SEM）对可能影响居民改造意愿的因素进行验证，判断变量之间相互影响的方向和程度。理论模型见图1。

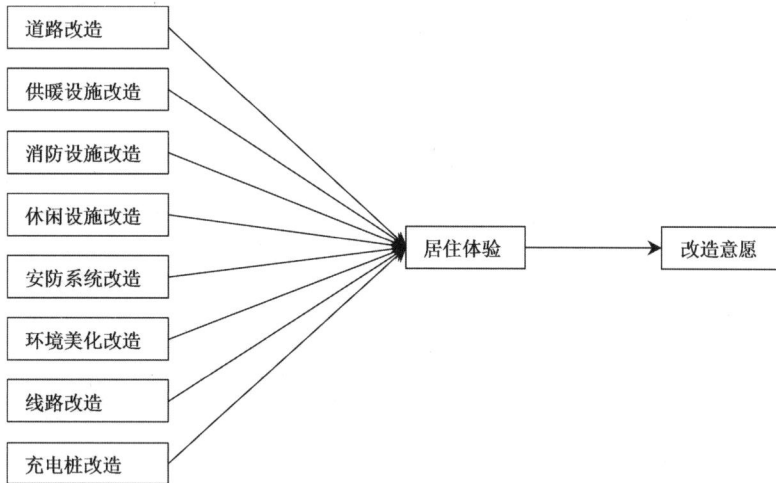

图1　研究理论模型

3　问卷设计及数据收集

在大量参考相关文献的基础上，根据模型假设设计出《关于老旧小区改造居民意愿的调查问卷》。第一部分是对被调查者的基本情况进行调查，了解其个体基本特征，如性别、年龄、学历、收入方面的信息。第二部分为问卷核心部分，针对每个影响因素设置2—3个问题，采用李克特量表设置1—5的选项，分别代表从"非常不重要"到"非常重要"等5个程度。分数越高代表重要程度越高，即居民对该因素关心程度越高。具体问卷题设项见表1。

表1　老旧小区改造居民意愿调查问卷题设项表

测量指标	题项	测量指标	题项
道路改造	修复破损路面	安防系统改造	增设行人门禁
	增设盲道和无障碍通道		增设道闸车牌识别系统
	拓宽路面		增设园区监控
消防设施改造	配备灭火器	环境美化改造	粉刷墙体
	设置消火栓		增设路灯
	清理消防通道		种植花草
休闲设施改造	增设休闲桌椅	线路改造	改造供电线路
	增加儿童游乐设施		改造通信线路
	增加健身器材		改造有线网络
供暖设施改造	更换室外供暖管道	充电桩改造	增加充电桩数量
	更换室内供暖设施		维护充电桩使用
居住体验	老旧小区改造会使我更喜欢自己的小区	改造意愿	愿意在自己的小区进行改造
	老旧小区改造会使我更愿意在自己的小区居住		期待小区改造成果
	老旧小区改造会使我在小区中的生活更加愉悦		

数据收集采用实地发放与线上结合形式，问卷发放地区为沈阳市各区，主要在尚未进行改造的老旧小区中针对小区居民进行发放。本次调查合计发放问卷共270份，回收270份，回收率达到100%。剔除机械式填写和填写时间过短的问卷，有效问卷共253份，问卷有效率达93.7%。被调查者中各特

征人群分布较为均匀，认为本研究样本具有代表性，基本满足抽样调查的要求。

4 实证分析

4.1 信度分析

以 SPSS24.0 软件进行信度分析，并采用 Cronbach'α 系数对其进行检验，一般来说该系数处于 0—1 之间，信度系数大于 0.7 时说明信度良好。结果显示，各个维度的 Cronbach'α 值在 0.751—0.826 之间（见表 2），均超过 0.7 的标准，表明数据信度可靠。

表 2 量表信度检验

变量	Cronbach's α
道路改造	0.820
供暖设施改造	0.707
消防设施改造	0.802
休闲设施改造	0.826
安防系统改造	0.823
环境美化改造	0.793
线路改造	0.810
充电桩改造	0.751
居住体验	0.782
改造意愿	0.809

4.2 效度分析

以 SPSS24.0 软件进行效度分析，KMO 检验系数为 0.798（见表 3），其取值范围在 0—1 之间，越接近 1 说明问卷的效度越好。根据球形检验的显著性也可以看出，本次检验的显著性无限接近于 0，所以问卷具有良好的效度。

表 3 量表效度检验

KMO 取样适切性量数		0.798
巴特利特球形度检验	近似卡方	2891.363
	自由度	351
	显著性	0

4.3 模型拟合检验

本验证性模型的卡方自由度比值 X^2/df 为 1.537，小于 3（见表 4），结果适配理想；GFI，IFI，TLI，CFI 指标的值分别大于 0.90 或者接近 0.9，适配可以接受；RMSEA 指标为 0.046，小于 0.05；RMR 指标为 0.044，小于 0.05，综合来看本文研究的结构方程模型拟合度较好。

表 4 结构方程模型拟合指标

拟合指标		X^2/df	RMSEA	RMR	GFI	IFI	TLI	CFI
评价标准	理想标准值	<3	<0.05	<0.05	>0.9	>0.9	>0.9	>0.9
	可接受标准值	<5	0.080	<0.080	>0.8	>0.8	>0.8	>0.8
实际值		1.537	0.046	0.044	0.892	0.943	0.929	0.942
判别		理想	理想	理想	可接受	理想	理想	理想

4.4 假设检验

在结构方程模型建立后，经过 Amos24.0 的模型拟合，得到潜变量之间的路径系数以及显著性 p 值。一般情况下，如果 p 值小于 0.05，能够认为这条路径系数在 95% 的置信区间内达到显著，说明研究模型中相应路径的假设成立；否则，就是假设不成立。研究结果见表 5。

表 5 假设检验结果

假设	路径系数	p	检验结论	检验结果
H1	-0.124	0.034	道路改造显著负向影响老旧小区居民居住体验	不成立
H2	0.168	0.013	供暖设施改造显著正向影响老旧小区居民居住体验	成立
H3	0.256	∗∗∗	消防设施改造显著正向影响老旧小区居民居住体验	成立
H4	0.211	0.004	休闲设施改造显著正向影响老旧小区居民居住体验	成立
H5	0.299	∗∗∗	安防系统改造显著正向影响老旧小区居民居住体验	成立
H6	0.13	0.045	环境美化改造显著正向影响老旧小区居民居住体验	成立
H7	0.162	0.036	线路改造显著正向影响老旧小区居民居住体验	成立
H8	0.042	0.447	充电桩改造对老旧小区居民居住体验无显著影响	不成立
H9	0.609	∗∗∗	居住体验显著正向影响老旧小区居民改造意愿	成立

注：∗∗∗表示 $p<0.001$。

5 对策建议

基于以上研究结果，本文针对老旧小区改造提出以下建议。

5.1 着力提高小区路面铺设质量

由研究结果可知，道路改造对居住体验及改造意愿有显著的负向影响。通过走访也可以得知，许多老旧小区经常会进行路面重铺，或由于管线维护等原因对路面进行开挖填补，既影响居民日常出行，也使居民对于道路改造产生不信任的负面情绪。因此建议将易破损碎裂的砖路或水泥路面改造为沥青路面，既环保降噪，也能提高行车走路舒适度，增强排水性能，同时不易磨损，能够有效降低道路重修概率，提高居民的居住体验与改造意愿。

5.2 改造供暖管道以提高供暖质量

调查结果表明，老旧小区居民对于供暖质量的提升有强烈的需求。当前老旧小区供暖问题突出，主要原因在于管网老化、锈蚀比较严重，热量损耗比较大，一些部位还存在渗漏现象。建议在老旧小区改造中细致检查供暖管道，对破损部位进行修补，对于严重老化锈蚀管道进行更换，并对整个管网采取保温措施，进一步强化供热保障能力，确保小区居民能够温暖过冬。

5.3 大力整改消防及安防漏洞

老旧小区的建设时间长，消防基础设施老化、失效，消防通道杂物堆积，同时安防措施不健全，这些问题都直接关系到人民群众的生命财产安全。建议在增设消火栓、灭火器的同时建立消防设施监督体系，定期对消防设施进行检查。为每位居民配置门禁卡，加设门禁系统，便于对无物业保安管理的小区进行安防管控，提高住户的安全感。

5.4 尽力满足居民审美与娱乐追求

随着居民生活水平的提升，居民对于居住舒适度的需求也在逐年攀升。增加休闲设施，改善小区环境，能够增加居民在园区内停留的意愿，促进居民之间情感交流，促进邻里和谐，增强居民对小区的归属感。进行小区线路改造不仅能够极大解决线路老化带来的问题，为居民提供生活便利，还能消除线路私拉乱象，给居民以整洁的居住环境，满足居民审美追求。

5.5 可酌情降低充电桩改造优先级

尽管新能源车辆在市场上占比逐年提高，但对于老旧小区居民而言，拥有新能源汽车的住户依然占少数，在居民改造意愿研究中也可以发现充电桩改造对居民居住体验及改造意愿的影响不大。因此在老旧小区改造进程中当出现资金等条件限制时，为尽量满足大部分居民的意愿，可降低充电桩改造的优先级。

6 结论与展望

为解决老旧小区改造实施过程中居民需求多样复杂难以实现的问题，运用结构方程模型的方法分析老旧小区改造居民意愿的影响因素，研究结果显示，老旧小区在供暖设施、消防设施、休闲设施、安防系统、环境美化、线路方面的改造能够显著提高居民居住体验，从而提高居民改造意愿。该研究内容为老旧小区改造工程的推进落实以及后续关于老旧小区改造方向的研究提供，理论指导与依据。

参考文献：

[1] 王纪洪，何华丹. 江西：出台全省城镇老旧小区改造指导意见 [J]. 城乡建设，2019 (18)：21.

[2] 刘红伟. 老旧小区改造要"整体设计先行"：访国务院参事、中国城市科学研究会理事长仇保兴 [J]. 中国勘察设计，2020 (8)：14-19.

[3] 蔡云楠，杨宵节，李冬凌. 城市老旧小区"微改造"的内容与对策研究 [J]. 城市发展研究，2017，24 (4)：29-34.

[4] 张春苗，周宪平，丛旭辉，等. PPP 模式下老旧小区改造项目绩效审计研究：基于项目可持续性视角 [J]. 财会通讯，2018 (13)：91-94.

[5] 吴二军，王秀哲，甄进平，等. 城市老旧小区改造新模式及关键技术 [J]. 施工技术，2020，49 (3)：40-44.

[6] 孙念念. 城市老旧小区改造新模式及关键技术研究 [J]. 城市建设理论研究 (电子版)，2020 (16)：15.

[7] 陈娟. 社区养老背景下老旧小区改造研究 [J]. 住宅与房地产，2021 (12)：29-30.

作者简介：

杨晓晴（1997— ），女，辽宁沈阳人，土木水利专业硕士研究生，研究方向：住房保障、项目管理。

刘宁（1976— ），男，内蒙古赤峰人，博士，教授，研究方向：住房保障、项目管理。

论文仅代表本文作者观点，文责自负——本书编者注。

基于居民满意度的沈阳市保障性住房选址研究

战 松 何美璇

（沈阳建筑大学管理学院，辽宁 沈阳 110168）

摘要：通过实证研究，选取 16 个具有代表性的评价指标，利用因子分析法提取出影响沈阳市保障性住房选址满意度的 3 个主要因子，通过因子得分模型测算出各因子的综合得分，并按其影响程度从大到小排列依次为配套设施因子、住宅环境因子、人文生态因子。结果表明：配套设施因子影响程度最高，人文生态因子影响程度最低。结合分析结果，针对影响沈阳市保障性住房选址满意度的因子提出了改进对策及建议，进而提升保障对象的满意度。

关键词：保障性住房；选址；居民满意度；因子分析

Research on the Site Selection of Indemnificatory Housing in Shenyang Based on Resident Satisfaction

Zhan Song He Meixuan

（College of Management，Shenyang Jianzhu University，Shenyang 110168，China）

Abstract：Through empirical study，this paper selects 16 representative evaluation index，and using the factor analysis method to extract the three main factors of the influence of indemnificatory housing in Shenyang site selection satisfaction. Through the factor score model to detect the integrate scores of each factor，and the descending order according to the degree of influence is supporting facilities factor，residential environment factor，humanities and ecological factors. The results show that the influence of supporting facilities factors is the highest，and the influence of human ecological factors is the lowest. Finally，combined with the analysis results，countermeasures and suggestions are put forward to improve the factors affecting the satisfaction of indemnificatory housing site selection in Shenyang to improve the satisfaction of insured objects.

Keywords：indemnificatory housing；site selection；residents' satisfaction；factor analysis

1 引言

随着中国特色社会主义进入新时代，持续增进民生福祉已成为社会和经济发展的重要目标。2021 年政府工作报告指出 2022 年我国要继续保障好群众的住房需求，坚持房子是用来住的、不是用来炒的定位，探索新的发展模式，坚持租购并举，加快长租房市场发展，推进保障性住房建设[1]。2021 年我国有近 300 万中低收入群体在政府政策的扶持下解决了住房困难问题，2022 年我国将继续大力增加保障性住房的供给，建设任务量相比 2021 年翻了 1.5 倍[2]。

郑思齐认为我国保障性住房虽在规模上解决了很多中低收入群体的住房困难问题，但仍存在选址偏僻、配套设施不完善等问题，这不仅增加了中低收入群体的生活成本，使保障性住房难以充分发挥其效益，还会对城市空间结构产生不可逆的影响[3]。

程卓认为对于中低收入群体而言，仅拥有单一的住房，而没有与之匹配的生活条件和生活质量，并不等于"保障"[4]。因此，保障性住房建设需实现"精准覆盖"与"广覆盖"相结合。本文立足于保障性住房选址的现实问题，借助因子分析法深入剖析影响保障性住房选址满意度的影响因素，为我国保障性住房建设提供一定的参考和借鉴。

2 数据来源与结果分析

2.1 指标选取

居民对保障性住房选址的满意度是一种主观的心理感受，满意与否不仅取决于房屋本身的特征，还取决于小区环境、邻里关系、周边配套设施等因素[5]。本文立足于保障性住房选址的现实问题，结合居民发展需求，归纳出 16 个具有代表性的评价指标，分别是居住面积，房屋质量，户型布局，采光通风，隔音效果，小区卫生情况，绿化程度，空气、水源质量，交通出行便利程度，周边商业网点，周边医疗设施，周边教育设施，餐饮、购物及娱乐场所，物业管理完善度，邻里关系与居民素质，小区安全防护，并将这些指标按照 X_1，X_2，X_3，…，X_{16} 的顺序标记以便于分析。

2.2 数据收集及样本特征

本文采用的数据通过调查问卷获得，问卷的内容主要分为两个部分：第一部分为基本信息调查，包括性别、年龄、文化程度以及家庭人均月收入；第二部分为保障性住房选址满意度调查，采用李克特五级量表，涉及 16 个指标，每个指标分别按照"非常不满意""较不满意""一般""比较满意"和"非常满意" 5 个等级定义为 1，2，3，4，5 分。此次调查共发放问卷 300 份，回收有效问卷 265 份，有效回收率为 88.3%。在受访的 265 名居民中，男性 121 人，女性 144 人，分别占比 45.7% 和 54.3%，女性略多；在年龄结构上，31—40 岁与 41—50 岁的中青年群体占比较多；文化程度方面，本科以下学历占 87.5%，受教育水平普遍较低；家庭人均月收入方面，月收入为 1001—3000 元的人群占比较多。样本分布特征统计见表 1。

表 1 样本分布特征统计

	分类	频率（人）	百分比（%）	平均值	标准偏差
性别	男	121	45.7	1.54	0.50
	女	144	54.3		
年龄	18—30 岁	46	17.4	2.66	1.10
	31—40 岁	66	24.9		
	41—50 岁	100	37.7		
	51—60 岁	37	14.0		
	>60 岁	16	6.0		
文化程度	初中及以下	78	29.4	2.17	0.99
	高中（含中专、技校）	98	37.0		
	大专	56	21.1		
	本科及以上	33	12.5		
家庭人均月收入	<1000 元	35	13.2	2.31	0.81
	1001—3000 元	134	50.6		
	3001—5000 元	74	27.9		
	>5000 元	22	8.3		

2.3 信效度分析

本文借助 SPSS26.0 对数据进行信效度检验。由信度检验结果得到整体的 Cronbach's Alpha 值为 0.898，且所有因子的 Cronbach's Alpha 值均在 0.85 以上，说明调查问卷回收的数据具有较强的可靠性。在效度方面，该组数据 KMO 值为 0.902，因子分析的效果较好；p 值为 0.000，小于 0.05，说明数据之间具有一定的相关性，适合做因子分析。

2.4 因子分析

因子分析法的基本思想是在所测量的众多指标中选取具有代表性的因子，用关键因子的线性组合来表示其他指标。这种方法既能降低数据维度，又可以减少其他数据的损失[6]。

本文借助 SPSS26.0 对标准化处理后的 16 个指标进行因子分析，根据表 2 可提取出 3 个具有代表性的公因子。

表 2 解释的总方差   （单位：%）

成分	初始特征值		提取载荷平方和		旋转载荷平方和	
	方差贡献率	累积贡献率	方差贡献率	累积贡献率	方差贡献率	累积贡献率
1	49.271	49.271	49.271	49.271	32.282	32.282
2	19.677	68.949	19.677	68.949	24.209	56.492
3	7.459	76.407	7.459	76.407	19.916	76.407

根据各因子的构成特点，将其分别命名为人文生态因子（X_6—X_8，X_{14}—X_{16}）、住宅环境因子（X_1—X_5）、配套设施因子（X_9—X_{13}），表3中显示了每个因子主要由哪几个变量提供信息。

表3 因子载荷及旋转因子得分

因子	评价指标	因子载荷	因子得分			综合得分	排名
			F_1	F_2	F_3		
F_1 人文生态因子	小区卫生情况（X_6）	0.828	0.257	-0.153	-0.002	0.061	第10名
	绿化程度（X_7）	0.798	0.223	-0.108	0.004	0.061	第9名
	空气、水源质量（X_8）	0.783	0.244	-0.146	-0.003	0.057	第16名
	物业管理完善度（X_{14}）	0.825	0.193	-0.052	0.011	0.067	第3名
	邻里关系、居民素质（X_{15}）	0.727	0.204	-0.101	-0.014	0.059	第15名
	小区安全防护（X_{16}）	0.777	0.215	-0.100	0.019	0.060	第13名
F_2 住宅环境因子	居住面积（X_1）	0.834	-0.120	0.315	-0.011	0.071	第1名
	房屋质量（X_2）	0.850	-0.159	0.355	0.023	0.062	第6名
	户型布局（X_3）	0.741	-0.053	0.236	0.000	0.068	第2名
	采光通风（X_4）	0.693	-0.048	0.218	-0.012	0.066	第4名
	隔音效果（X_5）	0.856	-0.174	0.369	0.019	0.060	第11名
F_3 配套设施因子	交通出行便利程度（X_9）	0.838	-0.017	0.025	0.264	0.061	第8名
	周边商业网点（X_{10}）	0.881	0.010	0.005	0.278	0.059	第14名
	周边医疗设施（X_{11}）	0.927	0.048	-0.035	0.292	0.065	第5名
	周边教育设施（X_{12}）	0.905	-0.015	0.040	0.286	0.062	第7名
	餐饮、购物及娱乐场所（X_{13}）	0.756	0.189	-0.066	0.014	0.060	第12名

（1）在主因子 F_1 中，小区卫生情况（X_6）、绿化程度（X_7）、空气水源质量（X_8）、物业管理完善度（X_{14}）、邻里关系及居民素质（X_{15}）、小区安全防护（X_{16}）这6个指标具有较强的因子载荷。

（2）在主因子 F_2 中，居住面积（X_1）、房屋质量（X_2）、户型布局（X_3）、采光通风（X_4）、隔音效果（X_5）这5个指标具有较高的因子载荷。

（3）在主因子 F_3 中，交通出行便利程度（X_9）、周边商业网点（X_{10}）、周边医疗设施（X_{11}）、周边教育设施（X_{12}）、餐饮购物及娱乐场所（X_{13}）这5个指标具有较高的因子载荷。

同时，根据旋转因子得分测算出各评价指标的综合得分及排名，从表3的总排名中可以看出哪些因素对保障性住房选址满意度起到了主要作用，进而得出因子得分模型：

$$F_1 = -0.120X_1 - 0.159X_2 - 0.053X_3 - 0.048X_4 - 0.174X_5 + 0.257X_6 + 0.223X_7 + 0.244X_8 - 0.017X_9 + 0.010X_{10} + 0.048X_{11} - 0.015X_{12} + 0.189X_{13} + 0.193X_{14} + 0.204X_{15} + 0.215X_{16};$$

$$F_2 = 0.315X_1 + 0.355X_2 + 0.236X_3 + 0.218X_4 + 0.369X_5 - 0.153X_6 - 0.108X_7 - 0.146X_8 + 0.025X_9 + 0.005X_{10} - 0.035X_{11} + 0.040X_{12} -$$

$$0.066X_{13} - 0.052X_{14} - 0.101X_{15} - 0.100X_{16};$$

$$F_3 = -0.011X_1 + 0.023X_2 + 0.000X_3 - 0.012X_4 + 0.019X_5 - 0.002X_6 + 0.004X_7 - 0.003X_8 + 0.264X_9 + 0.278X_{10} + 0.292X_{11} + 0.286X_{12} + 0.014X_{13} + 0.011X_{14} - 0.014X_{15} + 0.019X_{16}。$$

根据各因子表达式可以得到各因子综合得分以及排名，见表4。

表4 各因子综合得分及排名

因子	综合得分	排名
人文生态因子	0.0750	第3名
住宅环境因子	0.2206	第2名
配套设施因子	0.3413	第1名

3 结论及建议

3.1 研究结论

本文通过对沈阳市保障性住房居民的调查获取数据，并利用SPSS26.0软件对影响保障性住房选址满意度的因素进行了实证分析，得到以下结论：

从地理交通来看，保障性住房大多位于城市边缘地区，交通便利程度较低，但绿化程度及空气质量较好，基础服务设施也能满足居民日常生活的需要。但居民对物业管理以及邻里关系的满意度相对较低。

居民对保障性住房周边公共配套设施的满意度较低。中低收入人群更加依赖公共配套设施，而保障性住房大多存在交通不便利、配套设施不完善的问题，因此保障性住房的建设不仅需要考虑土地成本，还需要结合居民发展需求。

3.2　对策及建议

本文采用因子分析法对影响保障性住房选址满意度的因素进行分析，根据分析结果提出以下建议：

（1）探索城市更新模式，改善住房区位条件。

保障性住房的规划应兼顾郊区和中心城区，将保障性住房建设纳入城市更新和旧城改造的范围之内，可在第三产业需求量大的区域选取拆迁地块用于保障性住房的建设[7]。其次，形成与商品房混建的模式，建立不同收入阶层混合居住的发展规划策略。

（2）完善公共配套设施，提高保障房适用性。

在保障性住房建设过程中，应该关注入住群体的特点及需求。若入住群体大多为老年人，应更加完善基础配套设施的建设；若入住群体大部分为就业职工或大学生，则应结合公共交通建设。政府在考虑城市发展的同时，也应结合居民自身的发展需求，完善基础配套设施，保证居民住、医、教、文、娱方面的便利性，进而提高保障性住房用户的满意度[8]。

（3）构建物业管理模式，促进社区和谐发展。

物业管理部门应明确其工作职责，做好定期巡查、完善监控、门禁、入住备案等，并定期接受社会保障部门的监督考核。政府也应组织社会保障相关部门、居委会、物业服务公司等，建立以保障对象权益为导向的服务体系，以满足保障对象需求为工作目标，强化公共服务意识，提高保障对象居住体验，进而增强居民对政府的信任[9]。

（4）打造邻里友好文化，构建和睦邻里关系。

社区业委会要充分发挥广大居民的主人翁精神，通过开展宣传性教育活动和文体活动加强邻里交往，打造和睦融洽的邻里氛围。同时，保障性住房的建设也应采取措施，为构建和睦的邻里关系提供物质基础，尽可能避免居民之间矛盾的产生，如明确公摊面积的划分、提高楼板隔音效果、加强防水防渗措施等。

参考文献：

[1] 孙梦凡，郑娜. 两会定调房地产良性循环仍需稳预期和建信心 [N]. 第一财经日报，2022-03-10（A03）：1-2.
[2] 赵丽梅. 240万套保障性租赁住房让青年看见希望 [N]. 中国青年报，2022-02-25（006）：1.
[3] 郑思齐，张英杰. 保障性住房的空间选址：理论基础、国际经验与中国现实 [J]. 现代城市研究，2010，25（9）：18-22.
[4] 程卓，肖勇. 我国保障性住房空间选址研究 [J]. 规划师，2015，31（S1）：254-259.
[5] 陈轶，蒋伶，王梓晨. 基于因子分析法的保障性住房居民满意度研究：以南京市雨花台区为例 [J]. 沈阳建筑大学学报（社会科学版），2014，16（4）：380-384.
[6] 李馨，李旭祥，王婷，等. 基于因子分析的黄河流域人居环境评价 [J]. 环境科学与技术，2010，33（6）：189-193.
[7] 李紫薇，高举. 居民福利视角下保障性租赁住房区位选址研究：基于陕西省西安市的实证分析 [J]. 改革与开放，2022（3）：41-52.
[8] 周瑞雪，马辉民，张亚军，等. 保障房住户满意度及其影响因素分析：以黄石市为例 [J]. 城市问题，2015（1）：60-66.
[9] 张恒，杨永春. 保障性住房居民满意度实证研究：以银川市为例 [J]. 地域研究与开发，2015，34（5）：80-83.

作者简介：

战松（1972— ），男，辽宁营口人，硕士研究生导师，副教授，研究方向：建设工程管理及房地产经营管理。

何美璇（1999— ），女，辽宁大连人，土木水利专业硕士研究生，研究方向：工程营造技术与管理。

论文仅代表本文作者观点，文责自负——本书编者注。

基于可拓模型的养老地产项目投资风险管理研究

宋煜凯　宋　凯

（沈阳建筑大学管理学院，辽宁　沈阳　110168）

摘要：养老地产作为房地产和养老产业的一种载体，面临的风险复杂多样，如何规避这些风险，对养老地产投资过程中可能出现的各种风险因素进行准确的分析显得至关重要。从开发商的角度，构建养老地产项目投资风险评价指标体系，确定指标权重，建立风险可拓评价模型等一系列过程对风险因素进行分析。以沈阳市 W 养老地产项目为例，依据风险可拓评价模型确定项目的风险等级，同时对评价结果进行分析，并提出相关的应对措施。

关键词：养老地产；可拓模型；投资风险；应对措施

Research on Investment Risk Management of Pension Real Estate Project Based on Extension Model

Song Yukai　Song Kai

（**College of Management**，**Shenyang Jianzhu University**，**Shenyang 110168**，**China**）

Abstract：As a carrier of real estate and the elderly care industry，elderly care real estate faces complex and diverse risks. How to avoid these risks，it is crucial to accurately analyze various risk factors that may appear in the process of elderly care real estate investment. From the developer's point of view，a series of processes such as constructing the investment risk evaluation index system of senior real estate projects，determining the index weight，and establishing the risk extension evaluation model are carried out to analyze the risk factors. Taking the W pension real estate project in Shenyang as an example，the risk level of the project is determined according to the risk extension evaluation model，and the evaluation results are analyzed at the same time，and relevant countermeasures are put forward.

Keywords：pension real estate；extension model；investment risk；countermeasures

1 引言

据 2020 年第七次全国人口普查公报显示，我国 60 岁及以上人口为 26402 万人，占总人口比例为 18.7%；65 岁及以上人口为 19064 万人，占总人口比例为 13.5%，已经超过国际老龄化标准，老龄化渐渐成为我国人口发展的一个趋势[1]。目前，我国已成为世界上人口老龄化发展最快的国家，解决我国老龄化问题已迫在眉睫，传统养老方式面临挑战，老年人口对相关养老服务包括适老化住宅的需求越来越强烈，在此背景下，作为社会养老的一种形式，养老地产应运而生[2]。

根据目前国内外研究现状，众多学者已经将关注方向聚焦在养老地产行业中，对养老地产的运营模式、融资模式、设施配套等方面的研究比较成熟。Ohara 指出大量实践经验表明养老地产是以基础和配套设施为载体，在向老年人提供适老龄化的特定居住环境的同时又高品质满足老年人生活服务需求、医疗服务需求等延展需求[3]。吴新坚基于对现有的养老地产模式的充分研究，创新性构建了"长期持有""出售"以及"出售+持有"3 种盈利模式[4]。但关于养老地产投资风险的研究相对来说较为贫乏。

2 建立投资风险可拓评价模型

2.1 计算关联度并确定评价等级

（1）确定风险评价等级的经典域。

根据可拓理论，可得出经典域为：

$$Y_{0p} = (N_{0p}, C_i, V_{0pi}) \tag{1}$$

式中，$N_{0p}(P=1, 2, \cdots, s)$ 表示所划分的第 p 个风险等级；$C_i(i=1, 2, \cdots, m)$ 表示风险等级 N_{0p} 的第 i 个风险特征；V_{0pi} 表示 Y_{0p} 关于特征 C_i 所规定的量值范围。

（2）确定风险评价等级的节域。

根据可拓理论，可得出节域为：

$$Y_u = (N_u, C_i, V_{ui}) \tag{2}$$

式中，U 表示全部的风险等级；V_{ui}（$i = 1, 2, \cdots, m$）表示 U 关于特征 C_i 的量值范围。

（3）确定待评物元。

对于二阶风险结构来说，其二级风险指标 Y_{rk} 的待评物元可表示为：

$$Y_{rk} = (y_{rk}, C_i, V_{rki}) \tag{3}$$

式中，V_{rki} 表示风险 Y_{rk} 关于特征 C_i 的量值。

（4）确定待评事物关于各风险等级的关联度。

设 x_0 为实域（$-\infty$，$+\infty$）上任意一点，$\rho(x_0, X_0)$ 为点 x_0 与区间 X_0 之间，则：

$$\rho(x_0, X_0) = \left| x_0 - \frac{a+b}{2} \right| - \frac{(b-a)}{2} \tag{4}$$

待评风险 Y_{rk} 关于各风险等级的关联度可表示为：

$$K_P(V_{rki}) = \frac{\rho(v_{rki}, V_{0Pi})}{\rho(v_{rki}, V_{Ui}) - \rho(v_{rki}, V_{0Pi})} \tag{5}$$

（5）确定风险指标 y_{rk} 关于风险等级的关联度。

$$K_P(Y_{rk}) = \sum_{i=1}^{q} a_i K_P(v_{rki}) \tag{6}$$

（6）评定风险指标 y_{rk} 的等级。

$$K_{P0}(Y_{rk}) = \max_{P_0 \in (1, 2, \cdots, s)} K_P(Y_{rk}) \tag{7}$$

2.2 确定各风险评价指标的权重

（1）建立判断矩阵。

记为 B，则：

$$B = (b_{ij})_{n \times n} \quad (i = 1, 2, \cdots, n) \tag{8}$$

（2）计算判断矩阵 B 每一行元素的乘积。

$$M_i = \prod_{j=1}^{n} b_{ij} (i = 1, 2, \cdots, n) \tag{9}$$

（3）计算 M_i 的 n 次方根 $\overline{W}_i$：

$$\overline{W}_i = \sqrt[n]{M_i} \quad (i = 1, 2, \cdots, n) \tag{10}$$

（4）对向量 $\overline{W} = (\overline{W}_1, \overline{W}_2, \cdots, \overline{W}_n)^T$ 进行归一化处理：

$$W_i = \frac{\overline{W}_i}{\sum_{i=1}^{n} \overline{W}_i} (i = 1, 2, \cdots, n) \tag{11}$$

（5）计算判断矩阵的最大特征根 λ_{max}：

$$\lambda_{max} = \frac{1}{n} \sum_{i=1}^{n} \frac{(BW)_i}{W_i} (i = 1, 2, \cdots, n) \tag{12}$$

（6）进行一致性检验：

$$CI = \frac{\lambda_{max} - n}{n - 1} \tag{13}$$

$$CR = \frac{CI}{RI} \tag{14}$$

3 基于可拓模型的项目投资风险评价

3.1 构建养老地产项目投资风险评价指标体系

养老地产项目投资风险评价指标体系要求科学、系统、客观、全面地反映影响项目风险评价状况的因素，因此在对投资风险因素具体分析的基础上，对各风险因素进行进一步的归纳与分类，确定有 5 个准则层和 25 个指标层的养老地产项目投资风险评价指标体系，如图 1 所示。

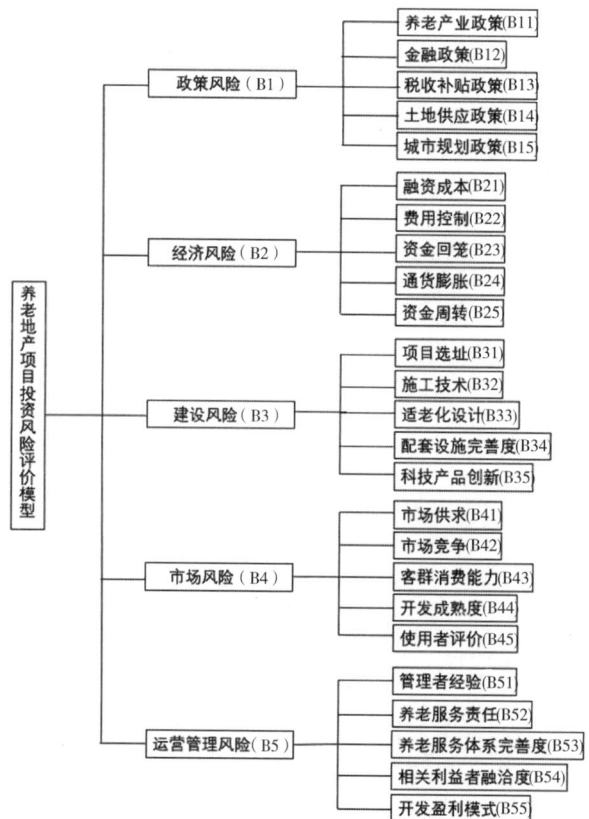

图 1 养老地产项目投资风险评价指标体系

3.2 实证分析

本文以沈阳市 W 养老地产项目为例，依据可拓评价模型，确定各风险指标的风险等级，进而综合计算出项目的整体风险等级，同时对评价结果进行分析，对等级在一般水平以上以及权重较大的风险因素提出应对建议，为养老地产项目的开发商进行风险管理提供理论指导。限于篇幅，本文以一级指标"政策风险"及其下属的二级指标为例，演示计算过程。

3.2.1 对风险特征的量值作出评价

根据公式（1）、公式（1）确定各风险等级经典域为：

$$B_{01} = \begin{bmatrix} 风险很小 & c_1 & (0, 2) \\ & c_2 & (0, 2) \end{bmatrix}$$

$$B_{02} = \begin{bmatrix} 风险较小 & c_1 & (2, 4) \\ & c_2 & (2, 4) \end{bmatrix}$$

$$B_{03} = \begin{bmatrix} 风险一般 & c_1 & (4, 6) \\ & c_2 & (4, 6) \end{bmatrix}$$

$$B_{04} = \begin{bmatrix} 风险较大 & c_1 & (6, 8) \\ & c_2 & (6, 8) \end{bmatrix}$$

$$B_{05} = \begin{bmatrix} 风险很大 & c_1 & (8, 10) \\ & c_2 & (8, 10) \end{bmatrix}$$

$$B_U = \begin{bmatrix} 风险 & c_1 & (0, 10) \\ & c_2 & (0, 10) \end{bmatrix}$$

3.2.2 确定待评物元的实际分值

对底层风险因素发生概率及损失程度进行赋值，确定其关于风险特征的量值，计算出指标权重。根据具体得分情况，归纳总结出该项目的二级风险指标分别关于两个风险特征的取值，见表1。

表1 W项目二级风险指标关于风险特征的取值及其关联度

一级风险指标	权重	二级风险指标	权重	发生概率 C_1	损失程度 C_2	u_1	u_2	u_3	u_4	u_5
B1	0.269	B11	0.302	2.2	5.8	-0.338	-0.160	-0.125	-0.251	-0.477
		B12	0.147	4.5	3.9	-0.338	-0.018	0.028	-0.315	-0.487
		B13	0.061	3.5	3.3	-0.289	0.233	-0.158	-0.438	-0.579
		B14	0.097	3.8	3.2	-0.290	0.236	-0.148	-0.432	-0.574
		B15	0.393	1.3	6.3	0.059	-0.371	-0.285	-0.217	-0.498
B2	0.088	B21	0.422	5.3	7.1	-0.559	-0.412	-0.118	0.247	-0.282
		B22	0.090	4.2	3.6	-0.321	0.066	-0.048	-0.365	-0.524
		B23	0.179	3.6	3.8	-0.316	0.080	-0.068	-0.379	-0.534
		B24	0.053	2.8	2.4	-0.171	0.270	-0.365	-0.577	-0.683
		B25	0.256	2.3	4.5	-0.272	-0.013	-0.068	-0.378	-0.534
B3	0.408	B31	0.089	3.0	2.8	-0.232	0.435	-0.283	-0.521	-0.641
		B32	0.456	4.4	7.2	-0.546	-0.376	-0.160	0.167	-0.302
		B33	0.250	4.0	5.6	-0.409	-0.174	0.065	-0.171	-0.404
		B34	0.152	3.2	3.0	-0.258	0.442	-0.233	-0.488	-0.616
		B35	0.053	3.7	3.5	-0.305	0.139	-0.108	-0.405	-0.554
B4	0.054	B41	0.060	2.7	2.5	-0.181	0.285	-0.358	-0.571	-0.679
		B42	0.107	4.6	3.7	-0.331	0.017	0.004	-0.331	-0.498
		B43	0.314	4.1	5.0	-0.362	-0.117	0.171	-0.220	-0.415
		B44	0.328	4.3	5.3	-0.390	-0.164	0.140	-0.184	-0.399
		B45	0.191	3.4	4.2	-0.326	0.046	-0.020	-0.347	-0.510
B5	0.180	B51	0.163	2.9	3.4	-0.273	0.297	-0.194	-0.462	-0.597
		B52	0.307	4.8	5.4	-0.405	-0.202	0.168	-0.145	-0.375
		B53	0.369	5.0	6.4	-0.489	-0.318	0.023	0.023	-0.331
		B54	0.062	2.6	2.4	-0.159	0.235	-0.383	-0.588	-0.691
		B55	0.099	3.9	3.1	-0.284	0.275	-0.155	-0.436	-0.578

3.2.3 计算二级风险指标关于风险等级关联度

从养老地产项目的实际情况出发，将二级指标风险特征的权重记为 $\alpha_1 = 0.35$，$\alpha_2 = 0.65$。以二级风险指标 B_{11} 为例，用 $K_1(v_{111})$ 表示 B_{11} 在风险等级为 u_1 的情况下，由公式（5）可知：$K_1(v_{111}) = -0.083$，B_{11} 在水平等级为 u_2 时，$K_1(v_{112}) = -0.475$。

因此，由公式（6）可知 $K_{u1}(b_{11}) = -0.338$。按照上述计算过程可以得到其他底层风险因素关于这5个风险等级的关联度。

3.2.4 进行一级可拓评价

确定一级评价指标针对各风险等级的关联度。以 B_{11} "政策风险" 为例，由公式（7）可知：$B_1 =$

$(-0.174, -0.160, -0.170, -0.276, -0.502)$。同理,可以推算出其他一级风险指标的关联度,计算结果见表2。

表2 目标风险及一级指标风险评价结果分析

风险指标	关联度					等级评定
	u_1	u_2	u_3	u_4	u_5	
B_1	-0.174	-0.160	-0.170	-0.276	-0.502	u_2
B_2	-0.400	-0.143	-0.103	-0.124	-0.435	u_3
B_3	-0.427	-0.101	-0.123	-0.109	-0.419	u_2
B_4	-0.350	-0.063	0.075	-0.265	-0.453	u_2
B_5	-0.387	-0.089	-0.011	-0.191	-0.435	u_3
A	-0.345	-0.116	-0.103	-0.178	-0.447	u_3

3.2.5 进行二级可拓评价

对项目的目标风险 A 的综合关联度进行计算:

$$A = (-0.345, -0.116, -0.103, -0.178, -0.447)$$

3.2.6 评价结果

根据以上公式计算可知,W养老地产项目的综合风险等级属于 u_3,即该养老中心项目开发面临的风险为一般级别。在一级风险指标中,政策风险、建设风险及市场风险的水平等级较小,经济风险和运营管理风险的水平等级一般。在二级风险指标中,施工技术和养老服务体系完善度的水平等级都属于较大级别,需要重点讨论。

3.3 风险应对措施

3.3.1 经济风险应对措施

(1)鉴于养老地产项目耗资巨大,养老地产投资企业首先应充分利用国家和政府提供的产业优惠政策,合理利用专项扶持资金[5];

(2)积极拓宽多元化的融资渠道,可以通过投资组合的方式与金融机构和社会组织展开合作,获取资金支持。如建立房地产投资信托基金(REITs),也可以采用PPP模式,与政府合作开发养老地产。

3.3.2 运营管理风险应对措施

(1)应广泛学习国内外先进的管理模式和管理经验,加强内部管理团队的建设,提高管理者的业务水平;

(2)养老地产项目在提供居住和服务功能的基础上,要完善供老年人娱乐和医疗等功能的配套服务设施,增强项目的行业竞争力,另外应加强对服务人员的培训,提高服务的水平。

4 结论

在识别养老地产项目风险的基础上,运用可拓评判法进行风险评估,建立风险评价模型,以沈阳W养老地产项目为例,评估该项目风险的综合评价等级,并提出主要风险的应对措施,为养老地产项目的开发商进行风险管理提供一定的理论指导。

参考文献:

[1] 陆杰华,刘芹. 中国老龄社会新形态的特征、影响及其应对策略:基于"七普"数据的解读 [J]. 人口与经济,2021 (5):13-24.

[2] 郑生钦,司红运,贺庆. 基于SEM的养老地产项目投资风险评价 [J]. 土木工程与管理学报,2016,33 (2):56-61.

[3] Ohara, Kazuoki. Housing policy towards a super-aging society-From building specification to special needs measures [J]. Geriatrics and Gerontology International,2020 (4):210-213.

[4] 吴新坚. 养老地产项目商业模式的探讨 [J]. 城市开发,2013 (12):14-15.

[5] 李冲冲. 基于SVM的养老地产项目投资风险评价研究 [J]. 价值工程,2017,36 (11):40-42.

作者简介:

宋煜凯(1963—),男,辽宁抚顺人,博士,副教授,研究方向:资本市场投融资(PPP),房地产金融,养老产业等。

宋凯(1997—),男,山西长治人,土木水利专业硕士研究生,研究方向:房地产经营管理。

论文仅代表本文作者观点,文责自负——本书编者注。

基于客户感知价值的房地产项目市场定位研究

张天威[1,2]　刘　宁[1]

（1. 沈阳建筑大学管理学院，辽宁　沈阳　110168；2. 龙湖地产，辽宁　沈阳　110020）

摘要：随着国内人均收入水平的提升，消费者的要求也在不断提升，这使得房地产行业内的竞争不断增大，而基于客户感知价值加强对房地产开发项目的市场定位研究便显得尤为重要。以辽宁省沈阳市潜在购房人群为样本开展调查研究，根据感知价值评价模型，设计调查问卷及调查方法，并借助使用 SPSS 软件系统对数据进行统计、分析及处理，给出基于客户感知价值的市场定位结论。

关键词：住宅产品；感知价值；市场定位

Research on Market Positioning of Real Estate Project Based on Customer Perceived Value

Zhang Tianwei[1,2]　Liu Ning[1]

（1. Shenyang Jianzhu University，Shenyang 110168，China；2. Longhu Real Estate，Shenyang 110020，China）

Abstract：With the improvement of domestic per capita income level，consumers' requirements are also increasing，which makes the competition in the real estate industry is increasing，and it is particularly important to strengthen the research on the market positioning of real estate development projects based on customer perceived value. Based on the sample of potential house buyers in Shenyang，Liaoning province，the survey was conducted. According to the perceived value evaluation model，the questionnaire and survey method were designed. The data were statistically analyzed and processed by using SPSS software system，and the market positioning conclusions based on customer perceived value were presented.

Keywords：residential products；perceived value；the market localization

1　引言

面对国家政策法规与市场环境日趋多元化变化，传统的建造房屋、销售房子的运营思路已经不再适合，各开发商都在重视顾客价值的基础上，全方面考察顾客感知价值所涵盖的内容，以及感知价值对地产开发项目市场定位的影响。整合各研究学者对感知价值的研究，从感知价值评价角度对房地产项目市场定位研究进行拓展。

感知价值，国内外很多研究学者都已经进行过定义，虽然具体的内涵各异，但可以看出顾客感知价值首先是顾客本人的主观体验，即对商品和服务的整体评价，形成于从顾客在使用商品或接受服务以前对其的预期，到接受该商品或服务以及之后的评价这一整体流程中。

房地产项目客户的感知价值评价指标体系中要选择一些能够科学、全面地描述房地产项目客户感知价值的指标，这些指标是由一些彼此联系、互为补充、有一定层级性和结构化的指标体系组成的有

机总体，所以感知价值指标体系构建和评估时应当坚持以下准则：系统性、重要性、可操作性。

房地产市场定位是指开发商根据目标市场对房地产项目产品的属性、特点、用途的要求，形成产品的独特形象，并将这些形象传达给目标消费者，以此获得消费者并占领目标市场的过程。简单地讲，市场定位是在目标消费者心里为产品选定一种开发商想要取得的地位[1]。

结合房地产的行业背景、特点和功能，得知房地产客户的感知价值对房地产开发项目的位置、环境、交通等因素敏感，而这些因素也正是房地产项目市场定位的主要影响因素。由此可知，顾客的感知价值敏感因素与项目市场定位影响因素有相同的覆盖方面及角度[2]。

2　感知价值影响因素模型的构建

2.1　感知价值影响因素模型

客户在不同的环境、不同的阶段或者与开发商不同的关系的情况下，感知价值也具有不同的表现

及侧重影响因素，这也可以理解为感知价值的多维性，根据现有文献的回顾及综合分析，感知价值可分为以下 4 个维度：功能价值、经济价值、心理价值、情感价值，而不同维度中也根据不同的规则可划分为不同的感知角度，其中，功能价值可分为社区业主素质等 18 个角度；经济价值可分为购买成本等 6 个角度；心理价值可分为品牌质量感等 8 个角度；情感价值可分为互动程度等 4 个角度。因此可形成表 1 的顾客感知价值影响因素模型[3]。

表 1 顾客感知价值影响因素模型

指标 1	指标 2
	社区业主素质
	教育配套
	人口密度
	自然景观
	噪音质量
	空气质量
	户型
	户均面积
	会所配套
功能价值	户梯比
	容积率
	园林
	社区安保设施及安保服务
	专业性
	周边交通
	参与公共性场所
	娱乐
	餐饮
	购买成本
	使用成本物业管理费
经济价值	时间
	心理成本
	感知成本
	精力或体力
	品牌质量感
	品牌知名度
	品牌信任度
	可靠性
心理价值	有行性
	响应性
	保证性
	感动性
	互动程度
情感价值	认同感
	满意

2.2 信度分析

以上模型中的影响因素通过使用 SPSS200 计算克朗巴赫的 α 值，以检查模型是否具有内部一致性，即信度检验。克朗巴赫的 α 值越大，该变量各主体之间的相关性越大，量表的信度越高。如果 α 系数达到 0.8—0.9 时说明量表信度非常好。通过计算可得克朗巴赫所有变量的 α 值都在 0.8 以上，说明针对这几个因素的信度较高，结果见表 2。

表 2 克朗巴赫 α 值检验

研究变量	Cronbach's Alpha
功能价值	0.875
经济价值	0.853
心理价值	0.810
情感价值	0.881

2.3 效度分析

同时，为了检验本研究的真实性和准确性程度，需要通过 KMO 和 Bartlett 测试检验效度，与研究目标越一致，其有效性会越高，否则，有效性越低。其中 KMO 值在 0.8 以上，即表示适合做因子分析。如表 3 所示，感知价值 KMO 度量为 0.833，大于 0.8，而 Bartlett 的显著性概率都为 0，因此本研究的内容效度符合理论要求，所选变量适合做因子分析。

表 3 感知价值的 KMO 值和 Bartlett 检验

KMO 值	Bartlett 检验	
	Approx. Chi-Square	1789.360
0.833	df.	136
	Sig.	0

3 实证分析

根据顾客感知价值影响因素模型，选取 1 个沈阳市待市场定位项目进行研究，以沈阳市内潜在购房客户为调查样本，制定科学性、合理性的调查问卷，问卷中每个问题分为"非常同意""同意""一般""不同意""非常不同意" 5 个答案，分别对应 5 分、4 分、3 分、2 分、1 分，受试者可以根据自己的理解选择。

通过项目现场问卷发放及网上问卷发放的形式，收集问卷数据，筛选有效数据后，计算感知价值模型中不同指标 2 对应均值及标准差，不同指标 1 对应平均值，分析得知客户在选择时比较看重房屋的功能价值。

采用主成分分析和最大方差旋转法对变量进行

探索性因子分析，以验证模型中感知价值维度的划分是否合理，部分数据见表4，通过计算数据可得这4个因子中包含了68.707%的信息，是相当有利于提取这4个因子的。

表4　解释的总方差（部分数据）

成分	初始特征值			提取平方和载入			旋转平方和载入		
	合计	方差（%）	累计（%）	合计	方差（%）	累计（%）	合计	方差（%）	累计（%）
1	6.826	40.153	40.153	6.826	40.153	40.153	3.705	21.794	21.794
2	2.059	12.114	52.267	2.059	12.114	52.267	3.011	17.711	39.505
3	1.669	9.817	62.084	1.669	9.817	62.084	2.949	17.348	56.853
4	1.126	6.624	68.707	1.126	6.624	68.707	2.015	11.854	68.707

4　结论

4.1　研究结论与启示

在现有顾客感知价值研究的基础上，结合房地产行业的特点，研究基于房地产顾客感知价值的项目市场定位，通过实证案例的调查研究和数据分析，可以得出以下结论及启示：

首先，根据房地产客户感知价值影响因素的重要程度，得出功能价值最为客户所在意的结论。住宅属于耐用品的一种，对于客户在购买此类产品的时候，最直观感知到的价值就是功能价值，完善的功能价值将成为促进客户购买的第一大推动力[4]。

其次，通过客户感知价值的影响因素，房地产企业应首先将更多精力倾向于功能价值的开发与提升。完善功能价值将更有利于开发商企业拓展并占有市场，在获得利润的同时，更贴近客户的高需求，从而促进企业的健康发展[5]。

4.2　研究展望

未来房地产市场的竞争会越来越激烈，早期的粗放式管理将一去不复返，客户对项目的要求也会越来越高。房地产企业进一步加强对房地产市场定位的研究，可以提高房地产企业项目投资的精准度，能够为客户带来优质而合适的产品，为城市发展贡献力量。由于不同地区的房地产市场发展情况不同，市场存在一些不确定因素，因此研究结论具有一定的区域性、局限性，需要进一步的市场检验。将持续保持对房地产市场的敏感性，深入研究客户感知价值与项目市场定位的关系，及时调整项目开发和运营工作，为新项目的开发和定位提供支持。

参考文献：

［1］周景彤，李佩伽，李思佳. 房地产市场形势展望［J］. 中国金融，2019（13）：75-76.

［2］刘敬伟，张晓莲. 博弈论视角下的企业市场定位［J］. 中国商论，2020（6）：58-59

［3］李旭龙，李智，马鑫森，等. 购房者基本信息与需求意向相关性调查分析：以烟台市为例［J］. 中国市场，2020（9）：38-39.

［4］杨淑红. 当前房地产开发企业内部控制问题与对策研究［J］. 财经界（学术版），2019（26）：53.

［5］扶斌. 房地产管理中的多项目开发模式分析［J］. 中小企业管理与科技（上旬刊），2019（12）：15-16.

作者简介：

张天威（1993— ），女，辽宁沈阳人，工程管理专业硕士研究生，研究方向：房地产开发与管理。

刘宁（1976— ），男，内蒙古赤峰人，博士，教授，研究方向：住房保障、项目管理。

论文仅代表本文作者观点，文责自负——本书编者注。

基于系统动力学的烂尾接盘施工项目成本控制研究

张 辉 薛 立

（沈阳建筑大学管理学院，辽宁 沈阳 110168）

摘要：施工项目的成本受很多因素影响，相对于一般施工项目而言，烂尾接盘施工项目的成本要受更多因素的影响，并且在烂尾接盘施工项目成本控制过程中往往会有很多阻碍。基于此建立烂尾接盘施工项目成本控制系统，找到影响成本偏差主要影响因素的可控变量，借助系统动力学分析方法，构建烂尾接盘施工项目成本控制系统动力学模型。通过对模型的分析，清晰了解成本控制系统，为烂尾接盘施工项目的成本控制提供参考。

关键词：烂尾接盘项目；成本控制；系统动力学

System Dynamics-based Cost Control Study for Rotten Takeover Construction Projects

Zhang Hui　Xue Li

（**College of Management**，**Shenyang Jianzhu University**，**Shenyang 110168**，**China**）

Abstract：The cost of construction projects is affected by many factors. Compared with general construction projects，the cost of rotten tail joint construction projects is affected by more factors. Therefore，there are often many obstacles in the process of cost control of rotten tail joint construction projects. In order to establish the cost control system of the construction project of rotten tail-plate and find out the controllable variables that affect the main factors of cost deviation，the paper establishes the cost control system dynamics model of the construction project of rotten tail-plate by means of system dynamics analysis method. Through the analysis of the model，the behavior characteristics of the cost control system are clearly understood，which provides reference for the cost control of the construction project of rotten tail joint.

Keywords：bad takeover projects；cost control；system dynamics

1 引言

每个城市中都存在"烂尾楼"，烂尾楼的存在不仅影响城市规划，而且是资源浪费。随着经济的发展，许多"烂尾楼"被盘活。烂尾接盘施工项目由于续建过程中影响成本的因素比较多且成本是动态变化的，所以其成本控制对施工企业而言是个难题。

Wen Zhouyan 和 Peng Chen 运用系统动力学定性分析影响施工阶段项目成本的影响因素及效果，证明把系统动力学用于建筑项目施工阶段的成本控制可行[1]。Jiang Jingsi 和 Sun Shusheng 将 BIM、装配式以及系统动力学相结合，为装配式建筑的成本控制提供新的思路[2]。莫俊文和莫娣娃等用系统动力学的方法研究房地产项目成本的影响因素，找到影响成本的主要变量，证明系统动力学可以用于房地产项目的成本控制[3]。周蕾从成本、进度、质量3个方面分析并构建工程项目成本控制模型，为以后研究者提出成本控制措施提供了理论基础[4]。

综上所述，系统动力学可以用于复杂项目的成本控制，且针对烂尾接盘项目的成本控制在以往的研究中未曾涉及。所以利用系统动力学研究烂尾接盘施工项目的成本控制是可行的，并且具有研究意义。

2 烂尾接盘施工项目成本的影响因素分析

2.1 烂尾接盘施工项目成本的构成

一般施工项目的成本包括直接工程费、间接费、措施费、质量管理成本、进度管理成本、成本控制措施费[5]。与一般施工项目不同的是烂尾接盘项目的成本还包括烂尾部分的索赔。

2.2 烂尾接盘施工项目成本影响因素分析

从人、材料、机械、技术、管理、环境6个方面系统分析了烂尾接盘施工项目成本影响因素，将上述6个方面影响因素整理得到烂尾接盘施工项目成本主要影响因素，见表1。

表1　烂尾接盘施工项目成本影响因素

方面	因素
人的因素（A）	管理人员素质（A_1）
	工人素质（A_2）
	疲劳效应（A_3）
材料的因素（B）	损耗率（B_1）
	材料的价格（B_2）
	施工方案的制定（B_3）
机械的因素（C）	机械的租赁费（C_1）
	施工组织设计（C_2）
技术的因素（D）	施工工艺（D_1）
	施工方案的制定（D_2）
	施工组织设计（D_3）
	技术负责人的素质（D_4）
管理的因素（E）	管理人员的素质（E_1）
环境的因素（F）	自然环境（F_1）
	组织环境（F_2）
	政策环境（F_3）

2.3　内生变量和外生变量的确定

在系统动力学中还需要判断这些影响因素，哪些是内生变量，哪些是外生变量和可忽略变量。一般来说，在确定系统边界时，内生变量对于模型的建立影响最大、最重要，可忽略变量对系统影响不大，不必考虑外生变量的影响程度居中，关联内生变量与系统边界点。内生变量、外生变量、可忽略变量的划分如图1所示。

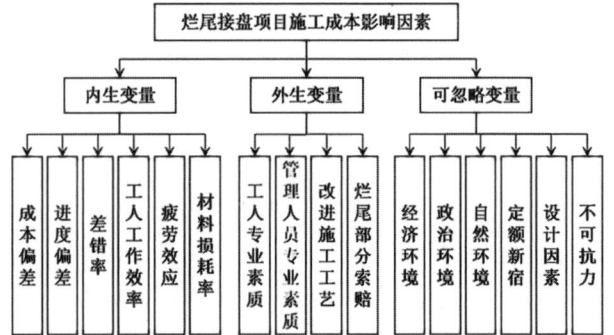

图1　内生变量、外生变量及可忽略变量划分图

3　系统动力学模型的建立及成本控制分析

3.1　烂尾接盘施工项目成本控制系统的因果关系分析

成本、进度、质量三者之间相互影响且相互制约。烂尾接盘施工项目施工过程中会有很多因素造成项目进度延迟，并且有很多因素对项目的质量造成影响，这些都间接影响着项目的成本。要建立成本控制系统，就要综合考虑施工项目管理中进度、质量、成本三者之间的相互关系。建立烂尾接盘项目成本与进度以及质量的因果关系，如图2所示。

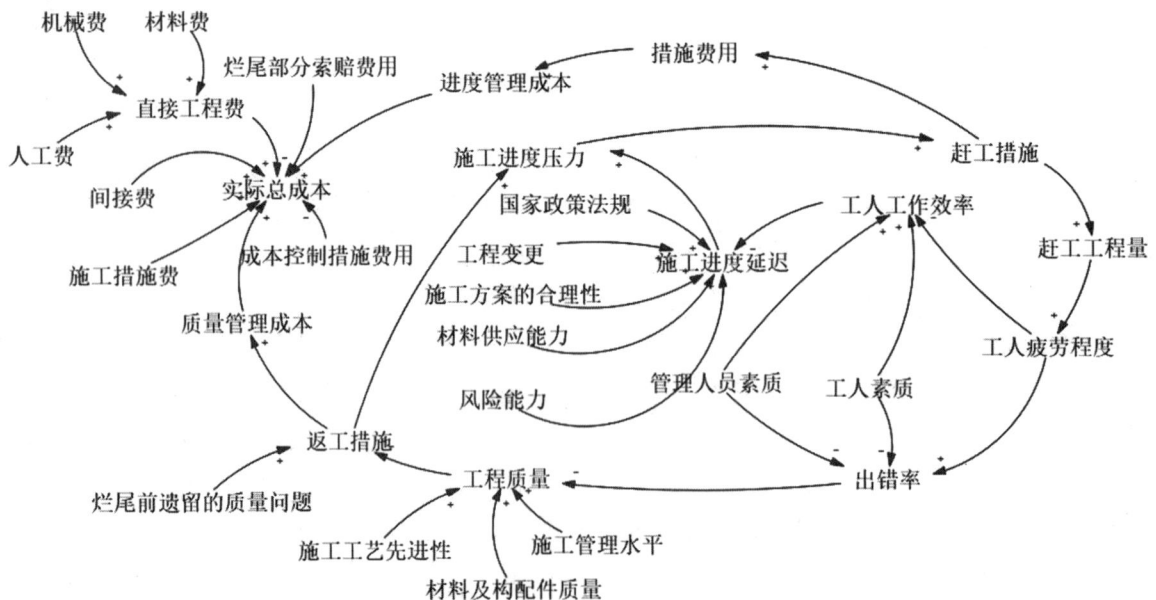

图2　成本控制系统的因果关系

3.2　烂尾接盘施工项目成本控制系统流图的建立

在系统动力学中，因果图可以了解系统的结构和系统中影响因素之间的相互作用，但影响因素不能在因果图中量化。在烂尾接盘施工项目成本控制系统的因果关系和系统边界确定的基础上，建立一般烂尾接盘施工项目成本控制流图，如图3所示。

3.3　烂尾接盘施工项目的成本控制分析

如图3所示，项目进度出现偏差直接表现是单位时间赶工工程量，工人工作效率导致项目单位时间实际施工工程量与单位时间计划工程量之间出现偏差，当工人的工作效率高的时候，单位时间实际施工工程量大于单位时间计划施工工程量，此时就不用赶工，且单位时间赶工工程量为零，反之则需赶工，单位时间赶工工程量大于零。

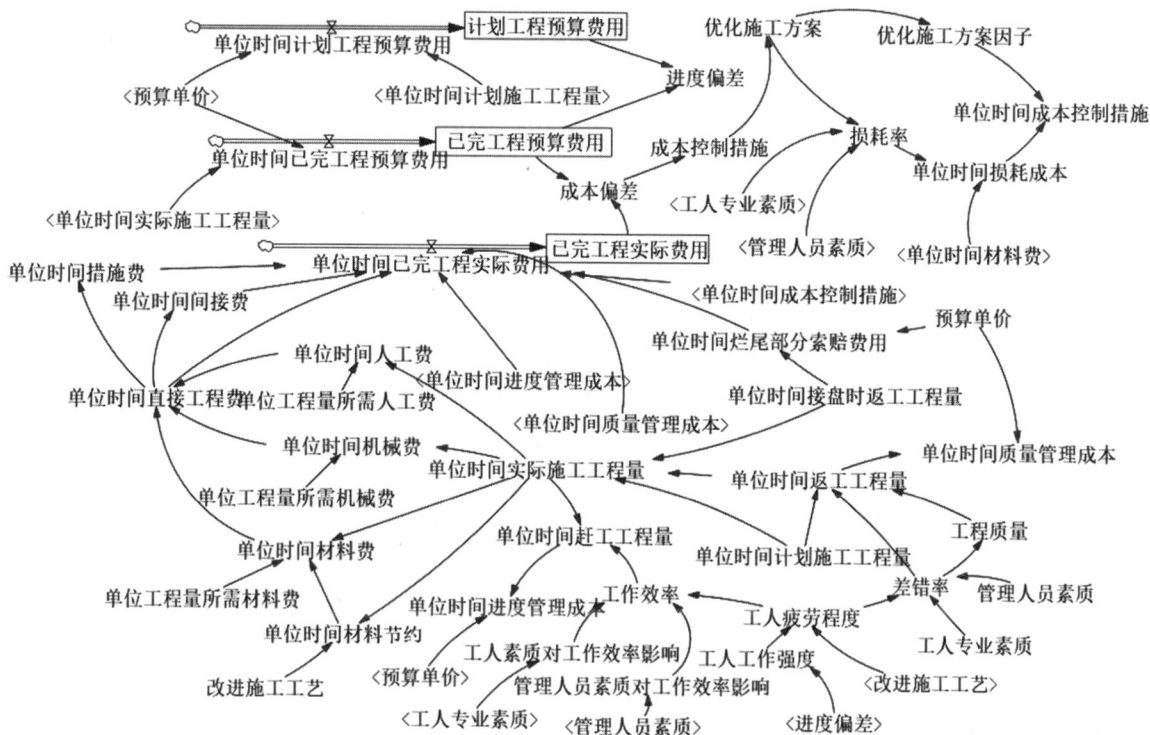

图3 烂尾接盘施工项目成本控制流图

项目的质量偏差，主要表现在单位时间返工工程量以及单位时间烂尾部分需要返工工程量，单位时间返工工程量主要和差错率有关，对于施工项目来说差错率是难以避免的，所以在项目施工过程中必然发生返工，差错率高则单位时间返工工程量高，差错率低则单位时间返工工程量低。单位时间烂尾部分需要返工的工程量是由现场的签证变更定的，然后施工单位向建设单位进行索赔获得相应的费用，因此此部分为估算值，需要视现场实际决定。

烂尾接盘项目成本控制的最终目的就是控制项目的成本偏差，为此要在合理的范围内尽可能地减少项目的进度偏差以及质量偏差。在此系统中工人的专业素质、管理人员的专业素质以及改进施工工艺为共同影响因素，并且这些因素是可控的，只要在施工过程中针对这些可控变量提出控制措施，就可以达到成本控制的目的。

4 结论

烂尾接盘施工项目成本控制是项目获得更高的利润的根本。本文将系统动力学这个宏观分析工具引入烂尾接盘施工项目成本控制系统这一领域，构建了烂尾接盘施工项目成本控制系统，找到系统中影响成本主要因素的可控变量，为烂尾接盘施工项目的成本动态管理提供了依据。但是本文并未考虑烂尾接盘项目在实际施工过程中不可预见因素对成本的影响。

参考文献：

[1] Wen Zhouyan, Peng Chen. Based on the System Dynamics Construction Phase of the Project Cost Control Study [J]. Applied Mechanicsand Materials, 2014：501-504.

[2] Jiang Jingsi, Sun Shusheng. Research on life cycle cost control model of prefabricated building based on systemdynamics [J]. IOP Conference Series：Earth and Environmental Science, 2021, 647（1）：1088-1096.

[3] 莫俊文, 莫娣娃, 李雪松. 基于系统动力学的房地产项目成本控制建模与仿真 [J]. 工程造价管理, 2018（2）：35-40.

[4] 周蕾. 基于系统动力学对工程成本模型构建 [J]. 建筑技术开发, 2021, 48（10）：121-123.

[5] 许光清, 邹骥. 系统动力学方法：原理、特点与最新进展 [J]. 哈尔滨工业大学学报（社会科学版）, 2006（4）：78-83.

作者简介：

张辉（1997—　），女，河北唐山人，土木水利专业硕士研究生，研究方向：房地产经营管理、建设工程管理等。

薛立（1965—　），女，辽宁沈阳人，硕士，副教授，研究方向：房地产经营管理、建设工程管理等。

论文仅代表本文作者观点，文责自负——本书编者注。

基于系统动力学的装配式建筑成本控制问题研究

王思琪　薛　立

（沈阳建筑大学管理学院，辽宁　沈阳　110168）

摘要：装配式建筑是国家积极推行的建造方式，但目前国内装配式建筑体系仍不完善，通过研究装配式建筑影响因素，借助系统动力学方法，对装配式建筑成本各阶段进行成本分析，明确各阶段影响因素之间的因果关系，并建立 SD 模型，通过改变其参数找出对成本影响较大的因素，并采取针对性措施进行有效控制，有助于装配式建筑的推广以及成本降低。

关键词：装配式建筑；系统动力学；模拟仿真

Research on Cost Control of Prefabricated Building Based on System Dynamics

Wang Siqi　Xue Li

（**School of Management，Shenyang Jianzhu University，Liaoning 110168，China**）

Abstract：Prefabricated building is a construction method actively promoted by the state, but at present, the domestic prefabricated building system is still imperfect. By studying the influencing factors of prefabricated building and using the method of system dynamics, this paper analyzes the cost of each stage of prefabricated building cost, defines the causal relationship between the influencing factors of each stage, establishes SD model, and finds out the factors that have a great impact on the cost by changing its parameters, And take targeted measures for effective control, which is conducive to the promotion and cost reduction of prefabricated buildings.

Keywords：prefabricated building; system dynamics; simulation

1 引言

近几年，随着绿色建筑的倡导以及传统建筑所带来的资源浪费，装配式建筑作为一种新型建造模式逐步在我国推广起来，上至国家，下至地方。通过阅读文献，Eriksson 指出，装配式建筑与传统建筑方式的不同点在于，其成本的 3 个阶段都在工厂内发生，因此要在工厂内进行成本的把控[1]。陈艳在2017 年利用系统动力学的方法，对施工企业的内外部成本管理活动进行了深入的探讨[2]。

国家在"十四五"规划中提出相应的目标要求，各地也纷纷制定规划，以安徽省为例，《安徽省"十四五"装配式建筑发展规划》中提出到 2025 年，各设区的市培育或引进设计施工一体化，企业不少于 3家，培育一批集设计、生产施工于一体的装配式建筑企业，产能达到 5000 万平方米，装配式建筑占到新建建筑面积的 30%，部分市力争达到 50%。

2 系统动力学模型的建立

2.1 系统动力学模型的基本假定

在建模时，基于以下假设：企业管理者的决策以节约成本为目的，安装生产部门不存在过剩库存，模型中的数值为项目产生的真实数值，同时不考虑其他地区对本项目的影响。

2.2 系统动力学模型的影响因素分析

本文在考虑成本涉及 4 个阶段的同时，考虑了装配式建筑后期的维护阶段。

第一阶段：在设计阶段，由于不同的设计部门对构件的合理拆分水平不同，因此涉及的成本影响因素包含设计效率、集成化设计水平等。

第二阶段：装配式建筑的生产阶段是在工厂通过制模、定位、浇筑等工序将预制构配件批量生产，生产阶段成本影响因素涉及生产人员的技术水平、预制构件生产工艺等。

第三阶段：将预制构件运送到施工现场花费的成本称为运输成本，涉及的影响因素包含运输距离及运输效率等。

第四阶段：在预制构件到达现场后，通过按照一定的标准和技术要求完成吊装、安装等花费的成本称为安装成本，涉及影响因素包括单位工程安装费用、现场管理水平等。

第五阶段：运营维护费为项目建成之后，为了后期的正常运营以及修补的费用，因此本阶段考虑

损失材料费和物业维修费。

装配式建筑全过程见图1。

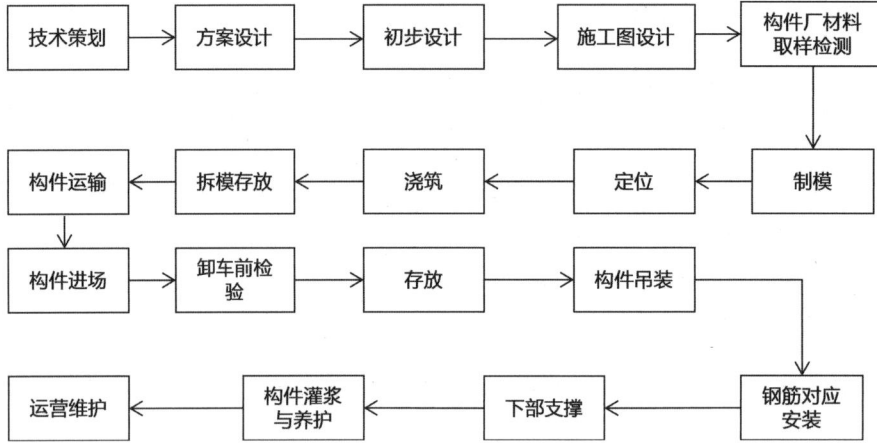

图1 装配式建筑全过程

2.3 系统动力学模型因素的筛选

关于装配式建筑影响因素，主要参考陈艳建议的集成化设计水平因素[2]，鲍俊超建议的管理水平、人员素质等因素[3]，并从大量文献中筛选出主要影响因素，见表1。

表1 装配式建筑成本影响因素

阶段划分	影响因素			
设计阶段	工程量	设计成本单价	设计效率	集成化设计水平	员工素质
生产阶段	生产管理水平	预制构件综合单价	员工素质		
运输阶段	运距	运输工程量	运输时间	运输费率	运输工具
安装阶段	安装效率	单位工程安装费用	员工素质	安装量	管理水平
运营维护阶段	维修人员费用	材料损耗费			
成本减少	材料节省	进度奖励			

2.4 系统动力学因果关系图的绘制

以上统计的成本影响因素可以通过箭线系统地直观地连接起来，构建出总成本因果关系图，明确其内在的因果关系，如图2所示。

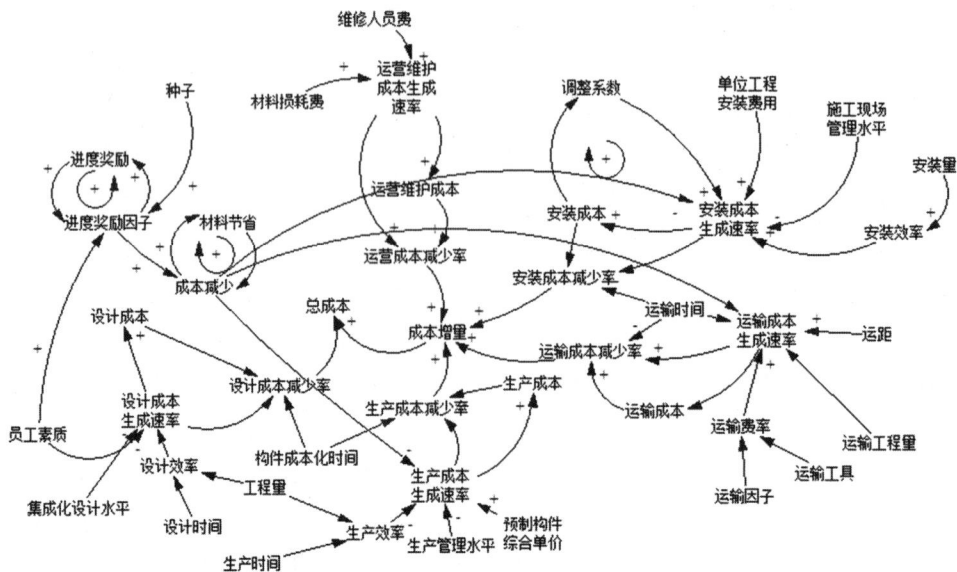

图2 装配式建筑影响因素间的因果关系

2.5 系统动力学存量流量图的绘制

因果关系图通过因果链进行了简单的绘制，在建模初期既展现了各部分之间的关系又简化了模型，存量流量图描述了各因素的性质，是对因果关系的进一步补充，可以更形象地展现系统的反馈形式。装配式成本存量流量图绘制如图3所示。

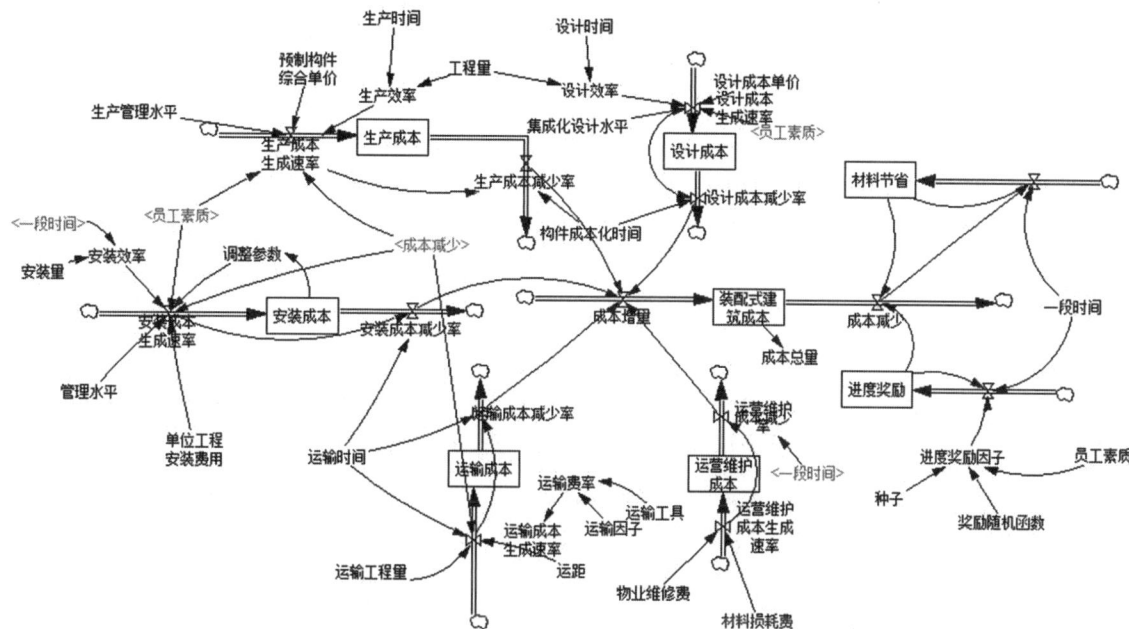

图3　存量流量图的模拟

3　案例仿真分析

3.1　某装配式住宅的基本概况

本工程位于安徽省某县十字镇经路东南角，建筑用途为住宅楼，该住宅17号楼为装配式建筑住宅楼，具体工程概况见表2。

表2　工程概况

工程名称	某住宅17号楼装配式建筑工程
结构形式	框架剪力墙结构
总造价	1080.41万
合同工期	7个月

3.2　模型检验及参数设定

根据项目的具体数据以及相关文献的查阅，对装配式建筑系统动力学模型进行参数输入，对影响因素的类别进行设置，比如：设计成本生成速率为速率变量，单位构件安装、吊装成本为常量，装配式建筑成本为状态变量。在进入Vensim软件进行建模时，首先对初始数值进行设置，本文所建立的模型时间以合同工期为例，设定30周，以周为单位，即每周会出现一次结果。

3.3　模型仿真分析

以改变在安装阶段的管理水平为例，对装配式建筑结构模型进行测试，在参数输入环节，对生产阶段管理水平进行量化，设定范围为[-2,2]，当管理水平小于0时，表示工地安装现场水平管理不强，不能够顺利完成装配式安装等工作；当管理水平大于0时，表示工地安装现场管理水平尚可，能够顺利完成其安装工作，其中数值越大表示其管理水平越强，为了更直观地反映出其管理水平的高低对安装成本的影响程度，我们取其相反数"-2"与"2"，然后对其进行模型对比，对比如图4。

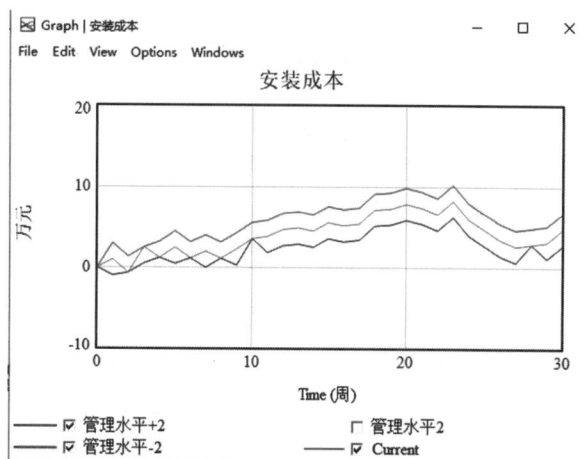

图4　管理水平对安装成本的影响程度

通过模拟仿真显示，当管理水平<0时，"管理水平-2"的安装成本高于正常数值（Current）的安装成本，相比之下"管理水平+2"的安装成本更低，这说明公司在工程建设方面的经验越多、管理水平越高，其拥有技术越强，后期投资的成本会随着时

间的推移而降低，这种差别就会越来越明显。

4 结论

分别对其他相关影响因素做仿真分析，在保持其他变量不变的情况下改变单一变量，进而查看其对项目总成本的影响成本，最后得出技术水平、管理水平、设计水平对其装配式建筑影响较小，在成本把控的同时可以适当考虑。

针对装配式建筑成本控制，提出以下建议性的具体措施：在设计阶段，建议进行集成化设计，对装配式建筑构件进行合理拆分，增加模具的周转率，降低成本；在生产阶段，建议政府调控预制构件单价成本以推进装配率的提高，使PC构件厂家提高其产能，扩大产量，达到装配式建筑的推广使用；在运输阶段，建议合理选择PC构件的生产厂家的地理位置，充分利用运输工具的容积和载重，使运输成本降低。

装配式建筑在我国各地正在如火如荼地推进，面向未来，装配式建筑发展任重而道远，希望在新的机遇面前，政府能够不断推动市场驱动力，建立更加完善的体系。通过预制构件建筑各方面的逐步完善，促进建筑业的升级和发展。

参考文献：

［1］ Eriksson Pe, Olander S, Szentes H, et al. Managing short-term efficiency and long-term develo pment through industrialize dconstruction ［J］. Construction Management & Economics, 2014, 32（1-2）：97-108.

［2］. 陈艳，王宇，贾磊. 基于系统动力学的装配式建筑成本控制研究［J］. 价值工程，2017，36（32）：1-5.

［3］ 鲍俊超. 装配式建筑施工阶段成本影响因素分析与研究［D］. 兰州：兰州理工大学，2020.

［4］ 殷潇，范运海，温修春，等. 装配式建筑PC构件成本控制分析：基于系统动力学模型［J］. 河南科学，2020，38（3）：456-463.

［5］ 钟永光，贾晓菁，李旭，等. 系统动力学［M］. 北京：科学出版社，2009.

作者简介：

薛立（1965—），女，辽宁沈阳人，硕士，副教授，研究方向：房地产经营管理，建设工程管理等。

王思琪（1996—），女，辽宁铁岭人，土木水利专业硕士研究生，研究方向：房地产经营管理。

论文仅代表本文作者观点，文责自负——本书编者注。

价值工程在建筑设备选型中的应用研究

许　畅[1,2]　刘　宁[1]

（1. 沈阳建筑大学管理学院，辽宁　沈阳　110168；2. 沈阳市于洪区公用发展有限公司，辽宁　沈阳　110141）

摘要：建筑设备在中国社会各项建设中都是不可或缺的重要角色。在建筑设备选型中应用价值工程理念，建立功能指标体系，通过计算功能指标体系权重以及价值工程系数，结合项目的实际应用情况进行充分的研究分析与案例论证，确定建筑设备选型的最佳方案，并且梳理出一套通用的工作流程，适用于今后建筑设备选型方案的优化。

关键词：价值工程；建筑设备；选型

Research on the Application of Value Engineering in Construction Equipment Slection

Xu Chang[1,2]　LiuNing[1]

（1. College of Management，Shenyang Jianzhu University，Shenyang 110168，China；

2. Shenyang Yuhong District Public Utility Development Co. LTD，Shenyang 110141，China）

Abstract：Construction equipment plays an indispensable role in the construction of Chinese society. Application of value engineering concept in the construction equipment selection，establishes an index system of function，by means of computing function index system and weight coefficient of value engineering，combining the actual application situation of the project to full analysis and examples，to determine the optimal scheme of construction equipment selection，and comb out a set of general workflow，is suitable for the optimization of construction equipment selection plan in the future.

Keywords：value engineering；construction equipment；the selection

1 引言

体现价值工程的三基本要素分别为功能、成本、价值[1]，这三要素之间的关系简要概括为：价值=功能/成本，数学表达式为：$V=F/C$。

通过对价值工程的运用可以很好地推动建筑行业的发展，进而推动社会的大幅进步。我国学者高宇波、田志峰、段臻针对山西省既有办公建筑存在的诸多性能问题，使用层次分析法建立综合性能评价体系模型，利用模糊评价法对各方面性能进行综合评价，实现既有办公建筑的更新改造和再利用[2]。马琰结合湖南省气候特点，参考相关居住建筑节能设计标准，构建湖南省既有居住建筑节能综合评价指标体系，运用层次分析法确定各个评价指标的权重，给出综合评价指标的计算模型[3]。丁超和王天一针对原门诊病房楼老楼节能改造研究，运用节能设计，采用节能设备，引入能耗管理和楼宇自控系统，达到节能的同时，使建筑安全性和舒适性明显提升[4]。美国管理学家德鲁克（P. Deruker）指出

产品成本应事先控制，目标成本控制在产品设计的全过程中实施，进一步推动了成本管理思想的发展，形成了目标成本管理的理论体系；Cheng，Min.，Ma，Guang Qiang 根据价值工程的基本原理，建立了新的施工方案模型并进行比较，通过对其功能和成本进行综合分析得到最优方案，方案的优化直接关系到整个项目的投资效益，总结出运用价值工程原理优化房地产开发方案具有重要的现实意义。

在工程管理专业领域，价值工程主要是为了提高建设工程的价值，通过有组织的、创造性分析工程功能和建造成本，寻找出保证满足使用者需要的所有功能的同时，消耗最低的寿命周期成本或建设成本的最佳的综合投资效益的管理方法。本文运用价值工程理念研究建筑设备的选型方案，为建筑设备选型优化提供了理论依据。

2 建立功能指标体系

2.1 建立指标体系的原则

首先是适应性。建筑功能指标体系要有一定层

次性。应当针对建筑设备选型方案特征和功能特点而作出适应性的调整。

其次是标准适度性。建筑设备选型方案中比选的指标框架的科学性和覆盖性应有所保证。指标过大或过小，将使选型方案的比选结果没有意义。

最后是全面性。建筑设备选型方案比选的功能指标要具备整体性，要包括建筑设备选型方案的各种相应的功能指标，能反映出建筑设备工程的建设宗旨和总体理念。功能指标过大，将导致专家团无法把关注点聚焦到相关的技术指标上；功能指标过小，会造成无法全面地体现建筑设备选型方案的特点。

2.2 建立功能指标体系

暖通空调学科是中国建筑行业里的主要专业之一，其在中国社会各项建设中都是不可或缺的重要角色。暖通空调专业涵盖了许多子部分内容，如采暖、供电、通气、中央空调、除尘和锅炉设备等[5]。在空调系统中，选定冷热源为研究对象。按照功能系统的基本设置原则和空调冷热源的特性，对其主要功能进行了分类，然后再作出功能的界定与划分，并成立价值小组。功能指标分别为安全性、耐用性、使用效果、震动性、噪声、年运行费、制取单位热量费用、制取单位冷量费用、全寿命费用，共 9 项。

3 案例分析

3.1 背景概述

以某市某建筑设备项目为例，根据建筑既有情况、建筑结构、建筑平面布置、建筑净高度、使用时间和使用功能等特点，设计方案以达到节能要求。

关于空调系统冷热源方案有以下三种：

方案一：燃气锅炉供热，蒸汽溴化锂吸收式冷水机组供冷；

方案二：电锅炉供热，水冷电动冷水机组供冷；

方案三：燃煤锅炉供热，风冷电动冷水机组供冷。

3.2 三种备选方案费用分析

设备初装费包括设备材料售价、设备材料运杂费以及设备材料安装费；年运行费包括冷热源设备运行所需的电费、燃煤消耗材料费、天然气费用以及相关损耗费以及工作人员工资等，电费为 0.795 元/（kW·h），天然气耗气费为 3.16 元/m³；全寿命周期费用包括此上所有费用以及贷款费用，具体见表 1。

表 1 方案费用分析

方案	可持续性（年）	设备初装费（万元）	年运行费（万元）	制取单位冷量费用（元/kW）	制取单位热量费用（元/kW）	全寿命费用（万元/年）
1	10	512	326	1634	813	642
2	15	456	302	1305	654	538
3	15	497	566	1432	720	588

3.3 功能指标权数

价值工程小组对冷热源各功能量化指标重要度比较所得权数见表 2。

表 2 冷热源功能量化指标及权数

功能指标	量化指标	符号	计算公式	指标权数
安全性	高、中、低	X_{1j}	—	10
耐用性	提高率	X_{2j}	—	12
使用效果	使用效果比	X_{3j}	a_j/a_1	14
震动性	大、中、小	X_{4j}	—	6
噪声	降低率	X_{5j}	$(a_1-a_j)/a_1$	6
年运行费	降低率	X_{6j}	$(a_1-a_j)/a_1$	12
制取单位热量费用	提高率	X_{7j}	$(a_1-a_j)/a_1$	12
制取单位冷量费用	提高率	X_{8j}	$(a_1-a_j)/a_1$	14
全寿命费用	降低率	X_{9j}	$(a_1-a_j)/a_1$	14
合计	—	—	—	100

3.4 计算功能量化指标

运用综合评价指标法计算各方案的功能量化指标得分及总分，具体见表3。

标得分及总分，具体见表3。

表3 功能量化指标得分及总分

功能指标	方案一		方案二		方案三	
	量化值	得分（分）	量化值	得分（分）	量化值	得分（分）
安全性	90	9.00	95	9.50	90	0
耐用性	95	11.40	90	10.80	90	10.8
使用效果	80	11.20	90	12.60	80	11.2
震动性	80	4.80	90	5.40	90	5.4
噪声	20	1.20	0	0	10	0.60
年运行费	0	0	20	2.4	−18	−2.16
制取单位热量费用	0	0	16	1.92	−25	−3.00
制取单位冷量费用	0	0	23	3.22	−31	−4.34
全寿命费用	0	0	33	4.62	−34	−4.76
合计	—	37.60	—	50.46	—	22.74

3.5 计算价值系数

价值系数计算见表4。

表4 各方案价值系数

系数	方案一	方案二	方案三
功能系数	0.339	0.455	0.205
成本系数	0.363	0.304	0.333
价值系数	0.934	1.496	0.616

由表4可得，方案二的价值系数大于1，且最大，所以在相同情况下应优先考虑方案二。

结合价值工程与建筑设备选型的实际案例，体现了价值工程的合理性、有效性和科学性。在经济层面上，运用价值工程，功能和成本达到了最佳的匹配，以最小的经济投入实现最大的功能效果，充分证实了价值工程理念的经济效益，为今后的建筑设备选型提供了思路和方向。在技术层面上，提供了科学有效的方法，通过对功能指标体系的价值分析，合理地优选出最佳选型，有效地控制了建筑设备项目的成本，在功能保持不变的基础上，又使设备采购费用降低，圆满达到了预期效果。在社会层面上，在改进建筑设备性能的同时降低成本，进而提升了设备厂商的相互竞争力，推动了建筑节能在各地区的发展和推广。与此同时，还能充分调动设备厂商进行成本控制的积极性，另一方面在建筑行业鼓励设立价值工程小组，从事价值工程理念应用分析，为进一步普及与创新价值工程理念作出贡献。

4 结语

在建筑设备选型中应用价值工程理念，建立功能量化指标体系，计算功能量化指标得分，结合价值小组对3种方案的各功能打分，得出各方案的功能得分，最后运用价值系数判断法进行价值系数的计算，通过3种方案各自价值系数的大小比较分析判断得出最佳的选型方案。进而通过对应用价值工程在建筑设备选型中的探讨，对价值工程应用的重要性、必要性和有效性进行了充分的论证，并且梳理出一套通用的工作流程，适用于今后建筑设备选型方案的优化。

参考文献：

[1] 李国胜. 价值工程在工程成本控制中的应用研究 [D]. 武汉：湖北工业大学，2016.

[2] 高宇波，田志峰，段臻. 基于综合性能评价的山西省既有办公建筑改造技术研究 [J]. 太原理工大学学报，2021，52（2）：226-237.

[3] 马琰. 湖南省既有居住建筑节能评价指标体系构建研究 [J]. 北京城市学院学报，2015（6）：6-11+16.

[4] 丁超，王天一. 基于绿色低碳理念的某医院节能改造实践 [J]. 新型工业化，2022，12（1）：217-219.

[5] 段灼伟. 浅谈建筑消防暖通的设计流程及方法 [J]. 中华民居，2013（12）：356-357.

作者简介：

许畅（1992— ），女，辽宁沈阳人，工程管理专业硕士研究生，研究方向：房地产。

刘宁（1976— ），男，内蒙古赤峰人，博士，教授，研究方向：住房保障、项目管理。

论文仅代表本文作者观点，文责自负——本书编者注。

精细化管理在建筑工程项目管理中的应用

周 琳[1] 鄂 琪[2] 周 琦[3]

（1. 沈阳建筑大学管理学院，辽宁 沈阳 110168；2. 金地集团东北区域地产公司，辽宁 沈阳 110000；

3. 中国建筑科学研究院，北京 100013）

摘要：房地产作为我国经济发展的主要支柱型行业，对国民生产生活都产生着深远的影响。随着房地产行业在我国持续发展，建筑工程项目如雨后春笋般应运而生，管理工作也就尤其重要。精细化的管理方式是如今房地产开发公司中建筑工程项目管理工作的首选方式。通过分析精细化管理方式以及房地产建筑工程项目的特点，提出更有效的精细化管理措施。

关键词：建筑工程管理；项目管理；精细化管理；工程应用

Application of Fine Management in Construction Project Management

Zhou Lin[1]　E Qi[2]　Zhou Qi[3]

（1. College of Management，Shenyang Jianzhu University，Shenyang 110168，China；

2. Gemdale（Group）Corporation Ltd.，Shenyang 110000，China

3. China Academy of Building Sciences，Beijing 100013，China）

Abstract：With the continuous development of the real estate industry in China，construction projects have sprung up，and management is particularly important. The refined management method is the preferred way for the management of construction projects in real estate development companies. By analyzing the refined management method and the characteristics of real estate construction projects，we can find more effective refined management measures.

Keywords：construction engineering management；project management；fine management；engineering application

1 引言

在房地产开发项目中，建筑项目管理工作中的精细化管理排在首位。它的管理效果直接影响了整个房地产项目的质量。精细化的管理方式相对于传统的管理方式而言有显著的优势，不仅可以有效控制房地产企业中建筑工程项目的项目成本，还能提高管理工作的准确性和时效性。

2 精细化管理应用的思考

精细化管理是众多研究人员经过不懈的努力和长时间的探索而总结出来的新型管理方式，它适用于社会经济建设、文化建设、政治建设以及生态建设等各个方面的管理工作[1]。精细化的管理方式具有精准和细致两大特点。建筑工程项目内容庞大复杂烦琐，运用传统的管理方式很容易出现工作上的纰漏和失误，导致管理成本增加、管理效果不高的情况出现。精细化的管理方式注重管理工作的科学化、精准化、细致化以及信息化，从而提高管理工作的有序性和有效性。对于房地产建筑工程项目这种管理工作较为复杂的项目而言，利用精细化的管理方式，更能顾及多方面的因素，综合各部门的能力，对整个项目进行有效的管理。因此，将精细化管理运用于房地产建筑工程项目的管理工作中，对提高管理工作的效率，提高房地产企业的建筑工程项目经济效益都是有利的，同时还可推动整个房地产行业的发展。

3 影响建筑工程项目管理工作的因素

3.1 复杂性因素

房地产企业中的建筑工程项目不同于其他行业的项目，它是一个庞大且复杂的项目，内容包罗万象，项目的复杂性也就导致了管理工作具有复杂性，管理方式具有多样性[2]。房地产企业中的建筑工程项目的管理是一个非常复杂的系统，除了子母项目、各类工程活动，还包括预测、决策、计划、控制、反馈等步骤的管理过程。并且其承担着项目的管理任务，集工期、成本、质量、合同、资源一体，开展具有很大的难度和挑战。

建筑工程项目精细化管理督查办法见表6。

表1 建筑工程项目精细化管理督查办法

督查模块	工作项	检查标准及要求	主责部门	辅责部门	督查部门
管理公文流转及培训	1	精细化管理相关文件，按收文、分发、传阅等流程进行	办公室	工经部	司办
	2	制度培训、考试按计划执行	工经部	办公室	工经部
	3	开展生产会、周例会的形式，开展生产、周例会等多形式的精细化管理专项活动	工经部	工程部	工经部
施工调查	1	项目经理、总工及主要业务部门参与施工调查	工程部	—	工管中心
管理交底	1	接受公司组织的管理交底	工程部	—	工管中心
项目策划书编制	1	根据施工调查报告和管理交底，在项目中标后1月内完成策划书	工程部	—	工管中心
	2	制定分包模式，明确劳务分包现价的控制要求、程序及标准	工程部	—	工经部
	3	确定施工方案及工程布置方案	工程部	—	技术中心
	4	制定安全质量管理重点措施	安质部	工经部	安质部
	5	编制现金流分析等	财务部	—	财务部
	6	制定责任成本预算编制方案	工经部	—	工经部
	7	预测分析项目盈亏点	工经部	—	工经部

3.2 时效性因素

一个成功的建筑工程项目必须保证项目的时效性，在房地产企业规定的时间内完成项目的建设，因此，项目的管理工作具有极强的时效性。在项目每一个环节的管理工作中，都必须考虑到管理所需要的时间，在规定的时间内完成管理工作，确保整个项目顺利有序地进行。

3.3 风险性因素

房地产建筑工程项目的投资建设具有一定的风险，因此项目的管理工作的内容也具有显著的风险性，主要体现在管理定位、投资支持能力、质量和合约执行方面的风险，这些具有一定风险的管理内容极大地增强了管理工作的风险性。

4 提高精细化管理的有效性的措施

4.1 完善建筑工程项目的精细化管理制度体系

优化精细化管理方式在建筑工程项目管理工作中的应用，需要建立完善的精细化管理制度体系，科学有效的制度体系可以支撑建筑工程项目的管理工作制度、建筑工程项目管理工作的有效性和规范性提升，还可以促进精细化管理方式在房地产企业内建筑工程项目管理工作中的改革和发展。完善的精细化管理制度体系包括连带责任追究管理制度、全过程管理制度、风险管理制度等。首先，建立和落实连带责任追究管理制度，将管理工作的内容分为具体的模块，然后分配给对应的部门，明确每个部门的责任，再将任务进行细分，分配给每一个部门的人员，确保意外情况出现后能够准确地找到相关的负责人，追究其连带责任。其次，建立和落实全过程管理制度，对建筑工程项目施工前的准备工作、施工过程中的具体实施工作以及施工完成后的检验工作进行全程监督管理，确保在出现问题时能够及时地进行解决，保证管理工作的时效性，保证项目的顺利开展[3]。最后，建立和落实风险管理制度，针对房地产建筑工程项目的风险性，对各个部门的工作进行风险预估，制定应对措施以备不可预测风险的出现。

4.2 提高建筑工程项目管理团队的专业性

建筑工程项目的管理人员是房地产企业开展管理工作的主要人员，管理团队的素质直接影响管理工作的效果，因此必须提高建筑工程项目管理团队的专业性。首先，房地产建筑工程项目的管理人员必须提高自身综合工作能力，在实践精细化管理方式的过程中不断积累经验，总结和反思自己在工作上的不足，思考改进方法。同时，部门主管还应该开展工作研讨会议，向管理人员强调精细化管理方式对于建筑工程项目管理工作的重要性，收集管理人员的经验和反思成果，推动精细化管理方式的进一步完善。其次，需要建立完善的人才培训机制，为建筑工程项目的管理人员提供专业的培训，在培训时要把精细化管理方式的特点、优势、关键等作为主要内容，让管理人员认识到精细化管理方式的重要性，提升管理人员的专业性，从而保障精细化管理方式在建筑工程项目中得到有效的运用，提高整个建筑工程项目管理工作的精准性和有效性。

4.3 发挥信息技术在建筑工程项目管理工作中的优势

精细化的管理方式尤其注重对信息技术的使用，信息技术能够进一步提高精细化管理方式的精准性、科学性，为管理工作提供技术保障[4]。因此，建筑工程项目房地产企业的管理人员，必须在管理工作中发挥出信息技术的优势。首先，管理人员在进行管理工作时必须认识到使用信息技术对于推动精细化管理、提高建筑工程项目管理工作效率的重要性，掌握信息化管理技术，发挥信息技术在管理工作中的优势。其次，要开发信息化管理技术的信息搜集功能，搜集与建筑工程项目管理工作的相关内容，完善管理系统，为管理工作提供信息存储库。最后，要构建信息化交流平台，通过平台在项目内部实现部门之间的沟通交流，提高信息传递的效率，在项目外部实现与其他建筑工程项目的资源共享，分享精细化管理的经验，实现共赢。例如，利用BIM技术手段，辅助管理人员的管理工作；运用PDCA循环管理法，对房地产建筑工程项目的质量进行有效管理。

基于BIM的施工精细化管理方法与流程见图1。

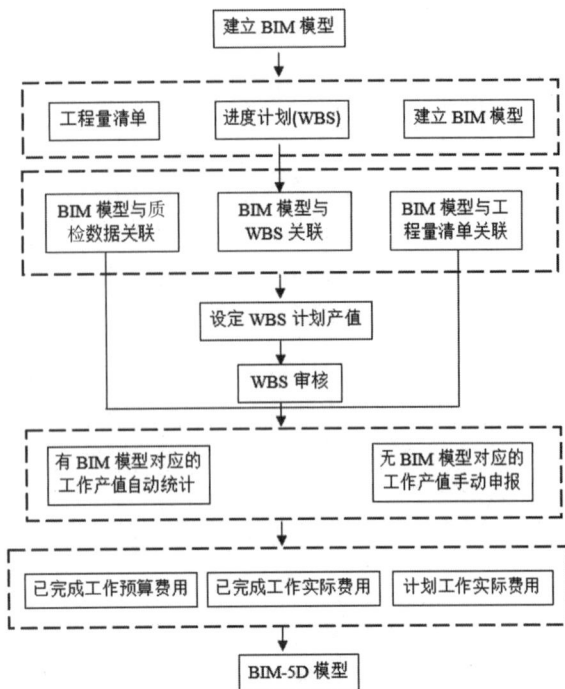

图1 基于BIM的施工精细化管理方法与流程

5 结论

建筑工程项目的管理工作在房地产企业中具有显著的复杂性、时效性以及风险性，运用精细化的管理方式，可以有效提高房地产企业的建筑工程项目管理工作的科学性和有效性，提高管理工作的质量和效率，确保整个建筑工程项目顺利开展，从而提高整个建筑工程项目的施工效率和质量，提高项目的经济效益和社会效益。

充分发挥精细化管理方式在建筑工程项目管理工作中的作用，要从完善精细化管理制度体系出发，规范整个管理工作，为管理工作提供制度支撑；提高管理团队的综合素质，为管理工作提供专业的人才支撑；充分发挥信息技术在精细化管理方式中的作用和优势，为管理工作提供技术支撑。在制度、人才、技术的三重支撑下，能够确保精细化管理方式的作用在建筑工程项目管理工作中得到最大限度的发挥，在保证项目管理工作的安全和质量的基础上，推动精细化管理方式与建筑工程项目管理工作更好地融合发展，促进房地产建筑工程项目管理工作质量和效率的提高，保障建筑工程项目的质量，推动精细化管理方式进一步改革[5]。在建筑工程项目的管理工作中运用精细化的管理方式，是新时代经济发展对于房地产开发企业建筑工程项目的要求，是推动整个房地产行业发展的要求，是促进房地产建筑工程和房地产行业持续健康发展的要求，有利于提高房地产行业的经济效益，推动国民经济持续健康发展。

参考文献：

[1] 邓腾虎. 建筑工程项目管理中精细化管理模式的有效运用 [J]. 中小企业管理与科技（下旬刊），2021（7）：36-37.

[2] 赵兴刚. 大数据时代下如何加强建筑工程项目的精细化管理 [J]. 绿色环保建材，2019（7）：219-221.

[3] 林星森. 房地产建筑工程项目精细化管理的应用 [J]. 四川建材，2019，45（3）：238-239.

[4] 江垚. 刍议建筑工程项目施工的精细化管理 [J]. 数码设计，2018，7（1）：206-207.

[5] 罗书成. 建筑工程项目施工的精细化管理措施 [J]. 中华建设，2017（2）：122-123.

作者简介：

周琳（1978— ），女，湖南长沙人，博士，副教授，研究方向：区域经济、房地产经营管理。

鄂琪（1990— ），女，辽宁葫芦岛人，硕士，工程师，研究方向：工程管理。

周琦（1976— ），女，湖南长沙人，本科，高级建筑师，研究方向：建筑设计。

论文仅代表本文作者观点，文责自负——本书编者注。

南京 Y 项目深基坑支护施工工艺研究

佟 曾 任晓阁

（沈阳建筑大学管理学院，辽宁 沈阳 110168）

摘要：深基坑支护形式多种多样，南京市临长江地区主要采用排桩支护及止水帷幕相结合的方式。深基坑设计阶段，基坑支护工程应根据项目周边情况及场内地勘资料等进行合理的桩基选型，并严格按照基坑工况分析的施工顺序及各类桩型施工工艺标准施工，同时应按照各类桩基施工工艺标准施工，保证支护质量，进而保证基坑安全。

关键词：深基坑；基坑支护；灌注桩

Study on Construction Technology of Deep Foundation Pit Support of Nanjing Y Project

Tong Zeng Ren Xiaoge

（**College of Management，Shenyang Jianzhu University，Shenyang 110168，China**）

Abstract：There are various forms of deep foundation pit support. The combination of row pile support and water stop curtain is mainly used in the area near the Yangtze River in Nanjing. In the design stage of deep foundation pit, the foundation pit support engineering shall carry out reasonable pile foundation selection according to the surrounding conditions of the project and the field survey data, and construct in strict accordance with the construction sequence of foundation pit working condition analysis and the construction process standards of various pile types. At the same time, it shall be constructed in accordance with the construction process standards of various pile foundations to ensure the support quality and the safety of foundation pit.

Keywords：deep foundation pit; foundation pit support; cast in place pile

1 引言

随着城市建设的发展，地下空间的利用率逐渐提高，然而，近些年基坑坍塌事故却是屡见不鲜，每次事故均会造成人员伤亡及财产损失。因此，在基坑设计、施工、开挖阶段均应根据项目实际情况，制定专项的支护方案，并严格按照方案及各类桩型的施工工艺施工，保证基坑安全[1]。

2 工程概况

2.1 项目基本概况

南京 Y 项目位于南京市浦口区长江以北，紧邻扬子江隧道江北出口。由 1 栋 160 m 超高层、3 栋百米办公楼及裙房组成，设有 2—3 层地下室。基坑总周长 731 m，总面积约为 33500 m²。普遍开挖深度 11.65—15.85 m，超高层塔楼核心筒部位基坑开挖深度约为 20.65 m。

项目周边环境比较复杂，北侧临近双向十车道马路，东侧已建消防站，南邻北十字河、地铁 11 号线工程，西侧距离浦滨路隧道最近距离约为 20 m。

道路、周边管线、隧道、地铁等是基坑围护设计保护的重点，项目周边环境如图 1 所示。

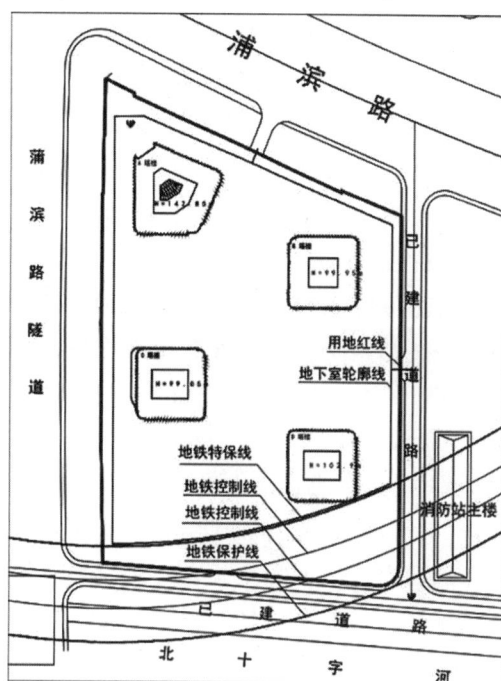

图 1 项目周边环境

2.2 水文地质情况

2.2.1 土层分布

拟建项目地层划分为以下几层：1—1层杂填土；1—2层素填土；2—1层粉质黏土；2—2层淤泥质粉质黏土；2—3层粉砂；2—4层细粉砂；4—1层中粗砂混卵砾石；4—2层卵砾石；5—1层强风化泥岩；5—2层中分化泥岩；根据地勘报告综合分析，该场地混合土为4—1层中粗砂混卵砾石、4—2层卵砾石，桩基施工时钻进困难且容易产生塌陷，应采取相应措施。

2.2.2 潜水

孔隙潜水主要赋存于1—2层素填土、2—1层粉质黏土及2—2层淤泥质粉质黏土中。勘察期间，通过干钻测得潜水初见水位埋深0.50—2.10 m，初见水位高程为2.90—5.35 m，稳定水位埋深0.80—2.30 m，稳定水位高程为2.80—5.25 m。

2.2.3 承压水

承压水主要赋存于2—3层粉砂、2—4层细粉砂、4—1层中粗砂混卵砾石及4—2层卵砾石中，上部2—2层淤泥质粉质黏土与下部基岩为隔水层，含水性较好，以上部潜水垂向越流补给、长江等地表水系的侧向径流补给为主要来源，以侧向径流形式为主要排泄方式。

3 围护结构选型

3.1 止水帷幕选型

本项目距离长江较近，地下水丰富，土层渗透系数较高，承压水水头较高，为减小基坑内抽排承压水对周边环境的影响，本工程三层地下室范围采用有效深度不低于50 m的700 mm厚渠式切割水泥土连续墙（TRD）增加渗流路径；地下二层范围止水帷幕采用直径800 mm的三轴水泥土搅拌桩，每两组套接一孔法施工，有效深度不小于35 m。

3.2 基坑支护选型

本项目基坑深度较深，安全等级为一级，且地质环境较差，基坑支护采用混凝土灌注桩加两道混凝土（局部三道）支撑；围护桩采用1100—1400 mm直径钻孔灌注桩，负二层与负三层、塔楼坑中坑采用900—1000 mm直径钻孔灌注桩。为加强基坑安全性，减小基坑踢脚破坏的风险，坑底采用三轴水泥土搅拌桩加固，且TRD与混凝土灌注桩之间增加高压旋喷桩补强，避免TRD出现渗水现象。

3.3 基坑内支撑

为保证基坑稳定性，基坑内支撑主要有混凝土支撑、钢整支撑两种类型，基坑内支撑与灌注桩相连，形成完成的支护体系；随着基础底板与地下室结构的逐步施工，基坑内支撑通过"换撑""拆撑"的方式始终保持支撑的连续性，进而保证基坑稳定性。本项目选用混凝土内支撑，灌注桩顶部采用冠梁与基坑内侧采用混凝土支撑连接，支撑体系如图2所示。

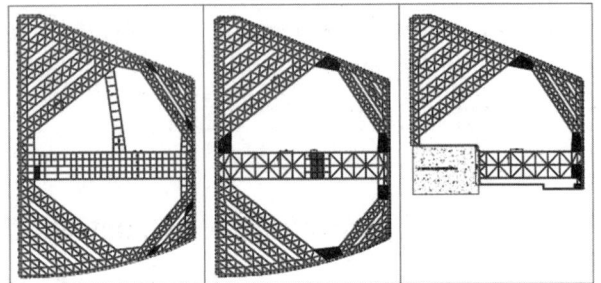

图2 基坑支撑梁平面布置

4 支护结构施工工艺

4.1 灌注桩

4.1.1 成孔

灌注桩成孔方式较多，主要有正循环钻进、反循环钻进、冲击钻进、旋挖钻进4种方式。本项目采用反循环钻进，其拥有钻进速度快、钻进与排渣同时进行的优点，但如遇砂层、软土施工易塌孔[2]。因此，需要采用控制反循环钻进速度、控制泥浆质量等方式，保证成孔的孔径及垂直度。

4.1.2 泥浆质量控制

泥浆主要用于地下水位以下灌注桩成孔过程中的护壁和排渣，泥浆性能的好坏决定超长桩施工质量的好坏。因此，施工过程中应严格控制泥浆比重、含砂率及泥浆黏度。本项目要求泥浆比重不大于1.1，含砂率不大于1%，泥浆黏度不大于25s，以上3个指标可分别采用仪器检测，如图3所示。

图3 泥浆比重、黏度、含砂量检测仪器

4.1.3 清渣

为防止灌注桩承载力不足，灌注桩成孔后应进行两次清渣操作，第一次清孔是在孔深达到设计要求后，利用反循环泵吸清孔，其目的是以替换泥浆为主、清除浮渣为辅，以泥浆性能基本达到要求为标准；第二次清孔是在浇筑混凝土之前，利用灌浆导管进行，其目的是以清除沉渣为主、替换泥浆为辅，以孔底沉渣厚度达到设计要求为标准，清孔方式的选择应结合成本因素共同确定[3]。

4.1.4 钢筋笼

钢筋笼是灌注桩施工的核心，应注重钢筋笼质量，本项目钢筋笼采用机械连接，灌注桩主筋机械连接时候，端部必须用切割机"齐头"后方可套丝，不应出现"马蹄形"（如图4），钢筋笼位置固定焊接时应严格保证所有钢筋在同一水平面，方便机械连接。

图4 钢筋套丝出现"马蹄形"

4.1.5 混凝土浇筑

混凝土浇筑前应计算"首灌量"，首灌混凝土可将孔底沉渣冲起来，减少坑底沉渣的作用，同时，保证导管能够一次性埋入混凝土1 m以上，以免导管渗水；混凝土浇筑过程中，应提前检查混凝土坍落度。

为保证灌注桩混凝土浇筑时不出现钢筋笼上浮的情况，应严格控制钢筋笼的制作和安放质量，注重孔内泥浆，保证清孔效果；把握好灌注速度和导管埋深：一般要求灌注速度不大于30 m³/h，导管埋深宜控制在2—6 m之间；掌握好混凝土初凝时间和导管距离孔底的距离，做好易上浮阶段混凝土的灌注；控制好混凝土自身的质量和灌注时间，保证导管上提时候顺直上升，不出现偏斜的情况。

4.2 渠式水泥土连续墙（TRD）

TRD工法设备具有较强的切削能力及连续成墙等特点，其在渗透性强的土层或者隔水帷幕超深、深部地层为密实砂层、软岩地层中形成的墙体隔水性能可靠，工效较高，取得了显著的社会经济效益，具有较好的应用前景[4]。

本项目采用三工序成墙施工工艺，即第一步横向前行时注入切割液切割，一定距离后中止切割；第二步主机反向回切；第三步主机正向回位，注入固化液搅拌成墙工艺，回行切割与成墙部位搭接不小于500 mm[5]，具体施工流程如下：

（1）等厚度水泥土搅拌墙正式施工前，施工单位应进行现场非原位等厚度水泥土搅拌墙的试成墙试验，并根据试成墙过程中发现的问题及时调整施工工艺参数。试成墙数据应及时提交业主、设计、监理及相关单位。

（2）等厚度水泥土搅拌墙施工前，应根据等厚度水泥土搅拌墙施工设备和切割箱的重量，对施工场地进行铺设钢板等加固处理措施，确保切割箱的垂直度。

（3）机械组装顺序：先在地下挖一个坑槽，按照放置架台→首段下沉→拆卸→提新切割箱→连接，反复操作即可完整组装，组装示意如图5所示。

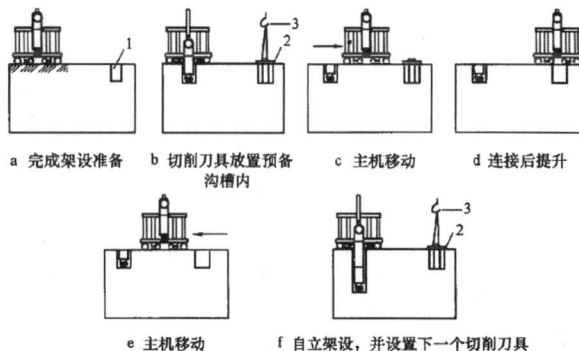

| a 完成架设准备 | b 切削刀具放置预备沟槽内 | c 主机移动 | d 连接后提升 |

| e 主机移动 | f 自立架设，并设置下一个切削刀具 |

图5 链状刀具组装示意图

（4）切割箱内设置有注浆管以及测斜仪孔、喷气孔和黄油嘴，通过测斜仪孔安装测斜仪，然后水平横向推进，推进过程中通过喷气孔加气，同时通过原注浆管向切割箱底部注入固化液，使其与原位土体强制混合搅拌，形成等厚度水泥土搅拌墙。

（5）通过安装在切割箱内部的多段式测斜仪，对墙体的垂直度进行实时控制，确保1/250以内的垂直精度；通过激光经纬仪控；制墙体中心线的允许偏差在±25 mm以内[5]。

（6）鉴于链状刀具组装和拔出工序复杂，操作时间长，应连续24 h施工，如果无法24 h连续施工的时候，链状刀具可停留在专门的"养护段"中，第二天继续施工。

（7）正常情况下应施工连续不能停，因此对现场的场平、水电、操作工人等要求较高，应制定断电应急预案、现场配备发电机等措施。

（8）施工完成以后，确保切割箱在固化成墙宽度之外起拔，起拔过程中，对切割范围进行喷浆搅拌，以免形成负压，对周边建筑物造成影响。

4.3 混凝土支撑

4.3.1 冠梁及混凝土支撑施工

冠梁施工前，应根据冠梁尺寸及支护桩桩顶标高数据对支护桩进行"破桩"处理，破除支护桩超灌部分，在"破桩"过程中应采用静压力切割、风镐破碎等方式，严禁采用"破碎机"破除；"破桩"完成后，应按照混凝土灌注桩检测规范对支护桩进行桩身完整性检测，避免出现"三类""四类"桩的

情况，桩基完整性要求应在合同内设置相关约定[6]。

冠梁与支护桩之间的连接应严格按照图纸施工，支撑梁的施工要求同结构主体求，应该保证支撑梁内钢筋连接位置、连接方式等；待支撑梁混凝土强度达到设计强度的70%时方可进行下层土方的开挖。

4.3.2 支撑梁换撑

因建筑长度过长，需设置后浇带，为保证应力的水平传递，应在后浇带部位设置传力带，保证在每一道混凝土支撑拆除前，均有可替代的支撑体系，传力带的设置如图6所示。

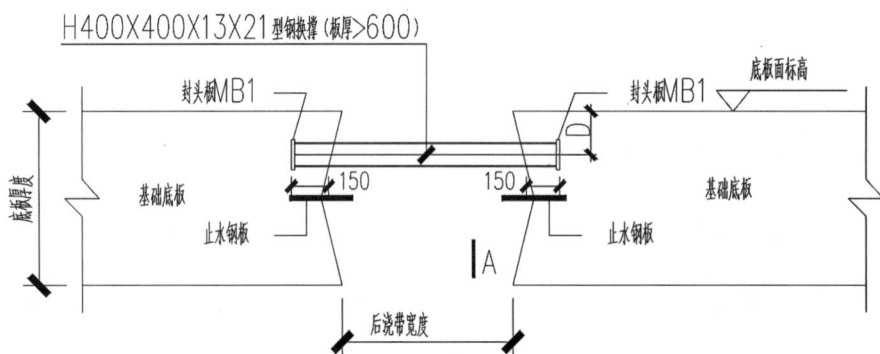

图6 水平支撑梁传力带设置（换撑）

5 结论

虽然基坑支护不是主体结构，其主要作用是保护拟建建筑基坑周边的建筑物、构筑物、地下管线、道路、地铁线路等的安全，通过基坑支护的形式减少基坑周边的沉降与变形。基坑安全不仅仅应在基坑支护设计时进行充分计算，还应在施工中严格按照图纸施工，遵守国家标准及规范；同时应做好基坑监测工作，如遇到基坑周边变形速率或累计变形量过大时，应立即执行应急预案，切实保证基坑安全。

参考文献：

[1] 佟曾，王代兵. 关于施工企业管理的几点思考 [J]. 辽宁经济，2013（7）：84-86。

[2] 张海宝. 正循环钻进反循环清孔工艺在钻孔灌注桩穿越超厚砂层施工中的应用 [J]. 施工技术，2021（5）：94-97. 1002-8498（2021）05-0094-04

[3] 佟曾，于涵. 浅谈建筑成本管理的问题与策略 [J]. 中国管理信息化，2020，23（4）：34-35.

[4] 王卫东，邸国恩. TRD工法等厚度水泥土搅拌墙技术与工程实践 [J]. 岩土工程学报，2012，34（增刊1）：628-633.

[5] 孙立宝. 渠式切割水泥土连续墙（TRD工法）及工程应用 [J]. 探矿工程，2014（4）：71-75.

[6] 王代兵，佟曾. 基于BIM的工程合同管理应用研究 [J]. 建筑与预算，2014（3）：30-32.

基金项目：

大数据时代应急管理法律问题研究（LJKR0212）。

作者简介：

佟曾（1976— ），女，辽宁辽阳人，硕士，副教授，研究方向：工程管理、审计及法务会计。

任晓阁（1987— ），男，辽宁沈阳人，工程管理专业硕士研究生，研究方向：工程管理。

论文仅代表本文作者观点，文责自负——本书编者注。

挣值法在 S 项目的应用研究分析

周　琳¹　杨　宇¹　周　琦²

（1. 沈阳建筑大学管理学院，辽宁　沈阳　110168；2. 中国建筑科学研究院，北京　100013）

摘要：探究建筑施工企业如何在激烈的市场竞争中保持企业的良性发展迫在眉睫，若要保证企业的营业利润，做好成本管理是必不可少的。在这样的背景条件下，以 A 公司 S 项目为实例对成本管理展开探讨研究。文主要采用的研究方法为挣值法，通过对项目数据的收集和具体分析，发现了传统管理运营模式所隐藏的问题，对 A 公司今后的工程项目成本管理具有一定的参考意义。

关键词：建筑施工；成本管理；挣值法

Application Research and Analysis of Earned Value Method in S Project

Zhou Lin¹　Yang Yu¹　Zhou Qi²

（**1. College of Management，Shenyang Jianzhu University，Shenyang 110168，China；**

2. China Academy of Building Research，Beijing 100013，China）

Abstract：How to explore the construction enterprises in the fierce market competition to maintain the benign development of the enterprise is imminent，In order to ensure the operating profit of enterprises，cost management is essential．In this context，This paper will take A company S project as an example to explore the cost management．The main method is earned value method，we found the hidden problems under the traditional management operation model through the collection and specific analysis of project data，It has certain reference significance for A company's future project cost management．

Keywords：building construction；cost management；earned value method

1　引言

在成本管理过程中，常用的方法有目标成本法、挣值法、价值工程等。Reinschmidt K. F. 通过卡尔曼滤波算法和挣值法的结合运用进行了工期的预测，与使用单一的挣值法相比，所得到的工期预测数据更加准确[1]；Samaneh Sharafoddin 认为将作业成本法和价值工程结合运用于企业的成本管理会更为有效[2]；薛建英指出挣值法作为一种定量评价项目绩效的方法，其功能的实现建立于数据的收集与整理之上[3]。综上，国内外学者对于挣值法的研究已经较为系统，但对不同类型的工程项目的应用还需要深入探究分析。

2　挣值法引用的理论准备

2.1　S 项目挣值法引用的必要性简析

通过对 A 公司 S 项目的一般性问题分析，发现 S 项目成本管理问题在于项目成本管理责任主体划分不明晰，成本管理的全员意识较差，成本归集与分析控制过程较为粗糙，无法及时、准确反馈项目的成本管理情况。挣值法的引用能帮助各管理人员参与到整个项目的成本管理中，进一步对项目的成本及进度发展情况作出预估。

S 项目在 A 公司具有一定的代表性，也满足挣值法的一般性适用条件。目前，S 项目的成本数据已经归集完毕，应用挣值法对该项目的全过程的成本管理进行整理分析，根据各种指标的异常情况及施工现场的施工日记反馈的内容，可识别出 A 公司在工业厂房项目中易发生的共性问题，对 A 公司成本管理起到积极作用。

2.2　S 项目挣值法引用的理论准备

根据合同条款，建设单位发出指令产生的设计变更发生的费用可以在总价合同外进行索赔，截至目前索赔部分费用暂未结算完成。已标价工程量清单有相同项目的，按照相同项目单价认定；已标价工程量清单无相同项目的，但有类似项目的，参照类似项目的单价认定。对于索赔部分发生的预算成本在控制范围内，实际成本数据均归集完成。综上，基于 S 项目均已完备的施工进度数据及成本数据，对 S 项目引用挣值法进行模拟分析，找出每一节点发生的成本进度偏差，并分析其发生的原因，预估出若采用科学合理的成本管理方法项目将能获得的成本节约金额。

在S项目施工进度及成本费用数据、施工现场周报等资料收集均完备的情况下，首先对各专业进行更细致的工作包分解并确定各工作的责任主体，结合挣值法对项目的已完工作实际成本（ACWP）、已完工作预算成本（BCWP）及计划工作预算成本（BCWS）、偏差指标（CV，SV）进行比较。最后，可以通过分析各个参数和指标的异常情况，发现影响成本与进度的问题。

3 挣值法应用的数据准备

3.1 项目结构分解

施工项目成本的管理第一步要对项目内容进行确认，并对其进行逐级分解。项目前期对工作任务的分解较为粗糙，不利于偏差的分析，而目前我国招投标项目多数采用清单计价模式[4]，在此背景条件下，将WBS工作分解结构法与招投标清单分部分项划分规则相结合，对S项目重新进行分解并编码、采用此种分解方式与最初制定成本目标时的成本分解方式相比，更有利于后期成本管理工作的开展。本项目采用了子父级关系的编码方式进行编码，工作结构分解如图1。

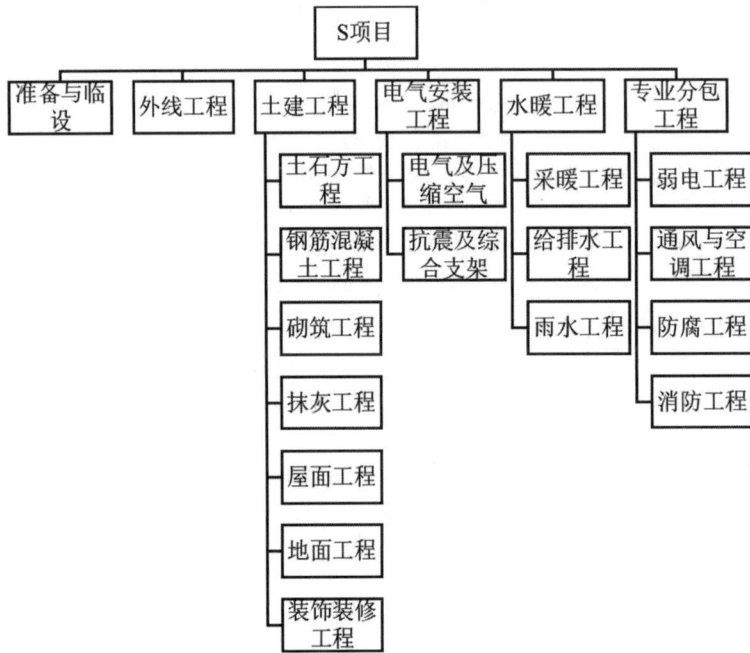

图1 S项目工作结构分解

3.2 项目进度计划的深化

施工进度计划是工期索赔及费用索赔的重要依据[5]，施工进度计划的编制也是成本管理所采取的组织措施之一。在S项目开工前，技术负责人组织相关管理人员开会研究了施工的顺序、开竣工时间及物料人力分配，结合成本预算组成情况，主持编制了施工进度计划。目前看来原有施工进度计划与成本计划的划分情况并不一致，所以将施工进度计划进行了重新调整编制。通过对图纸、施工日志、工程周报、月报等资料的查阅，并与相关负责人之间沟通，了解到了S项目主要的施工流程。S项目合同要求于2020年4月1日开工，计划完工日期为2021年5月30日。在考虑施工方法和施工技术影响因素的情况下，调整后的进度计划横道图进行调整如图2，经检查施工工序的安排顺序合理，机械、材料的利用较为均衡。

工序＼日期	开始日期	结束日期	4月	5月	6月	7月	8月	9月	10月	11月	3月	4月	5月
临设及施工准备	2020/4/1	2020/4/10	▬										
外线工程	2020/4/11	2020/5/11	▬										
土石方工程	2020/5/1	2020/5/30		▬									
钢筋混凝土结构	2020/6/1	2020/8/1			▬▬								
砌筑工程	2020/7/15	2020/9/1				▬▬							
抹灰工程	2020/9/15	2020/10/15						▬▬					
屋面工程	2020/9/11	2020/10/31						▬▬					
地面工程	2020/9/11	2020/10/15						▬▬					
采暖工程	2020/6/1	2020/10/31			▬▬▬▬▬								
给排水工程	2020/6/1	2020/10/31			▬▬▬▬▬								
雨水系统	2020/6/1	2020/10/31			▬▬▬▬▬								
通风与空调（专业分包）	2020/10/16	2021/5/15							▬▬▬▬▬▬▬				
消防工程（专业分包）	2020/10/16	2021/5/15							▬▬▬▬▬▬▬				
弱电工程（专业分包）	2020/6/1	2021/5/15			▬▬▬▬▬▬▬▬▬▬▬▬								
电气安装及支架工程	2020/4/11	2021/5/15	▬▬▬▬▬▬▬▬▬▬▬▬▬										
装饰装修工程	2020/10/1	2021/5/15							▬▬▬▬▬▬▬				
防腐工程（专业分包）	2021/4/1	2021/5/30										▬▬	
竣工验收	2021/5/1	2021/5/30											▬

图2　S项目施工进度计划横道图

3.3 项目成本计划的精编

项目经理部在开工前已测定了项目总成本并对其做了粗略的划分，经过对施工进度计划的深化，现对原有成本计划也应进行更进一步的完善，细化完善后的成本计划更有利于发现成本管理的疏漏和偏差之处。根据工程量的大小和预算价格，可以得到各工作内容的计划工作预算费用。

按照原项目划分方式，每月进行成本分析时，进度数据和成本数据归集较为粗糙，在总进度与成本均控制在合理范围内的情况下，容易忽略各子项目出现的偏差，不能反映整个项目各专业各阶段的成本管理问题。在S项目进一步分解后，对各子项目进行挣值分析，能反映出施工过程中更多的细节问题，更大程度地发挥成本管理的效果。

3.4 实际施工进度与成本数据汇总

根据S项目子项目的划分及施工进度计划，在财务管理人员的配合下，将每月各子项目对应的人工、材料、机械实际消耗情况累加并进行数据整理汇总，可以得到已完工程实际费用。通过各子项目实际成本数据的收集，在同其计划工作预算费用相对比时，能更直观地、更细致地计算出S项目的成本偏差情况。

4 挣值法参数指标的构建及偏差分析

4.1 以S项目整体为对象分析

通过成本数据的归集整理，可以得到每月份S项目的已完工作预算费用、计划工作预算费用、已完工程实际费用，再计算出每月份S项目的费用偏差、进度偏差、费用绩效指数和进度绩效指数4种指标，应用挣值法对S项目整体进行成本分析评价。

在对每月份挣值参数进行计算时，发现2020年的4月份、5月份、6月份$CV<0$且成本超支较大，$SV<0$，表示施工进度没有达到计划标准，相对落后，2020年刚开始施工的阶段主要发生的为临时设施、土建工程及外线工程，成本管理的具体情况影响着2020年上半年度的总体成本，但通过月度参数计算表来看，未反映具体施工子项目的成本对整体的影响程度。根据数据计算S项目的费用偏差$CV_总$为 19120649－19694738＝－574089 元，即控制工程量一致情况下S项目发生了成本总超支；进度偏差$SV_总$为 19120649－19085118＝35531 元，即在单价一致的情况下，S项目实际已完工程较计划工程内容要多，在数据统计过程中，发现其主要原因是其间发生了工程变更及签证内容增加了S项目的工程量。

4.2 以具体分项工程为对象分析

根据财务管理人员提供的已完工程实际费用和计划管理人员提供的计划工作预算费用、已完工程预算费用，可以对土建工程和外线工程各子工作每月度的成本情况作出具体分析。

2020年4月主要发生的为外线工程、施工准备与临时设施，其中临时设施的$CV<0$，$SV>0$，说明在施工准备与临时设施布置时出现了成本超支，经过当月混凝土、砂石料的票据与预算发生额的对比，发现现场实际发生的场地硬覆盖量大于清单量且为临时围挡搭设的绿植材料超支。外线工程的$CV<0$，

$SV<0$，说明 4 月的外线工程成本出现超支，进度落后现象，主要是外线施工过程中厂内地下管线错综复杂，机械挖土时挖断了原有电缆，为避免再次发生类似事件影响生产，管理人员决定采用人工挖沟配合机械挖土的方案，导致出现了人工费超支的情况，因采取补救措施、由机械挖土改为人工配合机械挖土出现了进度落后的情况。

2020 年 6 月主要为主体结构的钢筋混凝土工作，据统计计算钢筋混凝土工程的 $CV<0$，$SV<0$，代表着成本超支及进度落后，钢筋混凝土的费用超支主要体现在人工费及材料费的超支，主要由于定额人工费低于实际发生的人工费用，施工人员经验不够丰富，在模板下料过程中发生了浪费等。

2020 年 7 月钢筋混凝土工程的 $CV<0$，$SV>0$，表示成本超支，进度提前。在 7 月项目部为避免工期拖延，采取了赶工措施，发生了人工费的超支现象。砌筑工程 $CV<0$，$SV>0$，即成本超支，施工实际进度较计划提前了，经分析发现实际发生的砌筑人工费高于预算人工费，另外，在核算人工费时，根据班组工人出勤记录来看，排班安排不合理导致了窝工。

5 结语

通过不同层级对 S 项目成本管理情况结合进度情况进行分析，可以得到不同的反馈结果。可见通过工作结构分解和组织结构分解，将项目成本计划、进度计划详细编制，并且各工作均有负责监督管理的责任人员应用挣值法进行分析，可以发现施工过程中更详细、更准确的成本管理问题。通过成本超支及进度落后的原因分析，可以确定 S 项目更多的利润空间，不仅仅对 S 项目起到总结分析的作用，对今后 A 公司承接相似类型工程进行成本管理也具有一定的借鉴意义。

参考文献：

[1] Kim B C, Reinschmidt K F. Probabilistic Forecasting of Project Duration Using Kalman Filter and the Earned Value Method [J]. Journal of Constraction Engineering &Management, 2010, 136（8）：834-843.

[2] Samaneh Sharafoddin. The Uilization of Target Costing and its Implementation Method in Iran [J]. Procedia Economics and Finance, 2016, 36：123-127.

[3] 薛建英, 谭萍, 孟繁敏. BIM 与挣值法在施工进度及成本控制中的应用研究 [J]. 建筑经济, 2019, 40（6）：115-119.

[4] 张帆. 基于工程量清单计价模式下建设工程施工阶段的造价管理研究 [D]. 青岛：青岛理工大学, 2014.

[5] 李旭平. 浅谈水利工程项目施工进度计划的编制和优化 [J]. 甘肃科技, 2018, 34（18）：112-113.

作者简介：

周琳（1978— ），女，湖南长沙人，博士，副教授，研究方向：区域经济、房地产经营管理。

杨宇（1994— ），女，吉林延边人，建筑与土木工程专业硕士研究生，研究方向：工程营造技术与管理。

周琦（1976— ），女，湖南长沙人，本科，高级建筑师，研究方向：建筑设计。

论文仅代表本文作者观点，文责自负——本书编者注。

装配式建筑施工安全风险优化模型研究

赵梓言　常春光

（沈阳建筑大学管理学院，辽宁　沈阳　110168）

摘要：在装配式建筑项目的施工过程中，存在很多影响因素导致安全问题的产生。针对其中影响程度较大的安全风险因素，基于数学规划理论，建立装配式建筑施工安全风险多目标优化模型。模型目标函数为最高的风险安全水平，约束条件包括施工安全投入总额的上下限、单个风险因素投入上限和下限、风险因素间投入关系等。通过对模型进行求解，可得到安全投入与安全水平之间的函数关系，为装配式建筑施工安全投入配置提供参考。

关键词：装配式建筑；安全水平；优化模型

Study on Safety Risk Optimization Model of Prefabricated Building Construction

Zhao Ziyan　Chang Chunguang

（**College of Management**，**Shenyang Jianzhu University**，**Shenyang 110168**，**China**）

Abstract：In the construction process of prefabricated building projects，there are many influencing factors that lead to safety problems. Based on mathematical programming theory，a multi-objective op-timization model of prefabricated building construction safety risk was established. The objective func-tion of the model is the highest risk and safety level，and the constraint conditions include the upper and lower limits of total construction safety investment，the upper and lower limits of single risk factor in-vestment，and the investment relationship among risk factors. The function relation between safety input and safety level can be obtained by solving the model，which provides reference for the configuration of safety input in the construction of prefabricated buildings.

Keywords：prefabricated building；safety level；optimization model

1　引言

现阶段，我国城市化战略实施进程不断加快，装配式住宅建造模式的进展势头愈来愈盛，建筑行业在改善人们的生活环境和生活质量方面发挥着重要作用。但装配式建筑施工的安全问题也日益突出，极易引起不同程度的事故，施工安全形势面临严峻挑战，同时也是政府、建设单位、施工单位关注的一个焦点。因此加强对重点安全风险因素的管理和控制，为降低安全事故发生的频率、保障建筑产品的质量、提高建设效率、保障项目目标的实现、进一步推进装配式建筑的大力发展等，具有十分重要的现实意义。

在安全风险管理方面，李强年等人运用网络层次分析法应用于装配式建筑的多方领域进行了研究[1]；徐姣姣等用系统动力学的原理构建了装配式建筑安全风险识别反馈图模型，分析了安全风险影

响因素的重要性程度，并提出了相应的管理意见[2]；田原等在依据分析法的同时建立模糊评价模型，评判了各个风险因素的影响程度，并提出了相应的控制措施[3]。

在优化模型方面，常春光等利用指数函数对安全投入和安全水平之间的关系进行拟合，构建了装配式建筑施工安全风险多目标优化模型[4]；刘丹等通过建立单目标与多目标结合的综合模型，优化了运输时间、费用和二氧化碳排放[5]；高蕊等根据项目实际情况，建立最优化数学模型，并运用软件求出了煤矿安全投入的最优值[6]。

2　装配式建筑施工安全影响因素

装配式建筑施工安全的风险因素主要有人员因素、材料因素、机械设备因素、施工技术因素、环境因素几个方面。在工程项目的实际应用中，对于装配式建筑施工安全的投入是有一定额度限制的，

为了能使安全水平达到最高的程度，需要针对影响装配式建筑项目施工安全的关键因素进行分析，研究安全投入大小与安全水平程度之间呈现的关系。同时，还需考虑施工安全投入总额的限制，满足单个风险因素投入值的额度范围限制，满足不同施工安全风险要素集合投入值的比例关系，满足单个风险因素之间的比率关系等限制条件，对其安全投入进行整合优化。

3 优化模型构建

首先对优化模型的参数进行设置，具体内容见表1。

表1 参数设置

参数	含义
n	表示一级风险指标的个数
m	表示二级风险指标的个数
i	取1，2，…，n
j	取1，2，…，m
a_{ij}	表示在第i个一级风险因素下的第j个指标的权重，其中$\sum_j^m a_{ij}=1$
x_{ij}	表示对第j个风险指标的成本投入
$f(x_{ij})$	表示对第j个风险指标，其成本投入和安全水平之间的关系
H_{ij}	表示对第j个指标成本投入的上限额
L_{ij}	表示对第j个指标成本投入的下限额
C	表示总成本投入
C_{ij}	表示第j个风险指标成本投入的限额
C_{max}	表示成本投入中单项最大的限额
C_{min}	表示成本投入中单项最小的限额

基于上述分析与模型变量参数设置，构建装配式建筑施工安全风险多目标优化模型，具体如下。

以施工安全水平最高为优化目标，设置目标函数：

$$Max\ Z=\sum_j^m a_{ij}f(x_{ij}) \qquad (1)$$

各项成本投入与投入总和的上限关系如下：

$$0\leq\sum_j^m a_{ij}\leq C \qquad (2)$$

$$L_{ij}\leq x_{ij}\leq H_{ij} \qquad (3)$$

$$f(x_{min})\geq C_{min} \qquad (4)$$

$$f(x_{max})\leq C_{max} \qquad (5)$$

关于拟合函数的选择有许多，如指数函数、线性函数、最小二乘拟合函数等。利用数学规划理论，

采用统计学中的最小二乘方法进行拟合，即可得到函数$f(x_{ij})$与变量x_{ij}之间的关系式。其基本函数形式如下：

$$y=f(x_{ij})=\beta x_{ij}+\theta \qquad (6)$$

$$\beta=\frac{n\sum x_{ij}y_{ij}-\sum x_{ij}\sum y_{ij}}{n\sum x_{ij}^2-(\sum x_{ij})2}=\frac{\sum x_i y_i}{\sum x_i^2} \qquad (7)$$

$$\theta=\bar{y}-x_{ij} \qquad (8)$$

式中，x_{ij}为成本投入的样本数据；y_{ij}为对应的安全水平的样本数据；$\bar{x}$和$\bar{y}$为样本的平均值。

4 案例分析

4.1 实例概况

河北高碑店市观湖公馆项目位于中华北大街与和谐路交叉口东南侧，该项目建筑面积为72000 m^2，装配率达65%以上。结构形式为装配式混凝土剪力墙结构，预制部分主要有预制内外墙体预制楼板、预制楼梯等。前期对高碑店观湖公馆项目的施工安全风险评价，结果显示，人的风险因素和物的风险因素的影响作用较大。因此，针对这两项风险进行优化分析，它其包含的二级风险因素见表2。

表2 风险因素对应关系及权重

一级指标	权重	二级指标	权重
人的风险（x_1）	0.65	工人操作水平（x_{11}）	0.0931
		安全意识（x_{12}）	0.5855
		专业素质和资质（x_{13}）	0.2466
		高处作业（x_{14}）	0.0748
物的风险（x_2）	0.35	构件出厂质量（x_{21}）	0.3517
		预制构件的装配稳定性（x_{22}）	0.4839
		设备的检修与维护（x_{23}）	0.1128
		设备的选择与布置（x_{24}）	0.1116

4.2 目标函数拟合

通过对项目现场情况进行调查，统计的一级指标中，人的风险（x_1）中工人操作水平（x_{11}）、安全意识（x_{12}）、专业素质和资质（x_{13}）、高处作业（x_{14}）4项成本投入与安全水平（y）之间的关系见表3。

表3 人的风险中单个风险因素投入与安全水平关系

人的风险（万元）				y
x_{11}	x_{12}	x_{13}	x_{14}	
50.2378	3.1025	1.4282	198.5271	0.7635
51.2378	3.2025	1.5282	199.5271	0.7835
52.2378	3.3025	1.6282	200.5271	0.8235
53.2378	3.4025	1.7282	201.5271	0.8835

一级指标物的风险（x_2）中，构件出厂质量（x_{21}）、预制构件的装配稳定性（x_{22}）、设备的检修与维护（x_{23}）、设备的选择与布置（x_{24}）4项成本投入与安全水平（y）之间的关系见表4。

表4　物的风险中单个风险因素投入与安全水平关系

	物的风险（万元）			y
x_{21}	x_{22}	x_{23}	x_{24}	
42.4328	447.6530	0.6913	3.1864	0.7635
43.4328	450.6530	0.7913	3.2864	0.7835
44.4328	453.6530	0.8913	3.3864	0.8235
45.4328	456.6530	0.9913	3.4864	0.8835

以工人操作水平为例，演示过程、详细数据见表5。

表5　工人操作水平风险因素投入与安全水平关系

成本投入 x（万元）	（y）	x^2	xy
50.2378	0.7635	2523.8365	38.3566
51.2378	0.7835	2625.3121	40.1448
52.2378	0.8235	2728.7877	43.0178
53.2378	0.8835	2834.2633	47.0356
$\sum x=206.9512$	$\sum y=3.2540$	$\sum x^2=10712.1998$	$\sum xy=168.5548$

根据公式（6），（7），（8）进行拟合，计算得出 $y=f(x_{11})=0.01573x_{11}-0.00059$。

逐次计算，得到其余指标因素的函数拟合表达式分别为：

$y=f(x_{12})=0.25029x_{12}-0.00058$；

$y=f(x_{13})=0.51488x_{13}+0.00091$；

$y=f(x_{14})=0.00407x_{14}-0.00022$；

$y=f(x_{21})=0.01853x_{21}-0.00061$；

$y=f(x_{22})=0.00180x_{22}-0.00029$；

$y=f(x_{23})=0.95712x_{23}-0.00828$；

$y=f(x_{24})=0.24400x_{24}-0.00058$。

根据上述数据及求得的各个指标因素的函数拟合表达式，构建线性规划模型的目标函数为：

$$MaxZ_1 = \sum_j^m a_{1j}f(x_{1j}) = a_{11}f(x_{11}) + a_{12}f(x_{12})$$
$$+ a_{13}f(x_{13}) + a_{14}f(x_{14}) = 0.0931$$
$$\times (0.01573x_{11} - 0.00059) + 0.5855$$
$$\times (0.25029x_{12} - 0.00058) + 0.2466$$
$$\times (0.51488x_{13} + 0.00091) + 0.0748$$
$$\times (0.00407x_{14} - 0.00022)$$

$$MaxZ_2 = \sum_j^m a_{2j}f(x_{2j}) = a_{21}f(x_{21}) + a_{22}f(x_{22})$$

$$+ a_{23}f(x_{23}) + a_{24}f(x_{24}) = 0.3517$$
$$\times (0.01853x_{21} - 0.00061) + 0.4839$$
$$\times (0.00180x_{22} - 0.00029) + 0.1128$$
$$\times (0.95712x_{23} - 0.00828) + 0.1116$$
$$\times (0.24400x_{24} - 0.00058)$$

$$MaxZ = MaxZ_1 + MaxZ_2 = 0.65 \times [0.0931$$
$$\times (0.01573x_{11} - 0.00059) + 0.5855$$
$$\times (0.25029x_{12} - 0.00058) + 0.2466$$
$$\times (0.51488x_{13} + 0.00091) + 0.0748$$
$$\times (0.00407x_{14} - 0.00022)] + 0.35$$
$$\times [0.3517 \times (0.01853x_{21} - 0.00061)$$
$$+ 0.4839 \times (0.00180x_{22} - 0.00029)$$
$$+ 0.1128 \times (0.95712x_{23} - 0.00828)$$
$$+ 0.1116 \times (0.24400x_{24} - 0.00058)]$$

后续对项目实际各项安全投入的具体数值进行调研，明确各约束条件，将数据条件代入，利用 Lingo 软件对目标函数进行求解，便可以得到建设项目经过优化后的安全水平及相对应的各项成本投入值。

5　结论

装配式建筑项目规模大、投资大、系统繁杂，不进行有效地控制必然导致失败。为了保证装配式建筑项目施工阶段能够顺利进行，以及项目目标的实现，本文就施工阶段存在的安全风险中的人的目标函数和物的目标函数的整合问题进行了研究，建立了安全风险的优化模型。为了使安全水平达到最高，实现有限资源的合理配置及最优分配，促进装配式建筑项目施工安全风险控制工作的稳步推进，对施工阶段的安全投入进行优化，有效降低了施工过程中的安全风险，为施工企业对装配式建筑施工安全风险投入提供了理论指导。

参考文献：

[1] 李强年，鲍俊超，牛昌林. 基于ANP-Fuzzy法的装配式绿色建筑评价 [J]. 建筑节能，2020，48（10）：67-71+101.

[2] 徐姣姣，江林，黄萍莉. 基于系统动力学的装配式建筑安全风险影响因素分析 [J]. 西华大学学报（自然科学版），2018，37（2）：23-28.

[3] 田原，王宝令. 基于熵权-G1法的装配式建筑施工安全风险研究 [J]. 建设监理，2021（8）：57-60.

[4] 常春光，苑俊丽，刘娇，等. 装配式建筑施工安全风险优化模型研究 [J]. 建筑技术，2019，50（8）：940-942.

[5] 刘丹，赵嵩正. 可持续多式联运网络设计的多目标优化

模型及算法 [J]. 系统工程, 2015 (8): 133-139.

[6] 高蕊. 煤矿安全投入优化数学模型研究及应用 [J]. 中国煤炭, 2012, 38 (3): 105-108.

基金项目:

国家自然科学基金 (51678375); "辽宁省高等学校创新人才" 项目 (LR2020005); 辽宁省自然基金指导计划项目 (2019-ZD-0683)。

作者简介:

赵梓言 (1996—), 女, 河北秦皇岛人, 土木水利专业硕士研究生, 研究方向: 装配式建筑施工安全。

常春光 (1973—), 男, 辽宁辽阳人, 博士, 教授, 研究方向: 工程管理、建筑系统工程、建模与智能优化。

论文仅代表本文作者观点, 文责自负——本书编者注。

装配式建筑施工安全投入拟合方法比选研究

凌霄雪　常春光

（沈阳建筑大学管理学院，辽宁　沈阳　110168）

摘要：为提供科学的装配式建筑施工安全投入决策依据，降低装配式建设施工现场安全事故发生概率，以近 3 年内的 15 组装配式建筑施工安全投入相关数据为样本，采用基于麻雀搜索算法优化的 BP 神经网络、极限学习机、支持向量回归，分别对 15 组数据样本进行拟合分析。以均方误差及相关系数为主要标准进行比选，研究结果表明：SSA-SVR 模型具有较优的拟合效果，可为施工安全投入定量研究提供科学依据。

关键词：装配式建筑；安全投入；BP 神经网络；极限学习机；支持向量回归

A Comparative Study of Fitting Methods for Safety Investment in Construction of Prefabricated Building

Ling Xiaoxue　Chang Chunguang

（**College of Management**，**Shenyang Jianzhu University**，**Shenyang 110168**，**China**）

Abstract：To provide a scientific decision basis for safety investment in prefabricated building construction and reduce the probability of safety accidents on construction sites，15 sets of data related to safety investment in assembly building construction within the last 3 years were used as samples，and BP neural network，extreme learning machine and support vector regression based on the optimization of sparrow search algorithm were used to fit the 15 sets of data samples for analysis respectively. Using the mean square error and correlation coefficient as the main criteria for comparison，the research results showed that the SSA-SVR model had a better fitting effect and can provide a scientific basis for the quantitative study of construction safety inputs.

Keywords：prefabricated building；safety investment；BP neural network；extreme learning machine；support vector regression

1 引言

装配式建筑在我国仍处于发展阶段，施工技术及相关施工管理方法还有待完善，且重型塔式起重机等大型施工机械的高频使用为施工现场安全管理带来了更多挑战。为提高装配式建筑施工安全水平，国内外诸多学者做了大量研究，Chang C G[1] 等人在使用 AHP 层次分析法进行风险因素识别的基础上，构建了安全风险评价模型，对装配式建筑施工安全风险作出评价。陈伟[2] 基于 SD-MOP 模型对施工安全事故演变过程进行分析，确定装配式建筑施工安全管控指标，并对安全资源分配问题进行优化。王灵智[3] 等采用组合赋权和可变模糊集理论相结合的方法，通过构建安全影响因素指标体系，对装配式建筑施工安全进行评价。但现存研究成果多集中于安全评价及风险管控方面，施工安全定量研究相对较少。基于此，借鉴煤矿、化工厂等行业中安全投入的研究成果，对装配式建筑施工安全投入与事故经济损失关系拟合进行研究，以期为装配式建筑施工安全定量研究奠定理论基础。

2 安全投入拟合方法

2.1 BP 神经网络

BP 神经网络（Back Propagation Neural Network）是一种通过误差反向传递训练参数权重值的多层前馈神经网络算法[4]，其网络结构如图 1 所示。

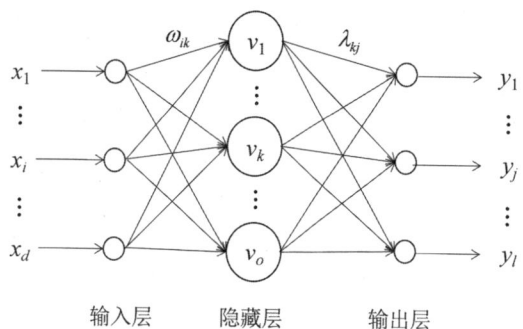

图 1　BP 神经网络的网络结构

其中输入层是指输入到网络中的数据组，输出层是指网络输出的数据组，在输入层与输出层之间由隐藏层及相应的神经元权值连接，并影响二者间关系。

设定 $X=(x_1, x_2, \cdots, x_i, \cdots, x_d)^T$ 表示网络的输入特征向量，$Y=(y_1, y_2, \cdots, y_j, \cdots, y_l)^T$ 表示期望输出向量，$Y^*=(y_1^*, y_2^*, \cdots, y_j^*, \cdots, y_l^*)^T$ 表示网络的输出特征向量，$V=(v_1, v_2, \cdots, v_k, \cdots, v_o)^T$ 表示隐藏层神经元向量，ω_{ik} 表示输入层与隐藏层的神经元连接权值，λ_{kj} 表示隐藏层与输出层的神经元连接权值，隐藏层与输出层的临界值分别为 γ_h 和 γ_j，则可得到下列公式：

$$\alpha_k = \sum_{i=1}^{d} \omega_{ik} x_i \tag{1}$$

$$\beta_j = \sum_{k=1}^{\sigma} \lambda_{kj} q_k \tag{2}$$

$$y^* = \phi(\beta_j - \gamma_j) \tag{3}$$

其中式（1）表示隐藏层的输入函数；式（2）表示输出层的输入函数，q_k 表示隐藏层的输出值；式（3）表示输出层的输出函数，$\phi(.)$ 为激励函数。网络输出结果与期望的输出结果间存在误差 E，描述为：

$$E = \frac{1}{2} \sum_{j=1}^{l} [\phi(\beta_j - \gamma_j) - y_j]^2 \tag{4}$$

采取梯度下降法对误差进行调整后得到 ω_{ik}，λ_{kj}，γ_h，γ_j 的更新公式：

$$\Delta\omega_{ik} = \eta x_i q_k (1-q_k) \sum_{j=1}^{l} [\lambda_{kj} y_j^* (1-y_j^*)(y_j-y_j^*)] \tag{5}$$

$$\Delta\lambda_{kj} = \eta q_k y_j^* (1-y_j^*)(y_j-y_j^*) \tag{6}$$

$$\Delta\gamma_h = -\eta \cdot q_k (1-q_k) \sum_{j=1}^{l} [\lambda_{kj} y_j^* (1-y_j^*)(y_j-y_j^*)] \tag{7}$$

$$\Delta\gamma_j = -\eta y_j^* (1-y_j^*)(y_j-y_j^*) \tag{8}$$

2.2 极限学习机

极限学习机（Extreme Learning Machine，ELM）是一类基于前馈神经网络构建的具有单隐含层的机器学习方法[5]，由包括若干神经元的输入层、隐藏层和输出层组成，且各层之间的神经元相互连接，模型结构与 BP 神经网络模型相似，如图 2 所示。ELM 的学习特点在于输入层节点与隐含层节点间的权重是随机产生或人为给定的，省略了更新过程，

在学习速率和泛化能力方面有较为优秀的表现[6]。

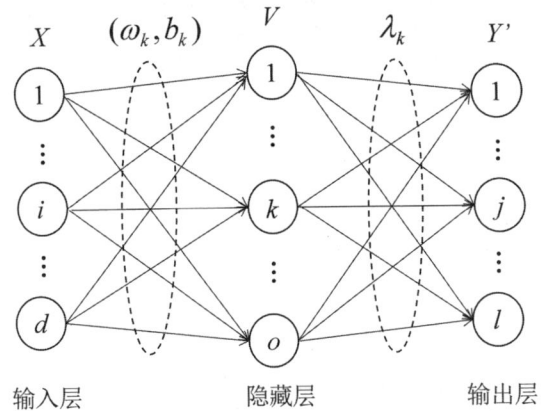

图2 极限学习机的网络结构

设定 X_i 为第 i 个样本的输入特征向量，Y_i 为第 i 个样本的实际值向量，o 为 ELM 隐藏层的节点个数，ω_k 为输入节点与第 k 个隐藏层节点的连接权重向量，λ_k 为输出节点与第 k 个隐藏层节点的连接权重向量，b_k 为第 k 个隐藏层节点的偏置值，$g(.)$ 为激活函数，对于给定的 M 个数据样本，可将 ELM 模型表述为：

$$Y_i = \sum_{k=1}^{o} \lambda_k' g(\omega_k X_i + b_k), \ k = 1, 2, \cdots, o, \ i = 1, 2, \cdots, M \tag{9}$$

2.3 支持向量回归

支持向量回归[7]（Support Vector Regression，SVR）是支持向量机（Support Vector Machines）的两大分支之一，其目的是通过样本训练拟合输入特征向量 $X=(x_1, x_2, \cdots, x_i, \cdots, x_d)^T$ 与输出特征向量 $Y=(y_1, y_2, \cdots, y_j, \cdots, y_l)^T$ 之间的回归关系 $f(.)$。对非线性问题可通过映射函数 $\varphi(x_i)$ 将数据样本映射到高维特征空间，设 w 为高维特征空间的权重向量，B 为偏置项，则回归函数表示为：

$$f(x_i) = [w^T \cdot \varphi(x_i)] + B \tag{10}$$

假设可以容忍 $f(x)$ 与 Y 之间最多有 ε 的误差，并引入非负松弛变量 ξ，ξ'，放松函数对间隔的要求，引入惩罚因子 C 调和经验风险和模型复杂度，得到最小化问题模型：

$$\min_{w, b, \xi, \xi'} \frac{1}{2} \|w\|^2 + C \sum_{i=1}^{m} (\xi, \xi') \tag{11}$$

$$s.t. \ (w^T x_i + b) - y_i \leq \varepsilon + \xi_i \tag{12}$$

$$y_i - (w^T x_i + b) \leq \varepsilon + \xi'_i \tag{13}$$

$$\xi_i \geq 0, \ \xi'_i \geq 0, \ i = 1, 2, \cdots, m \tag{14}$$

引入拉格朗日因子 α，α' 可将上述二次规划问题转为二次形式问题，再引入核函数实现空间映射，核算数为 $K(x_i, x) = \varphi(x_i)^T \varphi(x)$，最终得到 SVR 决策

模型：

$$f(x) = \sum_{i=1}^{m} (a'_i - a_i) K(x_i, x) + b \qquad (15)$$

本文选取径向基函数作为 SVR 模型的核函数，具体表达式为：

$$K(x_i, x) = exp(-g \| x_i - x \|^2) \qquad (16)$$

2.4 麻雀搜索算法

麻雀搜索算法（Sparrow Search Algorithm，SSA）是 2020 年提出的一种新兴群智能算法[8]，该算法结构更简单且收敛能力较强，在避免局部最优方面表现也更为出色。

SSA 算法受到麻雀觅食行为启发，在寻优过程中将个体分为发现者、跟随者和警戒者 3 种角色，并赋予个体相应的适应度值，通过对不同角色个体的位置更新进行适应度寻优，满足迭代次数后输出全局最优解。

3　各方法拟合结果对比

3.1　确定安全投入指标

安全投入一般是指为实现安全生产而采取的一系列安全活动所消耗的人、财、物力的总和。目前，我国还没有针对装配式建设项目的安全投入统计标准，参考《建筑施工安全检查标准》，将装配式建筑施工现场用于安全文明施工和安全生产的相关投入重新分配，得到本文的安全投入指标，见表1。

表 1　安全投入指标及具体内容

指标	具体内容
劳动保护投入	作业人员安全防护用品、防暑防寒等季节性安全投入
	职业病预防、医疗卫生费用等
文明施工投入	场地环境优化、施工现场围挡、布置五牌一图及安全警示标志牌等
	预制构件专用堆场设置及日常管理、其他建材安全堆放管理等
宣传教育投入	作业人员技术培训、安全技术交底、组织安全学习等安全教育费用投入
	安全宣传栏、安全知识宣传活动、应急演练等宣传费用投入
安全管理投入	安全管理部门日常运营、管理费用、安全人员薪资福利费用等
	重大危险源、事故风险监测、评估等安全生产检查投入
安全设施投入	机械设备安全防护设施购置、安全监测、检修更换投入
	吊具、吊索、定型工具式支撑等辅助设施安全检算及检修投入
	防护栏、防护网等临边作业防护设施投入

3.2　数据收集与处理

装配式建筑施工及管理技术的成熟度在近几年才逐渐趋于稳定，故在近 3 年内随机选取 15 个已竣工的装配式建设项目，按照上述安全投入指标对项目安全投入及安全事故经济损失情况进行分析，得到初始样本数据，见表2。其中，设前 10 组样本为训练集，余下 5 组样本设为测试集。

表 2　安全投入与事故经济损失数据样本　　　（单位：万元）

组号	宣传教育投入	文明施工投入	劳动保护投入	安全管理投入	安全设施投入	事故经济损失
1	39.73	14.59	62.97	16.69	48.99	89.68
2	58.46	18.34	82.56	24.01	60.56	110.93
3	40.77	15.24	51.94	16.66	38.92	81.56
4	87.83	22.19	59.61	30.62	64.57	125.95
5	71.64	13.66	42.33	19.30	48.79	101.75
6	68.58	19.54	53.65	20.66	50.96	111.65
7	105.27	26.65	70.23	26.98	71.84	146.30
8	40.26	11.37	63.13	17.18	46.65	86.57
9	67.32	24.49	94.58	29.23	78.29	122.13
10	60.85	22.55	92.84	26.72	71.57	117.58
11	68.66	81.88	119.53	33.34	80.74	136.01
12	59.63	22.19	87.83	30.62	64.57	111.95
13	75.34	30.62	108.52	31.63	88.03	132.88
14	89.42	31.99	121.93	43.86	104.03	138.13
15	54.35	18.44	80.35	26.69	61.24	107.82

3.3 初始值设定

为保证拟合效果对比情况不受参数寻优的影响，将麻雀搜索算法的初始值进行统一设定：最大迭代次数设为200；种群数量为20，其中70%为发现者，20%为警戒者，其余10%为跟随者；安全阈值设为0.6。

3.4 拟合结果分析比较

用MATLAB R2021a软件对3种拟合方法的代码运行后，得到3种算法的测试集输出值与期望值的拟合结果。

运行结果显示：基于SSA-BP预测结果的均方误差MSE约为2.15，相关系数R约为0.97，测试集拟合曲线如图3所示。

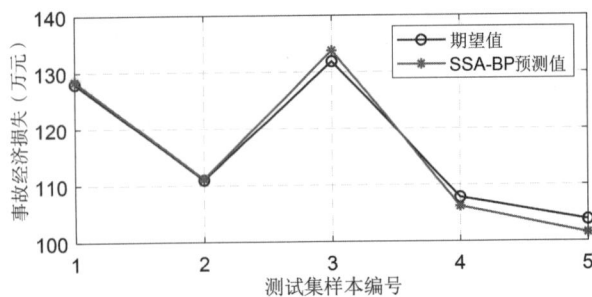

图3 期望值与基于SSA-BP的预测值拟合曲线

基于SSA-ELM预测结果的均方误差MSE约为13.74，相关系数R约为0.95，测试集拟合曲线如图4所示。

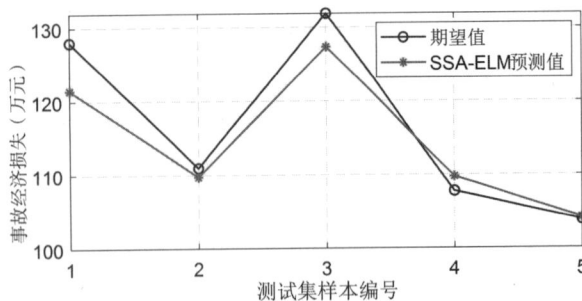

图4 期望值与基于SSA-ELM的预测值拟合曲线

基于SSA-SVR预测结果的均方误差MSE为1.01，相关系数R约为0.98，测试集拟合曲线如图5所示。

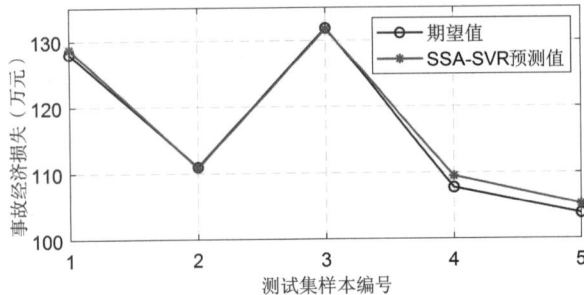

图5 期望值与基于SSA-SVR的预测值拟合曲线

4 结论

由MSE和R两项指标来看，SSA-SVR模型与

SSA-BP模型都对装配式建筑施工安全投入与事故经济损失间的定量关系有较好的拟合效果。但两种算法在软件拟合时间上有较大差异，其中，SSA-SVR模型仅需2.34秒即可得到拟合结果，SSA-BP模型则历时1007.89秒才得到最终结果，后者的运行速度明显落后于前者。

综上所述，SSA-SVR模型在拟合效果和运行速度上要优于其他两种模型，可为装配式建筑施工安全投入定量研究提供科学的依据。

参考文献：

［1］ Chang C G, Yang S, Luo J Y Construction safety evaluation for prefabricated concrete-constructions based on attribute mathematics［C］. 5th International Conference on Information Engineering for Mechanics and Materials, 2015：804-810.

［2］ 陈伟, 乔治, 熊付刚, 等. 装配式混凝土建筑施工安全事故预防SD-MOP模型［J］. 中国安全科学学报, 2019, 29（1）：19-24.

［3］ 王灵智, 闫林君. 基于组合赋权—可变模糊集的装配式建筑施工安全评价［J］. 中国安全生产科学技术, 2020, 16（11）：103-109.

［4］ 张驰, 郭媛, 黎明. 人工神经网络模型发展及应用综述［J］. 计算机工程与应用, 2021, 57（11）：57-69.

［5］ Huang, G, Huang, G B, Song, S, et al. Trends in extreme learning machines：A review［J］. Neural Networks, 2015（61）：32-48.

［6］ Huang, G B, Zhu, Q Y, et al. Extreme learning machine：theory and applications［J］. Neurocomputing, 2006, 70（1-3）：489-501.

［7］ 王芬, 刘阳, 郝建斌, 魏兴梅. 基于MABC-SVR的边坡安全系数预测模型［J］. 安全与环境工程, 2019, 26（2）：178-182+189.

［8］ Jiankai Xue, Bo Shen. A novel swarm intelligence optimization approach：sparrow search algorithm［J］. Systems Science & Control Engineering, 2020, 8（1）：22-34.

基金项目：

辽宁省高等学校创新人才项目（LR2020005）；

辽宁省自然基金指导计划项目（2019-ZD-0683）。

作者简介：

凌霄雪（1996— ），女，辽宁丹东人，土木水利专业硕士研究生，研究方向：工程管理、建筑系统工程、建模与智能优化。

常春光（1973— ），男，辽宁辽阳人，博士，教授，研究方向：工程管理、建筑系统工程、建模与智能优化。

论文仅代表本文作者观点，文责自负——本书编者注。

作业成本法在 Y 施工项目中的应用研究

许筱晰　金晓玲

（沈阳建筑大学管理学院，辽宁　沈阳　110168）

摘要：新中国成立至今，由于国民经济的增长和社会的稳定，居民生活条件日益改善，道路工程建设和住宅建设规模不断扩大。与此同时，行业竞争加剧，只有不断提升项目成本管理水平，转变传统成本管理模式为更加精细化的作业成本管理模式，才能有效防止成本费用超支，减少亏损。以 Y 房建施工项目为例，对比分析传统成本法和作业成本法的区别，以说明作业成本在项目成本管理中的重要地位。

关键词：作业成本法；房建施工；成本管理

Application of Activity Based Costing in Y Construction Project

Xu Xiaoxi　Jin Xiaoling

（**College of Management**，**Shenyang Jianzhu University**，**Shenyang 110168**，**China**）

Abstract：Since the founding of new China, due to the growth of the national economy and social stability, the living conditions of residents have been improving day by day, and the scale of road engineering construction and housing construction has been expanding. At the same time, industry competition intensifies. Only by continuously improving the project cost management level and changing the traditional cost management mode to a more refined activity-based cost management mode, can we effectively prevent cost overruns and reduce losses. Therefore, taking Y housing construction project as an example, this paper compares and analyzes the differences between traditional cost method and activity-based cost method, so as to illustrate the important position of activity-based cost in project cost management.

Keywords：activity based costing；housing construction；cost management

1 引言

改革开放以来，建筑行业发展迅速，在解决住房、就业问题等方面发挥着越来越重要的作用。然而，随着建筑业不断壮大，行业间竞争加剧，为了进一步实现更大收益，成本管理尤为重要。

史超英（2019）认为施工项目规模较大，成本控制较困难，因此由粗放管理转向精细化的作业成本管理是必要的[1]。裴凤姣（2022）认为传统成本核算存在较大问题，应用作业成本法可以进一步提高成本管理的准确性，是最有效的决算方式之一[2]。

由此，本文以 Y 项目为例，对比分析其在传统成本模式和作业成本模式下数据的不同，以说明作业成本法在项目成本管理中所处的重要地位。

2 作业成本法的内涵及流程

作业成本法是指对项目中的作业和作业成本进行确认、归集、动因分析和计量，最终计算成本的一种个性化核算方式，以建立作业成本中心为前提，以提高成本管理水平、增加利润为目的，以"产品消耗作业，作业消耗资源"指导企业执行必要作业，精简价值较低作业，达成降本增效的目的[3]。

作业成本核算的具体流程为：（1）明确具体项目工程量清单。（2）作业认定。根据施工环节进行作业认定和动因归集。（3）建立作业成本中心[4]。整理施工流程中的各项作业，划分成本中心，归集间接费用。（4）确定作业成本动因。收集各工区成本数据，确定成本量和动因量。（5）最终分配。计算分配率，得出总成本和单位成本。

相比较而言，传统成本法按人、材、机直接计入成本，并将管理人员工资、水电费等间接费用仅按产值比例计算并分配，虽然操作简便，但存在各环节分项成本计算较粗糙等问题。由此，将以 Y 项目为例，对比分析传统成本模式和作业成本模式下项目总成本与单位成本数据的区别。

3 作业成本法在Y项目的应用

Y项目所属公司是一家房建与基建相结合的大型投资建设集团。2019年，公司与甲方签订由高层建筑和洋房建筑两大板块构成的施工项目，合同金额约为3亿元。引例中的Y项目为该施工项目中的洋房建筑部分，面积约为3700平方米，于2020年6月开工，2021年6月竣工。以下即为作业成本法在Y项目中的具体应用。

3.1 明确项目工程量清单

Y项目分部分项工程量清单。

表1 Y项目分部分项工程量清单

项目名称	单位	工程量
大开挖	m^3	7982.66
土方场内倒运	m^3	8700.44
清理基坑基槽	m^3	717.79
场地平整	m^2	705.25
垃圾土清运	m^3	5912.86
土方回填（砂、土、砼）	m^3	2787.58
支设模板	m^2	5887.56
钢筋制作钢筋绑扎	kg	11519.15
混凝土浇筑（筏板）	m^3	1868.66

3.2 作业认定

明确了工程量清单后，进入作业成本管理的正式环节。首先将对Y项目的具体作业进行认定。

在进行具体作业认定前，通过对一线员工的调查了解到，Y项目施工主要分为施工准备、基础工程、筏板工程和收尾工作四部分，施工流程如图1。

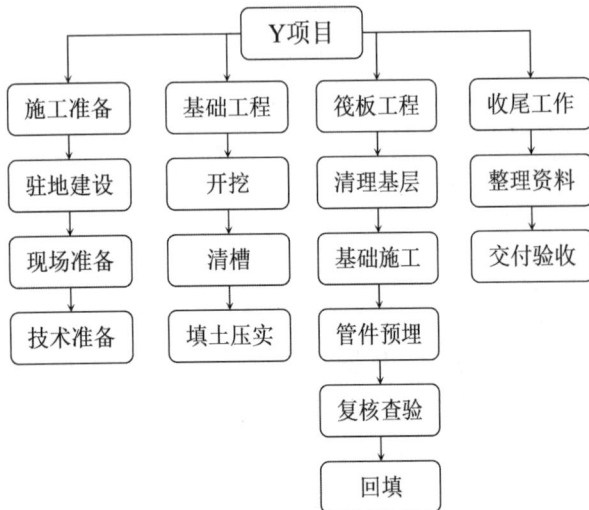

图1 Y项目施工流程

由图1可以看出，Y项目施工流程较长，工序较

多，涉及面较广，导致其成本核算较为复杂，所以采取横向作业划分的方式，将Y项目作业分解为产品级作业、管理级作业、单位级作业和批次级作业四类[5]。各项作业认定和成本动因归集如下。

（1）产品级作业。

产品级作业动因明细见表2。

表2 产品级作业动因明细

名称	动因	单位
场地清理	工时	h
搭建临时设施	工时	h
运输机械设备	工时	h
电力供给	用电量	kW
照明	用电量	kW
供水	用水量	L

（2）管理级作业。

管理级作业动因明细见表3。

表3 管理级作业动因明细

名称	动因	单位
现场施工管理	工时	h

（3）单位级作业。

单位级作业动因明细见表4。

表4 单位级作业动因明细

名称	动因	单位
土方开挖	挖土方量	m^3
槽底清理	清槽方量	m^3
垃圾土清运	清运量	m^3
切割钢筋	钢筋重量	kg
焊接钢筋	钢筋重量	kg
绑扎钢筋	钢筋重量	kg

（4）批次级作业。

批次级作业动因明细见表5。

表5 批次级作业动因明细

名称	动因	单位
搅拌及制作混凝土	混凝土方量	m^3
混凝土运输	混凝土方量	m^3
浇筑混凝土	混凝土方量	m^3

3.3 建立作业中心

其次，在明确了Y项目作业的具体认定后，对施工流程中各项作业整理并划分为5个独立的作业成本中心，各中心的主要内容为：准备工作中心，包括场地清理、临建板房、运输机械等作业；开挖土方中心，包括土方开挖、槽底清理、垃圾土清运等作业；钢筋中心，包括钢筋切割、焊接、绑扎等作业；混凝土中心，包括混凝土搅拌制作、运输浇筑等作业；现场施工管理中心，包括员工、供电供水、照明等作业。

各作业中心的成本费用归集如下。

（1）直接费用。从现场调查得知，其直接费用包括人工费、材料费和机械费，在作业中心成本归集时无需考虑，且其在进行项目施工时分为工区 A、工区 B 两个标段，具体直接成本数据见表 6。

表 6 Y 项目直接费用明细（单位：万元）

费用	工区 A	工区 B	合计
人工费	21.53	18.79	40.32
材料费	37.48	32.71	70.19
机械费	21.83	19.05	40.89
合计	80.84	70.55	151.40

（2）间接费用。据调查，Y 项目间接费用为：管理人员工资 10.45 万元、水费 1.97 万元、电费 3.96 万元、其他费用 4.61 万元，总计 20.99 万元。

3.4 确定作业成本动因

再次，建立作业中心后，需将成本动因与各作业中心相匹配，并深入成本部门收集各工区成本数据和动因量数据，最终形成具体作业成本见表 7。

表 7 Y 项目作业成本明细表

（单位：万元）

作业中心	成本动因	作业成本
准备工作	工时	0.60
开挖土方	挖土方量	6.59
钢筋	钢筋重量	9.70
混凝土	混凝土量	1.51
现场管理	工时	2.59

Y 项目各工区动因量明细见表 8。

表 8 Y 项目各工区动因量明细表

作业中心	工区 A	工区 B	合计
准备工作（h）	229.6	262.4	492.0
开挖土方（m³）	4646.04	4054.41	8700.45
钢筋（kg）	6151.23	5367.92	11519.15
混凝土（m³）	997.87	870.80	1868.67
现场施工管理（h）	2720.04	2879.64	5599.68

3.5 最终分配

（1）作业成本法核算。最后，计算出各中心成本动因分配率为 12.26，7.57，8.42，8.10，4.62，并得出各自的成本合计和单位成本，见表 9。

表 9 作业成本法下各工区成本明细

作业中心	工区 A（万元）	工区 B（万元）
准备工作	0.28	0.32
开挖土方	3.52	3.07
钢筋	5.18	4.52
混凝土	0.81	0.71
现场施工管理	1.26	1.33
间接费用	11.04	9.95
直接费用	80.85	70.55
合计	91.89	80.50
单位成本（元）	62.32	59.92

（2）传统成本法核算。传统核算下将间接费用仅按产值比例分配，最终得出各工区成本合计和单位成本见表 10。

表 10 传统成本法下各工区成本明细

项目	工区 A（万元）	工区 B（万元）
比例（%）	58.4	41.6
间接费用	12.26	8.73
直接费用	80.85	70.55
合计	93.11	79.28
单位成本（元）	63.14	59.01

（3）对比。将上述两种核算方式下的总成本与单位成本进行对比后发现数据存在较大差距，具体情况见表 11。

表 11 Y 项目各工区最终成本比较表

（单位：元）

成本	工区 A 差额	工区 B 差额
总成本	12156.18	−12143.94
单位成本	0.82	−0.90

4 结论

综上所述，作业成本法下核算过程复杂，花费时间较长，但成本数据更精确，与企业的实际情况更相符，可以为企业决策提供更加准确的信息，以指导企业执行必要作业，精简价值较低的作业。同时，现阶段建筑行业较为饱和、竞争较大，施工企业只有重视成本控制，加强业财融合，实现多部门协作，优化以作业成本法为核心的成本核算方法，才能占领更大的市场份额，提高自身核心竞争力，实现降本增效。综上，对以 Y 项目为代表的施工企业来说，作业成本法更适合其项目成本管理的需求。

参考文献：

[1] 史超英. Z 房地产公司 A 项目施工阶段成本控制分析 [J]. 河北企业，2019（4）：8-10.

[2] 裴凤姣，陆宇建. 目标作业成本法在 H 建筑公司施工项目中的应用研究 [J]. 中国管理会计，2022（1）：58-73.

[3] 张国利. 作业成本法在工程施工企业中的应用刍议 [J]. 会计师，2019（2）：70-71.

[4] 徐立文，王彤伟，韦琳. 作业成本法在 BH 公司亏损产品决策中的应用 [J]. 中国管理会计，2021（3）：114-123.

[5] 崔明明. 基于作业成本法的施工企业成本精细化管理研究 [D]. 沈阳：沈阳建筑大学，2020.

作者简介：

许筱晰（1999— ），女，辽宁沈阳人，会计学专业硕士研究生，研究方向：管理会计与财务决策。

金晓玲（1978— ），女，辽宁沈阳人，硕士，副教授，研究方向：法务会计、内部控制与风险管理。

论文仅代表本文作者观点，文责自负——本书编者注。

工程行业实践

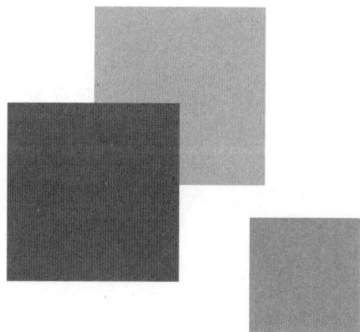

"双碳"背景下建筑行业低碳发展的制约影响因素研究

朱　甜　刘光忱

（沈阳建筑大学管理学院，辽宁　沈阳　110168）

摘要：为实现"双碳"目标，建筑行业面临着巨大的转型压力。建筑行业必须高度重视，全力推进低碳发展。在"双碳"背景下，将建筑行业的低碳发展看作一个系统，从各参与方的视角分析了建筑行业低碳发展的影响因素，共提炼出 14 个制约影响因素，采用 DEMATEL 法对各制约影响因素之间的相互关系进行系统分析。基于此，针对关键制约影响因素提出相应的对策建议，并从系统论的角度绘制出建筑行业低碳发展的创新路径，以期为我国建筑行业的低碳发展提供一定的借鉴参考。

关键词：双碳；建筑行业；低碳发展；制约因素

Research on the Influencing Factors of Low-carbon Development of Construction Industry Under the Background of "Double Carbon"

Zhu Tian　Liu Guangchen

（**College of Management，Shenyang Jianzhu University，Shenyang 110168，China**）

Abstract：In order to achieve the "dual carbon" goal，the construction industry is facing enormous pressure for transformation. The construction industry must attach great importance to and make every effort to promote low-carbon development. Under the background of "double carbon"，the low-carbon development of the construction industry is regarded as a system，and the influencing factors of the low-carbon development of the construction industry are analyzed from the perspective of each participant，and a total of 14 influencing factors are extracted. A systematic analysis of the relationship between the influencing factors is carried out. Based on this，corresponding countermeasures and suggestions are put forward for the key restricting and influencing factors，and from the perspective of the system theory to draw the low-carbon development of the construction industry innovation path，in order to provide a certain reference for the low-carbon development of my country's construction industry.

Keywords：double carbon；construction industry；low-carbon development；constraints

1　引言

我国提出力争 2030 年前实现碳达峰、2060 年前实现碳中和的目标。在"双碳"背景下，低碳发展模式成为社会各行各业可持续发展的大势所趋，而建筑行业作为最大的碳排放部门，其低碳发展对于我国实现"双碳"目标至关重要。当前我国绿色低碳建筑项目占比较低，在规模化推进过程中受到各种因素的制约，且影响因素间关系复杂，导致绿色建筑产业链整体发展水平不高，建筑行业低碳"实践"的实质性推进举步维艰。因此，本文旨在识别出影响建筑行业低碳发展的制约影响因素，对其之间的相互关系进行定量分析，在此基础上提出优化建筑行业低碳发展的针对性对策。

2　确定建筑行业低碳发展的制约影响因素

目前，低碳发展的理念在各个行业逐渐深入，但建筑行业的绿色低碳发展是一项多方主体参与的综合性工程[1]，且由于其影响因素较多，导致建筑行业的低碳发展还比较缓慢。要想助力建筑行业实现"双碳"目标，需要多方参与主体协同发力。因此本文从以下各参与主体层面来分析影响建筑行业低碳发展的制约因素。

（1）政府方层面。近年来，虽然有关部门提出将低碳思想应用到建筑全寿命周期管理过程中，努力促进建筑全产业链绿色低碳发展，但建筑行业本身体量大且运行过程比较复杂，导致我国建筑行业能耗指标不明确，关于碳排放的计量体系尚未完善[2]，进而限制各个参与主体间工作的有序开展，是建筑行业低碳发展的主要掣肘。

（2）房地产方层面。由于我国建筑行业的发展方式比较粗放，我国建筑面临平均寿命低、规划不合理、建设标准低等问题[3]，这将进一步加快现有建筑的更新迭代，还要产生更多的碳排放量。近年来，为了助推建筑产业结构调整，我国不少房地产方已经开始探索绿色地产的发展路径，大力发展绿色低碳建筑，不断提高新建建筑中绿色建筑的比例。但政府对绿色产业结构的调整未形成较为完备的规范体系，且当前处于疫情时代，人工及建筑材料成本的上升，致使房地产商无利可赚，从而降低了房地产方长期与"碳"斗争的积极性。

（3）设计方层面。由于传统建筑的建造方式与节能建筑的建造方式差异较大，尤其在核心技术的实现方面差异很大。而目前节能材料与节能建筑的研究仍在探索阶段，需要进一步深化设计，确保节能建筑在安全性、耐久性、适用性三个方面得到保障。另外，对节能材料及节能建筑的科研研究也较缺乏，缺乏专业人员及成熟技术的支撑。

（4）施工方层面。近几年，由于装配式建筑具有"四节一环保"的优点，我国将供应链理念与装配式建筑相结合，大力推动装配式建筑的发展，但现有装配式建筑供应链各节点企业以经济利益为主要目标[4]，一定程度上制约了装配式建筑发展。随着"双碳"目标的提出，供应链基于绿色"低碳"的理念，与装配式建筑高效结合，保障装配式建筑全寿命周期各环节的经济及生态效益。但当前推进装配式建筑绿色供应链发展还较为缓慢，未形成协同发展的管理模式，出现利益分配不均、信息孤岛等问题。

（5）供应商方层面。据相关统计知，我国新增建筑的工程建设每年产生的碳排放总量约占总排放量的18%，主要集中在钢铁、水泥、石灰等建筑材料的生产、运输及现场施工过程中[5]，且随着城镇化率的不断提高，高能耗建筑材料的碳排放总量持续上升。建材行业当务之急是探索绿色低碳的建筑节能材料。但目前缺乏相关标准及规范文件的有效

指导，这对建筑材料的创新升级有一定的阻碍作用。

（6）金融机构方层面。实现"双碳"目标离不开资本市场的支持。然而，由于市场投资注重短期利益，忽视长期社会及环境效益，这意味着我国低碳产业发展面临融资难的问题。当前，针对低碳产业发展融资难这一问题，政府也出台了相应的金融政策，通过调节资本进一步向低碳产业倾斜，加快建筑领域脱碳的进程。但当前政府制定的投融资政策与"双碳"目标不完全匹配，不完全适用当前建筑行业差异化发展现状，在推进低碳金融政策时有一定的阻碍作用。

将建筑行业低碳发展相关联的各参与主体看作一个系统，通过对不同参与主体的分析，确定出制约建筑行业低碳发展的影响因素，共分为以下14个影响因素：缺乏相配套的标准规范体系（C_1）、政府支撑政策力度小（C_2）、政府激励机制不完善（C_3）、科研投入不足（C_4）、技术标准不规范（C_5）、技术创新力度不够（C_6）、缺乏专业技术人员（C_7）、缺乏资金支持（C_8）、产业链管理不完善（C_9）、未形成完整的监督体系（C_{10}）、宣传推广力度不够（C_{11}）、未形成完善的协同机制（C_{12}）、缺乏相应的绩效评价体系（C_{13}）、社会参与机制不完善（C_{14}）。为了更加全面、系统地分析各制约影响因素之间的关系，本文通过DEMATEL法定量分析各制约影响因素之间的相互影响关系，以此确定出制约建筑行业低碳发展的关键影响因素。

3 分析建筑行业低碳发展的制约影响因素

DEMATE法是一种有效识别并分析系统内各因素重要程度及相互关系的系统分析方法。通过建立直接影响矩阵，计算出各因素影响度、被影响度、中心度和原因度，从而定量分析各因素之间的关系[6]。其具体步骤如下。

3.1 建立直接影响关系矩阵

本文邀请了10位专家，通过专家访谈的形式，运用0~4标度法针对某一因素对其他因素的影响程度进行打分，得到直接关系矩阵 X：

$$X=\begin{bmatrix} & C_1 & C_2 & C_3 & C_4 & C_5 & C_6 & C_7 & C_8 & C_9 & C_{10} & C_{11} & C_{12} & C_{13} & C_{14} \\ C_1 & 0 & 2 & 2 & 2 & 4 & 2 & 3 & 2 & 3 & 3 & 3 & 2 & 1 & 1 \\ C_2 & 2 & 0 & 2 & 3 & 2 & 1 & 1 & 1 & 1 & 1 & 3 & 4 & 3 & 2 \\ C_3 & 2 & 2 & 0 & 3 & 4 & 2 & 2 & 2 & 2 & 2 & 3 & 1 & 3 & 2 \\ C_4 & 2 & 1 & 1 & 0 & 3 & 1 & 1 & 1 & 1 & 2 & 4 & 1 & 3 & 2 \\ C_5 & 0 & 2 & 0 & 1 & 0 & 1 & 2 & 1 & 1 & 1 & 2 & 1 & 2 & 2 \\ C_6 & 2 & 3 & 2 & 3 & 3 & 0 & 0 & 2 & 2 & 3 & 3 & 2 & 4 & 3 \\ C_7 & 1 & 3 & 2 & 3 & 3 & 2 & 2 & 2 & 2 & 3 & 3 & 2 & 3 & 3 \\ C_8 & 2 & 3 & 2 & 3 & 3 & 2 & 2 & 0 & 2 & 3 & 3 & 2 & 4 & 3 \\ C_9 & 1 & 3 & 2 & 3 & 3 & 2 & 1 & 2 & 0 & 4 & 3 & 2 & 3 & 3 \\ C_{10} & 1 & 3 & 2 & 2 & 2 & 1 & 1 & 1 & 0 & 0 & 3 & 1 & 3 & 3 \\ C_{11} & 1 & 1 & 1 & 0 & 2 & 1 & 1 & 1 & 1 & 1 & 0 & 1 & 2 & 2 \\ C_{12} & 2 & 0 & 3 & 3 & 3 & 2 & 2 & 2 & 2 & 3 & 3 & 0 & 4 & 2 \\ C_{13} & 3 & 1 & 1 & 1 & 2 & 0 & 1 & 0 & 1 & 1 & 2 & 0 & 0 & 3 \\ C_{14} & 3 & 2 & 2 & 2 & 2 & 1 & 1 & 1 & 1 & 1 & 2 & 2 & 1 & 1 \end{bmatrix}$$

3.2 计算影响因素的"四度"

依据直接关系矩阵，计算出规范化直接影响矩阵和综合影响矩阵，得出各影响因素的"四度"值，如表1。

表1 "四度"汇总

影响因素	影响度（F_i）	排序	被影响度（E_i）	排序	中心度（M）	排序	原因度（N）	排序
C_1	3.1766	5	2.3697	8	5.5464	1	0.8069	7
C_2	2.6802	8	2.6766	7	5.3568	4	0.0037	8
C_3	3.0549	7	2.2457	9	5.3006	9	0.8092	6
C_4	2.2628	10	2.8694	5	5.1322	13	-0.6065	10
C_5	1.5488	14	3.7860	2	5.3348	6	-2.2372	14
C_6	3.4592	1	1.8365	13	5.2957	10	1.6227	1
C_7	3.2701	4	2.0591	11	5.3292	7	1.2109	4
C_8	3.4592	2	1.8365	14	5.2957	11	1.6227	2
C_9	3.3634	3	1.9545	12	5.3179	8	1.4089	3
C_{10}	2.3613	9	2.7660	6	5.1273	14	-0.4047	9
C_{11}	1.5846	13	3.8118	1	5.3964	3	-2.2272	13
C_{12}	3.1748	6	2.1710	10	5.3458	5	1.0037	5
C_{13}	1.6340	12	3.6445	3	5.2785	12	-2.0105	12
C_{14}	2.2556	11	3.2583	4	5.5139	2	-1.0027	11

注：$M=F_i+E_i$；$N=F_i-E_i$。

4 推动建筑行业低碳发展的对策建议

分析表1数据可知，制约建筑行业低碳发展的问题主要在技术创新力度不够、缺乏专业技术人员、缺乏资金支持、产业链管理不完善、缺乏相配套的标准规范体系、未形成完善的协同机制这几个方面。由于建筑行业是一个庞大的体系，推进其低碳发展需要不同参与主体协同发力，本文根据当前建筑行业低碳发展的现状，结合系统论方法对上述制约影响因素分析，提出以下针对性的对策建议。

4.1 强化政府支持性政策，做好顶层设计

基于"双碳"背景，政府首先应在原有相关法律法规的基础上，补充与低碳发展相匹配的新的政策和制度，完善标准体系。其次是参考国际或发达国家先进的绿色建筑标准，形成适合我国建筑领域的低碳技术标准体系，为建筑领域低碳发展做好强有力的政策保障。

4.2 完善经济激励政策，健全监管体系

在推动建筑领域低碳化发展过程中，政府需要完善经济激励政策。首先，加大对研究机构低碳技术研发的支持力度，加快实现科研成果的产业化。其次，针对现有企业对低碳技术的创新、低碳生产过程和绿色产业补贴政策的基础上，提高扶持力度，激励企业践行绿色低碳减碳工作，进一步支持绿色产业企业的发展。最后，保障政府补贴机制在实施过程中的公平性，促进建筑行业低碳发展。

4.3 加大低碳科研投入，推动技术创新

政府应加大对建筑领域低碳发展的科研投入。引导科研院所、企业和学校进行合作，积极开展低碳技术的研究工作，推动低碳技术的创新发展。企业应在响应低碳发展的号召下，引入国内外先进的设备和技术，加大绿色低碳技术的规模化应用。针对当前存在的技术问题，可借助 BIM，5G 等联网技术打造全寿命低碳建造管理的创新平台，改善现有技术，加快智能建造技术的开发，为减排固碳提供强有力的技术支持。

4.4 加强专业人才培养，加速低碳发展

国家应注重培养具有低碳建筑技术研发方面的专业技术人才，加强对专业人员的技能培训，让专业人员更好地投入建筑领域关键性低碳技术的研发中，使其能够在建筑领域低碳发展过程中发挥更好的作用。

4.5 创新协同管理模式，增强供应链低碳化

当前，我国建筑行业绿色低碳发展的管理模式依旧是传统管理模式，缺乏相应的创新力度。因此，政府应强化相关标准及规范文件的有效指导，鼓励企业进行改革创新，加强以绿色低碳技术为核心的设计、生产、施工、运维全寿命周期的绿色供应链的科技创新，培育绿色低碳建筑产业集群，形成多主体协同发展的管理模式，确保绿色供应链的有序运行，进一步增强绿色供应链的低碳化，加快建筑领域脱碳进程。

根据推动建筑行业低碳发展的对策建议，最后从系统论的角度绘制出各参与主体促进建筑行业低碳发展的创新路径图，如图 1 所示。

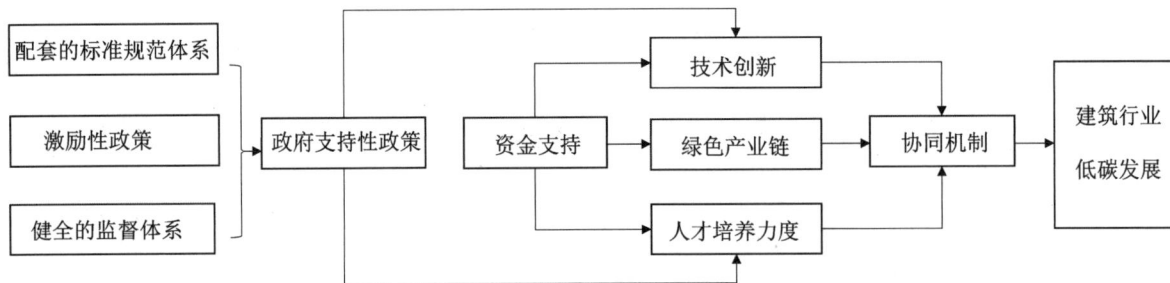

图 1 建筑行业低碳发展创新路径

5 结语

建筑行业低碳发展是实现我国"双碳"目标的必然要求。本文通过采用系统分析的 DEMATEL 模型对提炼出来的制约影响因素进行定量分析，得到 6 个关键制约影响因素，针对关键制约影响因素提出优化建筑行业低碳发展的对策及建议，并在此基础上从系统论的角度绘制出建筑行业绿色低碳发展的创新路径。以期通过不同参与主体的协同发力，助力建筑行业全产业链实现低碳化发展。

参考文献：

[1] 本刊. "双碳目标"催动建筑行业低碳转型 [J]. 建筑，2021（8）：14-17.

[2] 何玉. 促进我国建筑行业低碳化的思路 [J]. 中国经贸导刊，2017（11）：36+63.

[3] 未来立体生态创新建筑前景展望 [J]. 中国建设信息化，2021（14）：24-28.

[4] 王凯，徐瑞良. 标准化视阈下装配式建筑绿色供应链运作逻辑研究 [J]. 建筑经济，2020，41（8）：86-92.

[5] 李潇潇. 地产企业视角下碳峰碳中和量化分析及应对

策略探讨 [J]. 绿色建筑，2021，13（4）：66-69.

[6] 李可柏，齐宝库，王欢. 基于 DEMATEL 的装配式建筑发展制约因素分析 [J]. 住宅产业，2013（8）：49-51.

作者简介：

朱甜（1994— ），女，山西临汾人，土木水利专业硕士研究生，研究方向：项目管理、工程造价。

刘光忱（1962— ），男，辽宁沈阳人，硕士，教授，研究方向：项目管理、工程造价。

论文仅代表本文作者观点，文责自负——本书编者注。

BIM 对绿色建筑布局质量管理的生态因素影响研究

朱雨萱　张玉琢

（沈阳建筑大学管理学院，辽宁　沈阳　110168）

摘要：随着建筑业的蓬勃发展，建筑设计管理在质量方面的要求随之增高。以中德节能示范项目为例，以 BIM 技术理论体系为基础，研究生态环境因素对建筑物整体布局设计质量产生的影响，为绿色建筑整体布局设计质量管理提供有力的数据支持，证明 BIM 技术可辅助提高绿色建筑整体布局设计的管理效率和质量、降低管理成本费用，适应绿色建筑发展趋势。

关键词：绿色建筑；BIM 技术；建筑布局；生态因素；质量管理

Research on the Influence of BIM on Ecological Factors of Green Building Layout Quality Management

Zhu Yuxuan　Zhang Yuzhuo

（**College of Management，Shenyang Jianzhu University，Shenyang 110168，China**）

Abstract：With the vigorous development of the construction industry, the quality requirements of architectural design management have increased accordingly. Taking the Sino−German energy−saving demonstration project as an example, based on the theoretical system of BIM technology, the impact of ecological and environmental factors on the quality of the overall layout design of the building is studied, which provides strong data support for the quality management of the overall layout design of green buildings, and proves that BIM technology can be used. Assist to improve the management efficiency and quality of the overall layout design of green buildings, reduce management costs, and adapt to the development trend of green buildings.

Keywords：green building；BIM technology；building layout；ecological factors；quality management

1 引言

绿色建筑具有低碳环保的特点[1]。绿色建筑在布局设计时需要考虑环境、气候等因素对建筑物所造成的影响，从而设计出低碳节能的理想型建筑，这为绿色建筑整体布局设计带来了难度。BIM（Building Information Modeling）技术因具有的可视化和模拟检验特性可以更好地分析生态环境因素，辅助绿色建筑整体布局设计管理，协调建筑物与所处环境的关系，可在提高设计质量管理效率的同时降低对资源的消耗。

于智等以寒地坡地建筑为例，分析环境对建筑布局产生影响的因素，研究寒地坡地建筑布局设计的策略和手法[2]。石媛等以某一医院的建筑布局设计为例，深入研究寒地医院布局影响因素和布局节能措施[3]。孙良等以具体项目为例，研究建筑布局与风环境之间的影响，并提出居住区建筑布局的优化设计策略[4]。Reuven Maskil−Leitan 等基于九组绿色建筑和 BIM 结合的不同案例对项目质量管理进行比较评估，证明 BIM 可以辅助绿色建筑进行质量管理等方面工作[5]。

综上，对于建筑项目整体布局的设计多集中在对影响因素和策略要求等方面的研究，鲜有研究涉及使用 BIM 技术辅助绿色建筑整体布局设计来提高管理质量，以此提高设计效率降低管理成本费用。因此，将 BIM 技术理论体系作为基础，借助 BIM 相关特性辅助绿色建筑进行生态技术方面的分析，为建筑项目整体布局的质量管理工作提供有效有力的数据支持和技术支撑。

2 BIM 协同建筑项目整体布局设计质量管理

2.1 建筑整体布局设计质量管理的重点

提高建筑项目整体布局设计的质量，要充分权衡影响总平面图和建筑整体布局设计中各因素之间的关系。在设计总平面图时，和谐的元素关系是设计师追求的重点。设计时要综合考虑光和风等自然因素，以便设计出合理采光、合理通风的科学绿色建筑布局。因此，在设计绿色建筑的整体布局时，就需要依靠 BIM 技术相关软件对生态数据进行模拟。以获得最适合本地所处环境的理想设计方案和效果，提高设计阶段质量管理的效率。

2.2 BIM 协同生态技术分析

项目设计初期的设计要充分考虑建筑物与周边环境和周围建筑的相互影响关系。对于建筑密集的城市来说，超高层的建筑会给周边的交通和市政带来一定的影响，其高度会影响周边建筑的日照时间和太阳光遮挡率以及影响空气流的变化等。

BIM 建模软件进行粗略体量建模后，利用 Ecotect 及其子软件在所设计的绿色建筑整体布局方案中，对不同条件下的采光、日照、通风和阴影等进行模拟，达到最佳状态。将检验模拟的数据通过分析进行适当调整修改后继续进行模拟，可提高建筑布局设计的效率和协调程度，最终获得理想的绿色建筑整体布局设计方案。

3 BIM 协同整体布局设计的选择与确定

3.1 案例介绍和生态因素分析实践流程

中德被动式节能示范屋是中国严寒地区落户的平台代表，其设计已通过德国"被动房"认证。该示范屋坐落于沈阳建筑大学，建筑面积 1239 m²，在工程的设计阶段充分地考虑了各种生态因素对建筑物的影响，建造出低能源消耗、高保温性能的理想建筑。

绿色建筑布局设计需要考虑到建筑朝向、场地、间距等方面的因素，多方面科学协调、相互配合才可充分达到节能低耗的理想效果。为了设计时方便获得有利的依据，许多检验模拟软件应运而生，本文主要针对 Ecotect 及其子软件展开深入探讨。Ecotect 实现节能设计步骤见图 1。

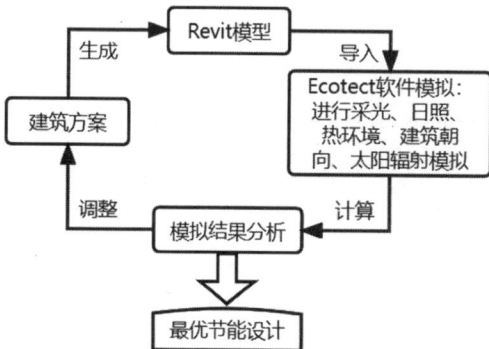

图 1 Ecotect 实现节能设计步骤

3.2 辅助建筑朝向和场地的选择

建筑布局的主要朝向和方位要考虑到风与日照

两大要素，设计师可充分利用所处地理环境的通风和光照情况，设计出冬暖夏凉的绿色建筑。

冬暖夏凉的设计可以减少空调等设备的使用率，极大地降低了所消耗的能源对环境的污染，同时也降低了碳排放量和资源消耗。BIM 的 weather tool 工具可分析建筑最佳朝向方位，在软件的最佳朝向界面中通过对两个箭头的颜色和角度进行分析研究。在最佳朝向界面的分析结果中，黄色和红色箭头分别代表着最佳朝向和最差朝向方位[6]。

中德实际项目位于沈阳，通过分析结果可知沈阳四季最佳朝向方位，见图 2。

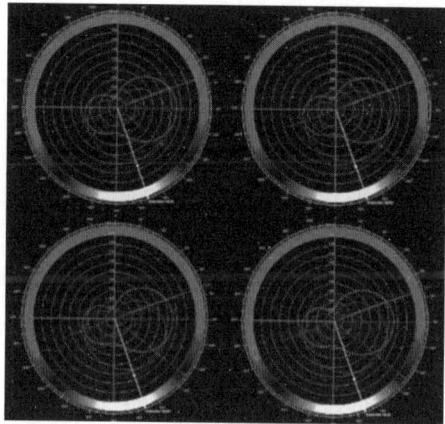

图 2 沈阳四季最佳朝向

沈阳春夏秋冬四季的最佳朝向方位区别较小，只有细微差别，见表 1。该地夏天日照辐射强度最高，冬季最低，并且最佳日照角度是南偏东 20°方向。

表 1 沈阳地区朝向分析

分析内容	分析结果
城市	沈阳地区
最佳朝向	南、南偏东 20°
适宜朝向	南偏东至东、南偏西至西
不宜朝向	东北东至西北西

对于春秋季节来说，太阳的总辐射强度变化较为明显。通过 BIM 相关软件分析，春夏秋冬四季方面的日照变化影响变化不大，每日日照强度峰值出现在正午时刻。因此，对于地处沈阳的中德项目而言，若要科学地考虑光照的因素，则需将建筑布局整体主方向面向南侧，且整体偏转 45°为宜。建筑布局内主要的活动场地同样需要朝向利于光照一侧，以提高整体布局的光照率，减少建筑对场地遮挡的情况发生。

3.3 辅助建筑间距和布局的确定

3.3.1 日照阴影分析

通过 Ecotect 分析建筑在不同的季节下太阳日照阴影的变化情况（见图3），根据建筑日照阴影范围和周边构筑物的遮挡情况进一步调整优化建筑布局中各单位建筑的具体位置和间距，再结合建筑相关规范得出合理的建筑布局间距设计方案。

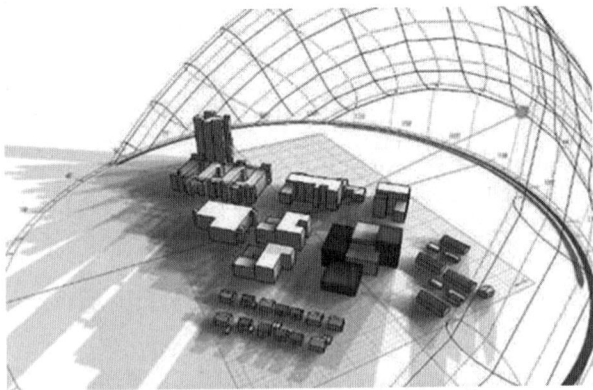

图3 Ecotect 分析日照效果

确定建筑最佳朝向方位后，可根据建筑物阴影范围（见图4）和风环境优化建筑各单位之间的间距布局，充分满足建筑中各单位的采光通风需求。因此，各单位的间距布局和采光通风是相互影响的。建筑的整体规划设计，应是在日照、节能、节地、地形等标准和其他综合因素下进行考虑的[7]。

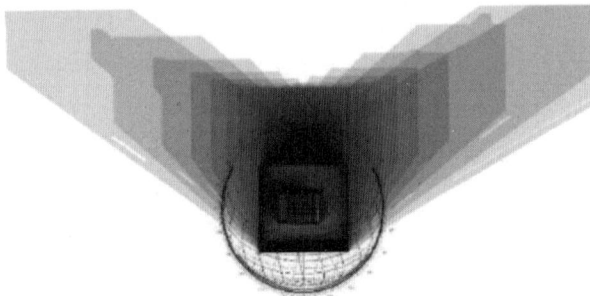

图4 Ecotect 分析阴影范围

此外，对于所处地势地貌较为复杂的建筑，需要考虑的因素较多，因此建筑设计的自由度相对不高，设计时很难兼顾布局设计的完整性，所以在这种条件下会出现建筑组团和独栋建筑独立出现的设计方案。要充分考虑日照阴影影响，合理设计建筑的整体布局，使建筑物的间距、布局等各方面设计可适配所处环境，以符合科学绿色的建筑理念和要求。

3.3.2 主导风向影响

对于中德项目建筑单体所处位置而言，最佳的自然通风角度应是迎风面和主导风向近似垂直的角度。避开建筑主导风向，有助于降低低温季节严寒的侵袭。利用 BIM 制作风玫瑰（Wind Rose）示意图（见图5），为分析主导风向对建筑产生的影响提供参考。

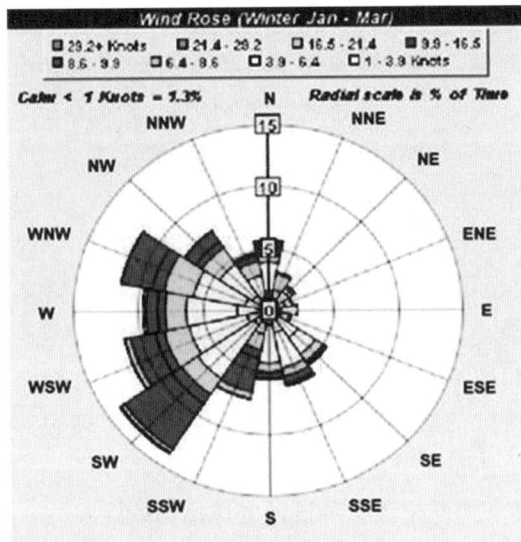

图5 风玫瑰示意图

沈阳城市气候干冷，但春夏秋冬主导风向差别不大，选择并列式的建筑组团更有利于应对低温季节的寒风，降低建筑布局内部受冷风压力的影响。可根据该地 Wind Rose 示意图，充分科学地利用自然资源代替空调等设备的使用，以降低能源的消耗。

4 结论

（1）BIM 技术可辅助提高绿色建筑项目生态环境分析管理工作的工作效率和精准度。将绿色建筑与 BIM 建筑信息技术相结合，以 Revit 模型建模为基础，使用 Ecotect 等软件作为分析载体，在项目设计初期分析绿色建筑布局方案的可行性，利于科学合理的建筑布局设计质量管理。

（2）绿色建筑中应用 BIM 可视化特性、环境因素分析功能可简化整体布局设计管理流程，便于管理者准确把控整体的建筑布局设计思路。并且应用BIM 技术协同生态因素分析和绿色建筑布局整体设计可节约成本，降低资源的消耗和管理的成本。

参考文献：

[1] 陈慧铭. BIM 技术在绿色建筑深化设计及其性能分析中的应用研究 [D]. 沈阳：沈阳建筑大学，2016.

[2] 于智. 寒冷地区坡地建筑布局设计研究 [D]. 哈尔滨：哈尔滨工业大学，2015.

[3] 石媛. 寒冷地区三甲医院能耗分布与建筑布局节能设计研究 [D]. 西安：西安建筑科技大学，2020.

［4］ 孙良，丁少华. 基于风环境模拟的徐州矿区居住区建筑布局研究［J］. 沈阳建筑大学学报（社科版），2017（2）：109-115.

［5］ Maskil - Leitan R，Gurevich U，Reychav I. BIM management measure for an effective green building project［J］. Buildings，2020，10（9）：147.

［6］ 樊梦媛，韩雅轩. 基于 Weather Tool 的建筑被动式设计策略：以福州为例［J］. 产业与科技论坛，2020，19（9）：46-47.

［7］ 王引弟. 基于 BIM 的绿色建筑在设计初期的生态技术因素优化分析［D］. 兰州：兰州交通大学，2018.

基金项目：

辽宁省教育厅基本科研项目（LJKR0211）。

作者简介：

朱雨萱（1998— ），女，河北承德人，土木水利专业研究生，研究方向：工程管理信息化。

张玉琢（1988— ），男，辽宁阜新人，博士，副教授，研究方向：工程管理信息化。

论文仅代表本文作者观点，文责自负——本书编者注。

L 绿色地产 ESG 绩效评价研究

王婉郦 全 彩 贾兰欣

（沈阳建筑大学管理学院，辽宁 沈阳 110168）

摘要：国家"双碳"目标的重大战略决策实施，促使上市公司更加注重企业经营的 ESG 绩效。基于层次分析法，选取适合 L 绿色地产的 ESG 绩效分析指标，构建 ESG 绩效评价体系，针对 L 绿色地产进行 ESG 绩效评价分析。结果表明：2020 年 L 绿色地产 ESG 绩效综合分值为 67.65 分，处于一般与较好之间，偏向于一般，其中，社会绩效分值最低，公司治理绩效分值居中，环境绩效分值最高。为提高企业 ESG 绩效，建议 L 绿色地产改进环境发展战略，提升全员环保意识、落实企业社会责任，完善 ESG 绩效考核制度、增强员工伦理意识，规划公司 ESG 发展路径。

关键词：ESG 绩效；层次分析法；综合分值

L Green Real Estate ESG Performance Evaluation Research

Wang Wanli　Quan Cai

（**College of Management**，**Shenyang Jianzhu University**，**Shenyang 110168**，**China**）

Abstract：The implementation of the major strategic decision of the national "dual carbon" target urges listed companies to pay more attention to the ESG performance of enterprise operation. Based on analytic hierarchy process (AHP), ESG performance analysis indicators suitable for L green real estate were selected to build an ESG performance evaluation system and conduct ESG performance evaluation analysis for L green real estate. It is concluded that in 2020, the comprehensive score of ESG performance of L green real estate is 67.65, which is between average and good, and tends to average. Among them, social performance is the lowest, corporate governance performance is in the middle, and environmental performance is the highest. Therefore, suggestions are put forward: in order to improve ESG performance, L Green Real estate should improve its environmental development strategy, enhance the awareness of environmental protection of all employees, implement corporate social responsibility, improve THE ESG performance appraisal system, enhance the ethical awareness of employees, and plan the development path of ESG.

Keywords：ESG performance；analytic hierarchy process；comprehensive score

1 引言

2021 年中共中央、国务院发布的《关于完整准确全面贯彻新发展理念做好碳达峰碳中和的工作意见》指出为完整、准确、全面贯彻新发展理念，要推动国家经济发展全面绿色转型，将碳达峰、碳中和目标全面融入到社会发展规划中。在此背景下，企业应高度重视 ESG 发展，深耕绿色低碳，全方位助力"双碳"工作高质量发展。2019 年，港交所加强对上市企业 ESG 信息披露要求，升级为不披露需解释的强制性原则。2020 年，沪深所也明确指出企业应当披露 ESG 信息，可以看出各个交易所正在逐步加强对企业 ESG 表现的监管。目前，企业 ESG 绩效竞争力也成为全球主流市场大企业密切关注的问题[1]。建立一个科学合理的企业 ESG 绩效评价体系，

并且针对相关问题进行定性与定量分析，可以使管理者深入了解公司发展 ESG 的效果，进而更好地提升企业核心竞争力。

当前房地产行业上市公司在环境保护及污染治理方面表现较好，但公司治理和社会责任的绩效得分较低[2]。香港证券交易所最早在 2012 年起草了《环境、社会及管治报告指引》，推动港股上市公司重视 ESG 体系，并在 2020 年 12 月更新该指引，保证内容时效性，确保披露信息质量并鼓励企业发行电子报告[3]。张枫（2017）指出我国 ESG 体系在信息披露数量、质量和规范性方面均有不足[4]。刘婧（2020）提出目前国际上没有形成 ESG 评价体系的统一标准，研究机构、学术机构与评价机构评价指标略有差异[5]。王凯等（2022）认为 ESG 绩效评价研

究尚在初始阶段，其相关文章定性分析居多[6]。综上所述，本研究根据企业 ESG 表现选取定性评价指标，并对定性指标予以量化处理，进而确定 L 绿色地产 ESG 绩效综合分值，以期为我国房地产企业 ESG 绩效分析提供可资借鉴的方法。

2 ESG 绩效评价体系

2.1 构建原则

2.1.1 真实性原则

在充分了解 L 绿色地产 ESG 表现的基础上拟定评价指标，筛选出来的指标信息要公正客观、科学准确，最终评测结论才具有说服力。L 绿色地产自 2013 年登录香港资本市场，每年公开披露 ESG 报告（社会责任报告），以该企业在港交所公开的 2020 年 ESG 报告以及企业官方网站所披露的相关信息作为研究资料，确保研究数据真实性。

2.1.2 系统性原则

系统性原则是指 ESG 绩效评价体系涵盖了环境、社会、公司治理 3 个维度，各维度包括不同的分析指标，构建的指标评价体系涉及企业 ESG 绩效评价所有环节，并由各个层级组成一个系统性的评价体系。基于 ESG 视角参考了公司绩效评价研究相关文献，依据国家颁布的绩效评价体系要求及国内外权威金融机构公开 ESG 评级体系，筛选出符合 L 绿色地产企业 ESG 表现的评价指标。

2.1.3 针对性原则

为了保障 L 绿色地产 ESG 绩效评价结果科学有效，在构建评价体系时要切合其行业特征。在选取 ESG 绩效评价指标时，要符合 L 绿色地产实际经营情况，具有针对性地进行评价体系构建。

2.2 评价体系构建

根据 L 绿色地产 ESG 绩效现状，构建 ESG 评价体系。构建原则与指标确定依据相融合确定主要评价指标。ESG 标准是公司运营的一套标准，环境标准考虑的是公司作为自然管家的表现。社会标准考察其如何管理与员工、客户以及所在社区的关系。公司治理涉及公司的领导层、ESG 披露、商业伦理及内部控制[7]。以国际上影响力较大的金融机构，如 MSCI、汤森路透、富时、商道融绿等公开的 ESG 评级指标作为参考，选取 ESG 绩效评价为目标层，环境、社会、公司治理 3 个方面为一级指标，结合 L 绿色地产主要业务活动，将若干个可以反映该公司 ESG 表现的具体指标作为二级指标，为后文 ESG 绩

效评价体系应用做铺垫。

环境方面，随着国内建筑业及房地产业的蓬勃发展，其对环境产生的风险也随之增加。环境方面评价指标也是考察企业 ESG 发展的重点。从国际环境政策角度来看，不同国家对企业环境责任要求不同，主要针对资源利用、排放浓度和污染物排放，以及企业在生产经营过程中建立的环境保护政策[8]。L 绿色地产作为房地产企业，与民众生活密切相关，且对环境产生的影响重大。L 绿色地产主要业务类型为房地产项目开发与销售，对环境产生的影响主要在房地产项目开发阶段。开发阶段涉及绿色建造、绿色采购、绿色设计以及全过程的绿色监控等多个方面，根据 L 绿色地产经营过程中对环境因素影响较大的各个环节，确定环境绩效指标包括环境管理、资源利用、低碳排放、环境负面事件。

社会方面，企业的社会责任指作为一个团体以有益于社会的管理方式开展活动的一种责任。企业拥有良好的社会责任表现也会提升企业品牌信用，增加抵御外部风险的能力，提升企业效益。并且企业社会责任表现强调的是企业在追求自身利益的同时，承担起促进社会环境发展的责任。L 绿色地产主要在员工、客户、产品、社会公益 4 个方面表现突出，并且发展效果以报告形式向社会公开。

公司治理方面，公司治理是管理者对企业经营活动进行监督及控制的整套控制过程，也是企业持续发展的关键因素。L 绿色地产经过多年发展进步，已形成自身的一套 ESG 管理体系。依据 L 绿色地产对公司治理所披露信息的完整度，选取商业伦理、ESG 披露为评价该企业公司治理绩效指标。

3 L 绿色地产 ESG 绩效评价

ESG 绩效评价体系设计是一个多元化指标体系，在分析影响房地产企业 ESG 表现相关因素的基础上，根据行业专家意见构建比较判断矩阵，对各层次指标赋予权重，并进行一致性检验，最终确定 ESG 绩效分值。

3.1 设计递阶层次结构

影响企业 ESG 表现的因素包括环境、社会、公司治理，这也是建立 ESG 绩效评价指标体系的关键因素。从上述 3 个因素对 L 绿色地产 ESG 绩效进行评价，其中：环境绩效指标包括环境管理、资源利用、低碳排放、环境负面事件；社会绩效指标包括员工、客户、产品、社会公益；公司治理绩效指标有商业伦

理、ESG 披露。综上所述，建立 L 绿色地产 ESG 绩效 评价指标体系递阶层次结构，（如图 1 所示）。

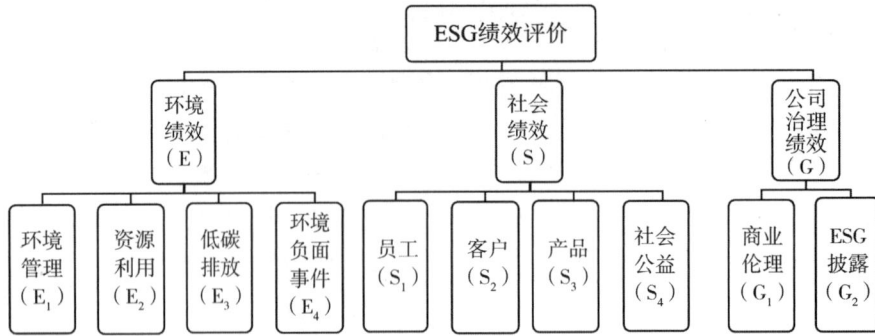

图 1 　L 绿色地产 ESG 绩效评价递阶层次结构

3.2　构建矩阵并计算权重

本文利用 1~9 分等级标度法，采用问卷调查方式请 15 位行业专家（见表1），对同一层次中各指标的重要性进行两两比较打分，得到各层次判断矩阵。

表 1　邀请行业专家基础信息

从事领域	专家姓名	所属公司
高校专家	黄教授	L 高校
	赵教授	D 高校
	包教授	SJ 高校
	刘教授	SL 高校
	吴教授	S 高校
金融审计	齐主管	辽宁日报股权投资
	苗经理	中交东北投资有限公司
	葛所长	辽宁东泉会计师事务所
	王所长	辽宁光明会计师事务所
	徐科长	沈阳市审计局
地产公司	李经理	沈阳万科地产
	林经理	沈阳万科地产
	徐经理	沈阳绿地置业
	刘总监	中交地产
	周总监	信达地产

专家对 E、S、G 一级指标的判断矩阵见表 2。

表 2　专家对 E，S，G 一级指标的判断矩阵

	E	S	G	ω
E	0.55	0.57	0.50	0.54
S	0.27	0.29	0.33	0.30
G	0.18	0.14	0.17	0.16

注：$\lambda_{max} = 3.0092$，$CI = 0.0046$，$CR = 0.0079$。

专家对 E_1 至 E_4 二级指标的判断矩阵见表 3。

表 3　专家对 E_1 至 E_4 二级指标的判断矩阵

	E_1	E_2	E_3	E_4	ω
E_1	0.44	0.46	0.46	0.36	0.43
E_2	0.22	0.23	0.23	0.27	0.24
E_3	0.22	0.23	0.23	0.27	0.24
E_4	0.11	0.08	0.08	0.09	0.09

注：$\lambda_{max} = 4.0206$，$CI = 0.0069$，$CR = 0.0077$。

专家对 S_1 至 S_4 二级指标的判断矩阵见表 4。

表 4　专家对 S_1 至 S_4 二级指标的判断矩阵

	S_1	S_2	S_3	S_4	ω
S_1	0.49	0.53	0.47	0.38	0.47
S_2	0.25	0.27	0.32	0.31	0.28
S_3	0.16	0.13	0.16	0.23	0.17
S_4	0.10	0.07	0.05	0.08	0.07

注：$\lambda_{max} = 4.0513$，$CI = 0.0171$，$CR = 0.0192$。

专家对 G_1、G_2 二级指标的判断矩阵见表 5。

表 5　专家对 G_1、G_2 二级指标的判断矩阵

	G_1	G_2	ω
G1	0.75	0.75	0.75
G2	0.25	0.25	0.25

注：$\lambda_{max} = 2.00$，$CI = 0.00$，$CR = 0.00$。

3.3　特征向量一致性检验

利用 Excel 分别计算特征向量，经检验，各层级特征向量均能通过一致性检验：

$\omega_1 = [0.54, 0.30, 0.16]$；$CR = 0.01 < 0.1$；

$\omega_{21} = [0.43, 0.24, 0.24, 0.09]$；$CR = 0.01 < 0.1$；

$\omega_{22} = [0.47, 0.28, 0.17, 0.07]$；$CR = 0.02 < 0.1$；

$\omega_{23} = [0.75, 0.25]$；$CR = 0.00 < 0.1$。

指标体系权重及专家打分评测见表6。

表6 指标体系权重及专家打分评测

目标层	一级指标	权重	二级指标	权重	专家评价				
					好	较好	中等	较差	差
ESG 绩效评价	环境绩效（E）	0.54	环境管理（E_1）	0.43	4	6	3	1	1
			资源利用（E_2）	0.24	2	3	5	4	1
			低碳排放（E_3）	0.24	4	5	3	2	1
			环境负面事件（E_4）	0.09	1	5	6	2	1
	社会绩效（S）	0.30	员工（S_1）	0.47	2	4	6	2	1
			客户（S_2）	0.28	2	3	6	3	1
			产品（S_3）	0.17	3	5	5	1	1
			社会公益（S_3）	0.07	0	2	5	6	2
	公司治理绩效（G）	0.16	商业伦理（G_1）	0.75	2	3	7	2	1
			ESG 披露（G_2）	0.25	4	6	2	2	1

3.4 L绿色地产ESG绩效评价分值

根据各项指标得分与其权重的乘积，计算出L绿色地产ESG绩效综合分值，见表7。

表7 L绿色地产ESG绩效评价分值结果

（单位：分）

项目	环境绩效（E）	社会绩效（S）	公司治理绩效（G）	综合分值
分值	69.90	64.31	66.33	67.65

结果显示，L绿色地产ESG绩效综合评价为67.65分，评价等级介于较好与一般之间，偏向于一般，由此可见，L绿色地产的ESG表现仍有较大提升空间。从环境绩效方面来看，分值相对接近较好等级，为69.90分，说明该公司的环境表现较好，贡献能力较强；社会绩效分值处于一般等级，为64.31分，说明企业社会绩效表现尚可，仍需进一步落实社会责任；公司治理得分相对接近较好等级，为67.65分，给公司ESG绩效带来负面影响概率较小，经济损失较低。

4 建议

4.1 改进环境发展战略

企业应积极响应关于国家对环境保护的要求，根据环境变化持续改进企业ESG发展战略。与此同时，为企业内部人员开展ESG主题培训活动，邀请专业机构、行业专家介绍最新版颁布的环境保护法以及房地产行业最新的各项污染的防治标准等法律规定，使企业在法律允许范围内大力发展环境绩效。

4.2 落实企业社会责任

作为与民生休戚相关的房地产企业，应将社会责任摆在企业发展的首要位置。在抗击疫情，逐渐推进复工复产的当下，对外，企业应在保障自身生产经营的同时，积极履行社会责任，慷慨捐赠，以义取利，发挥优势，提升企业社会形象；对内，加强ESG部门绩效考核标准，并定期进行相关指标知识测评，测评结果为不合格的员工采取针对性教学方式，保证企业自上而下的ESG管理策略有效的。

4.3 规划公司ESG发展路径

企业可以联合当地企业产业协会开展有关商业道德主题培训活动，组织企业法人、高管和ESG部分工作人员参加活动，督促企业管理层严格遵守商业道德。随着政府及证券交易所对企业公布ESG信息的要求逐渐提高，企业理当积极响应各项要求，并且不断完善内部ESG评价指标。为了提高ESG报告的质量，企业可以接收专业机构咨询服务，全方位地规划企业ESG发展路径。

参考文献：

[1] Gregory Richard Paul. ESG scores and the response of the S&P 1500 to monetary and fiscal policy during th eCovid-19 pandemic [J]. International Review of Econo mics and Finance, 2022, 78 (2)：446-456.

[2] 张红力，周月秋，殷红，等. ESG绿色评级及绿色指数研究 [J]. 金融论坛, 2017, 22 (9)：3-14.

[3] 谢安，顾玲. 港交所祭出ESG新规，如何应对？[J]. 董事会, 2020 (Z1)：28-29.

[4] 张飒. ESG体系在我国的应用研究 [J]. 金融纵横, 2017 (11)：80-85.

[5] 刘婧. 浅析ESG投资理念及评价体系的发展 [J]. 财

经界，2020（30）：65-66.

［6］ 王凯，张志伟. 国内 ESG 评级现状、比较及展望［J］. 财会月刊，2022（2）：137-143.

［7］ Gregory Richard P，Stead Jean Garner，Stead Edward. The global pricing of environmental，social，and gover nance（ESG）criteria［J］. Journal of Sustainable Finance & Investment，2020，11（4）：1-20.

［8］ Sassen R，Hinze A K，Hardeck I. Impact of ESG factors on firm risk in Europe［J］. J. Bus. Econ. 2016，86（10）：867-904.

基金项目：

教育部人文社科青年项目（20YJC790155）。

作者简介：

王婉郦（1983— ），女，辽宁沈阳人，博士，讲师，研究方向：建筑经济、企业管理。

全彩（1996— ），女，辽宁辽阳人，会计专业硕士研究生，研究方向：财务管理、企业管理。

贾兰欣（1999— ），女，山西晋城人，会计专业硕士研究生，研究方向：财务管理、企业管理。

论文仅代表本文作者观点，文责自负——本书编者注。

比亚迪发行绿色债券融资案例分析

张 颜 金晓玲

（沈阳建筑大学管理学院，辽宁 沈阳 110168）

摘要：我国绿色债券市场的发展日渐完善，绿色债券是推动我国低碳经济可持续发展不可或缺的力量，绿色债券融资可以降低绿色企业的融资成本，提升企业绿色品牌形象。以新能源汽车行业的龙头企业——比亚迪股份有限公司为研究对象，分析其财务状况以及发行绿色债券的动因，以期为我国欲发行绿色债券融资的新能源汽车企业提供借鉴意义。

关键词：比亚迪股份有限公司；绿色债券；发行动因

Case Study of GREEN Bond Financing Issued by BYD

Zhang Yan   Jin Xiaoling

（**College of Management**，**Shenyang Jianzhu University**，**Shenyang 110168**，**China**）

Abstract：The development of China's green bond market is improving day by day. Green bond is an indispensable force to promote the sustainable development of China's low-carbon economy. Green bond financing can reduce the financing cost of greenent erprises and improve their green brand image. This paper takes BYD Company Limited the leading enterprise in the new energy v ehicle industry, as the research object, analyze sits financial status and the motivation of issuing green bonds, in order to provide reference for the new energy vehicle enterprises that want to issue green bonds to finance.

Keywords：BYD company limited；green bonds；issuance motivation

1 引言

我国是世界第一大汽车产销大国，随着人们生活水平的提高，汽车作为便捷的代步工具，已逐渐成为人们的生活必需品。在倡导"绿色经济"的大背景下，新能源汽车行业进入发展的关键阶段，面对新能源技术的不断研发创新，新能源汽车行业间的竞争逐渐增大[1]。同时，作为资金和技术密集型的行业，其在新能源汽车芯片、电池能源、智能网联技术等研发都需要大量资金支持。自 2020 年后，新能源汽车产业进入"后补贴时代"，单单依靠政策扶持显然难以实现可持续健康发展。所以，发行绿色债券融资可以拓宽企业融资渠道，满足企业资金需求。

2 绿色债券概念

全球范围内对绿色债券的定义还未形成统一标准，但核心主旨是将绿色债券所募集资金用于绿色资产或项目。例如从发达国家与发展中国家的角度来看，绿色债券的定义和范围划分就有一定区别。发达国家经济发展快，环境污染问题早已显现并已提早开始解决，因为其更关注未来气候变化，所以

将未来气候变化作为绿色债券定义和范围划分的重要因素。而发展中国家正处于经济发展的重要阶段，环境污染问题初步浮现，是亟待解决的重要问题，发展中国家的绿色债券范围更为宽泛，基本上满足节能减排、降耗环保等方面的投资，都可归入"绿色"范围[2]。相比于其他融资方式，绿色债券融资具有资金专款专用、信用评级高、审批效率高、拓展企业多元化融资渠道、优化企业债务期限结构等优势[3]。

目前国际上认可度较高的是气候债券倡议组织发布的《气候债券标准》和国际资本市场协会与国际金融机构合作发布的《中国绿色债券原则》对绿色债券的定义。《气候债券标准》将绿色债券定义成为环境发展或节能项目募集资金的固定收益金融工具。《中国绿色债券原则》将绿色债券定义为合格的绿色项目募集资金的债券工具[4]。我国绿色债券的发行与认定适用于 2020 年中国人民银行发布的《绿色债券支持项目目录（2020 年版）》，包括节能环保产业、清洁生产产业、清洁能源产业、生态环境产业、基础设施绿色升级、绿色服务六大类。

3 比亚迪股份有限公司及其绿色债券的发行

3.1 公司基本情况

比亚迪股份有限公司（以下简称"比亚迪"）总部位于广东深圳，创立于1995年，且先后于2002年、2011年在香港和深圳上市，注册资本为29.11亿元。其业务横跨汽车、轨道交通、新能源和电子四大产业，其中汽车产业是营业收入的主要来源，据比亚迪2021年年报显示，汽车业务营业收入为1124.89亿元，占公司总营业收入的52.04%。为助力实现"碳达峰、碳中和"的人类社会可持续健康发展的目标，比亚迪致力于新能源汽车技术创新，其2020年推出高安全的刀片电池、2021年发布了新一代e平台，凭借强大的科研团队和大力研发投入，已掌握新能源车核心技术，其专利数量、创新度更是稳居中国新能源汽车领域榜首。比亚迪在新能源汽车市场竞争优势明显，行业地位显著，截至2020年，比亚迪连续8年获得国内新能源汽车销量冠军，2021年比亚迪纯电动汽车销量高达32万辆，占全球总销量的43%，更是行业内首个实现新能源汽车销量超过100万辆的中国企业。

3.2 财务状况

本文选取比亚迪2017—2021年的财务数据，分析企业的偿债能力、盈利能力和营运能力。

3.2.1 偿债能力

偿债能力反映企业到期债务的偿还能力，比亚迪的流动比率在2017—2020年稳定上升，但在2021年显著下降，且都低于同行业平均水平；速动比率由2017年的0.79下降为2021年的0.72；资产负债率在近5年也呈逐步下降趋势。这表明比亚迪的偿债能力较差，资产变现能力不强，企业应拓宽融资渠道，提高偿债能力。

3.2.2 盈利能力

盈利能力是指企业在特定时期内获取利润的能力。比亚迪2017—2019年的营业利润率、净利润率、总资产报酬率都呈逐步下降趋势，2019年比亚迪的营业净利率、净利润率、总资产报酬率达到近5年来的最低值，2020年上述3项盈利指标有一定提升，但仍不及2017年的盈利水平，2021年盈利能力又呈下降趋势，这都是比亚迪近年来不断加大投入研发费用导致的，其2020年推出的刀片电池、2021年推出的e平台、DM-i超级混动等运用到新能源汽车领域，实现了比亚迪创新技术的全面发展和核心竞争力的全面提升。

3.2.3 营运能力

营运能力反映企业资产运营的效率，即利用各项资产获得利润的能力。比亚迪除2019年存货周转率有一定下降外，其应收账款周转率、流动资产周转率、固定资产周转率、总资产周转率基本呈上升趋势。比亚迪2019年存货周转率下滑，主要是因为其新能源汽车的销量受到了特斯拉发展的阻碍以及动力电池的装机器量受到了宁德时代发展的阻碍。但总体而言比亚迪的信用状况、经营管理效率等营运能力都呈现逐步向好趋势。

通过对比亚迪的财务状况进行分析，会发现其偿债能力、盈利能力较差，进一步说明比亚迪有必要发行绿色债券，拓宽融资渠道，从而满足其研发投入等资金需求。

3.3 发行绿色债券的情况

比亚迪的融资模式包括留存收益融资、银行借款、发行公司债券、发行绿色债券、股权融资、政府补助、超短期融资券7种融资方式（见表1）。2018年发行绿色债券融资金额为10亿元，占全年债券融资总额的17.86%；2019年发行绿色债券10亿元，占全年债券融资总额的13.33%。相比于其他融资方式，比亚迪发行绿色债券融资规模较小。

表1　2018—2019年比亚迪公司融资状况

（单位：亿元）

融资方式	2018年	2019年
银行借款	446.37	522.80
公司债券	46.00	65.00
绿色债券	10.00	10.00
政府补助	23.33	34.58
超短期融资券	85.00	140.00

比亚迪于2018年12月19日发行第一期绿色债券，债券简称"18亚迪G1"，于2019年6月12日发行"19亚迪G1"。"18亚迪G1"和"19亚迪G1"两期绿色债券在发行规模、债券年限、债券面值和票面利率等方面基本一致，发行规模都为10亿元，债券面值为100元，票面利率为4.98%，债券年限为5年。比亚迪发行两期绿色债券共募集的20亿元资金中，有10亿元用于对新能源汽车以及动力电池的研发投入，剩下10亿元据绿色债券募集说明书显示，"18亚迪G1"募集5亿元资金用于动力电池原材料生产项目以及新能源客车零部件制造项目；"19

亚迪 G1"募集 5 亿元资金则用于动力电池的生产及组装项目。比亚迪先后发行的两期绿色债券是企业转型升级和拓宽融资渠道的重要探索，是实现企业绿色项目可持续发展的重要举措。

4 比亚迪发行绿色债券动因分析

4.1 拓宽融资渠道，满足企业资金需求

随着国民经济发展以及物质生活水平的提高，人们更加关注生活质量，特别是在交通出行方面，低碳环保也逐渐成为国家乃至人民的共同追求，在绿色经济、绿色发展的大环境下，企业绿色转型迫在眉睫。比亚迪作为新能源汽车领域的优质龙头企业，始终坚持"技术为王、创新为本"的发展理念，在新能源汽车、电池、电子等领域不断加大研发投入，进行新能源汽车技术创新。比亚迪处于业务扩张和新能源转型的关键时期，资金需求大，所以企业有必要开拓多元化的融资渠道[5]。相比于普通债券，绿色债券具有发行利率低、债券发行流程简化、效率高等优势，融资成本较低。所以企业发行绿色债券有利于拓宽企业融资渠道，降低融资成本，满足企业资金需求。

4.2 提升企业声誉

"双碳"战略指引绿色、低碳、环保的生活方式，倡导绿色转型与经济发展并驾齐驱。在绿色可持续发展的大背景下，新能源汽车是我国汽车行业的发展主流。企业在追求经济利益的同时，更要积极履行社会责任，以节能减排、保护环境为己任，不断加大新能源技术创新与研发投入，积极推动企业绿色产业转型。比亚迪发行绿色债券融资，将募集资金用于绿色产品研发，响应国家绿色经济可持续健康发展的号召，有利于企业把握市场发展趋势，提升企业品牌形象和在新能源汽车行业的核心竞争力。

4.3 优化企业债务期限结构

由于比亚迪业务扩张及技术研发投入等，企业近 5 年来总负债逐年增长，但长期负债占比基本处于 10%~25% 的较低水平。新能源汽车产业投资回报周期较长，企业若总是依靠短期负债来满足融资需求，则很可能会导致偿还期限过于集中，增加企业的财务风险。2018 年、2019 年比亚迪发行两期绿色债券后，长期负债占比分别为 12.99%，18.8%，明显高于 2017 年，可见比亚迪通过绿色债券融资有利于提高长期负债占比，优化企业债务期限结构。

5 结语

本文对比亚迪发行绿色债券融资进行案例研究，依次介绍了绿色债券概念、比亚迪财务状况等基本情况，以及其发行绿色债券的情况和动因。本文分析比亚迪发行绿色债券融资的动因主要有三个，分别是拓宽融资渠道、提升企业声誉、优化企业债务期限结构。截至 2021 年，我国新能源汽车产业发行过绿色债券的仅有北京汽车、比亚迪、吉利这 3 家企业，而绿色债券作为一种新兴的融资工具，在我国新能源汽车行业还有很大的发展空间。

参考文献：

[1] 郑颖昊. 经济转型背景下我国绿色债券发展的现状与展望 [J]. 技术经济与管理研究，2016（5）：65-69.

[2] 柴洪，杨林娟. 我国绿色债券发展现状及路径选择 [J]. 中国集体经济，2019（35）：74-76.

[3] 孙丹阳. 关于新能源企业绿色债券融资模式的研究 [J]. 财经界，2020（34）：45-47.

[4] 方文龙，丘雨田，杨佳乐，等. 我国企业发行绿色债券引起企业股价波动的因素分析 [J]. 时代金融，2021（22）：39-41.

[5] 陈为梅. 比亚迪公司新能源汽车融资模式研究 [D]. 济南：山东大学，2019.

作者简介：

张颜（1998— ），女，湖北荆门人，会计学专业硕士研究生，研究方向：管理会计与财务决策。

金晓玲（1978— ），女，辽宁沈阳人，硕士，副教授，研究方向：法务会计、内部控制与风险管理。

论文仅代表本文作者观点，文责自负——本书编者注。

房地产企业分拆上市动因及经济效果研究

张逸凡　刘益彤

（沈阳建筑大学管理学院，辽宁　沈阳　110168）

摘要：通过分析保利发展分拆保利物业的案例，发现融资需求、市值管理及管理层激励是保利发展分拆上市的主要动因，其中市值的提升是主要的原动力。进一步的研究发现，保利发展和保利物业的行业特征、资产结构、项目周期和成长空间均存在一定程度的不同，将物业管理从房地产企业当中释放出来进行分拆上市，是获得融资并释放价值很好的选择。

关键词：房地产企业；分拆上市；动因；影响机制

Research on the Cause and Effect of Real Estate Enterprises' Spin-off

Zhang Yifan　Liu Yitong

（**College of Management**，**Shenyang Jianzhu University**，**Shenyang 110168**，**China**）

Abstract：By analyzing the case of Poly Development's spin-off of Poly Property，it is found that financing needs，market value management and management incentives are the main reasons for Poly Development's spin-off and listing，and the increase in market value is the main driving force. Further research found that there are certain differences in the industry characteristics，asset structure，project cycle and growth space of Poly Development and Poly Property. The release of property management from real estate companies for spin-off and listing is the only way for Poly Development to obtain financing and release option.

Keywords：real estate enterprises；spin-off；motivation；influence mechanism

1 引言

2019 年 12 月 19 日，保利发展将旗下保利物业在香港成功分拆上市，本次发行是香港资本市场史上最大规模的物业公司 IPO。2014 年彩生活作为第一支上市的物业企业，开启了物业企业的上市热潮，大量房地产商将旗下物业板块分拆上市。为什么房地产企业倾向于将物业管理部分配置到 IPO 中？其主要动机是什么？是否会增加公司的整体价值？影响内因是什么？分拆上市是指母公司将业务板块或子公司独立出来，首次公开募股进行上市。Lang 认为分拆上市的行为意味着存在融资需求，利用上市获得的融资资金改善总公司的经营状况[1]。Comment 和 Jarrell 研究发现，上市公司业务的集中程度和公司价值呈正比[2]。朱琳认为，公司价值被低估时，分拆上市是使市场重新评定公司价值的手段，从而提升公司利益[3]。Aron 指出当高管的收益与公司股价相关，管理层会作出最优于公司的决策[4]。然而张国富运用事件研究法发现，分拆上市并不一定会在短期内产生积极影响[5]。

分拆上市是否会对企业有正向影响，需要考虑企业管理者能否合理运用资本市场资金，结合公司自身情况进而创造财富。本文以保利发展为例，研究分拆上市是否会对企业产生正向作用。

2 保利发展分拆上市的动因分析

保利发展控股成立于 1992 年，以不动产投资开发、资产运营、资本运作为基础，提供基于行业生态系统的综合服务。2006 年 7 月 31 日，保利发展主板上市，2021 年公司的营业收入达到 2850 亿元，是我国最大的房地产开发企业之一。1996 年，保利物业成立，2005 年，成为业内首批获得物业管理一级资质的企业。2019 年 12 月 19 日，保利物业在港交所主板成功上市。

2.1 融资需求动因

保利物业上市首个交易日，全日最高股价每股 36.83 元，收市报每股较发售价上升 29.20%，股份全日总成交量约 8.83 千万股，总成交金额约 30.4 亿元。2017—2019 年，经营活动产生的现金流净额合计 217.87 亿元，投资活动产生的现金流净额合计—409.08 亿元，详细数据详见表 1。3 年合计的经营活动现金流净额比投资活动产生的现金流净额存在缺口 191.21 亿元，说明保利发展存在一定的融资需求。

表 1　保利物业 2017—2019 年现金流净额

（单位：亿元）

项目	2017 年	2018 年	2019 年
经营活动现金流净额	-292.61	118.93	391.55
投资活动现金流净额	-169.51	-134.59	-104.98

2.2　核心化战略动因

核心化战略动因认为母公司需要提高业务集中度，以分拆前一年即 2018 年的数据为例，保利发展的营业总收入为 1946 亿元，保利物业的营业总收入为 42.29 亿元，占比 2.17%。保利发展资产合计为 8464.94 亿元，保利物业资产合计为 25.52 亿元，占比 0.3%。可见基本可以排除核心化战略的动因。

2.3　市值管理动因

市值管理动因主要基于信息不对称理论。分拆上市之前，保利物业 2018 年的营业收入为 42.29 亿元，净利润为 3.361 亿元，2019 年 11 月 29 日，保利发展的市盈率为 7.77 倍，保利物业的市场价值约为 26 亿元。2019 年 12 月 19 日，保利物业成功分拆上市，上市当天市值突破 194 亿元，以不分拆情况的市场价值作为对照，分拆后市值增加了 7.46 倍，2022 年 4 月 1 日，保利发展的市值为 2180 亿元，而保利物业的市值为 256 亿元，从数值来看，保利物业的市值占保利发展的 12% 左右。可以判断，保利发展分拆存在市值管理的动因。

2.4　管理层激励动因

保利物业披露的年度报告显示，保利物业未实施员工股份激励计划，采取了绩效激励的方式。保利物业的管理层在保利发展分拆后，薪酬有明显增加，高管薪酬情况见表 2。分拆上市有很明显的激励管理层的表现。

表 2　保利物业 2018—2021 年高管薪酬情况

单位：千元

姓名	2018 年	2019 年	2020 年	2021 年
黎家河	2115	2484	2193	—
吴兰玉	1447	2272	2953	3255
非董事薪酬最高 3 位人员合计数	3807	4604	5792	7998

综上，保利发展分拆子公司保利物业上市，最主要的动因是融资激励和市值管理及管理层激励。

3　保利发展分拆上市的经济效果

3.1　基于行业周期性研究

房地产行业具备很强的周期性，今年在政策调控之下，房地产销售额逐渐紧缩。从图 1 可以看出，保利发展的营业收入及净利润波动幅度较大，这与房地产的行业周期性特征相关。而物业行业周期性较弱，收入与利润相对稳定。

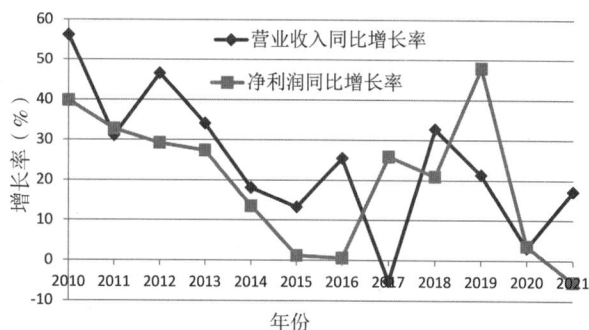

图 1　保利发展 2010—2021 年营业收入与净利润同比增长率

从经营活动现金流净额（见图 2）可以看出，保利发展的经营活动现金流净额波动较大，在最近两年中总体呈现下降趋势，而物业收费可以为物业管理公司提供稳定可持续的现金流，保利物业则呈现相对上升趋势。

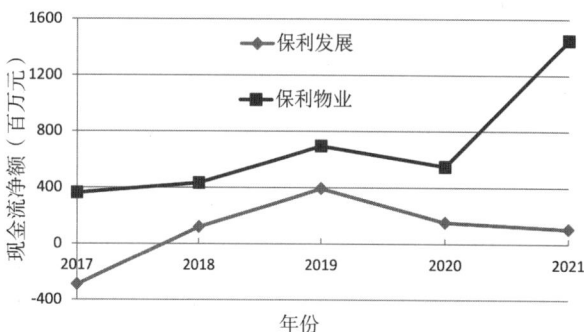

图 2　保利发展、保利物业 2017—2021 年经营活动现金流净额对比

3.2　基于资产特征研究

房地产业是典型的资金密集行业，属于重资产行业。而保利物业作为物业管理企业，采用轻资产运营模式，相对于保利发展，更多的是依靠人力管理和科技生产力，并非资本的投入和扩增。

2021 年，保利发展的存货占总资产的 57.83%，现金类仅占总资产的 12.24%。相比之下，保利物业的存货只占总资产的 0.45%，现金类占总资产的 69.04%，财务弹性优势明显。

从资产负债率方面来看，保利发展在 2021 年高达 78.36%，而保利物业只有 38.15%，这是由于其轻资产运营模式所致。保利发展的运营模式需要庞大的资本体系，且商业模式较为特别，通常有大量的预售，这些预售在资产负债表上反映为预收款项，最终变成收入。

从运营效率来看，2021 年保利发展的总资产周转率 0.215，存货周转率 0.269。而保利物业的总资产周转率达到 1.048，存货周转率高达 173.3，运营效率表现良好。

3.3 基于成长空间研究

数据显示，中国的城市化进程即将结束，开发商的房地产销售额正在下降，但业主在购房后仍然需要持续的物业服务，因此物业服务成为房地产企业的新焦点。研究报告显示，物业管理行业管理总面积从 2015 年的 175 亿平方米增长到 2021 年的 266 亿平方米，总收入从 2015 年的 3983 亿元增长到 2021 年的 6880 亿元。2018 年，保利物业的营业收入只有 42.29 亿元，保利发展的营业收入达到 1946 亿元，子公司的影响力较小，很难作出重要决策。而分拆后，保利发展的业绩增长连带保利物业管理面积的扩增，同时，上市使得保利物业有更多的资金和动力进行扩张，2019 年保利物业在管面积为 2.87 亿平方米，2020 年为 3.8 亿平方米，到了 2021 年为 4.65 亿平方米。将保利物业的物业管理面积来源做进一步区分，见表 3。

表 3 保利发展 2017—2021 年管理面积分布 　　　　　　　　　　　　　　　　（单位：%）

项目	2017 年	2018 年	2019 年	2020 年	2021 年
保利发展参与开发的物业占比	86.1	57.4	44.9	40.1	40
外拓项目开发的物业占比	13.9	42.6	55.1	59.9	60

由表 3 可知，外拓项目的物理管理面积略有增加，反映保利物业因分拆上市使得独立性日益增强。另一方面，分拆上市有利于公司扩大其传统的经营范围，开辟新的业绩点。

表 4 为保利物业各项业务的毛利率，以 2021 年为例，保利物业的主要收入来源物业管理服务毛利率仅 14.3%，而非业主增值服务达到 18.7%，社区增值服务更是高达 31.4%。所以，增值服务市场的拓展有益于保利物业提升盈利水平。

表 4 保利物业 2017—2021 年各项业务的毛利率 　　　　　　　　　　　　　　　　（单位：%）

项目	2017 年	2018 年	2019 年	2020 年	2021 年
物业管理服务收入毛利率	13.7	14.1	14.2	14.2	14.3
非业主增值服务毛利率	20.0	20.1	20.3	20.6	18.7
社区增值服务毛利率	46.2	48.4	40.7	30.3	31.4

4 结论

总之，保利发展分拆保利物业上市产生了正向的影响。一方面市场对保利物业的实际价值存在一定程度的低估，而分拆上市则为企业提供价值重估的机会。另一方面由于行业原因，物业管理公司受益于房地产市场的红利，但不必承担与房地产市场周期性波动相关的成本问题，同时分拆上市带来了更大的独立性并扩大业务范围，可以持续增加公司价值，进而促进母公司价值的提升。

参考文献：

[1] Lang L, Poulsen A, Stulz R. Asset Sales , Firm Performance, and the Agency Costs of Managerial Discretion [J]. Journal of FinancialEconomics, 1995 (1)：337.

[2] Comment R, Jarrell G A. Corporate Focus and Stock Returns [J]. Journal of Financial Economics, 1995 (1)：67-87.

[3] 朱琳，刘钟敏. 分拆上市背景下管理层激励与企业价值研究：以药明康德为例 [J]. 管理会计研究，2021，4 (5)：62-73+88.

[4] Aron. Using the Capital Market as a Monitor：Corporate Spinoffs in an Agency Framework [J]. The Rand Journal of Economics , 1991 (4)：505-518.

[5] 张国富，方盈盈. 佳兆业分拆上市财务绩效研究 [J]. 合作经济与科技，2021 (17)：152-153.

基金项目：

辽宁省教育厅人文社科项目（LJKR0211）；学位与研究生教育研究课题（2020ZDB96）。

作者简介：

张逸凡（1998— ），女，辽宁锦州人，会计学专业硕士研究生，研究方向：财务会计、财政税收。

刘益彤（1989— ），女，山西太原人，博士，讲师，研究方向：财政税收、财务管理。

论文仅代表本文作者观点，文责自负——本书编者注。

基于灰色层次分析法的装配式建筑碳排放评价研究

蒋雨欣　王　静

（沈阳建筑大学管理学院，辽宁　沈阳　110168）

摘要：装配式建筑逐渐成为代替传统现浇施工的方案，很少考虑日渐严峻的碳排放环境。以碳排放量为基础，根据碳排放的影响因素及碳排放过程中能源与资源的消耗，构建基于功能指标、经济指标、碳排放指标的评价指标体系，运用灰色层次分析法建立装配式建筑碳排放评价模型，从而对装配式建筑碳排放效果进行综合评估。结合实际装配式项目进行分析，验证该评价体系的准确合理性。

关键词：装配式建筑；碳排放；灰色层次分析法；评价

Carbon Emission Evaluation of Prefabricated Buildings Based on Grey Analytic Hierarchy Process

Jiang Yuxin　Wang Jing

（**College of Management，Shenyang Jianzhu University，Shenyang 110168，China**）

Abstract：In view of the fact that the prefabricated building has gradually become a scheme to replace the traditional cast-in-place construction，the increasingly severe carbon emission environment is rarely considered. Based on carbon emission，this paper describes the consumption of energy and resources in the process of carbon emission，constructs a comprehensive evaluation system based on functional indicators，economic indicators and carbon emission indicators，quantifies the evaluation indicators，evaluates the carbon emission effect of prefabricated buildings by using grey analytic hierarchy process，and establishes the carbon emission evaluation level of prefabricated buildings. Combined with the actual assembly project，the accuracy and rationality of the evaluation system are verified.

Keywords：prefabricated building；carbon emissions；grey analytic hierarchy process；evaluate

1 引言

2020 年 9 月，我国对国际社会作出承诺，努力在 2060 年前实现碳中和。根据联合国政府间气候变化专门委员会（IPCC）的调查，建筑物排放的二氧化碳占全球总排放的 36%[1,2]。装配式建筑具有节约资源、缩短工期、减少污染、绿色环保等特点[3,4]，在减少碳排放方面具有独特的优势。

当前装配式建筑碳排放的研究重心，多集中于建筑生命周期中各阶段的碳排放测算。郑晓云以装配式建筑资源及能源的消耗量为基准，对某轻钢装配式建筑全寿命系统的二氧化碳排放量进行计算[5]。孙艳丽以模糊综合评价法将综合评价等级划分为 A，AA，AAA 级，构建了碳排放评价模型[6]。由于分类等级较少，在实际建造过程中较难控制和管理，为了企业能更加精准控制管理建筑各阶段的碳排放来源，需要将分类等级细化。细化碳排放评价等级，可以在实际控制和管理中得到更好的应用。

本文为考虑实际应用中的控制和管理，采用灰色评价模型，划分装配式建筑碳排放评语集合，将评价指标进行定性与定量的结合，构建综合评价体系。该综合评价体系应用于建筑实际项目中，可以使企业为达到碳减排效果及时制定相应管理措施。

2 装配式建筑碳排放评价模型构建

2.1 基于层次分析法的指标权重计算

评价指标体系细分为目标层（A 层）、准则层（B 层）、次准则层（C 层）、指标层（D 层），通过分析对于 A，B_i，C_i 而言，B_i 对 B_j，C_i 对 C_j，D_i 对 D_j 的相对重要性，相对重要性利用 1—9 比例标度赋值，得到判断矩阵 A，B_i（$i=1$，2，3），C_i（$i=1$，2，…，8），然后采用方根法确定各评价指标的对应权重值，见表 1，最后通过计算最大特征根对判断矩阵的一致性进行判断。当 $CR \leqslant 0.10$ 时，认为判断矩阵有满意的一致性[7]。

表 1　装配式建筑碳排放评价指标权重值

目标层	准则层（B）	权重	次准则层（C）	权重	指标层（D）	权重	总权重
装配式建筑的碳排放评价（A）	功能指标（B₁）	0.637	能源节约（C₁）	0.355	电（D₁）	0.571	0.203
					柴油（D₂）	0.286	0.102
					煤（D₃）	0.143	0.051
			资源回收（C₂）	0.159	废弃物回收量（D₄）	1.000	0.159
			施工组织（C₃）	0.061	施工组织的合理性（D₅）	0.105	0.006
					新型工艺的应用（D₆）	0.258	0.016
					采用新型施工机械的程度（D₇）	0.637	0.039
			管理组织（C₄）	0.061	建筑节能管理规划（D₈）	0.750	0.046
					新型从业人员素质（D₉）	0.250	0.015
	经济指标（B₂）	0.258	成本（C₅）	0.258	人工费用（D₁₀）	0.049	0.013
					材料费用（D₁₁）	0.331	0.085
					机械费用（D₁₁₂）	0.102	0.026
					措施项目费（D₁₃）	0.102	0.026
					吊装费用（D₁₄）	0.304	0.078
					回收费用（D₁₅）	0.112	0.029
	碳排放指标（B₃）	0.105	能源消耗（C₆）	0.051	电消耗（D₁₆）	0.637	0.032
					油消耗（D₁₇）	0.258	0.013
					煤消耗（D₁₈）	0.125	0.005
			资源消耗（C₇）	0.044	材料消耗量（D₁₉）	1.000	0.044
			废弃物产生（C₈）	0.010	废弃物产生量（D₂₀）	1.000	0.010

2.2　确定评价结果和评价矩阵

建立评语集合 $V=\{$ 优秀，良好，中等，较差 $\}$，按 10 分制进行打分，量化评语集合 $V=\{10，8，6，4\}$；邀请 k 个评价家根据评语集合对第 V_{ij} 个评价指标进行打分分数，建立评价矩阵 D：

$$D=\begin{pmatrix} d_{111} & d_{112} & \cdots & d_{11k} \\ d_{121} & d_{122} & \cdots & d_{12k} \\ \vdots & \vdots & \vdots & \vdots \\ d_{611} & d_{612} & \cdots & d_{61k} \end{pmatrix}$$

其中，V_{ij} 表示第 i 层的第 j 个指标；d_{ijk}（$i=1，2，3，\cdots，k$）为表示第 k 个评价者对指标下评价指标的评分。

2.3　确定评价灰类

因评价等级按照优秀、良好、中等、较差进行划分，设灰类 $e=(1，2，3，4)$，第一灰类为"优秀"，灰数 $\otimes_1 \in [10，\infty)$，将白化权函数设为 f_1；第二灰类为"良好"，灰数 $\otimes_2 \in [0，8，16]$，将白化权函数设为 f_2；第三灰类为"中等"，灰数 $\otimes_3 \in [0，6，12]$，将白化权函数设为 f_3；第四灰类为"较差"，$\otimes_4 \in [0，4，8]$，将白化权函数设为 f_4。每一类白化权函数如下：

$$f_1(d_{ijk})=\begin{cases} \dfrac{d_{ijk}}{10} & d_{ijk} \in [0，10] \\ 1 & d_{ijk} \in (10，\infty) \\ 0 & 其他 \end{cases} \tag{1}$$

$$f_2(d_{ijk})=\begin{cases} \dfrac{d_{ijk}}{8} & d_{ijk} \in [0，8] \\ \dfrac{16-d_{ijk}}{8} & d_{ijk} \in (8，16] \\ 0 & 其他 \end{cases} \tag{2}$$

$$f_3(d_{ijk})=\begin{cases} \dfrac{d_{ijk}}{6} & d_{ijk} \in [0，6] \\ \dfrac{12-d_{ijk}}{6} & d_{ijk} \in (6，12] \\ 0 & 其他 \end{cases} \tag{3}$$

$$f_4(d_{ijk})=\begin{cases} \dfrac{d_{ijk}}{4} & d_{ijk} \in [0，4] \\ \dfrac{8-d_{ijk}}{6} & d_{ijk} \in (4，8] \\ 0 & 其他 \end{cases} \tag{4}$$

2.4　计算灰色评价系数及灰色评价权矩阵

计算评价指标在第 e 个等级下的灰色评价系数，记作 x_{ije}，公式如下：

$$x_{ije} = \sum_{i=1}^{k} f_e(d_{ijk}) \qquad (5)$$

总灰色评价系数记作 x_{ij}，公式如下：

$$x_{ij} = \sum_{e=1}^{4} x_{ije} \qquad (6)$$

将评价指标体系中各指标第 e 灰类的模糊评价权记作 γ_{ije}，公式如下：

$$\gamma_{ije} = \frac{x_{ije}}{x_{ij}} \qquad (7)$$

分别计算 4 个评价灰类等级，可以构成评价指标因素 V_{ij} 对于各评价灰类的灰色评价权向量 $\gamma_{ij} = (\gamma_{ij1}, \gamma_{ij2}, \gamma_{ij3}, \gamma_{ij4})$，设得到灰色评价权矩阵为：$Y_i = (\gamma_{i1}, \gamma_{i2}, \cdots, \gamma_{ij})^T$。

2.5 综合评价

对各层次评价指标 V_{ij} 组成的向量 V_i 进行的综合评价记为 C_i，则：

$$C_i = W_i Y_i = (c_{i1}, c_{i2}, \cdots, c_{if}) \qquad (8)$$

综合各评价指标层的灰色评价权矩阵设为：$R = (C_1, C_2, \cdots, C_K)^T$，记 C 为对碳排放评价 m 层的综合评价值，则：

$$C = WR \qquad (9)$$

按"灰水平"将各评价等级赋值，灰类等级分别取值，因此 $V = (10, 8, 6, 4)$，则对装配式建筑碳排放的综合评价结果为：

$$Z = CV^T \qquad (10)$$

依据最终计算的评价分数，确定该评价指标的具体等级。

3 实证研究

本文研究工程为四川省成都市某大学校区配套区的 3 号宿舍楼，该宿舍楼面积为 7870.1 m²，预制率为 45%，其预制构件涉及装配内填充墙、预制楼梯、装配式 U 型轻钢龙骨、预制沟盖板、装配式叠合楼板。利用以上构建的碳排放评价指标体系，进行装配式建筑全生命周期碳排放评价研究。

3.1 评价指标计算

3.1.1 废弃物分析

通过分析可以得到装配式建筑中砂浆废弃物明显减少；预制部分采用钢模板，使得木材废弃物降至最低，见表 2。

表 2 装配式建筑现浇与预制部分废弃物量

废弃物	现浇部分	预制部分	单方减少	节约率（%）
混凝土（m³）	21.48	54.53	0.01	47.9
钢筋（kg）	1021.30	2527.30	0.41	45.9
砂浆（t）	800.48	267.80	0.65	92.9
木材（m²）	365.50	—	0.32	100.00

3.1.2 施工组织和管理组织分析

通过分析，本工程项目考虑了预制构件及施工机具的场地布局，降低交通碳排放。考虑了节能规划对后期碳排放的影响，通过安装太阳能热水系统，选择节能照明设施，达到建筑节能的目标；但由于地处南方，无法采用集中供暖，因此会增加使用阶段空调采暖的碳排放。同时在项目实施时，分别制定用能、用水管理办法，以便项目相关人员合理控制各阶段能耗。

3.1.3 成本分析

由单位工程报表可以得知，该项目各项成本费用，见表 3。

表 3 装配式建筑现浇与预制部分成本费用

（单位：元/m²）

费用	现浇部分	预制部分
人工费用	268.90	145.35
材料费用	256.91	856.37
机械费用	49.65	68.92
吊装费用	—	58.33
措施项目费	288.01	
回收价值	169.04	

3.1.4 能源分析

电、柴油、煤的消耗量分别以各阶段能耗进行分析，包括生产构件、运载设备、施工设备、各使用设备、拆卸机具的能耗，结果见表 4。

表 4 装配式建筑现浇与预制部分能源消耗量

能源	现浇部分	预制部分	单方节约	节约率（%）
电（kW·h）	9178.9	30560.7	2.3	28.7
柴油（L）	1044.4	3325.4	0.3	32.9
煤（kg）	0	7358.5	-1.4	—

3.1.5 材料消耗分析

依据工程量清单计算及实际工程情况计算得到该项目的建材消耗，具体结果见表 5。可以看出与该建筑现浇部分相比，该项目建筑材料中的混凝土与钢筋消耗比较高，但在其他建材的使用上都有所减少。

表5 装配式建筑现浇与预制部分材料消耗量

材料	现浇部分	预制部分	单方节约
混凝土（m³）	590.80	2900.64	-0.02
钢筋（t）	107.48	515.78	-0.002
木材（m²）	456.88	298.50	0.40
水（m³）	1148.68	3188.46	0.34
砂浆（t）	23.83	21.14	0.01
保温材料（kg）	4750.47	9644.89	2.08

3.2 综合评价

首先，根据评语集合分数，通过咨询3位相关领域专家对最低指标层各评价指标打分，则该项目碳排放的评价样本矩阵为 $D = (D_1, D_2, \cdots, D_8)^T$：

$$D_1 = \begin{pmatrix} 9 & 8 & 8 \\ 9 & 9 & 8 \\ 5 & 4 & 5 \end{pmatrix} \quad D_2 = (9 \quad 7 \quad 8);$$

$$D_3 = \begin{pmatrix} 7 & 6 & 8 \\ 8 & 7 & 7 \\ 7 & 6 & 6 \end{pmatrix} \quad D_4 = \begin{pmatrix} 7 & 7 & 6 \\ 5 & 6 & 5 \end{pmatrix};$$

$$D_5 = \begin{pmatrix} 8 & 9 & 8 \\ 7 & 6 & 7 \\ 6 & 7 & 8 \\ 7 & 6 & 8 \\ 6 & 5 & 7 \\ 8 & 8 & 9 \end{pmatrix} \quad D_6 = \begin{pmatrix} 8 & 7 & 8 \\ 9 & 8 & 9 \\ 5 & 5 & 4 \end{pmatrix};$$

$$D_7 = (8 \quad 7 \quad 8) \quad D_8 = (9 \quad 8 \quad 8)$$

通过公式（1）和公式（5）计算指标 C_1 的第一个评价灰类的评价系数为：

$$x_{111} = \sum_{i=1}^{3} f_1(d_{11j}) = f_1(9) + f_1(8) + f_1(8) = 2.5$$

同理可得，$x_{112} = 3.125$，$x_{113} = 1.83$，$x_{114} = 0$，则依据公式（6）计算可以得到该评价指标总灰色评价系数 $x_{11} = x_{111} + x_{112} + x_{113} + x_{114} = 7.455$，依据公式（7）计算灰色评价权向量为：

$$\gamma_{11} = \left(\frac{x_{111}}{x_{11}}, \frac{x_{112}}{x_{11}}, \frac{x_{113}}{x_{11}}, \frac{x_{114}}{x_{11}} \right)$$
$$= (0.335, 0.419, 0.245, 0)$$

同理可计算指标 C_2，C_3，$\cdots$，C_8 的灰色权重评价向量，得到灰色评价权矩阵为 $Y = (Y_1, Y_2, \cdots, Y_8)^T$：

$$Y_1 = \begin{pmatrix} 0.335 & 0.419 & 0.245 & 0 \\ 0.370 & 0.392 & 0.238 & 0 \\ 0.175 & 0.219 & 0.292 & 0.313 \end{pmatrix}$$

$$Y_2 = (0.324 \quad 0.371 \quad 0.271 \quad 0.034)$$

$$Y_3 = \begin{pmatrix} 0.263 & 0.329 & 0.314 & 0.094 \\ 0.253 & 0.353 & 0.300 & 0.064 \\ 0.227 & 0.284 & 0.339 & 0.150 \end{pmatrix}$$

$$Y_4 = \begin{pmatrix} 0.245 & 0.306 & 0.326 & 0.122 \\ 0.194 & 0.242 & 0.322 & 0.242 \end{pmatrix}$$

$$Y_5 = \begin{pmatrix} 0.347 & 0.398 & 0.255 & 0 \\ 0.245 & 0.306 & 0.326 & 0.122 \\ 0.263 & 0.329 & 0.314 & 0.094 \\ 0.263 & 0.329 & 0.314 & 0.094 \\ 0.219 & 0.274 & 0.324 & 0.183 \\ 0.347 & 0.398 & 0.255 & 0 \end{pmatrix}$$

$$Y_6 = \begin{pmatrix} 0.303 & 0.378 & 0.286 & 0.033 \\ 0.370 & 0.392 & 0.238 & 0 \\ 0.175 & 0.219 & 0.292 & 0.313 \end{pmatrix}$$

$$Y_7 = (0.303 \quad 0.378 \quad 0.286 \quad 0.033)$$

$$Y_8 = (0.370 \quad 0.392 \quad 0.238 \quad 0)$$

依据公式（8）计算得到综合碳排放各评价指标层的灰色评价权矩阵 R：

$$R = \begin{pmatrix} 0.206 & 0.257 & 0.150 & 0 \\ 0.324 & 0.371 & 0.271 & 0.034 \\ 0.238 & 0.307 & 0.326 & 0.122 \\ 0.191 & 0.239 & 0.255 & 0.100 \\ 0.257 & 0.316 & 0.312 & 0.115 \\ 0.310 & 0.370 & 0.280 & 0.060 \\ 0.303 & 0.378 & 0.286 & 0.033 \\ 0.370 & 0.392 & 0.328 & 0 \end{pmatrix}$$

根据公式（9）计算得到综合评价值：$C = WR = (0.246, 0.299, 0.239, 0.053)$。最后根据公式（10）可以得出该装配式建筑碳排放的综合评价结果 $Z = C \times (10, 8, 6, 4)^T = 6.50$，故判断该项目的碳排放结果为中等水平。

4 结论

本文采用灰色层次分析法，依据功能指标、经济指标、碳排放指标构建了装配式建筑碳排放评价体系，细化了评价等级。并以四川省成都市某大学校区宿舍楼为例，得出该建筑碳排放水平处于中等水平，证明了碳排放评价体系的可行性。

参考文献：

[1] 王幼松，杨馨，闫辉，等. 基于全生命周期的建筑碳排放测算：以广州某校园办公楼改扩建项目为例 [J]. 工程管理学报，2017，31（3）：19-24.

［2］ Mei Shang, Haochen Geng. A study on carbon emission calculation of residential buildings based on whole life cycle evaluation ［J］. E3S Web of Conferences, 2021, 261: 1-7.

［3］ Tang Xiaoqiang. Research on Comprehensive Application of BIM in Green Construction of Prefabricated Buildings ［J］. IOP Conference Series: Earth and Environmental Science, 2021, 760 (1): 1-6.

［4］ 陈居铮. 装配式建筑发展现状及趋势 ［J］. 中国住宅设施, 2021 (4): 108-109.

［5］ 郑晓云, 徐金秀. 基于 LCA 的装配式建筑全生命周期碳排放研究: 以重庆市某轻钢装配式集成别墅为例 ［J］. 建筑经济, 2019, 40 (1): 107-111.

［6］ 孙艳丽, 刘娟, 夏宝晖, 等. 预制装配式建筑物化阶段碳排放评价研究 ［J］. 沈阳建筑大学学报 (自然科学版), 2018, 34 (5): 881-888.

［7］ 杨柳, 张芬芬. 基于三标度法的 AHP 法在城市空间发展方向决策中的应用: 以四川省开江县为例 ［J］. 室内设计, 2013, 28 (2): 57-63.

作者简介:

蒋雨欣 (1998—), 女, 山西阳泉人, 土木水利专业硕士研究生, 研究方向: 房地产市场分析。

王静 (1981—), 女, 辽宁朝阳人, 硕士, 副教授, 研究方向: 技术经济及管理、房地产投融资。

论文仅代表本文作者观点, 文责自负——本书编者注。

基于熵权–TOPSIS法的装配式构件厂商选择研究

赵　耀　常春光

（沈阳建筑大学管理学院，辽宁　沈阳　110168）

摘要：针对装配式构件厂商选择中各评价指标无法公度的问题，将评价指标归纳为4个评价维度，对其进行二级分解、定量化处理；运用逼近理想排序法（TOPSIS法）可对数据进行无量纲处理的特性，对数据进行公度处理；引入熵权法根据数据的离散程度对评价指标进行客观赋权，修正了TOPSIS评价模型中未考虑数据变异程度而导致方案排序不够精确的问题；以实际案例计算出客观条件下各装配式构件厂商选择的顺序，并给出相关结论建议。

关键词：熵权法；TOPSIS模型；装配式构件厂商；综合评价

Study of Entropy–based–TOPSIS Method in Selection of Assembly Component Manufacturers

Zhao Yao　Chang Chunguang

（**College of Management**，**Shenyang Jianzhu University**，**Shenyang 110168**，**China**）

Abstract：To address the problem that the evaluation indexes in the selection of assembly component manufacturers cannot be metric. This paper firstly summarizes the evaluation indexes into four evaluation dimensions, and decomposes and quantifies them at the second level. Secondly, using the property that the approximation ideal ranking method（TOPSIS method）can be dimensionless to the data, the data are metricized, and the entropy weighting method is introduced to objectively assign the evaluation indexes according to the dispersion degree of the data. The objective weighting of the evaluation indexes according to the dispersion degree of the data is also introduced, which corrects the problem that the ranking of solutions is not accurate enough due to the failure to consider the degree of data variation in the TOPSIS evaluation model. Finally, the order of selection of each assembly component manufacturer under objective conditions is calculated with a practical case, and relevant conclusions and recommendations are given.

Keywords：entropy weight method；TOPSIS model；assembly component manufacturers；comprehensive evaluation

1 引言

随着建筑产业化的推进，装配式建筑在建筑施工中所占比例逐渐增加，政府通过将预制率和装配率嵌入到地块出让条件中，使得装配式建筑的推行范围逐渐扩大。根据现行装配式建设标准对于装配式建筑定义，由预制构件（PC构件）在施工现场而装配形成的建筑称为装配式建筑。相对于传统的现浇建筑，装配式建筑主要是由PC构件组成，其施工时间、费用构成、工程质量、项目安全都与装配式预制构件密切相关，因此，采用合理的评价指标及评价模型对装配式构件厂商的选择是十分必要的。

在装配建筑方面，李丽红等以某小区为实例研究，从土建工程、装饰装修工程、电气工程、采暖工程、给排水工程5个方面进行对比，定量分析了现浇建筑与装配式建筑的成本差异，并给出了装配式建筑成本过高的原因及相应的改进措施[1]。常春光等通过分析装配式构件的生产流程，建立了装配式构件生产调度数学模型，并通过改进后的差分算法进行求解，对PC构件的生产成本进行了控制，从而降低了装配式建筑的建造成本[2]。

在供应商选择方面，袁宇等通过研究文献确定了供应商的评价指标体系，并通过主客观结合的方法对各评价指标确定权重，最后采用VIKOR法对各潜在的供应商的优劣进行排序[3]。陈为公等通过网络分析法（ANP）确定各评价指标权重，并通过向量夹角余弦距离对传统TOPSIS模型中的欧式距离进行改进，最后应用于部品构件供应商的选择中[4]。吴欢欢等通过文献研究法确定了装配式建筑构件产商的评价指标体系，然后通过层次分析法（AHP）确定主观权重、熵权法确定客观权重，通过TOPSIS模型对各厂商的优劣顺序进行排序[5]。王红春等利用前景理论对TOSIS评价模型进行改进，并应用于装配式建筑预制构件供应商的选择中[6]。

2 装配式构件厂商评价指标体系及定量测度

装配式建筑建造成本高于现浇建筑的主要方面是土建工程，装配式建筑土建部分的建造成本高于现浇建筑12.26%，其中PC构件导致成本上升达到了89.2%，因此要对PC构件的供应厂商进行合理的选择。

为对预制构件的供应商进行合理的评价，通过文献研究法确定了4个评价维度，其分别是时间、费用、质量、安全，并将其二级分解得到各评价指标，具体的评价指标见表1。

表1 装配式构件供应商评价指标二级分解

分解	评价指标			
一级分解	时间（T）	费用（C）	质量（Q）	安全（S）
二级分解	准时交货率（+）	预制构件价格（−）	结构可靠性（+）	运输安全率（+）

注："+""—"分别代表效益型指标、成本型指标。

时间评价维度主要是用于衡量PC构件厂商能否在预期时间内完成供货，主要包括准时交货率和构件厂商地理位置。准时交货率是指按照合同约定时间履约供货的准时率，通过该供应商一定时期内准时供货次数与总供货次数的比值计算可得；地理位置是指各构件供应厂商距施工项目的距离，通过计算可得。

费用评价维度主要是用于衡量对PC构件进行招标采购时，所需要考虑的费用及对工程项目建造成本的影响，主要包括预制构件的价格和物流费用。预制构件的价格是指构件厂商向招标采购单位提供的构件报价，可直接以费用计量；物流费用是指PC构件出场后运输至施工现场的运输费用（含构件装卸费用），可直接以费用计量。

质量评价维度主要是用于衡量PC构件自身的质量和对工程质量的影响，主要包括构件结构可靠性和产品合格率。结构可靠性是指PC构件的强度、预留孔洞的精度能否满足预期的使用要求，该指标通过调查构件供货厂商以往生产构件的强度、精度，统计计算后可得；产品合格率是指构件厂商对于PC构件的误差要求不同，导致误差过大的构件后期安

装受阻，产品合格率也可称为良品率，可通过合格产品数和采购总产品数的比值进行计算。

安全评价维度分为两个评价方向，分别是从PC构件运输过程中的安全和装配式构件厂商自身经营状况的安全，对应运输安全率和资产负债率两个评价指标。运输安全率是指该厂商以往运输构件时，不发生安全事故的概率，可用一定时期内安全运输货量与总运输货量的比值计算；资产负债率是指该公司（厂商）负债与资产的比率，其比值越大说明该公司（厂商）经营风险越大，可用总负债与总资产比值计算。

3 熵权−TOPSIS评价模型的建立

逼近理想解排序法（Technique for Order Preference by Similarity to an Ideal Solution，TOPSIS）是由Hwang和Yoon在1981年提出的一种综合评价模型[7]，它通过计算各评价对象到正、负理想解的距离来确定相对贴近度，从而对各评价对象进行优劣排序。由于TOPSIS评价模型中未考虑到数据离散程度对评价指标的影响，因此引入熵权法进行客观赋权。熵权法是通过计算各数据之间信息熵的程度来确定各评价对象权重的一种客观赋权方法，其数据离散程度越大，信息熵越小，权重就越大。

熵权−TOPSIS评价模型计算步骤如下：

假设评价矩阵A'由m个评价对象n个评价指标组成，且已经过正向化处理转化为决策矩阵A，如式（1）所示：

$$A = \begin{bmatrix} x_{11} & x_{12} & \cdots & x_{1n} \\ x_{21} & x_{22} & \cdots & x_{2n} \\ \vdots & \vdots & \ddots & \vdots \\ x_{m1} & x_{m2} & \cdots & x_{nm} \end{bmatrix} \quad (1)$$

Sept1：计算各指标的信息熵值H_{ij}：

$$H_{ij} = -k \sum_{i=1}^{m} p_{ij} \cdot \ln p_{ij}$$

$$(i = 1, 2, 3, \cdots, m; j = 1, 2, 3, \cdots, n) \quad (2)$$

式中，$k = \dfrac{1}{\ln m}$；$p_{ij} = \dfrac{x_{ij} + 1}{\sum\limits_{i=1}^{m}(x_{ij} + 1)}$。

Step2：计算各评价指标权重w_j：

$$w_j^2 = \frac{1 - H_j}{\sum\limits_{j=1}^{n}(1 - H_j)} \quad (3)$$

式中，信息效用值 $d_j = 1 - H_j$。

Step3：对决策矩阵 A 进行归一化，解决因不同评价指标量纲和量级不同而无法公度的问题。

$$a_{ij} = x_{ij} \Big/ \sqrt{\sum_{i=1}^{m} x_{ij}^2} \qquad (4)$$

式中，a_{ij} 代表第 i 个评价对象的第 j 个评价指标归一化后的对应值。

Step4：构建加权决策矩阵 R：

$$R = \begin{bmatrix} a_{11} & a_{12} & \cdots & a_{1n} \\ a_{21} & a_{22} & \cdots & a_{2n} \\ \vdots & \vdots & \ddots & \vdots \\ a_{m1} & a_{m2} & \cdots & a_{nm} \end{bmatrix} \begin{bmatrix} w_1 & w_2 & \cdots & w_n \end{bmatrix}$$

$$= \begin{bmatrix} r_{11} & r_{12} & \cdots & r_{1n} \\ r_{21} & r_{22} & \cdots & r_{2n} \\ \vdots & \vdots & \ddots & \vdots \\ r_{m1} & r_{m2} & \cdots & r_{nm} \end{bmatrix} \begin{bmatrix} r_1 & r_2 & \cdots & r_n \end{bmatrix} \qquad (5)$$

Step5：确定正理想解 S^+ 和负理想解 S^-。

$$S^+ = \{ (\max_{1 \leq i \leq m} r_{ij} \mid j \in j^+), (\min_{1 \leq i \leq m} r_{ij} \mid j \in j^-) \}$$
$$= \{ s_1^+, s_2^+, s_3^+, \cdots s_j^+ \cdots s_n^+ \} \qquad (6)$$

$$S^+ = \{ (\min_{1 \leq i \leq m} r_{ij} \mid j \in j^+), (\max_{1 \leq i \leq m} r_{ij} \mid j \in j^-) \}$$
$$= \{ s_1^-, s_2^-, s_3^-, \cdots s_j^- \cdots s_n^- \} \qquad (7)$$

Step6：计算正理想解距离 D^+ 和负理想解距离 D^-：

$$D_i^+ = \sqrt{\sum_{j=1}^{n} (r_{ij} - s_j^+)^2} \qquad (8)$$

$$D_i^- = \sqrt{\sum_{j=1}^{n} (r_{ij} - s_j^-)^2} \qquad (9)$$

Step7：计算各评价对象的相对贴进度 C_i^*，并根据其大小进行方案排序：

$$C_i^* = D_i^- / (D_i^+ + D_i^-) \qquad (10)$$

4 算例分析

本文以文献[5] 中的部分数据为例进行算例分析，对8 个不同的装配式构件供应厂商采用本文的评价指标体系进行方案排序，原始数据见表2。

表2　装配式构件厂商各指标评价值

编号	准时交货率（%）	地理位置（千米）	预制构件价格（万元）	物流费用（万元）	结构可靠性	产品合格率（%）	运输安全率（%）	厂商资产负债率（%）
厂商1	96.35	160	2828	498.15	6.67	90.3	95.33	66.00
厂商2	98.73	92	2950	516.55	7.00	92.5	92.26	84.65
厂商3	96.57	255	3370	559.79	8.00	89.7	97.58	89.54
厂商4	97.85	159	2200	437.75	7.83	94.6	90.89	73.11
厂商5	95.93	302	2994	524.25	7.00	88.9	96.23	70.88
厂商6	94.89	266	3060	535.81	8.00	93.2	98.61	67.59
厂商7	97.62	142	2710	474.52	8.67	91.5	94.90	84.29
厂商8	99.25	58	3050	464.02	7.14	90.6	92.83	63.59

并将其转化为评价矩阵 A'，则：

$$A = \begin{bmatrix} 96.35 & 160 & 2828 & 498.15 & 6.67 & 90.3 & 95.33 & 66 \\ 98.73 & 92 & 2950 & 516.55 & 7.00 & 92.5 & 92.26 & 84.65 \\ 96.57 & 255 & 3370 & 559.79 & 8.00 & 89.7 & 97.58 & 89.54 \\ 97.85 & 159 & 2200 & 437.75 & 7.83 & 94.6 & 90.89 & 73.11 \\ 95.93 & 302 & 2994 & 524.25 & 7.00 & 88.9 & 96.23 & 70.88 \\ 94.89 & 266 & 3060 & 535.81 & 8.00 & 93.2 & 98.61 & 67.59 \\ 97.62 & 142 & 2710 & 474.52 & 8.67 & 91.5 & 94.9 & 84.29 \\ 99.25 & 58 & 3050 & 464.02 & 7.14 & 90.6 & 92.83 & 63.59 \end{bmatrix}$$

根据熵权 - TOPSIS 评价模型的计算步骤，首先用熵权法确定各评价指标的权重，见表3。其中结构可靠性评价指标信息熵值最小，其信息熵计算值为0.847，对应的权重值最高，说明该指标离散程度较大，数据较为分散，表明了各个装配式构件厂商之间的结构可靠性差异较为明显；准时交货率评价指标信息熵最大，其信息熵计算值为0.886，数据较为集中，表明了各个装配式构件厂商的准时对应的权重值指标最小，说明该指标离散程度最小，交货率相差较近，差别不明显。

表3 熵权法评价指标权重

项目	准时交货率	地理位置	预制构件价格	物流费用	结构可靠性	产品合格率	运输安全率	厂商资产负债率
信息熵值（H_j）	0.886	0.865	0.88	0.876	0.847	0.857	0.876	0.872
信息效用值（d_j）	0.114	0.135	0.12	0.124	0.153	0.143	0.124	0.128
权重（w_j）	0.109	0.13	0.115	0.119	0.147	0.137	0.119	0.123

通过对评价矩阵 A' 计算出正理想解 S^+ 和负理想解 S^-：

$S^+ = \{99.25, 58, 2200, 437.75, 8.67, 94.6, 98.61, 63.59\}$

$S^- = \{94.89, 302, 3370, 559.79, 6.67, 88.9, 90.89, 89.54\}$

根据正、负理想解的值和本文所构造的指标评价体系及模型，计算出各构件厂商的正、负理想解距离和相对贴近，见表4。

表4 装配式构件厂商正负理想解距离及相对贴近度排序

项目	厂商1	厂商2	厂商3	厂商4	厂商5	厂商6	厂商7	厂商8
D_i^+	0.396	0.384	0.485	0.261	0.475	0.378	0.274	0.350
D_i^-	0.299	0.321	0259	0.482	0.227	0.366	0.404	0.401
相对贴近度 C_i^*	0.431	0.455	0.348	0.649	0.323	0.492	0.596	0.534
排序	6	5	7	1	8	4	2	3

由表4可得，各装配式构件厂商的贴近度排列顺序依次为：厂商4、厂商7、厂商8、厂商6、厂商2、厂商1、厂商3、厂商5。

5 结论与展望

（1）从4个评价维度构建了评价指标体系，同时对其二级分解为8个评价指标，保证了评价指标的全面性与实用性；将熵权法与TOPSIS评价模型相结合，将各评价指标数据的离散程度作为参考对象，对评价模型进行客观赋权，既保证了评价模型的准确性，又避免了主观因素的干扰；引入了工程案例进行分析，对装配式构件厂商的选择及权重设置给出了合理的建议。

（2）本文未将决策者的主观偏好考虑在内，今后可考虑采用主、客观相结合对评价模型进行改进，同时对评价指标体系进行进一步的完善。

参考文献：
[1] 李丽红，耿博慧，齐宝库，等. 装配式建筑工程与现浇建筑工程成本对比与实证研究 [J]. 建筑经济，2013（9）：102-105.
[2] 常春光，韩梦瑶. 基于差分算法的装配式构件生产成本控制 [J]. 科学技术与工程，2020，20（13）：5327-5331.
[3] 袁宇，关涛，闫相斌，等. 基于混合 VIKOR 方法的供应商选择决策模型 [J]. 控制与决策，2014，29（3）：551-560.
[4] 陈为公，闫红，刘艳，等. 基于改进 TOPSIS 法的装配式建筑部品供应商选择 [J]. 土木工程与管理学报，2019，36（2）：12-19.
[5] 吴欢欢. 装配式住宅预制构件供应商选择与评价研究 [D]. 重庆：重庆交通大学，2016.
[6] 王红春，郭循帆，刘帅. 基于前景理论：TOPSIS 的装配式建筑 PC 构件供应商选择 [J]. 建筑经济，2021，42（9）：100-104.
[7] Hwang C L, Yoon K. Multiple attribute decision making: Methods and applications [M]. New York：Springer-Verlag，1981：173-184.

基金项目：
"辽宁省高等学校创新人才"项目（LR2020005）；辽宁省自然基金指导计划项目（2019-ZD-0683）。

作者简介：
赵耀（1996— ），男，山东济宁人，土木水利专业硕士研究生，研究方向：装配式建筑施工安全、建筑工程管理。
常春光（1973— ），男，辽宁辽阳人，博士，教授，研究方向：工程管理、建筑系统工程、建模与智能优化。

论文仅代表本文作者观点，文责自负——本书编者注。

基于特征价格模型（HPM）的房地产评估研究

祝慧洁　齐丹煜

（沈阳建筑大学管理学院，辽宁　沈阳　110168）

摘要：房地产基于计算机辅助的自动批量评估不但可以提高房地产批量评估的效率，而且能大力推动房地产评估信息化的发展。通过研究房地产市场中较为成熟的特征价格模型，探讨了模型指标、模型形式、模型检验方法的选取与完善，并就 HPM 在房地产评估中的应用进行了阐述，对今后房地产市场开发实践的发展具有一定的借鉴意义。

关键词：房地产评估；特征价格模型；批量评估

Research on Real Estate Appraisal Based on Characteristic Price Model

Zhu Huijie　Qi Danyu

（College of Management，Shenyang Jianzhu University，Shenyang 110168，China）

Abstract：Computer aided automatic batch evaluation of real estate can not only improve the efficiency of batch evaluation of real estate，but also promote the development of real estate evaluation information. By studying the mature characteristic price model in real estate market，this paper discusses the selection and improvement of model index，model form and model test method. Then the application of HPM in real estate evaluation is described，which has certain reference significance for the development of real estate development practice in the future.

Keywords：real estate appraisal；characteristic price model；mass appraisal

1　引言

在我国全面开征房产税后，房屋评估的需求与日俱增，如何更有效、更精确地进行房屋估价，是评估界亟待解决的问题。HPM 是一种基于特征价格的商品或服务的定价模式。而房地产是一种异质性产品，其特点与组合形式也不尽相同，因此房地产价格会产生不同范围的差异[1]。在房地产估价中运用特征价格模型，可以更精准地计算出其产品的隐性价值，从而加大房地产评估的准确程度。

国外学者 Kelley Pace（1995）对 HPM 中参数估计、半参数估计和无参数估计方法进行了对比和分析。我国最早将 HPM 应用于房地产领域的是中国人民大学的蒋一军和龚江辉（1996）[2]。

2　基于 HPM 的房地产评估的研究

2.1　特征变量的选取与量化

在 HPM 建立过程中，正确地构建 HPM 的关键在于对特征变量的科学选取。在选择特性变量时，应注意以下 3 个方面：选择一个变量有没有经济学上的重要性，变量的数据是否能够被搜集到，可否对变量进行量化，或使用虚拟变量。

通过列举以地铁轨道为主要研究对象的 35 项工程，将指标分为 3 类：建成区、街区和位置变量，并统计每类指标被选中的次数，同时根据 HPM 模型对主要指标进行统计分析，为进一步选择指标提供依据[3]。

如表 1 所示，主要的特征变量分为 3 类，包括建筑结构特征、地理区位特征和邻里环境特征。整合相关文献，3 个变量的选取分为以下几种：首先，关于建筑类型、装修水平、开发商品牌、楼层、停车面积等，建筑结构特征的变量，有些文献使用虚构的变量，有些文献使用 AHP+专家判断来量化变量。第二，对于地理位置的具体变量，大多数都是利用 GIS 的距离测量来量化的。第三，对于环境变量，大多数文献也都使用了 GIS 进行量化[4]。

表1　特征变量文献使用次数和指标显著次数统计　　　　　　　　　　　　　　（单位：次）

建筑结构特征	文献使用次数	指标显著次数	地理区位特征	文献使用次数	指标显著次数	邻里环境特征	文献使用次数	指标显著次数
建筑面积	35	28	CBD	31	23	最近医院	30	28
容积率	30	20	最近已建地铁站	35	35	最近学校	33	26
绿化率	26	12	最近在建地铁站	17	14	最近健身中心	11	0
楼盘类型	12	7	最近公交车站	29	28	最近公园	16	14
装修程度	28	26	最近高速公路	5	0	最近商业中心	25	21
开发商品牌	10	3	最近主干道	3	0	最近事业单位	14	4
建筑年限	18	1	最近火车站	2	0	最近娱乐机构	19	2
楼层	7	2	最近汽车站	4	0	最近博物馆	8	0
停车场大小	5	1				最近展览馆	2	0
物业费	3	1				最近景区	4	3

2.2　模型形式的选择

在运用特征价格方法时，必须选择计量经济模式，特别是函数形式。现有的关于 HPM 评估房屋价值的文献中，通常采用 4 种模型：线性模型、半对数模型、对数模型、Box-Cox 模型。通常拟合度为 60%-90%。因样本的差异，拟合的结果也不尽相同，在这些算法中，最常用的是最小二乘法（OLS），也可以用 BP 神经网络，加权 OLS 等方法。以下重点介绍线性形式、对数形式、半对数形式和 Box-Cox 形式。

2.2.1　线性形式

特征价格模型的基本函数形式就是线性形式，可以表示为：

$$P = \beta_0 + \sum_{k=1}^{m} \beta_K X_K + \varepsilon \tag{1}$$

式中，P 为因变量价格；β_0 为回归常数；ε 为随机误差；X_K 为特征变量；β_K 为回归系数（$k = l, 2, \cdots, m$），代表其他情况相同时，X 改变 1%，P 改变的百分比。

2.2.2　半对数形式

半对数形式是以线性形式为基础的因数形式，半对数函数形式可表示为：

$$\ln p = \beta_0 + \sum_{k=1}^{m} \beta_K X_K + \varepsilon \tag{2}$$

式中，β_k 是表示特征价格除以总价格的回归系数（$k = l, 2, \cdots, m$）。

2.2.3　对数形式

对数形式的函数可表示为：

$$\ln p = \beta_0 + \sum_{k=1}^{m} \beta_K \ln X_K + \varepsilon \tag{3}$$

在对数模型中，将自变量进行对数化处理，式

中，β_k 为回归系数（$k = l, 2, \cdots, m$）对应着特征的价格弹性，若 β_k 为正值则表示两者正相关，若 β_k 为负值则表示两者负相关，且 P 和 X_K 值不能为 0。

2.2.4　Box-Cox 形式

Box-Cox 形式的函数形式如下：

$$p^{(\theta)} = \beta_0 + \sum_{k=1}^{m} \beta_K X_K^{(\lambda)} + \varepsilon$$

$$p^{(\theta)} = \begin{cases} \dfrac{p^{(\theta)} - 1}{\theta} & (\theta \neq 0) \\ \ln p & (\theta = 0) \end{cases} \tag{4}$$

$$X_k^{(\lambda)} = \begin{cases} \dfrac{X^{\lambda} - 1}{\lambda} & (\lambda \neq 0) \\ \ln X & (\lambda = 0) \end{cases}$$

可以用最大似然法估算一般参数 θ 和 λ，Box-Cox 形式可看作其他 3 种函数的特殊形式，若果 $\theta = 1$，那么它就是一种线性的；若 $\theta = 0$，$\lambda = 1$，则是半对数形式；若 $\theta = 0$，$\lambda = 0$，则是对数形式。经验证明，线性 Box-Cox 模型是最精确的，尽管 Box-Cox 的结论是正确的，但是并不能很好地说明产品的特性和价格之间的关系，可发现在国内外学者中采用基本应用线性、半对数和对数形式就能够满足科研的需要[5]。

2.3　模型的检验

HPM 通常采用最小二乘法来进行估算，或采用其他的方法，如加权 OLS 或 BP 神经网络。其目的是对函数的参数进行精确估计，并寻找有价值的变量。一般情况下，模型需要经过 3 种检验：经济学检验、统计学检验、计量经济学检验。在此基础上，必须对模型中的特征变量进行经济分析和统计学分析。

其中，经济学检验是考察属性变量对房地产价值的影响，统计学检验则是通过对数据样本的分析，可以验证这一特性变量的重要程度。而计量经济检验则通常用来检验该模型的自相关性、异方差性，解释变量之间的相关性与共线性时通常用方差扩展系数 VIF 法和 DW 法进行测试。在房地产评估模式构建中，经济学意义的检验至关重要，不能因为模型中的变量没有被突出强调，或者是与变量相关的解释而被删除，这可能是没有充足的数据采样所造成的。

3 HPM 在评估中的应用

3.1 房地产批量评估

房地产批量评估是基于房地产评估理论，通过利用计算机技术和预设的评价模式，可以在一次申请中对多项财产进行快速评估，用于房地产的计算机技术是基于美国现有的基于地理信息系统的 CAMA 系统。CAMA 技术是一个相对成熟的系列评估系统，是基于数理统计和计算机技术的模型修正方法。而HPM 属于一种相对完善的数理模型，其在房地产批量评价中的运用将会更加有效。

3.2 房地产价格指数的制定

房价指数具有三大功能：一是反映房价整体变化的趋势；二是可调控房地产行业的政策；三是对一些重要经济现象的事前和事后评估。一套完善的房价指标应该包括全面的加权指标和代表指标，而代表价格指数则由 HPM 和价格指数计算公式得出[6]。

3.3 房地产价格影响因素的分析

使用 HPM 的房地产价格和特征变量的功能模型，可以分析影响房地产价格的各种因素。张绍良、李晶晶和公云龙分别从城市人口、经济、社会、开放性等宏观方面进行了实证研究，并通过对几十个城市进行实证分析，发现随着居民收入的增加，城市的开放性和住房的价格也会随之上涨。

3.4 房地产价值的评估及预测

HPM 在房地产评估中的运用是当前特征价格模型应用的一个重要研究方向，以实证的方式进行大量的调查，以 HPM 为基础，对每个地区特定地区的房地产进行房地产评估。在此基础上，通过构建房地产指数，或者使用其他数学模式，合理地预测将来的房屋价格，可以为我国房地产市场的相关政策的出台提供一些妥当的建议。

4 结论与展望

基于 HPM 的房地产评估研究，将对我国的房地产行业产生重大影响。本文简要地分析了模型的指标、模型的形式、模型的检验方法。HPM 模式的建立，不仅有助于对房地产进行精准的评估，对房地产业的稳定发展也是有益的[7]。同时，系统地分析了影响房地产价值的因素，批量化房地产的估价，更有利于加快房地产业的信息化建设，可为行业发展提供充足的资讯保障，对强化市场监管、整顿房地产市场秩序、推动房地产业的健康发展具有重要意义。

参考文献：

[1] Liu xiaosheng, Deng zhe. Real estate appraisal system based on GIS and BP neural network [J]. Transactions of Nonferrous Metals Society of China, 2011, 21 (S3)：626 -630.

[2] 王娟娟，毛博. 基于特征价格模型（HPM）的房地产评估研究综述 [J]. 行政事业资产与财务，2016，(1)：84-87.

[3] 赵怡爽. 房地产价格影响因素分析及预测 [J]. 统计与决策，2021（13）：107-110.

[4] 周丽萍，李慧民，杨嘉. 基于 GIS 的房地产特征价格模型研究 [J]. 西安建筑科技大学学报（社会科学版），2018（2）：21-23+34.

[5] 王力宾. 特征价格指数的理论与实证研究：以计算机价格指数为例 [J]. 云南财经大学学报，2016（3）：23 -28.

[6] 赵亮. 基于特征价格模型的沈阳市商品住宅价格指数 [J]. 东北大学学报（自然科学版），2021，36（8）：1208-1211.

[7] 张绍良，李晶晶，公云龙. 基于特征价格模型的城市住宅价格影响因素研究 [J]. 地域研究与开发，2021，32（4）：80-83.

作者简介：

祝慧洁（1982— ），男，辽宁沈阳人，高级会计师，高级工程师，研究方向：会计。

齐丹煜（1999— ），女，辽宁锦州人，会计学专业硕士研究生，研究方向：会计。

论文仅代表本文作者观点，文责自负——本书编者注。

基于系统动力学绿色建筑节能增量效益研究

阎晓颖 薛 立

（沈阳建筑大学管理学院，辽宁 沈阳 110168）

摘要：随着绿色建筑技术的广泛应用，绿色建筑节能技术增量效益在经济上是否可行，也需要进一步的研究。从绿色建筑的经济、环境、社会3个方面出发，分析节能的增量成本和增量效益，利用 VENSIM 软件建立节能增量效益的系统动力学模型，并代入实际案例进行模拟仿真，验证绿色建筑的经济可行性，得出绿色建筑的增量效益大于建设期的增量成本，在经济上可行。绿色建筑推动着建筑业持续健康的发展的同时，也是实现国家碳达峰、碳中和目标重要的一部分。

关键词：绿色建筑；增量效益；系统动力学

Research on Energy Saving Incremental Benefits of Green Buildings Based on System Dynamics

Yan Xiaoying   Xue Li

（**College of Management**，Shenyang Jianzhu University，Shenyang 110168，China）

Abstract：With the wide application of green building technology，whether the incremental benefits of green building energy-saving technology are economically feasible also needs further research. Starting from the economic，environmental and social aspects of green buildings，this paper analyzes the incremental cost and incremental benefit of energy conservation，uses the VENSIM software to establish the system dynamics model of energy conservation incremental benefit，and takes the actual case to carry out simulation to verify the economic feasibility of green buildings. It is concluded that the incremental benefit of green building is greater than the incremental cost in the construction period，which is economically feasible. Green building is not only promoting the sustainable and healthy development of the construction industry，but also an important part of realizing the national carbon peak and carbon neutralization goals.

Keywords：green building；incremental benefit；system dynamics

1 引言

2022年3月，住建部发布《"十四五"建筑节能与绿色建筑发展规划》[1]。证明绿色建筑节能发展的重要性。如何让开发商从强制执行到积极主动应用更高水平的节能技术于绿色建筑，高效益高回报起着十分重要的作用。本文基于系统动力学的角度对节能的增量效益（包括经济、环境、社会3方面）进行量化，建立合理的模型，代入实例进行验证，为开发商提供有力的依据，从而加强高星级绿色建筑节能技术的投资与开发。

2 绿色住宅节能指标分析

2.1 增量成本指标分析

在建设期内，采用节能材料和节能设备来减少能量损失即节能技术。建筑节能增量成本记为 $IC_{节能}$[2,4]，主要通过以下4个方面实施节能手段：围护结构增量成本（$IC_{围护}$）、暖通空调系统增量成本（$IC_{空调系统}$）、照明系统增量（$IC_{照明}$）、可再生能源增量成本（$IC_{可再生}$）[3,5]。节能增量成本的公式为：

$$IC_{节能} = IC_{围护} + IC_{空调系统} + IC_{照明} + IC_{可再生} \quad (1)$$

2.2 增量效益指标分析

《"十四五"建筑节能与绿色建筑发展规划》指出，为进一步提高"十四五"时期建筑节能水平，推动绿色建筑高质量发展[1]，节能增量效益（$IB_{效益}$）在整个建筑业中拥有重要角色。

经济增量效益（$IB_{经济}$）主要包括围护结构增量效益（$IB_{围护}$）、照明与设备节能增量经济效益（$IB_{照明}$）、可再生能源增量经济效益（$IB_{可再生}$）。

经济增量效益公式为：

$$IB_{经济} = IB_{围护} + IB_{照明} + IB_{可再生} \quad (2)$$

在节能技术中，环境增量效益（$IB_{环境}$）主要是因建设期所设置的节能技术，运营期间节电而减少的气体排放量。

绿色建筑节约的电量不仅仅带来经济和环境效益，带来的社会增量效益（$IB_{社会}$）也不可忽视，节电可使国家因缺电而带来的财政损失减少，其效益为 $IB_{节电财政}$，同时也能使国家减少对发电的投资，其效益为 $IB_{节电投资}$。

社会增量效益公式为：

$$IB_{社会} = IB_{节电财政} + IB_{节电投资} \tag{3}$$

$$IB_{效益} = IB_{经济} + IB_{环境} + IB_{社会} \tag{4}$$

3 系统动力学模型构建

3.1 绘制节能增量效益估算模型

3.1.1 绘制因果关系图

绿色建筑节能的增量效益包含多个要素，运用 Vensim PLE 软件绘制因果关系图确定系统目标和系统边界，描绘绿色建筑增量成本效益各变量之间的联系和反馈过程[4,6]。

根据图 1 所示，在节能增量效益的因果关系图中有 N 条回路，本文不再一一赘述，仅选 1 条正反馈回路和 1 条负反馈回路进行分析。

正反馈回路为：节能增量经济效益→+节能增量环境效益→+节能增量社会效益→+绿色住宅节能增量效益。

在正反馈回路中，节能增量效益增加，其在运营期间的节电量也相应增加，随着节电量的增加相应的环境与社会效益都会有所提高，最终绿色住宅的节能增量总效益就会提升。

负反馈回路为：绿色住宅节能增量效益→+开发商的意愿增强→+节能技术的进步→-节能增量成本→+照明系统增量成本。

在负反馈回路中，住宅的节能增量效益增加使开发商的意愿增强，开发商意愿增强后大量的投资开发使用节能技术，带来节能技术的进步，可研究出更加节省成本和更加节能的技术，使节能增量成本的减少，同时其各种节能体系进步增量，成本也会相应地减少。

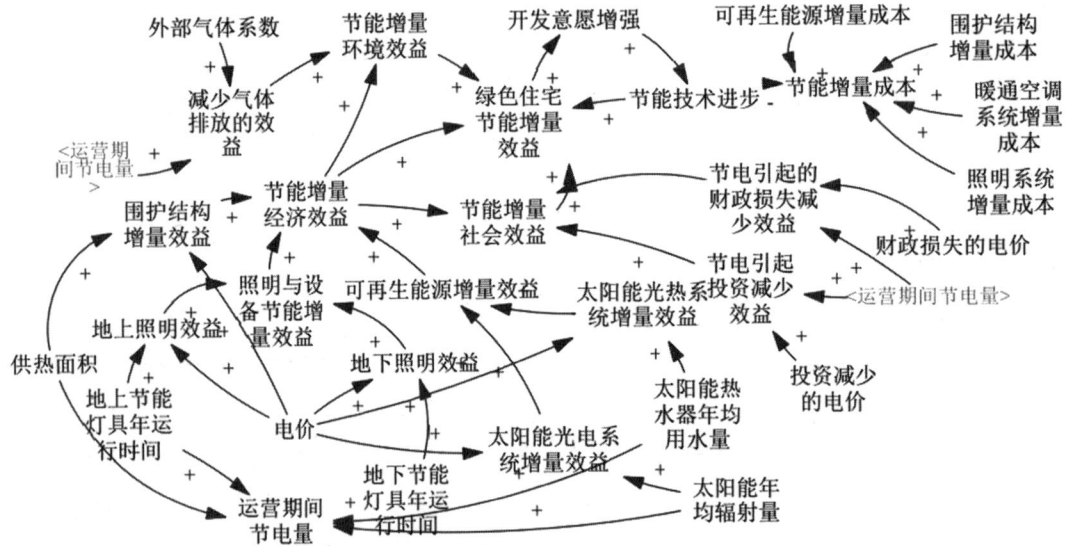

图 1 节能增量效益与增量成本的因果关系

3.1.2 绘制系统流图

在因果关系图的基础上，定量地描述节能增量效益系统的各个变量的系统流图，同时可使模型在软件上运行，描述各个存量、状态变量、速率变量如图 2 所示。

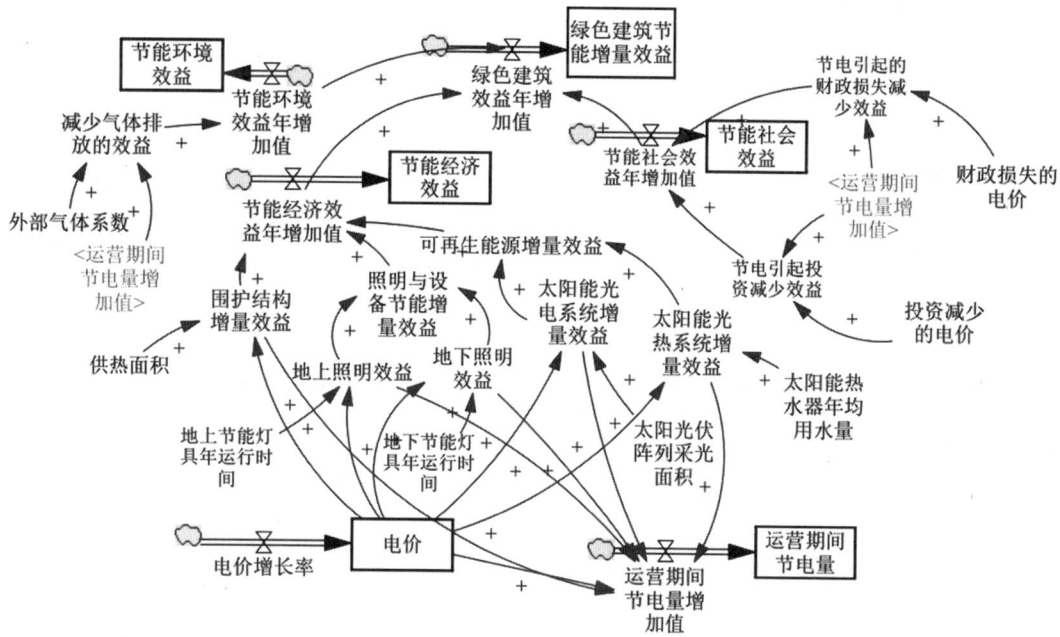

图 2　节能增量效益系统流图

3.2　建立系统动力学方程

（1）绿色住宅节能增量效益 =（节能经济效益年增加值+节能环境效益年增加值+节能社会效益年增加值）×PULSE（2022，70）Unit：元

（2）运营节电量年增加值 = IF THEN ELSE（［time<=2022，0，（围护结构增量效益+照明与设备增量效益+可再生能源增量效益）/电价）］。

（3）围护结构增量效益 = 供热面积×0.001×18×电价×24×180。

（4）地上照明效益 = 0.001×电价×1×76530×地上节能灯具年运行时间。

（5）地下照明效益 = 电价×23370×0.001×（0.2×地下节能灯具年运行时间+2×2600）。

（6）照明与设备增量效益 = 地上照明效益+地下照明效益。

（7）可再生能源增量效益 = 1/3600×太阳光伏阵列采光面积×100×0.15×电价。

（8）节能经济效益年增加值 = IF THEN ELSE（time<=2022，0，围护结构增量效益+照明与设备增量效益+可再生能源增量效益）。

（9）节能环境效益年增加值 = IF THEN ELSE（time<=2022，0，减少气体排放的效益）。

（10）节能社会效益年增加值 = IF THEN ELSE（time<=2022，0，节电引起的财政损失减少效益+节电引起投资减少效益）。

3.3　模型验证

需要通过模型边界和量纲一致性检验模型的正确性，例如需要通过删除模型中的各个变量观察其对系统的影响以及是否对其他变量产生影响，以保证所含变量不可删除；同时需要在函数功能中找到检查单位的选项点击查看是否有量纲不一致的方程，如果有系统会自动显示进行改正。

4　案例分析

4.1　案例详情

本文选取的案例为大连市绿色建筑 A 住宅项目，占地面积 34000 m²，建筑面积 85000 m²，项目规划建设 800 户，绿化率为 30%，地上建筑面积为 76530 m²，地下建筑面积为 16940 m²。该项目为居民住宅，设计使用年限为 70 年，运营期为 2022—2091 年。本文是对该项目进行模拟仿真。该项目节能技术及其增量成本见表1，

表 1　住宅项目节能技术及其增量成本

（单位：万元）

项目		增量成本
节能技术	围护结构	330
	新风系统	150
	照明系统	20
	太阳能光伏发电系统	4
	累计	504

该项目运营期间效益确定参数如表 2 所示。

表2 运营期间增量效益参数值

效益参数	参数值
供热面积（m^2）	76530
地上节能灯具运行时间（h）	1800
地下节能灯具运行时间（h）	1200
太阳光伏阵列采光面积（m^2）	100
电价（kW·h）	0.5元

4.2 模拟分析与结论

A住宅项目节能增量效益见图3。

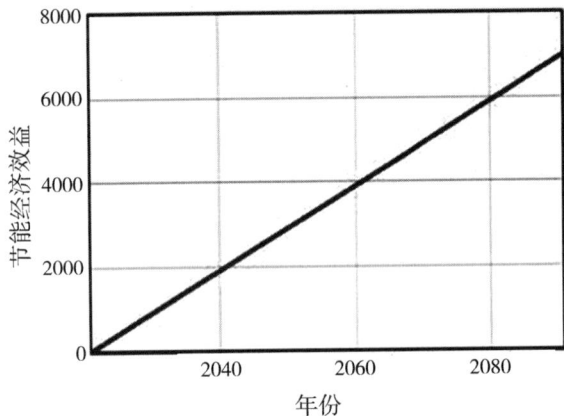

图3 节能增量效益

A住宅项目节能增量效益见图4。

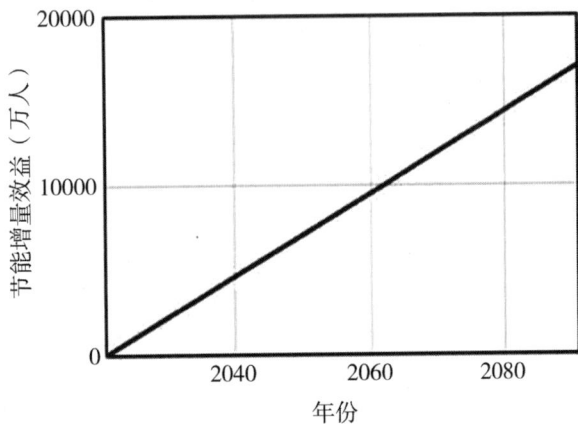

图4 经济增量效益

环境增量效益见图5。

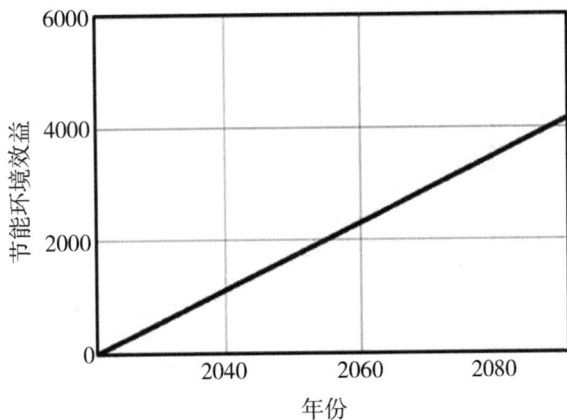

图5 环境增量效益

A住宅项目社会增量效益见图6。

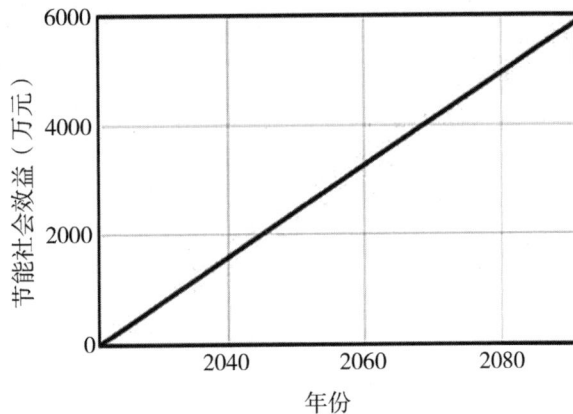

图6 社会增量效益图

根据图3—图6显示，在运营期间增量经济效益、环境效益、社会效益每年都在平稳地增长，随着时间的推移，时间越长，效益就越高，运行70年的情况下，最终累计的节能增量效益值为17033.4万元，每年累计增长的节能增量效益为243.335万元。在建设期内增量成本为504万元。

根据项目的增量成本和增量效益，取社会折现率为$i=8\%$，可计算效益现值为：

$$NPV_{增量效益} = A \times [(1+i)^n - 1]/i(1+i)^n$$
$$= 243.33[(1+8\%)^{70} - 1]/8\%(1+8\%)^{70}$$
$$= 3027.71 \text{万元}$$

$$SE = NPV_{增量效益} - NPV_{增量成本}$$
$$= 3027.71 - 504$$
$$= 2523.71 （万元）$$

由此式可得$SE>0$。

$$CE = SE/LCC = 2523.71/504 = 5.007$$

LCC为全寿命周期增量成本，由此式可得$CE>1$。

当所得指标值同时满足$SE>0$和$CE>1$时，表示绿色建筑项目在各方面的综合考虑后，在经济上具有可行性，反之，在经济上不可行。当$CE>1$时，值越大代表项目的经济性越好。由上述检验结果可知，该模型可合理运行，该项目经济可行且经济性较好。

5 结论

本文从绿色住宅经济、环境、社会3方面分析节能增量效益，并代入实际案例计算出项目的经济、环境、社会效益，证明绿色建筑节能的应用在现实中的经济可行性。绿色住宅的广泛应用将为实现2030年碳达峰以及2060年的碳中和贡献一份力量，促进和推动建筑行业向零碳目标进发。

参考文献：

[1] 住建部发布《"十四五"建筑节能与绿色建筑发展规划》[J]. 节能与环保，2022（3）：6.

[2] 智慧. 基于系统动力学的绿色建筑增量成本效益研究[D]. 武汉：武汉科技大学，2018.

[3] 陶鹏鹏. 绿色建筑全寿命周期的费用效益分析研究[J]. 建筑经济，2018，39（3）：99-104.

[4] 田哲. 绿色建筑全生命周期增量成本与增量效益研究[D]. 大连：大连理工大学，2011.

[5] Kee Han Kim, Sang-Sub Jeon, Amina Irakoze, et al. A Study of the Green Building Benefits in Apartment Buildings According to Real Estate Prices：Case of Non-Capital Areas in South Korea [J]. Sustainability，2020，12（6）：22

[6] Abdulrahman D Alsulaili, Marwa F. et al. Environmental and economic benefits of applying green building concepts in Kuwait [J]. Environment, Development and, Sustainability：A Multidisciplinary Approach to the Theory and Practice of Sustainable Development，2020，22（1-3）：71-78.

作者简介：

阎晓颖（1997— ），女，河北张家口人，土木水利专业硕士研究生，研究方向：房地产经营管理、建设工程管理。

薛立（1965— ），女，辽宁沈阳人，硕士，副教授，研究方向：房地产经营管理、建设工程管理等。

论文仅代表本文作者观点，文责自负——本书编者注。

江特电机公司财务风险管理研究

方琰琳　岳文赫

（沈阳建筑大学管理学院，辽宁　沈阳　110168）

摘要：近年来，由于新能源产业的兴起带动了整个锂资源产业的繁荣与发展，锂矿企业想要在新能源产业的风口站稳脚跟就必须重视公司的财务风险问题，对财务风险进行正确的识别、评价及恰当的控制。以江特电机为例，深入探究该公司的财务状况，在财务指标分析的基础上运用因子分析法建立财务风险综合评价模型进行实证分析，根据评价结果探究风险存在原因，给出相应对策与建议，期望给相关企业提供一定的参考。

关键词：锂矿企业；财务风险；财务指标；因子分析法

Research on Financial Risk Management of Jiangte Motor Company

Fang Yanlin　Yue Wenhe

（College of Management，Shenyang Jianzhu University，Shenyang 110168，China）

Abstract：In recent years，due to the rise of the new energy industry has led to the prosperity an ddevelopment of the entire lithium resource industry，lithium mining enterprises want to gain a fir mfoothold in the new energy industry，they must pay attention to the company's financial risk proble ms，and correctly identify，evaluate and properly control the financial risks. Taking Jiangte Motor a s anexample，we will explore the company's financial situation in depthuse the factor analysis metho d toestablish a comprehensive financial risk evaluation model for empirical analysis on the basis of fina ncialindicator analysis，explore the reasons for the existence of risks according to the evaluation results，givecorresponding countermeasures and suggestions，and expect to provide certain references to re levantenterprises.

Keywords：lithium mining enterprises；financial risk；financial indicators；factor analysis method

1 引言

在新兴科技以及能源技术变革的推动下，新能源汽车产业崛起，全球锂电产业进入快速成长期，促进了上游锂矿企业的投资扩产。但是锂矿企业建设周期较长，投资额度较大，因此面临较大的财务风险。在锂资源战略地位日益突显的当下，锂资源企业的财务安全关系到我国新能源汽车产业、储能、电子信息等战略性新兴产业的健康稳定发展，所以对我国锂资源企业财务方面所面临的问题和风险因素进行分析是十分有必要的。以江特电机公司为研究对象，分析其财务风险问题，希望给该企业及同类型企业提供建议和参考。

2 江特电机公司财务状况

2.1 江特电机公司简介

江特电机公司全称江西特种电机股份有限公司，成立于1995年5月11日，2007年10月12日在深交所上市，是一家集研发、生产、销售锂产品和智能机电产品为一体的国家高新技术企业。公司总部位于"亚洲锂都"江西宜春，下属子公司、分公司30多家，经营业务涵盖锂矿采选与深加工、智能机电等行业。

2.2 江特电机公司财务状况分析

2.2.1 偿债能力分析

2012—2021年，江特电机公司的流动比率和速动比率在2014年出现峰值，此后总体呈现下降趋势（见图1）。

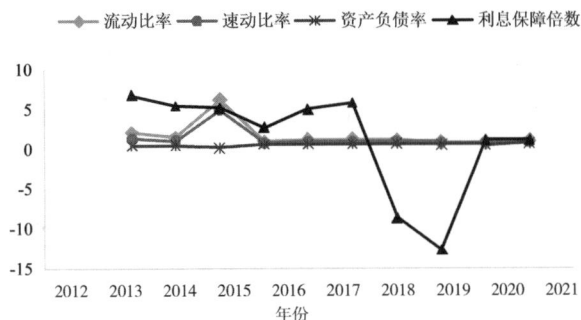

图1　江特电机公司2012—2021偿债能力分析

说明江特电机公司在2015—2021年期间，流动资产与速动资产抵销流动负债能力较差，公司短期偿债能力存在一定风险。从公司逐年升高的资产负债率和逐渐降低的利息保障倍数可以看出，江特电机公司对到期债务偿还的保障程度较弱，缺少充足的流动资金偿付债务本息。

2.2.2 盈利能力分析

江特电机公司的营业利润率、资产报酬率和净资产收益率总体呈下降趋势，并在2018年开始降至负值，这说明公司在运营中产生的利润越来越少（见图2）。2018年和2019年由于国家新能源补贴退坡，子公司九龙汽车亏损计提商誉减值导致其账面出现巨额亏损，营业利润率、资产报酬率和净资产收益率全部降至负值，企业面临巨大风险。

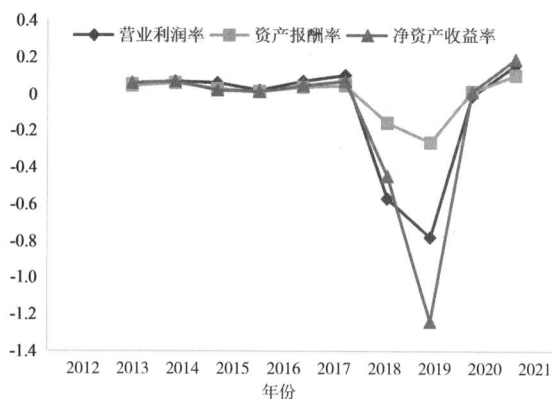

图2 江特电机公司2012—2021年盈利能力分析

2.2.3 营运能力分析

江特电机公司的总资产周转率、应收账款周转率均较低，在2015年达到最低值；存货周转率较为平稳，略有起伏但变动幅度不大（见图3）。说明公司销售资金回笼能力存在一定问题，导致应收账款周转天数延长，资产利用效率变差。

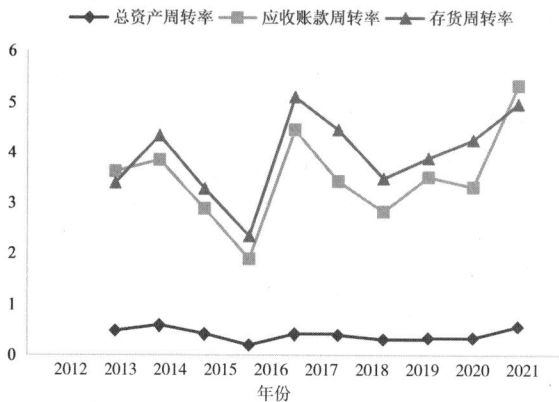

图3 江特电机公司2012—2021年营运能力分析

2.2.4 发展能力分析

江特电机公司净利润增长率和营业收入增长率

在2016年表现最好，而在其他期间多为负值，总资产增长率整体较低（见图4）。说明江特电机在2012—2021期间整体发展状况不太理想，高速发展势头不足，基本处于停滞状态，销售能力、盈利能力都有待提高。

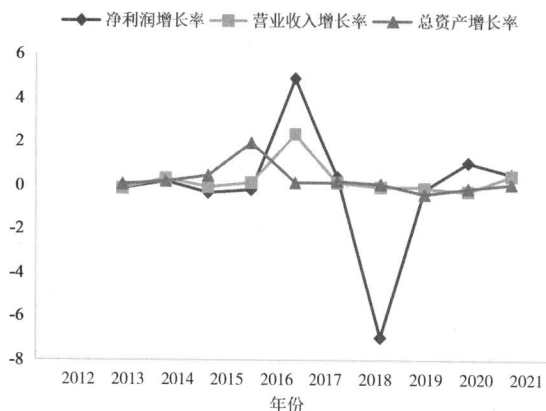

图4 江特电机公司2012—2021年发展能力分析

2.2.5 现金流量能力分析

江特电机公司净利润现金比率在2020年出现了大幅度的增长，销售现金比率和营业收入现金比逐年增加（见图5）。说明公司盈利质量大幅提升，主营业务收入中获得现金的能力提高，资金利用和整体现金流利用效果好转。

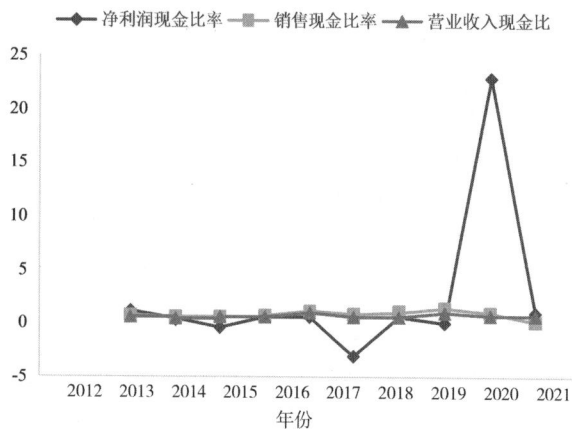

图5 江特电机公司现金流量能力分析

3 江特电机公司财务风险评价体系构建

综合锂矿产业相关特点与上述五个方面选取了营业利润率、资产报酬率、净资产收益率等16个核心指标对江特电机公司进行风险评价。

3.1 样本选取

选取江特电机公司2012—2021年期间的相关财务指标作为原始数据，对其进行财务风险评价。由于不同指标间含义及单位存在差异，所以在SPSS软件中根据标准化的处理公式对数据进行预处理，使数据间具有可比性。数据标准化处理的公式如下：

$$Z_{ij}=(X_{ij}-X_j)/S_j \qquad (1)$$

式中，Z_{ij} 表示第 i 个季度第 j 组财务数据的标准值；X_{ij} 表示第 i 个季度第 j 组财务数据；X_j 表示第 j 组财务数据的平均值；S_j 表示第 j 组财务数据的标准差。

3.2 样本检验

KMO 检验和 Bartlett 球形度检验结果显示，数据达到因子分析的条件（见表1）。

表1 KMO 和 Bartlett 球形度检验

KMO 取样适切性量数		0.552
Bartlett 球形度检验	近似卡方	917.594
	df	120
	Sig.	0.000

3.3 确定主成分

结果分析发现初始特征值大于1的公因子有5个，因此可以提取5个主因子（见表2）。

表2 因子方差贡献率和累计贡献率

成分	初始特征值			提取载荷平方和			旋转载荷平方和		
	总计	方差（%）	累积%	总计	方差（%）	累积（%）	总计	方差（%）	累积（%）
1	4.359	27.242	27.242	4.359	27.242	27.242	3.921	24.508	24.508
2	3.383	21.141	48.383	3.383	21.141	48.383	3.082	19.265	43.773
3	2.710	16.940	65.323	2.710	16.940	65.323	3.051	19.066	62.839
4	1.323	8.271	73.594	1.323	8.271	73.594	1.529	9.557	72.395
5	1.065	6.659	80.253	1.065	6.659	80.253	1.257	7.858	80.253

3.4 旋转因子

为提升矩阵显著程度，采用最大方差正交旋转法进行旋转。旋转后的成分矩阵见表3。

表3 旋转后的成分矩阵

	成分				
	1	2	3	4	5
净资产收益率（X_1）	0.986	-0.048	0.053	0.056	0.026
资产报酬率（X_2）	0.963	0.115	0.100	0.039	0.013
营业利润率（X_3）	0.927	-0.150	0.076	-0.061	0.023
净利润增长率（X_4）	0.907	-0.112	0.055	0.048	0.016
总资产增长率（X_5）	0.423	0.037	0.092	-0.190	-0.126
总资产周转率（X_6）	0.003	0.950	0.135	-0.001	-0.058
应收账款周转率（X_7）	-0.010	0.936	-0.046	0.121	0.019
存货周转率（X_8）	-0.157	0.915	-0.088	0.226	-0.038
流动比率（X_9）	0.044	-0.034	0.982	0.031	0.021
速动比率（X_{10}）	0.025	-0.048	0.968	0.045	0.014
资产负债率（X_{11}）	-0.218	-0.032	-0.898	0.199	0.094
营业收入现金（X_{12}）	-0.336	-0.250	-0.474	0.378	0.207
净利润现金比率（X_{13}）	-0.011	0.074	-0.116	0.828	-0.113
销售现金比率（X_{14}）	-0.009	0.398	0.062	0.719	-0.082
利息保障倍数（X_{15}）	0.053	0.121	-0.141	-0.014	0.854
营业收入增长（X_{16}）	0.123	0.375	-0.125	0.242	-0.639

根据表3中旋转后的载荷大小及各变量可以看

出：主因子1能较好地反映出净资产收益率 X_1、资产报酬率 X_2、营业利润率 X_3，体现企业盈利的能力，命名为盈利因子。主因子2能较好地反映总资产周转率 X_6、应收账款周转率 X_7、存货周转率 X_8，体现企业营运的能力，命名为营运因子。主因子3能较好地反映流动比率 X_9、速动比率 X_{10}、资产负债率 X_{11}，体现企业偿债的能力，命名为偿债因子。主因子4能较好地反映净利润现金比率 X_{13}、销售现金比率 X_{14}，体现企业公司资金运转情况与利用效率，命名为现金因子。主因子5能比较好地反映利息保障倍数 X_{16}，体现企业发展的能力，命名为发展因子。

3.5 因子得分计算

根据得出的系数矩阵运用回归分析法得到5个江特电机财务风险的因子函数：

$$F_1=0.258X_1+0.251X_2+0.238X_3+\cdots+0.008X_{14}+0.038X_{15}+0.038X_{16} \qquad (2)$$

$$F_2=-0.011X_1+0.049X_2-0.033X_3+\cdots+0.033X_{14}+0.108X_{15}+0.063X_{16} \qquad (3)$$

$$F_3=-0.032X_1-0.020X_2-0.030X_3+\cdots+0.083X_{14}-0.004X_{15}-0.076X_{16} \qquad (4)$$

$$F_4=0.070X_1+0.036X_2-0.001X_3+\cdots+0.474X_{14}+0.044X_{15}+0.049X_{16} \qquad (5)$$

$$F_5=0.044X_1+0.045X_2+0.023X_3+\cdots+0.033X_{14}+0.731X_{15}-0.504X_{16} \qquad (6)$$

根据各因子及总体累计方差贡献率之比确定各

因子的权重，建立江特电机公司财务风险综合评价模型，整理后的模型计算函数如下：

$$F = 0.30865F_1 + 0.23754F_2 + 0.23672F_3 + 0.12133F_4 + 0.09577F_5 \quad (7)$$

4 模型应用

根据上一节中得到的 F 值计算函数可以得到江特电机公司在 2012—2021 年间的财务风险综合评价得分，以此来量化公司不同时期的财务风险状况，具体结果见表 4。

表 4 江特电机公司 2012—2021 年财务风险综合分值

年份	盈利因子	营运因子	偿债因子	现金因子	发展因子	F 值
2012 年	0.25	1.30	0.42	0.12	0.29	0.53
2013 年	0.34	1.54	0.11	-0.26	0.17	0.49
2014 年	-0.20	0.49	3.04	0.80	0.77	0.95
2015 年	0.49	-0.08	-0.64	-0.53	-0.8	-0.17
2016 年	0.09	1.18	-0.44	0.68	0.77	0.36
2017 年	0.38	1.00	-0.50	-0.81	-0.10	0.13
2018 年	-2.24	0.37	-0.38	-0.71	-0.27	-0.80
2019 年	-5.83	0.77	-0.41	-0.27	-0.06	-1.73
2020 年	-0.09	1.15	-0.66	1.77	0.39	0.34
2021 年	0.81	2.41	-0.70	0.27	0.67	0.76

由于数据已经过标准化处理，所以将 0 作为风险评价得分值 F 的临界值，绘制出江特电机公司财务风险波动图（见图 6）。

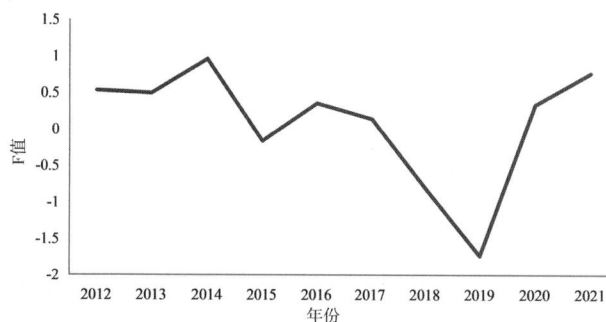

图 6 江特电机公司财务风险波动图

根据波动图来看，江特电机公司在 2012—2014 年期间 F 值总体比较稳定。2016—2019 年期间 F 值频繁跌破 0 分界线，并逐步放大，在 2019 年第三季度跌到了 -1.74，这说明在该段时间内，江特电机存在重大的财务风险问题。2020 年 F 值得到缓和，逐渐向 0 及以上靠近。

综合江特电机公司的财务风险评价结果和财务风险波动图，可以看出江特电机公司在盈利、营运、偿债、现金流、发展方面都存在问题，且会限制公司净利润的增长，影响公司发展[1]。

5 对策建议

5.1 充分评估投资项目

2015 年江特电机以 5 倍溢价，产生 11 亿元商誉的代价收购九龙汽车，忽视了新能源整车业务高度依赖补贴，政策高不确定性的风险因素，导致其在收购后产生了巨额亏损并背负了高额负债。所以公司在进行投资业务时，要充分评估被投资公司的财务状况，同时也要考虑投资业务是否会给公司带来资金压力与债务风险，投资成本与收益是否配比等问题[2]。

5.2 提高资金回笼能力

江特电机公司的应收账款周转率长期低于行业平均水平，资金周转困难，导致原定于 2016 年达产的碳酸锂产能直到 2018 年也未能达产，严重影响公司的战略计划。所以提高资金回笼能力，是公司正常运转的关键因素。对内，可以将应收款回收情况、周转率等纳入绩效考核，严格控制赊销比例，提高应收款收回效率[3]。对外，可以建立客户信用管理制度，加强销售部门与财务部门之间的协作，及时跟踪客户信息变动，定期对客户信用评价进行报告与更新，强化应收账款收回能力[4]。

5.3 加快技术创新

锂矿作为新能源汽车核心部件动力电池的原材料具有较大的市场，但江特电机拥有的锂云母资源在当前的冶炼工艺下提取效率要明显低于锂辉石，大约 20 吨锂云母精矿产出 1 吨碳酸锂，约 10 吨锂辉石精矿产出 1 吨碳酸锂，因此加快研发锂云母制备碳酸锂的新工艺，建设新产线，通过推进技术创新提高碳酸锂产量、降低生产成本是公司形成自身竞争优势的关键[5]。

参考文献：

[1] 王进朝，张永仙. 企业生命周期、内部控制质量与财务风险 [J]. 会计之友，2020 (19)：87-94.

[2] 李波. 上市公司财务风险控制存在的问题及完善对策 [J]. 财务与会计，2021 (22)：64-65.

[3] 田高良，高军武，高晔乔. 大数据背景下业财融合的内在机理探讨 [J]. 会计之友，2021 (13)：16-21.

[4] 王竹泉，张晓涵. 资金供求关系视角下的财务困境预警研究 [J]. 会计与经济研究，2021, 35 (6)：21-36.

[5] 孙宋芝，徐涵. 生命周期、财务宽裕与公司研发投入[J]. 会计之友，2021（20）：86-93.

作者简介：

方琛琳（1998— ），女，浙江金华人，会计专业硕士研究生，研究方向：管理会计与财务决策。

岳文赫（1979— ），女，辽宁沈阳人，博士，副教授，研究方向：人力资本管理、房地产经济分析与管理。

论文仅代表本文作者观点，文责自负——本书编者注。

辽宁省建筑业技术效率评价研究

宋静静　周莹　周乔

（沈阳建筑大学管理学院，辽宁　沈阳　110168）

摘要：建筑业对促进国民经济发展和社会进步有着重要意义。运用 DEA 和 Malmquist 指数法对 2011—2020 年辽宁省建筑业面板数据进行了技术效率静态测算与动态变化趋势研究，结果表明，辽宁省建筑业技术效率低于全国平均水平，2016—2020 年建筑业效率处于中下游水平，全要素生产率波动较大，技术进步是影响建筑业技术效率的主要因素。根据静态与动态效率的测算分析结果，针对促进辽宁省建筑业健康可持续发展提出相应的建议。

关键词：建筑业；技术效率；DEA 方法；Malmquist 指数法

Research on Technical Efficiency Evaluation of Construction Industry in Liaoning Province

Song Jingjing　Zhou Ying　Zhou Qiao

（**College of Management，Shenyang Jianzhu University，Shenyang 110168，China**）

Abstract：The construction industry is of great significance to promoting the national economic growth and the progress of society. we apply DEA and Malmquist index method to the panel data of construction industry in Liaoning Province from 2011 to 2020 to study the static measurement and dynamic trend of technical efficiency. Technical efficiency of the construction industry in Liaoning Province is lower than the national average，the efficiency of the construction industry from 2016 to 2020 is at the middle and lower levels，there are large fluctuations in total factor productivity，and the main factor affecting the technical efficiency of the construction industry is technological progress. Based on the results of static and dynamic efficiency measurements and analysis，corresponding suggestions are made for the promotion the healthy and sustainable development of the construction industry in Liaoning Province.

Keywords：construction industry；technical efficiency；DEA method；malmquist index

1 引言

建筑业是我国国民经济的支柱产业，对国民经济的发展、人民生活水平的提升有着重要意义。国家统计局数据显示，2020 年辽宁省建筑业总产值为 3815.3 亿元，在国内生产总值的比例由 1980 年的 6.55% 增加到 14.27%，2020 年利润总额达到 6238.26 亿元。可见，建筑业是辽宁省经济发展的重要支撑，但建筑业具有生产周期长、工序繁多、形体庞大、不能移动等特点，对环境极易造成污染，因此合理配置资源，提高建筑业效率，使建筑业高质量发展具有重要的意义[1]。

近年来，国内学者对建筑业效率进行了不同程度的研究，分析其原因并提出相应对策和建议。例如，翁清等运用 DEA-Malmquist 模型从静态和动态角度对华东地区的建筑业效率进行对比研究[2]；宋金昭等运用 SBM 模型对中国各省及区域间进行建筑业碳排放效率及收敛分析[3]；杨红雄等基于 31 个省市的建筑业面板数据，运用 SFA 方法评价分析建筑业技术效率及其影响因素[4]；曹泽等运用 DEA-Malmquist 指数法测算了长三角地区建筑业的全要素生产率[5]；王旭等利用 DEA-Tobit 方法，从建筑业效率和影响因素角度出发对东北三省进行分析研究[6]。

通过对目前国内现有文献的查阅与整理发现，大多数学者集中于对我国各省区或区域的建筑业效率进行集中研究，而对东北省市建筑业效率评价研究的文献较少。因此，采用 DEA 模型对 2011—2020 年辽宁省建筑业效率进行评价研究，拓宽建筑业效率研究范围，为辽宁省建筑业的发展提供对策建议。

2 指标选取与模型确定

2.1 评价指标的选取

在阅读相关建筑业效率评价文献的基础上，按照代表性、可行性、科学性等原则，对投入指标的选取分别从人力、物力、资金等方面反映建筑行业的发展规模、技术水平与资产投入配置的合理性，从经济效益与社会效益出发选取建筑业产出指标。辽宁省建筑业效率评价指标体系见表1。

表1 辽宁省建筑业评价指标体系

指标类型	指标名称	单位
投入指标	建筑业总资产	万元
	从业人员	人
	技术装备率	元/人
产出指标	建筑业总产值利税总额	万元
		万元

2.2 DEA 模型

Charnes 和 Cooper 等人于 1978 年创建了一种用于评价的非参数分析方法——数据包络分析（Data Envelopment Analysis，DEA），它是利用数学规划模型评价具有多个输入和输出的"部门"或"单位"（称之为决策单位，Decision Making Units，DMU）间的相对有效性[7]。本质上，就是判断决策单元的投入产出之比是否达到了1，若能达到1，则 DEA 有效；若偏离生产前沿面，则 DEA 无效。

2.2.1 CCR 模型

假设有 n 个 DMU，每个 DMU 都有 m 个输入和 s 种输出，则第 j 个 DMU 的输入为 $x_j = (x_{1j}, x_{2j}, \cdots, x_{mj})^T$，输出为 $y_j = (y_{1j}, y_{2j}, \cdots, y_{sj})^T$，且 $x_j \geq 0$，$y_j \geq 0$，则第 j 个评价单元的效率公式为：

$$\begin{cases} \max = \dfrac{u^T y_j}{v^T x_j} \\ \dfrac{u^T y_j}{v^T x_j} \leq 1, \ j = 1, 2, \cdots, n \\ u \geq 0, \ v \geq 0, \ u \neq 0, \ v \neq 0 \end{cases} \quad (1)$$

做一个线性变换，公式（1）的对偶线性规划模型如公式（2）所示：

$$\begin{cases} \min \theta \\ \displaystyle\sum_{j=1}^{n} x_j \lambda_j + s^- = \theta x_0 \\ \displaystyle\sum_{j=1}^{n} y_j \lambda_j - s^+ = y_0 \\ \lambda_j \geq 0, \ j = 1, 2, \cdots, n \\ s^+ \geq 0, \ s^- \geq 0, \ \theta \in E^1 \end{cases} \quad (2)$$

式中 v 为 m 个输入的权系数；u 为 s 个输出的权系数；s^+ 为松弛变量；s^- 为剩余变量。

根据变换后的对偶线性规划模型，可计算出各决策单元的效率值，并可判断其相对有效性。

2.2.2 BCC 模型

在公式（2）中 CCR 模型的基础上添加约束条件 $\displaystyle\sum_{j=1}^{n} \lambda_j = 1$，即构成了规模报酬可变的 BCC 模型。通过 DEA 模型，求解得到最优解为 θ^*，λ^*，s^{-*}，s^{+*}，当且仅当 $\theta^* = 1$ 且 $s^{-*} = s^{+*} = 1$ 时，则第 j 个 DMU 为 DEA 有效。

2.3 Malmquist 生产率指数模型

1982 年 Caves 等人将 1953 年首次提出的 Malmquist 指数用于衡量生产活动的变化，随后 Fare 等人用 Malmquist 指数几何平均值衡量相邻时期 t 到 $t+1$ 的生产效率变化趋势[8]。对相邻时期的效率进行动态分析，并将其进行相应的分解是 Malmquist 指数的一大特点，弥补了传统 DEA 模型只停留在静态分析的不足。假设第 t，$t+1$ 期的输入与输出分别为 x^t，y^t，x^{t+1}，y^{t+1}，其 Malmquist 生产率指数模型如下所示：

$$\begin{aligned} &M(x^{t+1}, y^{t+1}, x^t, y^t) \\ &= \left[\frac{D^{t+1}(x^{t+1}, y^{t+1})}{D^{t+1}(x^t, y^t)} \times \frac{D^t(x^{t+1}, y^{t+1})}{D^t(x^t, y^t)} \right]^{\frac{1}{2}} \\ &= effch \times techch \\ &= effch \times pech \times sech \end{aligned} \quad (3)$$

求得的结果即为全要素生产率指数（tfpch 或 Malmquist 生产率指数），当 tfpch>1 时，说明此时期的建筑业效率是上升的；当 tfpch=1 时，说明此时期的建筑业效率不变；当 tfpch<1 时，则此时期的建筑业效率是下降的。通过对全要素生产率指数及其分解指数的分析，可以更好地分析建筑业效率动态变化趋势，为建筑业发展提供合理建议。

3 辽宁省建筑业技术效率实证分析

3.1 辽宁省建筑业技术效率静态分析

运用 DEAP2.1 软件对 2011—2020 年辽宁省建筑业投入产出指标的相关数据进行测算分析，各年份效率值结果见表2。

表2 2011—2020 年辽宁省建筑业效率值

年份	技术效率	纯技术效率	规模效率	规模效益
2011 年	1.000	1.000	1.000	—
2012 年	1.000	1.000	1.000	—
2013 年	1.000	1.000	1.000	—

续表

年份	技术效率	纯技术效率	规模效率	规模效益
2014 年	0.936	0.937	0.999	drs
2015 年	0.757	0.801	0.946	irs
2016 年	0.640	0.691	0.925	irs
2017 年	0.667	0.678	0.984	irs
2018 年	0.693	0.705	0.983	irs
2019 年	0.668	0.690	0.967	irs
2020 年	0.726	0.742	0.978	irs
平均值	0.809	0.824	0.978	—
全国均值	0.872	0.904	0.965	—

（1）技术效率。

由表 2 可知，在 2011—2020 年间，辽宁省建筑业技术效率呈现了先平稳后下降再缓慢上升的趋势。在 2011—2013 年辽宁省建筑业技术效率均为 1.000，此期间辽宁省建筑业技术效率达到了 DEA 有效。辽宁省建筑业技术效率在 2013—2016 年呈现下降趋势，2016 年下降至 0.640。从 2016 年以后，技术效率在慢慢回升，但技术效率多维持在 0.650 左右，建筑业发展处于一个较低水平。整体来看，辽宁省建筑业技术效率平均值为 0.809，低于全国均值，且存在 19.1% 的投入资源浪费，未得到充分利用，表明辽宁省建筑业的发展水平有待进一步提高。

（2）纯技术效率。

辽宁省建筑业近 10 年纯技术效率均值为 0.824，辽宁省建筑业在管理和技术水平上还有 17.6% 的空间可提高。2016 年以来，纯技术效率波动幅度不大，且普遍较低，观察表 2 数据可知，2011—2020 年辽宁省建筑业纯技术效率与技术效率呈现相同的波动趋势，规模效率一直处于较高水平，这说明辽宁省近些年对建筑业的技术升级和管理水平的提高已然无法满足同时期产业规模的迅速扩张，同时也说明技术效率的无效主要受纯技术效率的影响。

（3）规模效率。

相比较于技术效率和纯技术效率，辽宁省建筑业规模效率在 2011—2020 年是相对更为稳定的，在 2011—2013 年规模效率达到了 1.000，规模效率处于有效状态，投入资源在此期间得到了合理的配置；同时辽宁省规模效率均值是高于全国均值的，虽然在 2014—2020 年规模效率未达到 1.000，但投入产出组合也得到了较为合理的发展。

3.2 辽宁省建筑业技术效率动态分析

运用 Malmquist 生产率指数模型对辽宁省 2011—2020 年建筑业面板数据进行动态测算，其 Malmquist 生产率指数及其分解分别见表 3。

表 3 2011—2020 年辽宁省建筑业 Malmquist 生产率指数及其分解

年份	技术效率变化指数（effch）	技术进步指数（techch）	纯技术效率变化指数（pech）	规模效率变化指数（sech）	全要素生产率指数（tfpch）
2011—2012 年	1.000	1.032	1.000	1.000	1.032
2012—2013 年	1.000	1.123	1.000	1.000	1.123
2013—2014 年	0.936	0.993	0.937	0.999	0.930
2014—2015 年	0.808	0.956	0.854	0.946	0.773
2015—2016 年	0.845	0.990	0.863	0.979	0.837
2016—2017 年	1.043	1.014	0.981	1.064	1.058
2017—2018 年	1.039	1.175	1.040	0.998	1.220
2018—2019 年	0.963	1.068	1.037	0.929	1.029
2019—2020 年	1.088	1.029	1.015	1.072	1.119
平均值	0.969	1.042	0.970	0.999	1.013

2011—2020 年辽宁省建筑业 MaLmquist 生产率指数变化趋势见图 1。

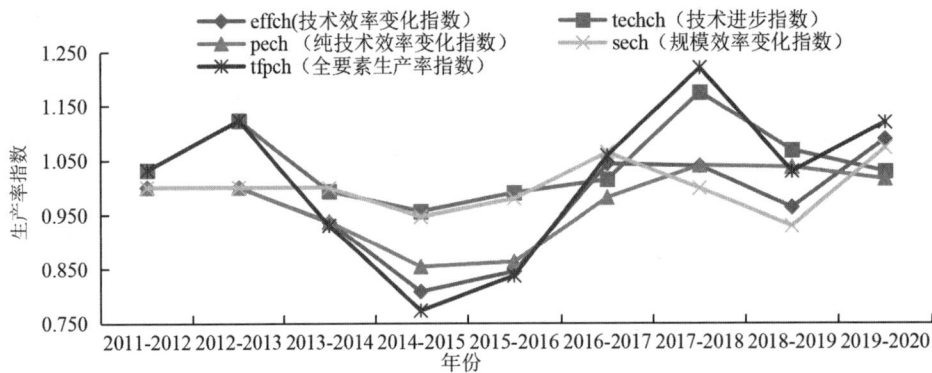

图1　2011—2020年辽宁省建筑业 Malmquist 生产率指数变化趋势

根据表3和图1的指数变化趋势可知,辽宁省建筑业效率呈现类似正弦变化的趋势,2011—2020年间全要素生产率指数均值为1.013,其全要素生产率提高了1.3%。但是从图1可知,全要素生产率在2012—2018年间的波动较大,在2014—2015年全要素生产率下降至最低值0.773,随后又逐渐上升。技术效率变化指数的均值为0.969,技术进步指数的均值为1.042,结合图1可知,技术进步是使建筑业效率提高的一个更为主要的因素,而技术效率指数降低的主要原因是受纯技术效率指数的变化影响。规模效率指数均值为0.999,接近1.000,说明辽宁省建筑业的发展规模是较好的。

4　结论

通过运用 DEA-Malmquist 指数法分别从静态和动态角度对2011—2020年辽宁省建筑业技术效率进行了变化趋势研究。辽宁省建筑业技术效率平均值为0.809,处于中等水平,2015—2020年技术效率虽低于平均值,但也呈现缓慢增长的发展趋势。由 Malmquist 生产率指数分解可知,技术进步指数的增幅高于技术效率变化指数的下降,说明技术进步指数更进一步促进了建筑业技术效率的增长。

结果分析,为提升辽宁省建筑业技术效率提出以下建议:

(1)调整产业结构,合理配置资源。近年来,辽宁省建筑业的规模效率虽较为理想,但资源投入配置不合理,追求建筑业规模的扩张并没有使建筑业技术效率得到有效提高。因此,辽宁省应规范建筑业市场准则,对建筑企业的资质、信誉等严格要求,拒绝恶性竞争,不要一味地追求量,而要有过硬的质,对投入资源进行合理分配,进行有效产出。

(2)优化管理方法,提升管理水平。辽宁省建筑业纯技术效率在近几年是较低的,投入资源有

30%左右是处于浪费的状态,说明在管理水平、管理观念等方面存在很大的欠缺。建筑企业、施工企业等需要不断为相关人员定期组织培训,提高其技术水平与素质,与建筑强省进行交流合作,跨区域协调发展,促进管理水平的提升,实现精细化管理。

(3)提高技术创新,绿色发展。加快建筑工业化进程,大力推广 BIM 技术和装配式建筑等,发展实体经济,促进以数字化、智能化为一体的信息管理系统,培养新型技术人才,不断提高建筑业标准水平,用新理念、新工艺、新设备、新材料等推动建筑业绿色发展和高质量发展。

参考文献:

[1]　吴翔华,张利婷. 建筑业高质量发展综合评价研究:以江苏省为例[J]. 建筑经济,2021,42(12):20-26.

[2]　翁清,马骏,袁军. 基于三阶段 DEA-Malmquist 的华东地区建筑业效率研究[J]. 工程管理学报,2016,30(3):42-47.

[3]　宋金昭,郭芯羽,王晓平,等. 中国建筑业碳排放效率区域差异及收敛性分析:基于 SBM 模型与面板单位根检验[J]. 西安建筑科技大学学报(自然科学版),2019,51(2):301-308.

[4]　杨红雄,汪朵. 基于 SFA 和省际面板数据的建筑业技术效率分析[J]. 建筑经济,2020,41(11):96-100.

[5]　曹泽,殷天赐,陈星星. 长三角地区建筑业全要素生产率的空间溢出效应研究[J]. 建筑经济,2020,41(12):26-30.

[6]　王旭,冯建浩,马齐如. 基于 DEA-Tobit 方法的东北三省建筑业可持续发展效率分析[J]. 土木工程与管理学报,2017,34(3):8-12.

[7]　A Charnes,W W Cooper and E. Rhodes. Measuring the efficiency of decision making units[J]. European Journal of Operational Research,1978(2):429-444.

[8]　Fare R,Grosskopf S. Malmquist productivity indexes and fisher ideal indexes[J]. Economics Journal,1992,102

（1）：158-160.

基金项目：

辽宁省社会科学规划基金项目（L21CGL023）；辽宁省教育厅高等学校基本科研项目（LJKR0213）；辽宁省教育厅项目（lnqn202030）

作者简介：

宋静静（1996— ），女，河南滑县人，土木水利专业硕士研究生，研究方向：复杂系统评价。

周莹（1990— ），女，辽宁鞍山人，副教授，博士后，研究方向：复杂系统评价。

周乔（1998— ），女，云南昭通人，管理科学与工程专业硕士研究生，研究方向：复杂系统评价。

论文仅代表本文作者观点，文责自负——本书编者注。

辽宁省建筑业碳排放量测算研究

赵 愈 丁 丁

（沈阳建筑大学管理学院，辽宁 沈阳 110168）

摘要：建筑业是我国当前国民经济体系发展中的重要支撑型基础设施行业，面临着建设费用过高、能源效益较低和建筑二氧化碳排放量过大等突出问题。降低中国建筑业二氧化碳排放量，对于推动中国建筑业实现其能源、经济效率和绿色环保的可持续健康的协调发展都有着其重要深远的意义。主要研究计算了我国辽宁省建筑业中二氧化碳排放量，为辽宁省之后制定合理碳减排措施提供依据。

关键词：碳排放量；建筑业；IPCC；碳排放系数法；绿色低碳

Research on Carbon Emission Calculation of Construction Industry in Liaoning Province

Zhao Yu　Ding Ding

（**College of Management**，**Shenyang Jianzhu University**，**Shenyang 110168**，**China**）

Abstract：The construction industry is an important supporting infrastructure industry in the development of China's national economic system，and is facing prominent problems such as high construction costs，low energy efficiency and high CO_2 emissions from construction. Reducing CO_2 emissions in China's construction industry is of great significance in promoting the sustainable and healthy development of China's construction industry in terms of energy，economic efficiency and environmental protection. In this paper，we calculate the carbon dioxide emissions from the construction industry in Liaoning Province，and provide a basis for the development of reasonable carbon reduction measures in Liaoning Province.

Keywords：carbon emissions；construction industry；IPCC；carbon emission factor method；green and low carbon

1 引言

中国目前是占全球的第一大能源直接消耗份额大国，存在着很大程度的国际二氧化碳排放量压力，根据美国 IPCC 的第五次能源评估公报数据统计表明，2010 年中国建筑部门消费量约占世界终端能源直接消费总量的 32%，二氧化碳的直接平均排放总量大约是每年 8.8 Gt 的国际 CO_2-eq，降低建筑业碳排放迫在眉睫。

辽宁省是东北农村地区经济发展迅速的大省，"十三五"以来我国建筑业在国内企业生产设备总值中的比例由 7.8% 上升到 8.4%，企业单位数增加了 17.7%。在这一背景下，需要正确认识辽宁省建筑业的碳排放状况，为制定合理的建筑业碳减排提供理论支持和参考。

2 文献综述

近年来，国内外的学者对各种碳排放量进行了大量的计算和研究，从碳排放计量方法来看，主要包括实际计量法[1]、物质平衡法[2] 和排放系数法[3]。其中碳排放相关系数法借鉴了能量质量守恒这个定律，利用碳排放系数来进行测算碳排放量，通过这个办法可以估算碳排放量。赵敏等采用碳排放系数法计算了 1994—2006 年上海能耗碳排放[4]；Onat 等在测算美国居民住宅和商业建筑的建筑业碳排放中计算了碳排放量[5]；张智慧等人提出了关联计算碳排放量的新想法，计算出当前中国的建筑业及其他相关产业中的直接的碳排放量和间接的碳排放[6]；Geng 等人采用碳排放系数法估算了中国 8 个地区的碳排放[7]；纪建悦等用碳排放系数法对建筑业的直接碳排放量进行核算[8]。

综上所述，尽管针对碳排放的研究成果已经比较丰富，但对于辽宁省建筑业的碳排放核算和建筑业的分析较为缺乏。因此，本文以辽宁省 2006—2020 年建筑业的碳排放量作为研究对象，运用碳排放系数法对辽宁省的建筑业碳排放量进行了分析，为辽宁省实现节能减排和区域可持续不断发展提供参考和理论研究依据。

3 辽宁省建筑业发展近况

辽宁是我国一个近年来建筑业发展速度很快的新兴工业省份，自"十一五"期间以来，辽宁省建筑业增加值收入在国内地区生产要素总值收入中占的主要比例已从原来 5.8% 迅速增加到了 6.6%，2012 年辽宁

省建筑业从业人员已超过了 207 万人，较于 2006 年同期增长到了近 72 万人，成为促进辽宁省工业经济发展的一个主要动力。本文以《辽宁省统计年鉴》的数据为支撑，整理了近 15 年辽宁省建筑业总产值变化情况，见表 1。

表 1 辽宁省 2007—2020 年建筑业总产值变化情况 （单位：亿元）

年度	2007 年	2008 年	2009 年	2010 年	2011 年	2012 年	2013 年
总产值	2100.0	2505.2	3384.6	4690.3	6218.3	7543.3	8629.7
年度	2014 年	2015 年	2016 年	2017 年	2018 年	2019 年	2020 年
总产值	7851.1	5413.8	3927.0	3688.3	3528.4	3554.6	3816.2

由表 1 可见，2007 年，辽宁省建筑业总产值为 2100 亿元，到了 2013 年已经增长为 8629.7 亿元，与 2007 年相比已经增长了 4 倍，但 2013 年以后辽宁省建筑业总产值开始下降，2020 年的总产值回落到与 2009 年差不多的状态。

4 辽宁省碳排放测算

本文研究的数据时间为 2006—2020 年，辽宁省建筑业的各项数据都来自于《辽宁省统计年鉴》和《中国统计年鉴》。本文测算辽宁省建筑业碳排放量，根据 IPCC 指定的《2006 年 IPCC 国家温室气体清单指南》中的方法，用各能源消费总量及其碳排放系数测算辽宁省能源碳排放量。本文根据指南的能源划分选出 6 种能源种类，分别为煤炭、汽油、煤油、柴油、燃料油和电力。煤炭、汽油等 5 种能源的折标。煤系数和碳排放系数见表 2。

表 2 五种能源的折标煤系数和碳排放系数

能源种类	折标煤系数	碳排放系数
煤炭	0.7143	2.6604
汽油	1.4714	1.9880
煤油	1.4714	2.0510
柴油	1.4571	2.1247
燃料油	1.4286	2.2193

电力折算标准煤系数和硫排放系数见表 3。

表 3 电力折算标准煤系数和碳排放系数

能源种类	折算标准煤系数	碳排放系数
电力	0.1229	2.2132

据此，得出碳排放量计算公式为：

$$C = \sum E \times e \times c$$

式中，C 为建筑业产生的碳排放量；E 为建筑业中的能源类型；E 为能源的折标煤系数；C 为折标煤能源的碳排放系数。

电力的碳排放公式：

$$C_1 = \sum E \times e_1 \times c_1 \times \frac{44}{12}$$

式中，C_1 为电力的碳排放量；E 为电力的消耗量；e_1 为电力折算标准煤系数；c_1 为电力折算标准煤的碳排放系数；

44/12 为碳与二氧化碳的转换系数。

其中，电力折算标准煤系数和碳排放系数见表 2。

根据建立的二氧化碳排放公式，核算出辽宁省 2006—2020 年建筑业二氧化碳排放量，计算结果见表 4。

表 4 辽宁省建筑业 2006—2020 年的碳排放量

年份	煤炭（万吨）	汽油（万吨）	煤油（万吨）	柴油（万吨）	燃料油（万吨）	电力（万吨）	碳排放量（万吨）	总产值（亿元）
2006 年	51.96	11.30	0	12.40	0	8.66	204.09	1775.0
2007 年	56.16	13.54	0	14.51	0	12.28	207.69	2100.0
2008 年	14.41	14.18	0.62	62.10	0.79	14.88	209.71	2505.2
2009 年	14.41	14.18	0.62	62.10	0.79	14.88	209.71	3384.6
2010 年	14.41	16.30	0.82	84.09	1.99	20.28	271.91	4690.3
2011 年	16.89	18.27	1.06	87.60	2.77	25.05	288.27	6218.3

年份	煤炭（万吨）	汽油（万吨）	煤油（万吨）	柴油（万吨）	燃料油（万吨）	电力（万吨）	碳排放量（万吨）	总产值（亿元）
2012 年	16.89	18.27	0	0	0	0	288.27	7543.3
2013 年	21.06	23.51	1.02	59.56	2.74	30.20	245.68	8629.7
2014 年	8.28	15.13	0.97	38.60	0	29.39	143.40	7851.1
2015 年	3.18	1.12	1.03	36.77	0.14	27.28	96.17	5413.8
2016 年	2.18	0.91	0.77	32.09	0.11	25.77	82.10	3927.0
2017 年	0.78	0.85	0.75	32.11	0	24.93	78.55	3688.3
2018 年	0.18	0.12	0	0.68	24.12	24.12	10.14	3528.4
2019 年	0.33	0.42	0	4.75	22.24	22.24	24.73	3554.6
2020 年	0.33	1.03	5.00	0.97	22.48	22.48	27.89	3816.2

辽宁省建筑业 2006—2020 年碳排放量变化趋势　见图 1。

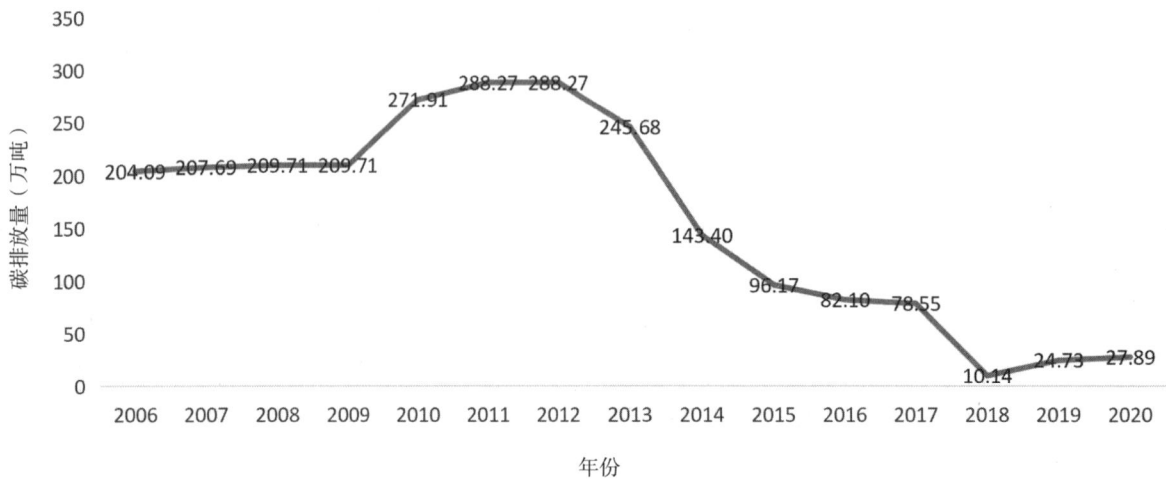

图 1　辽宁省建筑业 2006—2020 年碳排放量变化趋势

从图 1 能够很清晰直观地看到，辽宁省的建筑业碳排放量分布大体是呈一个"几"字形，2006 年开始到 2009 年排放量增长是相对比较平稳，2009 年开始到 2012 年排放量大幅上升，到 2012 年排放量达到了高峰，2013 年开始到 2020 年排放量大幅下降，到 2018 年排放量几乎触底。

辽宁省的能源总消耗和碳排放量的主要特点有如下的两个方面：

（1）正相关性。碳排放的变化趋势和建筑业总产值的变化趋势高度吻合，两者呈现正相关的趋势。

（2）弱脱钩状态。从表 4 测算数据来看，近几年辽宁省碳排放量始终处在连续下降趋势，呈"断崖式"下滑的态势，建设总量和碳减排强度呈现出弱脱钩态势，说明辽宁省近几年节能减排的措施获得了初步的效果，进一步加强减排力量可望达到行业的总量和碳排放量的全部脱钩。

5　辽宁省节能减排措施

5.1　推行绿色建筑发展

为了有效推进绿色建筑产业的发展，并实现城乡住宅建设模式和建筑业发展模式的高效转变，辽宁省在 2015 年实施了《辽宁省绿色建筑行动实施方案》，绿色建筑的建设对推动建筑业实现碳减排起到了强有力的作用。一是鼓励各高校和各研究机构研发绿色环保型建筑材料，设立绿色建材技术研发专项资金，提供一些财务方面力所能及的小帮助，充分地调动社会各相关大专院校、研发机构组织研发的工作积极性，减少绿色建材项目研发中的风险。二是积极引导绿色建材厂家之间进一步开展科技项目的协作，完善其相应产品的技术鼓励和优惠政策，整合其现有的产品技术并融入绿色建材企业的新产品技术研发中去。三是积极吸纳引进国外先进的绿色领先的科技，总结推广其产品成功的经验方法及先进运用的技术，建立健全现代绿色建材产品的开发和技术的管理应用体系，培训引进和培养储备绿色建材技术人才。

5.2　优化建筑业能源结构

建筑业未来实现持续低能碳的发展，不必须通过在建筑施工应用阶段进行能源生产利用方式上的优化调整改造来持续降低建筑碳排放量，必须通过在建筑应用的阶段持续降低化石燃料能源的能源消费的强度等来持续减少碳排放量。所以，要加强对风电、核电可再生清洁能源利用以及其他建筑可再生能源替代可再生清洁能源、可以再利用等新型高效节能洁净的建筑企业能源技术产品的开发推广和使用，通过调整能源管理来进一步优化我国建筑业能源结构，通过进一步提高建筑能源的开发和利用方式的能源多样化程度来逐步实现我国能源建设的低碳化。

5.3　加快建筑节能的改造

辽宁省地处中国东北，其冬季有 4 个月的供暖期，在此期间许多未经节能改造的旧房冬季不保温也不环保，能耗高、高碳排放等缺点暴露出来。因此，有关部门要重视旧住宅小区改造和既有建筑节能改造，既能够提高能源效率，也是推动开展建筑业节能减排工作的重要举措之一。通过对建筑的节能改造，不仅可以改善居民的生活环境质量，而且能够节约大量资源，也通过加强我国能源管理效率效应对建筑业碳排放起到一定的抑制作用。

参考文献：

[1] 郭义强，郑景云，葛全胜. 一次能源消费导致的二氧化碳排放量变化 [J]，地理研究，2010，29（6）：1027-1028.

[2] 王少剑，刘艳艳，方创琳. 能源消费 CO_2 排放研究综述 [J]，地理科学进展，2015，34（2）：152-154.

[3] 谢守红，王利霞，邵珠龙. 国内外碳排放研究综述 [J]. 干旱区地理，2014，37（4）：720-721.

[4] 赵敏，张卫国，俞立中. 上海市能源消费碳排放分析 [J]. 环境科学研究，2009，22（8）：984-989.

[5] Onat N C, Kucukvar M, Tatari O. Scope-based Carbon Footprint Analysis of US Residential and Commercial Buildings: An Input output Hybrid Life Cycle Assessment Approach [J]. Building and Environment，2014（72）72：53-62.

[6] 张智慧，刘睿劼. 基于投入产出分析的建筑业碳排放核算 [J]. 清华大学学报（自然科学版），2013，53（1）：53-57.

[7] Geng YH, Tian MZ, Zhu JJ , et al. Quantification of provincial level carbon emisssions from energy consumption in China [J]. Renewable and Sustainable Energy Reviews，2011，15（8）：3658-3668.

[8] 纪建悦，姜兴坤. 我国建筑业碳排放预测研究 [J]. 中国海洋大学学报（社会科学版），2012（1）：53-57.

作者简介：

赵愈（1978— ），男，辽宁沈阳人，博士，研究方向：绿色混凝土。

丁丁（1998— ），女，安徽六安，土木水利硕士研究生，研究方向：现代建筑产业化。

论文仅代表本文作者观点，文责自负——本书编者注。

辽宁省商品住宅价格影响因素仿真研究

林炜杰　王　静

（沈阳建筑大学管理学院，辽宁　沈阳　110168）

摘要：辽宁省作为我国东北区域重要省份，房地产市场发展迅速也存在诸多问题，比如人口流失过快，房价居高不下，省内城市发展两极化等。针对辽宁省房地产市场存在的问题，通过构建系统动力学模型并代入 10 年数据进行仿真。研究发现辽宁省人口增长率和个人因素对商品住宅价格有显著影响。针对辽宁省房地产的可持续发展提供政策建议，以实现辽宁省房地产业的可持续健康成长。

关键词：商品住宅价格；系统动力学；政策分析

Simulation Study on Influencing Factors of Commodity Housing Price in Liaoning Province

Lin weijie　Wangjing

（College of Management，Shenyang Jianzhu University，Shenyang 110168，China）

Abstract：Liaoning province is an important province in northeast China，and its real estate market is developing rapidly，but there are also many problems，such as rapid population loss，high housing prices，polarization of urban development in Liaoning province，etc. Aiming at the problems existing in Liaoning's real estate market，this paper builds a system dynamics model and simulates it by substituting ten-year data. It is found that the population growth rate and personal factors in Liaoning province have a significant impact on the price of commercial housing. Provide policy suggestions for the sustainable development of real estate in Liaoning province，and realize the sustainable and healthy growth of real estate industry in Liaoning province.

Keywords：commodity housing price；system dynamics；policy analysis

1 引言

随着国家发展政策调整，房地产业已成为我国建筑行业的支柱性产业，房地产市场已成为国民热议话题，而与国民生活相贴近的则是房价问题。住房价格一直是人民普遍关注的焦点。我国住房需求缺乏弹性，其中辽宁省尤为显著。

早期学者发现销售面积、投资额、人均可支配收入、生产总值等因素对商品住宅有显著影响[1]，我国住房需求呈现倒 U 形发展趋势[2]；商品住房价格在大城市趋于收敛，其他城市则分化[3]；房产销售的因素众多，心理预期作用不容忽视[4]。对于商品住宅价格的研究有很多因素，对一座城市的研究也很多，但对一个省份的研究很少，对辽宁省商品房价格因素的研究还从未有过[5]。利用系统动力学模型，有助于阐述影响辽宁省房价相对各因素之间相互牵连的联动效应。

本文数据来源于《辽宁省统计年鉴》《国家统计年鉴》以及国家统计局颁布的相关资料，部分内容来自地方相关网站。

中国领土辽阔，各地房价也不同，西部陆地地区地广人稀，东部沿海地区住房需求极大，东西部差异较大，各省市也有所差异，很难以点概面，只有针对各个省份进行研究。东三省中辽宁省是房地产发展最快的省份，房地产作为经济重要来源之一，在辽宁省具有重要的地位，2020 年辽宁省房地产完成投资 2833.95 亿元，2021 年辽宁省房地产完成投资 2978.86 亿元。纵观近 10 年，辽宁省人口数量在逐年减少，但住房价格有所上升，证明辽宁省的房地产市场活力低迷但也具有潜力。

2 构建系统动力学模型

2.1 理论基础

系统动力学是分析和研究信息反馈系统的一门学科。房地产行业的影响因素颇多，并且内部与外部之间有着千丝万缕的联系，将影响因素关联起来，可形成巨大的系统。构建系统动力学模型，以研究房价和房地产事业健康发展系统间的关系，实现房地产业健康发展。

2.2 因果回路图

因果回路图是各因素之间逻辑框架，其中因果回路图中的"+"表示促进关系，"－"表示抑制关系。正反馈回路即加强，负反馈回路即不断接近给定目标。影响房价因果回路图见图1。

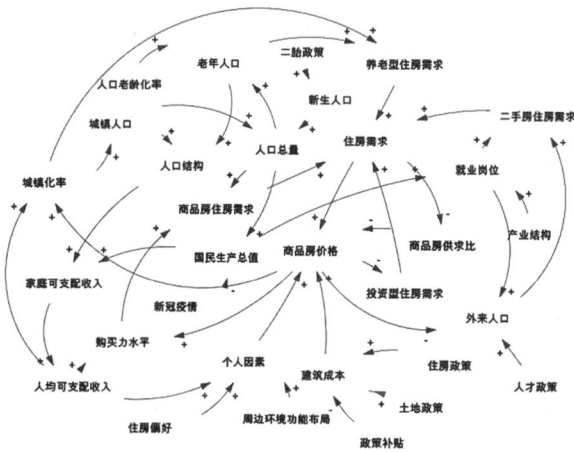

图1 影响房价因果回路图

根据系统动力学，回路图由众多因果链构成，形成复杂的系统，在影响房价因果回路图主要包括4个反馈回路：

（1）回路1：人口总量—（＋）国民生产总值—（＋）家庭可支配收入—（＋）人均可支配收入—（＋）个人因素—（＋）商品房价格—（＋）城镇化率—（＋）城镇人口—（＋）人口总量。

该条回路为正反馈回路，表明当国民生产总值上升时，人均可支配收入提高，人民对生活向往更多元化，个人因素对商品房价格的影响提高，进一步提升房价。

（2）回路2：老年人口—（＋）养老型住房需求—（＋）住房需求—（＋）商品房供求比—（＋）商品房价格—（＋）城镇化率—（＋）城镇人口—（＋）人口总量—（＋）老年人口。

该条回路为正反馈回路，表明当老年人口增加时会提高对养老型住房需求，使商品房供求比增长，进一步房价提高，进而加快城镇化率。

（3）回路3：外来人口—（＋）二手房住房需求—（＋）住房需求—（－）商品房供求比—（－）商品房价格—（－）外来人口。

该条回路为负反馈回路，表明当外来人口增加

时，会增加二手房住房需求量，进一步提升房价，而房价的升高会抑制外来人口的流入，该回路显示抑制房价趋于平稳。

（4）回路4：国民生产总值—（＋）就业岗位—（＋）外来人口—（＋）二手房住房需求—（＋）住房需求—（＋）商品房价格—（＋）城镇化率—（＋）城镇人口—（＋）人口总量—（＋）国民生产总值。

该条回路为正反馈回路，国民生产总值提高会增加更多就业岗位，进而吸引外来人口，吸引周围乡村人口进城，提高城镇化率进而提升商品房价格。

2.3 流图建立

根据辽宁省商品房住房市场的存量流量图，其中流量变量为人口数量、住房需求、住房供给、辽宁省GDP、商品房价格，共5个。辅助变量包括城镇化率、房价收入比、开发税率、个人因素影响因子等，共25个。绘制辽宁省商品房价格存量流图，如图2所示。

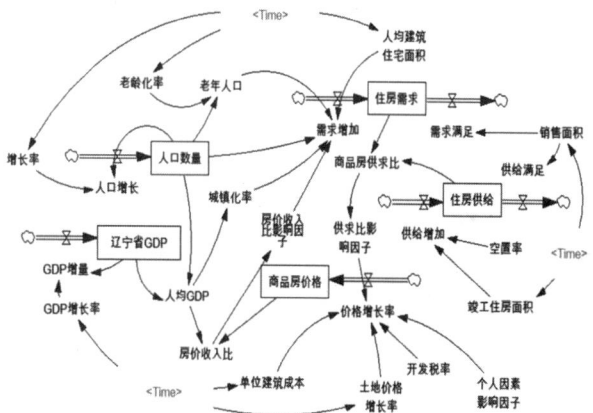

图2 辽宁省商品房价格存量流图

2.4 参数说明

（1）根据国家统计局颁布的《中国统计年鉴2021》数据显示，截至2021年中国人口为141260万人，其中辽宁地区人口4259万人，占全国人口总数的3%。相比上年4255万人，人口略有增长。

人口数量＝INTEG（人口增长，4379）；人口数量取辽宁省2011年人口4379万人为初始值。

（2）根据2021年的国家统计局官方数据得，2020年我国固定资产投资总计988528.9亿元，其中房地产行业为70444.8亿元，占7.12%；固定资产形成总额为1008782.5亿元，其中，房地产行业为74552.5亿元，占总GDP的7.39%，表明了房地产业发展与我国GDP密切相关。

辽宁省GDP＝INTEG（GDP增量，$7.24e \times 10^6$）；

辽宁省 GDP 初始值为 724 亿元。

（3）根据《辽宁省年鉴》确定商品房住宅价格，辽宁省商品住宅价格=本年住宅销售额/本年住宅销售面积，经计算，2011 年辽宁省商品住宅初始价格4542.85 元。

辽宁省商品房价格 = INTEG（价格增长率，4542.85 元）；其中，价格增长率=单位建筑成本×（1+土地价格增长率）×（1+开发税率）×个人因素影响因子×供求比影响因子。

（4）经济的发展跟当地的现状发展情况和对商品住宅的需求的增长形势呈正比。住房需求量按需求增加减需求满足计算，住房供给量按当年供给增加去除当年供给满足计算。

住房需求=需求增加-需求满足；其中需求增加按每年新增人口总数的 20%有住房需求计算。

需求增加=（人口数量×0.2×人均建筑住宅面积+老年人口×人均建筑住宅面积）×城镇化率×房价收入比影响因子。

（5）城镇化是人类文明和经济发展的重要基石，人口大量向城市的聚集转移就是最明显的表现。辽宁省城镇人口占 72.14%，保持在基准水平。城镇化率按人均 GDP 表函数来测算。

（6）文中开发税率按辽宁省标准 3%计入；空置率按 45%计入。

（7）随着居民生活水平的提高，居民对住房要求及周边的环境提出了更高的要求，希望选择更完善的住房。一定程度上个人因素也会影响房地产的商品住宅价格，将个人因素影响因子占购房意愿28%作为参考变量。

3 模型有效检验

2011—2020 年房价数据，见表 1，主要研究存量变量包括辽宁省人口数量、辽宁省 GDP、辽宁省商品住宅价格。比较用 VENSIM 软件模拟仿真的 3 组数据，计算出相对误差，一般相对误差小于 5%的指标超过 70%且相对误差均小于 10%，才算具有较好的仿真。

表 1 2011—2020 年辽宁省人口、GDP、房价仿真值

年份	辽宁省人口数量			辽宁省 GDP			房价		
	历史值（万人）	仿真值（万人）	相对误差	历史值（亿元）	仿真值（亿元）	相对误差	历史值（元/平方米）	仿真值（元/平方米）	相对误差
2011 年	4379	4379.00	0.0000	724.0	724.00	0.0000	4542.85	4542.85	0.0000
2012 年	4375	4365.86	0.0021	870.6	847.08	0.0278	4985.38	5034.55	-0.0098
2013 年	4365	4352.77	0.0028	988.8	991.08	-0.0023	5584.24	5699.95	-0.0203
2014 年	4358	4339.71	0.0042	1026.6	1110.01	-0.0751	5883.06	6032.03	-0.0247
2015 年	4338	4326.69	0.0026	1057.3	1154.41	-0.0841	6240.1	6429.11	-0.0294
2016 年	4327	4313.71	0.0031	1145.8	1189.05	-0.0364	6481.95	6697.84	-0.0322
2017 年	4312	4300.77	0.0026	1254.6	1284.17	-0.0230	6844.41	7100.56	-0.0361
2018 年	4291	4287.86	0.0007	1368.6	1399.75	-0.0223	7375.93	7691.15	-0.0410
2019 年	4277	4275.00	0.0005	1491.9	1511.73	-0.0131	8566.80	9014.33	-0.0496
2020 年	4255	4262.18	-0.0017	—	—	—	9156.51	9669.56	-0.0531

相对误差计算公式如下：

$$e_i = \frac{(y_{it} - \widehat{y_{it}})}{\widehat{y_{it}}}$$

式中，i 变量个数；t 为年份；y_{it}，$\widehat{y_{it}}$ 分别为 i 变量在第 t 年的实际值与仿真值。

仿真结果显示，辽宁省人口相对误差均小于5%，辽宁省 GDP 和辽宁省房价相对误差小于 5%的指标超过 70%，且相对误差均小于 10%，可以认为仿真结果有效。

4 仿真分析

4.1 人口政策对需求量的影响

由于国家提出鼓励二胎、三胎的出生，以及政府提升就业机会吸引省外人口，使辽宁省人口增长率增加，由负增长至正增长 5‰，可以看出随着人口的增长住房需求一定程度上也会随之而增长。2011—2025 年辽宁省人口增长对住房需求趋势影响见图 3。

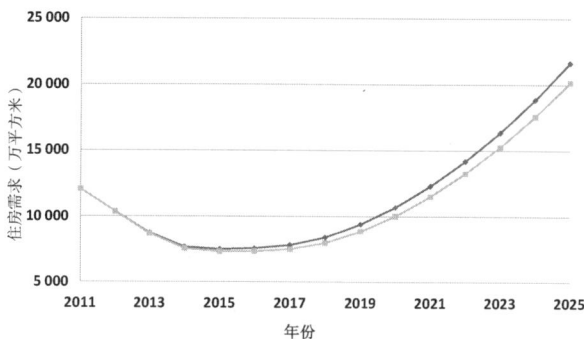

图3 2011—2025 年辽宁省人口增长对住房需求走势影响

4.2 个人因素对房价的影响

个人因素主要指个人购买意愿。由图4看出，提高个人因素影响因子的占比，对辽宁省商品住房的价格有显著影响，当人们购买意愿提升时会促进商品住宅价格的提高[6]。

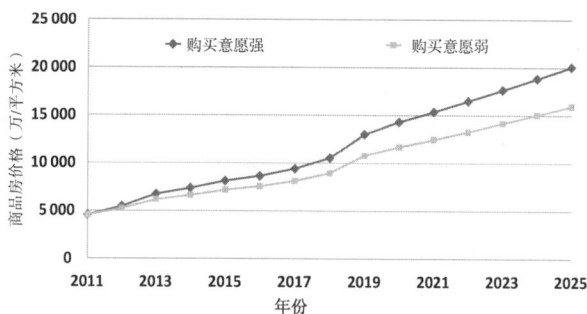

图4 个人因素对商品房价格影响

5 政策建议

5.1 完善政策

开放生育政策会改善辽宁省人口负增长的情况，维持健康的辽宁省人口结构，增加人口数量，扩大人口基数。应完善鼓励外省人在辽购房政策，增大福利优化，吸引更多周边城市人群来辽购房，使商品房需求增加，促进房地产行业的发展。

5.2 产业结构升级

促进东北地区产业转型，振兴辽宁老工业基地，增加第三产业就业机会，提供更多就业岗位以吸引人才，减少人才流失。提高科技创新发展，注入内生动力以提高房地产的生命活力，对房价的平稳发展具有重要意义。

5.3 完善区域配置

房子是置业投资的首选，购房者更多关注的是房屋品质。更多的置业者购房时会以自己的需求为主，城市之间和城市内部资源发展应更加紧密，例如加快城市公共交通的建设。

6 结语

辽宁房地产的真实状况其实是东北地区房地产市场的一个缩影，以辽宁省看，以沈阳为中心的辽中地区和以大连为首的辽南区域应共同发展，大城市带动周围城市，推动辽宁地产市场的发展。努力做到辽宁地产发展一张图，地产开发建设一盘棋。平稳健康的发展是辽宁地区地产行业的保障[7]。

参考文献：

[1] 樊骋，余新宏，吴之锋，等. 基于VAR模型的合肥市住宅商品房价格影响因素分析 [J]. 陇东学院学报，2021，32（5）：45-49.

[2] 牟新娣，李秀婷，董纪昌，等. 基于系统动力学的我国住房需求仿真研究 [J]. 管理评论，2020，32（6）：16-28.

[3] 李云鹤，曾祥渭，王欣然，等. 基于系统动力学的城市群商品住房价格收敛性研究：以京津冀城市群重点城市为例 [J]. 建筑经济，2020，41（S1）：233-237.

[4] 何斌. 国际金融危机下我国房产消费者心理预期探析 [J]. 广西财经学院学报，2009，22（4）：79-81.

[5] 张贺. 我国房地产产业对整体经济产业结构影响机制的研究 [J]. 社会科学家，2020（11）：99-104.

[6] 周小寒. 新冠疫情对我国房地产业的影响及对策研究 [J]. 全国流通经济，2020（32）：127-131.

[7] 马伟，王庆金，李思宏. 房地产业健康发展的系统动力学分析 [J]. 东岳论丛，2014，35（1）：189-192.

作者简介：

林炜杰（1998— ），男，辽宁营口人，土木水利专业硕士研究生，研究方向：技术经济及管理、房地产投融资。

王静（1981— ），女，辽宁朝阳人，硕士，副教授，研究方向：技术经济及管理、房地产投融资。

论文仅代表本文作者观点，文责自负——本书编者注。

辽宁省战略性新兴产业财税政策效率研究

刘益彤　张逸凡　陈　曦

（沈阳建筑大学管理学院，辽宁　沈阳　110168）

摘要：近年来辽宁省战略性新兴产业的发展取得了一定的成就，其中财政政策发挥了重要的作用。以23家辽宁省战略性新兴企业为例，运用DEA模型对支持战略性新兴产业发展的财税政策效率进行了评价，发现技术效率方面仍存在问题，提出从政策入手，完善产业管理模式及人才培养机制的建议，为政府进一步促进辽宁省战略性新兴产业发展提供参考。

关键词：战略性新兴产业；财政政策；财税政策效率

Research on the Efficiency of Fiscal and Taxation Policies for Strategic Emerging Industries in Liaoning Province

Liu Yitong　Zhang Yifan　Chen Xi

（**College of Management**，**Shenyang Jianzhu University**，**Shenyang 110168**，**China**）

Abstract：In recent years，the development of strategic emerging industries in Liaoning Province has made certain achievements，of which fiscal policy has played an important role. The following article takes 23 strategic emerging enterprises in Liaoning Province as an example，and uses the DEA model to evaluate the efficiency of fiscal and taxation policies supporting the development of strategic emerging industries. It is found that there are still problems in technical efficiency，and it is proposed to start with policies to improve the industrial management model and the suggestions on the talent training mechanism provide a reference for the government to further promote the development of strategic emerging industries in Liaoning Province.

Keywords：strategic emerging industries；fiscal policy；efficiency of fiscal and taxation policies

1 引言

全球大多数国家和地区纷纷将发展战略性新兴产业作为危机应对、经济振兴、国家和区域竞争力实现跨越式发展的战略选择。辽宁省作为老工业基地，传统产业占据了很大的市场份额，这对物资资源、产业结构、经济增速的发展有着不利影响，因此加快发展战略性新兴产业一方面能够调整当前重工业的主导模式，另一方面从扩大内需的角度来看，能够打开新的消费领域，它是辽宁省缓解资源环境瓶颈、培养新的经济增长点、实现高质量发展的必然选择，对振兴辽宁省具有重要战略意义。

近年来辽宁省的战略性新兴产业进入高速发展时期，各发展领域的 GDP 均有不同程度的增长。但卢晶指出，辽宁省战略性新兴产业的发展仍然存在一些问题，传统产业占比庞大，产业转型升级困难，辽宁省新兴产业科研投入不足，产业自主创新能力不强，科技成果转化能力不高[1]。Nelson 认为政府需要通过财政补贴的形式对新兴产业的发展，进行

调控，从而降低新兴产业的研究成本。战略性新兴企业的发展初期风险高，融资渠道受限，而核心在于以科技创新促进产业结构升级[2]。李晓华认为产业带来的市场效应反而会降低企业的自主创新性，政府应当对其基础性研究进行财政干预[3]。

Solow 提出了新古典经济增长模型，并解释企业的技术进步对经济增加值有较大影响[4]，内生经济增长理论则进一步解释了企业的经济发展是技术进步和人力资本相结合下共同促进的结果。颜晓畅针对战略性新兴产业的内涵、特点分析认为该产业与其他产业的关联性较强，政府应采取税收补贴、政府采购等形式推进新兴产业的规模扩大[5]。以上理论为理解政府促进战略性新兴企业的发展打下了基础，政府的调控手段能否促进辽宁省战略性新兴产业的发展需要进一步的研究。

2 研究方法

2.1 模型构建

采用 Malmquist 生产效率指数方法对各企业财政

补助投入产出效率进行比较分析。

基于产出的 Malmquist 生产率指数如下所示：

$$M_0\left(x^{t+1},y^{t+1};x^t,y^t\right)=\left\{\left[\frac{D_0^t\left(x^{t+1},y^{t+1}\right)}{D_0^t\left(x^t,y^t\right)}\right]\left[\frac{D_0^{t+1}\left(x^{t+1},y^{t+1}\right)}{D_0^{t+1}\left(x^t,y^t\right)}\right]\right\}^{\frac{1}{2}}$$

$$=\frac{D_0^{t+1}\left(x^{t+1},y^{t+1}\right)}{D_0^t\left(x^t,y^t\right)}\left[\frac{D_0^t\left(x^{t+1},y^{t+1}\right)}{D_0^{t+1}\left(x^{t+1},y^{t+1}\right)}\frac{D_0^t\left(x^t,y^t\right)}{D_0^{t+1}\left(x^t,y^t\right)}\right]^{\frac{1}{2}}$$

$$=EC\left(x^{t+1},y^{t+1};x^t,y^t\right)\times TP\left(x^{t+1},y^{t+1};x^t,y^t\right)$$

$$=PC\left(x^{t+1},y^{t+1};x^t,y^t\right)\times SC\left(x^{t+1},y^{t+1};x^t,y^t\right)\times TP\left(x^{t+1},y^{t+1};x^t,y^t\right) \tag{1}$$

式中，EC（x^{t+1}，y^{t+1}；x^t，y^t）为技术效率值；TP（x^{t+1}，y^{t+1}，x^t，y^t）为技术进步指数；（x^t，y^t）与（x^{t+1}，y^{t+1}）分别为时间 t 及 $t+1$ 的投入产出向量；D_0^t 和 D_0^{t+1} 分别为时间 t 和 $t+1$ 基于规模报酬不变的实际产出与理想状态下最优产出的距离函数；PC（x^{t+1}，y^{t+1}；x^t，y^t）为纯技术效率变动指数；SC（x^{t+1}，y^{t+1}；x^t，y^t）为规模效率变动指数。

2.2 指标选取和数据来源

以专利申请数量代表技术创新成果、以战略性新兴业务营业收入代表销售业绩作为模型产出指标，以收到的税费返还和政府补助作为投入指标，选取辽宁省 23 家战略性新兴企业，整理其 2016—2020 年企业数据，其中专利申请数量通过查询"中国国家知识产权局专利检索与查询"网站获得，其余数据来自企业历年年报。根据 DEA-Malmquist 建模要求，当前产出指标个数为 2 个，投入指标个数为 2 个，所选企业 23 家，满足决策单元数量要求。

3 实证结果及分析

将全部投入和产出指标代入 Malmquist 模型进行运算，对战略性新兴企业财税政策效率进行动态分析，结果见表 1。

表 1 2016—2020 年辽宁省战略性新兴企业财税政策效率值变化情况

年份	技术效率变化指数（EC）	技术进步变化指数（TP）	纯技术效率变化指数（PC）	规模效率变化指数（SC）	全要素生产率（M）
2016—2017	0.965	1.528	0.686	1.405	1.474
2017—2018	0.991	0.748	0.844	1.174	0.742
2018—2019	1.332	0.573	1.841	0.724	0.764
2019—2020	0.595	1.118	0.430	1.383	0.665
均值	0.933	0.925	0.823	1.134	0.863

从表 1 中可以看出，2016—2020 年以 23 家企业为代表的辽宁省战略性新兴企业财税政策效率的全要素生产率平均值为 0.863，尚有进一步提升的空间，且全要素生产率受技术进步变化指数和纯技术效率变化指数影响较大（如图 1 所示），特别是 2016—2019 年受技术进步影响较大，2019—2020 年受纯技术效率影响较大。2016—2020 年间技术进步变化指数均值为 0.925，纯技术效率变化指数平均值为 0.823，目前看效率值需进一步提升，均值表现较好的为规模效率变化指数，平均值为 1.134，大于 1，可见 2016—2020 年间 23 家典型企业反映出来的政策投入规模总体实现改善，但技术进步和企业财税资金配置与管理水平仍需进一步优化。另外，战略性新兴企业各项效率变化指数波动较大，应注重建立健全促进战略性新兴产业长期发展的财税政策体系。

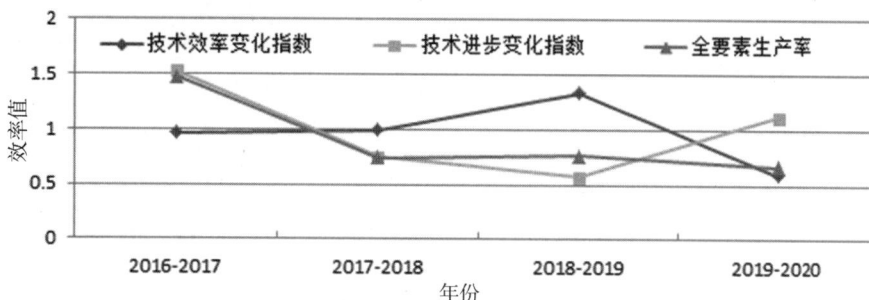

图 1 2016—2020 年辽宁省年份战略性新兴企业财税政策效率值变化

辽宁省战略性新兴企业财税政策效率值情况见　表2。

表2　辽宁省各战略性新兴企业财税政策效率值情况

企业简称	技术效率 变化指数	技术进步 变化指数	纯技术效率 变化指数	规模效率 变化指数	全要素 生产率
沈阳机床	0.850	0.963	0.832	1.021	0.818
奥维通信	1.000	0.599	1.000	1.000	0.599
大连电瓷	1.546	0.974	1.122	1.378	1.506
远大智能	0.893	1.142	0.619	1.444	1.020
机器人	0.784	0.915	0.760	1.032	0.717
智云股份	0.966	1.266	0.643	1.504	1.223
荣科科技	0.479	0.858	0.403	1.190	0.411
蓝英装备	1.415	0.889	0.822	1.722	1.258
抚顺特钢	1.000	0.348	1.000	1.000	0.348
东软集团	0.634	0.831	0.642	0.988	0.527
东北制药	0.924	1.066	0.866	1.067	0.985
锌业股份	0.769	1.013	0.883	0.871	0.779
鞍钢股份	1.000	1.111	1.000	1.000	1.111
大连重工	1.332	0.828	1.335	0.998	1.103
吉翔股份	1.398	1.111	1.132	1.235	1.553
帝信科技	0.792	0.938	0.568	1.394	0.743
中航沈飞	0.908	1.109	1.067	0.851	1.007
轴承B	0.736	1.221	0.842	0.874	0.898
曙光股份	0.954	1.098	0.905	1.053	1.048
中科仪	1.868	0.782	1.000	1.868	1.461
申华控股	1.026	1.187	0.793	1.293	1.217
本钢板材	0.931	0.974	0.915	1.018	0.907
东和新材	0.444	0.733	0.489	0.909	0.326
均值	0.933	0.925	0.823	1.134	0.863

从表2中可以看出，23家企业中半数以上企业全要素生产率指数小于1，因此对引起全要素生产率变动的主要原因进行分析，结果见表3。

表3　辽宁省战略性新兴产业财税政策投入产出效率Malmquist生产率指数分析结果汇总

全要素生产率	主要原因	企业数量（家）	企业名称	说明
	$EC \geq 1$ $TP \geq 1$	3	鞍钢股份、吉翔股份、申华控股	由EC和TP共同提高引起，其中申华控股主要由财政投入规模优化引起
$M > 1$	$EC \geq 1$ $TP < 1$	4	大连电瓷、蓝英装备、大连重工、中科仪	由EC提高引起，技术进步效率仍有提升空间
	$EC < 1$ $TP \geq 1$	4	远大智能、智云股份、中航沈飞、曙光股份	EC存在下降，但全要素生产率由TP提高引起，其中，中航沈飞应优化财政投入规模，其余3家企业应优化财政资金配置和管理
	$EC \geq 1$ $TP < 1$	2	奥维通信、抚顺特钢	由TP下降引起，应重点提升技术进步效率
$M < 1$	$EC < 1$ $TP \geq 1$	3	东北制药、锌业股份、轴承B	由EC下降引起，3家企业均应重点优化财政资金配置和管理
	$EC < 1$ $TP < 1$	7	沈阳机床、机器人、荣科科技、东软集团、帝信科技、本钢板材、东和新材	由EC和TP共同下降引起，面临技术进步效率和纯技术效率双重压力

从表3可以看出，技术效率和技术进步效率值表现均较好的企业只有3家，而技术效率和技术进步效率下降引起全要素生产率下降的企业共有7家，且涵盖的新一代信息技术企业较多。13家企业技术进步效率小于1，表明该指标在5年内出现恶化，14家企业技术效率小于1，其中13家企业纯技术效率均小于1，4家企业纯技术效率和规模效率同时小于1，可见从23家上市企业反映的情况来看，辽宁省战略性新兴企业应进一步加强技术进步并优化财税资金配置和管理效率。

4 结论

通过运用DEA模型对23家战略性新兴企业进行研究，可以看出当前辽宁省战略性新兴发展的规模在政府补助投入下有了明显改善，而技术进步和企业财税资金配置以及管理水平仍需优化。基于此，为提高战略性新兴企业技术效率提出以下建议：企业扩大研发规模的同时，更应侧重纯技术变化效率的提升。辽宁省战略性新兴产业属于近年高速发展的板块，管理模式及制度不够健全，良好的机制体制是加快发展战略性新兴产业的重要保障，应重点关注研发经费转换成果的效率，优化创新投入产出结构，减少投入冗余。进一步夯实辽宁战略性新兴产业发展基础，完善财政补贴等政策，补贴金额控制在合理水平，运用市场化补贴形式促进辽宁省战略性新兴企业技术进步。另外，高校应进一步加强人才培养，为战略性新兴产业发展储备专业应用型人才。

参考文献：

[1] 卢晶. 辽宁省战略性新兴产业创新政策研究 [J]. 经济研究导刊，2020（10）：33-34.

[2] Nelson, Winter. Growth Theory from an Evolutionary Perspective-Differential Productivity Puzzle [J]. American Economic Reviews, 1975（65）：338-344.

[3] 李晓华，吕铁. 战略性新兴产业的特征与政策导向研究 [J]. 宏观经济研究，2010（9）：20-26.

[4] Solow, R M A. Contribution to the theory of economic growth [J]. Quarterly Journal of Economics, 1956, 70（1）：65-94.

[5] 颜晓畅，黄桂田. 政府财政补贴、企业经济及创新绩效与产能过剩：基于战略性新兴产业的实证研究 [J]. 南开经济研究，2020（1）：176-198.

基金项目：

辽宁省财政科研基金项目（21D010）。

作者简介：

刘益彤（1989— ），女，山西太原人，博士，讲师，研究方向：财政税收、财务管理。

张逸凡（1998— ），女，辽宁锦州人，会计学专业硕士研究生，研究方向：财务会计、财政税收。

陈曦（1997— ），女，黑龙江佳木斯人，会计学专业硕士研究生，研究方向：财务会计。

论文仅代表本文作者观点，文责自负——本书编者注。

区域差异性下绿色信贷政策对企业创新力影响研究

刘　畅　栾世红

（沈阳建筑大学管理学院，辽宁　沈阳　110168）

摘要：绿色金融是企业绿色创新的重要推手，绿色信贷政策作为绿色金融的重要组成部分，是我国走可持续发展道路的关键一环，有助于我国企业的创新转型，但目前关于区域差异性对绿色信贷政策有效性的影响研究存在缺口。以 2012 年颁布的《绿色信贷指引》为切入点，以我国钢铁行业为例，通过对 6 家钢铁企业 2012—2021 年创新力分析，研究了区域差异性下绿色信贷政策对企业创新力的影响。

关键词：绿色信贷政策；企业创新力；区域差异性；钢铁行业

Research on the Impact of Green Credit Policy on Enterprise Innovation Under Regional Differences

Liu Chang　Luan Shihong

（**College of Management，Shenyang Jianzhu University，Shenyang 110168，China**）

Abstract：Green finance is an important driver of green innovation of enterprises. As an important part of green finance，green credit policy is a key link for China to take the road of sustainable development，which is conducive to the innovation and transformation of Chinese enterprises. However，there is a gap in the research on the impact of regional differences on the effectiveness of green credit policy. Taking the Green Credit Guidelines issued in 2012 as the starting point and taking China's iron and steel industry as an example，this paper studies the impact of green credit policy on enterprise innovation under regional differences by analyzing the innovation of six iron and steel enterprises from 2012 to 2021.

Keywords：green credit policy；enterprise innovation；regional difference；steel industry

1　引言

国民经济中的基础行业和支柱性行业，主要依靠传统的高污染、高能耗模式发展，这导致了大量的资源消耗和严重的环境污染。随着我国经济体系进入新的发展阶段，绿色发展成为我国目前经济转型的必由之路[1]。近年来，我国政府出台多项政策，激发商业银行推动绿色信贷发展[2]。2012 年银监会发布的《绿色信贷指引》（以下简称《指引》）进一步丰富完善了绿色信贷的相关规定，细化了绿色信贷管理体系，旨在推进绿色信贷，引导资金流向节能减排的企业，推动经济的绿色转型。

绿色信贷政策下的企业创新主要是通过研发绿色技术[3]，减少企业污染物的排放，降低企业的能源消耗，提高能源和材料的转化效率，最终形成可持续发展的绿色生产活动。钢铁行业是我国国民经济中的基础行业和支柱性行业，随着近年来我国经济高速持续增长，能源消耗总量不断攀升，绿色转型和绿色创新成为该行业的重要发展方向。目前关于绿色信贷政策与企业创新之间关系的研究，主要集中于证实绿色信贷对企业创新力有正向效应[4]，以及绿色信贷对绿色经济增长具有积极影响的观点。但是，我国东西部的生态条件和经济发展都存在较大差异，现有研究范围较大，未解释在区域差异性下，绿色信贷对企业创新力的影响是否也有差异。本文以钢铁行业为例，以企业创新力为指标，检验区域差异性对绿色信贷政策有效性的影响。

2　我国绿色信贷政策与企业创新力的关系

2.1　绿色信贷政策作用机理

绿色信贷的主要作用机理是借助商业银行对绿色产业、绿色项目提供融资方面的支持[5]，通过国家出台的相关政策，引导资金的流向。一方面，约束性的政策限制资金流入"非绿色"的企业；另一方面，引导性的政策加速资金流入"绿色"企业，并增强企业绿色经营的意识，从而共同促使资本向绿色领域倾向[6]。

2.2 绿色信贷政策对企业创新的影响

绿色信贷政策作用于融资成本，适当提高企业贷款的门槛和成本，使企业为其污染环境的行为付出代价，股东和经营者考虑到企业利润最大化这个目标，便会积极地进行企业创新转型[7]，以规避以往生产方式给企业利润带来的负面影响。

而重污染行业与其他行业相比，具有较高的负债率和固定资产投资率，更加难以从银行获取债务融资[8]。为研究绿色信贷政策对企业创新的影响，本文选择了我国钢铁行业中的 6 家企业作为研究对象，分别是宝山钢铁股份有限公司（以下简称"宝钢股份"）、广东韶钢松山股份有限公司（以下简称

"韶钢松山"）、湖南华菱钢铁股份有限公司（以下简称"华菱钢铁"）、马鞍山钢铁股份有限公司（以下简称"马钢股份"）、甘肃酒钢集团宏兴钢铁股份有限公司（以下简称"酒钢宏兴"）和新疆八一钢铁股份有限公司（以下简称"八一钢铁"）。

一般而言，企业的研发产出更能够体现企业的创新力。传统的研究方法主要是利用专利数据来表示创新，然而，创新成果应当包括专利权、非专利技术等方面，专利数并不能完全反映企业的创新成果。所以，本文借鉴了学者鞠晓生[9]的做法，引入无形资产增量的概念，并在此基础上进行改进，参考学者孙焱林[10]的做法，用无形资产与土地使用权之差与企业总资产的比值来代表企业创新力（见表 1）。

表 1 （2012—2021 年）6 家钢铁企业无形资产与土地使用权之差与企业总资产的比值

年份	宝钢股份	韶钢松山	华菱钢铁	马钢股份	酒钢宏兴	八一钢铁
2012 年	0.000326	0.000199	0.005166	0.000000	0.002249	0
2013 年	0.000894	0.000228	0.003910	0.000013	0.003557	0
2014 年	0.001146	0.000185	0.003984	0.000053	0.003385	0.000002
2015 年	0.002227	0.001054	0.006081	0.000046	0.003349	0.000081
2016 年	0.002137	0.001158	0.005839	0.000071	0.002977	0.000114
2017 年	0.002759	0.002429	0.005191	0.003585	0.002570	0.000532
2018 年	0.002419	0.002313	0.004835	0.002987	0.001423	0.000483
2019 年	0.002268	0.002055	0.004490	0.004801	0.001213	0.000520
2020 年	0.002378	0.002096	0.004058	0.008723	0.001211	0.000562
2021 年	0.002113	0.001642	0.003693	0.008659	0.000004	0.003257

通过对 6 家钢铁企业创新力的研究发现，《指引》实施后，绿色信贷政策有效地推动了钢铁行业的整体绿色创新，这 6 家钢铁企业的创新力也得到了不同程度的提升。

3 区域差异性对绿色信贷政策有效性的影响

中国疆域辽阔，东西部的自然资源条件差异较大，地区的经济发展也不平衡。本文选取的 6 家企业都是具有代表性的钢铁企业，其中，宝钢股份位于中国上海，是中国宝武钢铁集团有限公司的核心企业，主要产品有粗钢、汽车板、取向电工钢；韶钢松山位于广东省韶关市，公司经营范围包括制造、加工及销售钢铁冶金产品、金属制品等，这两家钢铁企业都是我国东部钢铁行业的代表。华菱钢铁位于湖南省长沙市，致力于做精做强钢铁主业；马钢股份位于安徽省马鞍山市，是安徽省最大的工业企业，这两家企业均是我国中部钢铁行业的代表。酒钢宏兴位于甘肃省嘉峪关市，主要产品有焦炭、化

产、钢坯等；八一钢铁位于新疆乌鲁木齐市，是以钢铁业为主，兼营矿山、建筑安装、金属制品等多种行业的大型企业集团，这两家企业皆是我国西部钢铁行业的代表。

将表 1 企业 2012—2021 年无形资产与土地使用权之差与企业总资产的比值生成折线图，可得出图 1。由图 1 可以看出，位于我国东部地区的宝钢股份和韶钢松山在 2012 年《指引》出台后，其创新力都有较大幅度的提升。2021 年相比于 2012 年，宝钢股份创新力增长了 6.48 倍；而韶钢松山自 2012 年之后，其创新力更是实现了从无到有的大幅提升。在 2012 年政策出台后，华菱钢铁的企业创新力增幅不大，马钢股份的企业创新力在 2013 年小幅度提升后，又渐渐回落到政策出台前的水平，华菱钢铁和马钢股份作为我国中部地区的两家代表性钢铁企业，其企业创新力均未见大幅度地增长。位于我国西部地区的酒钢宏兴和八一钢铁在 2012 年后，企业创新力

的波动并无规律可循。

宝钢股份位于我国东部地区，是宝武集团的核心企业，在 2012 年《指引》颁布后，宝钢股份就将绿色生产、绿色制造、绿色创新作为企业目标。从绿色创新力的提升上看，2013 年的企业创新力较 2012 年增幅达 2.74 倍；2014 年宝钢股份的净利润为 60.91 亿元，环保研发成本占了净利润的 52.72%，当年宝钢股份在环保产业、绿色转型方面的高投入，使得接下来 2015 年的企业创新力再创 1.94 倍的高增幅。《指引》颁布的前 3 年，宝钢股份的创新力就增

长了 6.83 倍，且直到 2021 年企业的创新力一直保持平稳上升的趋势。从创新成果看，2013 年宝钢股份被评为"国家技术创新企业"，宝钢股份 2014 年的节能总量较 2013 年增加了 2.47 万吨，更是将尖端绿色产品的比率提高到了 37.14%，而这些绿色产品的使用，实现了全社会 441 万吨的减碳量，实现了经济效益和生态效益的双赢。由此可见，绿色信贷政策的出台，对以宝钢股份为代表的我国东部地区钢铁企业创新力的促进，是速度快、幅度大且带动力强的。

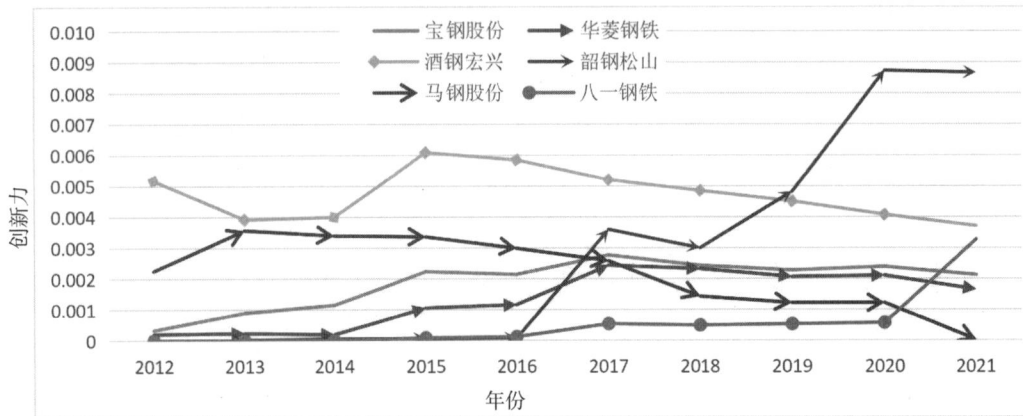

图 1 2012—2021 年 6 家钢铁企业创新力变化折线图

由此判断，相较于中西部地区，绿色信贷政策对钢铁企业创新的推动作用，主要集中于东部地区。我国国土面积大，各地区之间的经济发展尚存在较大差异，东部地区的经济发展水平远高于中西部地区，东部地区在开放的经济政策下，经济发展水平和市场环境相对较好，资本积累、贸易往来都显著优于其他地区，融资和贷款的成本也相对较低，东部地区的整体大环境更有利于企业的创新发展，因此，绿色信贷政策的实施显著地推动了企业创新；中西部地区的地理位置相对闭塞，尤其是西部地区，贸易往来受到一定限制，市场的流动性较低，社会缺少创新要素，因此，绿色信贷政策在中西部地区的有效性低于东部地区。

4 结论与建议

企业的绿色创新对绿色发展而言，是基础更是动力。绿色金融作为激励企业绿色创新的关键因素，正在逐渐影响着企业的创新能力和决策方向。本文以 2012 年银监会制定的《指引》为切入点，检验了该政策颁布后对钢铁企业创新力的影响，并进一步分析了区域差异性对绿色信贷政策有效性的影响。

本文研究发现：绿色信贷政策改善了钢铁行业的整体绿色创新状况，对钢铁企业的创新力有促进作用，在该政策背景下，企业的绿色创新可以帮助诸如钢铁企业等的高污染企业取得合法性和融资资本；绿色信贷政策对钢铁企业创新能力的作用表现出了区域差异性，与我国中西部地区相比，绿色信贷政策对我国东部地区的钢铁企业创新的正向影响较大。

为形成绿色发展新格局，实现"双碳"目标，本文对绿色信贷政策的制定者、执行者和钢铁企业等重污染企业的管理者提出以下建议：

第一，完善政策体系，加强实施力度。作为政策的制定者，政府的相关部门应进一步完善绿色信贷政策，我国经济发展不均衡导致了政策实施力度不一致，应根据不同地区制定相应的具体实施政策，尤其是对我国西部地区，可以结合西部地区的生态优势、能源优势、产品优势等，进一步明确绿色信贷政策的细则，设置绿色信贷政策的重点支持对象或方向，增强该政策在我国中西部地区的实施力度。

第二，细化执行方法，推动政策落实。充分调动银行业及其他金融机构的积极性，完善绿色信贷

激励机制，是政策落实的关键一环。作为政策的执行者，银行出于对自身的成本与收益的考量，可能不愿意对重污染企业的绿色创新项目提供绿色信贷支持，这会导致企业的绿色创新受到抑制。因此，政府部门应鼓励金融机构积极发展绿色信贷，通过发放绿色信贷贴息等政策，提升金融机构开展绿色信贷的积极性。

第三，推动企业转型，实现"双碳"目标。作为重污染企业的管理者，一方面，应助力企业转变以高耗能、高污染为特点的传统生产经营模式，加强环境保护的观念，提升绿色创新发展能力，进而在审批银行信贷的过程中占据优势地位，寻求更多资金支持，推动企业绿色创新转型；另一方面，在企业目标设定的过程中，应同时考虑社会责任与经济效益，将绿色信贷资金切实投入企业创新研发中去，积极寻求绿色创新和低碳转型，从而增强企业的可持续发展能力，实现"双碳"目标。

参考文献：

［1］ Cilliers E J, Diemont E, Stobbelaar D J, et al. Sustainable green urban planning: the Green Credit Tool ［J］. Journal of Place Management and Development, 2010 (1): 57-66.

［2］ 孙光林，王颖，李庆海. 绿色信贷对商业银行信贷风险的影响 ［J］. 金融论坛，2017（10）：31-40.

［3］ 何凌云，梁宵，杨晓蕾，等. 绿色信贷能促进环保企业技术创新吗？［J］. 金融经济学研究，2019，34（5）：109-121.

［4］ Zhang Yuming, Li Xiaolei, Xing Chao, et al. How does China's green credit policy affect the green innovation of high polluting enterprises? The perspective of radical and incremental innovations ［J］. Journal of Cleaner Production, 2022: 336.

［5］ 苏冬蔚，连莉莉. 绿色信贷是否影响重污染企业的投融资行为？［J］. 金融研究，2018（12）：123-137.

［6］ 张劲松，鲁珊珊. 绿色信贷政策对企业创新绩效的影响 ［J］. 统计与决策，2022，38（7）：179-183.

［7］ 郝清民，武倩月，葛国锋. 绿色信贷的创新与风险：灰色关联度分析 ［J］. 金融理论与实践，2016（7）：81-85.

［8］ 连莉莉. 绿色信贷影响企业债务融资成本吗？基于绿色企业与"两高"企业的对比研究 ［J］. 金融经济学研究，2015，30（05）：83-93.

［9］ 鞠晓生. 中国上市企业创新投资的融资来源与平滑机制 ［J］. 世界经济，2013，36（4）：138.

［10］ 孙焱林，施博书. 绿色信贷政策对企业创新的影响：基于 PSM-DID 模型的实证研究 ［J］. 生态经济，2019，35（7）：87-91+160.

作者简介：

刘畅（1998— ），女，山东济南人，会计学专业硕士研究生，研究方向：项目融资、成本控制。

栾世红（1970— ），男，辽宁大连人，博士，副教授，研究方向：区域经济与金融、房地产项目融资。

论文仅代表本文作者观点，文责自负——本书编者注。

驱动房地产行业 ESG 报告披露的动因研究

刘金熳　包红霏

（沈阳建筑大学管理学院，辽宁　沈阳　110168）

摘要：随着 ESG 报告越来越受到国家层面的重视，以及整个社会对于 ESG 报告中反映的社会、环境、治理等方面的情况对于企业的影响也在逐渐提升，因此各行各业纷纷开始披露与完善企业自身的 ESG 报告，其中房地产行业表现得比较活跃。将从当前国家政策、市场环境、行业特征等方面分析驱动房地产行业进行 ESG 报告的披露的主要因素。

关键词：ESG；房地产行业；环境保护；社会责任；公司治理

Research on the Motivation of ESG Report Disclosure in Real Estate Industry

Liu Jinman　Bao Hongfei

（**College of Management，Shenyang Jianzhu University，Shenyang 110168，China**）

Abstract：As the ESG report has attracted more and more attention from the national level，and the impact of the whole society on the society，environment，governance and other aspects reflected in the ESG report on enterprises is gradually increasing，all walks of life have begun to disclose and improve their own ESG reports，among which the real estate industry is more active. This paper will analyze what factors drive the disclosure of ESG report in the real estate industry from the aspects of current national policies，market environment and industry characteristics.

Keywords：ESG；real estate industry；environmental protection；social responsibility；corporation governance

1 引言

近年来，国家的绿色发展理念持续渗透到方方面面，环境保护、绿色发展甚至已经提到了基本国策的中心位置。可持续的绿色健康发展早在 20 世纪 80 年代就开始在全球范围内受到重视。1987 年联合国在《我们共同的未来》这一报告中提出了可持续发展的理念。2004 年，联合国将号召全球企业去遵守的十项公认原则总结归纳后提出了 ESG（Environment 环境、Social 社会、Government 政府）理念。ESG 是一种关注环境、社会、政府方面绩效的非财务绩效评价体系，以这种评价体系为中心的 ESG 报告能够很好地反映出企业在经营发展同时能够为国家、社会以及环境带来哪些正面的影响。因此，在国际上披露 ESG 报告已成为非财务信息披露报告中的主流报告[1]。

我国也在不断积极与国际接轨，2008 年上海证券交易所发布了《关于加强上市公司社会责任承担工作的通知》以及《上海证券交易所上市公司环境信息披露指引》的文件，明确了在上交所上市的公司需要承担哪些社会责任和必须披露的环境信息等。

2018 年我国证监会正式发布了《上市公司治理准则》，要求上市公司必须对与企业自身有关联的环境信息和对社会责任的践行情况进行披露。2019 年香港联交所发布了《环境、社会及管治报告指引》以及 ESG 相关《上市规则》条文的咨询文件，在这些文件中最突出的就是增加了强制对董事会参与 ESG 管治的情况进行披露的要求。这些条文的补充很大程度上充实了我国整体 ESG 报告体系，使我国的 ESG 报告体系不断走上正轨，但还未能形成较为全面完善的报告体系制度和标准。

现阶段我国经济已经由高速度增长转向高质量增长的阶段，可以体现企业高质量可持续发展的贯彻落实绿色发展理念、提高行业创新能力等很难通过传统的企业财务信息十分全面完整的披露，这就体现出 ESG 报告的重要性和必要性。

2 房地产行业 ESG 报告披露动因分析

2.1 外部因素驱动

2.1.1 ESG 投资兴起，投资人更加关注非财务信息

ESG 投资是指投资人在分析企业盈利能力等财务指标状况的同时，也会从环境、社会、政府 3 个方

面考虑企业的非财务信息所反映出来的公司价值和对社会的价值。从本质来看，ESG 投资就是通过进行风险评估来预测得到的长期利益。投资者一般会采用两种方式来进行 ESG 投资，包括主动性投资和被动性投资。比如近年来，越来越多的投资人会在投资时关注企业的主营业务或者项目是否能为社会带来正面影响，因为这类业务和项目会被认为具有较低的投资风险。根据 2020 年央行针对 52 家存在 ESG 投资行为的投资机构关于驱动 ESG 投资因素的调查问卷结果，降低风险为驱动 ESG 投资的首要驱动力（见图 1）[2]。

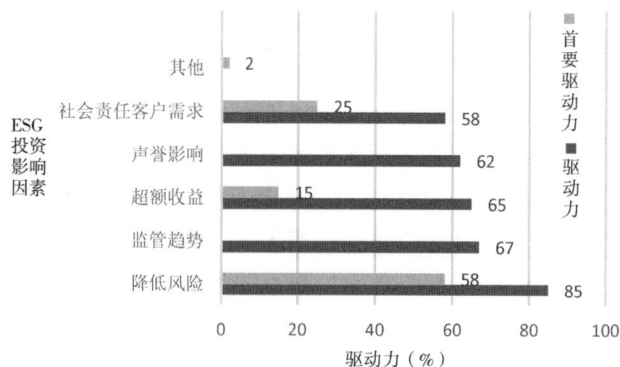

图 1　投资机构 ESG 投资驱动力

投资机构近几年对于 ESG 投资的规模也在快速上涨。从 2018 年到 2021 年以 ESG 为主题的公募基金投资规模扩大近 20 倍，数量也增长数十倍（见图 2）。

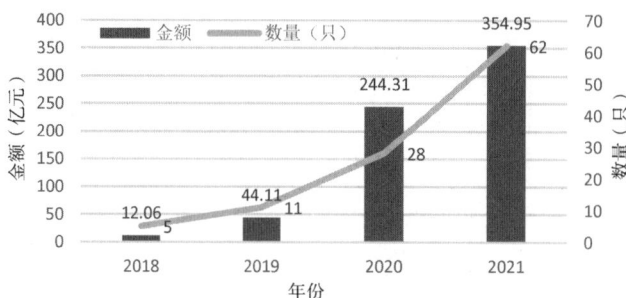

图 2　2018—2021 年 ESG 公募基金规模变化

房地产行业因为其行业特性，通常需要庞大的资金作为支撑。房地产企业通过 ESG 报告披露的信息，可以让投资者感受到企业以及正在进行的项目的正面形象，从而获得投资人的青睐，使得融资更有效率并获得长期投资。

2.1.2　国家大力推行房地产行业绿色化

现阶段，虽然目前对房地产行业还没有对是否披露 ESG 报告做硬性要求，但无论是从整个行业的企业规模还是能耗情况来看，房地产行业作为一个高能耗的支柱型产业，被要求强制披露是可预见的。

同时，通过发改委、银保监会、人民银行相继印发的《绿色产业指导目录（2019 年版）》《绿色债券支持项目目录（2021 年版）》等文件可以看出国家出台绿色信贷、绿色融资政策，以支持和促进房地产行业建设绿色建筑[3]。

截至 2021 年年末，本外币绿色贷款余额 15.9 万亿元，比上年末高 12.7%，高于其他类型贷款，增速 21.7%，全年增加 3.35 万亿元。其中基础设施绿色升级产业贷款为 7.4 万亿元。2021 年末，房地产开发贷款余额 12.01 万亿元，同比增长 0.9%（见图 3）。

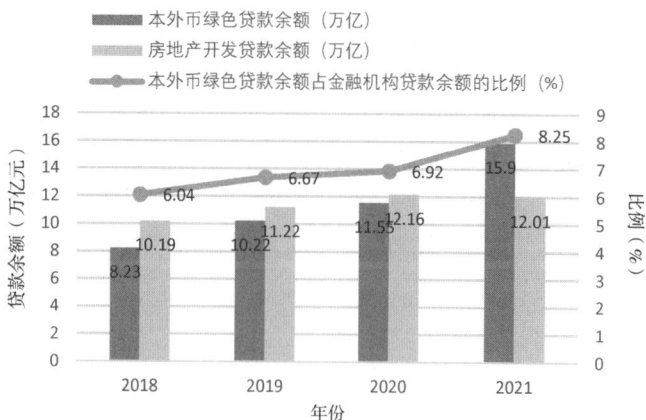

图 3　2018—2021 年本外币绿色贷款发展状况

2021 年绿色贷款结构见图 4。

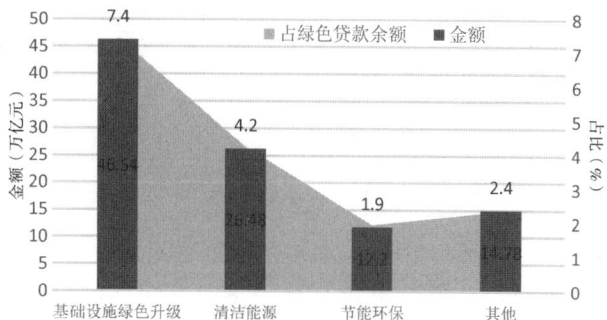

图 4　2021 年绿色贷款结构

从上述的统计结果来看，这些政策已经得到了房地产行业的积极响应。因此，进行 ESG 报告披露无论是为了获取政策红利，还是为了未来的强制披露打好基础，对于房地产企业来说都是具有很强的驱动力。

2.2　内部因素驱动

2.2.1　ESG 报告迎合企业内部控制发展需要

实现可持续发展不单是国家不断追求的发展方式，更是每一个企业想要实现的发展目标。房地产行业的项目具有周期长、前期投资金额巨大等特点，一旦战略判断失误就有可能导致整个企业陷入难以挣脱的困境。并且房地产行业的产品是直接面向广大的消费者，几乎不存在经销商等二级销售，所以对市场的变动格外敏感，且企业自身的形象也十分重要。所以通过积极披露 ESG 报告，既有助于企业把握国家、社会、环境等大环境和内部治理小环境的情况，又帮助企业树立良好的企业品牌形象，提高公众对企业的信赖程度。其中，万科作为行业中前置位企业在 ESG 报告披露方面也表现十分突出。据中指研究院发布的 2020 年房地产上市公司 ESG 报告测评研究发布的数据，万科成为 2020 年房地产上市公司 ESG 报告最佳实践榜首。万科在 ESG 报告中表现优异，市场给予万科的反馈也是十分优秀的。2020 年万科实现销售金额 7041.5 亿元，同比增长了 11.6%[4]。但是，企业不能将 ESG 报告只作为营销的手段，甚至有意识地强调荣誉，淡化风险和问题，甚至夸大和虚构有利于公司形象的事件，这反而会适得其反，扰乱了市场和投资人的判断，从而不利于公司可持续健康发展。

2.2.2 觉醒的服务社会的意识

ESG 报告的发展有利于帮助市场分离出企业对社会造成消极影响甚至危害的行为，引导企业改善自己的经营活动，提升自己服务社会的意识。房地产行业作为与居民生活质量息息相关的行业，生产出高质量的房屋建筑、为消费者提供高水平的服务，是每一个房地产行业的企业应该做到的目标。同时房地产行业的企业往往体量较大，不是国企就是实力雄厚、知名度极高的大企业，所以社会公众会给予较高的关注，这就是一把"双刃剑"，企业行为常常会被放大。所以随着 ESG 报告的兴起，社会公众也会要求这些品牌效应强、社会影响力大的企业身体力行地回馈社会，驱动这些"巨头"形成并加强社会责任意识，积极履行社会责任，使得整个社会和企业发展进入良性循环。

对于各行业 ESG 报告整体披露情况进行分析后发现，房地产行业的披露比例一直偏高，截至 2020 年，A 股共有 54 家房地产上市企业发布相关社会责任报告，发布率达 53%，H 股共有 103 家发布 ESG 报告，发布率达 94%，且披露内容越来越丰富，开始披露的企业数量呈不断上升的趋势。

2.2.3 利益相关者对企业的重要程度不断加深

ESG 报告中还着重提到利益相关者这一群体[5]。

在以往公司以年报为中心披露的各类报告中较为缺乏甚至没有保护包括员工、供应商等利益相关者的合法权益的内容，可见各行各业的企业包括房地产行业的企业都缺乏维护利益相关者利益的意识和行动。而实际上，在当今各个企业都追求高创新性、高技术含量的高质量发展，而这类发展更是离不开人才能够提供的知识资本。因此企业具有良好的 ESG 意识，并客观地披露 ESG 报告来吸引和留住广大人才，减少人才的流动率和流失率，从而尽可能保证企业的人才充裕，保有较为稳定持续的创新能力和活力。

同样的，供应商作为企业持续稳定经营的主要组成部分，也需要房地产企业提高对其重视程度。与供应商保持良好的关系，可以很大程度帮助企业抵御各类来自市场以及其他方面的风险，有利于企业长期稳健发展。

3 提升房地产行业企业披露 ESG 报告积极性的建议

3.1 政府出台鼓励政策，提高企业披露 ESG 报告积极性

一是政府通过为有较好 ESG 表现及报告的房企提供相应的资质证明和补贴甚至低息贷款，从而帮助企业降低经营以及融资上成本或风险，从而进一步促进企业更加积极提升 ESG 表现，形成良性循环。二是由政府为 ESG 报告表现较好的企业作为第三方担保，为金融机构以及企业提供融资平台，从而降低企业与金融机构双方的融资风险以及资金风险，让 ESG 报告成为考察一个企业经营发展状况的重要指标。

3.2 提升企业 ESG 意识，设立专职部门或人员

企业可根据实际情况设立内部部门，聘请专业专职人员为企业的 ESG 表现和报告制定计划并落实完成。房地产企业则可依照自身企业特色，总部相应设立 ESG 部门，以项目为基层单位，设立专职人员并与总部直接对接，负责从基层向上反映情况并面向基层项目落实总部传达的 ESG 精神。

3.3 提升企业 ESG 意识，设立专职部门或人员

房地产企业在每期 ESG 报告出具后，需要利益相关者们有一个合适的渠道向企业反映存在哪些应当披露予却缺乏披露的信息，企业在了解诉求后对于合理合法的要求相应在下一期作出调整，从而促进利益相关者与企业形成良性沟通，减少因为信息不通畅而产生的摩擦，从而形成企业与利益相关者

们多赢的局面，并反过来促进 ESG 报告不断完善和更好地披露。

参考文献：

[1] WEF. Toward Common Metrics and Consistent Reporting of Sustainable Value Creation [R]. 2020.

[2] 中国证券投资基金业协会. 2019 中国基金业 ESG 投资专题调查报告 [R]. 2020.

[3] 我国绿色贷款业务分析 [J]. 中国金融，2021（12）：48-50.

[4] 中指研究院房地产 ESG 测评中心. 2020 中国房地产上市公司 ESG 报告测评研究 [R]. 2020.

[5] 黄世忠. 支撑 ESG 的三大理论支柱 [J]. 财会月刊，2021（19）：3-10.

作者简介：

刘金熳（1998— ），女，辽宁沈阳人，会计专业硕士研究生，研究方向：财务会计、管理会计。

包红霏（1973— ），女，辽宁沈阳人，博士，教授，研究方向：财务会计理论与实务。

论文仅代表本文作者观点，文责自负——本书编者注。

土地供给侧改革对沈阳市房地产市场的影响研究

徐志欣　薛　立

（沈阳建筑大学管理学院，辽宁　沈阳　110168）

摘要：房地产业促进我国经济的发展，是非常重要的产业。长期以来，土地供给侧改革也是各级政府宏观调控房地产市场采取的重要方法。依据2012—2021年沈阳市各市区的统计样本进行自变量的描述性统计，然后运用stata15.0软件，构建面板数据模型，拟合出土地供给侧改革对房地产市场的影响，再进行回归结果实证分析；采用更换面板数据样本容量的方法进行稳定性检验；根据实证分析得到相关结论，并为沈阳市土地供给侧改革提供建议。

关键词：面板数据；土地供给侧改革；房地产市场

The Influence of Land Supply Side Reform on Shenyang Real Estate Market

Xu Zhixin　Xue Li

（College of Management，Shenyang Jianzhu University，Shenyang 110168，China）

Abstract：The real estate industry is a very important industry to promote the development of China's economy. For a long time，land supply side reform is also an important method adopted by governments at all levels to macro-control the real estate market. Descriptive statistics of independent variables are carried out according to the statistical samples of each urban area of Shenyang from 2012 to 2021；Then，using stata15.0 software，we build a panel data model to fit the impact of land supply side reform on the real estate market，and then conduct empirical analysis of regression results；The stability test was carried out by changing the sample size of panel data；According to the empirical analysis，relevant conclusions are obtained，which provide suggestions for the land supply side reform in Shenyang.

Keywords：material panel data；land supply side reform；real estate market

1 引言

土地是房地产市场的基础和关键，土地供给侧改革直接决定了土地市场的供应数量、供应成本等。同时，土地供给侧结构性改革也会对房地产市场的价格和结构产生一定的影响。2021年，22城实施"两集中""一年三次"供地，其中包括沈阳在内[1]。沈阳已经积极响应，调整土地供应计划。

通过搜集大量的关于土地供给侧改革的文献，相关学者联系实际情况展开研究。Hilber和Vermeulen（2016）研究了土地供应数量的变化对英国房价的影响[2]。袁宏（2019）以河南为例，基于供给侧结构性改革，研究房地产市场，在保证商品住宅价格稳定的基础上，从供给端入手去实现库存[3]。吴淑萍（2019）通过研究土地供应决策的背景、影响因素以及核心内容，从宏观上对土地供应数量决策和微观上对土地出让起始价格决策进行了系统分析[4]。王继宏（2020）分析了上海市的土地供应价格、数量、溢价等对商品住宅价格的影响[5]。

当前国内外对土地供应政策作为政府对房地产市场宏观调控手段的研究比较少见。大多学者探讨了土地供应价格、数量等与房地产市场之间的关系，但对如何从土地供应来有效调控房地产市场却没有一致的看法。其次，土地供给侧改革对房地产市场的影响因城而异，房地产市场调控也要注重因城施策，而目前几乎没有研究土地供给侧改革对沈阳房地产市场的影响。本文采用stata15.0软件，建立面板数据模型，通过具体实证分析土地供给对沈阳房地产市场的具体影响，针对沈阳的土地供给侧改革提出相关建议。

2 研究设计

2.1 变量、数据和模型

房地产市场具有众多影响因素，变量指标的选择也没有统一规范的标准。商品住宅价格与土地供给联系最为紧密，故为模型的被解释变量，土地供应价格和土地供应数量与土地供给也有很大关联，故将其作为模型的解释标量。同时，人口、经济等指标也对房地产市场有一定影响，故控制变量选取人口密度、地区生产总值以及固定资产投资这3个指标。

从沈阳商品房数据库、沈阳市自然资源局以及沈阳市统计局搜集沈阳市九区（和平区、沈河区、铁西区、大东区、皇姑区、苏家屯区、浑南区、沈北新区及于洪区）2012—2021年度统计样本数据来证实研究变量对房地产市场的影响。缺少的样本数据可用平均变化率计算来进行填补。变量指标的定义及数据来源见表1。

表1 变量指标的类型、解释及来源

类型	名称	单位	解释
被解释变量	商品住宅价格（HP）	元	在一定时期内商品住宅销售的平均价格
解释变量	土地供应价格（LP）	元	在一定时期内土地市场住宅用途的土地成交单价
	土地供应数量（LQ）	万平方米	在一定时期内土地市场住宅用途的土地成交面积
控制变量	人口密度（PR）	人/公顷	每公顷土地上拥有的人口数量
	人均可支配收入（PI）	元	居民自由支配收入的平均值
	地区生产总值（GDP）	亿元	在一定时期内所有常住单位生产活动的最终成果
	固定资产投资（FAI）	亿元	在一定时期内建造和购置固定资产的工作量以及与此有关的费用

由于房地产市场既受时间序列影响，又受其他变量因素影响，经过 Hausman 检验和 F 检验，最终可以得出固定效应模型最符合实证回归结果分析。模型设计如下：

$$HP = \alpha_0 + \alpha_1 LP + \alpha_2 LQ + \alpha_3 PG + \alpha_4 PR + \alpha_5 PI + \alpha_6 GDP + \alpha_7 FAI + \mu_1$$

2.2 描述统计结果

首先要对搜集到的大量数据样本进行整体处理，并以均差、标准差以及最值作为描述性统计分析。各个变量指标的描述性统计分析见表2。

表2 变量描述性统计分析

变量	均值	标准差	最小值	最大值
HP	7755	1850	5059	16245
LP	3523	2754	0	18300
LQ	40.74	53.80	0	300.7
PR	5336	5079	361	12812
PI	36186	9524	16251	53100
GDP	606.8	252.2	227.2	1105
PAI	352.1	210.5	36.67	723.3

较前几年有所下降，引导市场回归理性，这也与2021年下半年沈阳商品住宅价格下降有很大关系。

3 实证结果分析

3.1 回归结果分析

采用stata15.0软件，建立了面板数据的固定效应模型，最终得到实证回归结果见表3。

表3 固定效应模型结果

variable	Coef.	Std. Err.	t	$p > |t|$
LP	0.364	0.048	7.54	0.000
LQ	−3.812	1.596	−2.39	0.044
PR	2.596	0.399	6.51	0.000
PI	0.037	0.018	2.03	0.076
GDP	0.110	2.341	0.05	0.964
FAI	3.001	0.962	3.12	0.014
Sigma_u		13418.308		
Sigma_e		854.628		
rho		0.996（fraction of variance due to u_ i）		

由表3的回归系数指标得出面板数据模型为：

$$HP = 0.36LP + 3.81LQ + 2.60PR + 0.04PI$$
$$0.11GDP + 3.00FAI$$

根据回归结果进行分析，沈阳市的土地供应价格与商品住宅价格整体上来说是呈正相关。沈阳土地价格每平方米上涨100元时，商品住宅价格便会上涨364元。全年住宅用地成交总价465.97亿元。

沈阳市的土地供应数量和商品住房价格呈负相关。沈阳土地供应数量每增加1平方米，商品住宅价格随之下降4元左右。2017年，沈阳市土地供应数量突然减少。2017年以后，土地供应数量虽呈小幅度上涨，但是较前几年仍是供应较少，是供不应求的状态。土地供不应求，使得商品住宅价格逐年增长。

为调控房地产市场，使商品住宅价格处于平稳上升状态，沈阳市政府进一步增加各地区住房用地供应量。在"两集中"和"一年三次"政策下，

2021年沈阳市土地出让共有417宗，其中住宅用途的土地共出让139宗，面积接近950万平方米。

人口、经济也会对商品住宅价格产生影响。随着城市化快速发展，人均可支配收入和固定资产投资不断增大，商品住宅价格也有所提升。由此可见，地区经济水平和当地居民收入是推动房地产市场发展的重要原因。

3.2 稳健性检验

样本数据的差异可能会对最终结论造成一定的影响，为了使实证回归结果的分析更加准确可靠，再次进行稳健性检验是很有必要的。

在进行稳定性检验时，采用将样本沈阳市六区（和平区、于洪区、大东区、皇姑区、铁西区和沈河区）的样本数据替代原来沈阳市九区样本数据这种改变面板数据样本容量的方法，最终得到的稳健性结果，见表4。

表4 稳健性检验结果

variable	Coef.	Std. Err.	t	p>|t|
LP	0.371	0.056	6.60	0.001
LQ	-4.208	2.265	-1.86	0.092
PR	2.621	0.416	6.30	0.001
PI	0.017	0.022	1.76	0.079
GDP	2.885	2.355	1.22	0.275
FAI	3.200	1.215	2.63	0.046
Sigma_u		12638.577		
Sigma_e		908.863		
rho		0.995 (fraction of variance due to u_i)		

根据稳健性检验结果可知，在新的样本容量下，各参数的系数估计值没有很大变化，模型较为可靠。

4 结论与建议

4.1 结论

较高的土地供应价格和从紧的土地供应数量都会导致商品住房价格快速上升。商品住宅价格的快速增长可以激发房地产企业的开发热情，尤其是大型的房地产企业热情更高，使得土地市场交易加大、加快。近几年来，沈阳土地处于稀缺状况，存在供不应求的现象。这种现象使得房地产企业和消费者对未来房价的预期会被抬高，会刺激房地产企业的开发力度，使商品住宅价格上涨。2021年，政府集中供地，增加土地供应数量，使商品住宅价格趋于平稳。

房地产市场具有多变性和不确定性，不仅受到土地供给侧改革的影响，也受其他众多不确定因素的影响。比如说2021年一些大型房地产企业内部出现资金链断裂的情况，导致各大房地产企业投资热情下降，使得土地流拍加剧，对房地产市场造成重大影响。

4.2 建议

结合土地供给侧改革政策以及其他影响因素，根据实际情况调整土地供应价格以及土地供应数量。在空闲地块较多的浑南区可以适当增加土地供应量；沈北新区商品住宅价格增长不明显，并且还要去库存，这样的情况便可以减少土地供应数量，适当增加土地供应价格；对于和平区等沈阳中心区来说，其土地数量少，土地供应量自然也少，可以选取一些新的方式来提供一定数量的土地，以此缓解中心区的土地的需求。

参考文献：

［1］成立.住宅用地集中出让新政对房地产市场的影响［J］.中国房地产，2021（10）：30-32.

［2］Hilber, C A L Vermeulen W. The Impact of Supply Constraints on House Prices in England［J］. Economic Journal, 2016（126）：358-405.

［3］袁宏.基于新供给理论的房地产发展对策研究：以河南省为例［D］.西安：青海师范大学，2019.

［4］吴淑萍.地方政府城市土地供应量价决策研究［D］.北京：清华大学，2019.

［5］王继宏.上海市土地供给对房价影响研究［D］.上海：上海财经大学，2020.

基金项目：

辽宁省社科规划基金"辽宁省'土地供给侧改革'及其对房地产市场影响问题研究"（L17BJY028）。

作者简介：

徐志欣（1996— ），女，河北张家口人，土木水利专业硕士研究生，研究方向：房地产开发与管理。

薛立（1965— ），女，辽宁沈阳人，硕士，副教授，研究方向：房地产经营管理，建设工程管理等。

论文仅代表本文作者观点，文责自负——本书编者注。

万科地产现金股利政策与企业价值关系研究

崔雅洁　田坤

（沈阳建筑大学管理学院，辽宁　沈阳　110168）

摘要：以万科地产为案例，分析相关因素对现金股利政策的影响。通过每股收益、总市值、托宾Q值等来衡量企业价值，以此探究现金股利政策对其企业价值的影响。结果表明，万科地产前期的现金分红确实促进了其企业价值提升，但后期由于经营业绩的大幅下滑，抵消了现金分红带来的企业价值提升的利好。据此，提出万科地产应该根据自身状况选择恰当的股利支付水平并继续秉持发放红利的建议。

关键词：现金股利；企业价值；万科

Research on the Relationship between Cash Dividend Policy and Enterprise Value of Vanke Real Estate

Cui Yajie　Tian Shen

（**College of Management**，**Shenyang Jianzhu University**，**Shenyang 110168**，**China**）

Abstract：Taking Vanke Real Estate as a case, this paper analyzes the influence of relevant factors on cash dividends. Through accounting indicators, total market value, Tobin'S Q value to measure corporate value, so as to explore the impact of cash dividend policy on corporate value. The results show that the cash dividend of Vanke real Estate in the early stage did promote the improvement of its enterprise value, but in the later stage, due to the sharp decline in business performance, the positive effect of the cash dividend on the improvement of enterprise value was offset. Therefore, it is suggested that Vanke real Estate should choose the appropriate dividend payment level according to its own situation and continue to pay dividends.

Keywords：cash dividend；enterprise value；vanke

1 引言

随着我国资本市场的不断完善，现金股利政策被越来越多的企业所选择。关于现金股利对企业价值的影响结论不一。蔡礼彬、罗威（2019）指出两者有负向关系[1]。王凯、姚正海（2021）指出现金股利稳定性与企业价值正相关[2]。师发玲、李瑜（2022）指出现金股利能提升企业价值[3]。Guttman（2010）发现稳定支付现金股利能提升企业价值[4]。Rousseau P L（2011）研究指出二者不相关[5]。通过分析万科地产现金股利政策的影响因素以及对企业价值的影响，能够进一步丰富现金股利政策与企业价值关系的研究。

2 万科现金股利政策现状及影响因素

2.1 现金股利政策现状

万科自1992年起一直保持现金股利的派发，是A股中唯一一家连续30年进行现金分红的企业，近5年万科的现金分红较为稳定且呈上升趋势。

万科2017—2021年现金分红方案见表1。

表1　万科2017—2021年现金分红方案

年份	每股分红（元）	派息率（%）
2017年	0.90	35.43
2018年	1.05	34.15
2019年	1.02	29.30
2020年	1.25	34.53
2021年	0.97	50.00

注：数据来源于亿牛网。

万科2017—2021年派息见图6。

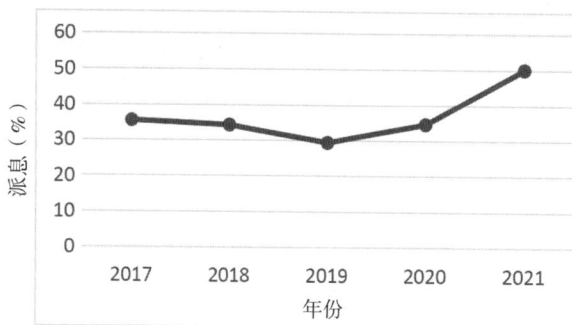

图1　万科2017—2021年派息图

2.2 现金股利政策的影响因素

2.2.1 盈利能力

净资产收益率是衡量企业盈利能力的核心指标。2017—2020 年万科该指标稳定在 20% 以上，远高于行业均值。2021 年该指标降幅较大，但是仍远超过行业均值 3.89%。说明万科的盈利能力稳中带降，但总体上比较高且稳定，为企业连续增长的现金股利发放提供了依据。

表 2　万科 2017—2021 年盈利指标（单位：%）

年份	净资产收益率
2017 年	22.80
2018 年	23.24
2019 年	22.47
2020 年	20.13
2021 年	9.78

注：数据来源于 CSMAR。

2.2.2 偿债能力

由表 3 可知，万科的流动比率呈上升趋势但速动比率却呈下降趋势，经分析是其存货的增加。近年来万科一直在理性投资的基础上保持投资的增长，从而导致了企业的速动比率微降。资产负债率则稳中下降，但仍高于同时期行业值，究其原因是企业规模较大，投资建设需要较大的资金来支撑。但由于企业盈利能力、信用水平较高，偏高的资产负债率并不会给企业带来较大的影响。综上，企业的短期偿债能力比较稳定，长期偿债能力在"筹资三道红线"下也有所保障，为企业稳定发放现金股利提供了保障。

表 3　万科 2017—2021 年偿债指标

年份	流动比率	速动比率	资产负债率（%）
2017 年	1.20	0.50	83.98
2018 年	1.15	0.49	84.59
2019 年	1.13	0.43	84.36
2020 年	1.17	0.41	81.28
2021 年	1.22	0.40	79.74

注：数据来源于 CSMAR。

2.2.3 营运能力

由表 4 可知，万科的应收账款周转率总体呈上升趋势，近两年该指标的下降主要受新冠肺炎疫情的影响，部分项目未能结算，同时为了加快回款给予客户的折扣。存货周转速度加快，说明存货占用资金的时间在缩短，存货管理工作的效率正逐步提升。由于存货管理是企业持续关注的经营目标，因此有理由相信万科未来的存货周转率可能会进一步提高。综上，总体上万科的营运能力较强，这与企业连续发放现金股利相呼应。

表 4　万科 2017—2021 年营运指标

年份	应收账款		存货	
	周转率（次/年）	天数（天）	周转率（次/年）	天数（天）
2017 年	138.48	2.64	0.27	1363.71
2018 年	197.21	1.85	0.25	1471.54
2019 年	205.86	1.77	0.26	1395.91
2020 年	168.3	2.17	0.30	1236.78
2021 年	117.06	3.12	0.33	1109.11

注：数据来源于 CSMAR。

2.2.4 发展能力

现金股利的实际发放需结合企业的发展能力来决定。由表 5 可知，万科的营业收入增长率、总资产增长率均在下降，说明企业的发展增速在放缓，用于扩大经营的资金减少，盈余增加。在这种情况下，企业会愿意支付股利给股东切实的回报。

表 5　万科 2017—2021 年发展指标

（单位：%）

年份	营业收入增长率	总资产增长率
2017 年	166.01	40.29
2018 年	73.68	31.17
2019 年	70.20	13.17
2020 年	86.69	8.05
2021 年	73.71	3.72

注：数据来源于 CSMAR。

2.2.5 自由现金流

自由现金流是企业可以自由运用的现金流，是经营性现金流量扣除资本支出的金额。

由表 6 可知，万科 2017—2020 年的自由现金流均为正数，表明企业的可自由运用的现金流比较充裕。2021 年的自由现金流量下降主要是由于经营现金流的骤降，但企业并没有降低资本支出。总体来说，企业的自由现金流还属于较好的状态。因此万科比较有能力以支付现金股利来稳定和提升投资者的信心，促进企业价值的提升。

表6　万科2017—2021年自由现金流量

（单位：亿元）

年份	经营现金流	资本支出	自由现金流
2017年	823.23	23.60	799.63
2018年	336.18	58.97	277.21
2019年	456.87	62.44	394.43
2020年	531.88	72.08	459.8
2021年	41.13	95.78	-54.65

注：数据来源于同花顺财经网。

3　万科企业价值分析

3.1　托宾 Q 值角度

托宾 Q 值是企业市场价值与重置成本的比值，在一定程度上可以反映企业资产的市场价值是被高估还是低估。重置成本计算比较复杂，因此在实务中可以用总资产代替。Q 值大于1时，表示企业市场价值大于重置成本，市场价值偏高，企业被市场看好；当 Q 值小于1时，企业市场价值小于重置成本，表现为市场价值偏小，企业不被市场看好。

万科2017—2021年托宾 Q 值见表7。

表7　万科2017—2021年托宾 Q 值

年份	总市值（亿元）	总资产（亿元）	托宾 Q 值
2017年	1302.82	11653.47	1.12
2018年	1552.63	1528.58	1.02
2019年	1809.98	1729.93	1.05
2020年	1855.45	1869.18	0.99
2021年	1802.34	1938.64	0.93

注：数据来源于CSMAR。

如图2所示，近五年万科的总市值呈上升趋势。同时，2017—2019年企业的托宾 Q 值大于1，表明市场看好企业，企业的价值较高。近2年的托宾 Q 值接近1，说明企业的市场价值接近重置成本。企业价值虽有所回落但是整体上较高。说明企业的分红政策引起了投资者的关注，促进了企业价值的提升。

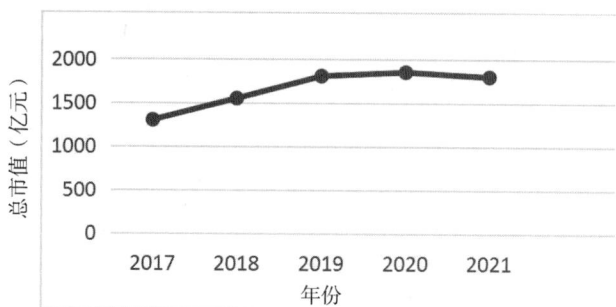

图2　万科2017—2021年总市值

3.2　会计角度

每股收益反映了企业的股票的投资价值。每股收益越大，表明企业所创造的利润越多，企业价值越高。由表8可知，万科的每股收益除2021年小幅下降以外，其余年份呈上升趋势。由此证明，万科在经营期间每股所获得的收益，其普通股股东的获利更多。综上，万科的企业价值整体呈上升趋势，与企业分红政策大体一致。

表8　万科2017—2021年每股收益（单位：元/股）

年份	每股收益
2017年	2.54
2018年	3.06
2019年	3.47
2020年	3.62
2021年	1.94

注：数据来源于CSMAR。

3.3　市场角度

价格是围绕着价值上下波动的，因此股价的波动情况可以反映企业价值的波动情况。由表9可知，股价除在2019年公告日下降之外，其余年份都呈上涨趋势。同时，公告日前后的股价基本上也呈上涨趋势。说明企业的分红方案引起了投资者的关注，从而带来了股价的上升，提高了企业价值在市场方面的表现力。

表9　万科2017—2021年分红公告日前后股价

（单位：元）

公告日前后	2017-08-22	2018-08-16	2019-08-9	2020-08-10	2021-08-18
-5	17.02	18.27	24.70	25.01	21.86
-4	16.86	18.97	23.70	25.47	21.39
-3	16.92	18.83	23.71	25.08	21.54
-2	17.82	18.11	24.05	25.11	21.71
-1	17.62	18.09	24.34	24.76	21.87
0	18.21	18.51	23.98	25.54	22.47
1	18.24	18.48	24.46	25.61	21.9
2	18.09	19.14	24.02	26.44	21.5
3	18.2	19.7	23.32	26.33	21.57
4	19.01	19.71	24.07	26.43	21.77
5	19.15	19.51	24.01	26.96	21.24

注：数据来源于同花顺财经网。

4　万科现金股利与企业价值关系

4.1　现金股利支付水平与企业价值

万科逐年上涨的现金股利确实促进了企业价值

的提升，但随着业绩的下降，现金股利对企业价值提升的作用被削弱。

一般来说，现金股利支付水平和业绩状况呈同向变化。但经上述分析，企业在业绩不佳时仍选择了高现金分红，究其原因是房地产行业自身行业特点，使其盈余都较少，企业为了满足内外资金的需求就会选择外部筹资。此时发放现金股利吸引投资者会加大外部筹资的规模，也会使企业得到更多的外界监督。在外界监督下，企业管理人员会更加规范自身行为，从而缓解和股东之间的利益冲突，降低代理成本。在这种情况下，股东的权益能够得到有效的保障，有助于企业实现股东财富最大化的财务管理目标，进而提升企业价值。从这种层面上看，企业在业绩下滑时选择高现金分红仍然对企业的价值有推动作用。

4.2 现金股利支付连续性与企业价值

万科前期连续的现金分红确实促进了企业价值的提升，后期的现金分红却对企业价值的推动作用不大。

据信号传递理论可知，在业绩下滑时，若企业选择不分红，会将企业经营状况不稳定的情况反馈到市场，打击投资者的信心，导致股价下跌，这会导致企业对外筹资出现困难，从而影响其可持续发展水平。而此时企业选择继续分红，会使得投资者对其盈利的持续性有良好的预判，认为企业虽面临困境，但风险却是可控的，相信企业有能力在以后年度扭转业绩下滑的局势。这时的现金分红就对冲了业绩的下降，导致现金股利分红对企业价值的推动作用不明显。但大体上现金股利仍然会对企业价值产生正向影响。

5 对优化万科现金股利分配的建议

首先，企业要根据自身情况选择恰当的现金股利支付水平。高现金股利虽能为企业带来正向效能，但房地产企业的盈余都较少，因此过高的现金股利会加大企业对外筹资的规模。但与内部留存收益相比，外部筹资的资本成本、财务风险都较大，这也

会对企业价值产生负面影响。万科的债务筹资比例较大，若其无法按时归还这些债务会影响企业信用，对企业整个资金链都会造成不良影响，最终降低企业价值。因此，万科可以在业绩下滑的年份减少现金分红，适当保留盈余，减少对外筹资。

其次，保持现金股利支付的稳定性。这就要求企业有稳定的经营业绩。万科近几年的经营业绩有所下滑。为了稳定业绩，企业应当从以下两方面努力：一是继续加强存货管理，提高销量，减少存货积压，以提高利润。因此，万科需要进一步提高存货质量，提供差异化的产品和服务，发挥其品牌效应。二是继续加强应收账款管理，采取严格的信用政策，加快回款速度，增加企业现金流，降低对外筹资的比例，优化资本结构，推动企业健康平稳发展。

参考文献：

[1] 蔡礼彬，罗威. 旅游上市公司现金股利政策对企业价值影响研究：基于多元化经营的调节检验 [J]. 商学研究，2019，26（5）：41-54+67.

[2] 王凯，姚正海. 上市公司现金股利政策对企业价值的影响效应研究：以交通运输业为例 [J]. 物流科技，2021，44（05）：25-30.

[3] 师发玲，李瑜. 基于公司价值提升的现金股利政策市场效应分析 [J]. 延安大学学报（社会科学版），2022，44（2）：78-84.

[4] Guttman，D A. Determinants of Dividend Smoothing：Empirical Evidence [J]. Review of Financial Studies，2010，24（10）：3197-3249.

[5] Rousseau PL，Wachtel P. What is happening to the impact of financial deepening on economic growth? [J]. Social Science Electronic Publishing，2011，49（1）：276-288.

作者简介：

崔雅洁（1995—　），女，河北唐山人，会计专业硕士研究生，研究方向：财务分析。

田珅（1981—　），女，辽宁沈阳人，博士，副教授，研究方向：财务分析。

论文仅代表本文作者观点，文责自负——本书编者注。

我国省域建筑安全水平综合评价及差异分析

张晴晴 孔凡文

（沈阳建筑大学管理学院，辽宁 沈阳 110168）

摘要：安全问题是建筑业关注的热点问题，为了解各地区的建筑安全形势，对我国各省域的建筑安全水平进行了研究。构建基于事故总量、伤亡事故发生强度、较大及以上事故发生情况 3 个方面的建筑安全水平评价指标体系；采用加入时间变量的熵权法对我国各省域在 2010—2019 年的建筑安全水平进行综合评价；从横向空间轴和纵向时间轴两个角度对各省城的建筑安全水平进行差异分析。

关键词：建筑安全水平；熵权法；差异分析

Comprehensive Evaluation and Difference Analysis of Provincial Building Safety Level in China

Zhang Qingqing Kong Fanwen

（**College of Management**，**Shenyang Jianzhu University**，**Shenyang 110168**，**China**）

Abstract：Safety is a hot issue in the construction industry. In order to understand the building safety situation in various regions，the building safety level in variousprovinces of China is studied. Firstly，the evaluation index system of building safety level is constructed based on the total number of accidents，the intensity of casualty accidents and the occurrence of major and above accidents. Secondly，the entropy weight method with time variable is used to comprehensively evaluate the building safety level of all provinces in China from 2010 to 2019. Finally，the difference of building safety level in various provinces is analyzed from the perspective of horizontal space axis and vertical time axis.

Keywords：building safety level；entropy weight method；difference analysis

1 引言

近年来，我国十分重视安全生产问题，不断完善相关法律法规。在建筑安全生产方面，住房和城乡建设部近两年组织开展了一系列活动，发布了一系列紧急通知，比如"安全生产月"活动、全国建筑市场和工程质量安全监督执法检查的通知、安全生产隐患大排查的紧急通知等，从中可以看出国家及有关各部门对安全生产工作的重视。研究我国各省域的建筑安全水平，对于因地制宜地完善相关政策，促进各地区建筑安全水平均衡发展具有重要意义。

在建筑安全评价方面，李聪等采用基于联系数的五元模型对某建筑工地进行安全评价[1]。陈为公等采用 C-OWA 算子对构建的装配式建筑评价指标进行赋权，并采用向量夹角余弦和障碍因子诊断模型共同构建装配式建筑安全评价模型[2]。荀志远等结合博弈论和 DEMATEL 法对安全评价指标进行组合赋权，并在此基础上，采用云模型对某装配式建筑的

安全风险进行评价[3]。郑霞忠等采用数据包络分析博弈交叉评价法评估 2012—2017 年的建筑安全水平[4]。学者们对建筑安全评价的研究主要集中在与施工现场直接有关的人员、机械设备、材料、管理等方面，有较少学者从宏观层面评价建筑安全水平，但很少分析各地区建筑安全水平之间的差异。基于此，将采用加入时间变量的熵权法进行综合评价，并从横向空间轴和纵向时间轴两个角度对建筑安全水平进行差异分析，以清楚地了解省域建筑安全形势，从而采取措施促进各地区建筑安全水平均衡发展。

2 数据来源与研究方法

2.1 数据来源

建筑安全水平评价指标数据来源于住房和城乡建设部官网上发布的关于 2010—2019 年的《房屋市政工程生产安全事故情况通报》、2011—2020 年的《中国统计年鉴》。本文的研究对象为我国 30 个省域（由于数据收集的局限，未包括西藏、港、澳、台）。

2.2 研究方法

2.2.1 熵权法

熵权法是一种客观评价方法，由于本文采用的是面板数据，将采用加入时间变量的熵权法评价省域建筑安全水平。计算步骤如下：

①指标选取。

设有 h 个年份，m 个省域，n 个评价指标，x_{tij} 表示第 t 年第 i 个省域的第 j 个指标值。

②指标标准化处理。

对构建的指标体系中的各项指标采用极差标准法进行无量纲化处理，计算公式如下：

正向指标：

$$z_{tij} = \frac{x_{tij} - x_{\min}}{x_{\max} - x_{\min}} \quad (i = 1, 2, \cdots, m; j = 1, 2, \cdots, n) \tag{1}$$

负项指标：

$$z_{tij} = \frac{x_{\max} - x_{tij}}{x_{\max} - x_{\min}} \quad (i = 1, 2, \cdots, m; j = 1, 2, \cdots, n) \tag{2}$$

式中，z_{tij} 表示指标标准化后的值；m 和 n 分别为评价对象的数量和评价指标的数量；$x_{\max}$，$x_{\min}$ 表示第 j 个指标在第 i 个省域 t 个年份中的最大值和最小值。

为便于后续计算，对经过标准化之后等于 0 的指标值进行非负平移处理，加上一个无穷小的数，即：$z'_{tij} = z_{tij} + 0.00000001$。

③计算指标比重。

$$p_{tij} = \frac{z_{tij}}{\sum\limits_{t=1}^{h} \sum\limits_{i=1}^{m} z_{tij}} \tag{3}$$

④计算各项指标的熵值。

第 j 个指标的熵值：

$$e_j = -\frac{1}{\ln(hm)} \sum_{t=1}^{h} \sum_{i=1}^{m} p_{tij} \ln(p_{tij}) \tag{4}$$

⑤计算各项指标熵值的冗余度。

$$d_j = 1 - e_j \tag{5}$$

⑥计算各项指标的权重。

$$w_j = \frac{d_j}{\sum\limits_{j=1}^{n} d_j} \tag{6}$$

⑦计算各省域各年份建筑安全水平综合得分。

$$s_{ti} = \sum_{j=1}^{n} w_j z'_{tij} \tag{7}$$

2.2.2 方差分析

方差能够描述一组数据的波动程度，设一组数据为 x_1，x_2，$\cdots$，x_n。

该组数据的平均数为：

$$\bar{x} = \frac{1}{n} \sum_{i=1}^{n} x_i \tag{8}$$

则方差公式为：

$$s^2 = \frac{1}{n} \sum_{i=1}^{n} (x_i - \bar{x})^2 \tag{9}$$

3 我国省域建筑安全水平综合评价

3.1 建筑安全水平评价指标体系的构建

各省域建筑安全水平的高低，不仅和事故的发生起数、死亡人数有关，也和较大及以上事故的发生情况、当地的建筑业发展水平有关，因此，需选取多指标分析各省域的建筑安全水平。参考相关文献[5-7]，构建建筑安全水平评价指标体系，如表1所示。表1中指标权重由公式（1）—（6）计算得出。由表1可以看出建筑安全水平评价指标分为绝对指标和相对指标，其中，事故总量属于绝对指标，伤亡事故强度和较大及以上事故发生情况属于相对指标。

表1 建筑安全水平评价指标体系

总体层	一级指标	二级指标	单位	指标属性	权重
	事故总量	事故起数	起	负	0.0989
		死亡人数	人	负	0.1038
建筑安全水平	伤亡事故发生强度	百万平方米死亡率	人/百万平方米	负	0.0997
		十万人死亡率	%	负	0.0927
		百亿元产值死亡率	人/百亿元	负	0.1374
	较大及以上事故发生情况	较大及以上事故发生率	%	负	0.1785
		较大及以上事故死亡率	%	负	0.2890

根据指标权重值，对各指标在建筑安全水平评价中的重要程度由高到低进行排名为：较大及以上

事故死亡率、较大及以上事故发生率、百亿元产值死亡率、死亡人数、百万平方米死亡率、事故起数、十万人死亡率。

3.2 建筑安全水平综合评价

由公式（7）可计算出各省域在 2010—2019 年的建筑安全水平综合得分，见表 2。

表 2　2010—2019 年建筑安全水平综合得分

地区	2010 年	2011 年	2012 年	2013 年	2014 年	2015 年	2016 年	2017 年	2018 年	2019 年
北京	0.814	0.902	0.806	0.954	0.712	0.974	0.930	0.963	0.939	0.963
天津	0.933	0.916	0.842	0.941	0.959	0.793	0.957	0.942	0.855	0.948
河北	0.786	0.932	0.672	0.971	0.984	0.806	0.512	0.758	0.842	0.539
山西	0.929	0.970	0.559	0.776	0.648	0.987	0.988	0.842	0.971	0.980
内蒙古	0.740	0.506	0.825	0.951	0.933	0.912	0.797	0.705	0.927	0.899
辽宁	0.707	0.610	0.809	0.968	0.802	0.972	0.720	0.969	0.951	0.800
吉林	0.632	0.879	0.760	0.836	0.965	0.973	0.846	0.879	0.922	0.796
黑龙江	0.891	0.922	0.920	0.764	0.707	0.911	0.819	0.928	0.811	0.756
上海	0.870	0.883	0.838	0.844	0.929	0.941	0.814	0.956	0.822	0.772
江苏	0.766	0.886	0.770	0.812	0.796	0.845	0.787	0.836	0.843	0.792
浙江	0.910	0.862	0.849	0.909	0.925	0.939	0.887	0.940	0.943	0.869
安徽	0.804	0.858	0.869	0.823	0.878	0.940	0.915	0.873	0.804	0.831
福建	0.951	0.950	0.956	0.645	0.955	0.951	0.879	0.891	0.943	0.939
江西	0.845	0.747	0.862	0.791	0.767	0.977	0.933	0.913	0.868	0.953
山东	0.949	0.951	0.870	0.967	0.886	0.815	0.664	0.630	0.794	0.867
河南	0.983	0.743	0.785	0.883	0.734	0.860	0.837	0.834	0.877	0.770
湖北	0.869	0.808	0.648	0.771	0.833	0.875	0.890	0.939	0.892	0.939
湖南	0.870	0.812	0.872	0.876	0.873	0.978	0.962	0.942	0.955	0.851
广东	0.767	0.694	0.883	0.953	0.882	0.809	0.891	0.716	0.749	0.834
广西	0.906	0.938	0.944	0.892	0.778	0.806	0.940	0.869	0.808	0.937
海南	0.779	0.792	0.842	0.882	0.886	0.908	0.875	0.792	0.592	0.854
重庆	0.938	0.942	0.924	0.926	0.913	0.895	0.833	0.819	0.869	0.861
四川	0.729	0.957	0.965	0.677	0.868	0.525	0.786	0.953	0.857	0.727
贵州	0.590	0.874	0.809	0.923	0.835	0.795	0.672	0.915	0.801	0.759
云南	0.763	0.881	0.895	0.800	0.909	0.783	0.935	0.806	0.940	0.935
陕西	0.859	0.970	0.976	0.605	0.984	0.595	0.987	0.763	0.832	0.971
甘肃	0.887	0.927	0.795	0.902	0.955	0.835	0.939	0.818	0.878	0.755
青海	0.790	0.601	0.799	0.597	0.683	0.663	0.771	0.874	0.811	0.763
宁夏	0.895	0.909	0.923	0.949	0.490	0.705	0.962	0.965	0.679	0.822
新疆	0.884	0.816	0.825	0.821	0.732	0.909	0.841	0.842	1.000	0.534

4　省域建筑安全水平差异分析

从横向空间轴和纵向时间轴两个角度进行省域建筑安全水平差异分析。

4.1　横向空间轴分析

根据 30 个地区近 10 年来的建筑安全水平综合得分的平均值和地区排名情况，将建筑安全水平分为 4 个等级，见表 3。

表 3　建筑安全水平等级划分

等级	综合得分平均值	地区
高	0.892—0.909	天津、福建、浙江、湖南、北京、重庆
较高	0.865—0.882	广西、甘肃、上海、江西、山西、云南
中等	0.839—0.860	安徽、陕西、吉林、湖北、黑龙江、山东
较低	0.820—0.831	河南、辽宁、宁夏、内蒙古、海南、新疆
低	0.735—0.818	广东、江苏、四川、贵州、河北、青海

由表 3 可以看出，建筑安全水平排名靠前的地区有天津、福建、浙江、湖南、北京、重庆，说明这些地区建筑安全形势相对较好；建筑安全水平排名靠后的地区有广东、江苏、四川、贵州、河北、青海，说明这些地区建筑安全形势比较严峻。造成不同地区间建筑安全水平差异的原因可能与地区所处的地理位置、经济发展水平、技术水平、周边地区的安全管理水平有关。

4.2 纵向时间轴分析

根据公式（8）、公式（9）计算各个地区建筑安全水平综合得分的方差值，从而衡量各地区建筑安全水平在2010—2019年的波动幅度大小，并根据计算结果将30个省域的建筑安全水平在近10年来的波动情况分为5个梯度，见表4。

表4　建筑安全水平波动幅度划分

梯度	方差值范围	地区
1	0.0175—0.0248	河北、宁夏、山西、陕西、四川、内蒙古
2	0.0082—0.0151	辽宁、新疆、山东、贵州、吉林、福建
3	0.0060—0.0079	青海、海南、北京、湖北、广东、黑龙江
4	0.0033—0.0057	江西、河南、云南、甘肃、广西、上海
5	0.0011—0.0030	天津、湖南、安徽、重庆、江苏、浙江

在第1梯度中，建筑安全水平波动幅度最为明显，其中，河北的建筑安全水平较低且呈波动下降趋势，说明该地区的建筑安全形势比较严峻，应采取措施对施工现场的安全进行重点管控；内蒙古的建筑安全水平较低且呈波动上升趋势，说明该地区的建筑安全状况有所改善。在第2梯度中，建筑安全水平波动幅度较为明显，其中，辽宁、吉林、贵州的建筑安全水平呈波动上升的趋势，新疆的建筑安全水平呈波动下降的趋势。在第3梯度中，建筑安全水平波动幅度中等，其中，北京、湖北的建筑安全水平呈波动上升的趋势。在第4梯度中，建筑安全水平波动幅度较为平稳，其中，江西、云南的建筑安全水平呈波动上升趋势，河南的建筑安全水平呈波动下降趋势。在第5梯度中，建筑安全水平波动幅度最为平稳，在该梯度中，地区每年的建筑安全水平基本保持在0.8—1.0之间，且整体上的建筑安全水平均优于处于其他4个梯度中的地区，说明该梯度中的地区建筑安全形势比较乐观。

5 结论

通过采用熵权法评价我国30个省域的建筑安全水平，并从横向空间轴和纵向时间轴两个角度分析各地区建筑安全水平的差异性，得出以下结论：

（1）从横向空间轴看，建筑安全水平可划分为高、较高、中等、较低、低5个等级，天津市、福建省、浙江省等地区的建筑安全水平相对较高，青海省、河北省、贵州省等地区的建筑安全水平相对较低。

（2）从纵向时间轴看，将30个省域近10年来的建筑安全水平波动情况划分为5个梯度，针对建筑安全水平呈波动下降趋势的地区，应采取措施重点进行安全管控。

（3）应根据各地区建筑安全水平的实际情况，通过制定相关政策引导建筑安全水平较高的周边地区积极帮扶建筑安全水平较低的地区，引进先进的施工技术、安全管理方法，以降低事故发生率，实现各地区建筑安全水平均衡发展。

参考文献：

[1] 李聪，陈建宏. 联系数的物元模型在建筑安全评价及预测中的应用 [J]. 安全与环境学报，2016，16（2）：71-75.

[2] 陈为公，杨慧迎，高志国. 考虑脆弱性的装配式建筑全寿命周期安全评价 [J]. 安全与环境学报，2020，20（6）：2069-2078.

[3] 荀志远，张丽敏，徐瑛莲，等. 基于组合赋权云模型的装配式建筑安全风险评价 [J]. 数学的实践与认识，2020，50（7）：302-310.

[4] 郑霞忠，仝立杨，陈国梁. 建筑业安全生产水平时空演变及影响因素分析 [J]. 中国安全科学学报，2020，30（1）：27-34.

[5] 张仕廉，崔瑞芳. 我国一些区域建筑安全生产水平评价及差异分析 [J]. 中国安全科学学报，2013，23（10）：132-138.

[6] 霍增辉，陈佳敏. 中国省域建筑安全生产水平的动态综合评价及策略分析 [J]. 安全与环境学报，2019，19（3）：893-901.

[7] 孙磊，殷乃芳，刘国买. 建筑业安全形势时空演变特征分析 [J]. 福州大学学报（自然科学版），2019，47（1）：67-73.

作者简介：

张晴晴（1998— ），女，河北沧州人，管理科学与工程专业硕士研究生，研究方向：建设工程管理。

孔凡文（1963— ），男，辽宁北票人，博士，教授，研究方向：建筑与房地产经济。

论文仅代表本文作者观点，文责自负——本书编者注。

专用设备制造业企业财务风险研究

寇 鑫 宋珈名

（沈阳建筑大学管理学院，辽宁 沈阳 110168）

摘要：近年来，为了促进专用设备制造业的发展，我国颁布了相应的政策，专用设备制造业将成为我国经济新一轮的增长点。从沪深A股上市的专用设备制造业公司中选取了34家公司为样本，对其2017—2021年数据进行研究。对样本企业的财务风险与影响因素进行了研究分析，发现我国专用设备制造业财务风险整体较低，现金流量、资金流动性对于企业的财务风险影响较大。

关键词：财务风险；风险评价；现金流量

Study on Financial Risk of Special Equipment Manufacturing Enterprises

Kou Xin Song Jiaming

（**College of Management，Shenyang Jianzhu University，Shenyang 110168，China**）

Abstract：In recent years, in order to promote the development of special equipment manufacturing industry, our country has promulgated corresponding policies, special equipment manufacturing industry will become a new round of economic growth point. This paper selects 34 special equipment manufacturing companies listed in Shanghai and Shenzhen A-share markets from 2017 to 2021 as samples, analyzes the financial risk and influencing factors of the sample enterprises, and finds that the overall financial risk of China's special equipment manufacturing industry is relatively low, and cash flow and capital liquidity have A greater impact on the financial risk of enterprises.

Keywords：financial risk；risk assessment；cash flow

1 引言

随着全球经济增长形势总体趋势缓慢，为促进专用设备制造业的高水平发展，我国陆续颁布了《中国制造2025》《制造业设计能力提升专项行动计划（2019—2022年）》《"十四五"智能制造发展规划》等政策，这些政策在一定程度上促进了该行业发展，增加了专用设备制造业对于资金的使用，使企业有了新的发展机遇，同时也增加了企业的财务风险。所以，防范专用设备制造业的财务风险，对该行业的可持续发展具有重要的现实意义。

闫玉荣（2014）认为财务风险是由于企业财务活动中存在各种各样不确定的因素，企业的预期收益有可能下降[1]。而吴文洋、唐绅峰、韦施威（2022）认为企业财务风险可以理解为内部环境、外部环境及各种出乎意料的可能因素，对企业的经营活动产生影响，导致企业有一个不好的财务状况[2]。梁龙跃、刘波（2021）认为对于公司管理层和投资者来说，准确预测公司的财务危机意义重大。所以衡量企业的财务风险是十分重要的[3]。雷艳丽等

（2022）认为学界针对上市公司财务风险的主要研究模型有单变量预测模型和多变量预测模型[4]。单变量预测模型仅可以从单一指标层面预测财务风险，无法全面衡量上市公司财务风险，但多变量预测模型更为全面。

在多变量预测模型中，Edward I Altman 于1968年设计出Z模型[5]，Z模型具有较强代表性，但Z模型的建立初期并没有考虑现金流的变化及相关方面的一些影响。因此，我国学者周首华、杨济华、王平（1996）在Z模型的基础上，融入了现金流的因素，把我国自1990年以来的4160家上市公司作为参考，来进一步分析验证，而后提出了F分数模型，更加符合我国国情[6]。因此，本文选择F分数模型来评价专用设备制造业的财务风险。

2 F分数模型原理

$$F = -0.1774 + 1.1091X_1 + 0.1074X_2 + 1.9271X_3 + 0.0302X_4 + 0.4961X_5$$

X_1 =（期末流动资产—期末流动负债）/期末总资产

X_2=期末留存收益/期末总资产

X_3=（税后纯收益+折旧）/平均总负债

X_4=期末股东权益的市场价值/期末总负债

X_5=（税后纯收益+利息+折旧）/平均总资产

F分数模型是以0.0274为临近点的，如果F值低于0.0274，将被预测为破产公司，而F值高于0.0274，则可以被预测为继续生存的公司。在临近点0.0274，此数值上下的0.0775的范围内为不确定区域，如果企业的F值落入该区域，则需要管理者结合企业的实际情况进一步分析。

3 数据的来源及样本选择

根据同花顺对于各行业的分类，归属于专用设备制造业的企业共有43家，在国泰安数据库中对各指标进行选取，剔除数据不全的企业，最后选取2017—2021年在我国沪深A股上市的34家专用设备制造业上市公司（见表1），对其财务风险进行了研究。

表1 选取的34家专用设备制造业样本

股票代码	公司名称	股票代码	公司名称
300084	海默科技	601106	中国一重
002535	ST林重	601798	蓝科高新
603169	兰石重装	002483	润邦股份
002490	山东墨龙	600560	金自天正
600169	太原重工	002523	天桥起重
600320	振华重工	601717	郑煤机
000852	石化机械	603966	法兰泰克
601608	中信重工	300275	梅安森
002204	大连重工	603800	道森股份
600262	北方股份	600980	北矿科技
600582	天地科技	002667	鞍重股份
002691	冀凯股份	002625	光启技术
002651	利君股份	603012	创力集团
300480	光力科技	603698	航天工程
300099	精准信息	002526	山东矿机
603036	如通股份	002353	杰瑞股份
002278	神开股份	002730	电光科技

4 专用设备制造业财务风险评估

4.1 根据F分数模型计算财务风险

本文将表1中企业的财务数据代入F分数模型，计算出2017—2021年的X_1—X_5及F值，并进行统计

（如图1）。根据前文概述，将基准值分为三段，高风险（$F<-0.0501$）、中风险（$-0.0501 \leq F \leq 0.1049$）、低风险（$F>0.1049$）。由图可知，近5年专用设备制造业企业的发展较好，财务风险整体较低。

图1 样本数据F值统计

4.2 专用设备制造业财务风险影响因素识别

为了进一步了解哪些因素对于财务风险的影响较大，因而引入多元线性回归模型，将F值作为因变量，X_1—X_5作为自变量，进行多元线性回归分析。首先，利用SPSS23.0进行多元线性回归分析，得出散点图，发现X_2，X_4与F值的散点图中，大多数散点偏离在直线之外。所以在对数据进行分析时，将X_2，X_4剔除。再将自变量X_1，X_3，X_5与因变量F进行相关性分析（见表2）。

表2 相关系数分析

模型	R	R^2	调整后的R^2	德宾-沃森
1	0.903[a]	0.815	0.809	
2	0.972[b]	0.945	0.941	
3	0.980[c]	0.961	0.957	1.993

注：a. 预测变量：（常量），X_3

　　b. 预测变量：（常量），X_3，X_1

　　c. 预测变量：（常量），X_3，X_1，X_5

　　d. 因变量：F

在表2中，模型1中的自变量为X_3，因变量为F，模型2的自变量是X_3与X_1，因变量为F，模型3以X_3，X_1，X_5为自变量，以F为因变量。从相关系数来的角度来分析，随着X_1，X_3两个自变量的加入，使相关系数$R=0.980$和$R^2=0.961$的值都接近于1，说明自变量可以解释因变量的98.0%的变化。德宾-沃森检验值为1.993，该数值一般来说越接近于2，观测值越可能独立，说明模型3各数值之间具有独立性。在模型相关系数进行分析的基础上，对表2中对各个模型进行了方差分析，结果见表3。

表3　方差分析表

模型		平方和	自由度	均方	F	显著性
1	回归	19.318	1	19.318	149.543	0.000ª
	残差	4.392	34	0.129		
	总计	23.711	35			
2	回归	22.396	2	11.198	281.126	0.000ᵇ
	残差	1.314	33	0.040		
	总计	23.711	35			
3	回归	22.777	3	7.592	260.231	0.000ᶜ
	残差	0.934	32	0.029		
	总计	23.711	35			

注：a. 因变量：F

　　b. 预测变量：（常量），X_3

　　c. 预测变量：（常量），X_3，X_1

　　d. 预测变量：（常量），X_3，X_1，X_5

从表3中的显著性检验结果可以看出，模型1，2，3的F统计量的观察值分别为149.543，281.126，260.231，显著性全部都为0.000，那么在显著性水平为0.05的情况下，可以认为 X_1，X_3，X_5 之间存在线性关系，具有显著性。

多元线性回归模型分析如表4所示。

表4　相关系数

模型	未标准化系数		标准化系数	t	p
	β	标准误差	Beta		
1（常量）	0.032	0.079		0.408	0.686
X_3	4.324	0.354	0.903	12.229	0.000
2（常量）	-0.231	0.053		-4.353	0.000
X_3	2.545	0.282	0.531	9.030	0.000
X_1	1.824	0.207	0.517	8.790	0.000
3（常量）	-0.089	0.060		-1.470	0.151
X_3	3.071	0.282	0.641	10.901	0.000
X_1	1.728	0.180	0.490	9.621	0.000
X_5	-4.571	1.265	-0.157	-3.613	0.001

由表4可知，模型3中 X_3，X_1，X_5 的偏回归系数分别为3.071，1.728，-4.571，标准回归系数分别为0.641，0.490，-0.157。比较标准化回归系数的绝对值，对财务风险的影响大小依次排序为 X_3，X_1，X_5。

根据表4数据可建立线性回归方程：

$$Y = -0.089 + 3.071X_3 + 1.728X_1 - 4.571X_5 \quad (1)$$

其中常数项为 -0.069，偏回归系数分别为3.071，1.728，-4.571。t 检验的 p 值为0.000，0.000，0.001，在显著性水平为10%的情况下，均

通过了检验，具有显著性。多元线性回归分析的结果表明 X_3，X_1，X_5 对于财务风险有显著性的影响，而 X_2，X_4 对于财务风险的影响不是很明显，所以对于企业的财务风险影响因素的大小依次为 X_3，X_1，X_5。

X_3 表示现金流量变量，可以衡量企业的偿债能力，X_1 主要表示企业资金的流动性，X_5 测定的是企业总资产在创造现金流量方面的能力。根据指标对财务风险影响程度的大小与实际反映的情况来看，主要分析现金流量的偿债能力与企业资金的流动性。因此，选取现金比率指标，该指标可以很好地反映现金及现金等价物的流动性与企业现金流量的偿债能力，该指标一般20%左右为宜。

根据2017—2021年对我国专用设备制造业企业的现金流进行统计得到图2。由图2可知，近5年我国专用设备制造业企业的现金比率是稳步向好的，逐步向基准值20%靠拢。虽然企业的现金比率越高偿债能力越强，但过高的现金比率说明企业持有大量现金，对于资金的使用不恰当。因此，专用设备制造业企业的财务风险较低，主要是因为该行业企业手中持有大量现金，资金的流动性较强造成的。

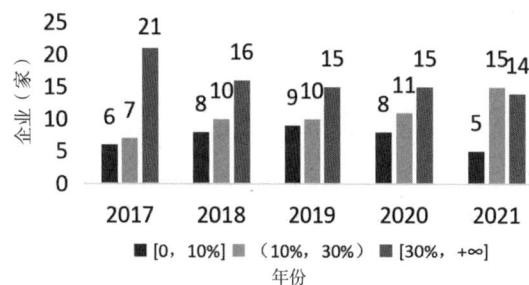

图2　现金比率

5　结论与建议

运用F分数模型与多元线性回归模型对专用设备制造业的财务风险进行了评估，发现该行业的财务风险较低，主要影响因素为现金流量和资金流动性。进一步研究发现，该行业财务风险较低是公司持有现金较多，导致现金流量指标与资金流动性数值较大。因此，提出如下建议：现金流量指标能够更好地反映企业财务风险的状况。因此，企业在日常管理过程中，管理者不仅要关注传统指标，更要注重现金流指标；建立现金流量反馈体系；利用持有过多的现金，对外投资或扩大企业，促进企业稳步向前发展。

参考文献：

[1] 闫玉荣. 物流企业财务风险防范策略 [J]. 物流技术，

2014, 33 (13): 87-89.

[2] 吴文洋, 唐绅峰, 韦施威. 社会责任、媒体关注与企业财务风险: 基于中国上市公司的经验证据 [J]. 管理学刊, 2022, 35 (1): 124-141.

[3] 梁龙跃, 刘波. 基于文本挖掘的上市公司财务风险预警研究 [J]. 计算机工程与应用, 2022, 58 (4): 255-266.

[4] 雷艳丽, 洪丽君, 胡晓峰. 基于改进 Z-SCORE 模型饲料上市公司的财务风险预警研究 [J]. 饲料研究, 2022, 45 (2): 107-111.

[5] Altman E I. Financial Ratios, Discriminant Analysis and the Prediction of Corporate Bankruptcy [J]. The Journal of Finance, 1968, 23 (9): 589-609.

[6] 周首华, 杨济华, 王平. 论财务危机的预警分析: F 分数模式 [J]. 会计研究, 1996 (8): 8-11.

作者简介:

寇鑫 (1983—), 女, 辽宁辽阳人, 博士, 讲师, 研究方向: 环境会计、管理会计。

宋珈名 (1997—), 男, 辽宁沈阳人, 会计学专业硕士研究生, 研究方向: 工程管理与项目融资。

论文仅代表本文作者观点, 文责自负——本书编者注。

装配式建筑预制构件供应商选择研究

杨宇翔　常春光

（沈阳建筑大学管理学院，辽宁　沈阳　110168）

摘要：施工企业对于预制构件供应商的科学抉择，对实现装配式住宅建造项目目标具有重要作用。通过构建预制建筑构件供应商评价指标体系，在质量水平、生产交货水平、成本水平、客户服务水平4个方面评价指标的基础上，利用熵值法确定了各指数权重，再用TOPSIS法对供应商进行综合评估，并使用实例法进行了统计与数据分析，证实了该方案的可行性。

关键词：装配式建筑；熵值法；TOPSIS法

Supplier Selection of Prefabricated Components for Assembled Buildings Based on Entropy Value Method and TOPSIS Method

Yang Yuxiang　Chang Chunguang

（**College of Management**，**Shenyang Jianzhu University**，**Shenyang 110168**，**China**）

Abstract：The scientific choice of prefabricated component suppliers by construction companies plays an important role in achieving the goals of assembled housing construction projects. By con-structing the evaluation index system of prefabricated building component suppliers， determining the weight of each index using the entropy value method， and then using the TOPSIS method for comprehensive evaluation of suppliers， as well as using the example method for statistical and da-ta analysis， the feasibility of the scheme was confirmed.

Keywords：prefabricated construction； entropy method； TOPSIS method

1 引言

装配式住宅项目建设过程中，预制构件质量、结构性能、兼容性等直接影响着装配式住宅的品质，因此施工企业对于预制构件供应商的选择将直接影响着装配式住宅建筑项目目标的实现。

关于供应链环境下供应商的选择问题，国内外学者对供应商选择问题的方法主要有层次分析法（AHP）、前景理论、模糊综合评价法等[1]，这些方法的缺点是侧重于定性研究，容易受到主观判断因素的影响，不符合供应链管理环境下的需要。在现有的研究中，詹塑结合DEMATEL方法，从属性之间存在关联的角度，对选择PC构件供应商的过程中应考虑的关键性因素进行定量分析，为房地产开发商选择合适的供应商提供科学的决策建议[2]。该研究针对装配式建筑部品供应商选择的影响因素进行分析，但并未解决供应商选择问题。孙亚静用AHP和模糊集理论方法结合，研究得出供应商的最优选择[3]，但模糊集理论要求数据处于高度离散状态，在供应商选择问题中的数据不具备高度离散性，因

此该方法在选择供应商问题上并不适合。

基于此，采用熵值法和TOPSIS相结合的方法，对供应商进行综合评价，为实际决策提供参考。

2 供应商评价指标体系的建立

装配式建筑建造流程相比于传统建筑有很大的不同，装配式建筑建造过程中对供应商的要求不单是预制构件质量合格，还要综合考虑供应商供货能力、运输能力、服务水平、结构稳定性等问题。

在供应商评价指标研究中，1966年美国学者Dickson总结分析出23条供应商选择评价指标。其他研究可以发现影响程度最深的3个指标分别是质量、产品交货和过去绩效。华中科技大学的马士华教授确定了质量、成本、产品交货3个指标，建立了供应商选择和评价指标体系。综合Dickson和马士华等人的研究，结合装配式建筑预制构件的特点，如构件尺寸较大、装卸复杂、装卸和运输过程中对磨损的要求[4]、构件供应时效性要求，最后构建了供应商评价指标体系，见表1。

表 1 供应商评价指标体系

目标层	一级指标	二级指标
装配式建筑预制构件供应商评价指标体系	质量水平	产品合格率
		结构可靠性
		部品标准化程度
		合格产品损伤率
		质量保障体系
	生产交货水平	送货准时率
		货物完好率
		大型构件运输能力
		供货辐射范围
	成本水平	预制构件价格
		运输成本
		装卸成本
	客户服务水平	技术服务能力
		售后服务能力
		人员素质
		长期合作意愿

3 供应商评价模型

基于预制构件供应商评价指标体系，采用熵值法确定指标权重，采用 TOPSIS 多指标决策法对多家厂商进行评价。

3.1 指标数据类型的一致化

在评价体系中，每个指标之间的度量单位、对象的类型不一致，为了消除这些因素带来的影响，需要对这些指标进行无量纲化处理。朱喜安等通过理论推导和实证发现向量规范法处理得到的权重系数与原熵值法的权重系数结果没有差别[5]。采用向量规范法进行规范化处理，计算公式如下所示：

$$y_{ij} = \frac{x_{ij}}{\sqrt{\sum_{i=1}^{n} x_{ij}^2}} (i = 1, 2, \cdots, n; j = 1, 2, \cdots, m) \quad (1)$$

式中，n 表示供应商数量；m 表示指标数；x_{ij} 表示第 i 个预制构件部品供应商的第 j 个评价指标的初始值；y_{ij} 表示处理后的指标值。

3.2 熵值法确定客观权重

熵（Entropy）最早是物理学里面的热力学概念，用来描述物体运动的混乱程度[6]。熵值法是根据各指标信息熵的大小客观确定权重的一种方法，信息熵越大，信息的混乱程度越大，效用值越少，指标权重越低。熵值法的具体步骤如下。

对处理后第 i 个供应商在第 j 个评价指标进行数据规范化，计算公式如下所示：

$$Z_{ij} = \frac{y_{ij}}{\sum_{i=1}^{n} y_{ij}} \quad (2)$$

计算指标的信息熵，计算公式如下：

$$H_j = -\lambda \sum_{i=1}^{n} z_{ij} \ln z_{ij}, \quad (j = 1, 2, \cdots, m) \quad (3)$$

一般取 $\lambda = 1/\ln n$，可以保证 $0 \leqslant H_j \leqslant 1$，当 H_j 趋向于 1 时，说明此项指标的权值趋向于 0。

计算指标的效用值 g_j（差异性系数），差异越大，H_j 越小，指标对被评价对象的影响也越大，越应该重视该指标在评价体系中的作用。g_j 计算公式如下：

$$g_j = 1 - H_j \quad (4)$$

计算最终权重系数，公式如下：

$$w_j = \frac{(1 - H_j)}{\sum_{j=1}^{m} (1 - H_j)} (j = 1, 2, \cdots, m) \quad (5)$$

3.3 TOPSIS 法对目标对象进行评价

TOPSIS 是在多目标决策问题上，通过数据分析，得到一个正理想解和负理想解，计算出各评价指标距离两个解的远近程度。越靠近正理想解，表明该供应商综合绩效水平越好，具体求解如下所示。

将各指标权重系数 w_j 与规范化后的 z_{ij} 相乘得到加权后的规范化矩阵 Q：

$$Q = (w_j z_{ij})_{n \times m} (i = 1, 2, \cdots, n; j = 1, 2, \cdots, m) \quad (6)$$

$$Q = (q_{ij})_{n \times m} \begin{bmatrix} w_1 z_{11} & w_2 z_{12} & \cdots & w_m z_{1m} \\ w_1 z_{21} & w_2 z_{22} & \cdots & w_m z_{2m} \\ \vdots & \vdots & \ddots & \vdots \\ w_1 z_{n1} & w_2 z_{n2} & \cdots & w_m z_{nm} \end{bmatrix}$$

确定正理想解和负理想解：

$$q_j^+ = \{(\max q_{ij} \mid j \in \theta^+), (\min q_{ij} \mid j \in \theta^-)\} \quad (i = 1, 2, \cdots, n; j = 1, 2 \cdots, m) \quad (7)$$

$$q_j^- = \{(\min q_{ij} \mid j \in \theta^+), (\max q_{ij} \mid j \in \theta^-)\} \quad (i = 1, 2, \cdots, n; j = 1, 2 \cdots, m)$$

式中，θ^+ 为正向性指标；θ^- 为逆向性指标。其中预制构件价格、运输成本、装卸成本为逆向性指标。

计算指标值到正、负理想解的距离 D_i^+，D_i^-：

$$D_i^+ = \sqrt{\sum_{j=1}^{n} (q_{ij} - q_j^+)^2}, \quad (i = 1, 2, \cdots, m) \quad (8)$$

$$D_i^- = \sqrt{\sum_{j=1}^{n} (q_{ij} - q_j^-)^2}, \quad (i = 1, 2, \cdots, m)$$

$$(9)$$

计算评价对象的相对贴近度 E_i 并选择最优供应商:

$$E_i = \frac{D_i^-}{(D_i^+ + D_i^-)}, \quad (i = 1, 2, \cdots, n) \quad (10)$$

E_i 越大,表明第 i 个供应商的综合绩效水平越接近最优。贴近度 E_i 介于 0—1 之间。

4 实例研究

4.1 数据处理

某建筑施工企业要承建 A 市安置房项目,该项目要求建筑单体预制装配率不低于 40%,该施工企业决定寻找优质供应商,考虑指标为产品质量、生产交货、成本、服务水平。经过初步筛选,符合该项目的共有 4 家装配式建筑预制构件供应商,分别用代号 S1,S2,S3,S4 表示。经过市场调查和评估,获取了 4 家供应商关于评价指标的具体数据,通过公式(1)、公式(2)进行规划化处理得到矩阵 Z:

$$Z = \begin{bmatrix} 0.2245 & 0.2685 & 0.2505 & 0.2565 \\ 0.2630 & 0.2547 & 0.2526 & 0.2297 \\ 0.2484 & 0.2549 & 0.2451 & 0.2516 \\ 0.2511 & 0.2492 & 0.2438 & 0.2559 \\ 0.2390 & 0.2516 & 0.2558 & 0.2537 \\ 0.2593 & 0.2469 & 0.2606 & 0.2332 \\ 0.2473 & 0.2688 & 0.2581 & 0.2258 \\ 0.2570 & 0.2518 & 0.2375 & 0.2537 \\ 0.2565 & 0.2512 & 0.2449 & 0.2475 \\ 0.2588 & 0.2658 & 0.2433 & 0.2307 \\ 0.2568 & 0.2656 & 0.2317 & 0.2459 \\ 0.2357 & 0.2483 & 0.2520 & 0.2639 \\ 0.2701 & 0.2443 & 0.2276 & 0.2579 \\ 0.2421 & 0.2478 & 0.2590 & 0.2511 \\ 0.2417 & 0.2506 & 0.2556 & 0.2521 \\ 0.2547 & 0.2413 & 0.2467 & 0.2574 \end{bmatrix}^T$$

4.2 权重的确定和 TOPSIS 分析

利用公式(3)、公式(4)和公式(5)得到的熵权值如下:$W_1 = 0.1450$,$W_2 = 0.0846$,$W_3 = 0.0073$,$W_4 = 0.0105$,$W_5 = 0.0234$,$W_6 = 0.0679$,$W_7 = 0.1402$,$W_8 = 0.0309$,$W_9 = 0.0103$,$W_{10} = 0.1401$,$W_{11} = 0.0883$,$W_{12} = 0.0555$,$W_{13} = 0.1393$,$W_{14} = 0.0202$,$W_{15} = 0.0143$,$W_{16} = 0.0223$。

将上一步得到的熵权值和矩阵 Z 相乘,构造加权评价矩阵 Q,见公式(6)。

利用公式(7)、公式(8)、公式(9)和公式(10)计算得到 4 家预制构件供应商与正负理想解的距离和贴近度,详见表 2。

表 2 预制构件供应商与正负理想解的距离和贴近度

构件供应商	S_1	S_2	S_3	S_4
与 D_i^+ 的距离	0.0084	0.0070	0.0070	0.0076
与 D_i^- 的距离	0.0072	0.0094	0.0078	0.0082
贴近度 E_i	0.4789	0.5760	0.5272	0.5190
排序	4	1	2	3

由表 2 可以看出,不同的预制构件供应商综合绩效水平相差不大,4 家供应商有各自的优势,例如 S_2 供应商在质量评价指标中产品合格率、合格产品损伤率和质量保修体系评分最高,S_4 供应商的预制构件价格最低。相比之下 S_2 最优,可以建立长期的合作关系,之后依次是 S_3、S_4,供应商 S_1 最差。

5 结论与展望

本文采用熵值法确定评价指标的权重,避免了主观因素在权重问题上的偏见,通过设计供应商评价体系,建立了熵值法和 TOPSIS 法的供应商评价方法,通过实例解决了有各自优势供应商的选择问题,该方法可作为施工方选择供应商提供决策参考。考虑定性和定量作用对评价的影响,结合定性和定量评价以提高结果准确性是下一步的研究方向。

参考文献:

[1] 郭子雪,张运通,田雨,等. 基于直觉模糊多属性决策的逆向物流供应商选择 [J]. 河北大学学报(自然科学版),2021,41(6):638-644.

[2] 詹翌,谭希. 基于多属性决策分析的 PC 构件供应商选择因素分析 [C] // "决策论坛:公共政策的创新与分析学术研讨会" 论文集(上),2016:220.

[3] 孙亚静,仇国芳. 建筑预制构件供应商选择的粗糙集方法 [J]. 工程建设,2017,49(3):100-103.

[4] 王红春,郭循帆,刘帅. 基于前景理论:TOPSIS 的装配式建筑 PC 构件供应商选择 [J]. 建筑经济,2021,42(9):100-104.

[5] 朱喜安,魏国栋. 熵值法中无量纲化方法优良标准的探讨 [J]. 统计与决策,2015(2):12-15.

[6] 潘雨红,潘永飞,马旭. 基于 Entropy-Topsis 方法的住宅预制构件的物流供应商选择 [J]. 重庆交通大学学报(自然科学版),2017,36(2):101-107.

基金项目：

辽宁省高等学校创新人才项目（LR2020005）；

辽宁省自然基金指导计划项目（2019-ZD-0683）。

作者简介：

杨宇翔（1998—　），男，山东菏泽人，土木水利专业硕士研究生，研究方向：装配式建筑。

常春光（1973—　），男，辽宁辽阳人，博士，教授，研究方向：工程管理、建筑工程系统、智慧，建模与优化。

论文仅代表本文作者观点，文责自负——本书编者注。

装配式建筑预制构件生产资源调度研究

郑　莹　常春光

（沈阳建筑大学管理学院，辽宁　沈阳　110168）

摘要：在当前大力推行装配式建筑的背景下，预制构件将成为施工项目建设的重要部分。由此，对预制构件生产进行了阐述，把传统车间生产调度与预制构件生产调度进行了比较，以及对预制构件的生产资源调度问题作出了分析，整理传统资源调度模型问题，根据智能优化方法在生产资源调度方面的实际运用情况，对当前预制结构生产资源调度问题进行了总结。

关键词：装配式建筑；预制构件；生产资源调度

Research on Production Resource Scheduling of Prefabricated Components in Prefabricated Buildings

Zheng Ying　Chang Chunguang

（**College of Management**，**Shenyang Jianzhu University**，**Shenyang 110168**，**China**）

Abstract：Prefabricated components will become an important part of construction projects under the current background of vigorously promoting prefabricated buildings. As a result, the prefabricated production are expounded, and the traditional workshop production scheduling and prefabricated production scheduling are compared, and the production of prefabricated resource scheduling problem has made the analysis, the problem of traditional resource scheduling model is made, according to the intelligent optimization method in the practical application of production resource scheduling, The current production resource scheduling problems of prefabricated structures are summarized.

Keywords：prefabricated building；prefabricated component；production resource scheduling

1 引言

在可持续发展理念的大背景下，装配式建筑已成为行业的热门话题。装配式建筑尽管有着压缩工期、提高质量、节约环保等好处，但目前中国的装配式建筑发展状况主要还是造价成本高，实施困难大，在制造过程中的组织调度紊乱、资源不合理以及在制造、浇筑等过程中的各环节协同配合上容易出现问题。目前国内针对预制装配式建筑生产调度问题的研究成果还非常少，大部分研究集中于传统建造类工业的生产调度问题。而由于预制装配式建筑结构生产过程和普通制造业产业生产过程仍有较大差异，对于怎样完善传统工业的生产调度规划，以及怎样根据预制装配式建筑的特性设计有效合理的生产进度规划，尚存在深入的研究空间。因此，本文将根据装配式建筑在预制构件生产过程中的资源调配问题的研究状况展开深入地剖析。

2 装配式预制构件生产资源调度

2.1 预制构件生产调度问题描述

2.1.1 预制构件生产

预制结构工业生产组织的方法主要包括综合生产方式与专门生产方式两类。在专业化的生产组织中，各个工位上均有相对稳定的员工在既定的工作地点完成作业。因此本文主要研究关于专业化预制构件生产调度问题。预制构件的生产流程见图1。

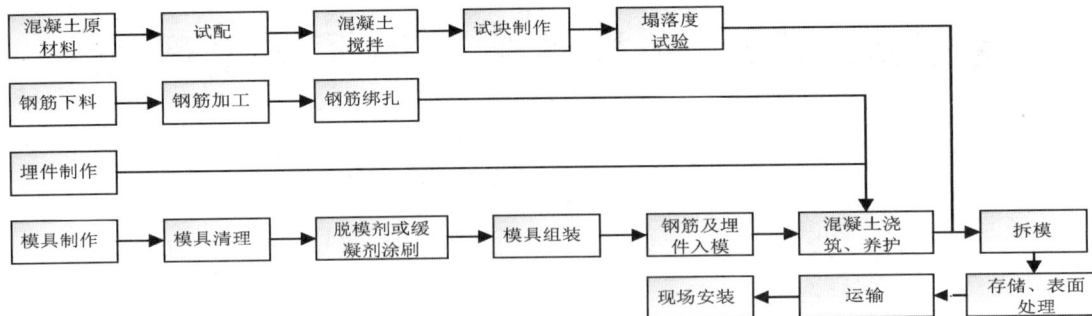

图1　预制构件生产流程图

2.1.2　传统车间生产调度与预制构件生产调度

在传统的建筑工程中，很少有能够可以量化分析、参数化建模和优化算法的方法，这些方法只适用于施工场地布局的优化。这主要是由于传统的现浇结构具有清晰的工艺过程，在这种情况下，关键线路图、网络图等技术在施工过程中得到充分的应用，且不需要算法来进行优化，而装配式建筑则开辟了一个新的研究方向，即预制构件生产调度优化。预制构件与传统车间生产调度有一定程度的共性，两者之间也有一定的差别，见表1。

表1　传统车间生产调度与预制构件生产调度比较

特征	传统车间生产调度	预制构件生产调度
领域	制造业	建筑业
生产对象	一般商品	预制构件
生产模式	流水线加工	工作组
工艺连贯性	弱	强
生产周期	较短	长
生产连续性	连续生产	项目导向
生产操作	机器工作为主	多为人工操作

2.2　预制构件生产资源调度问题研究

装配式建筑中的预制构件生产调度问题在生产管理中的地位十分关键，为此，不少研究者对建筑预制构件生产的调度模式进行了深入研究，以找到对现实有用的生产调度方法。

谢思聪等给出了制造结构中企业产量参数的量化途径，并通过基于多层编码技术的GA解决企业生产调度优化难题[1]。Wang等提出一个利用GA双层建模技术的混合制造结构生产模型，并利用离散事件的建模优选了生产进度方案[2]。常春光等研究了以最低成本为主要目标的预制构件产量调整与优化模型，制定了解决该模式的改进差分进化算法[3]。刘骞等为求解预制构件成本最小化时的预制构件生

产调度问题，建立结构成本最小化，使用了混合粒子群优化算法[4]。

综上所述，目前国内外研究者对建筑项目的生产资源调度问题开展了系统的探讨，且大多集中于一般制造型企业，但因为预制装配式构件制造与一般预制构件企业产品加工不同，预制装配式构件对材料质量要求较高，考虑问题复杂性大，无法直接用一般制造型企业的生产资源调度计划，因此，对装配式预制构件生产调度进行研究具有重要的意义。

3　生产资源调度优化模型的应用研究

根据建筑预制构件生产调度的问题及建筑预制构件生产特性，从准时化生产角度考虑，再综合考虑建筑预制构件限制要求，从而形成了不同的建筑预制构件生产调度模式。

3.1　不确定资源约束下的资源调度模型

采用AON有向的活动网络图，活动集合$J = \{0, 1, 2, \cdots, n, n+1\}$，0和$n+1$都是虚活动，虚活动只有一个执行模式，不耗费资源且总运行时间为0。定义$s_j = f_j - d_j$，$D = \{(i, j) | i$必须在j活动开始之前完成$\}$为项目的紧前任务集合，其中s_j, f_j, d_j依次代表了第j项任务的开始时间、结束时间以及持续时间。设工程项目中共有k种可更新资源，第k种资源的总量为R_k，第j项任务中对第k种资源的需要量则为r_{jk}。因此，传统不确定资源受限项目调度的数学模型为：

$$\min = f_{n+1} \tag{1}$$

$$s. t.$$

$$f_j - f_i \geq d_j, \ j \in J, \ (i, j) \in D \tag{2}$$

$$\sum_{A(t)} r_{jk} \leq R_k, \ j \in J, \ k \in \{1, 2, \cdots, K\}, \tag{3}$$

$$t \in \{1, 2, \cdots T\}$$

其中，式（1）为目标函数，代表建设项目的最短总工期；式（2）代表紧前关系约束；式（3）表

示确定在 T 时间的各种资源使用率不得超过其资源总量。T 为建设项目设计工期；t 为建设项目实施中的每一时刻（$t=\{1, 2, \cdots T\}$）；$A(t)$ 代表 t 时间内正在进行的所有各项任务总和。

3.2 多项目生产调度模型

在单一项目资源调配的基础上，多项目资源调度过程表达为：假设建设企业有 N 个在建项目，各个子项目相互独立，不存在紧前关系。其中第 i 个项目有 p_i 个任务，N 个项目共同使用 k 种资源，第 k 种资源的总量为 R_k，任务 A_{ij} 对第 k 种自然资源的需要量为 r_{ijk}。A_{ij} 代表第 i 个子项目中的第 j 个任务，其工期为 d_{ij}，任务的开始日期为 s_{ij}，完成日期为 f_{ij}，所有任务一旦开始就不可中断。针对上述问题建立的概念数学模型如下：

$$\min = \max(f_{ip_i}) \tag{4}$$

$s.t.$

$$s_{ij} \geq f_{ih}, \quad \forall h \in D(i, j), \quad \forall i, j \tag{5}$$

$$\sum_{(i, j) \in A(t)} r_{ijk} \leq R_k, \quad \forall k, \tag{6}$$

其中，f_{ip_i} 为第 i 个项目的最终任务的完成时间，式（4）为最小化后各项目完工的最大值；式（5）表示项目内部各任务之间的紧前关系；式（6）表明在任何时期内，所有当前任务对资源的总需求都不能大于该资源的实际供应量。

3.3 多模式下生产资源调度模型

多模式下生产资源调度数学模型如下：

$$\min = f_{n+1} \tag{7}$$

$s.t.$

$$\sum_{i \in A(t)} \sum_{m_i \in M_i} r_{ikm_i} x_{im_i} \leq R_k \tag{8}$$

$$f_j - \sum_{m_j \in M_j} (x_{jm_j} d_{jm_j}) \geq f_i \tag{9}$$

$$\sum_{m_i \in M_i} x_{im_i} = 1 \tag{10}$$

其中，m_i 是所有活动 i 的模式集合，活动 i 的运行模式 m_i 的工期为 d_{m_i}。单位时间内对资源 k 的需求量为 r_{ikm_i}，定义 x_{im_i} 为决策变量，若活动 i 以 m_i 执行，则 $x_{im_i}=1$，否则 $x_{im_i}=0$。式（7）为最小化项目工期；式（8）为资源约束；式（9）为紧前关系约束；式（10）为模式约束。

4 智能优化算法在生产调度中的应用

尽管在过去 10 年中，传统的运筹学方法和启发式规则都有很大的进步，但由于实际问题过于复杂且规模庞大，常规的调度方式不能很好地应用于实际的生产调度问题，造成理论调度与实际调度之间的差距很大。20 世纪 80 年代以前，人们把人工智能技术应用于生产调度问题，从而产生了许多智能的运算方法。而智能算法是一种从一个可行的调度解出发，直至得到最优解的方案。与常规的数学计划方法相比较，该方法不需要对问题进行深度的解析，只需要用迭代式的方法来实现[5]。智能优化算法的出现极大地丰富了生产资源调度优化问题的理论研究。

5 结论

装配式建筑预制构件生产资源调度，存在诸多复杂性、解决困难大的问题，但其理论与现实应用中有着巨大的科研价值。在调度研究方面，学者考虑了生产、运输、装配等各方面问题。在求解方面，大部分学者都采用智能优化算法。在未来预制构件研究领域中，学者可以探索更多问题和从更多方面入手开展研究。

参考文献：
[1] 谢思聪，陈小波. 基于多层编码遗传算法的两阶段装配式建筑预制构件生产调度优化 [J]. 工程管理学报，2018，32（1）：18-22.
[2] Wang Zhaojing, Hu Hao, Gong Jie. Framework for modeling operational uncertainty to optimize offset prodution scheduling of precast compoents [J]. Automation in Construction, 2018 (86)：69-80.
[3] 常春光，韩梦瑶. 基于差分算法的装配式构建生产成本控制 [J]. 科学技术与工程，2020，20（13）：5327-5331.
[4] 刘骞，陈英杰，隋岩鹏，等. 差分进化混合粒子群算法求解装配式建筑构件生产调度优化问题 [J]. 现代电子技术，2021，44（17）：124-129.
[5] 代洪丽. 不确定事件下装配式建筑部件生产调度研究 [D]. 南京：东南大学，2019.

作者简介：
郑莹（1998— ），女，辽宁锦州人，土木水利专业硕士研究生，研究方向：工程管理信息化。
常春光（1973— ），男，辽宁辽阳人，博士，教授研究方向：工程管理、建筑系统工程、建模与智能优化。

论文仅代表本文作者观点，文责自负——本书编者注。

E-learning 模式下的 MPAcc 案例教学效果评价研究

蔚筱偲 刘亚臣 包红霏 金晓玲

（沈阳建筑大学管理学院，辽宁 沈阳 110168）

摘要：E-learning 充分利用现代信息技术所提供的具有全新沟通机制与丰富资源的学习平台，在沈阳建筑大学管理类专业教学中广泛应用。2017 年以来，随着沈阳建筑大学 MPAcc 专业学位硕士教学需要，管理案例逐渐成为 E-learning 云平台的主要组成部分。通过典型案例的教学效果分析，系统归纳总结管理类案例在 E-learning 云平台建设模式下教学目标、教学模式和教学效益三方面的教学效果。

关键词：E-learning；案例教学；管理案例；教学效果

Research of Teaching Effect in MPAcc Management Case under E-Learning Mode

Yu Xiaosi   Liu Yachen   Bao Hongfei   Jin Xiaoling

（**School of Management**，**Shenyang Jianzhu University**，**Shenyang 110168**，**China**）

Abstract：E-learning makes full use of the learning platform with brand-new communication mechanism and rich resources provided by modern information technology, and is widely used in the teaching of management majors in our university. Since 2017, with the needs of the teaching of the master's degree of MPAcc, management cases have gradually become the main component of the E-learning cloud platform. Through the teaching effect analysis of typical cases, the teaching effects of management cases in the teaching objectives, teaching modes and teaching benefits under the E-learning cloud platform construction mode have been systematically summarized.

Keywords：E-learning；case teaching；management case；teaching effectiveness

1 引言

案例教学法最早由哈佛商学院创建，并界定为一种教师与学生直接参与共同对工商管理案例或疑难问题进行讨论的方法[1]。案例教学往往被人们看作是对自上而下讲授法的补充，各高校也将其作为一种教学范式应用于专业课程教学过程中[2]，特别是以 MBA MPAcc 等为代表的管理类专业学位研究生教学中广泛应用。2017 年以来，沈阳建筑大学在 MPAcc 人才培养中推广并应用管理案例于教学，同时借助 MPAcc 案例与实训教学平台、蓝墨云平台等 E-learning 学习平台实现了管理案例库建设和管理案例的深入研究，产生了很好的教学效果。

2 E-learning 模式下的管理案例教学目标

针对案例教学，沈阳建筑大学管理学院提出基于 E-learning 的实现模式，将所有的功能都过网络化实现，学习的主体可以随时随地进入平台学习，实现产学研的紧密结合。

2.1 实现"双主"模式

通过以学生为主体，教师为主导的"双主"模式，实现案例开发、案例设计、教学过程管理、教学观测、教学评价、案例库管理一体化的教学管理模式创新。实现学生在计算机模拟环境下，模拟现实企业财务管理环境对抗综合模拟，实现人才培养手段信息化、平台化、网络化的创新。

2.2 实现案例共享模式

在服务 MPAcc 专业学位教学的基础上，开展在学校范围内的跨专业案例建设和共享，通过"基础知识+综合应用+创新能力"的案例研发，现场教学形式由讲述式转变为启发互动、讨论式。在 E-learning 平台的案例共享模式下，学生可以自选案例、教学模块、自组团队，进行案例设计、制作、展示，进一步培养知识建构能力、研制创新能力以及组织、协调、管理等综合能力。

3 E-learning 模式下的管理案例教学模式

在案例教学方面，学校 MPAcc 中心从"教"与"学"两个方面入手，一方面鼓励教师参加案例教学培训和进行案例开发，一方面通过 MPAcc 学生案例大赛，引领学生进行案例学习。

3.1 依托 MPAcc 案例与实训教学平台

沈阳建筑大学 MPAcc 案例与实训教学平台基于公开市场披露信息建立动态更新的大数据可视化教学中心，中心采用 PBI 数据获取与可视化技术，通过公共市场披露信息的数据抓取、数据整理、可视化呈现、数据分析、数据报告 5 个层级的操作（见图 1），构建资本引入战略、资源配置战略、资金管控模式、战略形态分析、报表项目穿透式分析、财务效率分析、资金成本分析、资本结构分析、运营管理分析、税负分析、债券市场分析、股票市场分析、行业并购分析、公司业绩评价等大数据财务分析与决策的应用实践项目，能满足财务会计、财务管理、管理会计、审计、财务分析等 MPAcc 核心课程的课堂、案例与实践教学。

图 1 平台数据整合模式

3.2 借助 E-learning 云平台学习环境

结合校园数字化建设，E-learning 云平台使得 MPAcc 案例与实训的所有功能都能过网络化实现。

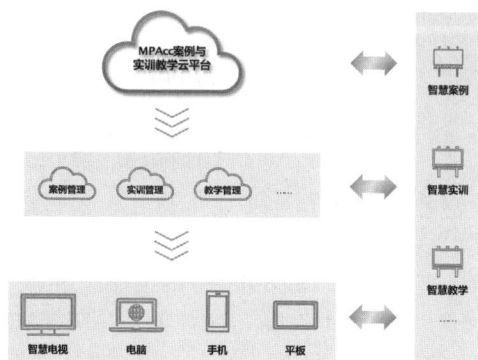

图 2 MPAcc 案例与实训教学云平台建设架构

基于 E-learning 云平台的 MPAcc 案例与实训教学平台采用 B/S 的系统开发架构，通过开放式、跨平台的开发思想及开发工具，将产品服务器设定在公共云服务器上，用户在任何有网络的地方都可以实现平台的访问，师生可以随时随地进入云平台学习，实现案例设计的实时交互。

3.3 基于知识生态系统的案例平台建设

在案例平台初建阶段，主要通过学校管理案例制度化的机制下，通过平台一对一地直线传递知识。从知识流动来看，此时案例通过单一的知识创造者面对众多的知识分解者、应用者[3]，构建主体呈现出线性聚集的状态。随着学校 E-learning 云平台的建设，构建主体在学校和教师为辐射区域的网络型系统基础上，又增加了学生主体，进一步推动了各课程知识资源的分解和应用。经过网络平台的系统升级，强化知识资源的突出地位，同时这种由平台技术导向的管理案例建设机制，也有助于构建多主体间的合作模式并带动知识资源的集聚效应显现。

3.4 整合 MPAcc 学生案例大赛优秀案例

经过 E-learning 云平台的案例研习，学生对管理案例建设与组织有了深度理解，实现了 E-learning 教学模式下管理案例的研究型学习、发现学习、资源型学习、协作型学习。同时，学校组织 MPAcc 学生亲历企业实践、模拟管理决策、比拼解决方案，经过院校两级的案例竞赛，选拔学生参加 MPAcc 学生案例大赛。通过竞赛，培养并提升了 MPAcc 学生发现、分析、解决企业实际问题的能力，促进了 MPAcc 学生之间的交流与沟通。

4 E-learning 模式下的管理案例教学效益

4.1 以四维融合创新案例教学的应用

MPAcc 管理案例教学很好地与学生道德、精神、知识 3 个层面教育和现代教育技术相融合，即 3 个层面内容和 1 个技术手段相融合，达到了四维融合[4]的模式。其中，道德教育不仅包括中华传统的文化教育，还有商业伦理和会计职业道德方面的行业教育；精神层面教育包括学习工作精神、创新和冒险精神、团队精神等；知识层面包括课程交叉知识、专业交叉知识和学科交叉知识教育。另外，互联网技术、虚拟现实技术和区块链技术等技术构成了现代教育技术体系。以"Z 公司财务共享服务中心绩效评价体系的构建"为代表的多个案例已经入选中国专业学位教学案例中心案例库，借助这种四维融合，教学方法、教学内容和教学手段相辅相成，进而提高了教学质量。

4.2 以师生深度参与实现人才培养的实务导向

学校 MPAcc 教学中心始终坚持以职业需求为导向，以实践能力培养为重点，以产学结合为途径，引导和强化会计专业学位研究生教育的实务导向和应用特色。在师生深度参与的 E-learning 平台管理案例教学模式下，教师从怎样在单位时间内讲好每堂课转变成怎样能为学生提供一个具有丰富学习资源、良好的交互性能、平等的交流机会和及时的问题反馈的案例教学环境，而学生的角色从被动接受知识、记忆教学内容转变为怎样利用必要的平台资料，与教师共同撰写案例[5-8]，通过"意义建构"的方式而获取知识，实现了专业学位研究生培养的实务导向目标。

4.3 以搭建专业间的交流平台增强相互交流沟通

E-learning 云平台实现了校内研究生、教师和培养单位之间的互助交流，通过互通有无，取长补短，共同提升了教学质量。通过定期开展的学生案例大赛，将 MPAcc，MEM 等专业学位培养相联系，积极搭建学生了解企业实务、开展案例辩论的平台。同时，平台将"会计名家大讲堂""研究生创新讲坛"等学术沟通和研学交流内容拓展至网络，给未能现场到会的师生提供了一个学习端口。另外，学校定期组织开展案例精选，搭建教师案例开发与教学研讨交流的网络平台，现已形成入库案例 42 个。

4.4 以毕业生跟踪调查推进教育教学改革

通过对近 3 年来的毕业生质量跟踪调查，走访了辽沈地区知名会计师事务所、建筑与施工企业、房地产企业等，收集了用人单位对毕业生的评价意见，形成了 E-learning 云平台的用人单位和毕业生调查数据库。调研发现，通过强化管理案例的专业教学，有助于良好财务决策能力的会计类应用型人才的培养，也能有效满足此类人才的社会需求。调研中，用人单位与毕业生也对 MPAcc 案例和实训教学提出了具体建议，也有助于学校 MPAcc 培养方案的修订和教育教学的改革。

5 结论

通过 E-learning 平台的管理案例教学应用，将 E-learning 平台特有的学生与教师，学生与学生，学生与教学系统，教学系统间和其他系统的多主体、多系统的交互充分发挥了出来，实现了学生个性化和协作性的统一，既形成了学生之间的竞争趋势，又培养了学生团队合作精神，也使学生的专业综合能力得到提高。未来，在 E-learning 平台的管理案例建设中，如何融入对学生学习效果的评价，怎样改变传统教学模式的质量评价方式，将以考察学生掌握知识数量为主的模式改变为考察学生的能力提升量上来，仍然是 E-learning 平台模式下教学成效分析的研究方向。

参考文献：

[1] 金洲. 案例教学指南 [M]. 上海：华东师范大学出版社，2000.

[2] 周序，刘周灵润. 如何认识案例教学：关于"案例教学法"提法的思考 [J]. 中国教育学刊，2020（4）：74-78.

[3] 马晓蕾，吕一博，王淑娟，等. 管理案例知识生态系统的构建研究：以中国管理案例共享中心为例 [J]. 管理案例研究与评论，2019，12（4）：383-400.

[4] 朱灵通，胡雨佳. 财务管理学案例教学法的四维融合 [J]. 审计与理财，2020（3）：52-55.

[5] 王建成，孙梦繁，包红霏. 财务报表与企业财务战略分析：以科沃斯为例 [J]. 财务管理研究，2022（4）：32-37.

[6] 陈旭，王茜媛，张晓玫，等. 基于战略导向的"BSC+KPI"企业绩效评价研究：以 W 企业为例 [J]. 财务管理研究，2020（11）：15-22.

[7] 包红霏，张一婷，陈雪婷. 资产负债观下上海医药财务报表分析 [J]. 财务管理研究，2020（7）：1-14.

[8] 刘亚臣，张梓璇，包红霏. 阿里系价值网构建及其投融资战略协同：基于生命周期视角 [J]. 沈阳建筑大学学报（社会科学版），2020，22（3）：251-258.

基金项目：

辽宁省教育科学规划课题（JG17DB424）。

作者简介：

蔚筱偲（1985— ），女，辽宁抚顺人，博士在读，讲师，研究方向：工程审计、工程管理。

刘亚臣（1963— ），男，辽宁朝阳人，博士，教授，研究方向：区域经济与建设工程管理。

包红霏（1973— ），女，辽宁沈阳人，博士，教授，研究方向：财务会计理论与实务。

金晓玲（1978— ），女，辽宁沈阳人，硕士，副教授，研究方向：法务会计、内部控制与风险管理。

论文仅代表本文作者观点，文责自负——本书编者注。

房产税对住房租赁市场影响的定性分析

孙鹏翔　栾世红

（沈阳建筑大学管理学院，辽宁　沈阳　110168）

摘要：在当前房地产市场泡沫愈发严重的背景下，国家提出"房住不炒"定位理念。房产税作为优化房产资源配置、维护房地产市场健康稳定的重要工具，在住房保有环节开征房产税已成为大势所趋。本文基于经济学理论针对开征房产税对住房租赁市场价格的影响机制进行定性分析。住房无论作为消费性商品还是投资性商品，房产税的开征都会使租金在短期内有小幅度下降，而长期来看租金会提高。在税收公共服务资本化更高的城市和人口聚集型城市，开征房产税会使租金有更高幅度的提高。在人口外流型城市，开征房产税会使租金下降。

关键词：房产税；住房租赁市场；租金；影响

The Qualitative Analysis of the Impact of Property Tax on the Housing Rental Market

Sun Pengxiang　Luan Shihong

（**College of Management，Shenyang Jianzhu University，Shenyang 110168，China**）

Abstract：Against the background that the current real estate market bubble becoming more and more serious，China has put forward the positioning concept of "living without speculation". As an important tool to optimize the allocation of real estate resources and maintain the health and stability of the real estate market，it has become a general trend to levy property tax in housing retention. Based on the economic theory，this paper makes a qualitative analysis of the impact mechanism of levying property tax on the housing rental market price. Whether housing is a consumer commodity or an investment commodity，the levy of property tax will make the rent decrease slightly in the short term，while the rent will increase in the long term. In cities with higher capitalization of tax public services and densely populated cities，levying property tax will increase rents by a higher margin. In cities with outflow of population，levying property tax will reduce rents.

Keywords：property tax；the housing rental market；rent；impact

1　引言

随着"租售同权"政策的推行和都市圈的人口聚集，我国的房产租赁市场规模日渐壮大。本文将针对开征房产税对住房租赁市场产生的影响展开研究。

住房买卖市场与租赁市场具有关联作用。当房产税影响住房买卖的供求关系时，改变了人们对于住房买卖和租赁的选择意向，从而将对房价的影响传导至对租金的影响。大部分学者认为开征房产税会提高租金：王永钦等（2012）认为对个人自用住房征收房地产税提升购房成本，购房意向者被迫推迟购房计划而转向租房以满足居住需求，导致租金的提高[1]；朱国钟等（2014）运用包括买租决策的DSGE 模型分析得出房地产税会大幅提高存量房的房租[2]。龙驰等（2021）利用 PVAR 和差分 GMM 模型

进行实证分析得出我国住房出售月度价格和租赁月度价格之间存在着明显的相关关系，前者对后者的影响大于后者对前者的影响[3]。

本文将基于经济学理论，结合当前国内住房租赁市场实际情况，综合多种因素考虑，针对开征房产税对住房租赁市场价格的影响机制进行定性分析，进而为房产税税制改革提出一些建议。

2　住房租赁市场供求关系分析

根据已有数据显示，个人租赁住房供给约占我国住房租赁市场供给的 70%，租赁价格理应在更大程度上由市场供求关系决定，但由于更多房产所有者倾向于将房产交给中介机构运营，这就引起了租房成本的增加和信息不对称。承租人则是价格的接受者而非定价者，这种现象尤其体现在住房租赁市

场较活跃的城市中[4]。

住房是一种特殊的商品,在保有环节可以出租获得现金流,具有消费品和投资品两种属性。在住房租赁市场中,供给弹性大于需求弹性,供给量对价格的变化更敏感,且供求等量反向变化时,需求量的变化对价格影响幅度更大。

住房在作为消费性需求时属性为生活必需品,属于刚性需求,人们对这种供求行为必须作出买卖和租赁两种选择。对住房保有环节征税,提高了房产所有者的持有成本,激励房产所有者将房产出租或现期卖出,短期内增加了住房租赁市场的供给,使供给曲线小幅度右移,在新的均衡点上租金将小幅下降。如图1所示。但长期来看,由于成本增加和供大于求这双重因素带来的生产者收益降低,房产所有者又采用转移税负和将出租转为卖房(减少租赁市场供给量)这两种方式来弥补机会成本并重获更高收益,使供给曲线向左上移动,提高了租金。同时,保有环节的税收增加了潜在购房者的预期成本,对于有住房刚性需求的消费者而言,由于预算约束的限制,消费者从买卖决策转向租赁决策,增加了住房租赁市场的需求,使需求曲线向右移动,也带来了租金的提高。如图2所示。

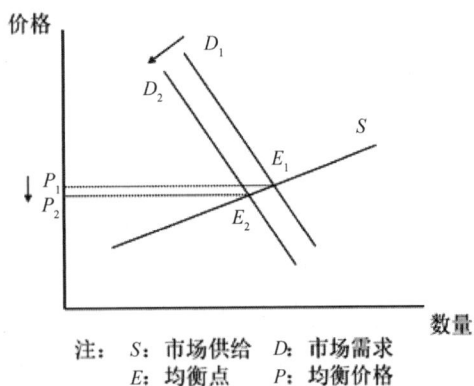

注: S:市场供给 D:市场需求
E:均衡点 P:均衡价格

图1 开征房产税短期内住房租赁市场均衡分析图

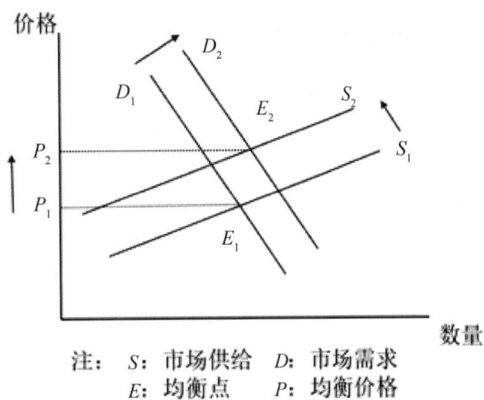

注: S:市场供给 D:市场需求
E:均衡点 P:均衡价格

图2 开征房产税长期后住房租赁市场均衡分析图

住房作为投资性商品时,具有金融商品的属性,失去了刚性需求。开征房产税带来的持有成本增加可以有效抑制囤房炒房等投资性购买行为并在短期内激励存量房出租行为,既减少了住房买卖的需求又增加了供给,导致房价的下降,进而传导租金的下降。如图3所示。但从长期来看,根据我国近些年的实际状况,房地产市场的租售比不高,意味着租金回报率也较低,租金下降的幅度大于房价。房价若长期不上涨,房产所有者更愿意将存量房出售来及时止损,减少了租赁市场的供给,使租金回升[5]。如图4所示。

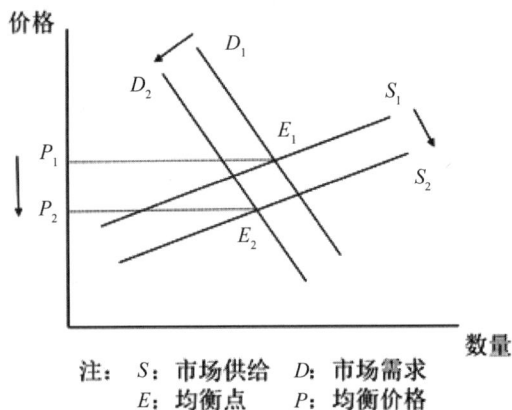

注: S:市场供给 D:市场需求
E:均衡点 P:均衡价格

图3 开征房产税短期内住房租赁市场均衡分析图

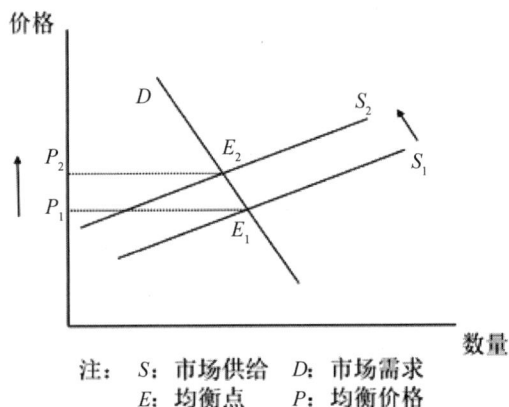

注: S:市场供给 D:市场需求
E:均衡点 P:均衡价格

图4 开征房产税长期后住房租赁市场均衡分析图

3 政府公共支出效应分析

房产税作为地方财政收入来源,若用于地方政府公共服务支出,增加基础设施建设和公共服务产品福利,则会带来房产价值的增加,进而影响房价与租金。Tiebout在1956年提出"受益观点",认为税收负担以公民受益程度为依据,多受益多缴税。房产税本质上是对公共服务的使用费支付,税收收入又用于改善地方公共服务福利来吸引人们产生消费意向,形成房产增值的良性循环。总结来说,这种税收用于地方公共服务支出带来的地段价值的提升从两种路径带来租金的提升：一是房产价值的增加带来的房价上涨，在一定的租售比下，通过传导作用带来租金的上涨，二是基于受益原则，承租人需要为居住体验的提升支付额外的租金费用。如图5所示。

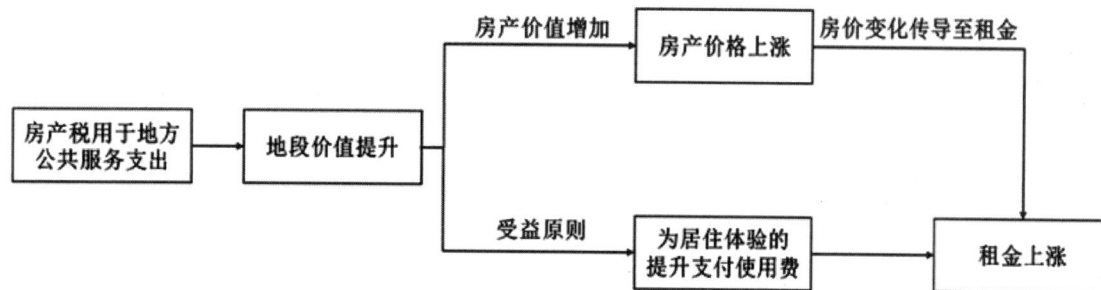

图5　房产税用于地方公共服务支出对租金的作用路径

根据价值折现理论（DDM 模型），资产的内在价值是其未来现金流量的现值。即可以将年度租金看作房产价值的年金支付。房产价值与年度租金的关系为：

$$P = R \times [(1+n)^n - 1] / [i \times (1+i)^n] + D \qquad (1)$$

式中：P：房产价值

R：年度租金

i：折现率

n：租赁年限

D：租售权差

将（1）式转化可得：

$$D/P = 1 - R/P \times [(1+n)^n - 1] / [i \times (1+i)^n] \qquad (2)$$

由（2）式可知，租售权差在房产价值中所占的比重（D/P）在折现率一定的情况下与租售比（R/P）呈负相关。

在我国目前主流的"租售异权"背景下，以子女入学为代表的租售权差占房产价格的比重与租售比呈负相关，这使得房产税对房价与租金的资本化发生分离，从而产生溢价。如果征收的房产税用于租售异权服务的投资，承租人将无法直接从新增公共产品受益，则房产税对租金的影响较小。而在"租售同权"时，租金则会有更大幅的提高。租金的变化幅度与税收收入—公共服务转化系数呈正相关[6]。

从经济学观点来看，征税会使均衡价格降低，但政府的公共支出投资又提升了房产这一特殊商品的价值，所以房产税对房价及租金的影响方向取决于税收—公共服务资本化的程度，而税收—公共服务资本化的程度取决于居民因公共福利价值提升而产生的纳税意愿。税率的变化也会决定地方政府的财政收入规模，从而影响公共服务的水平和税收负担，所以需要平衡税率与房价及租金的关系。

4　城市人口效应分析

不同人口规模的城市，住房租赁市场的供给与需求状况是不同的，所以房产税的开征对不同类型的城市造成的影响也随之不同[7]。

对于人口聚集型城市而言，如北上广深等经济发达的一、二线城市，其优质的城市公共资源和就业资源吸引外地人口涌入，推动房价的上涨。然而高房价令这些外来人口望而却步，为解决住房刚需只能选择租赁，住房租赁市场的需求日渐巨大，开征房产税并不会对租赁行为产生很强的抑制作用。与此同时，空置存量房越来越少，住房租赁市场中需求量大而供给有限，一线城市的租房供给缺口依旧很大。供给弹性大于需求弹性，所以这些城市的住房租赁市场往往属于卖方市场。尤其在推行"租售同权"后，这种供需矛盾将更加明显。这些城市开征房产税之后，房产所有者更易通过提高租金而将税收负担转嫁至缺乏弹性的承租人身上，住房租赁市场价格将呈整体上升趋势。本应该起到缩小贫富差距，调节房产价格作用的房产税，对低收入人群造成了更大的经济负担，降低其收入和储蓄，产生挤出效益，进而扼杀了他们的都市梦想，相反，本应作为税收征收对象的高资产人群却无增加成本甚至获得更高福利。

对于人口外流型城市而言，人口流失现象和老龄化现象严重，在常住人口减少的同时城市公共资源过剩，存在大量存量空置房，而与此同时住房需求却较少，市场的需求弹性远大于供给弹性，所以这些城市的住房租赁市场往往属于买方市场。开征房产税后，房产所有者无法将税收负担转移至承租人。随着常住人口的外流导致住房需求减少，租金逐渐下降，为了减少持有成本，房产所有者只能将存量房流入买卖市场，增加了住房买卖市场的供给，进而控制了房价。开征房产税看似使当地房地产市场向健康方向发展，但由于这些城市房价本就不高，导致的市民整体资产的贬值也不能忽略，应将征收上来的房产税合理运用来保证市民福利。

5 结论与建议

本文基于经济学理论，结合当前国内住房租赁市场实际情况，综合多种因素考虑，针对开征房产税对住房租赁市场价格的影响机制进行定性分析。

住房无论作为消费性商品还是投资性商品，房产税的开征都会使租金在短期内有小幅度下降，而长期来看租金会提高。在税收—公共服务资本化程度更高的城市和人口聚集型城市，开征房产税会使租金有更高幅度的提高。在人口外流型城市，开征房产税会使租金下降。

基于以上分析结果，现对我国房产税改革的推进提出以下建议。

第一，在制定房产税征收政策时应针对不同城市房地产市场的实际情况，由各地方政府立法，因地制宜，避免"一刀切"。在人口聚集型城市降低税率，对低收入自用居住房群体制定免税政策，鼓励经济适用房和长租公寓的推广，减少房产税对中低收入者的福利损失，实现城市流动人口"住有所居"；在人口流失型城市提高税率，防止资金盲目流入，抑制炒房行为，缩小贫富差距。

第二，专款专用，将房产税收入投资到细分区域的公共基础设施产品建设中，并定期公开税收收入实际用途，提高人民对政府的信任度和满意度，进而提高民众纳税积极性。在基础设施投资规划过程中，采用分散策略，避免优质公共产品集中，为人民的居住需求提供更多选择，抑制某些地段的房价与租金快速上涨。

第三，完善不动产租赁登记体系和监管制度，定期更新税基评估制度，体现评估的公平性。建议运用计算机技术建立完善和规范化的房产信息系统和个人财产登记系统。对我国来说，全面详实的房产登记档案是必需的前期基础数据，与时俱进、客观的估值评价制度也是实行房产税制度必要条件。

参考文献：

[1] 王永钦，包特. 住房市场数量型干预下最优政策与社会福利的动态均衡分析 [J]. 世界经济，2012，35（11）：141-160.

[2] 朱国钟，颜色. 住房市场调控新政能够实现"居者有其屋"吗？——一个动态一般均衡的理论分析 [J]. 经济学（季刊），2014，13（01）：103-126.

[3] 龙驰，赖洪贵. 基于月度数据的中国住房价格与租金关系研究 [J]. 江淮论坛，2021（06）：48-54..

[4] 章璐. 房产税和住房租赁价格分析 [D]. 上海：上海财经大学，2020.

[5] 曹光谱. 房产税对住房租赁价格的影响研究 [D]. 上海：上海师范大学，2019.

[6] 张平，侯一麟，李博. 房地产税与房价和租金——理论模拟及其对中国房地产税开征时机的启示 [J]. 财贸经济，2020，41（11）：35-50.

[7] 吴丹. 房产税对房屋租赁市场的影响初探 [J]. 理论视野，2015（05）：85-86.

作者简介：

孙鹏翔（1999— ），男，辽宁抚顺人，土木水利专业硕士研究生，研究方向：房地产开发与经营。

栾世红（1970— ），男，辽宁大连人，博士，副教授，研究方向：区域经济与金融，房地产项目融资。

论文仅代表本文作者观点，文责自负——本书编者注。